Kathrin Schrader
Drogenprostitution.
Eine intersektionale Betrachtung zur Handlungsfähigkeit
drogengebrauchender Sexarbeiterinnen

Vom Promotionsausschuss der Technischen Universität Hamburg-Harburg zur Erlangung des akademischen Grades Doktorin der Wirtschafts- und Sozialwissenschaften (Dr. rer. pol.) genehmigte Dissertation von Kathrin Schrader aus Bitterfeld 2013

Gutachterinnen: Prof. Dr. Gabriele Winker; Prof. Dr. Susanne Krasmann
Tag der mündlichen Prüfung: 21.11.2012

**Kathrin Schrader** ist wissenschaftliche Mitarbeiterin an der Technischen Universität Hamburg-Harburg. Sie arbeitet und lehrt zu den Themen Intersektionalität, Gender, Dekonstruktion, Sozialkonstruktivismus, Arbeitssoziologie und Sozialer Arbeit.

KATHRIN SCHRADER

# Drogenprostitution

Eine intersektionale Betrachtung zur Handlungsfähigkeit
drogengebrauchender Sexarbeiterinnen

[transcript]

Gefördert durch die Rosa Luxemburg Stiftung.

**Bibliografische Information der Deutschen Nationalbibliothek**

Die Deutsche Nationalbibliothek verzeichnet diese Publikation in der Deutschen Nationalbibliografie; detaillierte bibliografische Daten sind im Internet über http://dnb.d-nb.de abrufbar.

Umschlagkonzept: Kordula Röckenhaus, Bielefeld
Lektorat: Martin Spirk
Satz: Dr. Wiegand Grafe
Druck: Majuskel Medienproduktion GmbH, Wetzlar
ISBN 978-3-8376-2352-9

Gedruckt auf alterungsbeständigem Papier mit chlorfrei gebleichtem Zellstoff.
Besuchen Sie uns im Internet: *http://www.transcript-verlag.de*
Bitte fordern Sie unser Gesamtverzeichnis und andere Broschüren an unter:
*info@transcript-verlag.de*

**Gesellschaft der Unterschiede** | Band 14

# Inhalt

# Vorwort

Der Verein ragazza e.V., in dem ich seit 2003 als Vorstandsfrau mitarbeite, wurde auf Initiative von Domenica einer prominenten Hamburger Sexarbeiterin und der Behörde der Stadt Hamburg gegründet, um drogenkonsumierenden Sexarbeiterinnen in St. Georg eine unmittelbare Überlebenshilfe anzubieten. Die Bedeutung der Gründungsidee entsteht nicht nur aus dem akzeptierenden Angebot: in ihr wird auch die Handlungsfähigkeit einer Sexarbeiterin sichtbar, die im Sinne aktiver Solidarität eine pragmatische und ideologiefreie Lösung umgesetzt hat.

Im Laufe der Jahre hat sich die Tätigkeit von ragazza e.V. hinsichtlich Konzept, Finanzierung und Personal immer mehr professionalisiert und damit auch institutionalisiert. Dies führte auch hier zu einer klaren Trennung von etablierten Vereinsfrauen sowie einem Team im Angestelltenverhältnis auf der einen Seite und den Sexarbeiterinnen auf der anderen Seite, die gesellschaftlich in erster Linie als Leistungsempfängerinnen in einer subalternen Position wahrgenommen werden.

Inhaltliche Neuausrichtungen, notwendig, um sich ändernden gesellschaftlichen Randbedingungen anzupassen, müssen sich auch dieser Entwicklung stellen und stärker als bisher die Bedürfnisse, Ansichten und Fähigkeiten der Sexarbeiterinnen mit einbeziehen, sowie auf das politische Handeln in der Sozialen Arbeit fokussieren. Auch wenn weiter davon auszugehen ist, dass es unter den gegenwärtigen gesellschaftlichen Verhältnissen immer Menschen geben wird, die Drogen konsumieren und sich prostituieren, müssen die dabei entstehenden Ausbeutungsverhältnisse hinterfragt werden. Trotzdem ist es im Sinne der drogengebrauchenden Sexarbeiterinnen zwingend erforderlich, ihren Lebensentwurf zu akzeptieren und mit ihnen zusammen dafür zu kämpfen, dass sie auch als Drogenkonsumentinnen und Sexarbeiterinnen ein menschenwürdiges Leben führen können und dass ihre Arbeitsleistung in der Gesellschaft anerkannt wird. Die Soziale Arbeit braucht Visionen jenseits von Abstinenz und bürgerlicher Moral.

Um den Arbeiten an der neuen Konzeption eine wissenschaftliche Grundlage zu geben, ohne dabei die Stimme der Subalternen zu überhören, habe ich mich entschieden, nicht nur meine theoretischen und empirischen Ergebnisse darzustellen, sondern auch den Aussagen der Frauen die ihnen gebührende Aufmerksamkeit zukommen zu lassen. Dies bedingt den großen Umfang der vorliegenden Arbeit.

Da ich aus Gründen der Anonymität die Namen der drogengebrauchenden Sexarbeiterinnen, die mir ihre Zeit und ihr Vertrauen entgegengebracht haben und ohne die diese Arbeit definitiv nicht entstanden wäre, nicht nennen kann, möchte ich auch in der Danksagung keinen Ausschluss produzieren und werde deshalb alle UnterstützerInnen nur mit ihrer Funktion benennen. Ich hoffe, dass alle, die an dieser Stelle gerne ihren Namen gelesen hätten, dafür Verständnis haben. An erster Stelle möchte ich den 15 Frauen danken, die mir ihr Vertrauen entgegengebracht haben und mir Einblick in ihre Gedanken, Erfahrungen und Gefühle gegeben haben.

Meiner Erstgutachterin gebührt der Dank dafür, dass sie sich viel Zeit für mich genommen hat, mich auch immer wieder von meinen Zweifeln befreit, mir einen Arbeitsplatz zur Verfügung gestellt und mich in ihre Arbeitsgruppe eingebunden hat. Meiner Zweitgutachterin danke ich für die fundierte und zeitnahe Begutachtung der umfangreichen Arbeit.

Mein Dank gilt ebenso meinen KollegInnen an der Technischen Universität Hamburg-Harburg, der Arbeitsgruppe „Arbeit - Gender - Technik", der Geschäftsführerin und den Kolleginnen von ragazza e.V. für die inhaltliche und fachliche Beratung, die anregenden Diskussionen und die notwendigen inhaltlichen Auseinandersetzungen. Ohne das Stipendium der Rosa-Luxemburg-Stiftung wäre ich nicht in der Lage gewesen, die Arbeit zu schreiben, deshalb richtet sich mein Dank auch an die VertreterInnen und meine Vertrauensdozentin. Meinem Ehemann und einigen FreundInnen danke ich für ihre konstruktive Kritik und ihre Solidarität, ohne die ich die Arbeit nie zu Ende gebracht hätte. Zum Schluss möchte ich meiner Mutter für ihre Unterstützung und meiner Tochter sowie meinem Freundeskreis für ihre Geduld und ihr Verständnis dafür danken, dass ich oft nicht verfügbar war.

# 1 Einleitung

Angesichts globaler Gewalt beschäftigt sich Judith Butler in ihrem politischen Essay „Gefährdetes Leben" mit den Fragen, wer als Mensch gilt, wessen Leben als Leben zählt und was ein betrauernswertes Leben ausmacht (Butler 2005, 36). Ausgehend von den konkreten Erfahrungen, die ich als Sozialpädagogin und Straßensozialarbeiterin sowie als Vorstandsfrau einer niedrigschwelligen und akzeptierenden Kontakt- und Anlaufstelle für Frauen, die Drogen konsumieren und der Prostitution nachgehen, gesammelt habe, beschäftigen mich ähnliche Fragen. Warum gibt es Leben, die für die Gesellschaft keinen Wert haben und nur noch als parasitär sowie als Verwaltungsproblem verhandelt werden? Die in der Sozialarbeit Tätigen haben mit diesen Leben zu tun und machen die Erfahrung, dass nicht nur die Menschen, sondern auch ihre Profession abgewertet werden. In der Prostitution und im Feld der Drogenabhängigkeit sind Abwertung und Diskriminierung des menschlichen Lebens stark vertreten, und wenn sie, wie im Leben einer drogenabhängigen Prostituierten oder einer sich prostituierenden Drogenabhängigen, in Kombination auftreten, handelt es sich nach Auffassung der Mehrheit um ein nicht lebenswertes Dasein. Die Analyse, wie sich eine solche Abwertung auf die betroffenen Menschen auswirkt, wie sich ihre Lebensrealität in der Verschränkung von Drogenkonsum und Prostitution gestaltet und welche Selbsttechnologien ihnen zur Verfügung stehen, sind die zentralen Ausgangspunkte dieser Arbeit.

Am Beispiel der „Beschaffungsprostitution" lässt sich differenziert nachweisen, dass eine repressive Politik eine verheerende Wirkung auf die Situation der Betroffenen hat. Sanktionen und Verfolgungen scheinen für die Gesellschaft die einzige Möglichkeit zu sein, dem Phänomen „Herr" zu werden. Die Stimme der Betroffenen verstummt im Geschrei der herrschenden Diskurse, so z.B. bei den aufgeregten Diskussionen um Zwangsprostitution und Menschenhandel oder der Forderung nach Zurücknahme des 2002 eingeführten Prostitutionsgesetzes, wie es erst kürzlich Alice Schwarzer in einer Talkshow forderte[1].

Frauen, die Drogen konsumieren und der Prostitution nachgehen, werden als „Drogenprostituierte" oder „Beschaffungsprostituierte" bezeichnet. Ich verwende die beiden Kategorien nur, um die Diskriminierung oder Abwertung sowie die existierenden Hierarchien zu verdeutlichen und setze sie deswegen in Anführungszeichen. Da es in meiner Arbeit um Widersetzungen, Handlungsfähigkeit und Empowerment

---

1  Schafft Prostitution ab! Menschen bei Maischberger. Das Erste, 13.03.2012.

geht, ist es mir wichtig schon textuell den emanzipativen Gedanken durch den Bezug auf die Kategorien Drogengebrauch und Sexarbeit im Sinne einer *political correctness* zu verankern.

Laut Definition im Fremdwörter-Duden bedeutet Prostitution:

1. die gewerbsmäßige Ausübung sexueller Handlungen; Dirnenwesen und
2. Herabwürdigung, öffentliche Preisgabe, Bloßstellung.

Die moralische Bewertung ist im zweiten Teil der Definition enthalten. Prostitution ist immer auch konnotiert mit dem Ehrlosen und Obszönen. Um diese Assoziation mit der moralischen Abwertung zu vermeiden und der neuen Sichtweise auf die Lebensrealität Ausdruck zu verleihen, wird heute im offiziellen Sprachgebrauch von „Sexarbeit" gesprochen. Ich werde diesen Begriff verwenden, da er eine Kohärenz zum Arbeitsbegriff schafft und den Aspekt der sexuellen Dienstleistung stärkt[2].

Problematischer ist eine angemessene Bezeichnung für den Gebrauch von Drogen, die nicht mit Sucht, Abhängigkeit und Krankheit verknüpft ist. Die Diskussion um diese Begriffe berührt elementar die Einstellung und den Umgang einer Gesellschaft mit einer Thematik, die ganz eng mit juristischen, kriminalistischen, wirtschaftlichen, medizinischen, soziologischen und psychologischen Diskursen verknüpft ist. Es ist daher für mich eine strategische Entscheidung, nicht von Drogenkrankheit oder -abhängigkeit zu schreiben, sondern die Begriffe drogengebrauchend oder -konsumierend zu verwenden.

Ich beschränke mich auf die Untersuchung der heterosexuellen Form von sexuellen Dienstleistungen, die von Frauen erbracht wird. Deshalb verwende ich für die Untersuchungsgruppe weder das große Binnen-I noch den Unterstrich. Die Prostitution minderjähriger Drogenkonsumierender wird nicht in den Fokus genommen, da ihre Situation einerseits von der Fragestellung mit erfasst wird und andererseits das Spezifische ihrer Situation eine differenzierte Betrachtung erfordert hätte. Die Mann-männliche-Sexarbeit wird ebenso wie die Sexarbeit von Transgender-Menschen oder Queers ausgeblendet, nicht aufgrund einer Wertung, sondern weil sonst der Fokus der Arbeit zu breit wäre und quantitativ den Rahmen sprengen würde. Gleiches gilt für die spezielle Lebenssituation drogengebrauchender schwangerer Frauen und Mütter. Die Sexarbeit von Migrantinnen beziehe ich zum Teil in die Untersuchung mit ein, da es Überschneidungen und gleichzeitig massive Abgrenzungen sowie Diskriminierungen seitens der Dominanzkultur gibt, die erkenntnisleitend für diese Arbeit sind und deshalb nicht vernachlässigt werden können.

Die Kunden von sexuellen Dienstleistungen, oft als Freier oder als Gäste bezeichnet, kommen in meiner Forschungsarbeit nur am Rand vor. Mittlerweile liegen einige fundierte wissenschaftliche Arbeiten zu dieser Personengruppe vor (siehe Gerheim 2011; Grenz 2005; Howe 2007; dies. 2010). Die öffentlichen Diskussionen über „die Freier" sind ebenso konträr und von Unkenntnis geprägt, wie die über „Beschaffungsprostituierte". Aus wissenschaftlicher Sicht ist festzustellen, dass auch hier eine Pauschalisierung nichts zur Erkenntnis über ihre Motivation beiträgt und damit

---

2   Zu Diskussion und Wandel der Bezeichnungen zum Gewerbe der Prostitution siehe Meritt (2005). Siehe auch Unterkapitel 3.2.

auch keine Handlungsoptionen im Sinne der Sexarbeiterinnen sichtbar werden. Die Situation der Sexarbeiterinnen lässt sich durch eine Freierverfolgung[3] nicht verbessern, sondern sie wird sich meiner Meinung nach eher verschlimmern. Da die Frauen das Geld für ihr Überleben benötigen, müssten sie sich zwangsläufig einzeln mit den kriminalisierten Freiern in der Illegalität arrangieren und verlören den letzten Rest an Schutz, den sie durch die gemeinsame Arbeit auf öffentlichen Straßen noch genießen.

Drogengebrauchende Sexarbeiterinnen sind auf Grund der doppelten Verletzung sozial-moralischer Normen in ihrem Alltag extremen Stigmatisierungen ausgesetzt. Die „Beschaffungsprostitution" wird sowohl im Prostitutionsmilieu als auch in der Drogenszene auf der untersten Hierarchieebene angesiedelt und im wissenschaftlichen und gesellschaftlichen Diskurs als Randproblem bzw. Sonderfall betrachtet. Drogengebrauchende Sexarbeiterinnen sind aus Sicht der Majorität nicht als freie Subjekte erkennbar. Deshalb ist es schwierig, Empowerment in den marginalisierten Bereichen der Sexarbeit zu etablieren. Dort ist die Situation durch die Gesetzgebungen im Strafrecht, im Ausländerrecht und aufgrund der strukturellen Diskriminierung sowie massiver Vorurteile bei Ämtern und Behörden sehr kompliziert.

Die Tatsache, dass Frauen der Prostitution nachgehen, um unter anderem ihren Drogengebrauch zu finanzieren, und sich damit zweifach gegen die Moralvorstellungen der Gesellschaft positionieren, soll in meinen Untersuchungen erst einmal als ein Moment der Entscheidung und der Stärke wahrgenommen werden. Das Wissen um die Verletzbarkeit als Frau und die Verwischung der Identitätsgrenzen wird als Möglichkeit gesehen, Verantwortung für die Grenzziehung zu übernehmen und die Machtbeziehungen aktiv zu gestalten.

Ausgehend von diesen Ansätzen habe ich meine Arbeit geschrieben und sie wie folgt gegliedert. Die zentrale Fragestellung, ihre Genealogie und die daraus resultierende Arbeitsthese sind in Kapitel 2 zusammengefasst. Im dritten Kapitel werden die wissenschaftlichen Diskurse, ihre Widersprüche und Stereotype aufgegriffen und analysiert. Forschungsansätze, die für das Thema der Arbeit produktiv sind, werden im Ergebnisteil dieser Arbeit vertieft.

Im vierten Kapitel wird der Poststrukturalismus[4] als theoretisches Fundament meiner Forschung eingeführt, die von einem dekonstruktivistischen[5] Ansatz geprägt

---

3　Die Freierverfolgung wurde in einigen Städten (Stuttgart, Mannheim) als „erfolgreiche" Strategie gegen die Beschaffungsprostitution angewendet. Männer, die im Sperrbezirk (Erklärung in 3.4.4) mehrfach aufgegriffen werden, bekommen einen Bußgeldbescheid. In Schweden wird die Freierverfolgung als generelle abolitionistische Maßnahme gegen Prostitution verwendet. Dies ist sehr umstritten, es wird argumentiert, dass Prostitution noch mehr illegalisiert werde und die Bedingungen nicht mehr kontrollierbar seien. Siehe dazu die Kritik von Petra Östergren (2001) und die norwegische Studie des Ministry of Justice and the Police (2004).

4　Eine differenzierte Auseinandersetzung mit der poststrukturalistischen Theorie und der These der soziokulturellen Konstruktion von Geschlecht würde den Rahmen der Arbeit sprengen. Deshalb besteht der inhaltliche Bezug hauptsächlich zu Butler (1991). Siehe aber auch Hagemann-White (1988); Gildemeister/Wetterer (1992); Sgier (1994).

5　„Dekonstruktion" wird im Folgenden nicht im streng Derrida'schen Sinne verwendet. Der Begriff wird pragmatisch angewendet und lässt „Konstruktion" und „Dekonstruktion" zu-

ist. Dabei nehme ich eine queere[6] Perspektive ein, um eine weitere Viktimisierung drogengebrauchender Sexarbeiterinnen zu vermeiden, wenn ich auf Basis dieses Theoriekapitels und der Empirie lösungsorientierte Denkanstöße entwickeln werde. Hauptsächlich setze ich mich mit den Theorien von Michel Foucault auseinander, wobei sein Macht-, sein Herrschafts- und sein Widerstandsbegriff im Mittelpunkt stehen. Foucault fragt sich, ob ein gegen die Unterdrückung gerichteter Diskurs die Wirkungsweise der Macht überhaupt erkennt und „nicht vielmehr zu demselben historischen Netz [gehört] wie das, was er anklagt (und zweifellos entstellt), indem er es als ‚Unterdrückung' bezeichnet" (Foucault 1995, 20). Deshalb widme ich mich den Auswirkungen von Biomacht und Staatsrassismus auf die ausgegrenzten und marginalisierten Gruppen. Im Anschluss daran betrachte ich die Selbsttechnologien, da sie den Ausgangspunkt für meine empirischen Untersuchungen bilden. Ihre Analyse basiert im Wesentlichen auf dem Konzept der Gouvernementalität. Um Foucaults Widerstandsbegriff herauszuarbeiten, fasse ich vorab sein Konzept der Sorge um sich, respektive der Ethik des Selbst synoptisch zusammen. Dann widme ich mich explizit den verworfenen und überflüssigen Risikogruppen, um zu zeigen, wie zynisch die Anrufung zur Selbstverantwortung in der neoliberalen Regierungsweise (Bröckling/Krasmann/Lemke 2000) ist. Wenn sich diese Regierungsform dann auch noch, wie Susanne Krasmann es beschreibt, in ihrer Kriminalpolitik vom Gedanken der Re-Sozialisierung distanziert (Krasmann 2011, 53), wird ihre argumentative Logik bis zur Absurdität verzerrt.

Um den Begriff von Widersetzung hinsichtlich der Gefahren und Zumutungen in differenten Statusgruppen zu sensibilisieren, werden die Begriffe Wut, Liebe und Widerstand herangezogen, um zu verdeutlichen, dass es qualitativ ein großer Unterschied ist, ob man sich als Mehrheitsangehörige oder als Marginalisierte wehren muss. Weiter werden die Visionen von Theoretikerinnen wie Butler, Gayatri Chakravorty Spivak und Patricia Purtschert vorgestellt, um diese im Ergebnisteil nutzen zu können.

Im Anschluss daran greife ich unterschiedliche Theoriedebatten zur Intersektionalität auf und führe sie mit den Forschungsfragen dieser Arbeit zusammen. Ein weiterer inhaltlicher Schwerpunkt liegt darin, zu verdeutlichen, wie die Intersektionale Mehrebenenanalyse nach Gabriele Winker und Nina Degele mit den von mir zu Grunde gelegten Theorien und Ansätzen verknüpft ist. Dabei ist es mir wichtig zu zeigen, mit welchem Verständnis von Intersektionalität ich mich dem Forschungsfeld genähert habe und wie ich bei seiner Erkundung unter Zuhilfenahme poststrukturalistischer Ansätze zur Handlungsfähigkeit, Widersetzung und Unterdrückung bei Butler, Spivak, Donna Haraway sowie Iris Marion Young vorgegangen bin. Butler, Ha-

---

sammenfließen. Eine ausführliche Diskussion zu den Positionen der Konstruktion und Dekonstruktion findet sich in Wartenpfuhl (1996,192f).

6  Queer steht für den sowohl theoretischen, als auch praktischen Ansatz, die restriktiven Diskurse der Gesellschaft zu durchbrechen und sich der Einteilung in normale und nicht normale Lebens- und Begehrensformen zu widersetzen. Er wird hier im Sinne der Queer Theory verwendet. Diese betrachtet Positionalitäten anstelle von authentischen Identitäten und fordert die Subversion von Ontologien und Homogenisierungstendenzen. Eine Einführung in die Queer Theory bietet Annemarie Jagose (2001).

raway und Spivak sind für meine Arbeit wichtige Vordenkerinnen und Vorbilder, da sie die wirkmächtigen eurozentristischen Konzepte dekonstruieren, die darin bestehen, soziale Konstruktionen zu postulieren, um das Andere zu begründen und abzuwerten. Gleichzeitig fordern sie dazu auf, die eigenen Privilegien zu hinterfragen und damit auch feldspezifische Zugangsbarrieren für ForscherInnen zu reflektieren und gegebenenfalls zu respektieren. Mit diesen theoretischen Ansätzen habe ich die Theorie zur Unterdrückung von Young verwoben und erweitert, um die Diskriminierung und Marginalisierung drogengebrauchender Sexarbeiterinnen präziser erfassen zu können. Um die Disposition zur Verletzung drogengebrauchender Sexarbeiterinnen analysieren zu können, ohne sie erneut zu viktimisieren, greife ich unterschiedliche Positionen zu Verletzlichkeit auf und verbinde diese mit meinen Forschungsfragen, um dann Gegenstrategien herauszuarbeiten.

Drogengebrauchenden Sexarbeiterinnen wird der Status eines intelligiblen Subjekts verweigert, und sie werden mit der Begründung, dass der Verkauf ihrer Arbeitskraft nicht akzeptabel ist, aus der Gesellschaft ausgeschlossen. So wird zwar ihre weibliche Arbeitsleistung in Form von sexueller Arbeit und *emotional work* genutzt und verwertet, die Tätigkeit als solche jedoch illegalisiert. Deshalb begründe ich unter Zuhilfenahme der Konzepte von sexueller Arbeit und des Aufwandes (Kuster/Lorenz 1999; dies. 2007), der Interpellation (Althusser 1977) sowie der entgrenzten Reproduktionsarbeit (Winker 2010; dies. 2011) meine These, dass auch die sexuelle Dienstleistung von Drogengebraucherinnen Arbeit ist.

Nachdem ich die theoretischen Grundlagen aufbereitet habe, widme ich mich im fünften Kapitel dem methodischen Rahmen der Untersuchung. Im ersten Abschnitt dieses Kapitels verdeutliche ich den Feldzugang und begründe die Zusammenstellung des Samples. Im Anschluss daran beschreibe ich die qualitative Interviewführung. Es ist mir wichtig, in diesem Teil auch den Frauen einen Platz einzuräumen, deren Interviews ich nicht ausführlich ausgewertet habe, deren Antworten aber dennoch meine Arbeit beeinflusst haben. Im dritten Abschnitt werde ich die Methode der Intersektionalen Mehrebenenanalyse nach Winker und Degele (2009) gemäß ihrer Wichtigkeit für meine Arbeit ausführlich erklären und begründen, warum ich sie punktuell modifizieren musste. Im letzten Abschnitt beschreibe ich die ersten Schritte der Intersektionalen Mehrebenenanalyse sowie die Anwendung der von mir als Analysewerkzeug gewählten *Knowledge Workbench* atlas.ti.

Die Ergebnisse der Intersektionalen Mehrebenenanalyse werden im sechsten Kapitel präsentiert. Zu Beginn werden die Subjektkonstruktionen der interviewten Frauen herausgearbeitet. Die Analyse der strukturellen Herrschaftsverhältnisse, der symbolischen Repräsentationen (Ideologien, Diskurse, Stereotype, Normen und Werte) sowie die Handlungsfähigkeit in den Subjektkonstruktionen der Interviewpersonen werden in einzelnen Abschnitten nachvollziehbar dargelegt und bilden die Voraussetzung für die Typenbildung, deren zentrales Ergebnis aufzeigt, in welchen generalisierten Formen sich die Frauen im Handeln widersetzen. Mit ihrer Hilfe kann gezeigt werden, wie Widersetzungen und Handlungsfähigkeit in den einzelnen Typen zusammenhängen, sich bedingen oder behindern. Darauf aufbauend zeige ich, welche typbezogenen Empowermentansätze denkbar sind und welche Ideen für politische Handlungen daraus entstehen können.

Meine Vorgehensweise und die daraus resultierenden Ergebnisse müssen immer unter dem Gesichtspunkt bewertetet werden, dass auch drogengebrauchende Sexarbeiterinnen keine homogenen Biografien haben, sondern dass auch jedes Mitglied dieser Gruppe von individuellen Erfahrungen geprägt ist und einen eigenen Lebensweg beschritten hat. Diese Arbeit hat den Anspruch acht Frauen, die Drogen konsumieren und der Prostitution nachgehen, eine Stimme zu geben, ihnen zuzuhören, wenn sie sprechen und ihre Aussagen in einem qualitativen Sinne zu analysieren. Unverkennbar ist dabei, dass die Situation von drogengebrauchenden Sexarbeiterinnen nicht verbessert werden kann, wenn nicht die gesellschaftlichen Verhältnisse mit dem Ziel angegriffen werden, die Handlungsfähigkeit eines jeden Menschen und nicht nur die von bestimmten Gruppen zu erweitern. Da sich die Mehrheitsgesellschaft gegenwärtig jedoch diskursiv und auch exekutiv in eine andere Richtung entwickelt, kann ich meine Arbeit nicht mit einem Ausblick beenden, sondern muss eine Vision formulieren.

# 2 Fragestellung und Zielsetzung

Ausgehend von dem Prostitutionsgesetz (im Folgenden immer mit ProstG bezeichnet)[1] stellt sich die Frage, wie sich die Legalisierung der Prostitution auf ihre nicht legalisierten Bereiche, wie z.b. die „Beschaffungsprostitution", auswirkt. Meine These ist, dass durch den Gesetzgeber nur ein Teil der Sexarbeit legalisiert und dann als „saubere" und „sichere" Sexarbeit die notwendige gesellschaftliche Akzeptanz erfährt, während die nicht konformen Bereiche der Sexarbeit isoliert und noch weiter in die Illegalität gedrängt werden.

Die Frauen in den weiterhin illegalisierten Gruppen verstoßen auf Grund ihrer Alltagsrealität (z.B. Drogenkonsum, kein legaler Aufenthaltsstatus, Flucht aus der Familie oder vor Strafverfolgung) gegen geltende Gesetze, die inhaltlich nichts mit der Sexarbeit zu tun haben. Daraus resultiert, dass die derzeitige Gesetzeslage Ein- und Ausschlüsse reproduziert und verfestigt, da die abwertenden Zuschreibungen an die Kategorie der „Beschaffungsprostituierten" bereits existieren. Es muss daher untersucht werden, wie die Konstruktion von Kategorien zur gesellschaftlichen Exklusion führen, und wie das Andere, das Nicht-Normale konstruiert und durch gesetzliche Vorgaben verstärkt wird.

Die Alltagsrealität von drogengebrauchenden Sexarbeiterinnen ist gekennzeichnet durch Drogenkonsum und Verstöße gegen Gesetze, Normen und Werte. Frauen, die Drogen konsumieren und als Sexarbeiterinnen tätig sind, werden von der Mehrheitsgesellschaft entweder als Opfer oder als Täterinnen wahrgenommen. Ich gehe davon aus, dass es mithilfe der Rekonstruktion der Technologien des Selbst möglich ist, diese Zuschreibungen zu dekonstruieren. Demnach ist das Subjekt nicht nur das Produkt von Macht und Wissen, sondern es konstruiert sich selbst durch die Fähigkeit, sich als Subjekt zu sich selbst und zu Anderen ins Verhältnis setzen zu können (Foucault 1993b, 26). In der Arbeit soll überprüft werden, ob die von Foucault beschriebenen antiken Selbsttechnologien (siehe 4.1.3/4.1.4) auch eine andere Sicht auf die Subjektkonstruktionen von drogengebrauchenden Sexarbeiterinnen zulassen. Es geht dabei um den Versuch, ein anderes Subjektivitätsdispositiv als unser gegenwär-

---

1  Das Gesetz zur Regelung der Rechtsverhältnisse der Prostituierten ist seit dem 1. Januar 2002 gültig. Es hat erstmals Rechte für Prostituierte, Callboys, Inhaber und Inhaberinnen von bordellartigen Betrieben in Deutschland festgeschrieben, und sie sind gerichtlich einklagbar (siehe 3.2).

tiges – das durch Gesetzesunterwerfung und Selbsterkenntnis geprägt ist – zu denken und daraus Handlungsoptionen zu formulieren (Foucault 2004, 392).

Basierend auf einem foucaultschen Verständnis von Selbsttechniken möchte ich Handlungsoptionen für drogengebrauchende Sexarbeiterinnen freilegen. Gegenwärtig hat es den Anschein, als ob sie jeglicher Handlungsfähigkeit und Selbstbestimmungsrechte beraubt sind. Sie werden aufgrund ihrer Biografien viktimisiert und diskriminiert sowie durch ihre Alltagsrealität kriminalisiert und nicht mehr als handelnde Subjekte wahrgenommen. Sie leben scheinbar nur noch für ihren Drogenkonsum und sind abhängig von ihren Dealern, den Freiern und den WirtschafterInnen im Stadtteil. Die staatliche Drogenpolitik zwingt sie in ein Leben außerhalb der gesellschaftlichen Normalität, das durch die Exekutive auf der reglementierenden Seite und durch die Hilfeeinrichtungen auf der regulierenden Seite organisiert wird. Entgegen diesen normativen Vorstellungen organisieren drogengebrauchende Sexarbeiterinnen jedoch tagtäglich ihr oft sehr kompliziertes Leben und eben auch ihr Überleben gegen gesellschaftliche Einflüsse und Widerstände.

Forschungsleitend war deshalb die Arbeitsthese, dass in der Verweigerung von gesellschaftlichen und rechtlichen Normen und in den Verstößen gegen sie subversive Akte und Widersetzungen enthalten sind, die Handlungsspielräume einerseits eröffnen und andererseits beschränken können. Die sich daraus ergebenden Forschungsfragen sind:

1. Was sind die vorhandenen Widersetzungen in den Selbsttechniken drogengebrauchender Sexarbeiterinnen und wie sind darin Handlungsfähigkeiten erkennbar?

2. Welche politischen Handlungsmöglichkeiten und Empowermentansätze, die zur Selbstermächtigung führen, können aus diesen Widersetzungen und Handlungsfähigkeiten abgeleitet werden?

Deshalb stehen im Fokus der Untersuchung die Selbstwahrnehmungen drogengebrauchender Sexarbeiterinnen im Kontext von Sexarbeit und Drogenkonsum sowie die Wechselwirkung zwischen den sozialen Strukturen und den symbolischen Repräsentationen innerhalb der Selbsttechniken. Darauf aufbauend werde ich herausarbeiten, welche dieser Techniken die Selbstbestimmung und die Handlungsfähigkeit fördern oder hemmen und welche ganz fehlen.

In Foucaults Analyse zur Macht sind marginalisierte Subjekte nicht nur Opfer solcher Machtwirkung, sondern sie werden durch diese auch erst produziert. Ein Beispiel dafür ist der gesellschaftliche Umgang mit Sexarbeit in den letzten Jahrzehnten. Indem der Versuch unternommen wurde, das scheinbare Problem durch juristische, soziale und moralische Repression zu beseitigen, wurde gleichzeitig die Identität SexarbeiterInnen geschaffen, die es erlaubt nicht mehr über Einzelschicksale zu reden, sondern sich der Probleme einer diskriminierten Gruppe anzunehmen bzw. der Gruppe über VertreterInnen eine Stimme zu geben und somit in der Gesellschaft auch wahrgenommen zu werden.

Ausgehend von der Arbeitsthese, dass in den Selbsttechniken der Verweigerung und den Verstößen gegen die gesellschaftliche Norm auch subversive Akte enthalten sind, die Handlungsspielräume eröffnen, sind die Widerstandspraktiken innerhalb des marginalisierten Bereiches drogengebrauchender Sexarbeiterinnen von großer Bedeutung. Drogenkonsum ebenso wie die Verstöße gegen Gesetze werden in Subkulturen häufig als Widerstand gegen den *mainstream*, gegen herrschende Normen und die gesellschaftliche Vereinnahmung gesehen. Für drogengebrauchende Sexarbeiterinnen ist der Drogenkonsum jedoch eine Überlebensstrategie, die gleichzeitig ein Dilemma und eine Form der Rebellion darstellt. Es ist offensichtlich, dass sich die widerständigen Akte gegen die eigenen Körper richten und zerstörerisch auf der Subjektebene wirken.

In der vorliegenden Arbeit werden Körper und Verkörperung auf der identitären, repräsentativen und strukturellen Ebene einen wichtigen Platz in der Empirie einnehmen, wobei Körper mit dem Verweis auf die gesundheitliche Verfasstheit als vergeschlechtlichtes „Arbeitsmittel" und als Orte der Widerstandspraktik zu betrachten sind.

Das ursprüngliche Ziel der Arbeit war es, auf Basis der Widersetzungen Selbstschutzstrategien und Empowerment zu entwickeln. Jedoch wurde nach der Bildung der zentralen Subjektkonstruktionen (6.1) deutlich, dass Widersetzungen keine Grundlage für Empowerment sein können, sondern dass ich erst Handlungsfähigkeit definieren muss, um Empowerment und Selbstschutzstrategien begründen zu können. Diese wichtige Erkenntnis führte zur Modifikation der Schrittfolge in der Intersektionalen Mehrebenenanalyse (siehe 5.3).

Das Forschungsziel dieser Arbeit ist es, auf der Basis poststrukturalistischer Theorien intersektionaler Ansätze und der Intersektionalen Mehrebenenanalyse drogengebrauchenden Sexarbeiterinnen eine Stimme zu verleihen, die nicht nur ihre Verletzungen, Unterdrückung und Diskriminierung verbalisiert, sondern auch ihre Visionen und Träume in Form von Empowerment aufnimmt.

Im folgenden Kapitel wird der Untersuchungsgegenstand kontextualisiert. Es werden verschiedene Diskurse im Hinblick auf die Situation von drogengebrauchenden Sexarbeiterinnen befragt. Dabei fokussiert das Kapitel weder einseitig die Sexarbeit noch den Drogengebrauch, da beide Bereiche miteinander verwoben sind und einander bedingen.

# 3 Kontextualisierung des Forschungsgegenstandes

In diesem Kapitel werden das Umfeld und die wichtigsten Begriffe beschrieben, die benötigt werden, um das Thema der „Beschaffungsprostitution" einordnen zu können. „Beschaffungsprostitution" ist eine Form von Armutsprostitution. Frauen, die exzessiv Drogen konsumieren, und illegalisierte Migrantinnen sind gezwungen sich kompromisslos den Bedingungen des Marktes, d.h. den Forderungen von Freiern, SchlepperInnen, WirtschafterInnen usw. zu unterwerfen. Dagegen steht neuerdings die Prostitution als anerkannte Dienstleistung mit verbindlichen und einklagbaren Rechten für alle Beteiligten. Wir haben es also mit Prostituierten verschiedener „Klassen" zu tun. Seit der Einführung des ProstG ist diese Klassifikation auch gesetzlich legitimiert.

Julia O'Connell Davidson beschreibt in einem Artikel die Marktgesetze des Menschenhandels und postuliert, dass die Existenz eines legalen Sektors nicht zwangsläufig den informellen und nicht legalen Bereich verschwinden lässt (O'Connell Davidson 2006, 1). So können in der Prostitution auch die bereits Ausgeschlossen und Überflüssigen Zuflucht finden. Für Drogenkonsumierende, MigrantInnen ohne Aufenthaltstitel, die Ärmsten der Armen und minderjährige Ausreißer ist die Teilnahme am informellen Drogen- und Sexmarkt die einzige und oft auch letzte Möglichkeit, um zu überleben. Wenn ihnen die Alternativen fehlen oder der Anreiz groß genug ist, können Menschen sich auf etwas einlassen, das ihnen möglicherweise schadet und das sie unter anderen Umständen nicht tun würden (ebd. 11). Wird die Prostitution vollständig legitimiert und als „anständige" Arbeit in die legale Wirtschaft integriert, so ist sie nicht mehr offen für solche Gruppen. Diese müssen nach wie vor Sex in einem illegalisierten Umfeld und damit weitgehend ungeschützt anbieten. Für solche Menschen ist der Verkauf von sexuellen Dienstleistungen ein Teil ihrer persönlichen Überlebensstrategie. Es liegt daher nicht in ihrem Interesse, dass die Gesellschaft sie als legale SexarbeiterIn integriert und wahrnehmen möchte (ebd. 18).

Die Definitionen von „Beschaffungsprostitution" sind oft widersprüchlich und versuchen komplexe Zusammenhänge auf einfache Sachverhalte zu reduzieren.[1] Udo

---

1 Folgendes Praxisbeispiel soll das verdeutlichen: In einem Arbeitsgespräch wurde eine Milieuaufklärerin aus dem Polizeikommissariat 11 (in Hamburg St. Georg) gefragt, nach welchen Kriterien Beschaffungsprostituierte erfasst werden. Die Antwort war, dass dies nach Augenschein und Standort der Frauen erfolge und keine Kriterien existierten. Das bedeutet,

Zimmermann unterscheidet in seiner Dissertation, in der er sich mit der rechtlichen Position von Prostituierten auseinandersetzt, zwischen professionellen[2] Prostituierten, Beschaffungsprostituierten und Gelegenheitsprostituierten (Zimmermann 2002, 16). Er differenziert in Abhängigkeit von Art und Umfang der Tätigkeit sowie der Motivation. Zimmermann tritt für eine Verbesserung der rechtlichen Situation von Prostituierten ein und sieht in der Anerkennung der Prostitution als Beruf den entscheidenden Schritt in diese Richtung. Ihm ist allerdings auch klar, dass es Formen der Prostitution gibt, die sich einer solchen Betrachtung entziehen. Er vermeidet es, sich der komplexen Frage zu stellen, wie in solchen Fällen zu verfahren sei. Er legt nicht fest, wann eine Prostituierte professionell arbeitet und damit einen Beruf ausübt, sondern er definiert die Anderen, die „Unprofessionellen", für die der Ansatz nicht gilt und die somit ausgeschlossen werden.

Für Zimmermann sind Beschaffungsprostituierte Frauen „die zur Finanzierung ihrer Sucht, insbesondere der Betäubungsmittelsucht, der Prostitution nachgehen" (ebd. 16, Fn. 4). Weiter führt er aus, dass die Differenzierung überwiegend über das Berufsethos, die Regelmäßigkeit und die Professionalität der Berufsausübung, den Drogenkonsum und durch die Erfassung der Gesundheitsämter erfolgt (ebd.). Dieses Beispiel zeigt, wie innerhalb des juristischen Diskurses zur Prostitution die Zielgruppe der Prostituierten, die es zu schützen gilt und die somit im Zentrum der Betrachtung steht, durch die Konstruktion und den Ausschluss der Anderen, nämlich der „Beschaffungsprostituierten" definiert wird. Es wird also von außen eine Normalität innerhalb der Prostitution geschaffen, und nur die Zugehörigkeit zu dieser Norm berechtigt zur Partizipation an rechtlichen Verbesserungen.

Der in den Naturwissenschaften praktizierte und auch gerechtfertigte Ansatz der Modellbildung zum Zwecke der Vereinfachung und Abgrenzung des Betrachtungsraumes als Voraussetzung für die Erarbeitung von Lösungen hat sein Äquivalent auch in der Auseinandersetzung mit gesellschaftlichen Problemen. Auch hier ergeben sich die einfachen Lösungen nur, wenn man das Störende ausgrenzt. Allerdings betreffen gesellschaftliche Fragestellungen immer Individuen, die so an der Teilhabe von Veränderungen respektive Verbesserungen ausgeschlossen werden. Diese Erkenntnis hat mich veranlasst, die wichtigsten wissenschaftlichen Diskurse zur Kategorie „Beschaffungsprostitution" zu untersuchen. Sie werden bezüglich ihrer Konstruktion befragt, da ihre Definitionsmacht die Normativität[3] festschreibt, die zur Ausschließung der gesellschaftlichen Gruppe der drogengebrauchenden Sexarbeiterinnen führt.

---

auch die verfolgende Exekutive hat keine Definition, trotzdem scheint jeder zu wissen was gemeint ist, wenn es um das Thema „Beschaffungsprostitution" geht.

2 Professionell bedeutet insbesondere das Arbeiten mit Kondomen, keine risikobehafteten Sexualpraktiken zuzulassen und die selbstbewusste Preisgestaltung.

3 Die Wissenschaftlerin für feministische und queere Theorie Janet R. Jakobsen definiert Normativität als Machtfeld, als Geflecht von Beziehungen, das als Netzwerk von Normen fungiert und die Möglichkeiten und Grenzen von Handlungen gestaltet. Normen sind Imperative, die eine Materialisierung ausgewählter Körper und Handlungen ermöglichen. Die Mechanismen, mithilfe derer das Normale an Normen gekoppelt wird, bezeichnet sie als Prozesse der Normalisierung (Jakobsen 1998, 517).

Im folgenden Abschnitt geht es darum den Forschungsgegenstand „Beschaffungs-prostitution" im Kontext der wissenschaftlichen Auseinandersetzung zu betrachten. Wichtig ist es, die Felder Drogenkonsum und Prostitution einzeln und in ihren Ver-schränkungen zu betrachten. Es geht nicht nur darum, in das Forschungsfeld einzu-führen, sondern auch darum, die Konstruktion der Kategorie „Beschaffungsprostitu-tion" herzuleiten und die Notwendigkeit poststrukturalistischer Ansätze in der Arbeit mit drogengebrauchenden Sexarbeiterinnen zu begründen.

Ich werde ausgehend vom Allgemeinen auf das Konkrete hinarbeiten und mit dem Begriff Prostitution beginnen. In der Konkretisierung verweise ich zuerst auf das Feld Migration und widme mich dann dem Forschungsfeld der „Beschaffungs-prostitution". Dabei ist es mir wichtig, die Differenzen und Parallelen zwischen den beiden Kategorien „professionelle Prostitution" und „unprofessionelle Prostitution" aufzuzeigen, um dann explizit auf die Sexarbeit in der Subkultur der Drogenszene und die darin herrschenden Diskurse eingehen. Der letzte Abschnitt führt in den ge-sellschaftlichen Suchtdiskurs und seine Spezifika ein.

Beginnen werde ich mit einem kurzen historischen Abriss, um die abwertenden Stigmata, die mit der Prostitution zusammenhängen, in ihrer geschichtlichen Genese verdeutlichen zu können.

## 3.1 HISTORISCHER ABRISS DER PROSTITUTION

Ich beschränke mich auf die Historie des 16. bis 18. Jahrhunderts und als Quelle verwende ich Olwen Hufton (1998). Der geschichtliche Rückblick ist aus meiner Sicht ausreichend, um die Abwertung und Diskriminierung von Prostituierten histo-risch verorten zu können.[4] Der folgende Abschnitt ist ein zusammengefasster Auszug aus dem Kapitel „Mätressen und gemeine Dirnen" aus dem Buch „Frauenleben" über die Alltagsgeschichte der Frauen in Westeuropa vom ausgehenden Mittelalter bis zu Beginn der Moderne von Hufton (Hufton 1998, 412-456).

Die Einstellung der katholischen Kirche zur Hurerei war vor der Reformation zwar theologisch eindeutig, in der Praxis aber ambivalent. Im Mittelalter galt es als selbstverständlich, dass unverheiratete Männer ihre Männlichkeit durch sexuelle Be-tätigung unter Beweis stellten. Da die Frauen in den wohlhabenden Gesellschafts-schichten auf Grund der Moralvorstellungen und der gesellschaftlichen Kontrolle für einen derartigen vorehelichen Männlichkeitsbeweis nicht zur Verfügung stehen konnten, wurde die Dirne postuliert, eine Frau aus der unteren Schicht, die ihre „Ehre verloren und ihren sexuellen Appetit entdeckt hatte" (ebd. 1998, 413). Es wurden städtische Bordelle lizenziert, die man mit „Latrinen" als einem Ort für Unrat und Exkremente gleichsetzte. Diese Praxis wurde Ende des 15. Jahrhunderts von den Dominikanern ausdrücklich mit dem moralischen Argument empfohlen, dass die Hu-ren zur sittlichen Ordnung beitrügen, da sie bereits gefallen seien und ehrbare Frauen von sexuellen Übergriffen schützten. Die Huren bezeichnete man als „gefallen" und

---

4   Die Entstehung des abwertenden Stereotyps der Prostitution in der Aufklärung wird sehr
    gut in der Arbeit von Sabine Ritter (2005) abgehandelt.

„gemein", sie gehörten keinem Hausstand (im Sinne der mittelalterlichen Rechtsnorm) an und waren für jeden verfügbar. In Großbritannien, Skandinavien und in den
Niederlanden existierten keine lizenzierten Bordelle. Im mediterranen Raum, speziell
in Italien, mussten sich Prostituierte durch hellrote oder hellgelbe Kleidung kenntlich
machen. Im 16. Jahrhundert erhöhte sich auf Grund des demografischen Wachstums
die Zahl der Frauen, die arm und alleinstehend waren. Viele von ihnen mussten sich
in der Prostitution ihren Lebensunterhalt oder das Geld für ihre Mitgift verdienen, z.
B. als Marketenderinnen.[5] Dieser Ausweg galt in Italien als üblich. In den Slums von
Rom haben sich viele Arme und Verfolgte niedergelassen, die mit allen Mitteln ihren
Lebensunterhalt verdienen mussten. Frauen, wie mittellose Witwen und alleinstehen-
de weibliche Conversos,[6] hatten oft keine andere Wahl, als sich als Prostituierte zu
verdingen. Schon hier bestätigt sich die Erkenntnis, die Daniel Defoe 1721 in Moll
Flanders pointiert niederschreibt: „Das Laster ist immer durch die Tür der Not gekommen, nicht durch die Tür der Neigung." In den Augen der protestantischen Re-
former war Rom auch deshalb die große Hure Babylon.[7] Die Italiener hingegen hätten sicherlich Venedig zur Kapitale der Hurerei erhoben, da sich hier die Kultur der
Kurtisanen[8] herausgebildet hat. In der italienischen Renaissance wurde die weltliche,
körperliche mit der heiligen, geistigen Liebe verwoben, und die Freuden des Flei-
sches wurden verherrlicht und mit der Kultur im restlichen Europa verbreitet. Die
Beichte mit anschließender Buße beseitigte alle eventuell auftretenden moralischen
Probleme. Der Protestantismus versperrte diesen Weg und forderte eine beständig
gottgefällige und keusche Lebensweise. Für ihn war Maria Magdalena eine katholi-
sche Legendengestalt und die gefallenen Frauen ein Werkzeug des Teufels. Lizen-
zierte Bordelle galten ihm als Kennzeichen einer gottlosen Gesellschaft und Prostitution als eine Frucht der Papisterei. Die Frage der dominanten Konfession im Staat
beeinflusste auch die politische Sicht auf das sexuelle Verhalten und die Frage der
Prostitution im Land. Allerdings schliff sich die protestantische Strenge im Alltag ab,
während im Zuge der Gegenreformation der Kampf der katholischen Kirche gegen
die sexuelle Laxheit deutlich zunahm. Auch sie begann Stiftungen[9] für gefallene
Mädchen einzurichten und Ende des 17. Jahrhundert waren auch in ihrem Einflussbe-

---

5    Frauen, die Soldaten begleiteten.
6    Aus Spanien vertriebene Christen jüdischer Abstammung.
7    Hure Babylons, die purpurne Frau der Offenbarung, Mutter der Huren.
8    Frau mit Bildung, musikalischen Talenten, erotische Künsten. Über sie ist sehr wenig be-
     kannt. Sie werden immer als unabhängig dargestellt, jedoch beweisen die Quellen die Ab-
     hängigkeit von ihren Gönnern.
9    Stiftungen oder „Repenties" wurden z.B. von Jesuiten gegründete, wie die „casa pia" in
     Sevilla Ende 16. Jh. für reuige Prostituierte, also Magdalenen, die den Weg der Martha
     gewählt hatten. Die katholischen Länder wählten originelle Initiativen, so forderte der Kar-
     dinal-Erzbischof von Bologna Paleotti nicht nur Stiftungen für Mitgiftfonds, sondern, dass
     eine Prostituierte den Freier, der nicht zahlte, verklagen könne und dieser sollte Verfahren
     und die Prostituierte bezahlen.

reich die lizenzierten Bordelle[10] verschwunden. Durch die Bevölkerungsexpansion und die Konzentration von Armut in den Städten kam es im 18. Jahrhundert zu einem exponentiellen Wachstum der Prostitution und auch London, Paris und Amsterdam wurden zu Kapitalen der Hurerei. Damit war die harte Linie der Protestanten bei der Bekämpfung der Prostitution ebenso gescheitert wie der eher „sanfte" Ansatz der Katholiken und auch die verzweifelte Übernahme der Strategie der jeweils anderen Seite. Letzten Endes wissen wir somit sehr viel über die Motive der Gegner und Befürworter der Prostitution, aber nichts über die Frauen, die als Prostituierte geführt wurden. Die Geschichte und die Literatur verschleiern ihre Wirklichkeit (Huften 1998, 423f).

Es existieren keine allgemeingültigen Statistiken zur Anzahl der Prostituierten in Deutschland, da sich der größte Teil der Prostitution immer noch in der Illegalität abspielt. Die Zahlenangaben variieren je nach Schätz- bzw. Erfassungsmethoden; so sollen täglich 1,2 Millionen Menschen eine Prostituierte aufsuchen (Laskowski 1997, 80). Die Zahl der Prostituierten wird mit 100.000 (Leopold/Steffan/Paul 1997, 7-11) bis 400.000 (Steffan 2005, 34; Tampep Final Report 2007, 233) angegeben. Die Schätzungen beziehen sich zum großen Teil auf die Zahlenangaben der Gesundheitsämter, das bedeutet, die realistische Zahl dürfte höher liegen, da viele Frauen nicht registriert sind.

Folgende Bestimmungsmerkmale sind nach Friedrich Stallberg (1999) für die Prostitution wesentlich:

- Sexuelle Dienstleistungen werden freiwillig angeboten.
- Die Dienstleistung wird direkt mit Geld bezahlt.
- Prostituierte gehen mit einem größeren Kundenkreis sexuelle Kontakte ein.
- Die Transaktion zwischen Prostituierten und Kunden ist vorübergehender und flüchtiger Art.
- Die Transaktion zeichnet sich durch Anonymität und Sachlichkeit aus und findet ohne emotionale Beteiligung statt.
- Die Prostitution erfordert die schwierige Auslotung von Nähe und Distanz, von Intimität und Anonymität. Diese setzt eine hohe Sozialkompetenz voraus, wobei vor allem Selbstbewusstsein, Selbstsicherheit sowie die Fähigkeit Grenzen zu setzen bedeutsam sind (Stallberg 1999, 590-608).

Heike Zurhold bietet eine erweiterte Definition von Prostitution an, die eine Einbeziehung der „Beschaffungsprostitution" ermöglicht:

„Prostitution ist als eine Dienstleistung zu verstehen, die in der Ausübung, Erduldung und Stimulation von sexuellen Handlungen gegen Entgelt oder andere materielle Güter wie z.B. Obdach oder Drogen besteht." (Zurhold 2002, 105)

---

10 Es gab immer mal wieder Versuche diese wieder einzuführen, z.B. in England durch Mandeville, mit dem Argument der „Latrine" in der Vorreformation. Dies stieß allerdings auf Widerstand.

Antje Langer schließt sich dieser Definition an und betrachtet die Prostitution als soziale Institution, die gesellschaftlich und historisch fest verankert ist. Sie weist darauf hin, dass die „Prostitution nicht unabhängig gesellschaftlicher Normen- und Wertesysteme bezüglich der Regelungen von Geschlechterbeziehungen und vorherrschenden Sexualmoral betrachtet werden" könne (Langer 2003, 9). Prostitution sei gegenwärtig „allseits gefragt" und gesellschaftlich institutionalisiert, jedoch illegalisiert und abgewertet (ebd. 10).

Wissenschaftlerinnen, die aus einer Betroffenenperspektive für einen emanzipativen Sexarbeitsbegriff streiten, sind vor allem Laura M. Agustín (1988), Pieke Biermann (1980), Gail Pheterson (1990) und Beatriz Preciado (2003).

Heinrich W. Ahlemeyer unterscheidet sechs *Settings* der institutionalisierten Prostitution (siehe Tabelle 1).

*Tabelle 1: Settings der Prostitution (Ahlemeyer 1996, 79)*

|  | **Industriearbeitsorientiert** | **Dienstleistungsorientiert** |
|---|---|---|
| **Stationär** | 1. Bordell | 2. Appartement<br>3. Bar, Club, Sauna |
| **Mobil** | 4. Strich<br>5. Drogenstrich | 6. Escort |

Das Prostitutionsmilieu ist hierarchisiert, die Straßenprostitution befindet sich auf der untersten Stufe. Eine weitere Unterscheidung wird bezüglich des professionellen oder nicht-professionellen Settings getroffen. Nach Lisa Guggenbühl und Christa Berger (2001), die eine qualitative Studie in der Schweiz durchführten, sind professionelle Sexarbeiterinnen behördlich registriert und bezahlen Steuern. Die Sexarbeit ist ihre Haupterwerbsquelle, die sexuellen Dienstleistungen richten sich nach Tarifen und es gibt klare Arbeitsorte. Die Sexarbeiterinnen identifizieren sich mit ihrer Tätigkeit und verfügen über die Kompetenzen geschäftliche und private Sexualität zu trennen. Davon unterscheiden Guggenbühl und Berger die nicht-professionellen Sexarbeiterinnen, diese betreiben die Tätigkeit als Nebenerwerb und verleugnen sie. Die Grenzen zwischen Arbeits- und Privatbeziehungen sind fließend, die Kunden bestimmen das Preis-Leistungs-Verhältnis und die Arbeitsorte sind nicht festgelegt (Guggenbühl/Berger 2001, 13).

Nach Emilija Mitrovic ist die Gruppe der Sexarbeiterinnen keine homogene Gruppe und müsste in drei Gruppen differenziert werden:

1. Prostituierte mit legalem Status;
2. Prostituierte ohne Aufenthaltsstatus (Problematik Frauenhandel und Erpressbarkeit durch Illegalität);
3. Beschaffungsprostituierte (Frauen, die sich prostituieren, um ihren Drogenkonsum zu finanzieren) (Mitrovic 2004, 42-47).

Seit dem 1. Januar 2002 gibt es das Gesetz zur Regelung der Rechtsverhältnisse der Prostituierten (ProstG): Sexarbeiterinnen haben jetzt einen Anspruch auf Pflichtversicherung in der gesetzlichen Kranken-, Arbeitslosen- und Rentenversicherung. Im Zivilrecht wird die Prostitution nicht mehr als sittenwidrig angesehen. Das bedeutet, dass Sexarbeiterinnen in Deutschland ihr Entgelt künftig gerichtlich einklagen können. Im Strafrecht macht sich ein Bordellbesitzer, der angemessene Arbeitsbedingungen schafft, nicht mehr strafbar. Damit wird Sexarbeiterinnen die Möglichkeit eingeräumt, rechtlich abgesichert zu arbeiten. Umschulungsmaßnahmen für ausstiegswillige Sexarbeiterinnen sind nach dem Arbeitsförderungsgesetz möglich (Deutscher Bundestag 2001).

Das Gesetz bedeutet für Frauen mit legalem Status sowie für Frauen aus Ländern der Europäischen Union sicherlich einen Schritt in eine positive Richtung.[11] Für die Gruppe der drogengebrauchenden Sexarbeiterinnen und für die Gruppe der Migrantinnen ohne Aufenthaltsstatus ist keine Verbesserung eingetreten, da sie nicht in den Geltungsbereich dieses Gesetzes fallen. Der Anteil migrierter Sexarbeiterinnen beläuft sich in Hamburg St. Georg auf ca. 60 - 75%, was dem Verhältnis in Deutschland entspricht.

„In Germany the majority of female sex-workers are migrants: about 60% of them, while among male sex workers 75% are migrants and about 85% among transgender sex workers are migrants." (Tampep Final Report 2007, 38/233; Tampep International Foundation 2009, 16/79)

In Hamburg liegt der Anteil der Sexarbeiterinnen mit Migrationshintergrund in der Appartmentszene 2010 bei 84% und ist 2011 auf 87% gestiegen (BGV Endbericht 2011, 7). Die Migrantinnen im Stadtteil St. Georg kommen vorwiegend aus Bulgarien, Rumänien und anderen osteuropäischen Ländern. Der nächste Abschnitt wird sich näher mit diesem Thema beschäftigen.

Die Kategorie Ethnie spielt in den ohnehin spärlichen Untersuchungen zur „Beschaffungsprostitution« keine Rolle. Im herrschenden Diskurs über illegalisierte Prostitution überlagern sich die Themen von Migration und Menschenhandel. Es handelt sich dabei um zwei separate Themen, die aber miteinander verbunden sind (Kaye 2003, 3). Menschenrechtsverletzungen spielen in diesem Bereich eine große Rolle. Eine differenzierte Betrachtung der rechtlichen und strukturellen Ursachen der Migrationsprozesse würde den Rahmen dieser Arbeit sprengen. Deshalb werde ich mich auf die Schnittstelle zwischen dem Milieu „Migrantinnen in der Sexarbeit" und der Subkultur des Drogengebrauchs konzentrieren. Dadurch kann gezeigt werden, dass die Wirkung von Repression dem gleichen Muster der Ausgrenzung folgt.

Staatliche Reglementierungen der Prostitution werden heutzutage mit der Sorge um die Prostituierten begründet. Ein Blick in die Realität zeigt jedoch, wie fragwürdig diese Motivation ist. In vielen europäischen Ländern konnte bereits festgestellt werden, dass die Unterdrückung der Prostitution fast immer negative Folgen für die Sicherheit, das Wohlergehen und die Arbeitsbedingungen der Sexarbeiterinnen hat (Schrader 2006, 167). Dies gilt insbesondere für migrierte „Zwangsprostituierte", die

---

11 Allerdings gibt es auch seitens der Sexarbeiterinnen Kritik an der Umsetzung und fehlenden Durchführungsbestimmungen. Eine differenzierte Stellungnahme findet sich dazu auf der Internetseite von HYDRA unter dem Link „Recht".

in imposanten Medienspektakeln als sklavische Ware „ausländischer Mafiosi" gezeigt werden.

Im Diskurs um migrierte „Zwangsprostituierte" wird besonders deutlich, wie ihr
Schicksal politisch benutzt wird, um eine Verschärfung des Ausländer- oder Zuwan-
derungsrechts zu rechtfertigen, deren erstes Opfer oft die Frauen selbst sind. Dieser
Diskurs verweist auf die Schnittstelle von Sexismus und Rassismus, eine differenzierte Darstellung gestaltet sich äußerst schwierig (Howe 2004, 33). Die Ware Frau
ist hier nie Subjekt ihrer Handlung, sondern meist nur willenloses Opfer, deren Preis
sich aus Angebot und Nachfrage gestaltet (ebd.). Dass diese Frauen genügend Gründe besäßen, so Christiane Howe, sich eigenverantwortlich auf den Handel einzulassen, bleibt in den Diskussionen meist unberücksichtigt. Wichtige Ursachen für Migration werden ausgeblendet, wie der Umgang mit billigen Arbeitskräften im informellen Sektor oder der eklatante Widerspruch zwischen der Reduzierung der Ein-
wanderung und der Nachfrage nach Arbeitskräften im informellen reproduktiven Bereich (ebd. 34).[12] Die Motivationsstrukturen, aus denen heraus sich Frauen zur Migration entschließen, sind weitaus komplexer als vielfach angenommen wird. Die
Gleichsetzung von Verbrechen und Migration sowie die repressive, kontrollierende
Politik führen zu einer Objektivierung von Sexarbeiterinnen, die sie als handelnde
Subjekte ausschließt. Veronica Munk plädiert dafür, dass eine Debatte über Arbeits-
migration und Menschenrechte statt über Menschen- und Frauenhandel geführt wird
(Munk 2005, 80).

Die rechtliche Situation von Migrantinnen in Deutschland hat sich durch das neue
ProstG nur für die Frauen verbessert, die einen deutschen Pass, eine unbefristete
Aufenthaltserlaubnis besitzen oder aus bestimmten Mitgliedsstaaten der Europäischen Union stammen. Ist dies nicht der Fall, so werden sie nach dem Aufenthalts-
recht behandelt, wonach die Ausübung der Prostitution einen Ausweisungsgrund darstellt.[13] Migrantinnen mit einem befristeten Aufenthaltsstatus und beschränkter Aufenthaltserlaubnis verlieren diese, sobald sie keinen Arbeitsvertrag vorweisen können,
da sie ohne Sondererlaubnis nicht als Selbständige arbeiten dürfen.[14] Drogengebrauchende sich prostituierende Migrantinnen, unabhängig über welchen Aufenthaltsstatus sie verfügen, sind immer noch zusätzlich von der Ausweisung bedroht, weil sie

---

12  Das umfasst den gesamten Dienstleistungssektor der Kindererziehung, Haushaltsführung,
    Pflegearbeiten etc.

13  Die Tschechische Republik, Estland, Zypern, Lettland, Litauen, Ungarn, Malta, Polen,
    Slowenien, Slowakei wurden am 01.05.04 in die EU aufgenommen. Für Sexarbeiterinnen
    aus diesen Ländern hat sich Situation deutlich verbessert, sie können seit dem 01.05.2011
    uneingeschränkt als Selbständige und auch als abhängig Erwerbstätige arbeiten. Für Frauen
    aus Bulgarien und Rumänien, den neuen Beitrittsstaaten, gilt momentan nur die Niederlas-
    sungsfreiheit für Selbstständige und die Dienstleistungsfreiheit (Regierungspräsidien in
    Baden-Württemberg 2011).

14  Wollen MigrantInnen mit einem befristeten Aufenthaltsstatus als Selbständige arbeiten, so
    müssen sie diese bei der Ausländerbehörde beantragen und beweisen, dass sie über einen
    Arbeitsplatz verfügen. Nach Erteilung der Sondererlaubnis müssen sie sich beim Finanz-
    amt anmelden und selbst Steuern zahlen (Munk 2005, 81).

sich durch den Verstoß gegen die Sperrgebietsverordnung1 (siehe 3.4.4) und gegen das Betäubungsmittelgesetz (BtMG siehe 3.4.4) strafbar machen.

Illegal migrierte Sexarbeiterinnen haben durch ihren rechtlosen Status meistens keine andere Wahl, als in der Sexarbeit zu verbleiben, sie können sich nicht beraten und auch nicht gesundheitlich versorgen lassen. Die Illegalisierung fördert die Erpressbarkeit und damit die Ausbeutung und die Gewalt. Frauen, so resümiert Howe (2004), sind zusätzlich noch von sexualisierter Gewalt bedroht und der Willkür von Arbeitgebern, Hausherren, Bordellbetreibern, staatlichen Organen und von Ehemännern, die sie hier geheiratet haben, ausgesetzt. Zur Situation illegalisierter Sexarbeiterinnen formuliert Howe:

„Die illegal in der Prostitution arbeitenden Frauen stehen unter enormen Druck, leben in ständiger Angst vor einer Polizeikontrolle bzw. Razzia. Razzien werden von verschieden Behörden angeordnet und unterschiedlich begründet – von der Finanzbehörde zwecks Steuerfahndung, der Ausländerbehörde zwecks Suche nach illegal Eingereisten und der Kriminalpolizei aufgrund des Verdachts des Menschenhandels oder anderer Straftaten wie illegaler Waffen- oder Drogenhandel. Auch Anzeigen von Dritten, z.B. von unzufriedenen Kunden oder Kolleginnen, führen zu Kontrollen." (Howe 2004, 36)

Menschen, die permanenten Repressionen ausgesetzt sind, entwickeln Strategien um ihre Situation erträglich zu machen. Eine kann der Gebrauch von Drogen sein. Auf Grund der zentralen Themenstellung der Arbeit wird nur auf diese Strategie eingegangen. Eine Wertung und Wichtung ist damit nicht verbunden. Es geht mir in dieser Arbeit darum, signifikante Unterschiede in den Lebensrealitäten der Frauen zu thematisieren und mitzudenken. Ziel dieses Abschnittes war es zu zeigen, dass Migrantinnen in der Sexarbeit, ebenso wie drogengebrauchende Sexarbeiterinnen, von strukturellen Repressionen sowie abwertenden Diskursen betroffen sind. Beiden Gruppen wird aus unterschiedlichen Gründen die Handlungsautonomie abgesprochen. Im Folgenden wird gemäß der Forschungsaufgabe nur die „Beschaffungsprostitution" im wissenschaftlichen Kontext genauer betrachtet.

## 3.2 „BESCHAFFUNGSPROSTITUTION" ODER PROSTITUTION IN DER SUBKULTUR DER DROGENSZENE

„Beschaffungsprostitution" ist eine Leerstelle in der Wissenschaft und wird häufig nur im Randbereich der Suchtforschung verortet. Es gibt zwar zahlreiche Publikationen zur Drogenpolitik oder Suchtforschung sowie Milieustudien und Forschungen zur Prostitution,[15] aber nur selten werden beide Bereiche als Einheit untersucht. Erst seit dem Auftreten von HIV und AIDS ist die „Beschaffungsprostitution" etwas stärker in den Fokus des wissenschaftlichen und öffentlichen Interesses gerückt. Der ge-

---

15 Siehe unter anderem: Löw/Ruhne (2011); Brüker (2010); Choluj/Gerhard /Schulte (2010); Bowald (2010); Sanders/O'Neill/Pitcher (2009); Kontos (2009); Pates/Schmidt (2009); Brückner (2006); Girtler (1990).

sellschaftliche und wissenschaftliche Diskurs wird jedoch vor allem durch den Gedanken der Prävention vorangetrieben. In der Bundesrepublik muss von ca. 40.000 weiblichen Drogenabhängigen ausgegangen werden (Leopold, 2005, 101). Untersuchungen zum Drogengebrauch gehen je nach Erhebung und Szene davon aus, dass 25 bis 80% der weiblichen Drogengebrauchenden ihren Drogenbedarf über die Prostitution finanzieren (ebd.; Kerschl 2005, 117). Nichtsdestotrotz gibt es im deutschen, wie auch im europäischen Raum sehr wenige Studien zur „Beschaffungsprostitution". Zurhold kommt nach einer Recherche zum Stand der internationalen Forschung bezüglich weiblicher Drogenprostitution zu dem Ergebnis, dass die Literatur von US-amerikanischen Studien dominiert wird und in Europa seit Mitte der 1990er Jahre nur sechs Studien zur Beschaffungsprostitution existieren (Zurhold 2005, 20/34). Zurhold selbst führte eine explorative Studie zu Entwicklungsverläufen von jungen Mädchen und jungen Frauen in der Drogenprostitution durch. Diese Studie ist die aktuellste größere Veröffentlichung zur Lebenslage und Problemkonstellation junger Drogenkonsumentinnen. Migrantinnen in der „Beschaffungsprostitution" kommen in der Forschung nicht vor.

Die Abgrenzung der „Beschaffungsprostitution" zu den anderen Bereichen der Prostitution sei deshalb schwierig, da sich die Motive und Arbeitsformen teilweise überschneiden (Zurhold 2005, 19). Nach den Ergebnissen von Guggenbühl und Berger ist der Drogenkonsum im Rahmen der „Beschaffungsprostitution" nicht nur eine Begleiterscheinung, sondern das Hauptmotiv der Prostitution (Guggenbühl/Berger 2001, 14). Die Prostitutionstätigkeit ergebe sich primär aus dem Finanzierungsdruck zur Kostendeckung des Drogenkonsums. Guggenbühl und Berger bezeichnen es als einen Teufelskreis, in dem die fehlenden Mittel zur Drogenfinanzierung die Prostitution erforderlich machen, die ihrerseits nur durch Drogenkonsum zu ertragen sei.

Die „Beschaffungsprostitution" ist nach wissenschaftlichen Untersuchungen die zweite wichtige Einnahmequelle zur Finanzierung des Drogenkonsums.[16] Jedoch kann in der Realität kein kausaler Zusammenhang zwischen dem Drogenkonsum und der Prostitution vorausgesetzt werden (Kleiber 2000). Manchmal prostituieren sich die Frauen zuerst und dann folgt der Konsum von Drogen (Zurhold 2002, 105). Zurhold sieht Drogenkonsum und Prostitution „in einem wechselseitigen Bedingungsverhältnis, insofern die Prostitution den Drogenkonsum begünstigen kann, um die Sexarbeit zu erleichtern" (ebd.). Die Prostitution könne aber auch zur Limitierung der Konsummenge und Konsumfrequenz führen, da ein exzessiver Drogenkonsum nicht mit „professioneller" Sexarbeit vereinbar sei.

Langer postuliert, dass der Hauptgrund für die Prostitution von Drogenkonsumentinnen der Drogenerwerb sei und das erworbene Geld lediglich ein Zwischenziel darstelle (Langer 2003, 10). Geld zu verdienen, um Bedürfnisse zu befriedigen, ist allerdings keine Besonderheit der „Drogenprostitution", sondern kennzeichnet die meisten Arbeitsverhältnisse. Auch bei Sexarbeiterinnen kann davon ausgegangen werden, dass sie sich nicht prostituieren, um reich zu werden, sondern um ihren Lebensunterhalt zu verdienen.

---

16 Der Drogenverkauf und die Drogenvermittlung ist die erste Einnahmequelle, jedoch scheint diese eine Männerdomäne zu sein (Kleiber 2000, 4-10; Langer 2003, 10).

Zurhold benennt neben der Drogenfinanzierung auch noch die Befriedigung existentieller Bedürfnisse wie z.B. eine Unterkunft oder eine warme Mahlzeit als Prostitutionsgrund. Damit weist sie besonders auf die Situation von obdachlosen Beschaffungsprostituierten hin (Zurhold 1995). Von Dagmar Hedrich werden noch die Zweckbeziehungen, die drogengebrauchende Frauen mit Dealern oder männlichen Szeneangehörigen zur Sicherung des Drogenbedarfes bzw. zum Schutz vor Gewalt eingehen und mit sexueller Verfügbarkeit bezahlen, als besonderes Merkmal genannt (Hedrich 1989). Aber auch hier sind nach meiner Meinung die Grenzen zur „professionellen" Zuhälterei mehr als fließend. Für Zuhälter seien drogengebrauchende Frauen aufgrund ihres hohen Finanzierungsbedarfes und der ihnen unterstellten Unzuverlässigkeit uninteressant (Zurhold 2005, 20; dies. 2002, 111). Beschaffungsprostitution sei in erster Linie Straßenprostitution, sie finde auf der Straße, im Auto, im Freien und meist an abgelegenen Orten statt, und sie stehe innerhalb der Prostitutionshierarchie ganz unten (Guggenbühl/Berger 2001, 16; Zurhold 2002, 111). Das Bezugsmilieu sei die Drogenszene und nicht das Rotlichtmilieu, was aber Zurhold richtigerweise im Zusammenhang mit der Existenz von Drogenberatungsstellen auf der Szene sieht (Guggenbühl/Berger 2001, 16; Zurhold 2002, 111). Die Drogenkonsumentinnen erhalten in der Regel keine oder nur eine oberflächliche Einführung in die Prostitutionstätigkeit und Schutzmechanismen seien stark individualisiert oder nicht vorhanden. Ebenso fehlen Verhaltensregeln für die Prostitutionstätigkeit, die eine Orientierung und Sicherheit im Handeln geben könnten, und die Frauen seien häufig auf sich allein gestellt (ebd.). Beschaffungsprostituierte arbeiten oft in Sperrbezirken und halten sich nicht an die erlaubten Zeiten für die Prostitution, so Guggenbühl und Berger. Ihnen fehle das professionelle Selbstverständnis und die professionelle Distanz zur eigenen prostitutiven Tätigkeit (Guggenbühl/Berger 2001, 16). Sie verfügten über kein Berufsethos (Zimmermann 2002, 16; Zurhold 2002, 106). Die Abhängigkeit von psychoaktiven Substanzen führe zwangsläufig zu eingeschränkter Autonomie und Handlungsfreiheit, so Guggenbühl und Berger, die hier eine Machtasymmetrie zugunsten des Freiers gegenüber der sich prostituierenden Frau sehen (Guggenbühl/Berger 2001, 17).

Die von Zurhold durchgeführte Studie (Zurhold 2005), ist eine sehr gute Ausgangsbasis, um die Problematik in der „Beschaffungsprostitution" zu explizieren. Die Untersuchung fand mit 94 Frauen im Alter von 14 bis 26 Jahren statt. Zu den biografischen Hintergründen analysiert Zurhold, dass die Entwicklungsbedingungen von „Beschaffungsprostituierten" durch hochgradig belastende Lebensereignisse und Beziehungsabbrüche geprägt seien (Zurhold 2005, 101f). „Beschaffungsprostituierte" seien in einem extremen Ausmaß Opfer von körperlichen Misshandlungen und/oder sexuellen Übergriffen, die sie in verschiedensten Lebensbereichen erfahren. Teilweise erlebten Frauen die Gewalt schon in frühester Kindheit, die sich in einer Partnerschaft und im Prostitutionsmilieu durch die Freier fortsetze.

„Die Lebenssituation betroffener Mädchen und Frauen ist geprägt von Misstrauen, Ohnmachtsgefühlen, Abhängigkeiten und dem Gefühl des Ausgeliefertseins. Insbesondere in der Kindheit und Jugendzeit sind sie schutzlos physischer, sexueller, psychischer und struktureller Gewalt ausgesetzt, da jene, die sie eigentlich beschützen sollen, zumeist genau diejenigen sind, die Gewalt ausüben. Setzen sich Gewalterlebnisse in der Biografie fort und fehlen zudem Ansprechpartnerinnen, denen sich die Mädchen und Frauen anvertrauen können, manifestiert sich die Traumatisierung." (ebd. 119f)

Die Anhäufung dieser Belastungen führe zu psychischem Stress, einem geringen Selbstvertrauen und Misstrauen gegenüber anderen. Da im sozialen Umfeld häufig die Vertrauenspersonen fehlen, werde die Desintegration und Entwurzelung der Frauen begünstigt (Zurhold 2003).

Die Untersuchung von Zurhold hat ergeben, dass „Beschaffungsprostituierte" häufig schon sehr jung mit dem Konsum „harter" Drogen wie Kokain, Heroin oder Crack[17] begonnen haben. Jede zweite befragte Frau war beim Erstkontakt noch minderjährig.[18] Andrea Viktoria Kerschl verortet den Einstieg in den Drogengebrauch meistens im Jugendalter und sieht ihn im Zusammenhang mit spezifischen Bewältigungsmustern der eigenen Entwicklung (Kerschl 2005, 113). Der Konsum harter Drogen könne außerdem durch massive Problemlagen ausgelöst werden (Leopold/Helfferich 2001). Der Drogenkonsum führe oftmals zu einem schnellen und radikalen Bruch mit dem bisher geführten Leben, einschließlich der Wertorientierungen, Handlungsnormen und Selbstbilder. In vielen Fällen sei der Einstieg in den Drogenkonsum die Konsequenz eines Lebens, in dem es kaum Entwicklungschancen gibt und das von verschiedenen Formen der Gewalt oder Vernachlässigung beherrscht wird.

„Erfahrungen mit (sexualisierter) physischer und psychischer Gewalt, Vernachlässigung bis hin zur Verwahrlosung, Unterbringung in Heimen oder Pflegeanstalten, Trennungen der Eltern oder Tod eines Elternteils sowie Suchtmittelabhängigkeit eines oder beider Erziehungsberechtigter kennzeichnen die früheren Lebensumstände vieler Mädchen und Frauen, die später drogenabhängig werden. Je nach Befundlage wird davon ausgegangen, dass 45 bis 86% der drogenabhängigen Frauen und Mädchen in der Kindheit und Jugend sexuell missbraucht wurden." (Kerschl 2005, 114)

Sucht könne hier, so Kerschl, als Folge von empfundener Stigmatisierung, Schuld und Scham interpretiert werden. Durch die Drogen werden Hilflosigkeit, Ängste, Schmerz und Verletzungen kompensiert. Drogenkonsum sei oftmals eine wirksame Strategie, die durch die Erfahrungen sexueller Gewalt verursachte Identitätsverletzung, die daraus folgende Instabilität und Unsicherheit sowie die als unerträglich empfundene Lebenssituation zu bewältigen. Die hohen Missbrauchsraten bei „Beschaffungsprostituierten" werden dadurch erklärt, dass sich die Frauen mit der Prostitution für eine „Fortführung sexueller Viktimisierung" (Mebes 1989; Zurhold 2005, 130/135) entscheiden würden. Die Ergebnisse der verschiedenen Studien könnten auf mögliche Kausalzusammenhänge hindeuten. Diese werden aber als ein unwiderlegbares Defizitmerkmal festgeschrieben, mit dem die weibliche Suchtgenese begründet

---

17 Crack, im Szenejargon auch „Stein" genannt, wird aus Kokainhydrochlorid gewonnen, indem es mit Wasser und Bikarbonat oder Ammoniak aufgekocht wird bis eine Kristallinform, der Stein entsteht. Crack wird geraucht.

18 Der Einstieg in den Konsum von Crack erfolgte nach dieser Studie ca. 3 Jahre später (Zurhold 2005, 103f).

wird. Zurhold warnt vor einem solchen „Wenn-dann-Modell" (Zurhold 1993, 29) und Christiane Schmerl kritisiert den „sozialwissenschaftlichen Determinismus" (Schmerl 1984, 82). Auch Kerschl betont, es könne kein monokausaler Zusammenhang zwischen der Erfahrung des sexuellen Missbrauchs einerseits und dem Drogenkonsum oder der Prostitution andererseits konstatiert werden (Kerschl 2005, 114).

In Zurholds Studie (2005) leben die meisten der Frauen in höchst instabilen und ungesicherten Wohnverhältnissen. 53,2% der Minderjährigen und 64,1% der älteren Frauen sind entweder obdachlos, schlafen in Hotels, in Notunterkünften oder gelegentlich bei Freiern, Freunden oder Verwandten. Das Ausbildungsniveau ist relativ gering, die Hälfte der Frauen hat keinen Schulabschluss, und lediglich 17% verfügen über eine Berufsausbildung. 41,6% der Befragten haben Kinder, davon sind 40% bei der Geburt des Kindes noch minderjährig. Keine von ihnen lebt mit ihrem Kind zusammen. Für 60% der Frauen stellt die Prostitution die Haupterwerbsquelle dar. Der Alltag ist durch einen diskontinuierlichen Lebensstil geprägt. Einige der Interviewten können ihrem Leben auch positive Aspekte abgewinnen, die Mehrzahl bewertet ihr aktuelles Leben als anstrengend und eintönig (Zurhold 2005, 169). Zum Risiko- und Schutzverhalten kam Zurhold zu folgenden Ergebnissen: 43,6% der Frauen sind an Hepatitis C, 9,6% an Hepatitis B und 5,3%[19] an HIV erkrankt. Die meisten der Frauen beachten bei der Injektion von Drogen *safer-use*-Regeln.[20] 48,4% der Befragten gaben an bei Sexualkontakten Kondome zu benutzen. Die Sexarbeit ist bei einem Dreiviertel aller Frauen mit einem progressiven Anstieg des Drogenkonsums verbunden. 58% der Frauen geben an, seit Beginn ihrer Prostitution „viel mehr" Drogen zu konsumieren als vorher.

„Auf Grundlage der Interviews zeigte sich, dass Drogen im Kontext der Sexarbeit vielfältige Funktionen übernehmen; Drogen dienen zur Bewältigung der Sexarbeit, erleichtern das Ansprechen von Prostitutionskunden und erhöhen das Selbstvertrauen und Durchsetzungsvermögen gegenüber den Freiern. Des Weiteren ist der Drogenkonsum ein Mittel, um Gefühle auszuschalten und die Erinnerungen an Gewalterlebnisse zu verdrängen." (Zurhold 2005, 180)

Zurhold legt in ihrer Studie dar, dass die Prostitution prinzipiell dem Drogenproblem vorausgeht, das heißt, die Drogen werden konsumiert, um die Folgen der Prostitution zu bewältigen. Jedoch zeigt sich in der Studie, dass nur wenige der interviewten Frauen und Mädchen zuerst in der Sexarbeit aktiv waren. Zurhold analysiert aber auch, dass der Weg in die Prostitution nicht immer über den suchtbedingten Beschaffungsdruck erfolgt. Dies trifft für 54 der befragten Frauen zu. 11 der Interviewten waren vorher in der Prostitution tätig, und 27 der Frauen geben einen zeitgleichen Einstieg in die Prostitution und in den Drogengebrauch an (ebd. 111/115f).

Auf die Frage, wie und in welchem Ausmaß Drogen und Prostitution zu einem zentralen Element im Leben der Frauen wurden, stellte sich in der Studie heraus, dass das Drogen- und Prostitutionsmilieu von ihnen als Option gesehen wurde, mit den

---

19  Zurholds Angabe zur HIV Erkrankung unterscheidet sich von anderen Ergebnissen, die bis zu 30% angeben (siehe 3.4.4).

20  Safe-Use-Regeln sind Konsumvorgaben für drogengebrauchende Menschen, um präventiv einem Infektions- und Krankheitsrisiko vorzubeugen.

psychischen Belastungen (Überforderung) oder traumatischen Erlebnissen (z.B. Vergewaltigung), die aus der familiären und institutionellen Desintegration entstanden sind, fertig zu werden. Außerdem entsprach es offensichtlich ihren Bedürfnissen nach Freiräumen und alternativen Lebenskonzepten (ebd. 118f). Die gewählte Lebensrealität verfestigte jedoch ihre soziale Exklusion (MacDonald/Marsh 2002).

Zurhold bilanziert in einer früheren Studie (Zurhold 1993, 30f), dass etwa 50% aller intravenös konsumierenden Frauen sich für zwei bis vier Jahre prostituieren. Etwa drei Jahre nach dem Erstkonsum von harten Drogen wird die Prostitutionstätigkeit aufgenommen. Häufig fordert bzw. erzwingt diese der ebenfalls drogengebrauchende Partner. Charakteristisch für diese Lebensphase sind ein exzessiver Konsum und der Mangel an sozialer Unterstützung verbunden mit katastrophalen Lebensumständen. Aus dieser Form der Prostitution resultieren massive Folgeschäden und psychosoziale Verelendungsprozesse, da sich die Frauen häufig nicht mit dieser Erwerbstätigkeit identifizieren. Sie profitieren nicht von den medizinischen Kontrolluntersuchungen und von der Organisation zum Selbstschutz hauptberuflicher Huren und sind daher vielfach Misshandlungen und Vergewaltigungen ausgeliefert (ebd. 31).

Dieses Unterkapitel zeigt, in welchem Bedingungsgefüge „Beschaffungsprostitution" stattfindet und wie der Stand der Forschung ist. Deutlich wurde, dass diese Form der Prostitution zu einer hohen psycho-sozialen und körperlichen Belastung führt, die es nahelegt, in der Bewertung immer eine Opferperspektive einzunehmen. Aus dieser Sicht ist es dann sehr schwierig „Beschaffungsprostitution" als Arbeit zu definieren. Gleichzeitig impliziert die Opfersicht immer auch Unprofessionalität, aber es bleibt unklar, wo genau die Grenze zur professionellen Sexarbeit zu ziehen ist. Deshalb werde ich mich im folgenden Abschnitt dieser problematische Unterscheidung widmen.

### 3.2.1 Diskurs über professionelle und unprofessionelle Prostitution

Die Fachwelt ist darüber uneinig, inwieweit sich professionelle Prostitution und die als unprofessionell markierte „Beschaffungsprostitution" überschneiden, ob und wo sie Parallelen aufweisen und wie sie sich voneinander abgrenzen. Es gibt daher auch keine Untersuchung, wie sich die im Bereich der professionellen Prostitution durchgeführten überfälligen Reformen (ProstG) auf den Bereich der „Beschaffungsprostitution" auswirken (Bundesministerium für Familie, Frauen, Senioren und Jugend 2007a; ebd. 2007b; ebd. 2007c).[21]

Nach Kerschl sind die Bereiche der professionellen Sexarbeit und die der „Beschaffungsprostitution" strikt getrennt. Auf dem Straßenstrich herrsche zwischen beiden Gruppen Konkurrenz, außerdem bestünden gegenseitige Vorurteile.

„Nicht drogenabhängige Prostituierte zeichnen sich durch sicheres Auftreten, besseres Verhandlungsgeschick, größere Durchsetzungsfähigkeit und professionelle Arbeitsweise aus. Die

---

21 Im März 2005 wurde eine Untersuchung zu den Auswirkungen des Prostitutionsgesetzes auf den Bereich der professionellen Prostitution abgeschlossen, und deren Ergebnisse wurden im Juli 2005 dem Bundesministerium vorgelegt.

‚Profis' arbeiten in der Regel in legalen Zonen, sind häufig in organisierte Strukturen einge-bunden oder arbeiten für einen Zuhälter und legen meistens auch Wert auf ihr äußeres Erschei-nungsbild." (Kerschl 2005, 116)

Die Aussage, dass „Beschaffungsprostituierte" nie für einen Zuhälter arbeiten kann nach neueren Erkenntnissen nicht bestätigt werden. In der Studie von Zurhold geben zwei Mädchen an, für einen Zuhälter zu arbeiten. Die Ausbeutung durch Zuhälter stellt eine zusätzliche Abhängigkeit dar, aus der sich die Frauen nur schwer wieder lösen können (Zurhold 2005, 195/205).

Nach Ahlemeyer ist der Drogenkonsum ein spezifischer Beweggrund, sich zu prostituieren, da die Prostitution häufig die einzige Möglichkeit ist, diesen zu finan-zieren.

„Der Drogenstrich ist gleichwohl eine besondere Variation des Strichs, die ihre differentia specifica darin findet, daß die Frauen drogenabhängig sind und der Beschaffungsprostitution nachgehen; es geht ihnen nicht um erwerbsmäßiges Geldverdienen, sondern darum, hinrei-chende Geldmittel für die Beschaffung von Drogen zur Stillung der Sucht zu beschaffen. [...] Die Drogensucht beschränkt die Teilnahme-Möglichkeiten an der Kommunikation für diejeni-gen, die an ihr erkrankt sind. Die freie Zugänglichkeit zu jeder der beiden Seiten der Ja/Nein-Unterscheidung, die jeder Kommunikationsoperation zugrunde liegt, ist nicht länger gewähr-leistet. Für viele Drogenabhängige gibt es keine Nein-Option." (Ahlemeyer 1996, 71)

Kerschl schreibt, die Frauen befänden sich häufig in einem Teufelskreis aus Drogen-konsum und Prostitution. Sie benötigen das Geld, um die Drogen zu finanzieren, und sie benötigten die Droge, um Ekel, Scham oder Schuldgefühle zu betäuben. Der Schritt in die Prostitution fällt den Frauen nicht leicht, da „Beschaffungsprostituierte" innerhalb der männerdominierten Drogenszene auf der untersten Hierarchiestufe ste-hen (Kerschl 2005, 116).

In der Fachliteratur wird die Grenze zwischen den professionellen und den nicht professionellen Sexarbeiterinnen wie folgt gezogen:

„Der Professionalisierungsgrad der Beschaffungsprostituierten ist gering. Unbestritten ist des-halb der Befund, dass es sich um eine nicht professionelle Form der Prostitution handle. Be-schaffungsprostituierte wissen über Preise, gängige Dienstleistungen und Praktiken sowie gän-gige Schutzmaßnahmen nur unzureichend Bescheid und identifizieren sich nicht mit der Prosti-tution. Es fehlt ihnen die professionelle Distanz, wodurch nicht-professionelle Verhaltenswei-sen (insb. Konzessionen gegenüber Freiern) begünstigt werden. Ferner ist die Grenze zwischen arbeitsbezogener und privater Sexualität oft fließend." (Guggenbühl/Berger 2001, 16)

Jutta Brakhoff besteht auf einer grundsätzlichen Unterscheidung zwischen Professio-nellen und „Beschaffungsprostituierten" und begründet sie wie folgt:

„Die sogenannten Professionellen-Frauen verstehen nicht, wie die Beschaffungsprostituierten ihr Geld in Drogen umsetzen können, während die Drogenabhängigen nicht verstehen, wie frau anschaffen gehen kann, wenn sie kein Geld für Drogen braucht." (Brakhoff 1989, 14)

Zurhold schreibt, dass auch die Sexarbeit von drogengebrauchenden Frauen komplexe Aktivitäten bzw. spezifisches Wissen, wie den geschäftlichen Umgang mit Sexualität und Freiern, ein sicheres Auftreten gegenüber den Freiern, das Wissen über das Preis-Leistungsverhältnis und die Selektion von gefährlichen Freiern erfordere. Auch an „Beschaffungsprostituierte" werden spezifische Anforderungen hinsichtlich der Professionalität und des Sicherheitsmanagements gestellt (Zurhold 2005, 180).

Das Prostituierten-Selbsthilfeprojekt HYDRA zählt drogengebrauchende Frauen zum Problemkreis der Drogenabhängigen und nicht zu den Prostituierten, da deren Prostitutionstätigkeit ausschließlich auf die Drogenabhängigkeit zurückzuführen sei und keine Berufswahl darstelle.

„Erfahrungen aus der Drogenarbeit zeigen, dass viele drogenabhängige Frauen nur im Notfall der Prostitution nachgehen; es ist für sie eben nur Mittel zum Zweck. Wenn sie ein andere Möglichkeit finden, ihr Geld für den Drogenverkauf zu bekommen, gehen sie nicht anschaffen (andere Einnahmequellen, Freunde, Dealen)." (Schneider 1989, 111)

In dieser Argumentation ist also die Verwendung des verdienten Geldes das entscheidende Bewertungskriterium dafür, ob die Sexarbeiterin ihren Beruf professionell ausübt oder nicht. Dieses Kriterium ist aus meiner Sicht sehr zweifelhaft. Das wird erkennbar, wenn man es zur Bewertung anderer Berufsgruppen verwendet. Niemand würde es akzeptieren, wenn eine Personalabteilung mit der Begründung, die Arbeitsaufnahme erfolge aus einer sozialen Notlage heraus, einer ArbeitnehmerIn eine „unprofessionelle" Berufsausübung unterstellen würde.

Als zentrales Element der Zuschreibung von Professionalität postuliert Zurhold dagegen das Berufsethos, welches sie mit folgenden Stichpunkten beschreibt:

- Geschäftliche Umgangsweisen mit gewerblicher Sexualität und Freiern,
- Sicheres Auftreten gegenüber Freiern,
- Wissen über das Preis-Leistungs-Verhältnis,
- Gesundheitsbewusstsein und
- Ausschluss bestimmter Formen sexueller Handlungen (z.B. Küssen) (Zurhold 2002, 106).

Der „unprofessionellen Beschaffungsprostitution" werden nach Zurhold folgende Merkmale unterstellt:

- Hauptmotivation für die Prostitution ist die Finanzierung von Drogen,
- Weniger strikte Trennung zwischen gewerblicher und privater Sexualität,
- Beschaffungsprostituierte gelten als Preisbrecherinnen,
- Unkenntnis über professionelle Techniken (z.B. Kondombenutzung, ohne dass der Kunde es merkt) und
- Fehlendes Berufsethos (ebd.).

Zurhold führt weiter aus, dass das sexuelle Verhalten überaus vielfältig sein kann, was eine strikte Trennung zwischen professioneller und privater Sexualität erschwert, und dass die Grenzen zwischen gewerblicher und privater Sexualität immer fließend seien. Dass „Drogenprostitution" stets in Abgrenzung zur „professionellen Prostitution" diskutiert werde, resultiere nicht nur aus den obigen Zuschreibungen, sondern auch aus der Unterstellung eines fehlenden Berufsethos, was mit einer Nichtachtung des Körpers als Kapital und einem grundsätzlich verantwortungslosen Umgang mit der Gesundheit begründet werde. Daraus werde die Verantwortung für die Verbreitung von AIDS und HIV abgeleitet, weil *Needle-Sharing*[22] und ungeschützter Verkehr die Hauptrisikofaktoren für die Übertragung des HI-Virus sind. Dem hält Zurhold jedoch entgegen, dass Sex generell versteckt und diskret stattfinde und gewerblicher Sex stark tabuisiert und stigmatisiert sei. Diese Bedingungen erschweren eine Stärkung des Gesundheitsbewusstseins von Drogenprostituierten sowie die Förderung professioneller Kompetenzen (Zurhold 2002, 106).

Langer beschreibt die Unterscheidung von „Professionellen" und „Nicht-Professionellen" als eine Bewertung von abgesprochener und angenommener Handlungskompetenz. Ihrer Meinung nach werden hier fälschlicherweise zwei relativ homogene Gruppen vorgeführt, wobei unterstellt wird, dass sie sich nicht überschneiden. Langer kritisiert diese Vereinfachung eines komplexen Sachverhaltes.

„Ich halte diese Unterscheidung nicht für sinnvoll, um das Spezifische der Prostitution mit dem Ziel der Drogenfinanzierung zu beschreiben, selbst wenn sie durchaus eine konstitutive Wirkung auf die Vorstellung und das Verhalten der Prostituierten haben kann." (Langer 2003, 11)

Dass viele der sexuellen Dienstleistungen für „Beschaffungsprostituierte" mit Erfahrungen körperlicher und sexueller Übergriffe verknüpft seien und sexualisierte Gewalt konstituierten, belegt Zurhold in ihrer Studie (Zurhold 2005, 201f). Ebenso zeigt sie auf, dass der Schädigung im Milieu bereits Verletzungen der körperlichen und seelischen Integrität durch Misshandlungen und sexuelle Übergriffe im familiären Umfeld vorausgingen. Die Mehrheit dieser Mädchen und Frauen hat (zusätzliche) Gewalt durch Freier erfahren und wurden schon mehrfach vergewaltigt. Werden sie häufiger Opfer von Gewalt, verfestigt sich durch die beständige Instrumentalisierung des eigenen Körpers und die regelmäßige Wiederholung der traumatischen Erlebnisse das Gefühl der Schutz- und Wehrlosigkeit und der eigenen Ohnmacht. Die Frauen und Mädchen fühlen sich blockiert und labil und leiden unter massivem emotionalem und psychischem Stress. Selbst wenn sie einige Momente mit Freiern als angenehm erleben, bewerten sie die Sexarbeit als grundsätzlich negativ.

„Sexarbeit wird als ultimative sexuelle Degradation wahrgenommen, die mit einem unwürdigen Leben einhergeht, so dass die Mädchen und Frauen die Selbstachtung verlieren und Gefühle der eigenen Wertlosigkeit, des Ekels und der Scham dominieren. Die Folgen der Sexarbeit gleichen in mancherlei Hinsicht den Folgen kindlicher sexueller Gewalt und können in schwerwiegenden Auswirkungen wie Depressivität, Aggressivität, Gleichgültigkeit, Misstrauen gegen sich und andere und Selbsthass bestehen. Einige der interviewten Drogenprostituierten befanden sich in einem derart instabilen Zustand, dass sie hochgradig suizidgefährdet waren." (ebd. 202)

Die Arbeit in der professionellen Prostitution enthält ebenfalls zerstörerische Elemente. Die gesellschaftliche Stigmatisierung und Diskriminierung durch eine morali-

---

22 Der Gebrauch von kontaminierten Spritzen.

sche Abwertung der Sexarbeiterinnen beeinflusst das Selbstbild und Selbstbewusstsein negativ. Uta Falck zählt zu den Gesundheitsrisiken am Arbeitsplatz Nachtarbeit, Alkoholkonsum, der Aufenthalt in schlecht gelüfteten und nikotinbelasteten Räumen, psychischer Stress, Konkurrenzdruck, Diskriminierung, Angst vor sexuell übertragbaren Krankheiten und der Körperkontakt zu fremden Menschen. Als besonders belastend schätzt Falck die Aufspaltung der Gefühle in die während der Sexarbeit „erlaubten" und in die für das Privatleben bestimmten ein. Sie resümiert, dass daraus eine Abspaltung des „Ichs" vom eigenen Körper und eine negative Haltung zu ihm entstehen könnte (Falck 2005, 31).

„Auch das Doppelleben hat Auswirkungen auf die Gesundheit: Muss die Sexarbeit auf Dauer verheimlicht und verleugnet werden, kommt es irgendwann zu emotionaler Erschöpfung und zu einem Verlust von Authentizität, der Drogenmissbrauch begünstigt." (ebd.)

Dieses Unterkapitel zeigte, wie schmal der Grat zwischen professioneller Sexarbeit und „Beschaffungsprostitution" ist und wie kritisch daher auch die Grenzziehung betrachtet werden muss. Das Konstrukt einer homogenen Gruppe von drogengebrauchenden Sexarbeiterinnen lässt sich nicht aufrechterhalten, da es auch hier vielfältige Verhaltensweisen im Arbeitshandeln gibt. Drogengebrauchenden Sexarbeiterinnen wird ein unprofessionelles Arbeiten aufgrund ihres Drogenkonsums und/oder ihrer biografisch traumatischen Erlebnisse unterstellt; die konträren wissenschaftlichen Erkenntnisse zeigen, dass mit der Dichotomie von Professionalität und Unprofessionalität gebrochen werden muss und eine differenzierte Sicht auf das Arbeitshandeln drogengebrauchender Sexarbeiterinnen notwendig ist. Eine dichotome Argumentation birgt auch die Gefahr, schlechte und prekäre Arbeitsbedingungen nur dem unprofessionellen Teil zuzuschlagen und damit den Anschein zu erwecken, innerhalb des professionellen Milieus existiere keinerlei Risiko, Abhängigkeit und Ausbeutung.

Die Lebensgeschichten von drogengebrauchenden Sexarbeiterinnen sind ebenso heterogen wie die Erscheinungsformen der Sexarbeit allgemein. Es verbietet sich auch hier, die Frauen über einen „Kamm zu scheren". Die immer noch weit verbreitete Vorstellung, dass „Prostituierte" minderbemittelte und auch emotional indifferente Menschen seien, ist eine unzulässige abwertende Zuschreibung. Sexarbeiterinnen organisieren sich weltweit und artikulieren ihre Interessen. Die Tatsache, dass Frauen die Sexarbeit neben der Drogenfinanzierung auch noch zur Befriedigung existentieller Bedürfnisse nutzen, lässt den Rückschluss zu, dass sie eine innere und äußere Distanz von und zur Sexarbeit als Berufsbild aufbauen können. Dies sei vorweg genommen und soll als Tatsache nicht angezweifelt werden. Jedoch stellt sich für drogengebrauchende Sexarbeiterinnen häufig eine andere Situation dar, das wird die weitere Auseinandersetzung in den folgenden Abschnitten näher beleuchten. In diesen werden Kategorien betrachtet, die Ungleichheit innerhalb der informellen Drogen- und Sexökonomie generieren. Sie beschreiben die hegemonialen Diskurse, die sich auf die Kategorien Geschlecht, Abhängigkeit und Menschenwürde, Kriminalisierung sowie Gesundheit beziehen.

## 3.2.2 Diskurs über Geschlecht und Drogenkonsum

Humanistische Theorien gehen von einem Individuum aus, das mit einem substantiellen Wesenskern ausgestattet ist und als Träger und Ursprung verschiedener Eigenschaften und Attribute fungiert (Butler 1991, 28).[23] Ein wesentliches Attribut ist das Geschlecht, das heißt, der Mensch hat ein Geschlecht und ist Frau oder Mann. Der Sprachgebrauch und die Grammatik machen diese substantiellen Vorstellungen sehr deutlich. Die Kategorie „Geschlecht" ist binär und ausschließend verfasst, das bedeutet, ein Mann oder eine Frau ist die eigene Geschlechtsidentität genau in dem Maße, wie er/sie nicht die andere ist (ebd. 45). Das biologische Geschlecht (*sex*) ist dabei die natürliche Ursache für die (soziale) Geschlechtsidentität (*gender*) und für das Begehren (*desire*), so wie diese umgekehrt Ausdruck des biologischen Geschlechts sind. Zwischen *sex*, *gender* und *desire* besteht also eine kausale, kohärente und kontinuierliche Beziehung.

Die Forderung nach Gleichheit und Teilhabe am gesellschaftlichen Leben wurde in der Aufklärung für alle Menschen und damit auch für Frauen formuliert. Um auch weiterhin legitimieren zu können, dass Männer die Vorherrschaft besitzen, kam die biologische Erklärung der Geschlechtsunterschiede gerade recht. Der weibliche Körper war der komplementäre Gegensatz zum Mann. Die gesellschaftlichen Rollenunterschiede waren biologisch determiniert und damit „natürlich". Die Frau war nun nicht mehr eine unvollkommene Version des Mannes, sondern von diesem radikal verschieden.[24] „Anders gesagt, man erfand zwei biologische Geschlechter, um den sozialen eine neue Grundlage zu geben" (Laqueur 1992, 173).

Trotz der Dekonstruktion der bipolaren Zuweisung von Geschlecht in den nicht differenztheoretischen feministischen Wissenschaften erweisen sich die binären Zuschreibungen immer noch als essentialistisch und normativ. Frauen wird ein gewisses Anderssein zugestanden, aber nur innerhalb der gesellschaftlichen Grenzen und solange diese Attribute funktional sind. Streben Frauen nach Lust, Vergnügen,

---

23  Butler stellt in ihrem Buch „*gendertrouble*" die „Natürlichkeit" der zwei Geschlechter und die Kategorie Geschlecht radikal in Frage. Butlers Ansatz und Kritik beziehen sich auf den herrschenden Diskurs der natürlichen Zweigeschlechtlichkeit und auf humanistische Vorstellungen von Identität und Geschlecht, die sie als kulturelle und machtpolitische Konstrukte und Effekte zu enttarnen sucht (Butler 1991).

24  Thomas Laqueur beschreibt in seinem Buch den Paradigmenwechsel vom Ein- zum Zwei-Geschlecht-Modell. Ziel seiner Arbeit ist die Rekonstruktion der historischen Veränderung in der anatomischen Wahrnehmung des geschlechtlichen Körpers anhand von medizinisch-philosophischen Texten, anatomischen Büchern und Zeichnungen von der Antike bis Freud. Der zentrale Ausgangspunkt seiner historischen Untersuchung ist die Problematisierung der herkömmlichen Trennung zwischen biologischem und sozialem Geschlecht. Für Laqueur ist das körperliche Geschlecht in seiner historischen Konzeption von Beginn an konstitutiv mit dem jeweiligen Diskurs über das soziale Geschlecht verbunden. Er geht von der Annahme eines geschlechtlichen „Dimorphismus" (Laqueur 1992, 27) aus und will anhand von historischen Zeugnissen zeigen, dass dieser weder stets als solcher wahrgenommen wurde, noch dass es die heute eindeutige binäre Begrifflichkeit gab (ebd. 222).

Rausch[25] und Ekstase, so wird dieses Verlangen nicht wie bei Männern als „natürliche" Triebhaftigkeit bewertet, sondern sie werden sanktioniert oder pathologisiert. Lust und Vergnügen unterliegen moralischen Werturteilen, die polar zugewiesen sind. Das trifft ebenso auf die geschlechterdifferente Bewertung des Drogenkonsums zu. Der Drogenkonsum von Frauen wird als besonders verwerflich, unmoralisch, nicht feministisch und fast immer als süchtig betrachtet (Sargent 1992, 17/118). Frauen, die Lustbedürfnisse ausleben, werden als „unweiblich" stigmatisiert.

Die Subkultur der Drogenszene ist von Männern dominiert, sie sind nicht nur zahlreicher vertreten, sondern nehmen, ebenso wie außerhalb der Drogenszene, den höheren Status ein. In der Fachliteratur wird darauf hingewiesen, dass für Frauen der Zugang zur Szene meist über männliche Konsumenten erfolgt und dass Frauen an unterster Stelle stehen (Zurhold 1998, 67). Zurhold schreibt in einer qualitativen Vergleichsstudie differierender Entwicklungsverläufe opiatgebrauchender Frauen zu ihrer Lebenswelt, dass die spezifische Drogen- und Beschaffungsdelinquenz vorrangig eine Männerdomäne ist, in der Frauen eine untergeordnete Rolle übernehmen.

„Das Überleben in der von traditionellen Rollenstereotypen geprägten Drogenszene hat Auswirkungen auf die Selbstwahrnehmung von Frauen, ihre Überlebenstechniken und Strategien der Drogenbeschaffung und –finanzierung." (ebd.)

Irmgard Vogt (1997) konstatiert zudem bei Frauen, die einen exzessiven Konsum aufnehmen, eine Dominanz episodisch verlaufender, polytoxikomaner Konsummuster, die in wechselseitiger Verstärkung von psychischen Störungen wie Depression, Ängsten oder Essstörungen begleitet seien. Einfluss auf die Konsumentwicklung habe dabei unter anderem die unterschiedliche soziale Bewertung von drogengebrauchenden Frauen und Männern. Frauen erfahren in diesem Kontext viel häufiger gesellschaftliche Abwertung, moralische Verurteilung und Pathologisierung, die abhängige Gebrauchsmuster beschleunigend etablieren können (Vogt 1997, 102f). Christine Spreyermann interviewte in einer Schweizer Studie 21 Drogengebraucherinnen zu ihrem Lebensalltag und ihrer Werteorientierung. Die Auswertung ergab, dass die Frauen ihren Bezug zur Szene als ausbeuterisch, funktional und geprägt von Misstrauen wahrnehmen. Sie beschreiben sich in ihrer Alltagsbewältigung häufig als Einzelgängerinnen. Den Erfahrungen von Misstrauen und den Überlebensanforderungen des Alltags in der Drogenszene begegnen die Befragten mit einer Strategie der „Treue zu den eigenen Prinzipien" (wie z.B. niemals die eigene Mutter bestehlen). Diese Verhaltensnorm sei wesentlich für das eigene Selbstbild. Einen Verstoß dagegen erleben sie als Demütigung und Verlust an Selbstachtung (Spreyermann 1990, 33). Daneben hat die Einhaltung eigener ethischer Werte auch die Funktion, sich Respekt zu verschaffen und die Selbstkontrolle und Übersicht über Situationen zu bewahren. Für Frauen sind diese Ziele jedoch nur durch einen Mehraufwand erreichbar. Für das Überleben in der Drogenszene entwickeln sie deshalb die Strategien, sich fair, ehrlich und verlässlich zu verhalten, sich durchsetzungsfähig, ge-

---

25 Einen sehr guten Überblick zur Konstruktion des Rausches und dessen Vereinnahmung für eine repressive Drogenpolitik, allerdings ohne die Geschlechterkonstruktion einzubeziehen, bietet Svenja Korte in ihrer Dissertation (Korte 2007).

schäftstüchtig und der Situation gewachsen zu zeigen sowie auf ihre äußere Erscheinung zu achten (ebd. 45/55f).

Es wird angenommen, dass ein Großteil der Frauen ihren Drogenkonsum über „Beschaffungsprostitution" finanziert, womit nicht nur Prostitution gegen Geld gemeint ist, sondern auch „*sex for drug exchanges*"[26].

„Begründet werden diese „frauentypischen" Formen der Drogenfinanzierung damit, daß sie traditionelle weibliche Erwerbsquellen darstellen. Dabei bietet insbesondere die Prostitution die Möglichkeit, sowohl unabhängig von anderen Versorgungsquellen zu sein, als auch eine Kriminalisierung zu vermeiden." (Zurhold 1998, 68)

Das Leben als „Junkie-Hure" werde von den Drogengebraucherinnen als letzte Stufe der Verelendung erlebt, da die eigene Prostitution ihre Moralvorstellung und ihr Selbstbild zerstört. Sie schaffen es selten, eine professionelle Distanz zu ihrer prostitutiven Tätigkeit aufzubauen.

„Die Folge daraus sind massive Selbstentwertungsprozesse, Schuld- und Schamgefühle. Beschaffungsprostituierte werden doppelt kriminalisiert: durch die Illegalität des Drogenkonsums und die der Prostitution im Sperrbezirk, und sie werden doppelt diskriminiert von Szeneleuten und von professionellen Huren. Sie stehen jeweils an der untersten Stelle in der Hierarchie auf der Drogenszene, wie auf dem Strich. Der geringe Status von „Junkie-Huren" resultiert aus der staatlichen Politik der Ausgrenzung und den milieuspezifischen Abgrenzungstendenzen. So genießen Drogengebraucherinnen, denen es gelingt, sich männlicher Strategien zu bemächtigen und in der Männerdomäne des Drogenhandels zu bestehen, immer noch ein Mindestmaß an Respekt. Frauen, die es aber nötig haben, sich für den Drogenbedarf zu prostituieren, verlieren auch in der Subkultur ihre Würde." (ebd. 1995, 75f)

In einer Expertise zur Situation inhaftierter Frauen bemerken Zurhold/Schneider (1997), dass Kriminalität zwar allgemein eine Männerdomäne ist und Frauen einen signifikant geringeren Anteil unter den Tatverdächtigen, Angeklagten, Verurteilten (16%) und Inhaftierten (3,9%) stellen, dass sich das Phänomen geringerer Kriminalitäts- und Haftbelastung hinsichtlich Betäubungsmittel-Delinquenz und Beschaffungskriminalität jedoch ins Gegenteil verkehrt. Obwohl drogengebrauchende Frauen deutlich geringere Inhaftierungs- und Kriminalitätsraten aufweisen als männliche *User*, sind sie unter den inhaftierten Frauen überproportional vertreten. Zurhold/Schneider formulieren daher die Vermutung, delinquente weibliche *User* würden aufgrund ihrer doppelten Abweichung von der normierten Frauenrolle, als Straftäterin und Drogengebraucherin, ungleich härter sanktioniert als Männer (Zurhold/Schneider 1997, 1/23ff; Pfingsten 1997, 82). Die Auswirkungen und Folgeerscheinungen der Haft werden in der Expertise als extrem destruktiv beschrieben. Die Inhaftierung reproduziert Abhängigkeitsstrukturen und forciert Ohnmachts- und Passivitätsgefühle. Frauen entwickeln oft massive Schuldgefühle, sie erleben durch den Verlust wichtiger Bezugspersonen eine stärkere Vereinsamung als Männer und erfahren ein noch größeres Maß an Fremdbestimmung als in Freiheit. Als Reaktion

---

26  Sex im Tausch für Drogen (Zurhold 2005, 26).

darauf stellen sich psychische und psychosomatische Krankheiten, Apathie, Depression oder suizidale Tendenzen ein. Daher seien drogengebrauchende Frauen in der Haft häufig in einem desolaten Zustand. Nach der Entlassung kehren sie in eine unverändert problematische Lebenssituation zurück, ohne dass sich ihre Handlungsoptionen, z.B. durch Reintegrationsmaßnahmen erweitert hätten (Zurhold/Schneider 1997, 27ff).

In diesem Abschnitt wurden die Diskurse, die sich auf der Kategorie Geschlecht stützen und ihre Auswirkung auf die Zuschreibungen, Anrufungen und Selbstwahrnehmung an drogengebrauchende Sexarbeiterinnen beschrieben. Hier spiegelt sich wieder, dass alle in der Gesellschaft existierenden geschlechtsspezifischen Hierarchien in diesem Forschungsfeld in überhöhter Form anzutreffen sind. Auch wurde sichtbar, dass drogengebrauchende Sexarbeiterinnen im Alltagshandeln einen „Mehraufwand" leisten müssen, wobei sie häufig als Einzelgängerinnen agieren. Abhängigkeitsstrukturen und Negation der Menschenwürde spielen in diesem Feld offensichtlich eine sehr große Rolle, deshalb werden sie im nächsten Abschnitt ausführlicher diskutiert.

### 3.2.3 Diskurs über Gewalt und Menschenwürde

Die Motive sexuelle Dienstleistungen anzubieten sind vielfältig (Helfferich et al. 2007), und die Frage der Freiwilligkeit ist nie eindeutig zu klären. Barbara Kavemann (2010) nimmt folgende Binnendifferenzierung der Freiwilligkeit vor. Sie unterscheidet zwischen dem freiwilligen, dem grauen und dem unfreiwilligen, gewaltförmigen Bereich (siehe Tabelle 2).

*Tabelle 2: Differenzierung der Freiwilligkeit (Kavemann 2010, 212)*

| Freiwilliger Bereich | Grauer Bereich | Unfreiwilliger, gewalt-förmiger Bereich |
|---|---|---|
| Entscheidung für die Prostitution in Abwägung mehrerer realer Optionen an Erwerbs- bzw. Berufsmöglichkeiten | Entscheidung für haupt- oder nebenberufliche Prostitution aufgrund von Not (zum Beispiel Schulden) oder emotionaler Abhängigkeit, fehlender Ausbildung, Drogenabhängigkeit usw. in Abwägung stark eingeschränkter Optionen | Zwang zur Prostitution bzw. erzwungener Verbleib in der Prostitution bei nicht akzeptierten Bedingungen; Ausbeutung und Gewalt |

Die Abhängigkeiten in der Sexarbeit sind Beziehungen, die ein Abrutschen in das Milieu fördern oder einen Ausstieg erschweren. Das sind entweder persönliche, emotionale oder wirtschaftliche Abhängigkeiten oder solche, die durch Druck, Drohung und Gewalt entstehen (Zimmermann 2002, 23-26).

Prostitution sei niemals eine frei gewählte Tätigkeit von drogengebrauchenden Sexarbeiterinnen, so Kavemann et al.:

„Für die Gruppe der drogenabhängigen Frauen (und Männer), die als Prostituierte arbeiten, um Geld für ihren Drogenkonsum zu verdienen, ist das „Anschaffen" eine verhasste Notwendigkeit und keine – wie auch immer frei gewählte – Erwerbstätigkeit." (Kavemann et al. 2007, 16)

Kavemann et al. zitieren Ingrid Strobl, die in ihrem Buch die zwingende Notwendigkeit der Prostitution für drogengebrauchende Frauen herausarbeitet:

„Fast alle ‚alten' Junkies, mit denen ich je sprach, egal ob Frauen oder Männer, träumen davon ‚irgendwann einmal' aufzuhören. Die meisten Frauen, die anschaffen gehen, um sich das Geld für den Stoff zu verdienen, würden lieber heute als morgen aussteigen. Aber sie wissen auch, dass Wunsch und Realität zweierlei sind. ‚Clean werden', sagt Eva, die seit 15 Jahren süchtig ist, ‚das hat man immer vor. Aber sagen wir mal so, ich habe im Moment nicht die Kraft dafür.' [...] Eva hat sich, zumindest zurzeit, damit abgefunden, einen Job zu machen, den sie hasst, der sie, wie sie sagt, ‚jedes Mal wieder ankotzt', sie hat sich damit abgefunden, kein Geld ‚für irgendetwas Schönes' zu haben und in einer Wohnung zu leben, die sie vorsichtig als ‚sehr einfach' beschreibt." (Strobl 2006, 190)

Kavemann et al. kommen daraufhin zu der Schlussfolgerung:

„Für Prostituierte, die drogenabhängig sind, erweisen sich Ausstiegshilfen nur dann als geeignet, wenn sie nicht nur an eine Motivation zum Ausstieg, sondern auch an einen festen Entschluss zum ‚Clean-Werden' anknüpfen können. Angebote für diese Zielgruppe müssen über Drogenberatungsstellen laufen und flexibel auf die spezifische Lage dieser Zielgruppe abgestimmt sein. Wichtig sind Angebote der Qualifizierung und Orientierung, wie sie auch im Rahmen von Methadonprogrammen angeboten werden, denn sonst droht die fehlende Beschäftigung zu einem Rückfall zu führen. Während der Zeit der Drogenabhängigkeit war das ganze Leben durch die ständige Suche und Beschaffung von Geld und Drogen bestimmt." (Kavemann et al. 2007, 16)

Die ökonomischen und sozialen Umstände, unter denen sich drogengebrauchende Frauen prostituieren, ihr emotionaler „Ausnahmezustand" in Folge von exzessivem Drogenkonsum oder dem Konsum qualitativ schlechter Substanzen führen dazu, dass sich die Abhängigkeiten von Profiteuren wie Hotelbesitzern, Dealern und Freiern erheblich verstärken.

Die Diskussion um die Menschenwürde im Verhältnis zur Sexarbeit soll nur durch die verknappte Beschreibung derjenigen Argumente und Gegenargumente wiedergegeben werden, welche im Fokus der „Beschaffungsprostitution" problematisch erscheinen. Bei der Formulierung des ProstG wurde die Frage der Menschenwürde nach Art. 1 Abs. 1 S. 1 GG nicht berücksichtigt. Das führe, so Zimmermann, zu einem pauschalen Hauptargument der Gesetzesgegner, ohne das hinreichend geklärt wäre, wie das Menschenunwürdige in der Prostitution zu definieren sei (ebd. 29). Zimmermann resümiert, soweit sich die Rechtsprechung und die Literatur mit der Menschenunwürdigkeit der Prostitution auseinandersetzen, sei sie der Auffassung, dass der entgeltliche Geschlechtsverkehr eine Verletzung der Menschwürde darstellt. Die Begründung liege in der Degradierung der Prostituierten zum Objekt und die Entwürdigung ergebe sich zusätzlich durch die gewerbliche Ausbeutung des Geschlechtstriebes und die Vermarktung des Intimbereiches. Damit werde die Prostituierte von vornherein als rechtlos dargestellt, denn menschenunwürdiges Tun kann der Staat schon aufgrund seiner Verpflichtung zum Schutz der Menschenwürde (Art. 1 Abs. 1 S. 2 GG) nicht dulden (ebd. 30-34). In der Auseinandersetzung mit dem Argument der Kommerzialisierung des Intimen stellt Zimmermann fest, dass eine Vermarktung des Körpers schon längst stattgefunden habe, die zur regelmäßigen Belastung von Körper und Seele führt (ebd. 41f)[27]. Die daran beteiligten Menschen würden auch nicht vor sich selbst geschützt, sondern die Ungleichbehandlung würde gesellschaftlich toleriert. Diese wiederum könne, so Zimmermann, nur in der Vermarktung des Sexuellen und Intimen liegen. Zur Vermarktung des Sexuellen führt er an, dass die Vermarktung von Sexualität „heutzutage gang und gäbe" sei. Die Juristin Silke Ruth Laskowski argumentierte schon 1997 in ihrer Dissertation, dass dieser Ansatz sich offenbar auf die Unterstellung, die Prostituierte verkaufe sich selbst und keine Dienstleistung, beziehe (Laskowski 1997, 232). Zimmermann postuliert, dass für die Frage der Menschenunwürdigkeit entscheidend ist,

„dass die wesentlichen Teilaspekte der Prostitution längst Eingang in unsere Gesellschaft gefunden haben, nämlich sowohl die Vermarktung der Sexualität als auch die Vermarktung der Intimität bzw. des Intimsten." (Zimmermann 2002, 43)

Bei der Ausbeutung des Geschlechtstriebes als Argument für Menschenunwürdigkeit kommt Zimmermann zu dem Schluss, dass dies angesichts der Vielzahl nicht sankti-

---

27 Zimmermann nennt hier als Beispiele menschliche medizinische Versuchsobjekte, Profisportler, Gäste von Talkshows oder Teilnehmer von Reality-Soaps.

onierter erotischer Angebote unzeitgemäß sei. Außerdem erscheint es ihm unsinnig, dass ausgerechnet der Freier, bei dem der Geschlechtstrieb ja zu verorten sei, als freiwilliger Nutznießer der Prostitution seine Menschenwürde verliert, wenn ihm eine gewisse Eigenkontrolle zu unterstellen und obendrein die Prostituierte ja die eigentliche Ausgebeutete ist (ebd. 44). Das gelte im besonderen Maße für „Beschaffungsprostituierte" und ihre Freier. Zimmermann ist ein Verfechter des ProstG, der zu Recht die bis dato ins Feld geführten Sanktionsgründe nicht akzeptiert. Was jedoch für den Idealfall einer freiwillig und selbstbestimmt arbeitenden Sexarbeiterin gilt, verliert, meiner Meinung nach, seine Legitimation, wenn man es vom anderen Ende der Skala aus betrachtet. „Beschaffungsprostitution" ist menschenunwürdig, da hier nicht der freie Wille, sondern die Ausnutzung einer massiven Zwangslage der Grund für die Frauen ist, ihren Körper für sexuelle Handlungen zur Verfügung zu stellen. Weil die Sexarbeit unfreiwillig erfolgt, ist sie mit der Menschenwürde nicht vereinbar. Wollte der Staat seiner Schutzpflicht gerecht werden, müsste er die Zwangslage durch die Freigabe von Drogen und die Abschaffung der Sperrgebietsverordnung (siehe 3.4.4) beseitigen.

Eine weitere Begründung dafür, dass „Beschaffungsprostitution" nicht mit der Menschenwürde vereinbar ist, ergibt sich aus der Tatsache, dass „Beschaffungsprostituierte" signifikant häufiger und massiver von Gewalt durch Freier betroffen sind. Kerschl kommt in der Untersuchung zu Risiken auf dem Drogenstrich zu folgenden Erkenntnissen:

„Gewalttätige Übergriffe durch Freier gehören zum Alltag auf dem Drogenstrich. Insgesamt sind drogenabhängige Frauen und Mädchen einem höheren Maß an Gewalt ausgesetzt [...]. Drogenentzug und die Bedingungen des Straßenstrichs bergen ein erhöhtes Risiko, Opfer von Misshandlungen und sexueller Gewalt zu werden. Manche Freier nutzen die Notsituation der unter Beschaffungsdruck stehenden Frauen und Mädchen gezielt aus: Sie versuchen die Preise zu drücken, verlangen Sex ohne Kondom, demütigen die Frauen oder erwarten ungewöhnliche Sexualpraktiken." (Kerschl 2005, 117)

Auf die gleichen Ergebnisse verweisen Zurhold und Silke Kuhn in einer Studie zum Crackkonsum von jungen Frauen in der Hamburger Drogenprostitutionsszene:

„Insbesondere der Straßendrogenstrich ist ein Ort, an dem alltägliche Gewalt gegen Mädchen und Frauen weit verbreitet ist. [...] Vor allem Bedrohungen, aber auch körperliche Angriffe und Vergewaltigungen wurden in starkem Ausmaß schon mindestens von den Mädchen und Frauen erlebt." (Zurhold/Kuhn 2004, 250)

Christiane Bernard und Antje Langer bezeichnen Crack als Elendsdroge, deren Konsum mit kompulsiven Gebrauchsmustern, Beschaffungskriminalität, Prostitution, Gewalt und Verelendung assoziiert sei (Bernard/Langer 2008, 299f). Hinzu kommt, dass Sexarbeiterinnen auf dem Straßenstrich kaum über Sicherheitssysteme verfügen. Emilija Mitrovic stellt auch für Hamburg fest, dass die Frauen auf dem Straßenstrich gegenüber Frauen in anderen Prostitutionsformen so gut wie keinen Schutz haben.

„Anders als im gut organisierten Milieu auf St. Pauli sind drogenabhängige Prostituierte in St. Georg häufig der Gewalt durch Freier ausgesetzt" (Mitrovic 2004, 45).

Für mich ist eine weitere wichtige Studie im deutschsprachigen Raum zum Thema Gewalt und Drogengebrauch die Arbeit von Eva Egartner und Susanne Holzbauer. Die Autorinnen entwickeln ihre Gewaltdefinition anhand von Interviews mit Drogenkonsumentinnen. Für Egartner und Holzbauer steht fest, dass „suchtmittelabhängige" Frauen oft massive Gewalterfahrungen in ihrer Kindheit und auch im Erwachsenenalter ausgesetzt sind (Egartner/Holzbauer 1994, 192). Zum gleichen Ergebnis kommt das Gutachten zur Sexarbeit von Joachim Renzikowski (Renzikowski 2004, 64) und die Evaluation von Barbara Kavemann et al. (Kavemann et al. 2007). Kavemann et al. beziehen sich auf eine Studie von Monika Schröttle und Ursula Müller (Schröttle/Müller 2004), die 110 Prostituierte nach ihren Gewalterfahrungen befragten und zu dem Ergebnis kommen, dass früh erlebte sexuelle Gewalt ein entscheidender Faktor auf dem Weg in die Prostitution sei. Nach der Studie weisen Prostituierte zudem ein erhöhtes Risiko der Mehrfachviktimisierung auf, sie erleiden häufiger schwere Verletzungen und nehmen seltener ärztliche oder polizeiliche Hilfe in Anspruch (Kavemann et al. 2007, 17).

Egartner und Holzbauer entscheiden auf Basis ihrer Forschungsergebnisse, sich nicht nur auf den Begriff Gewalt zu beschränken, sondern auch den der Grenzüberschreitung zu benutzen, wenn sie die Ursachen von Verletzungen und Traumata beschreiben, da mit dem Gewaltbegriff nur opferbezogene Erfahrungen verknüpft seien (Egartner/Holzbauer 1994, 192). Sie arbeiten verschieden Ebenen der Grenzüberschreitung heraus, die sie zwar analytisch trennen, jedoch konstatieren sie auch deren Verschränkung:

- Physische Gewalt,
- Sexuelle Gewalt,
- Grenzüberschreitungen sich selbst gegenüber (ebd. 193).

Die Argumentation finde ich sehr plausibel, jedoch verwende ich den Begriff der Grenzüberschreitung in meiner Analyse nicht zur Beschreibung von Verletzung, sondern in Bezug auf eine bewusste und positive Grenzüberschreitung der Subjekte. Bezogen auf Gewalterfahrungen benutze ich den Begriff der Grenzverletzung, der sich inhaltlich deckt mit dem, was Egartner und Holzbauer herausarbeiten. Die Autorinnen vernachlässigen bewusst Grenzverletzungen wie Beschimpfungen und Verbote. Aufgrund der Datenlage nehme ich diese Form mit auf, da drogengebrauchende Sexarbeiterinnen oft Beschimpfungen und Beschreibungen, die sie extrem herabwürdigen, ausgesetzt sind. Ich bezeichne diese Form als verbale Grenzverletzung.

Unter physischer Gewalt verstehen die Wissenschaftlerinnen den körperlichen Angriff einer Person auf eine andere, wobei die angegriffene meist deutlich unterlegen ist. Die Gewalt wird deshalb zum Teil als lebensbedrohlich erlebt (ebd. 194). Physische Gewalt gehe immer einher mit psychischer Gewalt in Form von Demütigung und Erniedrigung und sei eine Form der Misshandlung, die Frauen ohne Regeln und Logik trifft, so dass sie in ständiger Angst davor leben.

Zur Erklärung der sexuellen Gewalt führen Egartner und Holzbauer zuerst die sexuelle Belästigung an, eine sexuell ausgerichtete Aufmerksamkeit bzw. Zuwendung, die gegen den Willen der begehrten Person ausgeübt wird (ebd. 205). Eine solche Grenzverletzung im Prostitutionsmilieu als sexuelle Belästigung zu definieren, ist

jedoch schwierig. Sichtbares Begehren und sexualisierte Blicke, Worte und Berührungen gehören zum Setting der prostitutiven Tätigkeit auf der Seite der Kunden
ebenso, wie auf Seiten der Dienstleisterin. Trotzdem gibt es auch hier grenzverlet-
zende Handlungen, wenn z.B. Frauen nicht als Sexarbeiterinnen unterwegs sind oder
eindeutig signalisieren, kein Interesse an einem Geschäftsabschluss zu haben und die
Kunden trotzdem permanent weiter insistieren.

Die Vergewaltigung als extreme Form der sexuellen Gewalt ist ein massiver körperlicher Übergriff (ebd. 207). Die öffentliche Wahrnehmung von Vergewaltigung
folgt immer noch der stereotypen Vorstellung, dass diese in einer dunklen, abgelegenen Gegend durch einen fremden Mann passiere. Die sexuelle Gewalt in Nahbezie-
hungen, wie Familie, Freundes- und Kollegenkreis ist damit tabuisiert. Egartner und
Holzbauer beziehen sich auf Ulrike Teubner.

„Für die öffentliche Meinung, für die Rechtsprechung und große Teile verschiedener Wissen-
schaftsdisziplinen hat nach wie vor eine stereotype Vorstellung von Vergewaltigung normative
Bedeutung. Danach gilt als Vergewaltigung der überfallartige Angriff eines Mannes auf eine
fremde Frau in einsamer oder abgelegener Gegend in der Absicht, die Frau zum Geschlechtsverkehr zu zwingen." (Teubner 1985, 78)

Seit 1997 existiert in Folge einer längst überfälligen gesellschaftlichen Entwicklung
die Anerkennung der Vergewaltigung in der Ehe als Straftatbestand[28]. Das tut dem
Zitat keinen Abbruch, denn Vergewaltigungen, die im näheren sozialen Umfeld passieren, sind nach wie vor tabuisiert, da dem Opfer immer eine Mitschuld zugesprochen wird, und aufgrund der beschämenden Situation werden die Täter oft nicht angezeigt. Butler beschreibt die Annahme, dass eine Frau selbst schuld an der Vergewaltigung sei, als eine vorgängige Kennzeichnung einer Handlung:

„Auch wenn das Geschlecht hier als Kategorie auftritt, ist dies keine bloße Repräsentation, als
vielmehr ein Produktionsprinzip, ein Prinzip der Intelligibilität und Regulierung, das eine Gewalt durchsetzt und im Nachhinein rationalisiert. Dieselben Termini, mit denen die Vergewaltigung erklärt wird, *inszenieren* die Vergewaltigung zugleich und erkennen damit an, dass die
Vergewaltigung bereits untergründig da war, bevor sie empirische Form einer kriminellen
Handlung annimmt." (Butler 1993a, 55f)

Unter drogengebrauchenden Sexarbeiterinnen ist das Anzeigeverhalten noch geringer
als unter den Frauen der Mehrheitsbevölkerung, weil die Vergewaltigung umso tabu-
isierter ist, wenn sie einer Sexarbeiterin widerfährt. Die Tatsache des Drogengebrauchs erschwert die Situation umso mehr, da den Frauen unterstellt wird, sie wären
nicht bei „klarem" Verstand gewesen und hätten den Übergriff leichtfertig provoziert. Drogengebrauchende Sexarbeiterinnen nehmen aufgrund ihrer Kriminalisierung die Polizei als den sie verfolgenden Teil des repressiven Staatsapparates wahr,
vor dem sie sich in Acht nehmen müssen und erwarten daher von ihr auch keinen
Schutz (Egartner/Holzbauer 1994, 208). Auch die Stigmatisierung der Prostitution

---

28 Ab 1997 wurde Vergewaltigung auch in der Ehe strafbar, allerdings nur auf Antrag verfolgt. 2004 wurde es zu einem Offizialdelikt (§177 StGB).

beeinträchtigt das Anzeigeverhalten, da der Vorgang oft von Vorurteilen und Abwertungen auf Seiten der Polizei begleitet wird und sich die Sexarbeiterinnen in diesem Umfeld schämen, über die erfahrenen Gewalt und Erniedrigung zu berichten (Kavemann et. al. 2007, 17).

Monika Gerstendörfer schreibt bezüglich Gewalt an Prostituierten, dass Frauenverachtung und damit einhergehende Menschenrechtsverletzungen auch in Deutschland an der Tagesordnung und Sexarbeiterinnen davon besonders betroffen sind (Gerstendörfer 2007, 129). Die Sexarbeiterinnen beklagen diesen sich verschärfenden Zustand beklagen, jedoch geschehe nichts, um diese Zustände zu beseitigen. Die Diskriminierung und gesellschaftliche Verachtung hänge mit der Auffassung zusammen, dass Sexarbeiterinnen ihr Unglück selbst verursachen. „[...] ‚Was steigt sie auch allein zu einem fremden Mann ins Auto!' Oder: ‚Wenn sie in so dunkle Bezirke geht, muss sie sich nicht wundern' [...]"(ebd.). Hier zeigt sich die Wechselwirkung zwischen den Gewalttaten und ihrer Rechtfertigung durch die Bilder der Mehrheitsbevölkerung. Für drogengebrauchende Sexarbeiterinnen ist das eine besonders fatale Verknüpfung, da sie darauf angewiesen sind, in Autos zu steigen, und häufig an abgelegenen Plätzen arbeiten müssen. Gerstendörfer schreibt, dass an diesem Punkt Ursache und Wirkung verwechselt werden, weil die Gesellschaft und die Politik durch Sperrbezirke aktiv die Rahmenbedingungen geschaffen haben, in denen Gewalt gegen Frauen ausgeübt werden kann (ebd.). Sie verweist auf den Mythos, dass eine Vergewaltigung von Sexarbeiterinnen nicht möglich sei, da diese ja immer zum Sex bereit seien. Damit wird den Frauen eine eigene Sexualität abgesprochen, und wenn sie dann noch von den sexuellen Dienstleistungen profitieren, wird die gesellschaftliche Doppelmoral in ihren Grundfesten erschüttert (ebd. 132f). Gewalt am Arbeitsplatz erleben Sexarbeiterinnen genauso negativ wie andere Frauen auch (ebd. 133). Gewalterfahrungen sind immer unabhängig vom ausgeübten Beruf zu bewerten. Deshalb ist auch der Begriff „Zwangsprostitution" unzulässig. Durch diesen Begriff wird sexuelle Gewalt und sexuelle Dienstleitung auf unzulässige Weise vermischt. Wenn eine Prostituierte durch Gewalt zu sexuellen Handlungen gezwungen wird, ist sie Opfer eines Verbrechens und geht nicht ihrer Arbeit nach (ebd. 138).

Dieser Ansatz ist eine wichtige Grundlage für einen emanzipatorischen Arbeitsbegriff auch für drogengebrauchende Sexarbeiterinnen. Ohne diesen kann sich kein Bewusstsein für das Unrecht entwickeln, dass ihnen durch die Gewalt angetan wurde, weil sie immer nach dem Axiom „selber schuld" bewertet werden.

Der sexuelle Missbrauch[29] als eine andere Ebene der Grenzverletzung beginnt für Egartner und Holzbauer an der Stelle, wo Mädchen oder junge Frauen einen sexuell motivierten Übergriff spüren. Einige Praktiken rufen extreme körperliche Schmerzen hervor, aber alle generieren psychische Qualen (Egartner/Holzbauer 1994, 209). Oft sprechen die Frauen aber erst von Missbrauch, „wenn sie als Kind oral oder vaginal" (ebd. 209) oder anal vergewaltigt wurden. Egartner und Holzbauer weisen darauf hin, dass keine Kausalzusammenhänge hergestellt werden dürfen zwischen erlebtem

---

29 Egartner/Holzbauer distanzieren sich von dem Begriff Missbrauch, weil es keinen „Miß- oder Gebrauch" von Mädchen und Frauen geben könne, deren Opfer sie nicht sind (Egartner/Holzbauer, 209, Fn. 63). Dieser Ansicht schließe ich mich an.

Missbrauch, Drogenkonsum und Prostitution. Dies ist eine grundlegende Position in meiner Arbeit. Die Autorinnen berufen sich auf Luise Hartwig, die ihrer Untersuchung über sexuelle Gewalterfahrungen von Mädchen eine intersektionale Perspektive zugrunde legt.

„Sexueller Mißbrauch ist nicht monokausal zu erklären. Das patriarchale Gesellschaftssystem, die strukturelle Gewalt, die geschlechtliche Arbeitsteilung, die patriarchale Ordnung der Familie und die sexuelle Ausbeutung von Frauen sind interdependente Faktoren für den sexuellen Mißbrauch an Mädchen." (Hartwig, Luise 1990)

Wissenschaftliche Studien mit drogengebrauchenden Sexarbeiterinnen besagen zwar, dass Gewalterlebnisse in der Kindheit nicht generell in die Prostitution führen, jedoch wird ein enger Zusammenhang zwischen Gewalterfahrungen in der Kindheit und Jugend und einer späteren Drogenabhängigkeit festgeschrieben (Kavemann et al. 2007, 17). Einige Frauen haben in den Interviews von ihren Missbrauchserfahrungen berichtet. Dabei zeigte sich, dass in ihrer Kindheit keine Strukturen existierten, die sie aufgefangen hätten. Sie waren in und nach Gewaltsituationen allein, ihnen wurde nicht geglaubt und sie hatten oft nur die Wahl entweder in der Situation zu verharren oder auszubrechen. Der Umstand, dass Frauen primärer Gewalt ausgesetzt sind und in dieser Situation keinen Schutz durch dritte erwarten und nicht über das Erlebte reden können, wird als sekundäre Gewalt bezeichnet (Egartner/Holzbauer 1994, 213).

Die dritte Ebene ist die „Grenzüberschreitungen sich selbst gegenüber". Diese haben die von Egartner und Holzbauer interviewten Frauen häufig und in vielfältigen Formen erlebt (ebd. 214). Menschen, deren Grenzen häufig verletzt wurden, verlieren das Gefühl für die eigenen und die Grenzen anderer, so die Autorinnen.

Die Fragen des Schutzes vor Grenzverletzung und Gewalt werden sich nicht durch repressive staatliche Interventionen gegen drogengebrauchende Sexarbeiterinnen klären und verändern lassen, da die Freier die Menschenwürde verletzen, und sie ja erst durch eine restriktive Gesetzgebung in die Lage versetzt werden, die Abhängigkeiten der Frauen auszunutzen. Es geht hier nicht um eine generelle Kriminalisierung der Freier, wichtig ist nur, die Problemkonstellation transparent zu machen. Es gibt einen Nachfragemarkt, wo Menschen ihre sexuellen Machtfantasien ausleben und/oder ihre Defizite hinsichtlich ihres Selbstwertes kompensieren möchten. Das kann man krank und abstoßend finden, aber es ist die Realität. Ihre „Opfer" sind immer die schwächsten Mitglieder einer Gesellschaft, also Menschen, die nicht oder mit nur wenigen Rechten ausgestattet sind. Nur hier kann die Politik wirklich ansetzen, um die Menschenwürde der Frauen zu schützen. Eine Reglementierung von drogengebrauchenden Sexarbeiterinnen oder die Kriminalisierung der Freier drängt das Problem weiter in die Illegalität, wo die Vulnerabilität der Frauen noch mehr ausgenutzt werden kann.

### 3.2.4 Diskurs über Kriminalisierung und Verelendung

Drogengebrauchende Frauen, die der Prostitution nachgehen, setzen sich in den meisten Fällen einer Strafverfolgung aus. Einerseits sind sie fast ausschließlich im Sperrbezirk tätig, andererseits verstoßen sie gegen das Betäubungsmittelgesetz

(BtMG)[30]. Prostituierte machen sich strafbar, wenn sie dem durch die Sperrgebietsverordnung (SpGVo) begründeten Verbot, der Prostitution im Sperrgebiet nachzugehen, beharrlich zuwider handeln (§ 184 a StGB). „Dieser Straftatbestand ist also die strafrechtliche Entsprechung zur Regelung des Art. 297 EGStGB, welcher zur Errichtung von Sperrgebieten ermächtigt" (Zimmermann 2002, 101). Entgegen dem Eindruck, den der Begriff Sperrgebiet vermittelt, muss ein solches Gebiet nicht die Ausnahme, sondern kann auch der Regelfall sein. In einer Großstadt ist es möglich, den Bereich, in dem Prostitution aufgrund der SpGVo erlaubt ist, auf wenige Straßen zu beschränken. Zimmermann merkt an, dass Sperrgebietsverordnungen wesentlich das Erscheinungsbild und die Arbeitsbedingungen der Prostitution prägen. Aus der häufig starken Konzentration der Prostituierten erwachse ein unnötiger wirtschaftlicher und sozialer Druck. Toleranzzonen, also Gebiete, in denen selten und unregelmäßig kontrolliert wird, führen dazu, dass auch weiterhin in den Sperrbezirken der Prostitution nachgegangen werde und folgerichtig wird den Sperrgebieten vorgehalten, sie seien nur Mittel der Aussperrung und des Unsichtbarmachens und bewirken durch eine Ghettoisierung die Stigmatisierung, Kriminalisierung und Ausbeutung der Prostituierten.[31] Beate Leopold, Elfriede Steffan und Nikola Paul beschreiben in der bundesweiten Dokumentation zur rechtlichen und sozialen Situation von Prostituierten außerdem die entstehende Rechtsunsicherheit bei Prostituierten durch die wechselnde Intensität der Verfolgung in Sperrbezirken, welche den Eindruck von Willkür vermittelt (Leopold/Steffan/Paul 1997, 307).

Falck stellt die unterschiedlichen Arbeitsbereiche der Sexarbeit dar. Den Arbeitsbereich Straßenstrich beschreibt sie unter anderem wie folgt:

„Oft werden die Arbeitsplätze auf dem Straßenstrich von Zuhältern überwacht, oder es handelt sich um einen stadtbekannten Drogenstrich. Dadurch sind die Arbeitsmöglichkeiten für autonome, nichtsüchtige Frauen begrenzt: Sie können nicht auf andere Straßen ausweichen, denn in fast allen Städten außer Berlin kommen aufgrund von Sperrgebietsverordnungen [...] nur wenige Straßen für den Straßenstrich in Frage." (Falck 2005, 20)

Hier zeigt sich, wie in den Verteilungskämpfen um die knappen Stellplätze Argumentationsmuster aufgebaut werden, die der realen Situation nicht entsprechen. Der „stadtbekannte Drogenstrich" ist kein Ort der exklusiv „süchtigen Frauen" vorbehalten ist, sondern ein Bereich im Sperrgebiet, an dem diese Frauen im vollen Risiko einer Strafverfolgung der Prostitution nachgehen. Für „autonome, nichtsüchtige"

---

30  Der unmittelbare Konsum von illegalen Drogen und der Besitz geringer Mengen zum Eigenverbrauch sind nicht strafbar, jedoch der Handel und Verkauf illegaler Drogen. Die „geringe Menge" soll den Eigenkonsum vom Drogenhandel abgrenzen. Die „geringe Menge" entkriminalisiert nur Gelegenheitskonsum und es existiert kein bundeseinheitlicher Umgang, sie wird jeweils durch die Landesjustizverwaltungen definiert. BtMG § 29 vom 10.03.05. Siehe Getsetzestexte online (2011); Rechtsanwälte Breidenbach & Popovic (2011a); Körner (2007); Zurhold (1998, 46).

31  Außer Berlin haben alle alten Bundesländer von der Ermächtigungsnorm des Art. 297 EGStGB Gebrauch gemacht (Zimmermann 2002, 225f; siehe auch Leopold/Steffan/Paul 1997, 97/306-309).

Sexarbeiterinnen sind die legalen Arbeitsmöglichkeiten begrenzt, für „süchtige" Sexarbeiterinnen existieren sie nicht. Diese sind auf der letzten Stufe in der Rangfolge und werden von den „autonomen Frauen" ins Sperrgebiet abgedrängt. Die risikoreiche Arbeit im Sperrgebiet steht jeder Frau offen, da es dort keine Zugangsberechtigung gibt.

Nach den Forschungsergebnissen von Ahlemeyer lässt sich der Straßenstrich nur grob geographisch festlegen, es gibt keine festen baulichen Strukturen und keine deutlichen Grenzen (Ahlemeyer 1996, 68). Der Strich bezeichnet die Straßenzüge, in denen Prostitution angeboten und der Kontakt zu den Kunden hergestellt wird. Die vertragliche Leistung wird dann an einem anderen Ort erbracht. In einem Beitrag zum gesellschaftlichen Umgang mit Prostitution hält Mitrovic fest, dass der legale Straßenstrich in Hamburg (St. Pauli) in der Herbertstraße, auf der Reeperbahn, der Davidstraße und um den Hans-Albers-Platz stattfindet. Hier dürfen Prostituierte ihre Dienste öffentlich von 20.00 Uhr abends bis morgens 6.00 Uhr anbieten. In diesem Gebiet stehen vor allem die Frauen, die sich als „professionelle" Prostituierte bezeichneten.

„Die Bedienung der Freier findet in der Regel in den nahegelegenen Hotelzimmern und Bordellen statt. Die Preise für die sexuellen Dienstleistungen sind untereinander abgesprochen und werden wohl auch weitgehend eingehalten. Ebenso wie die Pflicht Kondome zu benutzen. Die Prostituiertenszene in St. Pauli ist nach eigenen Angaben auch für die Polizei übersichtlich. Hier arbeiten nach Polizeiangaben keine minderjährigen Mädchen, keine illegalen Migrantinnen und auch keine Beschaffungsprostituierten." (Mitrovic 2004, 46)

Die meisten drogengebrauchenden Frauen in Hamburg gehen der Straßenprostitution nach und arbeiten im Stadtteil St. Georg. Der Drogenstrich liegt im Sperrbezirk. Das bedeutet, dass die Frauen illegal arbeiten und ordnungswidrig handeln. Die eigentliche sexuelle Dienstleistung findet in Autos, Stundenhotels, Videokabinen oder abgelegenen Plätzen statt. Die Sperrgebietsverordnung kriminalisiere, so Zurhold, nur die „Beschaffungsprostituierten", da die legalen Plätze von den „Profifrauen" belegt und durch Zuhälter kontrolliert werden.[32] Zurhold explorierte die Arbeitsbedingungen der „Beschaffungsprostitution" und definierte den Straßenstrich wie folgt:

„So ist die Beschaffungsprostitution eng mit der Drogenszene verknüpft und wird mit dem Straßenstrich assoziiert. Der Straßenstrich hat wiederum spezifische und mit anderen Prostitutionsbranchen nicht vergleichbare Rahmenbedingungen; dazu zählen die räumliche Nähe zur Drogenszene sowie zu Drogenhilfeeinrichtungen, die Möglichkeit des schnellen Einstiegs, flexible Arbeitszeiten und dass die Einnahmen zu 100% bei den Frauen verbleiben" (Zurhold 2002, 111).

Auf ähnliche Erkenntnisse verweist Leopold bei der Untersuchung Minderjähriger in der „Beschaffungsprostitution":

---

32 Zurhold führt weiter aus, dass Beschaffungsprostituierte für Zuhälter aufgrund ihres hohen Finanzierungsbedarfes und der ihnen unterstellten Unzuverlässigkeit uninteressant seien (Zurhold 2002, 111).

„Die so genannte Beschaffungsprostitution findet häufig in unmittelbarer Nähe der Drogenszene statt. Der ‚Drogenstrich' befindet sich meistens innerhalb von Sperrbezirken, d.h. in öffentlichen Bereichen, in denen die Ausübung der Prostitution verboten ist. Die Mädchen und jungen Frauen, die dort anschaffen, riskieren also eine doppelte Verfolgung durch Polizei und/oder Ordnungsamt. Zum einen können sie wegen eines eventuellen Verstoßes gegen das Betäubungsmittelgesetz strafrechtlich belangt werden. Zum anderen begehen sie durch die Prostitution im Sperrbezirk eine Ordnungswidrigkeit und müssen mit der Verhängung einer Geldbuße rechnen. Bei wiederholtem Verstoß gegen eine Sperrbezirksverordnung machen sie sich strafbar und müssen mit schärferen Sanktionen – Geld – oder Haftstrafe – rechnen." (Leopold 2005, 102)

In der Hamburger Studie zu Crackkonsumentinnen resümieren Zurhold und Kuhn, dass sie auch unter ordnungspolitischen Gesichtspunkten verstärkt ins Blickfeld geraten. „Durch die Hektik, Mobilität und Aggressivität in der Crackszene gelten Crackkonsumierende als Störfaktor und öffentliche Belästigung für Anwohnerschaft" (Zurhold/Kuhn 2004, 251).

Das bedeutet schlussendlich, dass eine Sperrgebietsverordnung egal, welcher Prostitutionsform ihr zugrunde liegt, immer verheerende Folgen hat. Für drogengebrauchende Sexarbeiterinnen bleibt durch die Konkurrenz zu den besser organisierten „Profifrauen" und die Platzverteilung durch Zuhälter keine andere Möglichkeit, als im Sperrbezirk zu arbeiten. Damit handeln sie immer gegen die Ermächtigungsnorm der Sperrgebietsverordnung.

Da sie durch den mehr oder weniger exzessiven Konsum illegaler Drogen zwangsläufig auch gegen das BtMG verstoßen, liegt ein weiterer Gesetzesbruch vor. Hier wird ein Dilemma offensichtlich, eine Frau, die zweifach kriminalisiert ist, wird ihre Rechte als Dienstleisterin nicht in Anspruch nehmen und eine Verletzung ihrer persönlichen Integrität nicht zur Anzeige bringen, da sie sich nicht freiwillig den Ordnungsbehörden ausliefern wird. In einer Analyse zur staatlichen Sanktionspraxis gegen drogengebrauchende Frauen bezweifelt Zurhold die strafrechtliche Zweckmäßigkeit des BtMG. Wie im Abschnitt 3.5.1 zum gesellschaftlichen Suchtdiskurs (siehe auch 6.2.9) nachgewiesen wird, unterliegt das BtMG keiner sachlichen, sondern einer ideologischen Legitimation.

„Ohne die Risiken und Schäden der staatlichen Eingriffe realistisch zu prüfen, wird auf Vermutungen, Alltagstheorien und Mythen zurückgegriffen und die Kriminalisierung mit der auf diese Weise konstruierten ‚Drogengefahr' begründet. Die Logik der strafrechtlichen Prävention unterliegt dabei moralischen Implikationen, die das Recht eigentlich nicht erfassen darf." (Zurhold 1998, 63)

Die Prohibition und Repression des deutschen Drogenstrafrechts und der Drogenpolitik begünstigen eine Integration in die Drogenszene sowie gesundheitlich riskante Verhaltensweisen. Gesundheitsprävention besonders bezüglich des *Humanen Immundefizienz Virus* (HIV) und Hepatitis und die Motivation sich behandeln zu lassen werden eher erschwert bzw. verringert. Ein solcher Mechanismus wird von Foucault als Disziplinarsystem beschrieben, das die Delinquenz erzeugt, die es vorgibt zu beseitigen (Foucault 1994c, 327/388f). Es dient der Erzeugung eines kriminellen Milieus, welches den Einsatz immer perfekterer Überwachungs- und Repressionsapparate legitimiert (Fink-Eitel 1997, 77).

In diesem Unterkapitel wurde nachgewiesen, wie sehr die punitive und prohibitive Drogenpolitik sowie die SpGVo die gesundheitliche Verelendung, die soziale Ausgrenzung und die Stigmatisierung von „Beschaffungsprostituierten" verursachen. Die Kriminalisierung und die Sanktionierung von Drogendelikten verhindern nicht den Konsum, sondern generieren nur exorbitante „Schwarzmarktpreise". Die SpGVo hingegen kriminalisiert die Anbieterinnen sexueller Dienstleistungen. Dadurch wird ihre Position in der Preisverhandlung und ihr Widerstand gegen risikoreiche Sexualpraktiken geschwächt. Daraus resultiert der hohen Grad an materieller Verelendung, der diese Form der Prostitution erst erzeugt. Gesundheit ist also eine weitere Kategorie, die es zu diskutieren gilt.

### 3.2.5 Diskurs über Gesundheit und Risiko

Im Gesundheitsdiskurs der Mehrheitsgesellschaft nimmt die Prostitution eine wichtige Position ein, weil davon ausgegangen wird, dass Prostituierte häufiger Geschlechtsverkehr haben als andere Berufsgruppen (Zimmermann 2002, 263). So könne angenommen werden, dass häufig wechselnde Geschlechtspartner ein erhöhtes Gesundheitsrisiko bedingen. Diese Vermutung kann aber ebenso auf die Freier übertragen werden. Es wird Sexarbeiterinnen unterstellt, dass sie durch berufsbedingte Zwänge, z.B. den Wunsch des Freiers nach kondomlosen Geschlechtsverkehr, eher krankheitsgefährdet sind. Dem gegenüber steht, dass Sexarbeiterinnen schon allein aus einem wirtschaftlichen Interesse ihre Gesundheit erhalten wollen und müssen. Zwischenzeitlich belegen wissenschaftliche Erkenntnisse, dass keine größere gesundheitliche Gefahr von Prostituierten ausgeht (Laskowski 1997, 77/78; Kleiber 2000, 4-11). Eine Ausnahme bilden, innerhalb dieser Erkenntnisse, „Beschaffungsprostituierte" und Migrantinnen in der Prostitution (Leopold/Steffan/Paul 1997, 288; Zimmermann 2002, 270). Zimmermann verweist in einer Fußnote, dass hier Migrantinnen diskriminiert und stigmatisiert werden (ebd. 270, Fn. 3). Außerdem werde nach dem Infektionsschutzgesetz (IfSG) eine anonyme und kostenlose Beratung angeboten, die von vielen illegal arbeitenden Frauen intensiv genutzt wird, wodurch sich das „Problem" relativiere.[33]

Als Risikogruppe werden nach wie vor „Beschaffungsprostituierte" eingeordnet. Sexarbeiterinnen betonen, dass für die Übertragung von STD[34] nicht die sexuelle Dienstleistung entscheidend ist, sondern das professionelle Arbeiten. Da „Beschaffungsprostitution" zumeist als unprofessionelle sexuelle Dienstleistung beurteilt wird (siehe 3.4.1), impliziert dies eine Einschätzung als Risikogruppe. In der Sexarbeit herrscht eine hohe Konkurrenz und mittlerweile wird der Ruf nach einer Pflichtuntersuchung von „einheimischen" Sexarbeiterinnen, die sich als „Profis" betrachten,

---

33 Das IfSG bietet durch die kostenlose Beratung und die Aufklärung mildere Maßnahmen als die des Zwangs und stärkt gleichzeitig die Würde und Eigenverantwortung der Prostituierten. Illegal arbeitende Frauen können einer Registrierung und Reglementierung nur ablehnend gegenüber stehen, § 19 IfSG 01.01.2001 (Bundesministerium der Justiz 2001).

34 STD = sexually transmitted disease.

wieder laut. Heidrun Nitschke-Özbay bezeichnet diese Forderung als Resultat mangelnden Wissens und Ausdruck der harten Konkurrenz im Milieu. Eine Abgrenzung
durch ein „Gesundheitszeugnis" gegenüber den nicht professionell arbeitenden Anderen ist bereits möglich (Nitschke-Özbay 2005, 133). Unter den herrschenden Bedingungen ist Sexarbeit in Deutschland häufig mit erheblichen Belastungen und Risiken verbunden. Allerdings gibt es keine verbindende Identität der Sexarbeit; die
Erscheinungsformen, Arbeitsbedingungen und die Lebensstile der einzelnen Teilbe-
reiche differieren erheblich (Domentat 2003, 33). Deshalb ist es notwendig, die unterschiedlichen Indikatoren und das variierende Bedingungsgefüge der Sexarbeit zu
erforschen, um Frauen in die Lage zu versetzen, diese Bedingungen selbst zu kontrollieren und eigene Grenzen zu setzen. Frauen, denen es psychisch oder physisch
schlecht geht, die soziale oder finanzielle Probleme haben, fällt es besonders schwer,
Grenzen in der Sexarbeit zu setzen und ihre Gesundheit vor Schäden zu bewahren.
Unabhängig von den verschiedenen Formen der Sexarbeit gilt, dass in der Regel die
Frau durch den Mann angesteckt wird, da dieser als Kunde zu ihr kommt. Männer
können sich einfach und bequem vor der Ansteckung schützen, für Frauen ist es
weitaus schwieriger Schutzmittel anzuwenden, erstens aufgrund der Anatomie und
zweitens aufgrund der ungleichen Machtverteilung zwischen den Geschlechtern. Je
intensiver die Illusion in der Gesellschaft genährt wird der Staat könne die Sicherheit
kommerzieller Intimkontakte gewährleisten, desto weniger wird sich das Verhalten
auf der Seite der Freier ändern. Deshalb plädiert Nitschke-Özbay für eine Gesundheitsfürsorge und -förderung, die sich der Risiken von Sexarbeit bewusst ist und sich
ihrer annimmt, ohne die Betroffenen zu stigmatisieren.

„Sexarbeiterinnen benötigen keinen Zwang, um sich gesundheitsbewusst zu verhalten. Sie
brauchen freiwillig und anonym nutzbare Angebote, die alle Aspekte sexueller Gesundheit berücksichtigen und die ihnen mit dem gleichen Respekt und der gleichen professionellen Distanz
begegnen wie anderen Menschen. Wie alle Frauen wünschen sich Sexarbeiterinnen emphati-
sche Mediziner/innen und Berater/innen, die in der Vielfalt menschlicher Sexualitäten, Kulturen und Sprachen eine ständige Herausforderung ihrer Professionalität sehen." (Nitschke-
Özbay 2005, 139)

Wissenschaftliche Untersuchungen zeigen, dass unter „Beschaffungsprostituierten"
risikobehaftete Faktoren, wie junges Einstiegsalter, sexuelle Gewalterfahrungen und
Traumatisierung, häufig zu finden sind (Kerschl 2005, 114 ff; Leopold 2005, 106).
Bei drogengebrauchenden Frauen wird das Risiko einer HIV-Infektion häufig nur im
Kontext des *Needle sharing* gesehen, das sexuelle Übertragungsrisiko würde zu wenig beachtet (Leopold 2005, 102). Bis zu 30% der „Beschaffungsprostituierten" sind
HIV-infiziert (Kerschl 2005, 119). Wenn auch die vorliegende Arbeit sich kaum mit
der Nachfrageseite der „Beschaffungsprostitution" beschäftigt, muss an dieser Stelle
darauf hingewiesen werden, dass es die Kunden sind, die freiwillig kommen und riskante Sexualpraktiken nachfragen. Gesundheitspolitisch können diese jedoch nicht
verfolgt werden. Das rechtfertigt im Umkehrschluss aber nicht, die Frauen zu verfolgen. Die spezifischen gesundheitlichen Risiken der „Beschaffungsprostitution" sind
keine Folge eines unprofessionellen Arbeitens, sondern sie sind die Konsequenz der
massiven Reglementierungen in der informellen Sex- und Drogenökonomie, wie der
SpGVo und dem BtMG. Zwangsmaßnahmen wirken hier ebenso kontraproduktiv

wie in anderen Bereichen der Sexarbeit (Zimmermann 2002, 268; Leopold/Stef-fan/Paul 1997, 28; Laskowski 1997, 355ff). Die Frauen werden schon aus Gründen der oben beschriebenen Kriminalisierung vor einer Registrierung zurückschrecken und sie werden weiter in den Untergrund verschwinden und unerreichbar für eine Präventionsarbeit sein.

In diesem Abschnitt wurde darauf hingewiesen, dass es die staatliche Reglemen-tierungen und nicht die persönlichen Verhaltensweisen der drogengebrauchenden Sexarbeiterinnen sind, die zu den massiven gesundheitlichen Problemen führen. Der Diskurs, dass Gesundheit ein schützenswertes Gut sei, ist auch für drogengebrau-chende Sexarbeiterinnen maßgebend und die Annahme, dass sie ihre Gesundheit auf-grund ihrer Drogenkonsums vernachlässigen, konnte nicht bestätigt werden.

Trotzdem werden die negative Aspekte des Gesundheitsdiskurses, die oft den Charakter von Vorurteilen haben, aktiv als Machtmittel und Disziplinartechnik ein-gesetzt, um die Szene zu reglementieren und als Begründung für Interventionen ge-nutzt. Dabei steht der Gesundheitsdiskurs in einer engen, überaus produktiven Wech-selwirkung mit dem Suchtdiskurs.

## 3.3 EINFÜHRUNG IN DEN SUCHTDISKURS

Der Konsum illegaler Drogen wird heutzutage als ein großes soziales Problem wahr-genommen. Es geht dabei meist um die Gefährdung der Jugend, der Gesellschaft, ihrer Werte und Normen sowie der Vermeidung von Elend und Nihilismus des Dro-genkonsums. Der herrschende Diskurs um die gesellschaftliche und/oder staatliche Definition sozialer Probleme verdeckt häufig nur eine Verschiebung der Verantwort-lichkeit. Gesellschaftliche Missstände werden in individuelles und selbstverschulde-tes Leid umgedeutet. Manche staatlichen Maßnahmen, die mit der Verhütung oder Beseitigung von Problemen begründet werden, dienen eigentlich nur der Erhaltung von Herrschaftsinteressen, Pfründen und Einkommensquellen. Obwohl zur Drogen-abhängigkeit einige wissenschaftliche Theorien und Forschungsergebnisse vorliegen, die für einen kontrolliert akzeptierenden Ansatz plädieren und dies auch begründen, hält sich die Vorstellung der „totalen Therapie" mit dem Ziel der absoluten Absti-nenz hartnäckig. Außerdem kommt dem Drogenkonsum im Vergleich zu anderem vermeintlich sozialschädlichen Verhalten[35] ein enorm hoher Stellenwert zu. Natürlich gilt auch für den Drogenkonsum wie für jedes menschliche Verhalten das Spektrum „angemessen" bis „unangemessen", „unschädlich" bis „schädlich". Die Grenzen sind jedoch fließend und nicht eindeutig. Die deutsche Drogenpolitik ist in ihrer Radikali-tät nicht nur eine Kampfansage an den Drogenkonsum, sondern zugleich auch eine gegen andere Lebensstile. Ihr restriktiver Charakter evoziert erst die Probleme des Drogenmissbrauchs. Um diese Thesen zu untermauern, nehme ich zuerst den gesell-schaftlichen Suchtdiskurs in den Blick. Da es in meiner Dissertation um weibliche Personen geht, widme ich mich im zweiten Abschnitt dem feministischen Suchtdis-

---

35  Z.B. Alkoholkrankheit, alkoholbedingte Verkehrs- und andere Kriminalität, durch Um-weltverschmutzung bedingte Gesundheitsschädigungen etc.

kurs. Um dem poststrukturalistischen Anliegen der Arbeit gerecht zu werden, betrachte ich im letzten Abschnitt die dekonstruktivistischen Ansätze im Frauen-Sucht-
Diskurs.

### 3.3.1 Der gesellschaftliche Suchtdiskurs

Die Drogenpolitik ist geprägt von der Doppelmoral, die einen Teil der Drogen sozial
akzeptiert, ihren Gebrauch kulturell integriert und ökonomisch fördert und den anderen Teil strafrechtlich sanktioniert und als kulturfremd ausgrenzt. Diese Differenzierung basiere, so Lorenz Böllinger, Heino Stöver und Lothar Fietzek, nicht auf sozi-
almedizinischen, pharmakologischen oder soziologischen und psychologischen Erkenntnissen, sondern sei aufgrund bestimmter Interessen-Konstellationen gewachsen
und heute nicht mehr rational nachvollziehbar (Böllinger/Stöver/Fietzek 1995, 24f).

Die Begriffe „Sucht" und später „Abhängigkeit" haben im Laufe der Geschichte
einen starken Bedeutungswandel erfahren. Erst im Laufe des 19. Jahrhunderts ent-
deckte die Medizin die Trunksucht als Krankheit, sie wurde zur „Modellsucht".
Süchtige wurden moralisch als psychisch minderbemittelt und sozial unfähig abgewertet. Später löste der Begriff der Abhängigkeit[36] den der Sucht[37] ab. Mit ihm sollte
auch die Heterogenität[38] der Drogenwirkung erfasst werden. Die Definitionsmacht
der WHO führte zu einer undifferenzierten Sicht auf den Drogengebrauch und die
Ausblendung vielfältiger Indikatoren. Diese mangelnde Differenzierung korreliert
mit einer Gleichsetzung der Begriffe Konsum und Abhängigkeit. Sucht und Abhängigkeit werden in der öffentlichen Diskussion als Stigmatisierungs- und Ausgren-
zungsbegriffe verwendet. Sie implizieren eine Störungsannahme, Behandlungsbe-
dürftigkeit und demzufolge eine therapeutische Intervention (Böllinger/Stö-
ver/Fietzek 1995, 27). Die Gleichstellung der Gefahrenpotentiale aller illegalisierten
Drogen und die nicht differenzierte Strafbarkeit im Umgang mit ihnen führen zu einer pauschalen Kriminalisierung von DrogenkonsumentInnen (Kappeler 1993, 21

---

36 Drogenabhängigkeit wurde definiert als „ein Zustand, der sich aus der wiederholten Einnahme einer Droge ergibt, wobei die Einnahme periodisch oder kontinuierlich erfolgen
kann. Ihre Charakteristika variieren in Abhängigkeit von der benutzten Droge" (WHO
1964 zit. n. Böllinger/Stöver/Fietzek 1995, 26).

37 Ein Expertengremium der WHO definierte Sucht als „einen Zustand periodischer oder
chronischer Intoxikation, der durch die wiederholte Einnahme einer (natürlichen oder syn-
thetischen) Droge hervorgerufen wird. Ihre Charakteristika sind: ein überwältigendes Verlangen oder Bedürfnis (zwanghafter Art), die Drogeneinnahme fortzusetzen und sich diese
mit allen Mitteln zu verschaffen; eine Tendenz zur Dosissteigerung; eine psychische (psy-
chologische) und allgemein eine physische Abhängigkeit von der Drogenwirkung; zerstörerische Wirkung auf das Individuum und die Gesellschaft" (WHO 1952 zit. n.
Böllinger/Stöver/Fietzek 1995, 25f).

38 Immer mehr Drogen wurden den internationalen Kontrollabkommen unterworfen, was sich
als Problem auf die mangelnde Differenzierung von physischer und psychischer Abhängigkeit auswirkte. Legale Drogen unterliegen keiner internationalen Kontrolle (Böllinger/
Stöver/Fietzek 1995, 26).

ff).[39] Nicht jede Art des Rausches wird heute stigmatisiert und verfolgt. Der gelegentliche rationalisierte Kontrollverlust wird durchaus toleriert. Exotische „kulturfremde" Drogen zu gebrauchen, impliziere, so Manfred Kappeler, eine Drogenpraxis der „Wilden" oder „Kolonialisierten" und wird sanktioniert.[40] Determiniert wird dieser Diskurs zum einen von dem rassistischen Topos, der Abneigung gegen alles Fremde und Andere zeigt, zum anderen eignet er sich für eine symbolische Politik der „gerechten Strafe", die zwangsintegriert oder ausgrenzt.

Zurhold merkt an, dass der Beginn der 1970er Jahre in der Bundesrepublik markiert sei durch die normative Durchsetzung der Abstinenzfixierung mittels des schärfsten Instrumentes, dessen ein Staat sich bedienen kann, der Prohibition und der Repression durch das Drogenstrafrecht. Das herrschende Drogenverbot sei kein sachliches Produkt realer Problembearbeitung, sondern ein moralisches Produkt irrationaler Ängste (Zurhold 1998, 11). Mediale Sensationskolportagen liefern Erklärungsmuster für soziale Probleme, die eine kollektive Umdeutung von gesellschaftlicher Verantwortung in eine selbstverschuldete individuelle Schieflage ermöglicht. Diese Zuschreibungsprozesse haben eine entlastende Funktion. Die Konstruktion der Konsumierenden von illegalisierten Drogen als soziale Randgruppe kann von den Problemlagen der viel größeren Gruppe der Konsumenten legaler Drogen ablenken.

Zurhold führt außerdem an, dass der Kampf gegen fremde Laster als „humanitärer" Akt proklamiert werden kann, ohne die eigenen Laster aufgeben zu müssen (ebd. 12). Der Alltag von DrogenkonsumentInnen ist geprägt von Prohibition und Strafverfolgung. Die Illegalität zwingt sie in eine dauernde Kriminalität. Die Angst der bundesdeutschen Bevölkerung vor Straftaten korreliert nicht mit der aktuellen Gefährdungslage (Pfeiffer 2004, 7-11). Nichtsdestotrotz werden subjektive Ängste instrumentalisiert, um neuere technische Überwachungsmaßnahmen zu legitimieren. Es

---

39 Ihre historischen Wurzeln hat die drogenpolitische Eindimensionalität in dem veränderten Menschenbild und Wertesystem des Übergangs vom Mittelalter zur Neuzeit. Der Drogenexperte Manfred Kappeler schreibt, dass die übersteigerte Wertschätzung eines rationalen, ökonomischen und zweckmäßigen Denkens zur Leitlinie der patriarchalen abendländischen Kulturgeschichte wird. In der Aufklärung wurden Ratio und Vernunft schließlich solchermaßen idealisiert, dass Mäßigkeit, Enthaltsamkeit und Pflichterfüllung zum vorherrschenden Maßstab eines reifen Menschen erhoben wurden. Wer sich dennoch berauschte, verweigerte sich dem gesellschaftlichen Normenkontext. Drogen wurden als gefährlich und unberechenbar definiert und ihr Gebrauch galt als unvernünftig. Wer nicht jederzeit bereit war vernünftig zu handeln, galt als moralisch böse (Kappeler 1993).

40 Ihre historischen Wurzeln hat die drogenpolitische Eindimensionalität in dem veränderten Menschenbild und Wertesystem des Übergangs vom Mittelalter zur Neuzeit. Der Drogenexperte Manfred Kappeler schreibt, dass die übersteigerte Wertschätzung eines rationalen, ökonomischen und zweckmäßigen Denkens zur Leitlinie der patriarchalen abendländischen Kulturgeschichte wird. In der Aufklärung wurden Ratio und Vernunft schließlich solchermaßen idealisiert, dass Mäßigkeit, Enthaltsamkeit und Pflichterfüllung zum vorherrschenden Maßstab eines reifen Menschen erhoben wurden. Wer sich dennoch berauschte, verweigerte sich dem gesellschaftlichen Normenkontext. Drogen wurden als gefährlich und unberechenbar definiert und ihr Gebrauch galt als unvernünftig. Wer nicht jederzeit bereit war vernünftig zu handeln, galt als moralisch böse (Kappeler 1993).

bedarf vorab der Konstruktion von Feindbildern, wie die der minderjährigen unbegleiteten Flüchtlinge als „schwarzafrikanische Dealermafia" und „Crackmonster", um innenpolitisch härter durchzugreifen. Das Deklarieren von stereotypen Bedrohungsszenarien rechtfertigt die Durchsetzung sicherheitspolitischer Maßnahmen unter der Einschränkung grundrechtlicher Freiheiten (Zurhold 1998, S. 17f).

Günter Amendt postulierte in einer Publikation, dass die öffentliche Meinung über Drogen essentiell auf mediale Berichterstattung rekurriere. Die Medien führten allerdings keinerlei fachliche Auseinandersetzung mit dem Thema, sondern fokussierten ihren „Blick auf die Abgründe der menschlichen Psyche in einem Umfeld von Kriminalität, Prostitution und Gewalt" (Amendt 2003, 117). Er sieht die Rolle der Medien hier höchst widersprüchlich. Zum einen gehe es darum, die Realität statistisch zu schönen und propagandistisch zu „verkleistern", und zum anderen werde durch die spektakulären Darstellungen die Realität verzerrt. Über das Drogenproblem suche, so schreibt Jakob Tanner, die *moral majority* in einer kulturellen Krisenlage nach einer neuen Verständigungsbasis. Dabei gehe es um die Fragen: Wer sind die Guten? Wer die Bösen? Wer die Gesunden? Wer die Kranken? Der „*war on drugs*" sei immer auch eine verkappte Moralkampagne, er erfülle „[...] eine gesellschaftliche Stabilisierungs- und Orientierungsfunktion" (Tanner 1996, 7). Über die Medien werden aber nicht nur Informationen verbreitet und moralische Botschaften transferiert, die Medien übernehmen auch die Funktion eines Marktregulativs. Das liegt in der Natur eines illegalen Marktes, der sich von einem legalen durch den Mangel an Transparenz und Information unterscheidet (Amendt 2003, 178). Amendt kritisiert nicht nur die handwerklichen Fehler bei der Drogenberichterstattung, sondern auch ihre Fixierung auf die Statistik der Drogentoten, die zum Gradmesser der aktuellen Gefahrenlage gemacht werden.

„[...] mehr Tote – großes Problem, weniger Tote – kleines Problem. Mit der Sentimentalisierung und Personalisierung des Drogenproblems wird die Einsicht in die Ursachen verbaut." (ebd. 179f)

Nichtsdestotrotz scheiterte die Drogenverbotsideologie unter anderem daran, dass die „Delinquenten" kaum ein Unrechts- und Schuldbewusstsein entwickeln (Zurhold 1998, 39). Das soziale Konfliktpotential hinsichtlich des illegalisierten Drogenkonsums ergibt sich, so Zurhold, nicht aus dem Verhalten der Konsumierenden, sondern aus der Rechtsnorm selbst. Zurhold untermauert die Argumentation, dass das Drogenstrafrecht weit von den liberalen Ideen eines Minimalstrafrechts entfernt sei und seine Absichten durch Mythen legitimiere, die um so schwerer zu entkräften seien, als sie verborgene ökonomische und politische Funktionen erfüllen:

„Mittels sich gegenseitig beschränkender Meinungsbildungsprozesse von offizieller Politik und Öffentlichkeit wird ein geschlossenes Bild von Drogen als suchterzeugend, als devianz- und kriminalitätsfördernd konstruiert, das nur als selektiv und ideologisch verzerrt und als symbolische Realität zu begreifen ist." (ebd.)

Staatliche Kontrollinstanzen kriminalisieren ungeachtet wissenschaftlicher Erkenntnisse den Konsum von bestimmten Drogen. Diese repressive Praxis habe jedoch kaum noch gesellschaftliche Relevanz, da der Gebrauch verbotener Drogen verbreitet und kulturell integriert sei (ebd. 40). Wo die Befähigung zur Übernahme von Verantwortung und die Wiederherstellung von Handlungsautonomie das Ziel der Resozialisierung sein müsste, setzt der Staat auf Repression als Prävention (ebd.39). Frauen verstoßen an dieser Stelle gleich zweifach gegen die herrschenden Normen, so die Wissenschaftlerin, gegen die soziokulturellen Normen von Weiblichkeit und gegen die strafrechtlichen Normen legalen Konsumverhaltens. In der kriminologischen Forschung sei bekannt, schreibt Zurhold, dass die Etikettierung einen enormen Einfluss auf das Selbstbild und den weiteren Lebensverlauf habe, so dass sich diese Zuschreibungen für Drogengebraucherinnen potentiell doppelt negativ auswirken (ebd.).

### 3.3.2 Der feministische Suchtdiskurs

Die feministische Kritik am traditionellen Drogenhilfediskurs kreist um die soziale Position von Frauen und deren mangelnde Berücksichtigung in traditionellen Drogenhilfekonzepten (Pfingsten 1997, 51). Der Fokus richtet sich auf die Konstruktion eines frauenspezifischen, substanzübergreifenden Suchtgenesemodells (ebd. 52ff). Die Entwicklung stoffbezogener Abhängigkeiten wird in Parallele zu sozialen Abhängigkeitsverhältnissen gesehen, die auf patriarchale Sozialisations- und Gewalterfahrungen sowie deren psychische Folgen rekurrieren (ebd. 56-63/72ff). Im Mittelpunkt therapeutischer Interventionen steht die Aufarbeitung patriarchaler Unterdrückungserfahrungen und die Entwicklung selbstbestimmter, unabhängiger Lebensperspektiven (ebd. 100). Von entscheidender Bedeutung der praxisbezogenen feministischen Konzeptionen sei die Abstinenz von legalen und illegalisierten Drogen, so Kathrin Pfingsten. Begründet wird der Abstinenzanspruch, da Drogenkonsum als Mittel zur Realitätsflucht, als Ausdruck autoaggressiv gewendeten Widerstands gegen Geschlechtsrollennormen oder als mittelfristig dysfunktionale Strategie zum Überleben von Gewaltbeziehungen interpretiert und somit immer in den Kontext patriarchaler Unterdrückung gestellt wird. Pfingsten stellt in einer Analyse des Frau und Sucht-Diskurses fest, dass die öffentlich diskutierten Interessen der Drogenkonsumentinnen eher aus der politischen Überzeugung der Diskursteilnehmerinnen denn aus der direkten Kommunikation mit betroffenen Frauen abzuleiten seien (ebd. 103). Der Abstinenzansatz findet sich auch bei Egartner und Holzbauer. Sie gehen davon aus, dass mit dem Drogenkonsum eine physische und psychische Selbstzerstörung einhergehen:

„Mit dem Drogenkonsum einher gehen physische und psychische Selbstzerstörung. Die Frauen nahmen diese zunächst bewußt in Kauf, vielleicht weil auch ein ‚normales‘ Leben für sie die Zerstörung ihres Selbst bedeutete. Oft erst nach jahrelanger Abhängigkeit spürten sie, daß der Drogenkonsum auf Dauer kein Ausweg und keine Lösung ist. Frauen, die an diesem Punkt keine anderen Überlebensmöglichkeiten sehen, bleibt nur der Tod, der sogenannte ‚goldene Schuß‘“ (Egartner/Holzbauer 1994, 218).

Die Wissenschaftlerinnen schließen mit der Feststellung, dass die von ihnen interviewten Frauen die andere Überlebensmöglichkeit gesehen haben und in der Therapieeinrichtung eine neue *cleane* Lebensperspektive entwickelten. Bei der Bewertung dieser Aussagen muss berücksichtigt werden, dass Egartner und Holzbauer Frauen in einer Therapieeinrichtung interviewten, was die Autorinnen leider in ihren Schlussfolgerungen vernachlässigen. Sie interviewten also Frauen, die in erster Linie (abstinenz-) motiviert waren und sich noch im geschützten Rahmen der Therapie befanden. Die Forderung nach einer Legalisierung illegaler Drogen ist im feministischen Diskurs eher selten. Sicherlich müssen diese Positionen immer im Kontext der real existierenden Geschlechterverhältnisse verortet werden, das heißt die Ursachen und Hintergründe weiblichen Suchtverhaltens sind weiterhin zu berücksichtigen. Jutta Rahmeier formulierte schon 1992, ein Legalisierungsvorstoß könne durchaus als positiv gewertet werden, da bislang normbrechendes, unmoralisches Verhalten in den Bereich der Normalität rücke und die Folgeerscheinung von Verelendung verhindern helfe. Jedoch sei die Legalität kein Garant für die Beseitigung von Verelendungserscheinungen, diese Tendenzen gebe es auch bei Alkoholikerinnen (Rahmeier 1993, 180). Zurhold formuliert in ihrer Analyse feministischer Positionen zu akzeptanzorientierten[41] Legalisierungsforderungen, dass diese unverzichtbar seien, da der repressive *legal approach* bislang nur Probleme geschaffen habe. Eine weitere Kritik Zurholds bezieht sich auf die diskursive Konstruktion idealtypischer Charakteristika und Verhaltensweisen drogengebrauchender Frauen (Zurhold 1997, 56f). Christa Merfert-Diete merkt hier an, dass in der Beschreibung der Lebenssituationen häufig die Grenze zwischen ursächlichen und suchtbegleitenden Phänomenen verschwimme und die Ursachen immer nur rückblickend und individuell, deskriptiv formulierbar seien (Merfert-Diete 1993, 9).

Im Fokus der Kritik des feministischen Suchtgenesemodells steht auch die Viktimisierung von drogengebrauchenden Frauen. Eine zentrale Position nimmt hier die Zuschreibung von sexuellen Missbrauchserfahrungen ein. Dies trifft besonders für die Diskursstränge zu, die auf eine Kausalbeziehung zwischen Missbrauch und „Beschaffungsprostitution" rekurrieren. Sexuelle Gewalterfahrungen in der Kindheit und der Pubertät werden in der Fachliteratur als bedeutsame Ursache für die spätere Drogenabhängigkeit benannt (Brakhoff 1989, 13ff). Die „Amsel"-Studie (Hedrich 1989) geht davon aus, dass etwa ein Drittel der weiblichen Drogenkonsumentinnen in ihrer Kindheit und Adoleszenz von sexueller Ausbeutung betroffen waren.

„Die Assoziation der Abhängigkeitsentwicklung mit einem konfliktträchtigen Sozialisationsverlauf fokussiert sich unter feministischen Blickwinkel seit Mitte der 80er Jahre zunehmend auf die Wahrnehmung psychosexueller Problembelastungen. In den neueren Untersuchungen werden die psychischen und physischen Gewalt- und insbesondere die sexuellen Missbrauchserfahrungen von drogenabhängigen Frauen durch männliche Bezugspersonen als ursächliche suchtgenerierenden Faktoren bestimmt." (Zurhold 1993, 27)

---

41 Akzeptanzorientierter Drogenarbeit liegt ein Drogen- und Menschenbild zugrunde, dass Drogenkonsum nicht a priori als problematisch einstuft, sondern als eigenverantwortliche Entscheidung handlungskompetenter Subjekte sieht. Im Vordergrund stehen die Respektierung der Unterschiedlichkeit und Eigenverantwortlichkeit von UserInnen, der Verzicht von Abstinenzforderungen und auch drogenbezogene Lebensstile zu akzeptieren. Eine langfristige Zielperspektive stellt die Legalisierung und Entkulturation bislang illegaler Drogen dar. Der Konsum legaler oder illegaler Drogen läge dann in der Selbstverantwortung der Einzelnen. Eine ausführliche Auseinandersetzung und Analyse in: Pfingsten (1997, 9-49).

Eine monokausale Verknüpfung von sexuellem Missbrauch und Drogenkonsum verschleiert die Heterogenität der Konsummotive. Spreyermann erwähnt zusätzlich, dass in diesem pauschalisierenden Bedingungsgefüge Frauen keine andere Option der Verarbeitung bleibe (Spreyermann1992, 40f). Mit der Theorie der kritischen Psychologie konstatieren Egartner und Holzbauer in diesem Zusammenhang, dass Menschen nicht ausschließlich Objekte und damit Opfer ihrer Sozialisation sind, sondern gleichzeitig als Subjekte auf ihre Vergesellschaftung Einfluss nehmen (Egartner/Holzbauer 1994, 30). Auch Drogenkonsumentinnen bieten sich immer wieder Entscheidungsmöglichkeiten, ihre Situation zu verändern (ebd. 35f). Als weiteren Kritikpunkt führen Egartner und Holzbauer die fehlende Thematisierung der Beteiligung von Frauen an der (Re)Produktion der sie unterdrückenden gesellschaftlichen Strukturen (ebd. 38).

Zurhold plädiert für eine spezifische Frauendrogenforschung, da die Subkultur- und Jugendforschung stark männerzentriert sei (Zurhold 1993, 15f). Die Gleichsetzung von „Sucht" und „Abhängigkeit" in diesen Theorien ist problematisch. Sucht wird als ein Konstrukt festgeschrieben, das unter dem Postulat bestimmter Paradigmen abläuft und Abhängigkeiten auslöst. Das Suchtgenesekonzept des Alkoholismus ist der Duktus, unter welchem sämtliche Süchte paradigmatisch subsumiert werden (Pfingsten 1997, 121; Zurhold 1993, 20).

„Zum einen wird die Sucht als eine Art psychosomatische Störung betrachtet, die aus der grundsätzlichen gesellschaftlichen Abhängigkeit von Frauen, besser aus der mangelnden Selbstbestimmung, entsteht. Demnach scheinen emanzipierte Frauen weder von Substanzen noch von Bedürfnissen und insbesondere nicht von Männerbeziehungen abhängig zu sein. Zum anderen impliziert diese Einschätzung von Drogengebraucherinnen als defizitäre oder Opfer-Wesen, daß Frauen in dem Entwicklungsprozeß nie die Handelnden oder die Entscheidungsträgerinnen sind. Zwei Auffassungen, die mehr als zweifelhaft sind." (Zurhold 1993, 19f)

Christa Appel plädiert für einen Paradigmenwechsel, durch eine grundlegende Hinterfragung des Suchtbegriffs und für die Enttabuisierung allgemein menschlicher Bedürfnisse nach Abhängigkeiten, weil Abhängigkeiten nicht nur Unfreiheit bedeute, sondern Solidarität und Sicherheit vermitteln könnten (Appel 1992, 22f). Denn bislang werden nicht nur abweichende Lebensstile ausgegrenzt, sondern auch Entwicklungsperspektiven oktroyiert (ebd. 25ff).

Gewalterfahrungen und speziell sexuelle Missbrauchserfahrungen gelten den Frauensuchtforscherinnen als einflussreiche suchtgenerierende Faktoren, so Georg Weber und Wolfgang Schneider (Weber/Schneider 1992, 482ff). Dem liegt ein monokausal essentialistisches Verständnis von der Entwicklung des Drogenkonsums zugrunde. Die Dekonstruktion der Sucht- und Abhängigkeitsbegriffe im feministischen Suchtdiskurs sowie eine feministisch-konstruktivistische Herangehensweise an die Kategorie der „Beschaffungsprostituierten" können die Mythen des Opfers enttarnen. Ein poststrukturalistischer Denkansatz und seine Umsetzung auf das Alltagshandeln könnten eine Reifizierung geschlechterstereotyper Verhaltensweisen innerhalb des dichotomen Denkgebäudes durchbrechen (siehe auch 3.4.2).

### 3.3.3 Poststrukturalistische Denkansätze im Frauen-Sucht-Diskurs

Die Kritik am Frauen-Sucht-Diskurs impliziert die fehlende Übersetzung epistemologischer Entwicklungen des feministisch-wissenschaftlichen Diskurses in die suchtbezogenen feministischen Praxiskonzepte. Im vorhergehenden Abschnitt wurde gezeigt, dass die traditionellen feministischen Theorien einen differenztheoretischen Ansatz vertreten. Zwar werden Ansätze, die Frauen als Opfer stigmatisieren und die eine Homogenität der Frauen voraussetzen, hinterfragt, jedoch bleibt das Paradigma der dichotom-hierarchischen Zweigeschlechtlichkeit innerhalb einer heteronormativen Matrix essentialistisch.

In der konstruktivistischen Denkweise wird nicht nur die soziale Geschlechtsidentität (*gender*) dekonstruiert, sondern die scheinbare Existenz zweier genuin komplementärer Geschlechter analysiert und als ein hochkomplexer, interaktiver und institutionsgeleiteter sozialer Konstruktionsprozess enttarnt. Identität wird in poststrukturalistischen Theorien als kontingent und provisorisch verstanden. Annemarie Jagose schreibt, dass Identität von allen angenommenen kulturellen Kategorien diejenige sei, die am meisten der Natur zugeschrieben werde. „Vom eigenen Selbst wird immer angenommen, es existiere jenseits aller Repräsentationsformen und gehöre zur unbestreitbaren Wirklichkeit." (Jagose 2001, 101)[42]

Die immer wiederkehrenden Stilisierungen der Körper innerhalb eines rigiden Rahmens des Alltagshandelns erstarren mit der Zeit und scheinen einen wesenhaften Kern, eine Substanz oder auch ein natürliches Schicksal des Seienden hervorzubringen (Butler 1991, 60). Die „Matrix kohärenter Normen der Geschlechtsidentität" (ebd. 38) verdinglicht als Regulierungsverfahren die Dichotomie der Geschlechter. Butler argumentiert, dass der Feminismus gegen seine ausdrücklichen Ziele arbeitet, wenn er Frauen als grundlegende Kategorie voraussetzt. Der Begriff „Frau" bezeichne keine natürliche Einheit, sondern sei eine regulierende Erfindung, mit der unwillkürlich die normierende Beziehung zwischen anatomischem Geschlecht, sozialem Geschlecht und Begehren hergestellt und durch den die Heterosexualität naturalisiert werde.

„Die kulturelle Matrix, durch die die geschlechtlich bestimmte Identität (gender identity) intelligibel wird, schließt die ‚Existenz' bestimmter ‚Identitäten' aus, nämlich genau jene, in denen sich die Geschlechtsidentität (gender) nicht vom anatomischen Geschlecht (sex) herleitet und in denen die Praktiken des Begehrens weder aus dem Geschlecht noch aus der Geschlechtsidentität ‚folgen'." (ebd. 38f)

In Anlehnung an Foucault, der die Bedeutung diskursiver Strategien und ihr Potential für Veränderungen unterstreicht, definiert Butler Geschlecht als „fortdauernde dis-

---

42 (Post-)strukturalistische TheoretikerInnen wie Louis Althusser, Roland Barthes, Ferdinand de Saussure, Jacques Lacan, Michel Foucault u.a. hinterfragten die logischen Behauptungen über die Identität als Vorstellung von uns selbst als kohärente, einheitliche und selbstbestimmte Subjekte in unterschiedlicher Couleur. Die Vorstellung eines kohärenten, rationalen und selbstbestimmten Subjekts führt historisch auf den Philosophen René Descartes zurück (Jagose 2001, 98-103).

kursive Praxis", die „stets offen für die Eingriffe und neue Bedeutungen" sei (ebd. 60). Sämtliche binäre geschlechtsstereotype Zuschreibungen werden im Poststrukturalismus nicht als substantielle Eigenschaften, sondern als eine soziokulturell kontextuierte Performanz einer Geschlechtsidentität bezeichnet. Das Individuum hat keinen substantiellen Wesenskern, sondern inszeniert sich selbst als vergeschlechtlichte Person in interaktiven Prozessen situativ immer wieder neu. Die performative Wiederholung normativer Geschlechtsidentitäten naturalisiert nicht nur Heterosexualität, sondern die Dichotomie der Geschlechter. Die Performativität des Geschlechts ist die alltägliche Produktion von geschlechtlichen und sexuellen Identitäten, sie wird nicht bewusst und spielerisch vom Subjekt angenommen, sondern fügt das Subjekt durch die permanente Wiederholung zusammen. Für Butler ist Performativität weder freie Entfaltung noch theatralische Darstellung, und sie könne auch nicht mit darstellerischer Realisierung (*performance*) gleichgesetzt werden. Butler führt die Begriffe Konstituiertheit und Zwang ein:

„Performativität [kann] nicht außerhalb eines Prozesses der Wiederholbarkeit verstanden werden [...], außerhalb einer geregelten und restringierten Wiederholung von Normen. Und diese Wiederholung wird nicht von einem Subjekt performativ ausgeführt; diese Wiederholung ist das, was ein Subjekt ermöglicht und was die zeitliche Bedingtheit für das Subjekt konstituiert. Diese Wiederholbarkeit impliziert, daß die ‚performative Ausführung' keine ‚vereinzelte Handlung' oder ein vereinzeltes Vorkommnis ist, sondern eine ritualisierte Produktion, ein Ritual, das unter Zwang und durch Zwang wiederholt wird, unter Macht und durch die Macht des Verbots und des Tabus, bei Androhung der Ächtung und gar des Todes, die die Form der Produktion kontrollieren und erzwingen, die sie aber nicht, darauf lege ich Nachdruck, im voraus vollständig determinieren können." (Butler 1997, 139)

Übertragen auf den Frauen-Sucht-Diskurs stabilisiert sich ein monolithisches Subjekt der süchtigen Frau mit ihren homogenen sozialisatorischen und biografischen Erfahrungen und der daraus unausweichlichen Normabweichung, die sich als soziale Konflikte widerspiegeln. Wenn nach Butler die Performativität die Vorbedingung des Subjektes und der Zwang aufgrund normativer Vorgaben die Vorbedingung der Performativität ist, dann wird die Exklusion mit repressiven Effekten präsentiert. Eine konstruktivistische Sichtweise widerspricht nicht der grundsätzlich hierarchischen Konstruktion von Geschlecht und dem subjektiven Erleben weiblicher Identitäten und auch nicht der Relevanz geschlechtsbezogener Selbst- und Fremdwahrnehmung innerhalb sozialer Interaktionen. Geschlechtsspezifische Arbeit bleibt auch in dieser Theorie legitim. Würde das Verhalten der drogengebrauchenden Frauen als Performanz einer sozialen Geschlechtsidentität betrachtet werden, dann würde diese Präsentationsform auch immer als aktive Entscheidung und subjektiv sinnvoll akzeptiert werden. Es würde nicht nur die Situation entdramatisieren, sondern auch der individuellen Entwicklung der Drogenkonsumentin ein größerer Respekt entgegengebracht werden. Die feministisch-konstruktivistische Theorie eröffnet die Option, heterogene Lebensweisen, die aus traditioneller feministischer Sicht über die Abhängigkeit definiert werden, als autonome individuelle Entscheidungen zu sehen.

## 3.4 ZUSAMMENFASSUNG

In diesem Kapitel habe ich ausgehend von den Begriffen Prostitution und „Beschaffungsprostitution" die Unterschiede und Gemeinsamkeiten zwischen den beiden Konstruktionen von Sexarbeit aufgezeigt. Auch wenn ich letztere explizit in der Subkultur der Drogenszene verorte, zeigt sich doch, dass eine klare Grenzziehung unmöglich ist. Das wird auch in den herrschenden Diskursen deutlich, die immer Berührungspunkte und Überschneidungen zu beiden Formen haben. Die hegemonialen Diskurse, die sich auf die Kategorien Geschlecht, Abhängigkeit und Menschenwürde, Kriminalisierung sowie Gesundheit beziehen, werden in der extremen Situation von drogengebrauchenden Sexarbeiterinnen besonders deutlich. Einen großen Einfluss hat der gesellschaftliche Suchtdiskurs auf ihr Leben, dessen feministische Ausprägung die Verletzung und Vulnerabilität drogengebrauchender Sexarbeiterinnen aufnimmt. Eine Erkenntnis, die in meine weiteren Überlegungen einfließen und die kritischen Ansätzen im Frauen-Suchtdiskurs mit den poststrukturalistischen Positionen verknüpfen wird. Die Dekonstruktion der Sucht- und Abhängigkeitsbegriffe sowie eine feministisch-konstruktivistische Herangehensweise an die Kategorie der „Beschaffungsprostitution" ermöglichen es, einerseits die Sicht auf die Frauen als Opfer und andererseits die Mythen des Widerstands zu hinterfragen. Dieses eklektische Vorgehen ist eine Voraussetzung, die Heterogenität von drogengebrauchenden Sexarbeiterinnen erfassen zu können, das heißt, die unterschiedlichen Verletzungen und Handlungsspielräume zu erkennen.

# 4 Theoretisches Fundament

Im vorangegangenen Abschnitt zu poststrukturalistischen feministischen Denkansätzen im Frauen-Sucht-Diskurs (siehe 3.5.3) wurde die Notwendigkeit einer poststrukturalistischen Herangehensweise im Forschungsfeld Drogengebrauch dargelegt. Im folgenden Kapitel wird der Faden aufgenommen und die theoretische Basis für die Analyse der Lebensrealität drogengebrauchender Sexarbeiterinnen geschaffen. Das Theoriekapitel unterteilt sich im Wesentlichen in vier Abschnitte.

Zuerst werden die Macht-, Subjekt-, Widerstandsbegriffe von Michel Foucault erläutert, sowie die Umsetzung und Erweiterung seiner Analysen beschrieben. Damit können die Widersetzungen im Alltag der interviewten Frauen, die von zahlreiche strukturelle Reglementierungen und Ideologien, Stereotypen, Normen und Diskursen betroffen sind, analysiert werden, um daraus Handlungsfähigkeit und Empowerment ableiten zu können. Es geht nicht darum, Foucault auf eine neue Art und Weise zu lesen oder zu interpretieren, sondern darum, Unterdrückung einordnen zu können und zu verstehen, warum Subjekte sich unterwerfen, anpassen oder mehr oder weniger erfolgreich zur Wehr setzen.

Im nächsten Abschnitt wird die Intersektionale Mehrebenenanalyse erläutert und auf die unterschiedlichen Ansätze und Zugänge zur Intersektionalität eingegangen, um die Entscheidung für diese Analysemethode zu begründen.

Der dritte Abschnitt widmet sich der Handlungsfähigkeit. Diese wird zuerst im dekonstruktivistischen und postkolonialen Kontext verortet. Da es aber auch immer um die Herrschaftsstrukturen geht, und es fatal wäre, diese im Sinne der drogengebrauchenden Sexarbeiterinnen aus dem Blick zu verlieren, wird ausführlicher auf die Begriffe Unterdrückung, Subalternität und Vulnerabilität eingegangen.

Im letzten Abschnitt werde ich darlegen, dass es richtig und notwendig ist, die sexuellen Dienstleistungen von Drogengebraucherinnen als Arbeit zu bezeichnen. Um meine Argumentation theoretisch unterlegen zu können, ziehe ich Teilaspekte und -ansätze verschiedener Theorien heran, ohne auf ihre vollständige Rahmung weiter einzugehen und verknüpfe sie mit meinem Forschungsfeld.

## 4.1 MACHT UND WIDERSTAND BEI MICHEL FOUCAULT

Die differenzierte Auseinandersetzung mit den frühen Werken von Michel Foucault gleicht der Fahrt auf einem mäandrierenden Fluss, der entlang der Geschichte der

Gefängnisse, Überwachung, Strafen und Psychiatrie hin zu einem umfassenden Wissen über den modernen Staat führt. In seinen Nebenarmen versteht man, wie die Institutionalisierung und Verwaltung der „Anormalen" und „Delinquenten" funktioniert, welche Wirkung von Macht ausgeht und wo ihre Grenzen liegen. Auf dieser Reise begreift man Macht als ein allumfassendes Netz, das sich in die Körper einschreibt, aber den Individuen trotzdem die Wahl lässt, sich ihr zu unterwerfen oder sich ihr zu widersetzen. In „Überwachen und Strafen" analysiert Foucault die Transformation der Macht seit dem 17. Jahrhundert, er fragt danach, wie Macht wirkt und mit welchen Techniken sie ausgeübt wird. Die spezifische Disziplinartechnologie analysiert Foucault an dem veränderten Strafsystem, dessen primäre Funktion nun nicht mehr – wie in der feudal-absolutistischen Ordnung – die Bestrafung durch Ausschließung sei (Lemke 1997, 69), sondern die der permanenten Überwachung, deren produktive Mechanismen sich nach Foucault an dem von Jeremy Bentham 1787 konzipierten Panoptikum veranschaulichen lassen (Foucault 1994c, 256-259).

„Die Wirkung der Überwachung ist permanent, auch wenn ihre Durchführung sporadisch ist; die Perfektion der Macht vermag ihre tatsächliche Ausführung überflüssig zu machen." (ebd. 258)

Es handelt sich bei dieser Form der Überwachung um die Einschließung all derer, die entlang der „Normalisierungsanlagen" (ebd. 395) abweichen, und so ist der Gegenstand der Disziplinen die „Entdeckung des Körpers" (ebd. 174). Es geht um die Kontrolle nicht nur in den Strafsystemen, sondern auch in den Fabriken, Schulen und Militärkasernen, deren Ziel der gelehrige Körper ist, um „versprengte Schafe zur Herde zurückzuführen" (Baumann 2004, 187). Die Technologien der Macht wirken auf den Körper, sie manipulieren, dressieren, formieren ihn und er gehorcht, antwortet, wird gewandt, und seine Kräfte mehren sich (Foucault 1994c, 174). Die Sichtbarkeit des Ortes der Beobachtung und die Unwissenheit, zu welchem Zeitpunkt beobachtet wird, vereinnahmen die individuellen Körper. Sie verinnerlichen das System der Disziplinierung mit dem Effekt der Selbstüberwachung, -kontrolle und -disziplinierung. Ein weiteres wesentliches Element der Disziplinarmacht ist die Analyse der individuellen Körper. Diese erfolgte bspw. über die Datenerfassung von individuellen Unterschieden im Verhalten (Foucault 1994c, 247). Diese Daten bringen Erkenntnisse hervor, um wen es sich handelt, wodurch jemand charakterisiert ist, wohin jemand gehört (ebd. 247/256). Eine solche diskursiv hergestellte Ordnung, welche eine spezifische historische Macht /Wissensbeziehung kennzeichnet, beinhaltet normierte und disziplinierte Verhaltensweisen, Vorstellungen und Denkweisen. Sie bringt einen bestimmten Typ von Individualität hervor, indem sie jedes Individuum an einer Norm misst, ausrichtet sowie auf eine Identität festlegt. Letztlich wird die Vielfalt um diese Norm herum organisiert, indem sie in individuelle, zu disziplinierende, zu überwachende und zu dressierende Körper eingeteilt wird. „Es ist eine Machtform, die aus Individuen Subjekte macht" (Foucault 1994a, 246). Die Subjekte unterwerfen sich einem Machtverhältnis, welches durch eine unermüdliche Produktion von Wahrheit unter dem Regime des Wissens gekennzeichnet ist. Indem sie sich als Subjekte selbst erkennen, sind sie Foucault zufolge in ihrer Identität verhaftet. Foucault spricht dabei von der „Unterwerfung durch Subjektivität" (Foucault 1994a, 247) oder „subjektivierende Unterwerfung" (ebd. 1994c, 247).

In seinen späteren Werken zur Gouvernementalität erklärt er die Verwobenheit aller Subjekte mit den Machtstrukturen noch tiefgründiger, sein Blick wendet sich von den Institutionen zum Subjekt. In seinen Spätwerken, zum Beispiel in der Hermeneutik des Subjekts, findet sich auch ein theoretisches Erklärungsmodell zum Widerstand, was für die Erstellung dieser Arbeit ein wichtiges Handwerkzeug ist. Ein überaus tragfähiger Ansatz darin sind die Theorien der Selbstsorge und der Ethik des Selbst im Unterschied zu den neoliberalen Subjektkonstruktionen, denn erstere beinhalten als zentrales Moment die Möglichkeit der Widersetzung. Die Utopie der Selbstsorge und die Ethik des Selbst sind ein gangbarer Weg, um den Widerstand gegen Unterdrückung und Diskriminierung nicht mit einer großen Veränderung in der Zukunft zu verknüpfen, sondern im Hier und Jetzt zu beginnen.

Es ist ganz im Sinne von Foucault, wenn seine Theorien als Werkzeug verwendet werden, um damit zu arbeiten, weiterzudenken und Ideen zu entwickeln. Obwohl Foucault seine Theorien und Denkansätze immer in Auseinandersetzung mit aktuellen Themen entwickelt, vermeidet er es jedoch Handlungsanweisungen zu geben. Er stellt aber das notwendige Wissen und die Kenntnis für ein erfolgreiches Handeln bereit (Veyne 2009, 143). Foucault postuliert den hoffnungsvollen Satz, dass alle Dinge, insofern sie geschaffen worden sind, „unter der Bedingung, dass man weiß, wie sie geschaffen wurden, auch aufgelöst werden" können(Foucault 2005a, 545). Seine genealogischen Beschreibungen nutzte er nie, um anderen Vorschriften zu machen. Er weigerte sich „den Leuten zu sagen, was sie tun sollten oder was richtig und was falsch sei" (ebd. 2003d, 794). Er kann jedoch den Menschen verdeutlichen, „was sie über ihre eigene Situation nicht wissen, über ihre Arbeitsbedingungen, ihre Ausbeutung" (Veyne 2009, 147/Foucault 2005c, 895).

Im Folgenden soll insbesondere Foucaults Machtbegriff, die Normalisierung, der Rassismus, die Gouvernementalität, die Selbsttechnologien und die Sorge um sich im Zentrum der Betrachtung stehen und ein Bezug zum Forschungsfeld hergestellt werden. Dabei werden, ohne einer Chronologie zu folgen, unterschiedliche Werke von Foucault zu Grunde gelegt, um die Prozesse und Ereignisse im Feld Drogengebrauch und Sexarbeit erklären zu können. Foucaults Begriffe und Theorien sind hilfreiche Wegmarken der Erkenntnis, die in diesem Unterkapitel nachgezeichnet werden soll. Um die Diskurse von Normalisierung und Rassismus kritisch analysieren zu können, werden sie im Kontext seines Ansatzes zur Regierung durch die Biomacht betrachtet. Ausführlich wird auf Foucaults Gouvernementalitätsstudien eingegangen, um die Sicherheitsdispositive im Unterschied zu den Disziplinartechniken ebenso zu erklären wie die veränderte Wahrnehmung gesellschaftlicher Risiken, die Übernahme von Eigenverantwortung und die damit verbundene Ausschließung. An dieser Stelle ist es wichtig, Foucaults Analysen mit den Theorien zur Sozialen Arbeit zu verknüpfen. Das Konzept der Selbsttechnologien wird dabei unterhalb der Gouvernementalität verortet. An dieser Stelle ist es notwendig, noch einmal den Macht- und Herrschaftsbegriff von Foucault zu beleuchten, um die Ethik des Selbst, respektive die Sorge um sich als eine Möglichkeit der Widersetzung zu verstehen. Um den realen Herrschaftsverhältnissen auch in der Theoriebildung Rechnung zu tragen, wird in diesem Abschnitt die Gouvernementalitätsanalyse auf die Gruppe der Überflüssigen und Verworfenen ausgedehnt. Weiter wird nachgewiesen, dass ein Hilfeansatz, der Effizienz statt Wohlfahrt zu seiner Handlungsmaxime erklärt, notwendigerweise zu einer negativen Bewertung und Wichtung der Empfängergruppen führt, die dann in der

Wahrnehmung als verworfene und überflüssige Risikogruppen mündet. Diese Überlegung führt direkt zu der Frage, welche Möglichkeiten die „Verworfenen" und „Überflüssigen" haben, um sich zu widersetzen.

Es soll ein theoretischer Rahmen geschaffen werden, der dann im Zusammenspiel mit der Intersektionalen Mehrebenenanalyse Widersetzung und Handlungsfähigkeit erklären und aus dem heraus die Vision für das Empowerment von drogengebrauchenden Sexarbeiterinnen extrahiert werden kann.

### 4.1.1 Auswirkungen von Biomacht und Staatsrassismus auf die Minderheit der Anderen

In diesem Abschnitt werden die Regulierungstechniken der Biomacht, der ihr innewohnende Zwang, die Individuen im Einzelnen und Gesellschaft als Ganzes dem Diskurs der Normalität zu unterwerfen, und ihre enge Verknüpfung mit dem Rassismus moderner Staaten sowie die unmittelbaren Auswirkungen auf die drogengebrauchenden Sexarbeiterinnen in Hamburg-St.Georg untersucht. Dabei möchte ich mit dem Unterschied von Disziplin und Sicherheit in Foucaults Betrachtungen beginnen, da beide Machttechnologien im Forschungsfeld Drogengebrauch und Sexarbeit eine bedeutende Rolle spielen.

Es ist davon auszugehen, dass Disziplinartechniken und Sicherheitsdispositive eine immense Wirkmächtigkeit auf die Normalisierungsprozesse haben. Die Entstehung disziplinarischer Machttechnologien verortet Foucault im 17. und 18. Jahrhundert, wobei sich in der Mitte des 18. Jahrhundert die Regierungstechniken dahingehend veränderten, dass die Sicherheit zu einem ihrer wichtigsten Dispositive wurde (Foucault 2006a, 58 f). Foucault betont jedoch, dass Disziplin und Sicherheit nicht unabhängig von einander existieren und aufeinander folgten, sondern sich ergänzen und gegenseitig modifizieren (Foucault 1999, 285). Im Wesentlichen arbeitet Foucault drei Unterschiede zwischen der Disziplin und Sicherheit heraus:

1. Disziplin ist für ihn zentripetal, d.h. sie wirkt nach innen, schließt ein, ist protektionistisch, indem sie den Raum isoliert und das Segment bestimmt (Foucault 2006a, 73). Im Gegensatz dazu wirken Sicherheitsdispositive zentrifugal, vom Zentrum zur Peripherie, mit der Tendenz sich auszudehnen. Es werden neue Elemente integriert, wie z.B. die Produktion, Verhaltensweisen etc. (ebd.).

2. Disziplin unterscheidet sich von der Sicherheit, weil sie alles per Definition regelt, sie lässt nichts entkommen und jeder kleine Verstoß gegen sie muss aufgedeckt werden (Foucault 2006a, 74). Sicherheit lässt gewähren, ein gewisses Maß an *laisser faire* ist unerlässlich, sie stützt sich auf die Kleinigkeiten; sie werden nicht bewertet, sondern als Vorgänge an sich betrachtet, um etwas zu erreichen. Die Sicherheit spielt sich auf der Ebene der Bevölkerung ab, im Gegensatz zur Disziplin, die auf das Individuum fokussiert (ebd.).

3. Eine weitere Unterscheidung bezieht sich auf den Code des Erlaubten und Verbotenen. Die Disziplin schreibt für „jeden Augenblick" vor, was zu tun ist, und arbeitet komplementär zur Realität. Die Sicherheit hingegen arbeitet in der Realität, indem sie diese regelt, bremst, einschränkt oder aufhebt. Dabei bedient sie sich evtl. einiger Vorschriften, ohne jedoch zu untersagen. Vielmehr setzt sie

durch und über eine ganze Serie von Analysen und spezifischen Dispositionen die Elemente der Realität wechselseitig in Gang (Foucault 2006a, 76).

Welche Rolle spielen nun Disziplinierung und Sicherheit in Bezug auf gesellschaftliche Normierungsdiskurse und wie werden Normalisierung und Normalität im Feld drogengebrauchender Sexarbeiterinnen verhandelt? Der Diskurs um Normalität spielt in der Datenanalyse der vorliegenden Arbeit eine wichtige Rolle. drogengebrauchende Sexarbeiterinnen stehen im Abseits, sie sind die Anderen – die Nicht-Normalen, jedoch wollen auch sie ein „normales" Leben führen. Wie das Wort „normal" mit Inhalten gefüllt werden könnte, geht aus den Interviews nie direkt und unmittelbar hervor. Die Äußerungen dazu sind antagonistisch, weil Normalität einerseits gewünscht, aber gleichzeitig auch abgelehnt wird. Das ist nicht außergewöhnlich, denn alle wollen zwar individuell sein, aber immer nur in den Grenzen der Normalität. Normen werden nie unmittelbar durch Personen verkörpert, aber sie regulieren die Bedingungen, unter denen konkrete Handlungen von konkreten Personen als intelligibel und somit als „normal" angesehen werden. Butler beschreibt das Verhältnis von Norm, Normalisierung und Intelligibilität wie folgt:

„Eine Norm ist weder das Gleiche wie eine Regel, noch wie ein Gesetz. Eine Norm wirkt innerhalb sozialer Praktiken als impliziter Standard der *Normalisierung*. [...] Normen können explizit sein oder auch nicht. Wenn sie aber als normalisierendes Prinzip in der sozialen Praxis fungieren, bleiben sie in der Regel implizit und sind schwer zu begreifen. [...] Die Norm regiert die soziale Intelligibilität einer Handlung. Aber sie ist mit der Handlung, die sie regiert nicht identisch. [...] Die Norm regiert die Intelligibilität, sie ermöglicht, dass bestimmte Praktiken und Handlungen als solche erkannt werden können." (Butler 2009, 73)

Es bleibt den Subjekten also nichts anderes übrig, als Intelligibilität anzustreben und dadurch, dass sie niemals vollständig intelligibel sein können, scheitern sie ständig (siehe dazu 4.3). Die disziplinarische Normalisierung versteht Foucault als Technik, die auf den Körper einwirkt, Individuen zergliedert und analysiert. Sie klassifiziert die Individuen und Körper entsprechend bestimmter Ziele, und sie etabliert die Techniken unter einem Optimierungszwang. Die Normalisierungsmacht zwingt zwar zur Homogenität, sie wirkt aber zugleich auch individualisierend, „da sie Abstände misst, Niveaus bestimmt, Besonderheiten fixiert und die Unterschiede nutzbringend aufeinander abstimmt" (Foucault 1994c, 237). Sie tut das unter unablässigem Drill und ständiger Kontrolle, um am Ende die Aufspaltung zwischen Normal und Anormal vorzunehmen (Foucault 2006a, 89/siehe auch Foucault 1994c, 236f). In Bezug auf die Sexualität beschreibt Foucault das folgendermaßen:

„Der sexuelle Instinkt ist als autonomer biologischer und psychischer Instinkt isoliert worden; alle seine möglichen Anomalien sind analysiert worden; man hat ihm eine normalisierende und pathologisierende Rolle für das gesamte Verhalten zugeschrieben; schließlich hat man nach einer Korrekturtechnik für diese Anomalien gesucht." (Foucault 1995, 127)

Das Sicherheitsdispositiv kehrt das Verhältnis von Norm und Normalität um. Durch statistische Beobachtungen wird das Normale festgelegt und die Norm davon abgeleitet. Die Normalisierung zielt nie auf Perfektion, sondern sie rechnet mit einer

Streuung der Ereignisse, mit Abweichungen und ihr Ziel ist es, eine günstige Normalverteilung herzustellen (Demirović 2008, 242). Die Machttechnik Sicherheit ist nicht ausgrenzend und normativ, sondern sie lässt geschehen. Durch die Analyse der Sicherheit gelingt es Foucault ein Verständnis der Regierungstechnik bezüglich der Gesamtheit der Bevölkerung herzustellen (Sennelart 2006, 550). Eine solche Technik ist die im Kapitalismus erforderliche Biopolitik, die als Bio-Regulierung durch den Staat verstanden werden kann (ebd. 553). Foucault beschreibt das Novum der Bio-Macht im 18. Jahrhundert, das ein unerlässliches Element zur Entwicklung des Kapitalismus darstelle und dessen Entwicklung ohne die Verschaltung von Körpern mit der Produktionsmaschinerie und ohne die Anpassung der Bevölkerungsphänomene an die ökonomischen Prozesse nicht denkbar wäre (Foucault 1995, 168).

„Aber er [der Kapitalismus, K.S.] hat noch mehr verlangt: das Wachsen der Körper und der Bevölkerung, ihre Stärkung wie auch ihre Nutzbarkeit und ihre Gelehrigkeit; er brauchte Machtmethoden, die geeignet waren, die Kräfte, die Fähigkeiten, das Leben im Ganzen zu steigern, ohne deren Unterwerfung zu erschweren." (ebd.)

Die Bevölkerung wird weder als Untertan noch als Volk wahrgenommen, sondern als Lebewesen (ebd. 166). Diese Regierungskunst setzt sich, so Foucault, als „Eintritt des Lebens in die Geschichte" durch, sie transformiert die Politik in die Bio-Politik. Während die Macht des feudalen Souveräns durch ein asymmetrisches Recht über Leben und Tod gekennzeichnet sei oder anders gesagt durch die Macht „sterben zu machen oder leben zu lassen" (ebd. 162; ders. 1999, 284), sei die Biomacht hingegen gekennzeichnet durch das Vermögen, „leben zu machen oder in den Tod zu stoßen" (Foucault 1995, 165). Ihre Hauptaufgabe bestehe darin, Kräfte hervorzubringen, wachsen zu lassen und zu ordnen (ebd. 163). Diese „Lebensmacht" habe im Gegensatz zur Souveränitätsmacht einen hervorbringenden und produktiven Charakter. Wie bereits beschrieben, sieht Foucault zwei Hauptstränge in der Entwicklung der produktiven Macht. Im 17. Jahrhundert konstituieren sich die Disziplinaranstalten in Formen von Institutionen, wie Schulen, Gefängnisse etc., welche die Gelehrigkeit des Köpers im Fokus haben, um ihn zu dressieren. Davon unterscheidet er die zweite Form, die sich nicht an die Körperleistungen des Einzelnen richtet, sondern den Gattungskörper mit Hilfe von Sicherheitsmechanismen regulieren will (ebd. 166 f), wobei diese die Zufälle durch die Berechnung ihrer Wahrscheinlichkeiten kontrollieren und kompensieren sollen. Diese Regulierungsmacht strebt durch globales Gleichgewicht so etwas wie „Homöostase", die Sicherheit des Ganzen vor seinen inneren Gefahren an (Foucault 1999, 294). Parallel dazu konstituiert sich auch das Wissen in zwei Formen, einer individuell analytischen und einer globalen, die sich an den „multiplen Körper" der Bevölkerung richtet (ebd. 286f; 289ff). Beide Formen lokalisieren sich also auf unterschiedlichen Ebenen, die Disziplinarmacht auf der Ebene der Institutionen gegenüber den Individuen und die Bio-Macht auf der Ebene der staatlichen Regulierung gegenüber der Bevölkerung.

„Wir haben also zwei Serien: die Serie Körper – Organismus – Disziplin – Institutionen; und die Serie Bevölkerung – biologische Prozesse – Regulierungsmechanismen – Staat. Ein organisches institutionelles Ganzes; eine Organo-Disziplin der Institution [...] und [...] eine biologische und staatliche Gesamtheit: die Bio-Regulierung durch den Staat." (Foucault 1999, 295)

Da die disziplinären und die regulatorischen Mechanismen nicht auf derselben Ebene liegen, ist es ihnen möglich, sich nicht wechselseitig auszuschließen und sich miteinander zu verbinden, in den meisten Fällen sind sie sogar miteinander verknüpft (ebd. 295f). Foucault führt unter anderem als Beispiel den Bereich der Sexualität an. Am Schnittpunkt der Achsen, Körper und Bevölkerung, befindet sich die Sexualität (ebd. 297; ders. 1995, 173 ff). Die Sexualität wird zum Scharnier zwischen Körper und Bevölkerung, denn sie dient als Matrix der Disziplin und als Prinzip der Regulierung (Foucault 1995, 174). Das sexuelle Verhalten der Bevölkerung ist Gegenstand von Analysen und wird zum Ziel von administrativen Eingriffen. Durch die extreme Aufwertung der Sexualität, die sich aus ihrer privilegierten Position „zwischen Organismus und Bevölkerung, zwischen dem Körper und globalen Phänomenen" (Foucault 1999, 297) ergibt, wirkt sie in zwei Richtungen. Zum einen auf den undisziplinierten sexuell ausschweifenden Körper, der von Krankheiten bedroht ist. Zum anderen wird in einer ausschweifenden, pervertierten Sexualität die Gefahr einer Degenerierung der Bevölkerung gesehen. Die Sexualität verbindet somit das Disziplinarische mit dem Regulatorischen, und Medizin sowie Hygiene werden im 19. Jahrhundert zum bedeutenden Element des administrativen Handelns aufgrund des Bandes

„[...] das es zwischen den wissenschaftlichen Zugriffen auf die biologischen und organischen Prozesse [...] und zugleich, insofern die Medizin eine politische Technik der Intervention ist, den eigentlichen Machtwirkungen knüpft. Die Medizin ist ein Macht-Wissen, das sich auf die Körper wie die Bevölkerung, auf den Organismus wie die biologischen Prozesse erstreckt und so also disziplinierende und regulierende Wirkungen hat." (Foucault 1999, 298)

Eine Macht, deren Aufgabe es ist, das Leben zu sichern, benötigt fortlaufende korrigierende Mechanismen, denn es geht darum, das Lebende in einem Bereich von Wert und Nutzen zu organisieren (Foucault 1995, 171). Eine solche Macht muss qualifizieren, messen, abschätzen, abstufen und richtet die Subjekte an der Norm aus (ebd.172). Eine Norm sei das, was sich auf einen Körper, den man disziplinieren will, ebenso gut anwenden ließe, wie auf eine Bevölkerung, die man regulieren wolle (Foucault 1999, 298). „Eine Normalisierungsgesellschaft ist der historische Effekt einer auf das Leben gerichteten Machttechnologie" (Foucault 1995, 172; siehe auch ders. 1999, 299). Die Normalisierungsgesellschaft wird zum Effekt dieser Verbindung, einer auf die Sicherung des Lebens ausgerichteten Machttechnologie. Foucault stellt die Frage, warum eine Macht, die derartig auf das Leben ausgerichtet ist, trotzdem töten kann (Foucault 1999, 300). Seiner Meinung nach kommt hier der Rassismus ins Spiel. Rassismus gab es schon immer, aber über die Bio-Macht schreibt er sich als grundlegender Mechanismus in den Staat ein (ebd. 301). Gegen Ende des 19. Jahrhunderts lässt sich von einem Staatsrassismus, von einem biologisch-sozialen und zentralisierten Rassismus, sprechen (ebd. 80/102). Darunter versteht Foucault einen Rassismus, den die Gesellschaft gegen sich selber, gegen ihre eigenen Elemente, ihre eigenen Produkte kehrt: „ein innerer Rassismus permanenter Reinigung, der zu einer grundlegenden Dimension der gesellschaftlichen Normalisierung wird" (ebd. 81). Foucault betrachtet den Rassismus als eine Form der „Regierung des Sozialen", als eine Regierungstechnologie, die in der Entpolitisierung und Entdramatisierung sozialer Konflikte besteht, indem sie auf die Welt der Natur und die ihr inhärenten Gesetze und Zwänge verweist (Lemke 1997, 227). Rassismus übt dabei zwei Funktionen aus. Die erste liegt darin, „zu fragmentieren und Zäsuren innerhalb des biologischen Kontinuums, an das sich Biomacht wendet, vorzunehmen" (Foucault 1999, 301). Die zweite besteht darin, zu selektieren und vermeintlich zu stärken, und basiert auf der These, „je mehr du sterben lässt, um so mehr wirst du eben deswegen leben" (ebd.). Foucault sieht hierin eine kriegerische Formel, die den Rassismus funktionieren lässt: „Wenn du leben willst, muß der andere sterben" (ebd. 302). Der Rassismus spielt diese Formel auf eine neue Art und Weise aus, sodass sie mit der Bio-Macht kompatibel ist. Die Beziehung zwischen „meinem Leben und dem Tod des Anderen" (ebd. 302) errichtet hier eine Beziehung biologischen Typs. Der Tod des Anderen sichert nicht nur das eigene Leben, sondern macht das Leben insgesamt gesünder:

„Der Tod des Anderen bedeutet nicht einfach mein Überleben in der Weise, daß er meine persönliche Sicherheit erhöht; der Tode des Anderen, der Tod der bösen Rasse, der niederen (oder degenerierten oder anormalen) Rasse wird das Leben im allgemeinen gesünder machen; gesünder und reiner." (ebd.)

Foucault untersucht also die Frage, wie eine lebensbejahende vitale Macht gleichzeitig Kriegsrechte und Morde ausüben könne, mit der Analyse der Funktionsweise von Rassismus (ebd. 311).[1] „Rasse" und Rassismus sind die Randbedienungen, die das Töten in der modernen Normalisierungsgesellschaft akzeptabel machen (ebd. 1999, 302). Unter Tötung wird nicht direkter Mord verstanden, so Foucault,

---

1  Ihre extreme Zuspitzung fanden die neuen Machtmechanismen von Disziplinierung und Regulierung innerhalb der Bio-Macht im Faschismus (Foucault 1999, 306). Nach Foucault existiert kein Staat, der disziplinärer als der nationalsozialistische ist und in dem die biologische Regulierung auf straffere und nachdrücklichere Weise wiederaufgenommen worden wäre. „Die Kontrolle der den biologischen Prozessen eigenen Zufälle war eines der unmittelbaren Ziele des Regimes" (ebd.). Quer durch die Gesellschaft gab es die „vollkommenste Entfesslung der Tötungsmacht, d.h. dieser alten souveränen Macht über den Tod" (ebd.). Die Macht über Leben und Tod war aber nicht mehr allein die Macht des Staates, sondern sie oblag nun den einzelnen Gesellschaftsmitgliedern: Im nationalsozialistischen Staat hatte prinzipiell jeder die Macht zu töten, und sei es durch Denunziation (ebd.). Der Krieg wird zum politischen Ziel erklärt, als eine Art letzter und entscheidender Phase aller politischen Prozesse (ebd. 307). Dabei ist die Vernichtung der anderen „Rassen" nur eine Seite des Plans, die andere ist die Auslieferung der eigenen „Rasse" an eine absolute und universelle Todesgefahr (ebd.). Das Risiko zu sterben, die Auslieferung an die absolute Zerstörung sei eines der Prinzipien der grundlegenden Pflichten des Nazigehorsams und gehöre zu den entscheidenden politischen Zielen (ebd.). Der nationalsozialistische Staat schützt und kultiviert das Leben und gleichzeitig hat er das Recht des Souveräns, die Anderen und die eigenen Leute zu töten, denn das Risiko zu sterben war dem Nazigehorsam inhärent. Der Nazistaat war ein absolut rassistischer, mörderischer und selbstmörderischer Staat. Foucault sieht die Ursachen dafür in der „Endlösung" nicht nur für andere, sondern auch für die eigene „Rasse" (ebd. 308).

„[...] sondern auch alle Formen des indirekten Mordes: jemanden der Gefahr des Todes ausliefern, für bestimmte Leute das Todesrisiko oder ganz einfach den politischen Tod, die Vertreibung, Abschiebung usw. zu erhöhen." (ebd. 302)

Wird Foucaults Ansatz weiter gedacht, dann tragen nach Spivak Menschen als „Subjekte der Macht" (Spivak 2008, 62) eine Mitverantwortung für dieses „Töten". Durch
ergänzende Theorien wie Foucaults „Ethik des Selbst", Haraways „Verantwortlichkeit" und Spivaks „Liebe" (Spivak 2010, 65) wird deutlich, dass ein Gegenverhalten
dennoch möglich ist. Diese Denkansätze beinhalten – abstrahiert – Möglichkeitsmo-
mente des Widerstandes und warten darauf ausbuchstabiert und somit partiell situativ
umgesetzt zu werden. Obwohl Foucault zwar das 19. Jahrhundert beschreibt, bleibt
diese Verantwortung bei „uns",[2] da die gouvernementalen Tötungsdelikte weltweit
seitdem eher zu- als abgenommen haben. Dafür lassen sich überall Bespiele finden,
seien es die Lager, in denen „undokumentierte" Menschen an den Grenzen Europas
festgehalten werden, die deutschen Abschiebepraxen und auch zu früh verstorbene
„Drogenprostituierte" in Deutschland, deren Tod die Konsequenz schlechter Drogenqualität war und ist. Die „Überflüssigen" (siehe 6.2.1/6.2.8/6.2.10) interessieren die
Mehrheitsgesellschaft nur insofern sie sichtbar werden, und ihre „Tötung" im Sinne
Foucaults wird billigend in Kauf genommen. Mir kommt es darauf an, die Zusammenhänge zwischen dem Staatsrassismus und der Normalisierung nachzuzeichnen,
um zu verdeutlichen, wie die Prozesse mit unserem Tun verwoben sind und in unserer Verantwortung geschehen, ohne dass am Ende der Erzählung immer ein totalitä-
rer und repressiver Staat stehen muss. Dabei ist es wichtig die repressiven Momente
anzuerkennen und zu analysieren, die sich aber ihrerseits auf eine Akzeptanz der
Mehrheit stützen und oft genug auch eingefordert werden (siehe dazu Schrader
2011). Foucaults Anliegen ist es, den Weg, wie Normalisierung erreicht wird, genealogisch freizulegen. Für ihn sind dabei die folgenden vier neuen Begriffe, die in den
Regierungspraktiken des europäischen Abendlandes wie Wegmarken auftauchen,
von elementarer Bedeutung, da sie nicht mehr die Individuen an sich, sondern die
Bevölkerung als Gesamtheit im Fokus haben: der Fall, das Risiko, die Gefahr und die
Krise (Foucault 2006a, 94ff). Die Sicherheit als Regierungstechnik bringt nicht nur
Subjektivierungsformen hervor, sondern sie liegt der „Gesamtökonomie der Macht"
(ebd. 26) zugrunde (Purtschert/Meyer/Winter 2008, 11). Staatlichkeit kann somit
nicht mehr ohne Sicherheit gedacht werden. Dies ist für die Analyse meines Forschungsfeldes von weitreichender Bedeutung. Gesetze wie die Sperrgebietsverordnung und das Betäubungsmittelgesetz regulieren diesen Bereich auf struktureller
Ebene, aber nicht nur das, sie schreiben sich auch in die Körper ein. Drogengebrauchende Sexarbeiterinnen fühlen sich selbst als Straftäterinnen und die AnwohnerInnenschaft ist bereit, sie zu denunzieren. Im Stadtteil existiert ein normalistisches
„Wir", dass allerdings nach Jürgen Link sehr prekär ist:

---

2    Mit „uns" meine ich, Menschen, die wie ich mit Privilegien ausgestattet sind, sei es mit
     ökonomischen, sozialen und kulturellen Kapital, die in den meisten Fällen in der BRD
     Mehrheitsdeutsche sind.

„Das normalistische ‚Wir' ist vermutlich das prekärste ‚Wir' der bisherigen Geschichte: Nicht bloß, daß es auf vielfältigen Konkurrenzen zwischen den Individuen beruht und demnach ständig ‚zerfällt' – es kann sich nicht mal seiner Normalität sicher sein." (Link 2009, 126)

Das gilt nicht nur für die drogengebrauchenden Sexarbeiterinnen, sondern auch für die AnwohnerInnen, da der Stadtteil aufgewertet wird, wobei nach der Vertreibung der drogengebrauchenden Sexarbeiterinnen wohl viele der aktuellen AnwohnerInnen die nächsten „Opfer" sein werden, da sie nicht über ausreichende finanzielle Mittel verfügen, um die steigenden Mieten zu zahlen. Auch existiert in der AnwohnerInnenschaft kein einheitliches „Wir" gegen die drogengebrauchenden Sexarbeiterinnen, sondern es gibt durchaus Solidarisierungstendenzen mit „unseren Frauen", die ausdrücklich die Sexarbeiterinnen aus Osteuropa ausschließen.

Dass auch drogengebrauchende Sexarbeiterinnen sich an die gesellschaftlichen Normen anpassen, wird von den verschiedenen Institutionen, wie Polizei, Justiz, Medizin und Sozialarbeit, kontrolliert und überwacht. Die Überwachung findet in ganz unterschiedlichen Formen statt, mal ist sie repressiv, mal unterstützend (Sozialarbeit), mal medizinisch begründet, und oft ist sie eine Kombination aller Techniken. Diese Maßnahmen sind von der aktuellen Politik im Stadtteil bezüglich Drogen und Sexarbeit, der finanziellen Situation der Kommune, der Beschwerdelage von AnwohnerInnen und von den städtischen Aufwertungsprogrammen abhängig. In der Drogenszene und im Milieu der Sexarbeit sind die AkteurInnen angehalten sich selbst zu regulieren. Ich denke, dass Selbstmanagementstrategien in der informellen Sex- und Drogenökonomie schon immer in extremer Form existierten. Der Mikrokosmos dieser Subkultur ist auf ein sogenanntes *Do it your self* angewiesen, da seine Angehörigen gegen die Souveränität des Staates, die staatliche Rechtsprechung, Ideologien, gesellschaftliche Normen und Werte verstoßen und damit eigene Regulationen wirkmächtig werden (müssen). So finden sich in den Selbsttechnologien drogengebrauchender Sexarbeiterinnen Überlebensstrategien, die in anderen gesellschaftlichen Bereichen nicht erforderlich sind. Nichtsdestotrotz wirkt auch hier die suggestive Kraft der Normalisierung, da die Subkultur eben nicht außerhalb eines gesellschaftlichen Kontextes existiert, sondern immer auch ein Teil der Gesellschaft ist.

Folgt man Foucault, dann lässt sich die informelle Sex- und Drogenökonomie im Fokus einer gouvernementalen Regierungstechnik als ein Fall bestimmen, in dem kollektive Phänomene, wie Drogengebrauch und Sexarbeit, individualisiert werden. D.h. eine Gruppe, die diesem Phänomen zuzuordnen ist, wird untersucht und analysiert. Statistiken werden erstellt, um das Risiko zu erfassen, das den AkteurInnen der Gruppe anhaftet, und um zu erfassen, welches Risiko für die Gesellschaft von dieser Gruppe ausgeht. Es findet eine Abwägung statt, um eine gewisses Maß an Normalität zu erreichen und stabil zu halten. Ein Beispiel dafür ist die Drogenprohibition. Um sie durchzusetzen, wird billigend in Kauf genommen, dass DrogenkonsumentInnen erkranken oder sterben, da der illegalisierte Drogenmarkt hohe Preise für Drogen von schlechter Qualität generiert, so dass zum einen die Gefahr der Fehldosierung und Vergiftung steigt und zum anderen den KonsumentInnen das Geld für die Lebenshaltung fehlt. Wichtiger aber ist, dass die *Homöostase* der Gesellschaft nicht gefährdet wird. Gleichzeitig toleriert bzw. fördert die Drogenpolitik in Gestalt der Substitution eine gefährliche, weil schwer abhängig machende Form des Drogenkonsums, während der Besitz illegalisierter Drogen streng geahndet wird. Es wird eine ganze Maschinerie der Prävention und Prophylaxe aufgefahren, um den Konsum illegalisierter Drogen zu bekämpfen. Deutlich wird, dass die Risiken der „Drogenabhängigkeit" nicht für alle Individuen gleich sind. Es muss unterschieden werden nach Ort, Milieu, Alter, Herkunft, Geschlecht, sexueller Orientierung, Bildung etc.. Foucault nennt das die Existenz von Differential-Risiken, die durch Zonen mit unterschiedlichem Gefährdungsgrad gekennzeichnet sind. Auf diese Weise kann markiert werden, was gefährlich ist. Somit sind Kinder aus der „Unterschicht" und aus „öffentlicher Erziehung" besonders zu beobachten, da sie eher gefährdet sind, auf die Abwege des Drogenkonsums zu geraten. In dieser Logik sind Missbrauchsopfer besonders gefährdet, den Beruf einer Prostituierten zu ergreifen (siehe dazu 3.4/6.3.4). Und schließlich kann man öffentliche Räume einem Phänomen der Überlastung und Beschleunigung zuordnen, was bewirkt, dass in der Wahrnehmung der Drogenkonsum in einem bestimmten Moment und an einem bestimmten Ort zunimmt und droht, sich immer weiter zu vervielfachen, und nur noch durch einen künstlichen Mechanismus eingedämmt werden kann (Foucault 2006a, 95). Das ist nach Foucault eine Krise.

„Die Krise ist jenes Phänomen der zirkulären Überlastung, die sich nur eindämmen lässt entweder durch einen superioren, natürlichen und superioren Mechanismus, der sie abschwächt, oder durch eine künstliche Intervention." (ebd. 96)

Als Beispiel sei das Rauchen von Marihuana („Kiffen") unter GymnasiastInnen genannt. Der hegemoniale Diskurs über den angeblich erschreckend hohen Cannabiskonsum unter Jugendlichen wurde als Krise der Adoleszenz in der Moderne bezeichnet und zog mediale aber auch strukturelle Interventionen nach sich, um der Norm wieder zu genügen.

„Wir haben hier also etwas, das vom Normalen ausgeht und sich bestimmter Aufteilungen bedient, die, [...], für normaler als die anderen, jedenfalls für günstiger als die anderen gehalten werden. Es sind diese Aufteilungen, die als Norm dienen. Die Norm ist ein Spiel im Inneren der Differential-Normalitäten. Das Normale kommt als erstes, und die Norm leitet sich daraus ab, oder die Norm setzt sich ausgehend von dieser Untersuchung der Normalitäten fest und spielt ihre operative Rolle." (ebd. 98)

Foucaults Theorie des Zusammenspiels von Disziplinartechniken und Sicherheitsdispositiven in Bezug auf die Normalisierung lässt sich sehr gut auf die informelle Drogen- und Sexökonomie anwenden und ermöglicht die Analyse dieser Formen des Regierens, die sich auch in den Selbsttechnologien drogengebrauchender Sexarbeiterinnen widerspiegeln. Bevor ich zu den Selbsttechnologien komme, werde ich im nächsten Abschnitt auf Foucaults Analyseraster der Gouvernementalität eingehen, mit dem er erfasst, wie man das Verhalten der Menschen steuert (Sennelart, 2006, 565).

## 4.1.2 Gouvernementalitätsstudien und ihre praktische Relevanz[3]

Foucaults Gouvernementalitätsanalyse ist essentiell für diese Arbeit, da sie die gesellschaftliche Anrufung der Subjekte zum Selbstmanagement und zur Eigenverantwortung kritisch in den Blick nimmt. Ich gehe in meiner Forschungsarbeit davon aus, dass gouvernementale „Strategien von Responsibilisierung" (Krasmann 2000, 198; dies. 2003, 196) im Feld drogengebrauchender Sexarbeiterinnen ebenso zu finden sind wie in anderen gesellschaftlichen Handlungsfeldern. Deshalb bildet unter anderem auch die Gouvernementalitätsanalyse in Verbindung mit der Intersektionalen Mehrebenenanalyse den methodologischen Rahmen für diese Arbeit. Mit dem Begriff der Gouvernementalität zielt Foucault auf die Gesamtheit der Praktiken, mit denen man die Strategien konstituieren, definieren, organisieren und instrumentalisieren kann, denen die Einzelnen in ihrer Freiheit wechselseitig folgen können (Foucault 2005c, 901). Wenn man demnach bei der Machtanalyse nicht von der Freiheit, nicht von den Strategien und nicht von der Gouvernementalität ausgeht, sondern von den Institutionen und der Politik und damit ausschließlich auf das Rechtssubjekt fokussiert, hätte man ein Subjekt, das mit mehr oder weniger vielen Rechten ausgestattet ist, was nur eine juridische Konzeption darstellen würde (ebd.). Der Begriff der Gouvernementalität gestattet, die Freiheit des Subjekts und die Beziehungen zu anderen geltend zu machen, was den Gegenstandsbereich der Ethik konstituiert (ebd.) Foucault zeigt in den Gouvernementalitätsstudien, dass die Doppelbewegung von Macht- und Selbsttechnologien als verwobene Prozesse zu verstehen sind. Es geht ihm darum, deren Macht- und Herrschaftseffekte herauszuarbeiten. Explizit widmet er sich den Herrschaftsverhältnissen, die den Regierungstechniken[4] innewohnen und die er offen legen möchte. Macht hat keine Substanz, sondern stelle ein Kräfteverhältnis dar und ist in Bewegung. Sie schreibt sich über das Wissen in die Körpertechniken und gesellschaftliche Praktiken ein und wird in den Herrschaftsverhältnissen sichtbar. Macht agiert nicht mehr ausschließlich durch Repression gegenüber den *schlechten Subjekten* (Althusser 1977, siehe 4.4.2) sondern präventiv über die Menschenführung. Foucault sieht Macht immer relational, also nicht als einen autonomen Apparat, sondern als ein alles umspannendes Netz, das auch Eingang in die Körper gefunden hat. In den Gouvernementalitätsstudien geht er davon aus, dass die Macht-

---

3   Ich lehne mich in der Lesart von Foucaults Gouvernementalitätsstudien hauptsächlich an Burchell/Gordon/Miller (Hg.) 1991; Bröckling/Krasmann/Lemke (Hg.) 2000; Pieper/Gutiérrez Rodriguez (Hg.) 2003. Kritisch dazu siehe Sarasin 2008, 22-30. Sarasin interpretiert Foucaults Konzept der Gouvernementalität nicht als Liberalismuskritik, sondern als das genaue Gegenteil, die liberale Form der Gouvernementalität sei am ehesten fähig eine allzu starke staatliche Macht zu verhindern. Der „Überwachungsstaat" sei kein Beweis für die angeblich „wahre" Machtstruktur neoliberaler Gesellschaften, sondern der Rückfall in den Polizeistaat (ebd. 29).

4   Wenn Foucault von einer „Gouvernementalisierung des Staates" (Foucault 2000, 65) spreche, bedeute dies, dass Regierung nicht als eine Technik zu begreifen sei, die vom Staat gebraucht oder eingesetzt werde. Vielmehr verstehe Foucault „den Staat selbst als eine Regierungstechnik, als eine dynamische Form und historische Fixierung von gesellschaftlichen Kräfteverhältnissen" (Bröckling/Krasmann/Lemke 2000, 27).

effekte unterschiedliche Rationalitäten herausgebildet haben. Der Begriff der Rationalität bezieht sich nicht auf eine transzendentale Vernunft, sondern auf historische Praktiken, in deren Kontext Wahrnehmungs- und Beurteilungsstrategien generiert würden (Bröckling/Krasmann/Lemke 2000, 27). Es geht Foucault darum, „Emergenzen" zu suchen und zu analysieren, wie bestimmte Probleme und spezifische Formen der Problematisierung, die in Folge einer Notwendigkeit und nicht aus einem Zufall heraus auftreten, einen realitätsstiftenden Charakter gewinnen. Die Analytik von Gouvernementalitäten untersucht Formen der Subjektivierung, die von politischen Rationalitäten und Technologien produziert werden (Pieper 2007b, 95). Thomas Lemke weist in Bezug auf Foucaults Vorlesung vom 10. Januar 1979 darauf hin, dass der Begriff der Gouvernementalität auf das Wissen und die Formen der Rationalität zielt, welches bzw. welche den Regierungspraktiken zugrunde liegen und die das politische Handeln anleiten und begründen. Es geht um die Rationalisierung der Regierungspraktik in der Ausübung der politischen Souveränität (Lemke 2003, 158, Fn. 28). Foucault untersucht in den Gouvernementalitätsstudien die Emergenzen der Sicherheitstechnologien im Inneren der abendländischen Gesellschaft. Er will eine Geschichte der Sicherheitstechnologien vorlegen und prüfen, ob tatsächlich von einer Sicherheitsgesellschaft gesprochen werden kann. Foucault konzentriert sich auf vier Sicherheitheitsdispositive (Foucault 2006a, 26ff):

1.  Die Sicherheitsräume,
2.  die Probleme der Behandlung des Aleatorischen,
3.  die Normalisierungsform, die er von der disziplinarischen Normalisierung unterscheidet und
4.  die Korrelation zwischen der Sicherheitstechnik und der Bevölkerung, die zugleich Objekt und Subjekt dieser Sicherheitstechniken seien.

Mit dem Begriff Gouvernementalität möchte Foucault drei Dinge umschreiben:

1.  Es gibt eine spezifische Form der Macht, die sich aus der Gesamtheit der Institutionen, den Vorgängen, Analysen, Berechnungen, Taktiken und Reflexionen speist, deren Hauptzielgruppe die Bevölkerung und deren wichtigste Wissensform die politische Ökonomie ist. Ihr wesentliches technisches Instrument sind die Sicherheitsdispositive.
2.  Es existiert eine Machtlinie der Regierung, auch Souveränität und Disziplin genannt. Darunter versteht Foucault die Entwicklung einer ganzen Serie spezifischer Regierungsapparate und Wissensarten.
3.  Gouvernementalität ist für ihn das Ergebnis eines historischen Prozesses, durch den der mittelalterliche Staat der Gerichtsbarkeit im 15. und 16. Jahrhundert zum Verwaltungsstaat wurde und sich nach und nach „gouvernementalisiert" hat (Foucault 2006a, 162f).

Das Zeitalter der Gouvernementalität beginnt nach Foucault im 18. Jahrhundert, als sich der moderne Regierungsstaat formiert (Foucault 2006a, 164). Foucault verortet hier die Anfänge der Selbstregulierung der Märkte (ebd. 69) und den Beginn des Liberalismus (ebd. 77). Er weist jedoch darauf hin, dass die geforderten Freiheiten des 18. Jahrhunderts sofort von Disziplinartechniken überlagert werden (ebd. 78; ebd.

1994c, 284-287). Foucault arbeitet in den Gouvernementalitätsstudien eine Genealogie des modernen Staates aus. Während die Machtformen in „Überwachen und Strafen" sich ganz auf das isolierte Subjekt konzentrieren, geht es in der Genealogie des Staates um die Regierungskünste und um die Bevölkerung. Die politische Ökonomie ist dabei die charakteristische Wissensform der Gouvernementalität und die Statistik der Bevölkerung ein notwendiges Instrument, um diese zu überwachen sowie gesellschaftliche Vorgänge zu kontrollieren und kalkulieren (ebd. 2006a, 396). Durch die Einführung des Begriffs der Bio-Politik in „Der Wille zum Wissen" (ebd. 166 f) hatte Foucault bereits Vorarbeiten zu den Gouvernementalitätsstudien geleistet. Er geht davon aus, dass man die Funktionsweise der gouvernementalen Vernunft verstanden haben muss, um die Bio-Politik analysieren zu können, deren Funktionsweise der Liberalismus ist (ebd. 2006b, 41ff). Die Bio-Politik kann nur als eine „Bio-Regulierung durch den Staat" begriffen werden (ebd. 1999, 295). Nach Foucault hat ein Staat kein Inneres, er spricht ihm weder ein Wesen noch eine autonome Machtquelle zu.

„Der Staat ist nichts anderes als der bewegliche Effekt eines Systems von mehreren Gouvernementalitäten. Deshalb schlage ich vor, diese Angst vor dem Staat zu analysieren, diese Staatsphobie, die mir einer der charakteristischen Züge von geläufigen Thematiken zu sein scheint." (ebd. 2006b, 115)

Für ihn ist nicht die Verstaatlichung der Gesellschaft das Wesen des Staates, sondern die Gouvernementalisierung, die als vielschichtiger Prozess ganz unterschiedliche Rationalitätsformen hervorbringen kann. Foucault zeigt, wie sich aus dem deutschen Ordoliberalismus die Notwendigkeit einer sogenannten Gesellschaftspolitik ergibt. Eine „Politik der Gesellschaft und eines sozialen Interventionismus, der zugleich aktiv, vielfältig, wachsam und allgegenwärtig ist. Also Marktwirtschaft einerseits und aktive, intensive und interventionistische Sozialpolitik andererseits" (ebd. 2006b, 225).

Es gehe nicht darum, den Individuen einen kollektiven Schutz vor sozialen Risiken zu bieten, sondern darum, allen eine Art wirtschaftlichen Raum zuzugestehen, innerhalb dessen sie die Risiken annehmen und ihnen die Stirn bieten können. Dies sei die vollständige Individualisierung der Sozialpolitik, die nur noch in einer wahren und grundlegenden Form als Wirtschaftswachstum existiere (ebd. 2006b, 205). Foucault verweist auf die Tendenz, dass die gesamte Gesellschaft wie ein Unternehmen gestaltet wird. Er konstatiert eine Krise des Liberalismus, die aufgrund der implementierten Freiheiten entstand und eine Reihe von Interventionen vom Keynes'schen Typ nach sich zog (ebd. 2006b, 105). Die liberale Regierungskunst sei ein Opfer der Krise der Gouvernementalität (ebd. 2006b, 104ff) und die Entstehung der neoliberalen Politiken eine Antwort darauf (Lemke 1997, 240).[5] Die Globalisierung der Märkte, die unkontrollierten, stetig zunehmenden Kapitalflüsse, die Deregulierung der Arbeitsmärkte und die sinkende Wachstumsraten bei gleichzeitig steigenden Sozialaus-

---

5 Foucault untersucht vor allem zwei Formen des Neoliberalismus, den deutschen Nachkriegsliberalismus der Jahre 1948-62 und den US-amerikanischen Liberalismus der Chicagoer Schule (Lemke 1997, 242).

gaben treiben das postfordistische Modell des Sozialstaates in die Krise (Pieper 2007b, 99). Neoliberale Regierungstechniken können sich etablieren, da sie die Sozialstaatskritik von links sowie von rechts aufgreifen und sie im Programm der „Autonomisierung des Sozialen" (Donzelot 1995) reartikulieren (Lemke 2003, 241/253). Sie unterscheiden sich nach Foucault von den liberal-gouvernementalen Techniken, da sie die Marktwirtschaft und die Politik des *Laissez faire* entkoppeln. Während es der liberalen Politik darum ging, einen wirklichen und konkreten Raum einzurichten, in dem sich das Prinzip des Wettbewerbs verwirklichen konnte, ist das Ziel des Neoliberalismus nicht ein Zustand des *Laissez faire*, sondern der Wachsamkeit und der permanenten Intervention (Foucault 2006b, 188). Im Neoliberalismus wird die Ökonomie zum inhärenten Organisationsprinzip des Staates und zur Maxime seines Handelns (Pieper 2007b, 99). Die neoliberalen Regierungstechniken rufen mit den *Homo oeconomicus* ein Individuum auf die Bühne, das permanent als Unternehmer seiner selbst fungiert. Dieser ist nicht mehr ein Tauschpartner, der seine Handlungen auf die Befriedigung seiner Bedürfnisse ausrichtet, sondern sein eigenes Kapital, sein eigener Produzent und seine eigene Einkommensquelle (Foucault 2006b, 314). Es geht also nicht mehr darum, wie die Freiheiten des Marktes und die Sozialpolitik auszutarieren sind, sondern darum, die soziale Sicherheit in den privaten Bereich zu verlagern. Staatliche Interventionen zur Schaffung des sozialen Ausgleichs bzw. eine Korrektur der Marktergebnisse verlieren ihre Notwendigkeit, da diese durch die „richtige" Wirtschaftspolitik ersetzt werden. Die ökonomische Maxime operiert über die Bio-Politik und die Selbsttechnologien, indem sie das autonome, selbstverantwortliche Subjekt anruft und den Diskurs über Risiken und Gefahren belebt. Foucault führt in „Die Geburt der Biopolitik" den Begriff des Humankapitals ein:

„Man gelangt also zu der Vorstellung, daß der Lohn nichts anderes ist als eine Vergütung, als ein Einkommen, das einem bestimmten Kapital zugeteilt ist, einem Kapital, das man Humankapital nennen wird, insofern die Kompetenz/Maschine, deren Einkommen es ist, nicht von der menschlichen Person als ihrem Träger getrennt werden kann." (Foucault 2006b, 315 ff)

Auf diesen Begriff muss etwas genauer eingegangen werden, da er ebenfalls ein Bestandteil des theoretischen Fundaments dieser Arbeit ist und im Feld drogengebrauchender Sexarbeiterinnen eine wichtige Rolle spielt, da die Frauen als „Menschenmaterial" verhandelt werden. Ihre „Andersartigkeit" wird auf eine fehlende oder verfehlte Investition in ihr Humankapital zurückgeführt. Damit wird ihnen das Recht abgesprochen, entsprechendes Kapital für ihre Dienstleistung zu akkumulieren. Aber gleichzeitig bedienen drogengebrauchende Sexarbeiterinnen einen Markt mit stetiger Nachfrage, der so stabil ist, dass er ohne Werbung bzw. trotz der Anti-Werbung durch das abwertende Stereotyp der „Junkiehuren" funktioniert. Nach der klassischen kapitalistischen Verwertungslogik müssten drogengebrauchende Sexarbeiterinnen aufgrund dieser Nachfrage, der gesundheitlichen Risiken, die sie eingehen, und der sozialen und kulturellen Zumutungen, denen sie ausgesetzt sind, einen höheren Lohn als die so genannten „professionellen" Sexarbeiterinnen verlangen können. Die Realität zeigt allerdings das Gegenteil, sie müssen sich mit absoluten Dumpinglöhnen abfinden und werden im öffentlichen Diskurs als Individuen verhandelt, die selber schuld an ihrer Misere sind.

Nach Foucault ist der Lohn nichts anderes als ein Einkommen, das einem auf Grund eines bestimmten Kapitals zugeteilt wird, was eben auch das Humankapital sein kann (Foucault 2006b, 315). Dieses bestehe aus angeborenen und erworbenen Elementen (ebd. 316). Es könne davon ausgegangen werden, dass allgemein bekannt ist, was Humankapital bedeutet, denn die Sorgen und Beunruhigungen über den Erhalt desselben spiegele sich in den entsprechenden Anrufungen und in den modernen Selbsttechniken, wie pränatale Diagnostik, Vorsorgeuntersuchungen, Gesundheitschecks als Einstellungskriterium, Risikoabschätzung in privaten Krankenkassen, Psychotherapien, Coachings und Schönheitsoperationen, wider.

Foucault erklärt den Begriff des Humankapitals anhand der Genetik. Mit dieser Wissenschaft werden die Risiken, die ein Mensch in sich trägt, sichtbar gemacht und können dann bewertet werden (Foucault 2006b, 318). Die Entscheidung eine riskante genetische Konstellation weiter zu vererben, ist dann unverantwortlich gegenüber dem Gesamtkörper der Gesellschaft. Deshalb geht es in dieser Wissenschaft immer auch um Präventionsmaßnahmen, um diese Risiken auszuschalten oder zu minimieren. Diese Maßnahmen tangieren sämtliche Bereiche des Lebens. Sie beeinflussen letztendlich die Wahl des Wohnortes ebenso wie die Auswahl der Kleidung und des Partners. Ebenfalls bestimmen sie die Entscheidungen für die ökonomischen, gesundheitlichen, sozialen, kulturellen und symbolischen Investitionen in ein Kind, also die Auswahl der Kindertagesstätte, der Schule, des Studienplatzes und des Berufes. Foucault führt in Bezug auf die Genetik an, dass diese nicht mit den traditionellen Begriffen des Rassismus zu fassen sei (Foucault 2006b, 318). Das politische Problem entstehe viel mehr in der Verwendung von Begriffen wie der Konstitution, des Wachstums, der Akkumulation und der Verbesserung des Humankapitals (ebd.). Bei der Bildung von Humankapital geht es nach Foucault um den Aufbau von Kompetenzmaschinen, die in der Zukunft ein Einkommen produzieren werden. Foucault ist zwar auch der Meinung, dass die rassistische Komponente eine Gefahr darstellt, jedoch sei das nicht das aktuelle politische Problem. Bezogen auf die Regierung von Drogengebrauch und Sexarbeit gehe ich hingegen davon aus, dass Rassismus eine ebenso große Rolle spielt.

Im Grunde ist die Welt von Drogengebrauch und Sexarbeit soziologisch erschlossen und als eine „Subkultur" abseits der Normalität kartografiert. Wenn man der Analyse der Lebenssituation drogengebrauchenden Sexarbeiterinnen die neoliberale These des Humankapitals zugrunde legt, so kommt man zu dem Schluss, dass in der Kindheit der Frauen die notwendigen Investitionen in das Humankapital nicht erfolgt sind. Viele der Frauen sind im Hilfesystem der öffentlichen Erziehung aufgewachsen oder kommen aus „sozial schwachen" oder „randständigen" Familien und Haushalten. Spätestens mit Eintritt in die Szene oder das Milieu sind sie als Risikoträgerinnen „gezeichnet" und werden entsprechend regiert. Sie müssen um Intelligibilität kämpfen, damit sie überleben können und versuchen ihr Humankapital gegenüber anderen aufzuwerten. Das geschieht auch über rassistische Abgrenzungen gegenüber anderen Sexarbeiterinnen. Im Feld der drogengebrauchenden Sexarbeiterinnen tritt der Staat nicht nur subjekt-regulierend auf, sondern agiert auch repressiv. Marianne Pieper weist zu Recht auf die Gefahr hin, dass man in der Gouvernementalitätsanalyse die Gewalt- und Herrschaftsverhältnisse aus dem Blick verlieren kann, wenn durch die Fokussierung auf die hegemonialen Regierungstechniken und die Anrufung als autonome Subjekte allzu leicht die Repressionen und Ausschließungsverfahren übersehen werden (Pieper 2007b, 104). Eine weitere Gefahr sieht Pieper darin, dass Subversionen und Widersetzungen nicht wahrgenommen werden, so dass Subjekte nur die Marionetten staatlicher Interventionen sind (ebd. 104f). Dieses Problem ist virulent, obwohl die Vernachlässigung der Herrschaftsverhältnisse nicht in Foucaults Methodologie angelegt ist. Drogengebrauchende Sexarbeiterinnen sind immer auch gezwungen, sich der Abwertung ihrer selbst zu unterwerfen und den ihnen zugewiesenen Platz des *schlechten Subjekts* einzunehmen, sonst könnten sie nicht überleben. Wie nun die Positionalitäten im Gefüge von Macht und Herrschaft als Selbsttechnologien zum Tragen kommen, wird im nächsten Abschnitt erklärt.

### 4.1.3 Selbsttechnologien im Gefüge von Macht und Herrschaft

Foucaults Analyse der Selbsttechnologien können nur im Zusammenhang mit seinem Subjekt- und Machtbegriff gedacht werden. Foucault zufolge verfügen Subjekte über Selbstermächtigung bei gleichzeitiger Unterwerfung.

„Das Wort Subjekt hat einen zweifachen Sinn: vermittels Kontrolle und Abhängigkeit jemandem unterworfen sein und durch Bewußtsein und Selbsterkenntnis seiner eigenen Identität verhaftet zu sein." (Foucault 1994a, 246f)

Paul Veyne schreibt, dass das freie Subjekt weit davon entfernt sei souverän zu sein, es sei trotz Freiheit konstituiert (Veyne 2009, 126). Das Subjekt sei nicht „natürlich", es werde in jeder Epoche durch das Dispositiv und die Diskurse des Augenblicks in Reaktion auf seine individuelle Freiheit geformt (ebd.).

„Zum wahren Wissen und zur Macht kommt die Konstitution des menschlichen Subjekts hinzu, verbunden mit der Frage, wie es sich verhalten soll, z.B. als treuer Vasall oder als Bürger." (ebd.)

Das Subjekt wird also durch das Dispositiv seiner Epoche hervorgebracht, es ist Kind seiner Zeit, und es ist unmöglich irgendein Subjekt irgendeiner Zeit zu werden (ebd. 127). Die Menschen, so Foucault, haben niemals aufgehört, sich selbst zu konstruieren, ihre Subjektivität beständig zu verschieben und sich in einer unendlichen und vielfältigen Serie unterschiedlicher Subjektivitäten zu konstituieren (Foucault 2005b, 94). Diese Serie werde niemals enden und stelle uns vor etwas, dass „der Mensch" sei.

„Die Menschen treten ständig in einen Prozess ein, der sie als Objekte konstituiert und sie dabei gleichzeitig verschiebt, verformt, verwandelt – und der sie als Subjekte umgestaltet." (ebd.)

Der Kampf gegen alle Formen der Subjektivierung und gegen die Unterwerfung durch Subjektivität wird heute zunehmend wichtiger, gleichwohl sind die Kämpfe gegen Ausbeutung und Herrschaft nicht verschwunden (Foucault 1994a, 247). Für Foucault ist klar, dass Subjektivierungsmechanismen nicht ohne ihre Beziehung zu Ausbeutungs- und Herrschaftsmechanismen studiert werden können (ebd.). Ihm geht es im Hinblick auf den Wahnsinn, die Delinquenz, die Krankheit und die Sexualität um den Nachweis, wie durch die Koppelung von Praktiken an die Herrschaft der

Wahrheit ein Dispositiv des Wissens und der Macht entsteht (ders. 2006b, 39). Was als wahr gilt, wird befolgt und verschafft sich Gehorsam (Veyne 2009, 115). Der Diskurs schreibt sich in die Realität ein, weil in der Realität die Macht überall anzutreffen ist (ebd.). Wenn man aufhören würde, sich eine enge und phantastische Vorstellung von der Macht zu machen, wenn man sie nicht nur auf den Staat und die Zentralgewalt beziehen würde, könnte man dieses „kalte Monster" überall wahrnehmen (ebd.). Veyne schreibt, nach Foucaults Definition sei Macht die Fähigkeit, die Verhaltensweisen der Mitmenschen zu steuern, ohne körperlich einzugreifen, und die Menschen in Marsch zu setzen, ohne ihre Füße und Beine eigenhändig in die angemessene Position bringen zu müssen. Es gebe sie überall, in der Familie zwischen den Liebenden, im Büro, in den Werkstätten und in den Einbahnstraßen (ebd.). Die Macht sei allgegenwärtig und entsprechend Foucaults Subjektbegriff sei demzufolge auch die Freiheit überall, denn es bestehe immer die Option sich entweder zu widersetzen oder sich alles gefallen zu lassen (ebd.). Bei der Untersuchung der Selbstführung interessiert Foucault, an welchen Punkten sich die Machttechnologien mit den Möglichkeiten des Einwirkens der Individuen auf sich selbst verknüpfen (Lemke 2003, 265; Foucault 1989, 18). Die Machttechnologien können sich der Selbsttechnologien nicht einfach bedienen, da ihre Existenzbedingung die Freiheit der Subjekte ist. Die direkte Einwirkung auf das Subjekt in einer Weise, dass ihm keine Handlungsoptionen mehr zur Verfügung stehen, bezeichnet Foucault als Gewaltverhältnis (Foucault 1994a, 254). Ein Machtverhältnis hingegen ist dann eine Handlungsweise, die nicht direkt und unmittelbar auf die anderen einwirkt, sondern eben nur deren Handeln beeinflusst.

„Ein Gewaltverhältnis wirkt auf einen Körper, wirkt auf Dinge ein: es zwingt, beugt, bricht, es zerstört: es schließt alle Möglichkeiten aus; es bleibt ihm kein anderer Gegenpol als der der Passivität. Und wenn es auf Widerstand stößt, hat es keine andere Wahl als diesen niederzuzwingen." (ebd.)

Ein Machtverhältnis hingegen basiert immer auf zwei Elementen (ebd.). Es eröffnet vor dem Subjekt „ein ganzes Feld von möglichen Antworten, Reaktionen, Wirkungen, Erfindungen", damit bleibt es „als Subjekt des Handelns bis zuletzt anerkannt und erhalten" (ebd.). Damit sieht Foucault die Subjektivierung als einen Prozess, der von den Interaktionen zwischen der Unterwerfung und der Freiheit charakterisiert wird. Die Regierung der Subjekte, die nach Foucault eine spezifische Form von Macht darstellt, zielt insofern weniger auf die Unterdrückung der Subjekte, sondern vielmehr „auf die Erfindung und Förderung von Selbsttechnologien, die an Regierungsziele gekoppelt werden können" (Bröckling/Krasmann/Lemke 2000, 29). Foucault unterscheidet im Rahmen seiner Gouvernementalitätsanalyse zwischen Herrschafts- und Selbsttechnologien. Ihm kommt es darauf an zu analysieren, wie sich die Herrschaft über die Individuen jener Prozesse bedient, in denen das Individuum auf sich selbst einwirkt, und wie diese Selbsttechnologien in die Herrschafts- und Zwangsstrukturen integriert werden (Bröckling/Krasmann/Lemke 2000, 21/28f; Foucault 1984, 34f). Die Selbsttechniken werden von Foucault folgendermaßen definiert:

„Es sind ‚zweifellos in jeder Kultur Verfahren vorhanden, die den Individuen angeboten oder auferlegt werden, damit sie ihre Identität in Abhängigkeit von einer Reihe vorgegebener Zwecke und im Rahmen von Verhältnissen der Selbstmeisterung und der Selbsterkenntnis fixieren, bewahren oder verändern'." (Foucault 1981 zit. n. Gros 2004, 623)

Es geht also nicht mehr darum, bestimmte Handlungsoptionen zu verbieten, sondern die Subjekte zu einem bestimmten Handeln zu bewegen (Bröckling/Krasmann/Lemke 2000, 29). Daraus ergibt sich die Forderung von diesen „Freiheiten" auch Gebrauch zu machen. Diese „Freiheiten" können jederzeit auch in einen Zwang zum Handeln umgewandelt werden. Wer es nämlich an Initiative, Dynamik, Mobilität, Anpassungsfähigkeit und Flexibilität fehlen lässt, dem wird die Fähigkeit abgesprochen, ein freies und rationales Subjekt zu sein (Bröckling/Krasmann/Lemke 2000, 30). Foucaults Techniken des Selbst sind also eingebettet in die Theorie der Machtverhältnisse, die Theorie der Gouvernementalität, die Theorie der „Regierung seiner selbst und der anderen" sowie der Theorie zur „Beziehung seiner selbst zu sich". Diese vier Konzepte bilden bei Foucault ein Raster, in das alle Fragen der Politik und der Ethik einzubetten sind (Foucault 2004, 314). Mit Ethik meint Foucault in diesem Zusammenhang die Ethik des Selbst, die auch eine Selbsttechnik ist. Foucaults Interesse an den Selbsttechnologien bedeutet keinen Abschied von der Machtanalytik, sondern diese dient der verfeinerten Untersuchung von Machtmechanismen (Bröckling/Krasmann/Lemke 2000, 29). Foucault weist darauf hin, dass die Wechselwirkung zwischen den Herrschaftstechniken und den Selbsttechniken zu untersuchen sei (Foucault 1993, 203). Neben den Punkten, an denen die Herrschaft über die Individuen ansetzt, müsse man auch jene Punkte betrachten, in denen die Selbsttechnologien in die Zwangs- oder Herrschaftsstrukturen integriert werden. Den Berührungspunkt zwischen den Techniken, durch welche die Individuen von Anderen gelenkt werden, und der Art und Weise ihrer Selbstführung nennt Foucault Regierung. Diese wird zum wandlungsfähigen Gleichgewicht mit Ergänzungen und Konflikten zwischen den Techniken, die den Zwang sicherstellen, und Prozessen, durch die sich das Selbst konstruiert (Bröckling/Krasmann/Lemke 2000, 29).

„I think if one wants to analyze the genealogy of the subject in Western civilization, he has to take into account not only techniques of domination but also techniques of the self. Let's say: he has t take into account the interaction between those two types of techniques – techniques of domination and techniques of the self. He has to take into account the points where the technologies of domination of individuals over one another have recourse to processes by which the individual acts upon himself. And conversely, he has to take into account the points where the techniques of the self are integrated into structures of coercion or domination. The contact point, where the individuals are driven by other is tied to the way they conduct themselves, is what we can call, I think, government. Governing people, in the broad meaning of the word, governing people is not a way to force people to do what the governor wants; it is always a versatile equilibrium, with complementarity and conflicts between techniques which assure coercion and processes through which the self is constructed or modified by himself." (Foucault 1993a, 203f)

Foucaults Konzept der Selbsttechnologien ist für diese Arbeit wichtig, weil es im Zusammenspiel mit seinem Verständnis von Macht erklärt, wie die alltägliche Unterwerfung und Widersetzung der drogengebrauchenden Sexarbeiterinnen auf den drei Ebenen von Identität, Repräsentation und Struktur verwoben sind (siehe 4.2/5.3). Mit

Foucaults Ansatz der Sorge um sich können mögliche Widersetzungen erfasst werden, was im folgenden Absatz beschrieben wird.

### 4.1.4 Sorge um sich als Herrschaftskritik und Voraussetzung für Empowerment

In den späteren Arbeiten von Foucault spielen die Praxis der Selbstformierung und die Praxis des Selbst eine zentrale Rolle. Foucault ist der Annahme, dass die Praxis des Selbst seit der griechisch-römischen Antike ein wichtiges Phänomen in unseren Gesellschaften ist (Foucault 2005c, 876). Die Selbstformierung begreift Foucault als eine Form der Askese, wobei er den Begriff nicht im Sinne einer Moral des Verzichts verwendet, sondern um den Vorgang zu bezeichnen, in dem das Subjekt auf sich selbst einwirkt, sich selbst bearbeitet und in eine bestimmte Form des Seins transformiert. Die *Arbeit an sich selbst* versteht er nicht als einen Prozess der Befreiung, um ein positives Verhältnis zu sich selbst herzustellen, da nicht von einem Wesen ausgegangen werden könne, das lediglich durch das Aufsprengen repressiver Riegel wieder mit sich selbst versöhnt würde und dadurch seine Natur wiederfände. Foucault insistiert auf die Praktiken der Freiheit und fordert, sich eher mit dem ethischen Problem ihrer Definition auseinanderzusetzen, als ständig zu beteuern, dass man sich von etwas befreien muss (Foucault 2005c, 877). Allerdings setzt die erfolgreiche Umsetzung der Praktiken der Freiheit einen gewissen Grad an Befreiung voraus. An dieser Stelle führt er den Begriff der Herrschaft in seine Analyse ein, die er deutlich von den Machtbeziehungen unterscheidet (ebd. 877f). Allerdings ist er in seinen Analysen eher an den Machtbeziehungen interessiert. In den menschlichen Beziehungen existiere ein ganzes Bündel von Machtbeziehungen, „die zwischen den Individuen, innerhalb der Familie, in einer pädagogischen Beziehung oder im politischen Körper wirksam werden" (ebd. 878). In der Analyse der Machtbeziehung wird man jedoch immer wieder mit Zuständen und Tatsachen konfrontiert, die auf Herrschaftsverhältnisse zurückzuführen sind. Sie blockieren die Machtbeziehungen und machen Veränderungen unmöglich. Weil in solchen Herrschaftszuständen die Praktiken der Freiheit nur einseitig oder eingeschränkt existieren, wird Befreiung zur historischen und politischen Bedingung für die *Praxis der Freiheit* (ebd. 878). Für Foucault ist die Freiheit ethisch zu praktizieren und sie ist die ontologische Bedingung der Ethik. „Aber die Ethik ist die reflektierte Form, die die Freiheit annimmt" (ebd. 879). Foucault verweist auf die griechische Antike, in der die Freiheit des Individuums als ethisches Problem thematisiert wurde. Das Ethos war die Seinsweise des Subjekts und eine bestimmte, für andere sichtbare Weise des Handelns. Damit die Praxis der Freiheit in einem *ethos* Gestalt annehmen kann, muss das Selbst an sich arbeiten (ebd. 882). Die Freiheit ist an sich politisch, wenn frei sein bedeutet, nicht Sklave seiner selbst und seiner Begierden zu sein. Das impliziert, dass man zu sich selbst eine bestimmte Machtbeziehung herstellen sollte, im Sinne einer „Selbst"-Beherrschung oder -Führung. Foucault hat in seiner Vorlesungsreihe „Hermeneutik des Subjekts" unter anderem die historische und theoretische Wandlung der Subjektposition von der Sorge um sich Selbst hin zum Erkenne Dich Selbst untersucht (Foucault 2004; ebd. 2005c). Er arbeitet hierzu die Unterschiede zwischen der griechisch-römischen und der christlichen Askese heraus. Seine Untersuchungen zeigen, dass die antike Askese im Unterschied zur christlichen nicht den Selbstverzicht beinhaltet, sondern ein erfülltes, vollendetes und umfassendes Verhältnis zu sich selbst beschreibt. *Paraskeue* bedeutet die zielgerichtete und zugleich offene Vorbereitung des Individuums auf Ereignisse des Lebens, die auch furchtbar sein können. Wir sollen uns mit etwas ausstatten, das es uns erlaubt, das Selbst zu schützen, anstatt auf etwas, das wir sind oder haben, zu verzichten. Es geht um Entfaltung, nicht darum, Höchstleistungen im Verzicht zu erbringen (Foucault 2004, 387–407).

„Es geht mitnichten darum, alle uns gegebenen Möglichkeiten zu entfalten. Es geht nicht einmal darum, in dem einen oder anderen Bereich zu einer Höchstleistung vorzustoßen, die erlaubt, den Sieg über andere davonzutragen." (ebd. 394)

Foucault arbeitet heraus, dass das Erkenne Dich Selbst die Maxime Achte auf Dich Selbst in den Hintergrund gedrängt hat, weil die christlichen Moralvorstellungen in der Sorge um sich etwas Unmoralisches argwöhnen (ebd. 2005d, 972). Sich selbst zu erkennen, hieße Selbstlosigkeit zu erreichen, um damit die Vorbedingung zu schaffen, das Heil zu erblicken (ebd.). Später wurde die Selbsterkenntnis des denkenden Subjekts in der Philosophie von Descartes bis Husserl als erster Schritt der Erkenntnistheorie gesehen, womit sie eine fundamentale Bedeutung erlangte (ebd. 973).

„In der griechisch-römischen Kultur erschien die Selbsterkenntnis als Folge der Sorge um sich selbst. In der Moderne dagegen verkörpert die Selbsterkenntnis das fundamentale Prinzip." (ebd.)

Die Sorge um sich ist in sich selbst ethisch, da sie auch komplexe Beziehungen zu Anderen einschließe. Sie zielt immer auch auf das Wohl der Anderen, es ging den Griechen darum, den Raum der Macht im Sinne einer Nicht-Herrschaft gut zu verwalten (Foucault 2005c, 883). Der Denkansatz der Sorge um sich enthielt in der griechisch-römischen Antike nicht die Gefahr einer tyrannischen Machtausübung im Sinne einer Herrschaft über Andere, da in ihrer Konzeption explizit der Machtmissbrauch über die Anderen verhindert wird (ebd. 885). Erst viel später, so Foucault, wird die Liebe zu sich selbst als Wurzel verschiedener moralischer Fehler betrachtet. Im Christentum wird die Sorge um sich aus dem Gleichgewicht gebracht, es geht zwar weiterhin darum, sein Heil zu suchen, jetzt jedoch im Verzicht auf das Selbst (ebd. 885f). Um den Bogen zum Subjekt wieder zu schließen, sei nochmals darauf hingewiesen, dass Foucaults Ansatz darin besteht, das Verhältnis zwischen Subjekt und Wahrheit dahingehend zu analysieren, wie sich das Subjekt durch eine Reihe von Praktiken der Macht auf die eine oder andere Weise als wahnsinnig, delinquent oder normiert konstituiert. Für Foucault ist das Subjekt ein Konstrukt, das nicht mit sich selbst identisch ist (ebd. 888). Wir haben eine andere Art von Verhältnis zu uns selbst, wenn wir uns als politische Frauen konstituieren, als wenn wir versuchen, uns als Wissenschaftlerinnen zu etablieren. Foucault unterscheidet zwischen dem passiven und dem aktiven Subjekt. Ersteres konstituiert sich durch eine Folge von Zwangssystemen zum Beispiel als wahnsinnig, was aber nicht mit unfrei gleichzusetzen ist. Auch das aktive Subjekt, das sich zwar durch Praktiken des Selbst konstituiert, trifft immer auch auf vorgegebene Schemata, die ihm durch die Gesellschaft aufgezwungen werden. Es ist keinesfalls in der Lage, diese Praktiken selbst zu erfinden (ebd. 889). Wenn man sich einem solchen Verständnis von Subjekt, Macht und

Herrschaft anschließt, stellt sich die Frage, wie dann Widersetzung gedacht werden kann. In dem Gespräch „Nein zum König Sex" wird Foucault gefragt, ob er durch die Aussage, „da wo es Macht gibt, gibt es Widerstand", die Natur zurückbringe, die er zu verabschieden wünsche (Foucault 2003b, 351). Foucault geht in der Antwort genauer auf seine Vorstellung von Widerstand ein. Die Aussage ist für ihn eine Tautologie. Widerstand ist für ihn keine Substanz, er geht der Macht, gegen die er sich stellt, nicht zeitlich voraus, er ist von gleicher Ausdehnung zu ihr und absolut zeitgleich zu ihr.

„Um zu widerstehen muss er wie die Macht sein. So erfindungsreich, so beweglich und so produktiv wie sie. Er muss sich organisieren, zusammenballen und zementieren wie sie. Er muss wie sie von unten kommen und sich strategisch verteilen." (ebd.)

Ein Machtverhältnis beinhaltet immer einen Widerstandsmöglichkeit. „Wir sind niemals von der Macht in die Falle getrieben worden: Man kann stets, unter bestimmten Bedingungen und nach einer genauen Strategie, ihren Zugriff verändern" (ebd. 352). Foucault versteht Macht immer als ein Geflecht von Beziehungen, „in denen der eine das Verhalten des anderen zu lenken versucht." (Foucault 2005c, 890). Machtbeziehungen kann es immer nur in dem Maße geben, in dem die Subjekte frei sind, es bedarf auf beiden Seiten einer bestimmten Form der Freiheit.

„Das heißt, dass es in Machtbeziehungen notwendigerweise Möglichkeiten des Widerstands gibt, denn wenn es keine Möglichkeiten des Widerstands – gewaltsamer Widerstand, Flucht, List, Strategien, die die Situation umkehren – gäbe, dann gäbe es überhaupt keine Machtbeziehung." (Foucault 2005c, 890)

Foucault postuliert, dass die Machtbeziehungen das gesamte soziale Feld durchziehen, weil es überall Freiheit gibt. Er unterscheidet, wie oben bereits eingeführt, die Machtbeziehungen von Herrschaftszuständen. Letztere sind Zustände, in denen die Macht derart verfestigt ist, dass sie auf Dauer asymmetrisch wirkt und somit der Spielraum der Freiheit äußerst beschränkt ist (Foucault 2005c, 891). An dieser Stelle spannt sich ein Bogen zur Analyse meiner Interviews. Die drogengebrauchenden Sexarbeiterinnen beschreiben dort ihre schwache Position, also eine strukturelle Machtasymmetrie und ihre beschränkten Möglichkeiten, in dieser zu agieren, wenn sie versuchen diese auf unterschiedliche Weisen zu unterlaufen (siehe 6.4). Deshalb habe ich mich entschlossen die Machtasymmetrie als eine Kategorie in die Beschreibung der Handlungsfähigkeit drogengebrauchender Sexarbeiterinnen aufzunehmen (siehe 6.4).

Foucault sieht ein Problem darin, herauszufinden, wo sich Widerstand in Fällen der ökonomischen, sozialen, institutionellen oder sexuellen Herrschaft formieren kann (ebd.). Um darauf eine Antwort zu finden, muss der Typus und die Form der Herrschaft genau analysiert werden. Mittels der Intersektionalen Mehrebenenanalyse konnte ich die Interviews hinsichtlich der verschiedenen Formen von Herrschaft auswerten und diese ins Verhältnis zu den Widersetzungen stellen. Das führte zu der Erkenntnis, dass es eines gewissen Maßes an Handlungsfähigkeit bedarf, eben der Freiheit, die Foucault beschreibt, um Widersetzung nicht als destruktive, zerstörerische Handlung gegen sich selbst zu richten, sondern sie als Position des „nicht so regiert werden zu wollen" und als Strategie der Sorge um sich zu praktizieren. Nach Foucault können in den Strategien die Mechanismen entschlüsselt werden, die in den Machtverhältnissen zum Zuge kommen (Foucault 1994a, 259). Die Beziehung zwischen den Machtverhältnissen und den Strategien der Auseinandersetzung ist für ihn dabei am wichtigsten (ebd.).

„Denn wenn es stimmt, daß es im Kern der Machtverhältnisse und als deren ständige Existenzbedingung das Aufbegehren und die widerspenstigen Freiheiten gibt, dann gibt es kein Machtverhältnis ohne Widerstand, ohne Ausweg oder Flucht, ohne eventuelle Umkehrung. Jegliche Machtbeziehung impliziert deshalb – zumindest virtuell – eine Kampfstrategie, ohne daß sich deswegen beide überlagern, ihre Spezifität verlieren und sich letztlich verwischen." (Foucault 1994a, 259f)

Die Macht ist für Foucault nicht das Böse, sondern ein strategisches Spiel (Foucault 2005c, 899). Es sei nichts Schlechtes daran, wenn jemand in einem „Wahrheitsspiel" überlegen sei und seinem Gegenüber Techniken und Wissen vermittle (ebd.). Das Problem bestehe darin, Herrschaftseffekte in einer solchen Beziehung zu vermeiden, was man in Form von Regeln, vernünftigen Regierungstechniken, dem *ethos*, der Praxis des Selbst und durch Gewährung von Freiheit erreichen könne (Foucault 2005c, 899). In Foucaults Machtanalyse gibt es drei zentrale Komponenten:

1. Die Machtbeziehungen ist ein strategisches Spiel, dass zwischen den Freiheiten mit dem Ziel ausgetragen wird, das Verhalten der einen Seite zu bestimmen, welche wiederum versucht, sich nicht bestimmen zu lassen und im Gegenzug das Verhalten der anderen Seite zu bestimmen.
2. Die Herrschaftszustände sind Zustände, in den die Machtbeziehungen einen Grad der Asymmetrie erreicht haben, der das Spiel unmöglich macht, da immer die eine Seite gewinnt. Sie werden üblicherweise Macht genannt.
3. Die Regierungstechnologien agieren zwischen der ersten und der zweiten Komponente und versuchen die Herrschaftszustände aufzubauen und zu erhalten. Deshalb müssen sie genau analysiert werden (Foucault 2005c, 900).

Aus diesem Machtverständnis und durch den Bezug des Selbst auf sich konfiguriert Foucault einen Begriff von Widerstand gegen die politische Macht, die er als einen Herrschaftszustand versteht (ebd. 901). Ein Regierungsdenken, das den Selbstbezug impliziert, bezeichnet er als Gouvernementalität. Die Sichtweise Foucaults auf den Widerstand ist meiner Auswertung inhärent, um der Gefahr einer Verengung auf die Rechtsposition zu entgehen. Dies ist naheliegend, da drogengebrauchende Sexarbeiterinnen als Subjekte konstruiert sind, die den größten Teil ihrer Rechte verloren haben. Eine Analyse, die nur von der Struktur oder den Dispositiven ausginge, würde als Ergebnis liefern, dass das juridische Subjekt durch die Rechtsverletzungen und Widersetzungen immer rechtloser würde und könnte keinerlei Handlungsfähigkeit erfassen. Um das zu vermeiden, kann ich mit dem Begriff der Selbsttechnologien die Strategien, die Freiheit – die Handlungsfähigkeit drogengebrauchender Sexarbeiterinnen – und die Ansatzpunkte einer Ethik des Selbst oder einer Sorge um sich analysieren.

Widersetzung im Sinne von Foucault zu denken, lässt sich mit dem weiter oben schon genannten Satz: „Wo es Macht gibt, gibt es Widerstand" (Foucault 1995, 116) beschreiben. Für ihn liegt der Widerstand niemals außerhalb der Macht, er plädiert dafür, den strikt relationalen Charakter der Machtverhältnisse anzuerkennen.

„Diese Widerstandspunkte sind überall im Machtnetz präsent. Darum gibt es im Verhältnis zur Macht nicht den einen Ort der Großen Weigerung [...]. Sondern es gibt einzelne Widerstände: mögliche, notwendige, unwahrscheinliche, spontane, wilde, einsame, abgestimmte, kriecherische, gewalttätige, unversöhnliche, kompromissbereite, interessierte oder opferbereite Widerstände." (ebd. 117)

In seiner Rede zur Verteidigung der *Boatpeople* forderte Foucault dazu auf, die Menschenrechte neu zu deklarieren und sich dabei drei Grundsätze ins Bewusstsein zu rufen (Foucault 2005f, 873):

1. Es existiert eine internationale Bürgerschaft, die das Recht und die Pflicht hat, sich gegen jeden Machtmissbrauch zu erheben. Schließlich sind wir alle Regierte und dadurch solidarisch miteinander verbunden (ebd. 874).
2. Die Regierungen legitimieren mit dem Argument, sich um das Glück der Gesellschaften zu kümmern, ihre Unterlassungen und ihre Entscheidungen Menschen ins Unglück stürzen. Die internationale Bürgerschaft hat die Pflicht und das absolute Recht, sich gegen die Machtinhaber zu erheben, um das Unglück von Menschen zu verhindern (ebd.).
3. Foucault führt die Aktivitäten verschiedener NGOs an, um zu verdeutlichen, wie wichtig es ist, sich nicht nur theatralisch gegenüber den Regierungen zu empören, sondern „wirksam in den Bereich der Politiken und der internationalen Strategien einzugreifen. Der Wille der Individuen muss sich in eine Wirklichkeit eintragen, für die die Regierungen sich das Monopol reservieren wollten" (ebd. 874f).

Diese Rede verdeutlicht noch einmal Foucaults Auffassung von Macht, Herrschaft, Subjekt und Freiheit. Sie erinnert an die Möglichkeit, das Recht sowie die Pflicht zur Widersetzung. Foucaults Rede skandalisiert zwar konkrete politische Entscheidungen, jedoch betrifft ihr Inhalt alle gesellschaftlichen Herrschafts- und Ausbeutungsverhältnisse. Deshalb kann sie auch auf die „skandalösen" Lebensumstände drogengebrauchender Sexarbeiterinnen bezogen werden, die unter den Entscheidungen oder Unterlassungen politischer MachthaberInnen zu leiden haben. Sich zu solidarisieren und zu erheben, um Widerstand gegen die Herrschenden leisten zu können, setzt die Ethik der Sorge um sich selbst voraus. Eine Gesellschaft, die die Ethik der Sorge um sich selbst erfolgreich praktiziert, braucht keine Repressionen, die auf Kosten von Minderheiten die Mehrheit vor sich selbst schützt.

    Foucault betrachtet in der Untersuchung zur Sorge um sich selbst und zum Selbstbezug auch die Frage, ob es möglich ist, eine Ethik und eine Ästhetik des Selbst auszubilden oder wiederherzustellen (ebd. 2004, 313). Nach Foucault ist der erste und letzte Punkt des Widerstands gegen die politische Macht die Beziehung *Seiner zu sich selbst* (ebd. 313). Das eigensinnige und für sich selbst sorgende Subjekt ist nach Foucault die grundlegende Voraussetzung, um Empowermentperspektiven begründen zu können (Keupp 2000, 3). Dieser Ansicht ist auch die Weltgesundheitsorganisation, denn sie formulierte folgenden zentralen Programmpunkt für Empowerment in ihrer Erklärung der Ottawa-Charta:

„Gesundheit wird von Menschen in ihrer alltäglichen Umwelt geschaffen und gelebt: dort, wo sie spielen, lernen, arbeiten und lieben. Gesundheit entsteht dadurch, daß man sich um sich selbst und für andere sorgt, daß man in die Lage versetzt ist, selber Entscheidungen zu fällen und eine Kontrolle über die eigenen Lebensumstände auszuüben sowie dadurch, daß die Gesellschaft, in der man lebt, Bedingungen herstellt, die allen ihren Bürgern Gesundheit ermöglichen." (zit. n. Keupp 2000, 14)

Deshalb ist die Herausarbeitung der Ethik des Selbst in den Selbsttechnologien drogengebrauchender Sexarbeiterinnen eine wichtige Aufgabe dieser Arbeit. Die Selbstsorge stellt eine wichtige Kompetenz für ein selbstbestimmtes und solidarisches Leben dar. Individuen müssen in die Lage versetzt werden, für sich und Andere zu sorgen, um ein gutes Leben führen zu können. Eine Politik, die sich der Selbstsorge verpflichtet fühlt, darf eben nicht postulieren, „jeder ist seines Glückes Schmied", sondern muss aufgrund bestehender Ungleichheiten und Diskriminierungen, die eine strukturelle Unterstützung notwendig machen, gesellschaftliche Werte etablieren, die der Vision einer Ethik des Selbst folgen.

Aus Foucaults Macht- und Herrschaftsbegriff, seinem Konzept der Biopolitik und Gouvernementalität sowie den daraus resultierenden Selbsttechniken ergibt sich ein theoretischer Rahmen, der den Alltag drogengebrauchender Sexarbeiterinnen erfassen kann. Mit Foucaults Selbstsorge ist weder der Selbstkult, noch die christlichjüdische Seelensuche (Foucault 1994b, 283f) oder gar der *Unternehmer seiner selbst* gemeint. Sie beschreibt genau das Gegenteil einer neoliberalen, individualisierten und egoistischen Subjektkonstruktion. Sie bietet die Möglichkeit verstehen zu können, „kraft welcher Mechanismen wir zu Gefangenen unserer eigenen Geschichte geworden sind" (ebd. 245). Selbstsorge bedeutet die Regierung seiner selbst nicht Anderen zu überlassen und dafür zu sorgen, dass Machtbeziehungen sich nicht in Herrschaftszustände verwandeln (Keupp 2000, 18). Allerdings setzt eine erfolgreich praktizierte Selbstsorge nicht nur Rechte, sondern auch gesellschaftliche Ressourcen voraus. Sind weder die einen noch die anderen vorhanden, verkommt Empowerment zum Zynismus.

Der Begriff Empowerment hat seine historischen Wurzeln in den USA und stammt ursprünglich aus der Sozialen Arbeit, wo Empowermentkonzepte die Selbstgestaltungskräfte und Ressourcen der Adressaten Sozialer Arbeit fokussieren (Herriger 2002, 7). Er taucht 1976 das erste Mal als Titelbestandteil des Handbuchs *Black Empowerment. Social Work in Oppressed Communities* auf (Bröckling 2007, 185). In meiner Arbeit wird Empowerment für den Zusammenhang von Widersetzung und Handlungsfähigkeit verwendet und hauptsächlich aus dem Datenmaterial hergeleitet. Ich orientiere mich im Wesentlichen an den Definitionen von NGO's, die sich wiederum an Paolo Freire anlehnen. Empowerment wird als eine kontinuierliche Strategie gesehen, die strukturelle Veränderungen zum Ziel hat. Die Individuen selbst verändern sich durch das Zusammenspiel von Dialog, Reflexion und Aktion, um gesellschaftlich diskriminierende Strukturen umzuwandeln. Es geht um die kreative Teilhabe, mit dem Ziel in die Realität selbst einzugreifen und sie zu verändern

(Freire, Paolo 1983, 10). Norbert Herriger liefert folgende Definition für Empowerment:

„Der Begriff ‚Empowerment' bedeutet Selbstbefähigung, Stärkung von Eigenmacht, Autonomie und Selbstverfügung. Empowerment beschreibt mutmachende Prozesse der Selbstermächtigung, in denen Menschen in Situationen des Mangels, der Benachteiligung oder der gesellschaftlichen Ausgrenzung beginnen, ihre Angelegenheiten selbst in die Hand zu nehmen, in denen sie sich ihrer Fähigkeiten bewusst werden, eigene Kräfte entwickeln und ihre individuellen und kollektiven Ressourcen zu einer selbstbestimmten Lebensführung nutzen lernen. Empowerment – auf eine kurze Formel gebracht – zielt auf die (Wieder-) Herstellung von Selbstbestimmung über die Umstände des eigenen Alltags." (Herriger 2002, 18)

Deshalb ist es zwingend notwendig, den Unterschied zwischen den marginalisierten Positionalitäten herauszuarbeiten und zu verdeutlichen, dass „Beschaffungsprostituierte" nicht mehr nur als Risikogruppe, sondern auch als überflüssige Gruppe verhandelt werden. Dem werde ich jedoch gegenüberstellen, dass sie trotzdem um Selbstsorge ringen, obwohl sie häufig weder über gesellschaftliche Ressourcen noch über Rechte verfügen.

### 4.1.5 Verworfene und überflüssige Risikogruppen

In diesem Abschnitt stelle ich einen Anschluss zwischen Foucaults Konzept der Gouvernementalität, der Selbstsorge und den von der Gesellschaft Verworfenen her. Dabei soll verdeutlicht werden, warum Marginalisierte, die einst als Risiko verhandelt wurden, mittlerweile obendrein als wertlos gelten.

Wenn wir vom Abbau des Wohlfahrtsstaates sprechen, so geht das einher mit einer Verlagerung der Verantwortung ins Private. Nikolas Rose argumentiert, dass die neue Rhetorik der „individuellen Vorsorge" gegen das Risiko nicht mehr auf Gegenseitigkeit, sondern auf Autonomie beruht (Rose 2000, 97). Hier werden vertraute Techniken benutzt, um Zukunftsängste zu schüren, um individuell das Risiko unter Kontrolle zu halten. Diejenigen, die gesellschaftlich integriert sind, die über Bildung und die finanziellen und moralischen Möglichkeiten verfügen, werden als aktive Bürger handeln und ihr Leben wie ein Unternehmen führen (ebd. 94). Die Marginalisierten sind aus dieser Sicht unfähig ihr Leben selbst in den Griff zu bekommen, sie sind nicht integrierbar. Ihr Lebensstil und ihr Gebaren werden als Vorwurf und Bedrohung für die öffentliche Zufriedenheit und die politische Ordnung wahrgenommen (ebd. 95). Für die Integrierten gilt die Moral der Lebensstiloptimierung, welche sich im Risikomanagement niederschlägt, was nicht nur den Abschluss von Versicherungen betrifft, sondern sich tief in das Alltagsleben über die Fragen, wo wohnt, was isst und trinkt, wo kauft, in welches Fitness-Studio geht, welche Vorsorgeuntersuchung macht man usw., einschreibt. Dies setzt eine Spirale der Risikoüberwachung in Gang, und unsichere Bereiche, wie z.B. soziale Brennpunkte und Drogenmeilen, werden nur noch als gefährlich wahrgenommen (ebd. 98). Gesellschaftliche Risiken, so Thomas Lemke, Susanne Krasmann und Ulrich Bröckling, existieren nicht einfach so oder sind nicht einfach sprunghaft angestiegen, wie es uns derzeit signalisiert wird. Risiken werden eher erfunden als gefunden (Bröckling/Krasmann/Lemke 2000, 21). Sie existieren nicht als naturwissenschaftliche Tatsache, sondern ihr „Realitätsindex" ist Resultat einer sozialen Problematisierung. Sie repräsentieren eine bestimmte Form der Wahrnehmung und Bewertung der Realität und des Denkens, die das Ziel hat, die Risiken „regierbar" zu machen (ebd. 22). Auf der Grundlage einer solchen „Risikorationalität" lassen sich Subjekte von Interventionen bestimmen und die Grenzen „legitimen Handelns" festlegen (ebd.). Somit ist auch Sozialarbeit ein „Regieren der Risiken", das Charakteristikum einer neoliberalen Rationalität, die auf eine Problematisierung sozialer Sicherheiten und wohlfahrtsstaatlicher Garantien zielt (ebd.).

Wie regiert man aber die Marginalität? Hier kommen die Prozesse der permanenten Verhaltensmodulation nicht ohne Disziplinierungsmaßnahmen bzw. Zwangsmaßnahmen und Wegsperren aus, was der Anstieg der Gefangenenzahlen beweist (Rose 2000, 99f). Die Marginalisierten sind fragmentiert und voneinander getrennt, was zur Folge hat, dass sich eine Vielzahl von ExpertInnen um sie kümmern muss (ebd. 102). Es scheint als gäbe es außerhalb des Gemeinwesens und der Überwachungsgesellschaft eine Vielzahl von Mikrosektoren, die nicht willens oder nicht in der Lage sind, ein selbstbestimmtes und verantwortliches Leben mit dem entsprechenden Risikomanagement zu führen (ebd. 103). Anstelle des Wohlfahrtsstaates wirkt hier ein autonomer Bereich von Betroffenen, ehemals Betroffener und freiwilliger HelferInnen, die an den Rändern der Gesellschaft tätig sind, so Rose. Diese freiwilligen Projekte oder Initiativen werden durch Zuschüsse finanziert und mehr und mehr zu Anbietern von Dienstleistungen im Management der Mikrosektoren oder des Elends (ebd.). Durch die neuen Praktiken der Ausschließung wird die soziale Logik der Wohlfahrtsbürokratie abgelöst durch eine neue Logik des Wettbewerbs, der Marktsegmentierung und des Leistungsmanagements. Es wird eine gewaltige Ausbildungs- und Weiterbildungsmaschinerie angeworfen, um die in den Sektoren der Exkludierten Tätigen zu befähigen und wirkungsmächtig zu machen (ebd.). In der konsequenten Anwendung dieser Logik müssen die hier Tätigen die Kosten dieser Ausbildungen weitestgehend selbst tragen, denn auch sie sollen investieren, um sich gegen ihr eigenes Risiko der Arbeitslosigkeit abzusichern.

Der Sozialstaat versucht, den Bedürftigen neben der Grundabsicherung ihres Lebensstandards durch Resozialisierungs- und Reintegrationsmaßnahmen die Teilhabe am gesellschaftlichen Leben der Mehrheit zu ermöglichen. Dieser Ansatz wird heute mit dem Hinweis auf die „leeren Kassen" und die angebliche Ineffizienz aufgekündigt und durch eine übergeordnete Strategie des Gefahren- und Risikomanagements ersetzt, so Henning Schmidt-Semisch. Im Zentrum der Aktivitäten steht jetzt die Gefährlichkeit des Individuums (Schmidt-Semisch 2000, 179). Erkennbar sind diese Tendenzen in Deutschland an der Erhöhung des Strafrahmens, der Absenkung der Strafmündigkeit, den vereinfachten Voraussetzungen für die U-Haft, der konsequenten Abschiebepraxis und der Videoüberwachung von öffentlichen Plätzen und Räumen. Der Drogenkonsum gilt in Deutschland nicht mehr grundsätzlich als moralisch verwerflich, da er ja auch in der Mehrheitsgesellschaft und durch ihre Eliten zunehmend praktiziert wird, jene Teile der Gesellschaft aber, die nicht verantwortlich, also kontrolliert damit umgehen können oder wollen, werden zu einer Risikopopulation erklärt. Die Risiken, welche dieser Gruppe zugeordnet werden, kombiniert mit moralischen Betrachtungen zum Konsum, entscheiden über den Zugang zu bestimmten Räumen (ebd. 180). So wurden auf der einen Seite öffentliche Räume für die Risikogruppe der Süchtigen geschlossen (für Hamburg die Innenstadt, der Hautbahnhof, das Schanzenviertel) und andere klar umgrenzte Zugänge für diese Gruppe (für Hamburg das DrobInn, jetzt „Gesundheitszentrum") oder für spezifische Untergruppen (soziale Anlaufstellen wie, ragazza e.V., BASIS-Projekt und KIDS) eröffnet. Hier treffen sie nur noch mit Risikogleichen zusammen (ebd. 181). Früher ging es in der akzeptierenden Drogenarbeit hauptsächlich um einen weniger gesundheitsschädlichen Konsum. Dieses Anliegen hat sich geändert, jetzt geht es in erster Linie um die Entlastung des öffentlichen Raumes durch die Schaffung eines Ortes des „Anderssein", in dem aber gleichzeitig die Anderen effizienter kontrolliert werden können (ebd. 180f). Das ist übrigens nicht neu, sondern erinnert an die gesellschaftliche Funktion von Bordellen. Nur dort kann das Andere ungestört das Andere sein, aber es unterliegt in diesem Raum auch immer der Kontrolle (ebd. 181). Der sichtbare Teil des Problems verschwindet aus der Wahrnehmung und kann somit durch die Mehrheitsgesellschaft ignoriert werden. Die Öffnung und Schließung von Räumen betrifft allerdings nicht nur die Drogenpolitik, sie wird auch in Flugplätzen, Stadien, Restaurants, Bahnhöfen und im Umgang mit Demonstrationen praktiziert (ebd. 182). Entscheidend ist aber, dass nicht nur die Vertreter der Exekutive bzw. die staatlichen Kontrollorgane dieser Logik folgen, sondern auch Geschäftsleute, DienstleisterInnen, AnwohnerInnen und Organisationen diese Form von Kontrolle akzeptieren und sich daran aktiv beteiligen (ebd.) und somit der Forderung nach mehr Eigenverantwortung auch in der Sicherheitspolitik gerecht werden. Private Sicherheitsdienste und Videoanlagen überwachen oft auch den privaten Raum. Diese Verlagerung ins Private hat auch Auswirkungen auf die Definition und Wahrnehmung von Devianz und Risiko, die nun nicht mehr nur der rechtsstaatlichen Definition von „Kriminalität", sondern auch den privat definierten Partikularnormen unterliegen (ebd. 183).

Die beschriebenen Mechanismen werden im Bereich der „Drogenprostitution" besonders deutlich sichtbar. Nur scheint sich dieser Bereich schwer regieren zu lassen. In den meisten Projekten oder Einrichtungen wird den Frauen zuerst eine Überlebenshilfe im Sinne einer Erstversorgung geboten. Bei weiteren Kontakten wird für sie eine „Perspektive" erarbeitet oder ein Hilfeplan erstellt. Dies geschieht meist entsprechend der Konzeption der Einrichtungen und in Abhängigkeit von den Forderungen der Geldgeber sowie der politischen Lage. Natürlich spielt in dieser Interaktion auch das ganz persönliche Menschenbild und die politische Einstellung der HelferIn zum Betäubungsmittelgesetz, zur Liberalisierung von Prostitution, zu Frauenrechten, zum Ausländergesetz usw. eine entscheidende Rolle. Was bedeutet es jedoch für diese Frauen eine „Perspektive" in einer Gesellschaft zu finden, die schon „funktionierenden" Geringqualifizierten keine Entwicklungsmöglichkeiten mehr bietet? Es ist die Frage zu stellen, ob es für eine 35-jährige „Drogenprostituierte" wirklich eine Perspektive sein kann, beschäftigungslos und abhängig von Sozialleistungen aus dem SGB II in einer Sozialwohnung am Stadtrand zu leben und wie sinnvoll es ist, sie mit großem therapeutischen Aufwand in eine Situation zu bringen, die von der Gesellschaft eigentlich als ein Tiefpunkt der sozialen Entwicklung angesehen wird. Was sind die Motive, wenn ein derartig fragwürdiges Ziel politisch immer als letztendliche Motivation für die Finanzierung von Hilfeeinrichtungen gesehen und als einzige „Perspektive" in der Arbeit mit „Drogenprostituierten" definiert wird? Es geht dann eben nicht um ein gutes Leben für die Frauen. Ich gehe davon aus, dass dahinter der Ansatz steht, dass sie in ihrer aktuellen Lebenssituation eigentlich als überflüssige Risikogruppe angesehen werden, die regiert werden muss, ohne das für die Gesellschaft ein Mehrwert entsteht. Die kapitalistische Gesellschaft hat für diese Menschen keinerlei Verwendung, sie sind entbehrlich. Das Phänomen der radikalen Ausgrenzung in der Moderne analysiert Zygmunt Bauman in seinem Buch *Verworfenes Leben*. Überflüssig zu sein, bedeute überzählig und nutzlos zu sein (Bauman, 2000, 20). Es existiere kein einleuchtender Grund für die Anwesenheit der Überflüssigen.

Bauman zieht den Vergleich zu unattraktiven Produkten, für die sich keine Käufer finden oder die bereits durch Herstellungsfehler nutzlos geworden sind (ebd. 21). Ebenso wie diese Dinge erfüllen auch die Überflüssigen nicht mehr die Mindestanforderung einer von der Marktwirtschaft durchdrungenen Gesellschaft, nämlich Ware zu sein. Sie können keinen Platz in der kapitalistischen Verwertungslogik einnehmen und haben somit ihre Existenzberechtigung verloren. Semantisch bewege sich die „Überflüssigkeit" im Umfeld von „Ausschussware", „Müll" und „Abfall". Während der Erwerbslose als Bestandteil der „industriellen Reservearmee" noch das Potential hat, wieder Ware zu werden, wenn er wieder in das Erwerbsleben zurückgeholt werden soll, ist der Bestimmungsort für Abfall die Müllhalde. Menschen, die für „überflüssig" erklärt werden, gelten als finanzielles Problem, da sie versorgt werden müssen. Die Unterstützung des biologischen Überlebens reicht jedoch bei weitem nicht aus, das soziale Leben zu sichern. „Physisches Überleben reicht nicht aus für die Wiederzulassung der ‚Überflüssigen' zu einer Gesellschaft, aus der sie zuvor ausgeschlossen wurden" (ebd. 22). Das Gefühl des „Überflüssigseins" bedingt eine Heimatlosigkeit, ein Verlust des Selbstwertgefühls und des Lebenssinns (ebd.). Die Gründe für den Ausschluss von Menschen sind verschieden, die Ergebnisse für die, die den Ausschluss hinnehmen müssen, fallen ähnlich aus (ebd. 59). Die Menschen stehen vor der schwierigen Aufgabe ihr physisches Überleben zu sichern, während ihnen das Selbstvertrauen und die Selbstachtung genommen wurden, die für ein soziales Überleben notwendig wären (ebd.). Bauman schreibt an dieser Stelle:

„Man kann es ihnen nachfühlen, wenn sie sich zurückversetzt fühlen, wenn sie aufgebracht und erbost sind, vor Wut schnauben und auf Rache sinnen – und doch haben sie bereits gelernt, daß Widerstand vergeblich ist, und das Verdikt ihrer eigenen Unterlegenheit hingenommen. Sie könnten sich wohl kaum wieder aufraffen, all diese Gefühle in wirksames Handeln umzusetzen." (ebd.)

Bauman bezieht sich in seiner Analyse unter anderem auf Henry A. Giroux. Nach Giroux wandle sich der Sozialstaat immer mehr in einen Besatzungsstaat um (ebd. 120). Dieser schütze zunehmend die Interessen globaler, transnational operierender Unternehmen, während er zugleich die Repression und Militarisierung an der Heimatfront steigere, indem soziale Probleme zunehmend kriminalisiert würden (ebd.). Bauman schreibt, dass die dringlichste Anforderungen an die heutigen Regierungen, die das Hinscheiden des Sozialstaates verwalten, darin besteht, eine Legitimation für die Durchsetzung staatlicher Autorität und Disziplinierung zu finden.

„Staatsregierungen können keinen glaubwürdigen Schutz mehr bieten, wenn die Menschen als ‚Kollateralverluste' des wirtschaftlichen Fortschritts [...] unter die Räder kommen. Doch sie können die Sorgen um die persönliche Sicherheit verstärken, die sich mit ähnlich frei umherziehenden terroristischen Verschwörern verbinden; sie können dann mehr Sicherheitsleute versprechen, ein dichteres Netz von Röntgenmaschinen und ein weitreichendes System von Überwachungskameras, häufigere Kontrollen, mehr vorbeugende Zugriffe und mehr Vorbeugehaft zum Schutz der Bürger." (ebd. 128)

Um die persönliche Verwundbarkeit (siehe 4.3.5) negieren zu können, priorisiert die Mehrheitsbevölkerung die Sicherheitsdispositive deutlich höher als die Menschenrechte, und sie ist sogar bereit, im Interesse der persönlichen Sicherheit die Menschenrechte abzuschaffen. Bauman erkennt hier eine Tendenz, die er als neuen Big Brother bezeichnet. Dieser betreibe im Gegensatz zum älteren Big Brother – dem Big Brother, der in Foucaults Benthamschen Panoptikum wirkt (siehe 4.1) und in Orwells *1984* herrscht und alle Menschen in seine Kontrolle einschließen will – den Ausschluss. Er sei damit beschäftigt, die Untüchtigen, die weniger Schlauen, weniger Übereifrigen, draußen zu halten und das für immer (Bauman 2000, 187).

„Der neue Big Brother betreibt *Ausschluss*. Er muß die Leute aufspüren, die an ihren Ort ‚nicht passen', er muß sie von jenem Ort vertreiben und dorthin bringen, ‚wo sie hingehören', oder, noch besser, er sollte sie gar nicht irgendwohin kommenlassen." (ebd.)

Heinz Bude beschreibt die Klasse der Überflüssigen (Bude 2009) als (transversale) Kategorie (ders. 1998). Bude unterscheidet die Überflüssigen von den Unterprivilegierten und Stigmatisierten (ders. 2009, 92). Die Überflüssigen seien prinzipiell beschäftigungsfähig, zivilisationsfähig und verwendungsfähig, aber was sie können, interessiere niemanden, was sie denken, schätze niemand, und was sie fühlen, kümmere keinen (ebd.). Ihre einzige Chance bestehe darin, Probleme zu bereiten, sie versetzen die wohltemperierte Mitte in Angst und Schrecken (ebd.). Die Überflüssigen seien die Überzähligen und würden zu den Infamen der Gesellschaft (ebd. 92f.). „In der Art und Weise, wie sie sich selbst und andere zerstören, erscheinen sie als Subjekt ohne Subjektivität" (ebd. 93). Butler beschreibt dieses Phänomen als die Grenze der Intelligibilität (siehe auch 4.3.1). Die Überflüssigen und Infamen sind, so Bude, die Entbehrlichen, weil sie nichts mehr versprechen, nicht einmal die Möglichkeit ihrer Ausbeutung. „Sie taugen nicht einmal mehr zur Reserve, weil kein Angebot von ihrer Seite zu erkennen ist, das eine Nachfrage nach ihnen hervorrufen könnte" (ebd. 93). Die These Budes muss jedoch dahingegen präzisiert werden, dass es nicht immer die fehlende Nachfrage an sich ist, sondern oft die nicht vorhandene Effizienz, die der kapitalistischen Verwertungslogik und der Profitmaximierung im Wege steht. Da auch die „überflüssigen" Menschen ihr Überleben eigenverantwortlich sichern wollen und müssen, wenn staatliche Transferleistungen nicht greifen bzw. verweigert werden, sind sie häufig gezwungen in der informellen Ökonomie zu agieren, wo ihre Notlage nicht selten in extremer Form ausgenutzt wird. In der informellen Drogen- und Sexökonomie ist gerade der Bereich der „Drogenprostitution" ein exemplarischer Fall dafür. Hier wird eine klandestine Nachfrage bedient, die außerhalb gesellschaftlicher Normen agiert und die Leistungserbringerinnen unverhältnismäßig großen Risiken aussetzt.

Ziel der Betrachtungen war es, die Kategorie „überflüssig" theoretisch zu verorten und zu verdeutlichen, dass sie als Analysekategorie für das Forschungsfeld drogengebrauchender Sexarbeiterinnen notwendig ist. Es bleibt noch die Frage zu klären, welche Möglichkeiten sich bieten, Widersetzung im Zusammenhang mit den Zuschreibungen von „abgehängt", „verworfen" und „überflüssig" zu analysieren. Im

folgenden Abschnitt wird dieser Aspekt auf Basis unterschiedlicher Zugänge diskutiert.

### 4.1.6 Über die Wut, die Liebe und den Widerstand

In 4.1.5 wurde gezeigt, dass in kapitalistischen Verhältnissen Daseinsformen – die
Überflüssigen – generiert werden, mit denen die Mehrheitsangehörigen nicht gern
konfrontiert werden, weil sie ihnen einen Spiegel vorhalten, in dem zu sehen ist, dass
die Mehrheitsangehörigen nicht die Gewinner, sondern evtl. viel eher die Verlierer
sind.[6] Die Erkenntnis, dass die Anderen, die Verworfenen, die Überflüssigen vielleicht die Gewinner sind, weil sich in ihrer Verweigerung ihre eigentliche Stärke
zeigt, und sie nur deshalb zu Verlierern erklärt werden, um die Mehrheit der Schwachen, der eigentlichen Verlierer zu schützen, ist beunruhigend. Eine solche Sicht auf
Überflüssige spielt in der Kunst, speziell im Theater, immer wieder eine wichtige
Rolle und wird in dieser Form auch gern von der Mehrheitsgesellschaft eingenom-
men. Außerhalb der Kunst sind die überflüssigen Menschen, die selbst von der Sozialarbeit nicht mehr wahrgenommen werden (Carp 2006, 8). Die Vorstellung, dass die
Mehrheit eigentlich die VerliererInnen sind und dass die Psychiatrien, Gefängnisse,
Asyle sowie auch die Sozialämter und Arbeitsagenturen von den eigentlichen Ge-
winnerInnen bevölkert werden, macht der Mehrheit Angst. Dieser Angst kann nur
der Widerstand entgegengesetzt werden, so nicht regiert werden zu wollen und dagegen zu kämpfen, dass die Diskurse über Schmarotzer, Deklassierte und gefährliche
Subjekte weiterhin die Deutungshoheit behalten. Das bedeutet natürlich, sich der Gefahr auszusetzen, nicht ernst genommen und nicht gehört bzw. zitiert zu werden. Jedoch sind solche „Risiken" nicht ansatzweise vergleichbar mit den Drohungen und
Zumutungen, denen „die Überflüssigen" real ausgesetzt sind. Es geht also darum,
auch für die Ungerechtigkeiten gegenüber Anderen die Verantwortung zu übernehmen, selbst wenn diese mit der eigenen Lebensrealität nichts zu tun haben. Man muss
für sich die Frage beantworten, wann der Punkt erreicht ist, an dem es nicht mehr zu
ertragen ist, so regiert zu werden und man anfängt sich zu widersetzen. Patricia Purtschert (2008) nähert sich dieser Fragestellung, indem sie versucht Wut und Kritik in
ein analytisches Verhältnis zu setzen. Sie bezieht sich dabei unter anderem auf Foucaults Essay „Was ist Kritik". Purtschert fokussiert ihre Analyse auf das Verhältnis
von Kritik und Affekt. Sie sieht eine Verbindung zwischen der Kritik auf der einen
Seite und den Gefühlen wie Empörung, Entrüstung, Wut, Groll, Unwille, Zorn und
Hass auf der anderen Seite. Die Kritik, die Foucault in seinem Text im Blick hat, entsteht im Widerstand dagegen, so nicht regiert werden zu wollen (Foucault 1992a,
12). Foucault nennt das „Entunterwerfung" und „reflektierte Unfügsamkeit" (ebd.
15). Kritik ist für Foucault der Vorgang, in welchem sich das Subjekt das Recht her-
ausnimmt, die Wahrheit auf ihre Machteffekte und die Macht auf die Wahrheitsdiskurse hin zu befragen (ebd.). Kritik bedeutet nicht nur sich zu verweigern und Widerstand zu leisten, sondern auch in die Wahrheitsdiskurse einzugreifen und diesen eine
andere Ausrichtung zu geben (Purtschert 2008, 6). An dieser Stelle wird die Verbindung zum Ansatz von Butler bezüglich der Handlungsfähigkeit (siehe 4.3.1) deutlich.

---

6   Für die Idee danke ich Matias Faldbakken (2006).

Nach Butler ist der Begriffsapparat, der versucht über die Macht zu verhandeln, ebenso wie die kritische Subjektposition selbst von Macht durchzogen (Butler 1993a, 36). Wir sind also alle von Macht durchdrungen und haben nach Foucaults Definition von Macht, somit auch die Fähigkeit und die Möglichkeit zum Widerstand in uns. An dieser Stelle bleibt festzuhalten, dass nach Foucault und Butler Handlungsfähigkeit und damit auch die Möglichkeit der Kritik und der Widersetzung schon allein deshalb entstehen, weil die performative und produktive Macht diejenigen Strukturen hervorbringt, die bekämpft werden (können). Weil intelligible Subjekte nur aufgrund von Ausgrenzung und Verwerfung entstehen können, ist immer die Option der Widersetzung gegeben. Für Butler ist die SprecherInnenposition deshalb so wichtig, weil sie diese nicht hinter dem Diskurs grammatikalisch verschwinden lassen will (Butler 1993a, 39 f). Ihr geht es darum, zu zeigen, das Subjektivierung immer mit Einbindung in Diskurse verwoben ist und die Fähigkeit zu handeln genau dort entsteht, wo Diskurse sich erneuern. Diese Performativität immer wieder neu durchzuarbeiten bezeichnet Butler auch als „schwierige Arbeit" (Butler 1993b, 126). Brigitta Kuster und Renate Lorenz (2007) nennen es den „Aufwand" (siehe 4.4.1). Sie enthält aber gleichzeitig immer auch die Chance auf Veränderung. Erst durch wiederholte Anrufungen kommt ein Subjekt zu seinem sprachlichen Sein (Butler 1993b, 125). In der Wiederholung sieht Butler die Möglichkeit der Subversion und der Umdeutung (*resignification*), denn nur wenn ein Subjekt für immer und ewig konstituiert wäre, würde diese Möglichkeit entfallen.

„Dies bedeutet politisch, daß es keine Opposition zur Macht gibt, die nicht selbst bereits Teil des Machtapparates wäre; dass die Handlungsfähigkeit in das impliziert ist, dem sie sich widersetzt; dass ‚Emanzipation' niemals die Transzendenz der Macht an sich sein kann." (ebd. 127)

Purtschert stellt die Frage, mit welcher emotionalen Verfasstheit Kritik einhergeht und wie diese in die Arbeit der Kritik eingelassen ist. Ich erweitere die Fragestellung dahingehend, wann und wie Menschen beginnen zu handeln. Wann erheben sie sich gegen die Verhältnisse und das nicht nur für sich, sondern auch für Andere? Die Frage kann auch reziprok, wie von Gilles Deleuze und Felix Guattari im Anti-Ödipus, gestellt werden:

„So bleibt die grundlegende Frage der politischen Philosophie immer noch jene, die Spinoza zu stellen wusste (und die Reich wiederentdeckt hat): Warum kämpfen die Menschen für ihre Knechtschaft, als ginge es um ihr Heil? Was veranlaßt einen, zu schreien: Noch mehr Steuern! Noch weniger Brot! Wie Reich sagt, liegt das Erstaunliche nicht darin, dass Leute stehlen, andere streiken, vielmehr darin, dass die Hungernden nicht immer stehlen und die Ausgebeuteten nicht immer streiken. Warum ertragen Menschen seit Jahrhunderten Ausbeutung, Erniedrigung, Sklaverei, und zwar in der Weise, daß sie solches nicht nur für die anderen wollen, sondern auch für sich selbst." (Guattari/Deleuze1977, 39)

Die Frage ist heute aktueller denn je. Bezogen auf drogengebrauchende Frauen bin ich von Anfang an davon ausgegangen, dass sie kritische, wütende und sich widersetzenden Menschen sind, deren Wut aber auch instrumentalisiert wird. Purtschert bezieht sich auf zwei Klassikerinnen der Frauenbewegung, Audre Lorde und Iris von Roten, die beide als ein zentrales Moment der Kritik, die Wut thematisieren. Für

Lorde wie auch für von Roten existiere eine Beziehung zwischen Wut, Widerstand, Sprache und Erkenntnis. Purtschert arbeitet die Unterschiede in der Betrachtung der Wut durch beiden Denkerinnen heraus. Von Roten richtet ihre Kritik an das Herrschaftssystem und damit direkt an die Menschen. Ihr erster Schritt ist die Konfrontation mit dem System, mit seinen Mitteln und Logiken, mit seinen Legitimationen und Forderungen (Purtschert 2008, 2f). Lorde hingegen richtet sich primär an diejenigen, die sich ebenfalls gegen die vorherrschende Form von Herrschaft wenden. Sie adressiert ein Kollektiv, dass sich erst mal ganz im Foucaultschen Sinne gegen ein „so nicht regiert zu werden" richtet, um Veränderungen zu fordern. Lorde geht es darum, ein „Wir" zu formieren, das erst durch Konfrontation und Dissonanz zustande kommt. Sie hat schon immer eine Kritik der Kollektivität gegenüber anderen Handlungsansätzen mitgedacht. Lorde eröffnet einen positiven Bezug zur Wut, indem sie andere Subjekte mit einem Wissen konfrontiert, dass die vorherrschende Ordnung stört und eine Differenz zum Vorschein bringt, an der das gemeinsame Handeln neu ansetzen kann (ebd. 3f). Purtschert stellt die wichtigen Fragen, wie Wut zu fassen sei, wie sie mit der Ausübung von Herrschaft zusammenfällt und was passiert, wenn anstelle von Wut Resignation, Gleichgültigkeit oder Lethargie auftreten (ebd. 4). Wut wird, so Purtschert, oft instrumentalisiert, mit Angst gekoppelt und richtet sich dann auf die falsche Zusammenhänge und oft auch auf die falschen Subjekte (ebd. 4f). Die Begriffe *Wut* und *Kritik* von Purtschert sind für meine Analyse der Widersetzung und der Handlungsfähigkeit drogengebrauchender Sexarbeiterinnen wichtig, denn sie verweisen auf eine offensichtliche und unentwirrbare Verstrickung mit der Macht, der sie unterworfen sind, die sie aber auch angreifen (ebd. 5). Für Purtschert ist eine Analyse der wütenden Kritik in der abendländischen Denktradition schwierig, da hier Intellekt und Affekt getrennt werden (ebd.). Sie sei jedoch notwendig, weil Wut immer aus einer Betroffenheit heraus formuliert wird. Wut skandalisiere, wie Leben verhindert oder ermöglicht wird und setze sich gegen ökonomische Regulierung, Versachlichung und Objektivierung sozialer Ungerechtigkeiten zur Wehr (ebd.). Purtschert greift den Vorschlag von Lord auf, kollektives Handeln als eigentliche Bedingung für Kritik zu betrachten (ebd.). Dieses Argument möchte ich mit Spivaks Ansatz *Liebe* und *Kollektivität* verbinden, um die Stimme für Andere und nicht über Andere zu erheben (Spivak 2010). Spivak ist überzeugt, dass wir lernen müssen von den „ursprünglichen praktisch-ökologischen Philosophien der Welt zu lernen" (ebd. 65). Dieser Lernprozess könne nur versucht werden, wenn zu den kollektiven Bemühungen „Liebe" ergänzend hinzukomme (ebd.). Unter Liebe versteht Spivak eine Bemühung,

„[...] die langsam und in beide Richtungen aufmerksam ist – wie gewinnt man die Aufmerksamkeit des Subalternen ohne Zwang oder Krise? – und die auf beiden Seiten bewusstseinsverändernd wirkt – auf die Möglichkeit einer unerreichbaren ethischen Singularität hin, die niemals auf Dauer aufrechtzuerhalten ist." (ebd.)

Die notwendigen kollektiven Bemühungen bestehen darin, Gesetze, Produktionsverhältnisse, Bildungssysteme und das Gesundheitswesen zu ändern, ohne jedoch den notwendigen Kontakt, den Spivak Liebe nennt und bei dem sich die Einzelnen gleichberechtigt gegenüberstehen, zu verlieren. Wenn sich das Bewusstsein nicht wirklich verändern würde, bliebe nichts davon hängen (ebd.). Das klingt zwar sehr pathetisch, aber Spivaks Ansatz ähnelt der Ethik des Selbst von Foucault (siehe 4.1.4). Foucault geht es um Widersetzung und Spivak analysiert die Diskurse über Kultur und Globalisierung dahingehend, wie sie zum Wohle des ganzen Globus eingesetzt werden kann (ebd.). Beide Ansätze zeigen, dass Widerstand oder Widersetzung immer zuerst individuell zu verorten sind, sei es nun über Wut, Kritik oder den Willen nicht mehr so regiert werden zu wollen. Es bedarf einer Liebe oder Ethik, erst dann ist ein kollektives Handeln möglich.

### 4.1.7 Zusammenfassung

Foucaults Macht- und Widerstandsbegriffe sind in seinem Gesamtwerk nur schwer zu verorten und herauszuarbeiten, da sie nie als klare Definitionen auftauchen. Seine Denkansätze, denen beide Begriffe zu Grunde liegen, bilden die theoretische Basis meiner Dissertation. Ich habe aus seinem Oeuvre seine Erkenntnisse zur Macht und zum Widerstand herausdestilliert und mit meinem Forschungsfeld verknüpft. Seine Ausführungen zur Disziplinarmacht sind Ausgangspunkt meiner Analyse, da sie beschreiben, wie aus Individuen Subjekte werden, die durch stetige Disziplinierung ganz von selbst funktionieren und wie sich die Macht in ihre Körper einschreibt. Mit dieser Machtform können insbesondere die Normierungsdiskurse erfasst werden. Foucaults Biomacht expliziert vorrangig die Sexualitätsdispositive und den Rassismus. Besonders produktiv für meine Arbeit sind die Diskurse über den wahren Sex, die Gesundheitsfürsorge und das in der Biomacht verankerte doppelte Dispositiv, der Disziplinierung der Individuen und der Kontrolle über die Bevölkerung. Foucaults Thesen zum Staatsrassismus sind anschlussfähig an die aktuellen Verhältnisse innerhalb der informellen Drogen- und Sexökonomie. Dies gilt vor allem für die zentrale Eigenschaft der Biomacht zwischen dem, was leben darf, und dem, was sterben muss, zu differenzieren. Die Biomacht nimmt nicht mehr nur das Individuum in den Fokus, sondern es hat die gesamte Bevölkerung im Blick. Diesen Ansatz vertieft Foucault in seinen Überlegungen zur Pastoralmacht bzw. Gouvernementalität. Hier stehen die Verhaltenssteuerung der Bevölkerung, die Sicherheitsdispositive und die Statistik im Mittelpunkt. Diese Macht reguliert und strebt durch ein globales Gleichgewicht eine „Homöostase" an. Gleichzeitig wird die Ökonomie zum inhärenten Organisationsprinzip des Staates und zur Maxime seines Handelns. Das sind wichtige Erkenntnisse für meine weitere Analyse der Selbsttechnologien, die ich als ein Instrumentarium nutze, um zu verstehen, wie drogengebrauchende Sexarbeiterinnen sich alltäglich selbst entwerfen und welche Ermächtigungs- oder Unterwerfungsstrategien sie anwenden. Um die Selbsttechnologien besser verstehen zu können, habe ich mich mit Foucaults Differenzierung von Macht, Gewalt sowie Herrschaft auseinandergesetzt und seinen Begriff von Freiheit als Handlungsfähigkeit interpretiert.

Um die Herrschaftsverhältnisse expliziter herauszuarbeiten, habe ich dann an Hand von verschiedenen Ansätzen zur gesellschaftlichen Analyse sichtbar gemacht, wie in einem stetigen Prozess der gesellschaftliche Wohlfahrtsdiskurs in der Erfindung von Risikogruppen mündet und wie für diese dann adäquate Regierungstechniken entwickelt werden. Es konnte gezeigt werden, wie dieser Prozess in einer von Effizienz geprägten Gesellschaft an dieser Stelle nicht endet, sondern einen Teil der Risikogruppen als *verworfen* und *überflüssig* markiert, um sie damit aus der gesellschaftliche Verantwortung zu entfernen. Dem kann nur entgegengewirkt werden, wenn man Denkansätze und Möglichkeiten der Widersetzung entwickelt, um dem Versuch der weiteren Marginalisierung und Ausgrenzung Einhalt zu gebieten. Ich habe diese Denkansätze mit Beispielen aus dem Forschungsfeld untermauert, um zu verdeutlichen, an welcher Stelle diese Ansätze für die empirische Auswertung relevant sein werden, um die Frage beantworten zu können, ob und wie Widersetzung im Umfeld einer neoliberalen Politik mit Totalitätsanspruch gedacht werden kann.

Als weitere Vorbereitung auf die Empirie werden im nächsten Unterkapitel unterschiedliche Theorien zur Intersektionalität eingeführt, die sich schon im Ansatz der Heterogenität und Komplexität des individuellen Seins in realen gesellschaftlichen Gruppen und Zusammenhängen widmen.

## 4.2 INTERSEKTIONALE MEHREBENENANALYSE

Seit ein paar Jahren erfreut sich die Diskussion um Intersektionalität auch in Deutschland großer Aufmerksamkeit; es finden Kongresse, Werkstätten und Workshops zu dem Thema an unterschiedlichen Universitäten und Hochschulen statt. Das Thema wird aber auch zunehmend von der Praxis, insbesondere der Bildungs- und Sozialen Arbeit rezipiert. Die Erkenntnis, dass geschlechtsbezogene Ungleichheit nicht nur eindimensional erklärt werden kann, sondern eng verwoben ist mit weiteren Ungleichheitskategorien wie „Rasse"[7], körperliche Verfasstheit, sexuelle Orientierung etc., hat in der Diskussion um Intersektionalität seinen Niederschlag gefunden.

Ich habe mich nach langen Überlegungen entschieden, Intersektional zu forschen; ausschlaggebend dafür war unter anderem ein Einführungsseminar zur Intersektionalität an der Technischen Universität Hamburg-Harburg. Innerhalb des Seminars führten wir Interviews mit Erwerbslosen durch und analysierten diese mittels der in der Entstehung begriffenen Methode der Intersektionalen Mehrebenenanalyse (Degele/Winker 2007). Das war für mich eine gute Möglichkeit, die Intersektionale Mehrebenenanalyse (IMA) und das Forschungsvorhaben auf Kompatibilität zu prüfen. Dass ich mich für die Methode der IMA entschieden habe, hatte auch pragmatische Gründe, da aus meiner Sicht die IMA der einzige Intersektionale Ansatz ist, der eine konkrete Methode vorschlägt, um mit der Vielzahl von Kategorien umgehen zu können, und der offen für unterschiedliche theoretische Verortungen ist. Meiner Arbeit

---

7    In der Verwendung der Kategorie „Rasse" schließe ich mich dem Vorschlag von Fatima El Tayeb an: „Es geht mir hier um ‚Rasse' als wissenschaftliches und politisches Konstrukt von immensem Einfluss, nicht um ‚Rasse' als biologische Realität. Die Erkenntnis, dass letztere nicht existiert, kann jedoch nicht allein durch die Vermeidung jeder Referenz auf Rassekonzepte zum Allgemeingut werden. Denn so werden einerseits die enormen politischen und ökonomischen Ungleichheiten, die die soziale Wirksamkeit der Rassenhierarchie mit sich brachte und noch bringt, ignoriert, d.h. struktureller Rassismus kann nicht adäquat analysiert werden. Andererseits wird das Widerstandspotential sozialer Gruppenidentitäten, die sich als Reaktion auf rassische Zuschreibungen bildeten, negiert." (El Tayeb 2003, 129–145)

liegt die Überzeugung zugrunde, dass Definitionen, Regulierungen und Kategorisierungen Grenzen ziehen, die Herrschaft absichern, Hierarchien schaffen sowie Ein- und Ausschlüsse produzieren. Deshalb ist es notwendig, scheinbar essentialistische Kategorien wie z.B. Geschlecht, Klasse, „Rasse" und Sexualität zu denaturalisieren. Der Intersektionale Mehrebenenansatz ist für das Thema der Arbeit auch deshalb interessant, weil er alle Arten von Identitätskonstruktionen aufnimmt und in Beziehung zu den herrschenden Strukturen und den symbolischen Repräsentationen setzt. Dadurch ist es möglich, nicht nur essentialistische Zuschreibungen zu dekonstruieren sowie Unterwerfungen und Selbstermächtigungsstrategien in den Selbsttechniken drogengebrauchender Sexarbeiterinnen zu erfassen, sondern auch die durchkreuzende Komplexität von Herrschaftsverhältnissen zu thematisieren und anzugreifen.

Die Theorie und Methode sind praktikabel, um die Hauptaspekte meines Forschungsanliegens aufzugreifen und bearbeiten zu können. Für mich war die Wechselwirkung zwischen Berufserfahrung und theoretischer Lehre von grundlegender Bedeutung, um entscheiden zu können mit dem Intersektionalen Mehrebenensatzes zu arbeiten. Mir ist es wichtig die „Beforschten" nicht zu reinen Objekten zu machen und die heterogenen Formen von Unterdrückung und Widerstand zu erfassen. Der Ansatz der IMA beinhaltet außerdem die Möglichkeit, Handlungserweiterungen im Sinne von Empowerment zu implementieren.

Im Unterkapitel 4.2 wird ein Überblick über die Ansätze innerhalb der Intersektionalität gegeben, die für diese Forschungsarbeit relevant sind. Das Unterkapitel enthält keine vollständige Rezeption intersektionaler Ansätze, sondern ist lediglich eine Synopse. Es geht darum, die Ansätze zu beschreiben, die mein Nachdenken über Intersektionalität in unterschiedlicher Form beeinflusst haben und die meine Arbeit mit der Intersektionalen Mehrebenenanalyse unterstützt haben. Damit möchte ich verdeutlichen, dass ich die Theorien nicht vollständig übernehme, sondern nur die Teile verwende, die die intersektionale Betrachtung auf das Forschungsfeld erweitert haben.

Ich werde im Folgenden (siehe 4.2.2) eine Einführung in den Intersektionalen Mehrebenenansatz nach Gabriele Winker und Nina Degele geben, um später darauf rekurrieren zu können. Dies ist notwendig, um zu verdeutlichen, wie ich den Intersektionalen Mehrebenenansatz mittels anderer Theorien erweitere und worauf ich fokussiere. Als nächstes (siehe 4.2.3) verweise ich auf die relevanten feministischen Theorieansätze, die das homogene „Wir" des weißen bürgerlichen Feminismus in Deutschland hinterfragen. Diese Ansätze sind unabdingbar und richtungweisend für meine intersektionale Forschungsperspektive, und es soll nachvollziehbar werden, welche Erkenntnisse ich in Bezug auf die IMA in die Forschungsarbeit einfließen lasse. Am Ende dieses Kapitels beschreibe ich die internationale Forschungsdebatte zur Intersektionalität, um die Genealogie, die Verknüpfungen und die Bereicherungen für den Intersektionalen Mehrebenenansatz darzulegen (siehe 4.2.4). Dabei werde ich insbesondere ProtagonistInnen der postkolonialen Kritik berücksichtigen. Zuerst möchte ich jedoch Rosa Luxemburg einen Platz in dieser Arbeit widmen, da ihre politische Haltung und ihr Kampf für Gerechtigkeit und Solidarität, der nicht nur den Unterdrückten allgemein, sondern insbesondere auch den Marginalisierten galt, für mich immer ein Leitgedanke in dieser Arbeit ist.

## 4.2.1 Rosa Luxemburg – Die Würdigung einer Vordenkerin

Ohne es genauer zu belegen, möchte ich postulieren, dass ab den 1970er Jahren von Teilen der feministischen Bewegung intersektionales Denken praktiziert wurde, auch wenn sie den Terminus nie verwendet haben. Jedoch verorte ich die VorläuferInnen intersektionaler Ansätze bereits viel früher. Es gab schon immer kritische DenkerInnen, die ihrer Sicht auf die Welt die Verwobenheit von Kategorien zu Grunde legten und dies an das Postulat ethischer Grundsätze menschlichen Zusammenlebens knüpften. Deshalb beginnt die Betrachtung zur Intersektionalität mit einer Würdigung von Rosa Luxemburg, da ihr Denken und ihre politischen Forderungen aus heutiger Sicht bereits intersektional angelegt waren. Es geht mir nicht darum, Luxemburg die Entwicklung einer intersektionalen Theorie zuzuschreiben, sondern zu zeigen, dass ihre „Kampfschriften für allgemeine Menschenrechte" eine Grundlage für die spezifische Wahrnehmung von Unrecht aufgrund unterschiedlicher Differenzkategorien sind und sich daraus ein zeitgemäßer Ansatz für die Untersuchung von Diskriminierung und Empowerment ableiten lässt.[8]

1918 schrieb Luxemburg in kritischer Auseinandersetzung mit der Rolle der Bolschewiki in der russischen Revolution ihr berühmtes Diktum:

„Freiheit nur für die Anhänger der Regierung, nur für die Mitglieder der Partei – mögen sie noch so zahlreich sein – ist keine Freiheit. Freiheit ist immer die Freiheit der Andersdenkenden. Nicht wegen des Fanatismus der ‚Gerechtigkeit', sondern weil all das Belebende, Heilsame und Reinigende der politischen Freiheit an diesem Wesen hängt und sein Wirkung versagt, wenn die 'Freiheit' zum Privilegium wird." (Luxemburg 1918/2006, 94)

Luxemburg forderte, dass Freiheit nicht zum Privileg einzelner sozialer Interessengruppen werden dürfe. Sie, die sich aufgrund ihrer humanistischen Gesinnung gegen Unterdrückung und Ausbeutung wandte und als Folge den repressiven Staatsapparat zu spüren bekam, besaß den Mut, politisch Gleichgesinnte hart zu kritisieren. Zwar war das Regime der Bolschewiki für sie eine Herrschaft von Menschen, deren politische Position sie teilte, trotzdem kritisierte sie die inhärente Tendenz zur Diktatur im Denken ihrer Gesinnungsgenossen. Luxemburg plädierte stattdessen für demokratische Regierungsformen, denn gerade die Demokratie ist für Luxemburg ein wichtiges Element des Sozialismus. Sie forderte eine sozialistische Demokratie der breiten Massen, der gesamten Volksmasse, sonst „wird der Sozialismus vom grünen Tisch eines Dutzends Intellektueller dekretiert, oktroyiert" (ebd. 95). Luxemburg ging es um eine Freiheit in Gleichheit bzw. um die Wechselwirkung zwischen politischer Freiheit und sozialer Gleichheit. Die Freiheit ist immer die Freiheit der Anderen, das ist Luxemburgs philosophische Lebensmaxime. Die „Schule des öffentlichen Lebens selbst, uneingeschränkteste breiteste Demokratie, öffentliche Meinung", das seien die

---

8    Diese Idee habe ich von Frigga Haug übernommen, die sich in einem Buch differenziert mit dem Thema „Rosa Luxemburg und die Politik der Frauen" auseinandersetzt. Ihre Herangehensweise besteht nicht darin zu prüfen, ob Luxemburg als Feministin bezeichnet werden könnte, sondern was aus ihren Schriften für die Frauenpolitik zu lernen sei (Haug 2007, 14).

heilsamen Kräfte, derer es bedarf, um soziale Instinkte, Masseninitiative und Idealismus, der über die Leiden hinweg trägt, wachsen zu lassen (ebd. 95ff). Mit Schulung meint Luxemburg nicht die von oben aufoktroyierte Wissensvermittlung oder das Aufholen von Defiziten, sondern, dass die Schule des Lernens die Praxis, die Selbsttätigkeit der Massen (vgl. dazu auch Haug 2007, 47ff) sei. Einen ähnlichen Ansatz verfolgt Gayatri Chakravorty Spivak im Bezug auf die Handlungsfähigkeit (siehe 4.3.2).

Freiheit bekommen wir nicht qua Geburt verliehen, sie muss erkämpft werden, es geht immer darum, sie anderen nicht nur zuzugestehen, sondern auch zu ermöglichen und notfalls für sie zu erkämpfen. Freiheit entsteht nicht, wenn nur die eigene Unterdrückung beseitigt wird, sondern erst, wenn auch die Unterdrückung der Anderen bekämpft wird, auch wenn wir von ihr profitieren. Eine Gesellschaft ist im Sinne von Luxemburg nur frei, wenn sie zur freien Entwicklung einer jeden Gesellschaft und zur solidarischen Entwicklung beiträgt. Das bedeutet der Freiheitsbegriff von Luxemburg wendet sich gegen strukturelle Herrschaftsverhältnisse und nimmt eine subjektive Position im Sinne einer gesellschaftlichen Verantwortung ein. Das ist nach meiner Lesart ein intersektionaler Blick auf Freiheit, Gerechtigkeit und Unterdrückung, weil sie die Andersdenkenden mit in ihren Kampf gegen Ausbeutung einbezieht. Luxemburg selbst war als Frau, Jüdin, Kommunistin, Polin und durch ihre körperliche Verfasstheit von verschiedenen Herrschaftsverhältnissen betroffen[9] die sie jedoch nicht reflektierte. Sie plädierte für eine internationale Solidarität, indem sie die deutsche Sozialdemokratie und das Proletariat auf die weltweiten Auswirkungen des Imperialismus hinwies und an ihre globale Verantwortung appellierte. Sie bezog sich dabei nur auf die Masterkategorie *Klasse*, dachte diese aber immer in Bezug auf die Freiheit aller Menschen. Allerdings muss Luxemburgs Kritik am Kolonialismus punktuell hinterfragt werden, da sie von einer euro- und androzentristischen Sicht vor dem Hintergrund der abendländischen Aufklärung ausgeht. Das unten stehende Zitat zeigt, dass Luxemburg zwar die koloniale Gewalt gegen unterdrückte Völker reflektiert und dagegen argumentiert, sie aber den sprachlichen Rassismus des Begriffs „Neger" unhinterfragt mitträgt.

Auch scheut sie sich nicht, zur ironischen Zuspitzung ihrer Argumentation, die dichotomen Stereotype der kleinbürgerlichen Familie, des von Sorgen geplagten, lesenden Mannes und seines keifenden Weibes, aufzugreifen. Die Ironie ist vor dem Hintergrund ihrer Kritik am Bürgertum zu verstehen.

„Für den Begriff und geistigen Horizont des Durchschnittsspießers gehört die auswärtige Politik zu jenem Abteil der Morgenzeitung, das er beim Morgenkaffee liest zur Zerstreuung seiner Sorgen oder von dem Gekeife seiner besseren Hälfte. Für die Arbeiterklasse dagegen ist die auswärtige Politik tief ernst und äußerst wichtig. Es ist nicht immer so gewesen. Wenn man das geistige Leben der Arbeiterschaft in den letzten Jahrzehnten verfolgt, so kann man förmlich den Puls dieses geistigen Lebens fühlen und beobachten, wie von Jahr zu Jahr bei der Arbeiterschaft die Aufmerksamkeit für die auswärtige Politik wächst. Trotzdem ist es noch immer nicht genug, es muss dahin gebracht werden, dass jede Arbeiterin und jeder Arbeiter verstehen lernt, dass es gilt, mit derselben Energie, Aufmerksamkeit und Leidenschaft wie die Fragen der inne-

---

9    Frigga Haug verweist auf die Vielfachunterdrückung von Luxemburg (Haug 2007, 9).

ren Politik alle Geschehnisse der Weltpolitik zu verfolgen. Jede Proletarierfrau und jeder Proletarier müssen sich heute sagen, es geschieht nichts in der auswärtigen Politik, was nicht die eigensten Interessen des Proletariats berührt. Wenn in Afrika von den deutschen Militärs die Neger unterdrückt werden."[10] (Luxemburg 1913, 212)

Die Konsequenz solchen Denkens ist, das Andere immer in die eigenen Forderungen und Kämpfe einzubeziehen. Meines Erachtens ist das ein wichtiger Ausgangspunkt für intersektionale Perspektiven in der Forschung oder in sozialen Bewegungen, um auch denjenigen eine Stimme zu geben, die marginalisiert und im Diskurs der bürgerlichen Mehrheit „nutzlos" und „überflüssig" sind, solange ihre Position nicht menschenfeindlich ist. Der erste Schritt, um die Verwobenheit von Ungleichheitskategorien zu verstehen, ist die Unterdrückung der Anderen und die eigenen Privilegien wahrzunehmen und anzuerkennen. Genau so handelt Luxemburg und stellt sich gegen viele ihrer GesinnungsgenossInnen. Ihre Ansätze zur Befreiung der Menschen von Ausbeutung und Unterdrückung können für diese Arbeit ein solides Fundament bilden, um Sexarbeit und Drogengebrauch nicht als *„anything goes"* innerhalb des Kapitalismus zu erforschen, sondern die Situation drogengebrauchender Sexarbeiterinnen zu skandalisieren, ohne dabei die Anerkennung und den Respekt gegenüber den Betroffenen zu vernachlässigen und so wie Luxemburg Empowerment auch für sie zu fordern.

Im Gegensatz zu Karl Marx und Friedrich Engels, die im „Lumpenproletariat"[11] eine Ansammlung moralisch verkommener Subjekte sehen, denen sie jegliches revolutionäres Potential und Bündnisfähigkeit absprechen und es dann auch dabei belassen, hinterfragt Luxemburg diese Zuschreibungen und verweist auf die gesellschaftlichen Verhältnisse, die Menschen zu Lumpenproletariern machten. Frigga Haug weist in einer Fußnote darauf hin, dass Luxemburgs eindrücklichste Schriften der Anklage den Obdachlosen, am Leben Verzweifelten und Kriminellen gelten und dabei die gesellschaftlichen Verhältnisse in den Fokus nehmen (Haug 2007, 157, Fn. 111). Luxemburgs Anklage an die Gesellschaft ist unverblümt und deutlich. Sie beschämt diejenigen, die sich noch vermeintlich als die Rechtschaffenen bezeichnen können, da sie aufgrund der fiktiven Mauer (zwischen „Zivilisation" und „Wildheit") selten an die „Ausgestoßenen" denken (müssen). Luxemburg beschreibt sehr eindrücklich und reich an Metaphern, wie konstruiert diese Mauer ist, denn das grauenhafte Gespenst des Elends kann plötzlich die Maske der Wohlanständigkeit herunter-

---

10 Im Jahre 1904 hatten sich in Südwestafrika die Völker der Hereros und der Hottentotten gegen die Kolonialherrschaft des deutschen Imperialismus erhoben. Der Aufstand, der den Charakter eines Freiheitskrieges trug, endete mit einer verlustreichen Niederlage dieser Völker, nachdem die deutschen Kolonialtruppen drei Jahre lang mit äußerster Grausamkeit gegen sie vorgegangen waren.

11 Im Kommunistischen Manifest beschreiben Marx/Engels die subproletarischen Gruppen folgendermaßen: „Das Lumpenproletariat, diese passive Verfaulung der untersten Schichten der alten Gesellschaft, wird durch eine proletarische Revolution stellenweise in die Bewegung hineingeschleudert, seiner ganzen Lebenslage nach wird es bereitwilliger sein, sich zu reaktionären Umtrieben erkaufen zu lassen." (Engels/Marx 1890/1975, 472)

reißen und zeigt, dass unter „dem Tand der Zivilisation ein Abgrund der Barbarei [...]
gähnt" (Luxemburg 1912/2006, 52f). Im Anschluss dekonstruiert sie die Auffassung,
dass nur schwache und schlechte Elemente der Verelendung anheimfallen, und gibt
als Ursachen die Klassenspaltung an, denn die schwachen und schlechten Naturen
höherer Klassen seien geschützt vor solchen Verelendungen (ebd.). Sie kritisiert, dass
die „Säulen der Gesellschaft" inzwischen nicht mehr nur aus dem Reichskanzlerpa-
lais und der Deutschen Bank bestehen, sondern auch aus dem „Asyl für Obdachlose"
und dem „Polizeigewahrsam" (ebd. 54f). Indem Luxemburg den Diskurs über die
„Schlechten" und „Schwachen" auf der repräsentativen Ebene aufgreift, die Herrschaftsstrukturen anklagt und die Situation der Arbeiterklasse einbezieht, zeigt sie die
Verwobenheit der Ebenen auf. Allerdings verortet sie alle Unterdrückung und Ausbeutung unter dem klassischen Herrschaftsbegriff (dazu auch Haug 2007, 11ff).

Die Zeitlosigkeit ihrer Position zeigt sich zum einen in dem Bezug zu den aktuellen Diskursen um die Leistungsunfähigen (die Schwachen) sowie die Kriminellen
(die Schlechten). Zum anderen wird sie auch in den Abgrenzungstendenzen der Mittelschicht sichtbar, die diese aus Angst vor dem Verlust an gesellschaftlicher Teilhabe praktizieren. Ebenso verhält es sich mit der neoliberalen Verwaltung des Elends
derer, die ausgestoßen sind.[12]

Luxemburg sieht in den Menschen ein positives Potential, dass während revoluti-
onärer Umwälzungen durch die Vernichtung der althergebrachten negativen Zuschreibungen und der Einforderung von Mitarbeit und Verantwortung aktiviert werden kann.[13] Einen solchen Ansatz würde man heutzutage als Empowerment bezeichnen. Luxemburgs Glaube an die „Ausgestoßenen" und ihre Anklage der gesellschaftlichen Verhältnisse ist für mich wichtig, da die so genannte „Armuts- und Drogenprostituierte" heute genau so undifferenziert und negativ gesehen wird wie früher das
„Lumpenproletariat". Im weiteren Verlauf dieser Arbeit wird sichtbar, dass sich die
„Armuts- und Drogenprostituierten" nicht aufgegeben haben, sondern tagtäglich um
Anerkennung und Akzeptanz kämpfen und sich widersetzen. Um ihre Widersetzungspraxen erfassen zu können, arbeitete ich methodologisch mit dem Intersektionalen Mehrebenenansatz von Gabriele Winker und Nina Degele (Winker/Degele
2009), auf den im Folgenden kurz eingegangen wird. Eine ausführliche Betrachtung
der Methode wird im Kapitel 5 dargelegt.

### 4.2.2 Intersektionale Mehrebenenanalyse nach Gabriele Winker und Nina Degele

Die Triade der Kategorien *Gender, Class* und *Race* indiziert in der Ungleichheits-,
Geschlechter- und Migrationsforschung maßgeblich die Kategorie Unterdrückung.
Zunehmend werden die Wechselwirkungen zwischen den Kategorien, die die Un-

---

12 Haug stellt in einem Nebensatz ebenfalls den Bezug zum 21. Jahrhundert her, zu den Menschen, die aus der Gesellschaft herausgefallen sind (ebd. 157).

13 „... so ist die Revolution selbst und ihr erneuerndes Prinzip, das von ihr hervorgerufene
geistige Leben, Aktivität und Selbstverantwortung der Massen, also die breiteste politische
Freiheit als ihre Form, die einzige heilende und reinigende Sonne" (Luxemburg 1918/2006,
95).

gleichheit generieren, in den Mittelpunkt der Betrachtungen gestellt, statt wie bislang die Diskriminierungskategorien von Mehrfachunterdrückung lediglich zu addieren.[14] Um den Konstruktionen von essentialistischen Gruppen zu entgehen, weil dabei homogene Lebenslagen und Lebensweisen vorausgesetzt werden, entwickelten *people* und *queers of color* kritische Analyseansätze, die heute unter dem Begriff Intersektionalität zusammengefasst werden.

Winker und Degele (2009) verstehen Theorien als Werkzeuge, die eingesetzt werden, um gesellschaftliche Zusammenhänge besser zu verstehen. Um diesem Anspruch gerecht zu werden, verbinden sie die von ihnen entworfene intersektionale Ungleichheitsanalyse mit methodologischen Überlegungen und liefern gleichzeitig einen Vorschlag, wie diese in der empirischen Praxis umgesetzt werden kann. Sie schlagen vor, die theoretischen und methodologischen Differenzierungskategorien in ihrer ganzen Vielfalt in die Analyse einzubeziehen und dabei entlang von Ungleichheitskategorien vorzugehen, um so das Problem der Erstellung von Masterkategorien zu umgehen (Winker/Degele 2009, 8). Winker und Degele wollen zeigen, wie verwobene Differenzkategorien auf verschiedenen Ebene theoretisch zu fassen und im theoretischen Forschungsprozess zu analysieren sind (ebd. 14). Sie sehen

„[...] Intersektionalität als kontextspezifische, gegenstandsbezogene und an den sozialen Praxen ansetzende Wechselwirkungen ungleichheitsgenerierender sozialer Strukturen (d.h. von Herrschaftsverhältnisse), symbolischer Repräsentationen und Identitätskonstruktionen." (ebd. 15)

Nach Winker und Degele gibt es verschiedene Ungleichheitskategorien, die kontextabhängig auf drei Ebenen wirksam sind (ebd. 18, 24). Um die Verwobenheit dieser Kategorien auf den drei Ebenen konkretisieren zu können, setzen Winker und Degele die kapitalistisch strukturierte Gesellschaft mit ihrer grundlegenden Dynamik ökonomischer Profitmaximierung als theoretische Klammer (ebd. 25). Die Ebenen unterteilen die Autorinnen in die strukturelle, repräsentative und identitäre Ebene.

Winker und Degele analysieren auf der Strukturebene die vier miteinander verwobenen Herrschaftsverhältnisse Klassismus, Heteronormativismus, Rassismus und Bodyismus entlang der Kategorien von Klasse, Geschlecht, „Rasse" und Körper. Die Verwobenheit ist inhärent, da sich Herrschaftsverhältnisse dynamisch verschieben und ihre Bedeutungen sich wandeln (ebd. 37f). Winker und Degele begründen die Aufnahme der Kategorien Klasse, Geschlecht und „Rasse" in ihr Analyseraster mit dem Verweis auf den gegenwärtigen Erkenntnisstand bezüglich der Intersektionalität. Hier sind die drei Kategorien als Strukturkategorien von Ungleichheit und Unterdrückung definiert, an denen sich historisch zeigen lässt, dass entlang dieser Differenzli-

---

14 Es ist wichtig anzuerkennen, dass in konkreten Unterdrückungserfahrungen das Unterdrückt-Sein immer konstruiert ist und mit anderen Kategorien verwoben ist. „Jeder Versuch, ‚Schwarzsein', ‚Weiblichkeit' oder ‚Klassenzugehörigkeit' als spezifische Formen konkreter Unterdrückung auf additive Weise zu substantiieren, vermengt Narrative von Identitätspolitik mit Positionsbeschreibung und konstruiert Identitäten innerhalb der Eckpunkte bestimmter politischer Projekte (Yuval-Davis 2009, 53)". So entstehen hegemoniale Diskurse der Identitätspolitik, in denen Marginalisierte nicht mehr auftauchen und diese vereinnahmen für einen scheinbar richtigen Weg der Identitätspolitik.

nien ungleiche Ressourcenzuteilung und Lebenschancen verlaufen (Anthias 2001, 368; Acker 2006, 443). Winker und Degele erweitern jedoch diese etablierte Trias um die Kategorie Körper (Winker/Degele 2009, 39). Diese Differenzierungskategorie erfasst insbesondere ein „Maximierungspostulat" in Form von „mentalen Prägungen, kulturellen Standardisierungen und Optimierungen sowie Modifikationen von Körperlichkeiten" (ebd. 40). So wird die gesellschaftliche Bedeutung von nutzbringenden, gesunden, leistungsfähigen und attraktiven Körpern als Norm gesetzt, währenddessen die Anderen – die kranken, leistungsunfähigen (-unwilligen), nicht dem normierten Schönheitsideal entsprechenden und alten Körper – deklassiert werden. Die Bedeutung des Klassenbegriffs ist prozessual zu verstehen, denn es geht um Distinktionen[15] und soziale Positionierungen (ebd. 43). Eine Klasse bezeichnet eine Gruppe von Menschen, denen ihre Stellung im Produktionsprozess gemeinsam ist. Die Zuordnung erfolgt über drei Ressourcen:

1.  Die über die soziale Herkunft vermittelten ökonomische Ressourcen, wie Vermögen, Geld und Besitz,
2.  die kulturelle Ressource, wie Bildung und Beruf und
3.  die soziale Ressource, wie Netzwerke und Beziehungen (ebd. 42).

Um die Prozesse der Ausgrenzung fassen zu können, plädieren Winker und Degele für den Begriff der Exklusion, dieser bezieht sich nicht nur auf „eine bereits verfestigte Lage" der ökonomischen und institutionellen Ausgrenzung, sondern auch auf die sozialen Ausgrenzungen (ebd. 43f.).

Die Kategorie Geschlecht ist ein sozialstrukturelles Phänomen, das interaktiv produziert wird und die Menschen binär aufteilt (ebd. 44), wobei über die humanwissenschaftlich begründete Binarität dichotome soziale Tatsachen zugeschrieben werden. Winker und Degele nehmen keine Trennung von Geschlecht und sexueller Orientierung auf der Strukturebene vor. Sie stützen sich in ihrer Argumentation auf Butlers zwangsheterosexuelle Matrix von *sex – gender – desire*, die sich nicht in ihre Bestandteile auflösen lässt, sondern als sich wechselseitig stützender Machtkomplex wirkt (Butler 1991, 22-25). Geschlecht basiert dabei auf einem heteronormativen Herrschaftsverhältnis, das sich auf hierarchische Geschlechterbeziehungen, unmarkierte heterosexuelle Praxen und eine essentialistische Dichotomie stützt (Winker/Degele 2009, 46). Heteronormativität wirkt dabei als gesellschaftliches Strukturierungsprinzip.

Auch die Strukturkategorie „Rasse" ist keine biologische Realität, sondern ein soziales, wissenschaftliches und politisches Konstrukt von immensem Einfluss auf die Wahrnehmung und Interpretation der Realität. Die soziale Wirksamkeit von „Rassen"-Hierarchien generiert ökonomische und politische Ungleichheiten und ist damit ein Herrschaftsverhältnis. Die Kategorie „Rasse" ist eine Erweiterung der biologischen Taxa zur Systematisierung der phänotypischen Unterschiede der Men-

---

15  Der Begriff der Distinktion bezieht sich auf Pierre Bourdieu und bedeutet in diesem Zusammenhang, dass Klasse nicht statisch sondern in komplexer Weise hergestellt ist (Bourdieu 1999).

schen. Sie ist damit nicht objektivierbar und beruht lediglich auf Konventionen. Deshalb kann sich der Rassismus (Castro Varela, Maria do Mar/Hamzhei, Modjgan 1996) ihrer bedienen, um *alle* realen oder zugeschriebenen Unterschiede zwischen den Menschen einzuordnen und zu bewerten. Rassismus ist nicht statisch, sondern historisch determiniert. Er ist eine Ideologie, die vorgibt, auf einer wissenschaftlichen Theorie aufzubauen, nach der eine reine, von anderen verschiedene „Rasse" existiert. Die „weiße Rasse" wird als die reinste angesehen, die biologisch, psychologisch, kulturell, gesellschaftlich und geistig den anderen „Rassen" überlegen sei. Mit dieser konstruierten Überlegenheit wird die Unterdrückung anderer Völker und Kulturen erklärt und legitimiert.

Die Strukturkategorie Körper ist als begehrenswert, wertvoll, verwertbar, schützenswert, gefährlich, wegzuschließen und zu betrauern markiert. Ein gesunder Körper wird „durch individuelle Lebensführung ein erlangbares Gut" (Winker/Degele 2009, 49). Körper sind unter Optimierungszwänge gefallen, hier schlägt das Leistungsprinzip durch wie sonst nur bei Klasse (ebd.). Entsprechend Winkers und Degeles praxeologischen Ansatzes sind soziale Praxen verkörpert. Sie erzeugen und verfestigen strukturelle Ungleichheiten (ebd. 50). Die Kategorie Körper basiert auf der Grundlage eines bodyistischen Herrschaftsverhältnisses. Darunter verstehen die Wissenschaftlerinnen Herrschaftsverhältnisse zwischen Gruppen oder Individuen aufgrund körperlicher Merkmale wie Alter, Attraktivität, Generativität und körperlicher Verfasstheit (ebd. 51). Diskriminierungen über „Rasse", „Behinderung", Krankheit, Geschlecht ... sind soziale Praxen und schreiben sich gewaltförmig in den Körper ein.

Die strukturelle Ebene der Herrschaftsverhältnisse generiert symbolische Repräsentation und gleichzeitig werden diese von der Repräsentationsebene gestützt. Auf der symbolischen Ebene verorten Winker und Degele Normen, Werte, Diskurse, Stigma, Stereotype und Ideologien (ebd. 54-59). Den theoretischen Hintergrund bildet unter anderem Butlers Theorie der Wirkmächtigkeit von Diskursen (siehe 4.3.1) sowie die Gouvernementalitätsstudien von Foucault und dem Konzept der Selbstführung (siehe 4.1.2/4.1.3).

Die Struktur- und Repräsentationsebenen stehen in Wechselwirkung mit der Identitätsebene, so Winker und Degele. Auf der Identitätsebene finden sich verschiedene Differenzkategorien, die unterschiedliche Identitäten konstruieren. Die theoretische Folie für die Überlegungen von Winker und Degele bildet unter anderem der Denkansatz von Stuart Hall, demzufolge sich Identitäten nur auf der Basis von Differenzen bilden und nicht jenseits von ihr (Winker/Degele 2009, 81). Identitäten können nur wirksam werden, indem sie das andere ausschließen oder sich von ihm abgrenzen. Die Abgrenzungen, so die Autorinnen, können implizit und explizit sein, das heißt, das Andere muss nicht immer erwähnt sein (ebd.). Durch die Aus- und Abgrenzung versuchen Individuen Unsicherheiten in der eigenen Positionierung zu kompensieren (ebd. 61). Naturalisierungen und Hierarchisierungen spielen dabei eine wichtige Rolle. Individuen konstruieren auf deren Grundlage nicht nur unterschiedlichste Identitäten, „sondern sie reproduzieren gleichzeitig hegemoniale symbolische Repräsentationen und hierarchisierte materialisierte Strukturen" (ebd. 62). Wenn dann dahinter noch ein deterministischer Naturbegriff steht, der mit Alltagswissen und Epistemen der Wissenschaft verknüpft ist, dann werden Identitäten, Strukturen und Repräsentationen essentialisiert und das Gesamtsystem reifiziert (ebd.). Deutlich werden an dieser Stelle die Bedeutung der Analyse von Wechselwirkungen sowie die Notwendigkeit, mehr als nur eine Perspektive und lediglich die Verbindungen eines Prozesses in den Blick zu bekommen (siehe Abbildung 2). Diesem Anspruch stellt sich die Intersektionale Mehrebenenanalyse. Es geht darum, „verschiedene Formen und Verschiebungen von Ein- und Auswirkungen konzeptuell und begrifflich einzufangen und Widersprüche empirisch zu rekonstruieren und zu erklären" (ebd. 79).

In diesem Abschnitt ging es darum, die Essenz der Intersektionalen Mehrebenenanalyse darzustellen, da diese die Grundlage meiner Herangehensweise bildet. Dadurch können die vorgefundenen Identitätskonstruktionen hinsichtlich ihres Entstehungsprozesses untersucht werden, der von Butler sprach- und von Foucault diskursanalytisch beschrieben wird. Ich lege die drei Ebenen wie ein Vergrößerungsglas über mein Datenmaterial und kann dem Konstruktionsprozessen nachspüren, indem ich die Wechselwirkung zwischen den Ebenen betrachte.

Im nächsten Abschnitt werden die für diese Arbeit wichtigen Denkanschlüsse an die kritische Frauenforschung verdeutlicht, die sich von dem Herrensignifikanten „Frau" deutlich abgrenzen. Insbesondere verweise ich auf Arbeiten, die sich von einer feministischen Position aus mit rassistischen Herrschaftsverhältnissen auseinandersetzen. Ich werde aufzeigen, wie einzelne Ansätze diese Arbeit im Zusammendenken mit der IMA beeinflussten.

### 4.2.3 Deutschsprachige Debatten zu Rassismus und Feminismus

Die konkrete Beschäftigung mit existentiellen Alltagsproblemen hat einige kaum beachtete intersektionale VordenkerInnen hervorgebracht. Damit sind insbesondere WissenschaftlerInnen gemeint, die sich unter anderem mit dem Rassismus in der sozialen Arbeit beschäftigten und sich kritisch mit dem weißen deutschen Feminismus auseinandersetzten. Gülşen Aktaş beschreibt in ihrem Aufsatz „Türkische Frauen sind wie Schatten – Leben und Arbeiten im Frauenhaus" (Aktaş 1993) sehr eindrücklich die Verschränkung mehrerer Ungleichheitskategorien aus der Sicht von Angehörigen einer Minderheit. Der Ansatz von Aktaş setzt sich unter anderem mit den Herrschaftsstrukturen in der institutionellen Sozialarbeit auseinander. Sie veranschaulicht plausibel, dass gesellschaftliche Herrschaftsstrukturen auch vor basisdemokratischen und herrschaftskritischen Projekten nicht Halt machen. Aktaş zeigt, dass „ausländische" MitarbeiterInnen auch in solchen Projekten oft nicht aus inhaltlich konzeptionellen Gründen eingestellt werden, sondern aufgrund ihrer Sprachkenntnisse. Der Text ist nach wie vor aktuell, da er offensichtlich schon in den 1990er Jahren eine kritische Sicht auf die Vorgehensweise hatte, MigrantInnen aus einer reinen Verwertungslogik einzustellen, was heute als *Diversity Management* bezeichnet wird.

Aktaş formuliert deutlich den Widerspruch zwischen dem Einfluss einer rassistischen Gesellschaft und dem Anspruch, gleichberechtigt, basisdemokratisch in hierarchiefreien Räumen zu arbeiten. Dieser Widerspruch ist eigentlich nicht lösbar, da alle ProjektmitarbeiterInnen und BewohnerInnen des Frauenhauses der Gesellschaft angehören. Aktaş will mit diesem Text konstruktive Kritik üben, um die Arbeit im Frauenhaus weiterzuentwickeln. Sie plädiert dafür, dass deutsche weiße Frauen auf ihre Vormachtstellung verzichten müssen. Ein solches Plädoyer sollte nicht nur für soziale oder feministische Projekte gültig sein, sondern auch für die Forschungstätigkeit allgemein und explizit für die feministische. Die Überlegungen Aktaş sind wichtige Hinweise für die Empowermentempfehlungen am Ende dieser Arbeit, insofern sie sich auf die multiprofessionelle Zusammensetzungen eines Teams, das mit drogengebrauchenden Sexarbeiterinnen arbeitet, beziehen.

Weitere wichtige und kaum rezipierte Autorinnen in der Ungleichheitswissenschaft sind Nora Räthzel und Annita Kalpaka, die ebenfalls die paternalistische deutsche Frauenbewegung und den damit verbundenen Rassismus kritisieren (Kalpaka 1990; Kalpaka/Räthzel 1985). Auch sie legen einen Meilenstein, indem sie kritisch hinterfragen, ob ein „wir" in der Frauenbewegung nicht trügerisch sei. Die Texte von Kalpaka und Räthzel sind als Aufforderung an weiße Feministinnen zu lesen, sich rassistischen Auseinandersetzungen zu stellen und diese zu reflektieren. Die empirischen Ergebnisse dieser Arbeit zeigen, wie notwendig diese Reflexionsarbeit ist (siehe 6.2.8/6.3.7), jedoch geht es auch um Solidarität und Empowerment für Migrantinnen. In diesem Zusammenhang ist eine weitere frühe Arbeit von María do Mar Castro Varela und Modjgan Hamzhei, „Raus aus der Opferrolle" (1996), zu nennen. Diese vermittelt Empowermentkonzepte für Nicht-Mehrheitsangehörige gegen Diskriminierungen. Diese Texte und Arbeiten sind mittlerweile unerlässlich für die feministische Forschung und deren Bewegung, und sie sind ihren Inhalten nach konsequent intersektional, obwohl das Wort „intersektional" nicht verwendet wird.

Castro Varela votiert in ihren späteren Arbeiten für die Anwendung intersektionaler Ansätze in der feministischen Theorie. Durch das Konzept sei es möglich, der „Geschmeidigkeit und Flexibilität von Ausgrenzungsmechanismen" nachzugehen (Castro Varela 2006, 105). Sie verweist innerhalb der Intersektionalität auf das Modell der Verletzlichkeit, um die Komplexität und die sich stetig verändernden Dynamiken von Diskriminierung begreifbar zu machen (ebd. 106). Ich verwende synonym den Begriff der Vulnerabilität (Verwundbarkeit, Verletzbarkeit) in Bezug auf drogengebrauchende Sexarbeiterinnen. Im Abschnitt zur Handlungsfähigkeit setze ich mich mit diesem Modell auseinander (4.3.5). Die konstruierte Differenz sei schwer überwindbar in Bezug auf politisch-strategisches Handeln, so Castro Varela, deshalb plädiert sie für die Verwendung von Raummodellen, welche die Interdependenzen der Kategorien nicht vernachlässigen. „Die sozialen Räume erweisen sich dabei als regulierte Räume, das heißt, dass ein Ein- und Austritt nicht einer individuellen und freien Entscheidung unterliegt, sondern zugewiesen wird" (Castro Varela 2006, 107).

Castro Varela argumentiert gegen Machtachsenmodelle, die sich verschiedene Machtformationen als Achsen vorstellen, welche sich an einzelnen Punkten überkreuzen. Aus ihrer Sicht verzichten solche Modelle nicht auf festlegende Dualismen und Polarisierungen, wie z. B. „‚schwarz/weiß'; ‚männlich/weiblich'; ‚homosexuell/heterosexuell' etc." (ebd. 108). In Raummodellen sei es nicht möglich, Kategorien als rein und unberührt darzustellen (ebd. 108). Die Intersektionale Mehrebenenanalyse schlägt unter anderem aus diesem Grund vor, die Wechselwirkung der drei Ebenen aufzunehmen, um die Statik und Konstituierung von Kategorien zu verhindern.

Auch die Arbeiten von FeMigra aus Frankfurt, deren bekanntester Text „Wir Seiltänzerinnen" (1994) ist, werden in der kritischen feministischen Wissenschaft und der kritischen Weißseinsforschung rezipiert. FeMigra plädieren in ihrer Kritik an der weißen deutschen Frauenbewegung für eine strategische politische Identität. Sie setzen sich differenziert mit dem Begriff der Kulturalisierung auseinander, es geht ihnen darum, die Logik der Spaltung des „Eigenen" vom „Fremden" aufzubrechen und aus dem Objektstatus herauszutreten. Die Objektivierung bezieht sich auf die stereotypen Bilder über Migrantinnen als Kriminelle, Ausländerin oder Asylbewerberin. Diese Bilder entmenschlichen die Frauen und rauben ihre Individualität. Es ist ihnen nicht nur wichtig zu zeigen, dass diese durch Sexismus und Rassismus unterdrückt und ausgebeutet werden, sondern sie wollen auch die Funktion des Rassismus in der nationalen und internationalen Arbeitsteilung verdeutlichen. Ebenso ist es ihnen ein Anliegen, nicht mehr als die unreifen, sentimentalen und emotional Betroffenen wahrgenommen zu werden oder als Rassismusexpertinnen für die weiße deutsche Linke zu fungieren. FeMigra plädieren für die Erklärung des Rassismus aus dem Nationalstaatskonstrukt sowie der nationalen und internationalen Arbeitsteilung. Diesen theoretischen Ansatz unterstütze ich und erweitere ihn durch Foucaults Biopolitik und seine Ausführungen zum Staatsrassismus (siehe 4.1.1).

Die Verknüpfung zwischen meiner Forschungsarbeit und der Gesellschaftsanalyse von FeMigra entsteht durch die Wahrnehmung meiner Machtposition als Forschende gegenüber einer subalternen Gruppe und dem damit verbundenen Anspruch, dieses Machtverhältnis innerhalb des Forschungsprozesses immer wieder zu reflektieren. FeMigra kritisiert die Vormachtstellung weißer deutscher Frauen in der Wissenschaft, wenn es um Forschungsthemen wie z.B. Migration geht. Sie fordern weiße deutsche Frauen auf, ihre Privilegien zu hinterfragen und nicht nur Räume der Betroffenheit für Migrantinnen zu schaffen. Es geht ihnen um eine Neubestimmung des Feminismus, der nicht nur den Kampf gegen die männliche Vorherrschaft umfasst, sondern auch komplexe Herrschafts- und Machtverhältnisse analysiert. FeMigra will nicht die These einer multiplen Unterdrückung stärken, sondern verdeutlichen, dass Rassismus und die internationale arbeitsteilige Gesellschaft auch die Beziehungen unter Frauen strukturieren. Eine weitere Parallele besteht in der Ablehnung der Stereotypisierungen. In dem Text von FeMigra geht es um Stereotype von Migrantinnen und in dieser Arbeit um die Stereotypisierung von drogengebrauchenden Sexarbeiterinnen als kranke und verantwortungslose Menschen, denen entweder die Rolle des Opfers oder der Täterin zugewiesen wird. Die Dekonstruktion dieser Stereotype ist ein zentrales Anliegen dieser Arbeit.

Birgit Rommelspacher und Helma Lutz, haben schon früh fundamental kritische antirassistische Arbeiten vorgelegt. Diese Arbeiten sind nicht wie die bislang benannten Forschungsarbeiten aus einer Betroffenenperspektive entstanden, sondern aus einer kritisch verantwortungsvollen Wissenschaft. Diese Autorinnen etablierten nicht nur intersektionale Inhalte, sondern auch den Begriff Intersektionalität in der feministischen Wissenschaft. Unabhängig davon, ob sie aus einer wissenschaftlichen Perspektive auf soziale Praxen der Ausgrenzung, Diskriminierung und Ungleichheit schauen oder diese Praxen aus einer Betroffenheit beschreiben, geht es ihnen nicht nur darum, die Verwobenheit und Verschränkung differenter Ungleichheitskategorien aufzuspüren und zu beschreiben, sondern auch darum, Handlungsmöglichkeiten oder politische Strategien aufzuzeigen.

Rommelspacher ist unter anderem durch das von ihr entwickelte Konzept der Dominanzkultur (1995, 2002) in der Rassismusforschung und der Intersektionalitätsforschung bekannt. Sie vertritt die Auffassung,

„[...] dass sich die Gesellschaft nicht aus zwei oder drei Perspektiven heraus entwickeln lässt, sondern dass viele unterschiedliche Machtdimensionen die gesellschaftlichen Strukturen und das konkrete Zusammenleben bestimmen und dass diese im Sinne eines *Dominanzgeflechts* miteinander verwoben sind." (Rommelspacher, 2009, 2f)

Des Weiteren erklärt Rommelspacher, wie Ungleichheit durch die parallele Entwicklung der Wissenschaften von Humanbiologie und Anthropologie und getragen von einem scheinbaren Gleichheitsanspruch im abendländischen Denken ausgehend von der Aufklärung gerechtfertigt und durchgesetzt wird. In diesen Wissenschaften gehe es darum, soziale Tatsachen aufgrund körperlicher Merkmale festzuschreiben, die sich an verschiedenen Formen des Normalismus orientierten. Am Ende ihres Artikels über Intersektionalität (2009) erinnert Rommelspacher daran, dass die Debatten um Intersektionalität aus einer politischen Bewegung entstanden sind und kritisiert, dass diese aktuell immer stärker akademisiert werden.

Helma Lutz (2001/2005/2007) verbindet in verschiedenen Arbeiten biografische Forschung und Intersektionalität, wobei die gesellschaftliche Relevanz unterschiedlicher Problemlagen immer eine wichtige Rolle in ihrer Forschung spielt. So versucht sie mittels eines intersektionalen Ansatzes auf die Situation von Migrantinnen als Hausarbeiterinnen in deutschen Haushalten aufmerksam zu machen und schreibt auch gegen simple Verallgemeinerungen in den Vorstellungen über die Subjekte in Bildungs- und Erziehungsprozessen und die daraus resultierende Modellbildung an. Sie schlägt nicht nur vor, die differenten Kategorien in die Forschung aufzunehmen, wie zum Beispiel *race, class* und *gender*, sondern Differenzierungen überhaupt erst einmal wahrzunehmen. In einem biografischen Interview mit Mamphela Ramphele, einer südafrikanischen Anti-Apartheid-Aktivistin, geht es Lutz und Kathy Davis darum, unter Zuhilfenahme einer intersektionalen Analyse die Vielfalt lebensgeschichtlicher Identitätskonstruktionen zu reflektieren und sichtbar zu machen. Die Vielfalt von Identitätskonstruktionen im Forschungsprozess ernst zu nehmen, ist eine Forderung, die auch diese Arbeit erfüllen soll.

Katharina Walgenbach (2005/2007) arbeitet mit dem Begriff der Interdependenzen, statt mit dem Begriff der Intersektionalität. Sie kritisiert am Intersektionalitätsansatz, dass die Verwendung der Begriffe „Überkreuzungen" oder „Überschneidungen" von einem genuinen Kern der Kategorien ausgehen würden. Walgenbach schlägt vor, nicht von Interdependenzen zwischen den Kategorien, sondern von „interdependenten Kategorien" zu sprechen. Sie begreift soziale Kategorien als heuristische Instrumente, die weder essentiell noch ontologisch vorgegeben sind. Um ihre Vorgehensweise zu verdeutlichen, analysiert sie Gender als interdependente Kategorie, die in gesellschaftlichen Macht- und Herrschaftsverhältnissen produziert wird. Vergeschlechtlichte Subjekte seien in einer multidimensionalen Machtmatrix unterschiedlich zueinander positioniert. Nach Walgenbach kann Gender als interdependente Kategorie immer nur für spezifisch ausgewählte Kontexte definiert werden (Walgenbach 2007, 62). Der Kontext ist abhängig vom Erkenntnisinteresse. Die inhaltliche Bestimmung einer interdependenten Kategorie ist die Suche nach den relevanten Feldern und Ebenen, welche die Kategorie in dem ausgewählten Kontext aufspannen. „Um die interdependente Struktur einer Kategorie zu erfassen gilt es, deren interne Architektur in ihrer Komplexität umfassend auszuleuchten" (Walgenbach 2007, 63).

Walgenbach ist es wichtig auch Privilegien oder privilegierte Subjekte zu fokussieren. In ihrer historischen Studie „Die weiße Frau als Trägerin deutscher Kultur" analysiert Walgenbach Interdependenzen zwischen weißer Identität, Geschlecht und Klasse in den deutschen Kolonien. Diese Studie gehört zur kritischen Weißseinsforschung und wählt weiße Identitätsformate, um dem Vergessen oder Verdrängen des deutschen Kolonialismus in der Geschichtsschreibung entgegenzuwirken. Sie postuliert, dass weiße Identität ein Produkt sozialer Privilegierung ist und somit auch veränderbar. So kommt auch Walgenbach zu dem Schluss, dass ein erster Schritt der Aufarbeitung sei, sich gegen weiße Dominanzkultur zu stellen. Deshalb ist auch Walgenbachs Arbeit gerade in Bezug auf Identität und Dominanzkultur produktiv für mein Thema.

Gudrun Axeli Knapp und Cornelia Klinger sind ebenfalls sehr einflussreich in der deutschen Intersektionalitätsdebatte. Sie plädieren dafür, die subjektive Ausgangslage von Individuen im Hinblick auf die gesellschaftliche Transformation Europas komplex zu beschreiben. Auch Klinger und Knapp greifen den Antagonismus zwischen den Freiheits- und Gleichheitsversprechen und der Ausbeutung und Diskriminierung auf. Ihnen kommt es darauf an, mittels intersektionaler Betrachtungen zu verstehen, wie es zu diesen Widersprüchen kommt. Sie fordern stärkeres Engagement für eine feministische Theorie, die gesellschaftliche Veränderungen nicht nur über *Gender Mainstreaming* und eine Anerkennung von Differenz zu erreichen versucht (Knapp 2005). In ihren Sammelbänden (Klinger/Knapp/Sauer 2007; Klinger/Knapp 2008) geht es den Autorinnen im Allgemeinen um die theoretischen Herausforderungen der Intersektionalität und im Speziellen um eine historisch-gesellschaftstheoretische Fundierung der Intersektionalitätsdebatte. Klinger und Knapp schlagen zur Analyse von Ungleichheit ein Achsenmodell von Klasse, „Rasse"/Ethnizität und Geschlecht als differenten, aber in Wechselwirkung stehenden Strukturzusammenhang vor. Für Klinger und Knapp ist der kategorieübergreifende Zugang der Intersektionalität und die Übertragung auf die strukturtheoretische Ungleichheitsforschung das eigentliche Ziel. Dessen Umsetzung sehen sie aber noch in weiter Ferne, da es sinnlos sei, auf die Durchkreuzung der Kategorien Klasse, „Rasse" und Geschlecht in den persönlichen Erfahrungswelten hinzuweisen, solange es nicht möglich sei zu erklären, wie sich diese Kategorien gesellschaftlich konstituierten (Klinger 2003). Ich schätze an dem Ansatz von Klinger und Knapp, dass sie zwar die identitätsfokussierten Betrachtungen bei einer intersektionalen Ungleichheitsanalyse als unabdingbar erachten, jedoch fordern, die Makroebene bzw. die Strukturebene stark zu machen, um der sich verschärfenden Ungleichheitsproblematik gerecht zu werden und damit auch die Verwendung des Klassebegriffs zu begründen.

Eine weitere praxisorientierte Arbeit legte Nadja Lehmann vor. Sie analysiert mit einer intersektionalen Perspektive die Situation von Migrantinnen im Frauenhaus und belegt, dass Geschlechterverhältnisse nicht die einzigen Macht- und Herrschaftsverhältnisse sind, die Gewalt generieren. Diese wissenschaftliche Studie zeigt auf, wie der intersektionale Ansatz für die Arbeit im Frauenhaus genutzt werden kann (Lehmann 2008). Sie analysiert häusliche Gewalt intersektional und arbeitet in Anlehnung an die Politikwissenschaftlerin Jyl Josephson (2005)[16] vier Analyseebenen heraus.

---

16 Josephson bezieht sich größtenteils auf Patricia Hill Collins und Kimberlè Crenshaw, siehe unten.

Die erste Ebene nennt Lehmann erfahrungsbezogene Intersektionalität. Auf dieser Ebene geht es darum, die Erfahrungen von Individuen innerhalb des Kontextes von hierarchischen Machtbeziehungen zu verstehen (Lehmann 2008, 85/299ff). Lehmann sieht aufgrund ihrer biografischen Forschungsperspektive die Herkunftsfamilie als wichtigen Zugang, um den Kontext von Gewalt zu verstehen (Lehmann 2008, 300). Für sie ist es wichtig, die Gleichzeitigkeit von Handlungsfähigkeit und Opferstatus aufzudecken (Lehmann 2008, 301). Bereits auf der erfahrungsbezogenen Ebene erfasst Lehmann als zweiten wichtigen Punkt die gesellschaftlichen Machtstrukturen. Lehmann findet hier in der Artikulation ihrer Gesprächspartnerinnen dominante gesellschaftliche Diskurse in der Herkunftsfamilie und in der Gesellschaft. Sie weist an dieser Stelle ebenfalls auf die Wechselwirkung zwischen der individuellen und der strukturellen Ebene hin (ebd.). Durch dieses methodische Vorgehen kann die subjektive Positionalität innerhalb der und gegenüber den Diskursen erfasst werden, um der Frage nachzugehen, an welcher Stelle sich Subjekte anpassen, unterwerfen oder widersetzen und Gegendiskurse entfachen (Lehmann 2008, 302).

Die zweite Ebene wird als Konzept der strukturellen Intersektionalität bezeichnet, hier geht es Lehmann unter anderem um strukturelle Benachteiligungen, aufenthaltsrechtliche Abhängigkeiten und strukturellen Rassismus (ebd. 86). Die Ebene bezieht sich auf die soziale und gesellschaftliche Positionalität der Frauen (ebd. 303).

Die dritte Ebene ist die politische Intersektionalität, auf dieser kann erkannt werden, welche Diskurse sich wie etablieren und wer darüber wie ausgegrenzt wird (ebd. 86). Es werden sozialpolitische Diskurse und Maßnahmen berücksichtigt, indem dominante fachliche, wissenschaftliche und politische Diskurse analysiert werden (ebd. 306).

In der vierten Analyseebene in Lehmanns Konzept geht es um die Analyse der kritischen Entwicklungen innerhalb der politischen Bewegungen und um die Entwicklung von politischen Strategien (ebd. 86/306). Es geht darum, Handlungsmöglichkeiten oder politische Strategien weiterzuentwickeln.

Die intersektionale Analyse von Lehmann weist Parallelen zur IMA nach Winker und Degele auf. Lehmann schlägt im Gegensatz zu den drei Ebenen von Winker und Degele vier Analyseebenen vor, auf denen sie das alltägliche Handeln der Frauenhausbewohnerinnen in seiner Wechselwirkung zu den hegemonialen Diskursen und Herrschaftsstrukturen untersucht. Auch Lehmann geht es darum, die Handlungsfähigkeit der Frauen herauszuarbeiten und diese ins Verhältnis zu familiären und gesellschaftlichen Machtstrukturen zu setzen. Die Ebenen der erfahrungsbezogenen, der strukturellen und der politischen Intersektionalität sind vergleichbar mit den drei Ebenen von Winker und Degele.

Schwierig an Lehmanns Ansatz scheint mir der biografische Zugang, nicht in fachlicher sondern in zeitlicher Hinsicht. So ist die Verweildauer von Bewohnerinnen im Frauenhaus begrenzt, und es stellt sich die Frage, wie und wann eine derartig differenzierte Analyse von Sozialarbeiterinnen und -pädagoginnen geleistet werden kann. Ebenso scheint mir eine biografische Herangehensweise schwierig, da diese Analyseform entsprechende Qualifikationen voraussetzt, insbesondere wenn man bedenkt, dass Bewohnerinnen oft schwer traumatisiert sind.

Auch in Bezug auf die Definition von häuslicher Gewalt nimmt Lehman eine intersektionale Perspektive ein. In Berufung auf Natalie J. Sokoloff und Ida Dupont (2005) wird Misshandlung zwar als persönliches Ereignis erfahren und in der individuellen Lebensgeschichte verortet, gleichzeitig ist sie jedoch „ein kulturelles und soziales Produkt sich überschneidender Verbindungen zwischen Geschlecht, „Rasse", sozialer Klasse und Sexualität (Lehmann 2008, 88). In der Kontextualisierung von Gewaltverhältnissen bezieht sich Lehmann auf Mary Ann Dutton (1996). Letztgenannte ist langjährige Gewaltforscherin und verfolgt einen sozialökologischen Ansatz. Dutton stellt auf der Gewalterfahrungsebene von betroffenen Frauen ein Modell von fünf sich überschneidenden Systemen vor:

1. Die individuell misshandelte Frau, ihre individuelle Geschichte und der Sinn, den es für sie hat (d.h. die Ontogenese),
2. Die persönlichen Netzwerke, in denen die misshandelte Frau interagiert, die Entwicklungsgeschichte von jedem und welchen Sinn diese für sie haben (d.h. die Mikro-Ebene),
3. Die Verflechtung zwischen den Netzwerken, welche die soziale Umwelt der Frau definieren, die Geschichte dieser Verknüpfungen und welchen Sinn diese für sie haben (d.h. die Meso-Ebene),
4. Die größeren gesellschaftlichen Netzwerke, die nicht direkt mit der misshandelten Frau in Wechselwirkung stehen, aber welche nichtsdestotrotz sie indirekt beeinflussen (d.h. die Exo-Ebene), die Entwicklungsgeschichte der Netzwerke und welchen Sinn diese für sie haben,
5. Das gesellschaftliche und kulturelle Konzept, das festgelegt wird durch die kulturelle, ethnische Gruppe und Einflüsse der sozialen Klasse, die historische Entwicklung des Konzeptes und welchen Sinn es für sie hat (d.h. die Makro-Ebene) (Dutton 1996, 111, Übersetzung K.S.).

Die von Lehmann vorgestellten Ansätze korrespondieren im Einzelnen mit dem methodologischen Ansatz der Intersektionalen Mehrebenenanalyse von Winker und Degele. So finden sich in den vier Analyseebenen von Josephson die drei Ebenen der Intersektionalen Mehrebenenanalyse wieder. In dem Ansatz von Sokoloff und Dupont und ebenso bei Dutton sehe ich die Wechselwirkung der drei Ebenen.

Für mich ist am Ansatz von Lehmann aufschlussreich, dass sie die Bedeutung der Mehrdimensionalität in der Gewaltforschung unterstreicht, die nicht nur die individuellen Faktoren, sondern insbesondere die Interaktion dieser Faktoren untereinander herausarbeitet (Lehmann 2008, 90). Die differenzierte Aufnahme von Gewalterfahrungen drogengebrauchender Sexarbeiterinnen ist auch in dieser Arbeit eine zwingende Voraussetzung, und ebenso wie Lehmann werde ich die Verletzung der Frauen ernst nehmen, aber an diesem Punkt nicht stehen bleiben, sondern ihre Handlungsfähigkeit extrahieren. Weiterhin finde ich Lehmanns expliziten Fokus auf den strukturellen Rassismus bereichernd, den sie einnimmt, ohne dabei die klassistischen und sexistischen Herrschaftsverhältnisse zu vernachlässigen, sondern vielmehr deren Verschränkung zu analysieren.

In diesem Abschnitt ging es darum, die deutsche Rassismus-Feminismus-Debatte bezüglich der Intersektionalität zusammenzufassen und herauszuarbeiten, inwieweit sich diese mit der IMA deckt. Es sollte aber auch transparent werden, wie meine Forschungsperspektive an diese Theoriediskussionen anschließt. Im nächsten Abschnitt möchte auf die für diese Arbeit wichtige internationale Rezeption intersektionaler Ansätze eingehen und die produktiven Anschlüsse aufzeigen.

## 4.2.4 International Intersektional –
### Eine „Aufklärung" ganz anderer Art

Der Begriff *intersectionality* hat seine politischen und wissenschaftlichen Wurzeln im US-amerikanischen *Black Feminism*. Kimberle Crenshaw führte den Begriff der Intersektionalität in die differenztheoretische Diskussion ein, um zu verdeutlichen, dass sexistische und rassistische Diskriminierungserfahrungen Schwarzer Frauen häufig nicht zu unterscheiden sind (Crenshaw 1989). Crenshaw wählt die Metapher einer Straßenkreuzung, um die Diskriminierung Schwarzer Frauen zu beschreiben. Der Verkehr kann in die eine oder andere Richtung fließen. Passiert ein Unfall auf der Kreuzung, kann dieser durch zwei Autos aus einer, aus zwei unterschiedlichen oder im Extremfall aus allen Richtungen verursacht werden. Ähnlich ergeht es einer Schwarzen Frau, ihre Verletzungen können das Resultat unterschiedlicher Diskriminierungen sein (Crenshaw 1989, 149).

Als Juristin hat Crenshaw die Erfahrung gemacht, dass die Justiz oft unfähig ist, Gewalt gegen Frauen anzuerkennen, wenn nicht eindeutig ist, ob die Gewalt von der Betroffenen als Frau oder als Schwarze erfahren wird. Deshalb hat sie versucht zu erfassen, wie in der Rechtsprechung mit Fällen umgegangen wird, in denen sowohl *race* als auch *gender* eine Rolle spielt. In einem späteren Interview erklärt sie, wie das Konzept der Intersektionalität entstanden ist:

„It grew out of trying to conceptualize the way the law responded to issues where both race and gender discrimination were involved. What happened was like an accident, a collision. Intersectionality simply came from the idea that if you're standing in the path of multiple forms of exclusion, you are likely to get hit by both. These women are injured, but when the race ambulance and the gender ambulance arrive at the scene, they see these women of colour lying in the intersection and they say, 'Well, we can't figure out if this was just race or just sex discrimination. And unless they can show us which one it was, we can't help them.'" (Crenshaw 2004)

Die Metapher der Straßenkreuzung passt auch in das Forschungsfeld der informellen Drogen- und Sexökonomie. Sie macht verständlich, was passiert, wenn eine Frau aus der Minderheitengruppe der drogengebrauchenden Sexarbeiterinnen versucht, die Hauptkreuzung der städtischen Repression zu überqueren. Die Hauptstraße ist das Betäubungsmittelgesetz und die Sperrgebietsverordnung, eine Querstraße ist die körperliche Verfasstheit, dann folgen die Straße der Heteronormativität und die Querstraße des Rassismus. Die Kreuzungsmetapher erzeugt ein Bild der strukturellen Verletzlichkeit von drogengebrauchenden Sexarbeiterinnen.

Die Überquerung der Hauptstraße birgt die Risiken einer juristisch begründeten Sanktionierung. Aus der Querstraße der körperlichen Verfasstheit kommen Diskriminierungen, die sich aus der Markierung als durch Sucht und Abhängigkeit erkrankte und damit gefährliche Körper ergeben. Beim Überqueren der Straße der Heteronormativität ist sie als Frau, Prostituierte und „Junkiehure" verletzbar, während sie durch die Querstraße des Rassismus mit Zuweisungen als Sexarbeiterin mit Migrationshintergrund gefährdet ist. Um die Durchkreuzung von Herrschaftsverhältnissen auf der strukturellen Ebene anschaulich zu beschreiben, eignet sich der Ansatz von Crenshaw gut, auch wenn er additiv in seiner Metapher ist. Er beschreibt plausibel, dass eine drogengebrauchende Sexarbeiterin sich nur selten mit einer Form der Unterdrückung auseinanderzusetzen hat, sondern meistens mit mehreren Formen gleichzeitig konfrontiert ist. Ausgehend von diesem Bild ist die Intersektionale Mehrebenenanalyse ein weiterführender Schritt, der differenzierter die identitäre, repräsentative und strukturelle Verwobenheit erfasst und aufspaltet, um Widersetzungen, Handlungsfähigkeit und Empowerment herausarbeiten zu können.

Weißsein ist in postkolonial-rassistischen Verhältnissen eine unmarkierte Positionalität. Eine weiße drogengebrauchende Sexarbeiterin ist gegenüber einer drogengebrauchenden Sexarbeiterin *of color* zumindest nicht durch rassistische Unterdrückungsmomente gefährdet. An dieser Stelle wird die Bedeutung der drei Ebenen wichtig. Durch die Mehrebenenanalyse der Selbsttechnologien drogengebrauchender Sexarbeiterinnen kann herausarbeitete werden, wie eine drogengebrauchende Sexarbeiterin von Unterdrückung betroffen ist und gleichzeitig selbst unterdrückt, indem sie sich auf rassistische Diskurse bezieht und strukturell unterstützt wird.

Auch Nira Yuval-Davis plädiert für eine sorgfältigere Trennung der Analyseebenen (Yuval-Davis 2009, 56). Yuval-Davis unterscheidet die institutionelle, intersubjektive und die Repräsentationsebene (ebd. 56/64). Sie spricht von sozialen Trennlinien als Makroachsen gesellschaftlicher Macht, die aber auch Menschen direkt betreffen. Soziale Trennlinien in Gestalt von Organisationen, Intersubjektivität, Erfahrungen und Repräsentationen berühren „die Art, in der wir sie theoretisieren, ebenso wie die Art, in der wir die Verbindungen zwischen den verschiedenen Ebenen theoretisieren" (ebd. 56). Sie finden ihren Ausdruck in den Institutionen und Organisationen und betreffen spezifische Macht und Affektbeziehungen zwischen wirklichen Menschen, die informell oder als Agenten innerhalb der Institution handeln. Soziale Trennlinien existieren auch in den Alltagserfahrungen von Menschen. Das umfasst nicht nur, was sie über sich selbst und ihre Gemeinschaft denken, sondern auch über andere. Weiterhin identifiziert Yuval-Davis die Trennlinien der Repräsentationsebene, die sich in Bildern, Symbolen, Texten und Ideologien niederschlagen. Ihre Beschreibung der sozialen Trennlinien in den drei Ebenen kommt der Intersektionalen Mehrebenenanalyse sehr nahe. Sie bezieht sich in der Betrachtung der Identitätsebene, ebenso wie Winker und Degele, auf Stuart Hall und geht davon aus, dass Identitäten sich nur in Abgrenzung zu Anderen begründen (siehe 4.2.2/5.3). Eine zentrale Forderung in der Methodik von Yuval-Davis ist es zu analysieren, wie bestimmte Standpunkte, Identitäten und Werte konstruiert sind, wie sie sich miteinander verbinden und gegenseitig beeinflussen (Yuval-Davis 2009, 58). Diese Herangehensweise kann mit der Beschreibung komplexer Wechselwirkungen in der Intersektionalen Mehrebenenanalyse gleichgesetzt werden (siehe 4.2.2/5.3).

Yuval-Davis sieht für ihren Ansatz ein quantitatives Problem beim Erfassen der Kategorien. Sie begründet das Dilemma zum einen in Bezug auf Butlers „unbegrenzten Bezeichnungsprozess" (Butler 1991, 210) und zum anderen in dem Verweis auf die Möglichkeit, dass in jeder besonderen historischen Lage eine begrenzte Zahl sozialer Kategorien existiert, die das Machtgeflecht bilden, in dem sich die unterschiedlichen Gesellschaftsmitglieder verorten. Yuval-Davis gibt darauf zwei Antworten, die sich einander nicht ausschließen: In konkreten historischen Situationen existieren in Bezug auf die soziale Positionierung bestimmter Menschen Kategorien, die wichtiger sind als andere. Gleichzeitig gibt es soziale Kategorien, die die meisten Menschen betreffen (Geschlecht, Klasse, „Rasse"...), andere betreffen nur wenige („drogensüchtig", „straffällig", illegalisiert ...). Jedoch sind genau diese wenigen Kategorien für manche Menschen extrem wichtig, und sie müssen sie sichtbar machen. Hier sind die sozialen Machtachsen und nicht die sozialen Identitäten von entscheidender politischer Bedeutung (Yuval-Davis 2009, 61). Die Konstruktion der Bedeutung von Kategorien ist ein Produkt der schöpferischen Freiheit und Autonomie von Menschen. Kämpfe um Anerkennung enthalten immer auch ein Element der Konstruktion, „und deshalb ist es so wichtig, die Beziehungen zwischen sozialen Positionen, Identitäten und politischen Werten zu untersuchen" (Yuval-Davis 2009, 62).

Laut Yuval-Davis geht es in der intersektionalen Analyse darum,

„[...] die unterschiedlichen Weisen zu analysieren, in denen sich verschiedene soziale Kategorien konkret vermischen, wie sie sich wechselseitig konstruieren, und wie sie sich auf politische und subjektive Identitätskonstruktionen beziehen." (Yuval-Davis 2009, 64)

Aus Yuval-Davis' Ansatz ergibt sich für diese Arbeit die Konsequenz, die Zuschreibung der Kategorie „Drogenprostituierte" nachzuweisen und die Konstruktionsprozesse sichtbar zu machen, auch wenn nur sehr wenige Menschen von der Kategorie betroffen sind. Nichtsdestotrotz ist es genau für diese Menschen wichtig, die Verschränkung von Drogenkonsum, Sexarbeit und Machtverhältnissen zu verdeutlichen, um die wechselseitige Konstruktion zu analysieren, sowie deren Bezug zur Subjektkonstruktion zu eruieren. Die abstrakt formulierte Forderung von Yuval-Davis kann methodologisch durch die acht Schritte in der Intersektionalen Mehrebenenanalyse von Winker und Degele umgesetzt werden. Gleichzeitig genügt sie auch dem Postulat, dass die Ebenen sozialer Trennlinien methodisch sorgfältig getrennt werden sollen, wenn zum Beispiel politische Initiativen und Implementierungssysteme bewertet werden (siehe 4.2.2/5.3). Dem von Yuval-Davis benannten Dilemma der quantitativen Erfassung von Kategorien kann durch die Formulierung der Forschungsfrage und dem Forschungsziel entgegengewirkt werden, wobei man sich immer vergegenwärtig muss, dass dies aufgrund der Modellhaftigkeit des Forschungsprozesses zur Ausschließung anderer Kategorien führt.

Die Arbeit von Patricia Hill Collins beschreibt, wie diverse Unterdrückungssysteme sich wechselseitig konstruieren und stabilisieren (Hill Collins 1998). Sie veröffentlichte 1990 das Buch „*Black Feminist Thought*", in dem sie die wichtigsten Kriterien für ein intersektionales Konzept aufzeigt. Die Unterdrückung durch *race, class, gender, sexuality and nation* sind intersektionale, sich gegenseitig konstruierende Machtsysteme. Weil die Biografien Schwarzer Frauen von den intersektional wirkenden Machtsystemen besonders stark beeinflusst werden, schufen sie sich Weltbilder aus dem Bedürfnis nach nicht unterdrückten Selbstdefinitionen und dem Interesse an sozialer Gerechtigkeit. Mit der *matrix of domination* plädiert Hill Collins für einen Gegenentwurf zu einem additiven Modell von Herrschaftsverhältnissen.

„Additive models of oppression are firmly rooted in the either/or dichotomous thinking of Eurocentric, masculinist thought. One must be either Black or white in such thought systems-- persons of ambiguous racial and ethnic identity constantly battle with questions such as ,what are your, anyway?' This emphasis on quantification and categorization occurs in conjunction with the belief that either/or categories must be ranked. The search for certainty of this sort requires that one side of a dichotomy be privileged while its other is denigrated. Privilege becomes defined in relation to its other." (Hill Collins 1990, 225)

Additive Modelle reduzieren die konkreten Lebensrealitäten vieler Bevölkerungsgruppen, unter anderem Schwarzer Frauen, auf separate, scheinbar exklusive „Achsen der Unterdrückung". Herrschaftsverhältnisse, die entlang der Kategorien „Rasse", Klasse, Geschlecht und sexuelle Orientierung arbeiten, werden als äußerliche und voneinander isolierte Faktoren interpretiert, die im Nachhinein aufaddiert werden (ebd.).

„In addition to being structured along axes such as race, gender, and social class, the matrix of domination is structured on several levels. People experience and resist oppression on three levels: the level of personal biography; the group or community level of the cultural context created by race, class, and gender; and the systemic level of social institutions. Black feminist thought emphasizes all three levels as sites of domination and as potential sites of resistance." (ebd. 226)

Nicht nur Hill Collins frühe kritische Auseinandersetzungen mit der Addition von Unterdrückungsverhältnissen, sondern auch ihre Kritik am Euro- und Androzentrismus sowie dem damit verbundenen dichotomen Denken sind grundlegend für diese Arbeit. Ihre Analyse von spezifischer Erfahrung Schwarzer Frauen mit der Intersektionalität von Unterdrückung ermöglicht eine vergleichende Bewertung anderer Individuen und sozialer Gruppen in ähnlichen Situationen.

Einen weiteren intersektionalen Ansatz bietet Leslie McCall mit den inter-, intra- und antikategorialen Zugängen (McCall 2005). Durch die drei unterschiedlichen Ansätze versucht McCall die Probleme, die sich bei der Modellbildung ergeben, wenn komplexe Sachverhalte empirisch untersucht werden sollen, zu lösen. Der antikategoriale Ansatz lehnt sich stark an den Poststrukturalismus an, d.h., es werden die Kategorien an sich dekonstruiert. Es geht darum Stereotype aufzubrechen und zu transformieren, in dem aufgezeigt wird, wie diese gesellschaftlich erzeugt werden.

Der intrakategoriale Ansatz nimmt die Ungleichheit innerhalb einer zentralen Kategorie, wie „Rasse" oder Geschlecht in den Blick. Dem liegt zugrunde, dass sich Subjektpositionen von Individuen nicht durch den Rückgriff auf eine einzelne Kategorie beschreiben lassen.

Durch den interkategorialen Ansatz werden die Wechselbeziehungen zwischen den Kategorien in Bezug auf Gruppen, wie zum Beispiel die sozialen Unterschiede differenter, jedoch homogen konstruierter Gruppen, wie den Männern, den Frauen oder des Proletariats und den dazugehörigen Untergruppen, etwa weiße und schwarze Proletarierinnen, analysiert.

Der Intersektionale Mehrebenenansatz bedient je nach Forschungsfrage und Forschungsfeld die inter-, intra- und antikategorialen Ansätze. So geht es in dieser Arbeit darum, die Kategorie „Drogenprostituierte" gemäß dem antikategorialen Ansatz zu dekonstruieren. Es geht aber auch darum, innerhalb der Kategorie drogengebrauchender Sexarbeiterinnen entsprechend dem intrakategorialen Ansatz Differenzen aufzuzeigen. Der interkategoriale Ansatz spielt eine Rolle bezüglich des Vergleiches der Positionalität der Sexarbeiterinnen, AkteurInnen des Stadtteils und deren Untergruppen, wie „professionelle", „unprofessionelle" Sexarbeiterin, Sexarbeiterin *of Color*. Allerdings hat letztgenannter Analyseansatz in dieser Arbeit nur eine periphere Bedeutung.

Die Debatte um Intersektionalität lässt sich meiner Auffassung nach nicht ohne die Postkoloniale Kritik denken.[17] Ein wichtiger Vertreter Postkolonialer Kritik ist Frantz Fanon. Sein Gesamtwerk zielt nicht nur auf das Empowerment für Kolonialisierte, sondern er zielt auch unmittelbar auf die Verantwortung der Weißen, indem er rücksichtslos die Gräuel- und Schandtaten der Kolonialmächte enttarnt, nicht indem er sie verurteilt, sondern indem er die Taktiken des Kolonialismus dekonstruiert. Sein Ziel ist es, den „Kolonialisierten" beizubringen, wie man die Pläne der „Kolonialisierenden" vereiteln kann (Sartre 1981, 9). Nach der Lektüre seiner Bücher bleibt ein „schmutziges" Gefühl bei der weißen LeserIn und nicht bei den Anderen, den Kolonialisierten. Deutlich wird an dieser Lektüre, dass Weiße (EuropäerInnen und NordamerikanerInnen) in der Pflicht sind, Verantwortung für das geschehene Unrecht zu übernehmen und die darauf basierende aktuelle Privilegierung zur Disposition zu stellen. Wie Jean-Paul Sartre schreibt, werden auch wir dekolonisiert, denn der Kolonialherr, der in uns allen steckt, werde ausgerottet, wir wüssten genau, dass wir Ausbeuter sind. Es gehe darum, uns unseres verlogenen Humanismus endlich zu entkleiden. „Dieses Geschwätz von Freiheit, Gleichheit, Brüderlichkeit, Liebe Ehre, Vaterland, was weiß ich. Das hindert uns nicht daran, gleichzeitig rassistische Reden zu halten: ,dreckiger Neger', ,dreckiger Jude', ,dreckiger Araber' [Anführungszeichen K.S.]" (ebd. 22f). Der Autor spricht die LeserIn auf einer emotionalen Ebene an, und für diese Arbeit hat seine Beschreibung einen großen Wert in Bezug auf die Bewertung der Kategorien „Kolonialisierung", „Kranker", „Delinquenter" und „Anormaler" in der Sozialarbeit und Wissenschaft.[18] Hier werden auch Parallelen zum aktuellen Umgang der Mehrheitsbevölkerung mit den „Überflüssigen" und „Deklassierten" sichtbar, womit jedoch nicht die Gräueltaten der KolonialherrInnen mit der Ausgrenzung und Diskriminierung von „nicht normalen" oder nicht angepassten Menschen durch die deutsche Gesellschaft gleichgesetzt werden soll. Es geht darum, das Prinzip von Dominanz und Unterdrückung sowie deren Rechtfertigung und/oder Verdrängung zu erkennen und zu zeigen, dass es immer auch um den Reflexionsprozess des Eurozentrismus gehen muss. Fanon zeigt nicht nur die Scham der Unterdrückten, sondern beschämt auch die UnterdrückerInnen. Fanons Ansatz kann als ein Konzept des strategischen Essentialismus (siehe 4.3.2) der Kolonialisierten gelesen werden. In Fanons konsequent emanzipatorischer Haltung der „antikolonialen Gegengewalt", explizit bezogen auf die Entfremdung des Lumpenproletariats, sehe ich die Spuren, die der Entfremdung drogengebrauchender Sexarbeiterinnen gleichkommen. Besonders bereichernd an Fanons Ansatz ist, dass er die so genannten „Untermenschen",[19]

---

17 SchriftstellerInnen wie James Baldwin oder Toni Morrison beschreiben literarisch die Intersektionalität der Unterdrückung und ihrer Auswirkungen im Kolonialismus. Diese Werke sind wichtige und hilfreiche Dokumente zur intersektionalen Bewertung des Rassismus.

18 Weiterführend dazu Müller 1986.

19 Diese Bezeichnung findet sich in der deutschen Übersetzung. Im deutschen Sprachraum sind das Gegenstück die nationalsozialistischen „Herrenmenschen". Fanons Kontext ist aber die demütigende und abwertende Zuschreibung der KolonialistInnen und die gewaltvolle Inkorporation auf der Seite der Kolonisierten.

für ihn sind das Verzweifelte zu denen er auch Prostituierte zählt, ernst nimmt. Ähnlich wie Luxemburg bettet er die Entstehung ihrer verzweifelten Lebenslagen ebenfalls in die Ausbeutungs- und Kolonialisierungsverhältnisse ein (Fanon 1981, 110f). Das heißt nicht, dass er diese Menschen abwertet oder viktimisiert, er ordnet ihre entwürdigende Lebensrealität strukturell ein und präferiert die Einbindung aller Individuen im Kampf gegen die Unterdrückung. Fanon sieht missionarische Tätigkeit grundsätzlich als sinnlos an, da diese das Anwachsen des Lumpenproletariats nicht eindämmen kann. Dieser Sachverhalt ist vergleichbar mit der westeuropäischen Sozial- oder Bildungsarbeit, wenn diese nur als reine Elendsverwaltung oder Disziplinierung praktiziert wird. Mein Denkansatz wurde von Fanon in erster Linie um die Scham erweitert, die er uns zuweist, sowie um die verstärkte Wahrnehmung meiner Privilegien, die ich als weiße Wissenschaftlerin und Westeuropäerin habe.

Intersektionale Analysen haben ihre Ursprünge in der Formulierung empirischer Unterdrückungserfahrungen, im Kampf dagegen und für die Emanzipation der Unterdrückten. Aus einer Rede der schwarzen Sklavin Sojourner Truth stammt das Zitat *„Ain't I A Woman?"* aus dem Jahre 1851 und „benennt ein zentrales Element und Problem der Intersektionalitätsdebatte" (Degele/Winker 2009, 11). Die Frage stellte Truth auf einer Frauenversammlung in Akron, Ohio, und sie richtete sich an die anwesenden weißen Männer, welche den Frauen aufgrund ihrer angeblichen Schwäche kein Stimmrecht zuerkennen wollten. Gleichzeitig thematisierte sie damit aber auch den Rassismus und den Klassismus in der damaligen weißen Frauenbewegung (Davis 1982, 62/64).

Auch Angela Davis hat maßgeblich die Intersektionalitätsdebatte beeinflusst. Als politische Aktivistin verweist sie auf die widersprüchlichen Konsequenzen, welche die Erfolge sozialer Bewegungen wie des *Civil Rights Movements* und der *Black Feminists* im Bereich der US-amerikanischen Rechtsprechung nach sich zogen:

„Did we work so hard in order to guarantee entrance of a conservative black man[20], who opposes affirmative action and women's reproductive rights, into Supreme Court? Rather than simply despair that things are taking a reaction turn, I think it is important to acknowledge the extent to which the black movement allowed for the emergence of a much more powerful black middle class and the breakup of an apparent political consensus. There are similar middle-class formations among other racial ethnic groups. So the question today is not so much how to reserve these developments to re-find ourselves, based on a kind of nostalgic longing for what used to be, but rather, to think about the extent to which movements for racial and gender equality can no longer be simply based on questions of desegregation. A different kind of ,political', a different kind of politics, really, has to inform this movement." (Davis 2006/1998, 307f)

Die Ambivalenz der Erfolge von sozialen Bewegungen bei der Veränderung der Rechtsprechung lässt sich auch an der Einführung des ProstG in Deutschland ablesen, wenn zum Beispiel sein Einfluss auf Migrantinnen und Drogengebraucherinnen

---

20  Davis bezieht sich hier auf die Berufung des rechts-konservativen Clarance Thomas an den Obersten Gerichtshof der USA 1991. Der Berufung gingen schwere Vorwürfe der sexuellen Belästigung seiner ehemaligen Mitarbeiterin Anita Hill voraus.

in der Sexarbeit bewertet wird. Einerseits ist das ProstG verglichen mit anderen Staaten ein Erfolg der sozialen Bewegung von SexarbeiterInnen. Anderseits führt es zu einer Regulierung und Kontrolle, die marginalisierte Gruppen ausgrenzt. Davis kann als eine kritische Wegbereiterin solcher Sichtweisen und Bewertungsansätze verstanden werden.

1977 erklärten die Aktivistinnen des schwarzen, lesbischen *Combahee River Collective* (*CRC*), dass sie gleichzeitig gegen „rassische", sexuelle, heterosexuelle und klassenbedingte Unterdrückung kämpfen. Das *CRC* stellt sich die besondere Aufgabe, eine integrierte Analyse und Praxis zu entwickeln, die auf der Tatsache basiert, dass zentrale Unterdrückungssysteme sich überkreuzen. Aus der Synthese dieser Unterdrückungen ergeben sich die realen Bedingungen ihres Lebens. Als Schwarze Frauen sehen sie den Schwarzen Feminismus als eine logische politische Bewegung, die die vielfältigen und gleichzeitigen Unterdrückungen bekämpft, der sich *Women of Color* gegenübersehen (The Combahee River Collective 1982, 13 [Übersetzung K.S.]).

Der Ansatz des CRC setzt ein konsequentes intersektionales Denken voraus und sieht Empowerment als wichtiges Erkenntnisziel. Damit bildet auch er eine wichtige Grundlage für Herangehensweise an das Forschungsfeld in dieser Arbeit, wie auch Chandra Talpade Mohanty (Mohanty 1988). Ihre Kritik bezieht sich ebenfalls auf die Produktion eines homogenen weiblichen Subjekts und die verallgemeinernde Viktimisierung von „Dritte-Welt-Frauen" (ebd. 2002, 519). Der Denkansatz von Mohanty ist nicht nur aufgrund ihrer Kritik am westlichen Feminismus wichtig, sondern auch, weil er eine Untersuchung von Analysekategorien in Studien westlicher Feministinnen über Frauen in der „Dritten Welt" enthält (ebd. 1988, 152-156). Diese Herangehensweise fließt in die methodische Rahmung dieser Arbeit ein, zum Beispiel bei der Dekonstruktion von Stereotypen über „Drogenprostituierte". Mohanty arbeitet mit einem identitätstheoretischen Ansatz, der einen konstitutiven Zusammenhang zwischen sozialer Positionierung, Erfahrung und Identität erklärt. Sie empfiehlt, globale Prozesse von unten anstatt von oben zu analysieren und fordert, dass Forschung von der Wahrnehmung der marginalisierten Gruppen armer Frauen ausgehen muss (ebd. 2002, 510/514f). Diesem Anspruch Mohantys wird die Intersektionale Mehrebenenanalyse gerecht, indem sie die sozialen Praxen im Forschungsfeld in den Fokus stellt.

Mohanty fordert ein antikapitalistisches, antiimperialistisches und feministisches Projekt, dass nicht nur soziale Ungerechtigkeiten, sondern auch Formen des Widerstandes und der Solidarität aufdeckt.

„[...] we need an anti-imperialist, anticapitalist, and contextualized feminist project to expose and make visible the various, overlapping forms of subjugation of women's lives. Activists and scholars must also identify and reenvision forms of collective resistance that women, especially, in their different communities enact in their everyday lives." (Mohanty 2002, 515)

Sie spricht marginalisierten Frauen ein epistemisches Privileg zu, da sie besonders ausgebeutet seien (ebd. 2002, 515). Durch diese Perspektive untergräbt Mohanty die eindimensionale Sicht der „Dritte-Welt-Frau" als Opfer (ebd.). Auch diese Argumentation ist anschlussfähig für die Exploration des Forschungsfeldes (siehe 4.3). Die Parallele zur Intersektionalität liegt vor allem im Anspruch Mohantys an weiße Feministinnen, die Verwobenheit zwischen den verschiedenen Lebenssituationen, Hierarchien und Machtverhältnissen, denen Frauen unterworfen sind, aufzunehmen und ihre eurozentristischen Vorstellungen zu überwinden (Mohanty 2002, 518f).

Ein weiterer, für das Forschungsthema wichtiger Text zur Postkolonialen Kritik stammt von Hazel Carby. Sie fordert in ihrem Aufsatz, während der Analyse von Ungleichheit die Unterschiede zwischen den Frauen zu bedenken, weil feministische Theoriekonzepte für Schwarze und weiße Frauen differenzierte Ergebnisse liefern müssen (Carby 1982, 216 ff). Deshalb könne nicht von Frauen im Allgemeinen gesprochen oder geschrieben werden. Carby fordert außerdem eine selbstkritische Haltung weißer Forscherinnen in Bezug auf ihre Privilegien (ebd. 213f/221). Sie kritisiert das reduktionistische Bild der „Dritte-Welt-Frau", das von weißen Forscherinnen präsentiert wird (Carby 1982, 219f). Carby zeigt, dass Kolonialisierung als Unterdrückungskategorie in den Studien weißer feministischer Akademikerinnen nicht mitgelesen wird, sondern Gender die alleinige Kategorie ist (ebd. 220).[21]

Carbys intersektional begründete Kritik an der Objektivierung Schwarzer Frauen durch weiße Forscherinnen fokussiert meine Sichtweise auf das Forschungsfeld der „Beschaffungsprostitution". Ich möchte das reduktionistische Bild, das von „Beschaffungsprostituierten" vermittelt wird, kritisch hinterfragen und plädiere für eine differenzierte Betrachtung der heterogenen Lebenslagen drogengebrauchender Sexarbeiterinnen. Auch Carbys Insistieren darauf, die eigenen Machtverstrickungen zu verdeutlichen, ist sehr wertvoll. Diesem praktischen Problem widme ich mich in den Unterkapiteln 4.3 und 6.4.

Gayatri Chakravorty Spivak ist in ihrer Analyse noch radikaler, da sie sich als Autorin des Textes kritisch reflektiert (Spivak 2008, 119-148; ebd. 2010). Der Denkansatz Spivaks wird explizit in das Kapitel zur Handlungsfähigkeit (siehe 4.3.2) integriert, jedoch soll an dieser Stelle kurz auf Spivak Bezug genommen werden, da ihren theoretischen Arbeiten eine intersektionale Sicht zugrunde liegt. Ihre Postkoloniale Kritik basiert auf einer Dekonstruktion von Subjektkonzeptionen. Sie verweist auf die einseitige Viktimisierung marginalisierter Frauen des globalen Südens. Spivak weist immer wieder auf die Schwierigkeit der Repräsentation und Selbstrepräsentation Marginalisierter hin und setzt sich theoretisch und auch politisch damit auseinander. In diesem Zusammenhang führt sie den Begriff der Subalternen ein (Spivak 2008). Diese gesamte Abhandlung über Subalternität ist konsequent intersektional und fokussiert u.a. die Begriffe Handlungsfähigkeit und Widersetzung. Spivaks Perspektive ist deshalb intersektional, weil sie die unterschiedlichen Herrschaftsverhältnisse mit der Repräsentations- und Identitätsebene verknüpft (ausführlicher dazu siehe 4.3.2). Spivaks intersektionales Nachdenken über Subalternität ist übertragbar auf die Analyse subalterner Positionen „Beschaffungsprostituierter" im „reichen" Norden.

Iris Marion Young ist von ihrer theoretischen Provenienz her nicht der Postkolonialen Kritik zuzurechnen, jedoch sind ihre Forschungsschwerpunkte auf Unterdrückung und Gerechtigkeit fokussiert. Die Ideen Youngs zur Unterdrückung und dem Grup-

---

21 Carby analysiert unter anderem die Studie *Nimble fingers make cheap workers: an analysis of women's employment in Third World export manufacturing* von Diane Elson und Ruth Pearson, zwei britischen Wissenschaftlerinnen.

penverständnis werden in 4.3.4/6.4 weiter verfolgt. An dieser Stelle möchte ich lediglich ihr Herangehen zeigen, um die Anschlüsse zur Intersektionalen Mehrebenenanalyse zu verdeutlichen. Sie zitiert in einem ihrer Aufsätze, „Fünf Formen der Unterdrückung" (Young 1996), Simone Weil:

„Vergewaltigung ist eine furchtbare Karikatur der Liebe, der die Zustimmung fehlt. Nach Vergewaltigung ist Unterdrückung das zweite Gräuel der menschlichen Existenz. Sie ist eine furchtbare Karikatur des Gehorsams." (Young 1996, 99)

Dieses Zitat verdeutlicht fast poetisch die Vulnerabilität derer, die unterdrückt werden. Young schlägt vor, den Begriff der Unterdrückung durch die fünf Formen – Ausbeutung, Marginalisierung, Machtlosigkeit, Kulturimperialismus und Gewalt – zu erfassen. Bedeutsam an Youngs Ansatz ist ihre Herangehensweise an den Begriff der Gerechtigkeit. Diese erfährt aus ihrer Sicht zwei Beschränkungen in Folge von Unterdrückung und Herrschaft. Unterdrückung sei die zentrale Kategorie, die emanzipatorische und soziale Bewegungen wählen, um in den politischen Diskurs einzutreten (ebd. 99f). Young verdeutlicht zum einen die Notwendigkeit des Begriffes, da er viel von unseren sozialen Erfahrungen einfängt. Zum anderen betont sie, dass die Bedeutung des Begriffs Unterdrückung diffus sei. Young unterscheidet die allgemeine von der spezifischen Unterdrückung, um darauf aufmerksam zu machen, dass nicht alle Gruppen im selben Ausmaß und auf dieselbe Art und Weise unterdrückt seien (ebd. 100). Schon hier weist sie, ohne den Begriff zu benutzen, auf die Intersektionalität von Unterdrückung hin. Young fasst Unterdrückung als einen strukturellen Begriff. Da sie ihren Ausführungen Foucaults Werk *Überwachen und Strafen* (1994c) zugrunde legt, verortet sie Symbole, Normen, Ideologien, Werte auf der Strukturebene (Young 1996, 101 f). Sie expliziert Unterdrückung anhand von Gruppen. Young hat es vermieden,

„die Kategorie so zu gestalten, dass für jede unterdrückte Gruppe ein besonderes System der Unterdrückung entwickelt wird: z.B. Rassismus, Sexismus, Klassenunterdrückung, Heterosexismus oder Altendiskriminierung. Es entsteht ein doppeltes Problem, wenn man die Unterdrückung jeder Gruppe durch eine einheitliche und spezifische Struktur oder ein eigenständiges System erklärt. Zum einen mag diese Art, Unterdrückung zu verstehen, die Ähnlichkeiten und Überschneidungen der Unterdrückung verschiedener Gruppen nicht zu fassen. Zum anderen gibt sie die Situation aller Gruppen fälschlicherweise als die gleiche wieder." (ebd. 134)

An dieser Stelle werden die Anschlussmöglichkeiten an die Intersektionale Mehrebenenanalyse in Bezug auf die Wechselwirkung zwischen den vier Herrschaftsverhältnissen deutlich. So legen Winker und Degele genau aus diesem Grund Wert darauf, die ersten drei Analyseschritte direkt am Material zu vollziehen und erst in den nächsten Schritten die Generalisierung, respektive Abstraktion, zu vollziehen. Young versucht Herrschaftsverhältnisse innerhalb der fünf Formen der Unterdrückung – Ausbeutung, Marginalisierung, Machtlosigkeit, Kulturimperialismus und Gewalt – zu beschreiben. Young geht es darum, ein Instrument zu entwerfen, das die Verschränkung und unterschiedliche Auswirkung von Unterdrückung beschreibbar macht. Youngs Ansatz ist kompatibel mit den vier Herrschaftsverhältnissen der IMA und liefert die Möglichkeit deren Verwobenheit zu erfassen (Ausführungen siehe 4.2.2/5.3).

## 4.2.5 Zusammenfassung

In diesem Unterkapitel wurden die Theorien, die das Feld der intersektionalen Forschung dieser Arbeit rahmen, in einem Überblick dargestellt und Anknüpfungspunkte zur Intersektionalen Mehrebenenanalyse herausgearbeitet mit dem Ziel zu verdeutlichen, welche intersektionalen Ansätze den Forschungsansatz ergänzen und bereichern. Dabei ging es nicht um eine abgrenzende Darstellung, sondern um einen Eklektizismus, der konstruktiv Anschlüsse zwischen der Intersektionalen Mehrebenenanalyse und den anderen Theorien zur Intersektionalität erörtert und würdigt.

Wie bereits erwähnt, musste zwangsläufig reduziert werden, und es wurden nur solche Theorien dokumentiert, die sich als anschlussfähig und produktiv für das Thema der Handlungsfähigkeit und Empowerment im Forschungsfeld erwiesen. Für alle Kapitel kann postuliert werden, dass die kritische Haltung gegenüber Ausbeutung und Unterdrückung, die allen vorgestellten Theorien zugrunde liegt, in meine Methodologie integriert wurden. Weiterhin wird die Forderung ernst genommen, die eigene Positionalität und Privilegierung kritisch zu hinterfragen und in den Forschungskontext einzubinden. Aus den von mir berücksichtigten Theorien ziehe ich weiters die Erkenntnis, der verallgemeinernden Viktimisierung der Interviewpartnerinnen entgegen zu arbeiten und ihre Widersetzungen und Handlungsfähigkeit bei gleichzeitiger Benennung von Herrschaftsstrukturen sowie machtvoller Diskurse und Ideologien zu explorieren. Ich entnehme ihnen auch die Forderung als Forscherin im hohen Maße ethisch zu agieren, also die Interviewten nicht zu Forschungszwecken zu objektivieren, sondern verantwortlich mit dem Material umzugehen, z.B. nicht alle Strategien offen zu legen, sondern immer im Sinne der Interviewten zu fragen, was es den „Beforschten" nutzt. Es geht auch darum, nicht nur die Abwertung und Diskriminierung zu beschreiben, sondern Empowerment für die betroffenen Frauen herauszuarbeiten, aber auch deren Privilegierung gegenüber anderen marginalisierten Gruppen zu beschreiben. So müssen zum Beispiel rassistische Verhaltensweisen im Forschungsfeld selbst sowie der eigene Rassismus reflektiert und thematisiert werden. Ich sehe bei den meisten Ansätzen eine Aufforderung, nicht nur zu forschen, um die eigene Reputation zu mehren, sondern selbst politisch tätig zu sein. Wichtig ist die Erkenntnis, Differenzen zu sehen und ernst zu nehmen, darüber aber keine Spaltung und Abgrenzung zu erzeugen, sondern im Sinne Donna Haraways partiell situative Affinitäten oder Kollaborationen zu entwerfen (siehe 4.3.3).

Den aufgezeigten Theorien sind die Begriffe der Handlungsfähigkeit und der Widersetzung immanent. Beide werden nicht immer kategorisch und konsequent erwähnt, jedoch stellen sie tragende Säulen im Gebäude des intersektionalen Denkens dar. Deshalb werden im Folgenden die Begriffe Widersetzung und Handlungsfähigkeit näher betrachtet.

## 4.3 POSTSTRUKTURALISTISCHE ANSÄTZE FÜR HANDLUNGSFÄHIGKEIT UND WIDERSETZUNG

In der Auseinandersetzung um Intersektionalität wird immer wieder auf die Gefahr hingewiesen, durch die Anwendung von intersektionalen Konzepten den alten Fehler der Reduktion in der Sozialtheorie zu wiederholen. Reduktion bedeutet in diesem Zusammenhang, dass eine scheinbare Ordnung in der Struktur- und in der Makroebene die Praxisfelder determiniert. Paula Villa weist darauf hin, dass Handeln weitaus mehr ist „als die *Einverleibung* theoretisch und analytischer definierter, zentraler Kategorien" (Villa 2010, 203). Villa merkt an, dass die Kategorien von Ungleichheit ihrer eigenen strukturellen Logik folgen, ebenso wie das Handeln von Menschen mit der seiner physischen Dimension eigenen Logiken folgt. Diese Logiken konstituieren sich zwar gegenseitig, seien aber nicht aufeinander zu reduzieren (ebd. 203f). Villa fragt, ob Intersektionalität die Möglichkeit bietet, das komplexe Tun der Menschen durch die verschränkten und komplexen Kategorien zu beschreiben und gibt zu bedenken, ob wir nicht am Ende wieder Gefahr laufen, hochkomplexe Sachverhalte auf einige wenige Strukturkategorien zurückzuführen, von denen wir annehmen, sie seien die „,Kern'-Dimensionen moderner sozialer Struktur" (ebd. 210). Ihre Bedenken äußert sie auch in Bezug auf die Reproduktion hegemonialer Normen dahingehend, dass die „tatsächliche Komplexität und deren normative Dimension" nicht gesehen wird. Ein Wechsel in den „usw.-Modus" (Butler 1991, 210) als Ausweg zu der kategorialen Festschreibung von menschlichem Handeln lehnt sie ebenfalls ab (Villa 2010, 210). Villa schlägt vor, Intersektionalität in einem stärker politischen Sinn zu verwenden (ebd. 211). Sie weist daraufhin, „dass soziale Strukturen soziales Handeln konstituieren und begrenzen, und dass gleichzeitig soziales Handeln soziale Strukturen produziert und gleichzeitig gestaltet" (ebd.). Die Prozesse seien zutiefst geprägt von Macht, Dominanz und sozialer Ungleichheit. Genau an diesem Punkt möchte ich ansetzen. Es ist notwendig, die komplexe Verschränkung von Struktur und Handeln zu Ende zu denken und dabei die intersektionale Analyse einzusetzen. Mir geht es einerseits darum, Gewalt- und Ausbeutungsverhältnisse zu analysieren, um ihre Effekte auf der Subjektebene herauszuarbeiten. Andererseits erfasse ich die subjektiven Umgangsweisen mit den Strukturen und die Widersetzungen gegen sie, um den Blick über eine handlungsverhindernde Opferperspektive hinaus zu öffnen. Die Intersektionale Mehrebenenanalyse nach Winker und Degele versucht, durch die Erfassung der Wechselwirkungen auf den drei Ebenen diesem Dilemma zu entkommen (siehe 4.2.2/5.3). Nichtsdestotrotz sind Villas Bedenken und Hinweise wertvolle Anregungen, um das eigene Forschungsanliegen und „Situierte Wissen" (Haraway 1995) zu reflektieren.

Villa betont die Notwendigkeit antikategorialer Ansätze in der intersektionalen Forschung (Villa 2011, 218). Um dieser Forderung nachzukommen, nutze ich unter anderem Butlers poststrukturellen Ansatz von Handlungsfähigkeit und übertrage ihre Theorie auf die Intersektionale Mehrebenenanalyse (IMA) (4.3.1). Im Abschnitt 4.3.2 widme ich mich den theoretischen Ansätzen zur Handlungsfähigkeit von Spivak und stelle die Anschlüsse zur IMA her. Auf Haraways Theoriekonzept, das ebenfalls reichhaltige Ansatzpunkte liefert, um die Handlungsfähigkeit dekonstruktivistisch zu rahmen, wird in 4.3.3 eingegangen. Da die von mir untersuchte Gruppe von extremen Formen der Ausbeutung und Verletzung betroffen ist, die ihre Handlungsfähigkeit einschränkt, beziehe ich auch Iris Marion Young Unterdrückungskonzept (4.3.4) und den Begriff der Vulnerabilität (4.3.5) in die theoretischen Grundlagen ein.

### 4.3.1 Das Subjekt und seine Handlungsfähigkeit bei Judith Butler

Judith Butler beschäftigt sich aus einer psychoanalytischen, sprachphilosophischen und feministischen Perspektive mit Subjektivationen. Handlungsfähigkeit und die Möglichkeit Herrschaftsverhältnisse anzugreifen und zu skandalisieren, spielen in Butlers dekonstruktivistischer Theorie eine bedeutende Rolle. Im Folgenden werde ich Butlers Theorie der Handlungsfähigkeit umreißen, die Widersprüche aus meiner Sicht anmerken und verdeutlichen, warum und wie ich Butlers Denkansatz verwende.

Subjekte sind für Butler Effekte und Machtwirkungen. Sie entstehen in und durch diskursive gesellschaftliche Praktiken, in denen Individuen als Subjekte konstituiert werden. Kurz gesagt, Subjekte sind den Diskursen, den gesellschaftlichen Machtverhältnissen nicht vorgängig (Villa 2003, 41). Dabei bleibt festzuhalten, dass konstituiert sein, so Butler, nicht bedeutet determiniert, sprich handlungsunfähig zu sein (Butler 1993a, 44). Im Gegenteil, der konstituierte Charakter stellt die Vorbedingung für Handlungsfähigkeit dar (ebd.). Die Konstruktion steht nicht im Gegensatz zur Handlungsfähigkeit, sondern eröffnet diese vielmehr und stellt deren notwendige Bedingung dar (Butler 1991, 216). Handlungsfähigkeit ist ebenso als Effekt von Diskursbedingungen anzusehen, wie das Subjekt selbst. Sie sind auf der gleichen Machtdiskursebene lokalisiert und können auch nur dort existieren. Handlungsfähigkeit ist nicht a priori gegeben, sondern ein politisches Vorrecht, „eine kontingente und zerbrechliche Möglichkeit" (Butler 1993b, 128; Cornell 1993, 83f). Die Möglichkeit handlungsfähig zu werden, ist gekoppelt an den Konstitutions- bzw. Herstellungsprozess des Subjekts. Denn Handlungsfähigkeit ist immer ein politisches Vorrecht, es ist entscheidend immer nach ihren Bedingungen zu fragen. Butler meint konkret die Bedingungen für eine Mobilisierung auf der Grundlage von Diskurs- und Machtkonstellationen (ebd. 45).

Um die sedimentierten oder materialisierten Bedingungen für drogengebrauchende Sexarbeiterinnen kategorial zu erfassen, nutze ich das Instrumentarium der Intersektionalen Mehrebenenanalyse. Durch die analytische Trennung der drei Ebenen, werden die Wechselwirkung zwischen Identität, Diskurs- und weiteren Machtkonstellationen aufgedeckt. Entsprechend können die Möglichkeitsbedingungen für subjektive Handlungsfähigkeit sowie ihre evtl. Erweiterung konstituiert werden. Indem Butler postuliert, dass Subjektkonstituierung Handlungsfähigkeit ermöglicht, ist die Analyse der Konstituierungsprozesse notwendig, nicht nur um Handlungsfähigkeit von Subjekten, sondern auch um deren Widersetzungen, zu identifizieren oder zu stärken. Handlungsfähigkeit von Subjekten muss allerdings zwischen Rechtssubjekten und „Bio-Subjekten" unterscheiden. So trifft die Subjektivierung für alle Individuen der Normalisierungsgesellschaft zu, hingegen sind nicht alle Subjekte Rechtssubjekte (Lorey 2007, 273).

„Es bedeutet, sich in einem biopolitischen Paradigma so zu subjektivieren, dass man in der Lage ist, sich selbst zu führen, sich als Subjekt einer Sexualität zu erkennen und zu lernen, einen Körper zu haben, der durch Achtsamkeit (auf Ernährung, Hygiene, Wohnen) gesund bleiben oder durch Unachtsamkeit krank werden kann. Alle müssen zu sich selbst Verhältnisse aufbauen: Selbstverhältnisse, durch welche sie beständig zum modernen, an „Normalität" orientierten Subjekt werden." (ebd.)

Rechtssubjekt zu sein ist immer verknüpft mit der Verfügbarkeit von Rechten und Pflichten. Krasmann schreibt dazu:

„So muss, wer sich politisch artikulieren will, wer gesellschaftlich überhaupt wahrgenommen und als politisches Subjekt anerkannt werden will, die Regeln des Sprechens und der Artikulation eines Konflikt bereits anerkannt haben." (Krasmann 2011, 58)

Drogengebrauchende Sexarbeiterinnen bewegen sich in der illegalisierten Drogen- und Sexökonomie. Deshalb werden ihnen ihre Rechte abgesprochen oder stehen ihnen gar nicht erst zur Verfügung, und sie werden als Rechtssubjekt nicht anerkannt. Obendrein haben sie weder die Regeln des Sprechens über, noch den Konflikt zwischen ihrem Leben und den gesellschaftlichen Rahmenbedingungen als solchen anerkannt und sind somit auch als politisches Subjekt nicht existent.

Nach Butler existiert kein Subjekt ohne Subjektwerdung (Butler 2001, 15). Subjektwerdung findet in einem durch Praxen und Diskurse vorstrukturierten Raum statt. Die Diskurse stellen verschiedene Subjektformen zur Verfügung. Das einzelne Subjekt ist damit sowohl Schauplatz widerstreitender Subjektkonstruktionen, als auch der Effekt dieser Diskurse. Nach Butler wird das Subjekt durch einen Prozess der Ausschließung und Differenzierung (ebd. 1993a, 44) anhand eines politischen Regulierungsverfahrens konstituiert, das dann die Vorstellung einer kohärenten, substantiellen Identität schafft. Dieses Regulierungsverfahren nennt Butler auch soziale Praktiken oder Bezeichnungsverfahren (ebd.1991, 211). Identität wird damit durch einen unbegrenzbaren, kontingenten Bezeichnungsprozess gesetzt und ist immer schon bezeichnet (ebd.). Es gibt kein Subjekt, das vor oder außerhalb einer Kultur existiert. Das Bezeichnungsverfahren ist ein regulativer Wiederholungsprozess. Butler trennt sich vom intentionalen Subjekt des „Täter[s] hinter der Tat" (ebd. 1991, 209), weil diese Vorstellung die diskursive Verortung und die Bedingungen der Handlungsfähigkeit des Subjekts verdeckt.

Der Subjektbegriff ist nicht komplementär zu den Begriffen Person oder Individuum verwendbar. Das Subjekt ist genealogisch als sprachliche Kategorie aufzufassen, „als Platzhalter, als in Formierung begriffene Struktur" (ebd. 2001, 15). Es ist die sprachliche Gelegenheit des Individuums, verständlich zu werden und somit die sprachliche Bedingung seiner Existenz und Handlungsfähigkeit (ebd.). In ihren Arbeiten unterscheide, so Villa, Butler deutlich zwischen Subjekt und Individuen. Subjekte stellen adrette, intelligible, ordnungsgemäße Positionen dar und Individuen seien unordentliche Komplexitäten (Villa 2010, 204). Butler hinterfragt durch eine „antifundamentalistische Methode" (Butler, 1991, 36) das ontologische Subjekt, das von sich glaubt, es sei im Kern autonom und mit sich selbst identisch. Ihr wird u.a. deshalb vorgeworfen, dass in ihrem Theorem Handlungsfähigkeit durch die diskurstheoretische Herangehensweise nicht denkbar sei (Duden 1993).

Für Butler ist der Körper aber nicht nur ein Effekt, sondern es geht ihr darum, zu beschreiben, wie dieser intelligibel wird (Butler 1991, 215f). Wenn die Subjektkonstruktion ein nicht deterministischer Mechanismus ist, weil das Subjekt nicht jenseits der konstituierenden Macht- und Herrschaftsverhältnisse existiert, sondern das Subjekt die Macht immer voraussetzt, dann ist der Effekt der vorgängigen Macht zugleich die Möglichkeitsbedingung für eine radikale Form der Handlungsfähigkeit (dies. 2001, 19).

Butler selbst sagt, dass mit der Verinnerlichung sozialer Normen nicht geklärt sei, was die Verinnerlichung eigentlich ist, was es für die Norm bedeutet einverleibt zu werden und was mit ihr passiert (ebd. 23). Gesellschaftliche Kategorien bieten eine soziale Existenz, deshalb werden diese auch in Form einer Unterwerfung angenommen, wenn die Alternative darin besteht, überhaupt keine soziale Existenz zu haben (ebd. 24). Um intelligibel zu werden, ist das Subjekt genötigt, in Kategorien, Begriffen und Namen zu denken und sich diesen zu unterwerfen. Es sucht das Zeichen seines Selbst außerhalb seiner selbst – „in einem Diskurs, der zugleich dominant und indifferent ist" (ebd. 25).

Für Butler sind Diskurse produktiv, da ein Diskurs nicht nur gesprochene Wörter, sondern ein Begriff der Bedeutung ist. Er beinhaltet nicht nur vorhandene Praktiken und Beziehungen, sondern tritt in diese ein und ist deshalb produktiv (dies.1993b, 129). Unter Diskurs versteht Butler die geschichtlich spezifische Organisationsform der Sprache (dies. 1991, 212), es sind also Epistemen des Sprechens und Denkens, die es ermöglichen, unsere Umwelt zu verstehen und zu ordnen.[22]

Mit der Sprechakttheorie von John L. Austin versucht Butler zu erklären, wie aus Diskursen materielle Wirklichkeiten und geschichtlich sedimentierte Wirkungen werden. Performative Sprechakte sind in dieser Theorie Handlungen, die das, was sie benennen, in Szene setzen und so die konstitutive oder produktive Macht der Rede unterstreichen (dies.1993b, 123f). „Daß Sprechen eine Form von Handlung ist, bedeutet nicht notwendiger Weise, daß es tut, was es sagt" (dies. 2006, 162). Sprache darf nicht als statische funktionale Entität verstanden werden, in der gesellschaftliche Positionen von vornherein verankert sind, denn die Bedeutungen von Äußerungen sind nicht ausschließlich durch frühere Kontexte determiniert. Die Kraft einer Äußerung kann gerade aus dem Bruch mit dem Kontext entstehen (ebd. 227). Butler bezieht sich auf Jacques Derridas Möglichkeit der „Wiedereinschreibung" von Begrif-

---

22 Villa beschreibt den Diskurs wie folgt: „Wir denken und sprechen in biologischen, medizinischen, psychologischen oder kapitalistischen Kategorien, womit gewisse Phänomene der Welt in eben diesen Weisen bedeutet werden: Die ‚Risikoschwangerschaft', die durch den medizinischen Diskurs ‚geschaffen' wird, die Chromosomen als Definition einzelner Lebewesen (biologischer Diskurs), die Gesundheit hauptsächlich als Fähigkeit zum Arbeiten im kapitalistischen Wirtschaftssystem (Diskurs Kapitalismus), die Magenschmerzen als Ausdruck einer stressigen Lebensführung (psychologischer Diskurs). Was Diskursen eigen ist – und was sie so überaus mächtig macht –, ist ihre Fähigkeit, alternative Bedeutungen zunächst geradezu unmöglich zu machen. Sie wirken präreflexiv, aber umso mächtiger, weil sie das Denken strukturiert haben, bevor wir überhaupt anfangen zu denken. Das heißt: Diskurse stecken den Bereich des Denk- und Lebbaren ab, indem andere Optionen nicht denk- oder lebbar scheinen." (Villa 2003, 23)

fen und postuliert, dass die Fehlaneignung, z.B. des Begriffs Subjekt – assoziiert mit Autonomie und Souveränität – im postsouveränen Kontext die Wahrnehmung erschüttern kann (ebd. 226). Das Widerstandspotential solchen Aufrufens besteht genau in dem Bruch, den es zwischen einer gewöhnlichen und einer nicht-gewöhnlicher Bedeutung hervorruft (ebd. 227). Zwar können performative Äußerungen nicht immer an die Situation ihrer Äußerungen rückgekoppelt werden, jedoch ist ihre Wirkmächtigkeit in der Erinnerung des Körpers enthalten (ebd. 2006, 248). Beispielsweise schreibt sich der abwertende Diskurs über die „Junkiehure" nicht nur in die Subjektkonstruktionen, sondern auch in die Körper ein. Butler liest diesen Prozess als die körperliche Auswirkung sedimentierter Geschichte der performativen Äußerungen. Es ist die Form der Materialisierung, die dem Körper eine kulturelle Bedeutung gibt, ohne ihn zu determinieren. Butler postuliert hier das Moment des Widerstands, indem der Körper die kulturelle Bedeutung verunsichern kann und somit die diskursiven Mittel enteignet, mit denen er selbst hergestellt wurde (ebd. 248).

Butler geht vom Fakt der Reiteration (ebd. 2006, 198) aus, es gibt aus ihrer Sicht keine Möglichkeit nicht zu wiederholen. Allerdings erzeugt die Wiederholung allein nicht zwangsläufig den Effekt der Veränderung oder Verschiebung, sondern es kommt darauf an, WIE wiederholt wird (ebd. 2006, 162; ebd. 1991, 217). Für Butler ist die performative Äußerung ein einflussreiches Ritual, mit denen Subjekte gebildet und reformuliert werden, und deshalb ist dem Sprechakt die Möglichkeit des Widerstandes inhärent (ebd. 2006, 249f). Wiederaneignungen ehemals verletzender Sprechakte, z.B. durch *queere* Reiterationen, soziale Bewegungen, Kunst etc., können Handlungen und Orte solcher Subversionen sein.

Wie oben angemerkt liegt die Möglichkeit subversiver Umdeutungen bei Butler im postsouveränen Kontext, demzufolge kann das postsouveräne Subjekt eine widerständige Position einnehmen. Die Subjektwerdung erklärt Butler mit dem Prozess der Subjektivation, einem Prozess der abhängig ist vom Diskurs, den sich niemand ausgesucht hat, der aber paradoxerweise Handlungsfähigkeit ermöglicht (ebd. 2001, 8).

Nach Louis Althusser werden Subjekte allein über die Anrufung erzeugt. Nach Michel Foucault ist es die diskursive Produktivität (ebd.), die in Form von Unterwerfung und Selbstermächtigung (Foucault 1994a, 246f) Subjekte generiert. Butler schließt an beide Traditionen an und bezeichnet Subjektivation als den Prozess des Unterworfenwerdens durch Macht und zugleich den Prozess der Subjektwerdung (Butler 2001, 8). Die Genealogie des Subjekts, so Butler, ist die sprachliche Kategorie des Individuums, welches die Stelle des Subjekts besetzt. Intelligibel werden Individuen nur, wenn sie in die Sprache eingeführt werden. Subjekte sind die sprachliche Gelegenheit des Individuums verständlich zu werden, sie sind die sprachliche Bedingung für seine Existenz und Handlungsfähigkeit (ebd. 2001, 15). Die Interpellation (siehe 4.4.2) verleiht also Intelligibiltät, d.h. im Prozess der Anrufung durch die Umwendung erlangen Individuen Anerkennung als Subjekte.

Nach Butler ist die Unterwerfung in der Subjektivation der Preis für die Existenz. Die Subjektivation markiert eine ursprüngliche Verletzlichkeit (siehe 4.3.5) gegenüber dem Anderen, die als Preis für das Dasein zu zahlen ist (Butler 2001, 25). Diese Verletzlichkeit macht das Subjekt zu einem ausbeutbaren Wesen (ebd. 24) und entsteht aus dem Risiko, den Normzustand nicht wieder richtig herzustellen und damit weiteren Sanktionen unterworfen zu werden. Butler schreibt, nur indem man auf Alterität beharrt, beharrt man im „eigenen" Sein (ebd. 32). Wenn solche Bedingungen von Gewalt bestimmt werden, entsteht das Subjekt, um für sich zu sein, gegen sich selbst und es wird eine Entfremdung im Sozialen inauguriert (ebd. 32). Um zu verdeutlichen, was Butler an dieser Stelle meint, soll hier die Subjektivation von drogengebrauchenden Sexarbeiterinnen als Beispiel herangezogen werden: Die diskursiven Bedingungen für drogengebrauchende Sexarbeiterinnen sind im informellen Drogen- und Sexmarkt von Gewalt geprägt. Die Subjektivation zwingt ihnen gewalttätige und abwertende Diskurse auf, die sich als Verletzung in die Körper einschreiben. Dieser Prozess markiert nicht nur eine inaugurative Entfremdung im Sozialen, sondern lässt auch ein Subjekt entstehen, das gegen sich selbst gerichtet ist, um überleben zu können. Es existiert auch keine Alternative zu dieser Form der Subjektivation, außer der Entscheidung zu sterben.

Kurz möchte ich darstellen, was ich unter der gewalttätigen Einschreibung von Diskursen in den Körper verstehe: Es ist die Subjektivation in eine nicht frei gewählte, sondern zugeschriebene Subjektposition, die Zuschreibung innerhalb eines Normalitätsdiskurses an die Anderen. Es geht um die Anrufung zum Bio-Subjekt ein an der Normalität orientiertes Subjekt zu werden. Personen, die diese Subjektivierung am Normaldiskurs verweigern, werden soziale Rollen zugeschrieben, die sie dann gezwungenermaßen annehmen müssen; im Fall der drogengebrauchenden Sexarbeiterin ist es die Subjektposition der „Beschaffungs- oder Drogenprostituierten". Foucault erklärt diese Form der Subjektivierung anhand der Geisteskrankheit: Das wahnsinnige Subjekt sei kein unfreies Subjekt, weil „sich gerade der Geisteskranke als wahnsinniges Subjekt in der Beziehung zu und in der Konfrontation mit demjenigen konstituiert, der ihn als wahnsinnig erklärt." (Foucault 2005c, 889.)

Auch wenn der Prozess der Subjektivation von den drogengebrauchenden Sexarbeiterinnen als gewaltvoll und unausweichlich erlebt wird, setzen sie sich aber im Rahmen ihrer Möglichkeiten auf unterschiedliche Art und Weise zur Wehr (siehe 3.4). An dieser Stelle schließt sich der Kreis zu den oben genannten Bedenken von Villa, dass die Kategorien wie auch die Handlungsfähigkeit eigenen Logiken folgen. Drogengebrauchende Sexarbeiterinnen sind ähnlichen strukturellen Herrschaftsverhältnissen und hegemonialen Diskursen unterworfen, jedoch sind die Prozesse der Subjektivation heterogen.

Um die Lebensbedingungen neu zu zeichnen, ist es Butler wichtig, die Subjektivation kritisch hinsichtlich folgender Punkte zu analysieren (Butler 2001, 32f):

1.  Es ist wichtig, die Art und Weise aufzuspüren, wie Subjekte durch die reglementierende Macht in Unterordnung gehalten werden. Die Analyse muss die Macht dekonstruieren, die das Verlangen nach Sichtbarkeit, Kontinuität und Raum erst erzeugt und sich dann zu nutze macht.

2.  Es muss ein Bewusstsein darüber entstehen, dass auch die im Prozess der Subjektivation hervorgebrachten sichtbaren und damit eindeutig lokalisierbaren Subjekte von einem Rest heimgesucht werden, der vom Subjekt nicht angeeignet werden kann. Butler nennt das eine Melancholie, die die Grenzen der Subjektivation markiert.

3.  Es bedarf einer Erklärung der Iterabilität der Subjekte, die nachspürt, wie Handlungsfähigkeit sehr wohl darin bestehen kann, sich den gesellschaftlichen Bedingungen, die sie erst hervorbringen, zu widersetzen und zu verändern.

Der Begriff der Iterabilität bedeutet bei Butler nicht einfach Widerholung sondern Wiederholbarkeit. Die englische Bedeutung von *iterability* wird erklärt mit *the capacity to be repeatable*, d.h., es wird dabei eine Möglichkeitsbedingung vorausgesetzt. Deutlich wird im dritten Punkt der Zusammenhang zwischen Handlungsfähigkeit und Widersetzung. Butler legt hier den Fokus auf die Möglichkeit der Handlungsfähigkeit, sich den Bedingungen, die sie hervorbringt, zu widersetzen. Genau deshalb müssen Subjektpositionalitäten an diesem Punkt akribisch analysiert werden, um Ausbeutung und Abhängigkeit sichtbar zu machen. Durch die Intersektionale Mehrebenenanalyse können die heterogenen Positionalitäten erfasst und sichtbar gemacht werden sowie diskursive und dispositive Angriffsziele formuliert werden.

Subjektivation enthält immer auch den problematischen Prozess des Unsichtbarmachens (Butler 2001, 177). Butler führt den Begriff der Verwerfung ein, um das Unsichtbarmachen in der Subjektivation zu verdeutlichen. Verwerfung stellt den Rest, das nicht Performierbare in der Performativität dar (ebd. 2006, 217). Sie findet kontinuierlich statt und genau daraus ergibt sich auch die Gefährdung des Subjekts, da die Subjektwerdung immer an den Prozess des Sagbaren gebunden ist und das Unsagbare ein Risiko für das Subjekt ist, wenn es an den Grenzen des Sagbaren spricht (ebd. 218).

An dieser Stelle ist es wichtig, auf einen weiteren Ansatz von Villa hinzuweisen. Sie fügt dem Prozess der Subjektivierung, also der Unterwerfung von Subjekten eine somatische Wendung hinzu und führt den Begriff des ‚Scheiterns' ein (Villa 2010, 212). Der Prozess der Subjektivierung generiere ein beständiges Scheitern von Personen. Villa geht davon aus, dass wir immer mehr als nur eine Subjektposition einnehmen (müssen), da die regulativen Normen der einzelnen Subjekte undurchsichtig und verhandelbar seien. In dieser Logik könne eine Subjektivierung, die ein kohärentes, intelligibles Subjekt fokussiert, nur scheitern. Villa bezieht sich auf Butler, diese stützt sich hier auf die Auffassung von der Melancholie Siegmund Freuds, die davon ausgeht, dass das Ausgeschlossene und Verworfene zwar blockiert ist, aber immer auch anwesend bleibt (ebd.). Danach verfügen wir niemals über eine kohärente stabile Identität, streben diese als Subjektposition aber immer wieder an. Unsere Subjektwerdung scheitert immer wieder, da wir über die engen Grenzen derjenigen Bereiche „stolpern", die von den gesellschaftlichen Diskursen akzeptiert werden.

Subjekte konstituieren sich, indem Strukturen und Repräsentationen in sie eingeschrieben werden. Subjektivation (Subjektkonstruktion) ist immer nur in der Wechselwirkung der identitären, repräsentativen und strukturellen Ebene zu verstehen. Subjekte besitzen keinen essentiellen Kern, sondern reifiziert die mit der Struktur verwobenen Normen, Diskurse und Ideologien. Nach Butler ist diesem Prozess eine Verschiebung inhärent, da die Subjekte immer nur das Vergangene repräsentieren.

„Das Subjekt wird [...] zu einem frei schwebenden Signifikanten. Als solches kann das Subjekt neue Bedeutungsgehalte annehmen und verweist auf die Möglichkeit zukünftiger Subjektformationen." (Straube 2004, 128)

Gregor Straube argumentiert weiter, dass sich das Zukünftige oder noch nicht Gedachte im nicht-intelligiblen Bereich befindet, und da sich das Intelligible und Nicht-Intelligible einander bedingen, destabilisiert das Nicht-Intelligible den Raum des gesellschaftlich Intelligiblen (siehe auch Butler 1991, 121). Kurz und intersektional interpretiert, bedeutet das, dass die Wechselwirkungen zwischen der Identitäts-, Repräsentations- und Strukturebene immer auch einen Möglichkeitsraum bieten, die Normen zu überschreiten und Herrschaftsverhältnisse zu hintergehen. Nach Butler gibt es folglich die Möglichkeit der Veränderung auf einer abstrakten Sprachebene, denn Handlungsfähigkeit besteht für Butler in der Option, verfestigte Strukturen und Normative als Machtverhältnisse neu zu ordnen (Butler 2006, 254). Butler verortet Handlungsfähigkeit nicht außerhalb diskursiver Machtverhältnisse, sondern an den Schnittpunkten, wo sich Diskurse erneuern (dies. 1993b, 125). Sie argumentiert herrschaftskritisch, indem sie verdeutlicht, dass die normative Ausrichtung der Individuen an gesellschaftlichen Vorgaben notwendig ist, um erkennbar zu sein und anerkannt zu werden, jedoch gleichzeitig eine Zurichtung ist. Das bedeutet, um Subjekte zu werden und überleben zu können, müssen sie sich Normen unterwerfen, die nicht ihre sind. Es kann aber nicht davon ausgegangen werden, dass die Subjektkonstituierung für alle Individuen in allen Machtfeldern gleich ist und dass Verschiebung zu immer gleichen Bedingungen verläuft.

Handlungsfähigkeit ist, laut Butler, keine transzendentale Kategorie, sie ist ein Effekt der Diskursbedingungen. Sie ist auf der gleichen Macht- und Diskursebene angesiedelt wie das Subjekt selbst und kann auch nur dort existieren. Das Subjekt kann nach Butler nur innerhalb von Machtverhältnissen operieren, das bedeutete aber nicht, dass es diese zwangsläufig reproduzieren muss. Widersetzung sieht Butler dann in der Möglichkeit, die Grenzen der Intelligibilität zu verschieben, sie zu rekontextualisieren und zu deformieren.

Durch ein Zusammendenken von Butlers Theorie und der Intersektionale Mehrebenenanalyse können die Wechselwirkung zwischen der Identitätskonstruktion und der Inkorporierung von Repräsentationen und zwischen der Strukturebene erfasst werden. Die Intersektionale Mehrebenenanalyse bietet die Möglichkeit auch die Wirkmächtigkeit von bereits materialisierten strukturellen Macht- und Herrschaftsverhältnissen für Identitätskonstruktionen zu erfassen. Handlungsfähigkeit und Widersetzung erzeugen einen unterschiedlichen Aufwand (siehe 4.4.1), den Subjekte leisten müssen, Verletzungen und Drohungen auszuhalten sowie Nachteile und Risiken in Kauf zu nehmen. Deshalb müssen die unterschiedlichen vulnerablen Positionalitäten drogengebrauchender Sexarbeiterinnen erfasst werden. Konkret bedeutet das, drogengebrauchende Sexarbeiterinnen sind qua ihrer erzwungenen Subjektivierung marginal und ausgebeutet positionalisiert. Diese Positionalität ist häufig von gewalttätigen Strukturen durchzogen.

Um die „verhärteten" Strukturen von Marginalisierung, Ausbeutung und Gewalt nicht aus dem Blick zu verlieren, wird mithilfe der intersektionalen Analyse der Wechselwirkung auf den drei Ebenen verdeutlicht, wie gewaltvoll Herrschaftsverhältnisse immer wieder auf die Identitätsebene zurückwirken und verschiedenste Effekte in den Subjektkonstruktionen hervorrufen. Die Analyse der Wechselwirkungen ermöglicht es auch, Interventionsmöglichkeiten aufzuzeigen.

Für Butler sind handelnde Individuen keine vordiskursiven Entitäten, sondern sie werden innerhalb symbolischer und struktureller Machtverhältnisse konstituiert. Der performative Prozess, in dem das Intelligible und Nicht-Intelligible fortgeschrieben wird, ist auch der Ort der Handlungsfähigkeit und politischen Teilhabe. Hier wird die Ambivalenz des Butlerschen Politikansatzes und dem damit verbundenen Begriff der Handlungsfähigkeit deutlich. Die Verschiebung als das Möglichkeitsmoment der

Subversion kann reifizierend wirken, Herrschaftsstrukturen verfestigen oder diskriminierende ausgrenzende Strukturen und Repräsentationen verstärken. Um diese Reifikationen sichtbar zu machen und analysieren zu können, ist die Intersektionale Mehrebenenanalyse ein geeignetes Werkzeug. Identifizierbar wird in der Analyse, ob die Individuen nach Klaus Holzkamp restriktiv oder verallgemeinert handeln[23] und inwieweit sie, um mit Foucault zu sprechen, über eine Ethik des Selbst, im Sinne der Sorge um das Selbst, verfügen bzw. diese überhaupt umsetzen können. Die Intersektionale Mehrebenenanalyse leistet an dieser Stelle den Beitrag, heuristisch das Bedingungsgeflecht von Selbstermächtigung und Unterwerfung zu interpretieren und zu verstehen.

In diesem Zusammenhang ist noch anzumerken, dass in der Arbeit der Begriff der Positionalität verwendet wird, um zu verdeutlichen, wie unterschiedliche Machtachsen miteinander verknotet sind. Ich benutze Positionalität im Sinne einer Zustandsbeschreibung, die das Ergebnis diverser Machtverschränkungen ist. Das bedeutet nicht, dass sie unveränderbar, gar essentiell oder persistent wären, im Gegenteil. Die Positionalität verändert sich, mit Butler gesprochen, bereits zum Zeitpunkt der Bezeichnung. Positionalität beschreibt einen performativen Subjektstatus im Umgang mit Macht. Sie wird nicht nur als eine Analysekategorie, sondern auch als eine politisch-ethische Kategorie verstanden.[24] Es geht nicht nur darum, Machtverhältnisse aufzudecken, sondern auch Verantwortung zu übernehmen. Der Begriff der Positionalität schließt somit an das Konzept des „Situierten Wissens" von Haraway (1995) an. Der Begriff wird benutzt entgegen dem Relativismus einer unschuldigen Position, und Macht wird im Anschluss an Foucault relational wahrgenommen. Ich ordne den Begriff Positionalität der Intersektionalen Mehrebenenanalyse zu. Deshalb ist eine komplexe Verschränkung der identitären, repräsentativen und strukturellen Ebene immer mitzudenken, die den subjektiven Handlungsrahmen von Positionalitäten begründen. Positionalität beschreibt die Singularitäten in einem scheinbar homogenen Feld, so dass das komplexe System von Unterdrückung und die darin unterschiedlichen Unterwerfungs- und Selbstermächtigungsstrategien drogengebrauchender Sexarbeiterinnen erfasst werden können.

Ausgehend von Michel Foucault, dem zufolge innerhalb von Gewaltverhältnissen keine Selbstermächtigung entstehen kann (Foucault 1994a, 251f), sind auch Macht-, Herrschafts- und damit ebenfalls Handlungsräume differenter Subjektpositionalitäten heterogen ausgestaltet. Eine weitere Hilfestellung Handlungsfähigkeit und Widersetzung drogengebrauchender Sexarbeiterinnen zu beschreiben, bietet die postkoloniale Theoretikerin Gayatri Chakravorty Spivak.

---

23 Verallgemeinerte Handlungsfähigkeit bedeutet knapp umrissen die Kontrolle über die Lebensbedingungen zum Wohl aller gemeinsam zu erkämpfen. Die Basis verallgemeinerter Handlungsfähigkeit ist die Artikulation von Subjektivität, das Erkennen und Begreifen der eigenen Lage und der Zusammenschluss mit anderen (Winker 2009). Restriktive Handlungsfähigkeit bedeutet sich einrichten, sich abfinden mit den bestehenden Rahmenbedingungen und unter diesen Bedingungen versuchen, einen Rest an Verfügung zu bekommen (ebd.). Siehe dazu weiterführend Holzkamp, Klaus 1984a/1984b/1990.

24 Ich danke an dieser Stelle Antke Engel, Nina Schulz und Juliette Wedel für ihre Ausführungen (Engel/Schulz/Wedel 2005).

## 4.3.2 Handlungsfähigkeit bei Gayatri Chakravorty Spivak

Gayatri Chakravorty Spivak entwickelte im Zusammenhang mit dem Akt der Kolonisation einen Repräsentationsbegriff, der im Folgenden beschrieben wird. Kolonisation ist für sie nicht nur die Annektierung von Territorien, sondern sie wirkt überall, wo die Beschreibungen und Erklärungen der Welt, der Dinge und der Menschen institutionalisiert und in die herrschenden Diskurse verwoben werden (Spivak 1988). Spivaks Thesen beschreiben die epistemische Gewalt der westlichen Diskurse, sie begreift die Geschichte des Kolonialismus als eingeschrieben in die westlichen Wissensformen, deren Eurozentrismus nicht durch einen Ethnozentrismus zu überwinden sei. Das dekonstruktivistische Diktum *the subaltern cannot speak* (ebd.) begründet sie mit dem Standpunkt, der in der unmöglichen Verweigerung gegenüber einer Struktur, die man angreift und zugleich verinnerlicht hat, besteht (Spivak 1993, 60). Spivak entwickelt einen Repräsentationsbegriff, der die essentialisierende Wirkmächtigkeit der Institutionalisierung von Diskursen im Zusammenhang des Tuns, des Wissens und des Seins thematisiert (ebd. 1990, 10). Spivak verweist mit der Analyse der Repräsentationstechniken auf das Ausgeschlossene und Marginalisierte, dies enttarne die Techniken der Zentrierung in den hegemonialen Bezeichnungspraktiken.

„The centre is always constituted in terms of its own marginality. [...] certain people have always been asked to cathect the margins so others can be defined as centred." (ebd. 40f)

Die Position des Zentrums werde erst durch die Markierung von verschiedenen Marginalitäten erschaffen, so Encarnación Gutiérrez Rodríguez. Die Abweichung und Differenz entstehe jedoch erst durch die Zuweisung des Normativen an das Zentrum sowie seine Bezeichnung als das Selbstverständliche, das Eigentliche. Die Bezeichnung subalterner Positionen durch die Hervorhebung und Markierung der Andersheit und des Besonderen diene der Affirmierung des herrschenden Subjekts, das sich anscheinend in keinem Erklärungs- oder Legitimierungsbedarf befindet. In dieser asymmetrischen Kommunikationspraxis würden die Positionen des Rezipienten und Sprechenden festgelegt. Für Spivak, so Rodríguez, sind die Instrumente der Kommunikation mit den materiellen Effekten der Institutionalisierung von Herrschaft verknüpft, d.h. mit den Ressourcen und der Infrastruktur, die dem Sprechenden zur Verfügung stehen. Sprechen im Sinne von Darstellen und Vertreten sei bei Spivak abhängig von der Verfügung über die Ressourcen der Entscheidung und Gestaltung der Welt (Rodríguez 2001, 38).

Bezogen auf das Thema drogengebrauchende Sexarbeiterinnen stellt sich die Frage, wie die Situation der Frauen sichtbar gemacht werden kann, ohne vom herrschenden Diskurs vereinnahmt zu werden. Der Ausweg aus dem Dilemma wäre, den Betroffenen selbst eine Stimme zu geben. Hier ist Spivaks Analyse eher pessimistisch, da die Instrumente der Kommunikation im Herrschaftsdiskurs institutionalisiert sind und die Kommunikationspraxis zwischen RezipientIn und SprecherIn asymmetrisch ist. Drogengebrauchende Sexarbeiterinnen haben in ihrer Alltagsrealität keine Möglichkeit die Position der Sprecherin einzunehmen. Das heißt für sie müsste eine Situation geschaffen werden, in welcher auch ihnen Ressourcen und Infrastruktur zugänglich sind, um ein Sprechen im Sinne von „Darstellen" und „Vertreten" zu ermöglichen. Trotz dieser „utopischen" Einschätzung hinsichtlich der Problemlösung ist die Theorie der *Postcolonial Studies* ein wichtiges Werkzeug für die Analyse von Widersetzung, Handlungsfähigkeit und Empowerment drogengebrauchender Sexarbeiterinnen. Spivak ist insbesondere durch ihren konsequent dekonstruktivistischen und gleichzeitig strategischen essentialistischen Ansatz bekannt. Diese beiden Paradigmen haben mich veranlasst, sie in die theoretische Rahmung für Handlungsfähigkeit und Widersetzung aufzunehmen.

Wie im Unterkapitel zur Intersektionalität bereits eingeführt, arbeitet Spivak mit dem Begriff der Subalternen. Diesen Begriff möchte ich verwenden, um die heterogenen Lebenslagen von drogengebrauchenden Sexarbeiterinnen, ihre Handlungsfähigkeit und Widersetzung in den Blick zu bekommen. Im Folgenden werde ich die Anschlüsse von Spivaks Begriff der Subalternität (siehe 4.3.2.1) und der Handlungsfähigkeit (siehe 4.3.2.2) in meinem Forschungsfeld nachzeichnen.

### 4.3.2.1 Der Begriff der Subalternen

Spivak lehnt sich in der Verwendung des Begriffes der Subalternen an die aus indischen HistorikerInnen bestehende *Subaltern Studies Group* (SSG) an. Die SSG verfolgt die Zielstellung, die offizielle indische Geschichtsschreibung zu revidieren. Diese schreibt die Verdienste um den unabhängigen indischen Nationalstaat einzig der Elite zu. Die SSG greift zu Beginn der 1980er Jahre Gramscis Begriff der Subalternen auf, um die Historie aus Sicht der Subalternen zu schreiben. Spivak grenzt sich allerdings durch den dekonstruktivistischen Gestus ihrer Arbeiten von den homogenisierenden Konzepten der SSG ab.

Sie bezeichnet mit dem Begriff der Subalternen diejenigen, denen (soziale) Mobilität verwehrt bleibt, die in einem Raum existieren, der in einem kolonisierten Land von den Mobilitätslinien abgeschnitten ist (Spivak 2008, 121). Für Spivak sind die Subalternen eine konstitutive heterogene Gruppe, „ein Raum der Differenz" (ebd. 128), die wir niemals sehen (ebd. 121). Dieser Auffassung liegt Spivaks Aufsatz „*Can the Subaltern Speak?*" zugrunde. Am Ende des Aufsatzes verneint Spivak diese Frage (ebd. 106/128). Spivak begründet die Verneinung hauptsächlich in der Repräsentation (ebd. 98f) der Subalternen und der epistemischen Gewalt (ebd. 75ff). Sie verwendet das Beispiel der Witwenverbrennung und weist nach, dass die Witwen sich nicht äußern können, dass aber das Sprechen über die Verbrennung zwischen „weiße Männer retten die braune Frau vor braunen Männern" und „die Frauen wollten tatsächlich sterben" polarisiert ist. Ersteres sei die postkoloniale Lesart, denn der Ritus wurde durch die Briten abgeschafft, letzteres sei das indische nativistische Argument, „das eine Parodie auf die nostalgische Suche nach verlorenen Ursprüngen" darstelle (Spivak 2008, 80f).

„Zwischen Patriarchat und Imperialismus, Subjektkonstituierung und Objektformierung, verschwindet die Figur der Frau, und zwar nicht in ein unberührtes Nichts hinein, sondern in eine gewaltförmige Pendelbewegung, die in der verschobenen Gestaltwerdung der zwischen Tradition und Modernisierung gefangen ‚Frau der Dritten Welt' besteht." (ebd. 101)

Da für Spivak Subalternität immer mit Unterjochung verknüpft ist, ist das Nichtsprechen bereits ursächlich mit dem Begriff der Subalternität verknüpft (ebd. 121). Sie bezieht sich auf die Subalternen der südlichen Hemisphäre, auf die dort lebenden armen Frauen, die vom sozialisierten Kapital nur in soweit beeinflusst werden, als dass sie das Ende der Kette von Ausbeutung und Unterdrückung zu spüren bekommen.

Sie ist natürlich nicht der Meinung, dass Subalterne sich nicht äußern können, sondern viel mehr, dass es Subalternen aufgrund der Verschränkung von Machtverhältnissen unmöglich ist, ihre heterogenen Bedürfnisse so zu formulieren, dass sie auch gehört werden. Spivak arbeitet zur Verdeutlichung mit dem Beispiel von Bhuvaneswari Bhaduris, einer jungen Frau, die den Freitod während ihrer Menstruation wählte, um – so die Interpretation ihres Suizids – der Narration einer ungewollten Schwangerschaft zu entgehen. Das wahre Motiv wurde erst in einem zehn Jahre später entdeckten Abschiedsbrief sichtbar. Dort beschrieb sie ihre Ausweglosigkeit in der Entscheidungsfindung als politische Aktivistin jemanden umbringen zu müssen und diese Tat nicht vollstrecken zu können. Als Konsequenz wählte sie den Freitod (ebd. 103ff).

Spivak arbeitet diesen Fall akribisch auf und beweist, dass der Suizid Bhaduris, der eine komplexe Selbstrepräsentation war und in die Geschlechternormen eingriff, in der Kommunikation durch die „HörerInnen" als solches nicht verstanden wurde. Spivak verdeutlicht an diesem Beispiel ihren Standpunkt, dass Sprechen die Transaktion zwischen SprecherIn und HörerIn ist (ebd. 122).

Ein weiterer zentraler Gedanke in ihrer Theorie verweist darauf, dass der Begriff der Subalternen seine Schlagkraft verliere, wenn er von Gruppen ausschließlich dafür benutzt wird, um auszudrücken, dass sie sich in irgendeiner Art und Weise untergeordnet fühlen (ebd. 123).

Ebenso wichtig in Spivaks Ansatz ist, dass die Subalterne erst in eine organische Intellektualität eintreten kann, wenn wir, die HörerInnen uns verändern, um die Verbindung zur sprechenden Subalterne herstellen zu können. Wir müssen unsere Ignoranz aufgeben, dass wir so bleiben können, wie wir sind, da nicht nur das Sprechen, sondern auch das Hören den Sprechakt erst vollständig machen. Sonst wird die Subalterne, selbst wenn sie den eigenen Tod einsetzt, um zu sprechen, trotzdem nicht gehört werden (ebd. 127).

Spivak spricht hier einen wichtigen und brisanten Punkt an. Die Subalterne versuche zu sprechen und wähle radikalste Formen, um gehört zu werden, aber das akademische, westliche Lager sei nicht in der Lage, sie zu hören, so lange es nicht versuche sich selbst zu verändern. Veränderung sei hier so zu verstehen, dass Menschen aus dem akademischen Rahmen herauszutreten und sich solidarisieren müssen. Sie formuliert diesen Punkt sehr konstruktiv und wohlwollend, aber im Grunde benennt sie ein Hauptproblem des westlichen Feminismus, der über und für die Subalterne sprechen möchte, ohne die eigene Privilegierung preisgeben zu müssen. Sie nennt das auch in die „Struktur der Verantwortlichkeit" mit der Subalternen zu treten, um damit ein „Lernen zu erlernen", dessen Effekte in die eine und andere Richtung fließen (ebd. 129).

Nachdem ich den Begriff der Subalternen verdeutlicht habe, stellt sich die Frage, ob es in Spivaks Theorie überhaupt möglich ist, Handlungsfähigkeit für die Subalternen zu definieren?

## 4.3.2.2 Spivaks Handlungsfähigkeit

Spivak geht nicht davon aus, dass aus Identitätsansprüchen automatisch schon eine Handlungsfähigkeit folgt, da erstere immer auch die politische Vereinnahmung und Manipulation von Menschen nach sich ziehen (Spivak 2008, 130). Hingegen sei Handlungsfähigkeit eine „in Verantwortung stehende Vernunft" (ebd.). Verantwortlich handeln bedeute, die mögliche Absicht oder Motivation und die Freiheit in der Subjektkonstruktion anzunehmen. Spivak plädiert dafür, nicht die Handlungsfähigkeit als soziale Essenz, sondern die verschiedenen Spielarten von Handlungsfähigkeit in den Blick zu nehmen (ebd. 131).

Für Spivak kann Handlungsfähigkeit als Wort ständig kritisiert werden (Spivak 2008, 132). Spivak verdeutlicht ihre eigene Positionalität, um zu zeigen, dass der Handlungsfähigkeit immer unterschiedliche Wahlmöglichkeiten zugrunde liegen und appelliert, ausgehend von ihrer Position, an die Verantwortung innerhalb der Diaspora, sich nicht nur gegen die Ausbeutung der eigenen Community einzusetzen, sondern darüber hinaus für „den entfernten und unmöglichen, jedoch notwendigen Horizont eines Endes aller Ausbeutungen" (Spivak 2008, 133). Dieser Ansatz ist wichtig, um der Versuchung der kulturellen Begrenzungen und damit notwendigerweise einer Ausgrenzung zu entgehen. Spivak buchstabiert dieses Konzept nur für die US-amerikanische Diaspora aus, trotzdem bietet es eine gute Basis für die Analyse meines Forschungsfeldes. Um die Übertragung zu verdeutlichen, transferiere ich Spivaks Ansatz auf die Intersektionale Mehrebenenanalyse:

- Auf der identitären Ebene nutze ich als Forscherin meine Positionalität, um Ausbeutung nicht nur im engen Rahmen der „prekären Wissensarbeiterin" zu definieren, sondern mich auch in anderen Feldern zu engagieren, was eben auch heißt, im Forschungsfeld Verantwortung zu übernehmen. Das bedeutet nach solidarischen Ansätzen auf der Subjektebene zu suchen und diese im Weiteren auszubauen.
- Auf der Repräsentationsebene nutze ich meine Ressourcen, um drogengebrauchenden Sexarbeiterinnen Gehör zu verschaffen, z.B. die Repräsentationen drogengebrauchender Sexarbeiterinnen in den allgemeinen Sexarbeiterinnen-Diskurs einzubringen.
- Auf struktureller Ebene bedeutet das, Koalitionen und Netzwerke zu erstellen, die über die Grenzen der „Beschaffungsprostitution" hinausgehen. Ein konkretes Beispiel ist, immer wieder AnwohnerInnen bezüglich der Gentrifizierung im Stadtteil mit ihren Auswirkungen für alle Ausgegrenzten zu sensibilisieren, um dann gemeinsame Aktionen zu planen.[25]

Spivak nennt Ausbeutung abstrakt und Handlungsfähigkeit zentriert, betont aber auch deren strukturelle Verwobenheit (ebd.). Ich verstehe darunter, dass die Ausbeutung der Subalternen für ForscherInnen nur abstrakt erscheinen kann, selbst wenn wir

---

25 Z.B. die Veranstaltung des Feministischen Instituts im Juni 2009, die Vernetzung mit der sozialen Bewegung „Recht auf Stadt" in Hamburg, die Gründung der Aktionsgruppe „Recht auf Straße" 2011, der Workshop gemeinsam mit der Rosa Luxemburg Stiftung „Stadt, Prostitution, Vertreibung" im Dezember 2011.

mit den Subalternen arbeiten. Im Gegensatz dazu kann innerhalb von Handlungsfähigkeit Verantwortung übernommen werden, indem nicht nur gegen die eigene Ausbeutung gekämpft wird. Nach Spivak stellt die Subalterne der ersten Welt die auf sich zurückgestoßene vierte Welt[26] dar. Es sei wichtig, die immensen Differenzen zu bedenken, die es in diesen Räumen unmöglich machen, die dargestellte Handlungsfähigkeit einzufordern. Es geht also nicht darum, die Subalternen der vierten Welt zu romantisieren, sondern für sie zu arbeiten. Weitestgehend habe ich oben bereits dargestellt, wie die Forderung in Bezug auf die subalterne drogengebrauchende Sexarbeiterin umgesetzt werden kann. Spivak wird an dieser Stelle sehr konkret und sagt, es gehe eben nicht nur um das Sprechen, sondern, „das eigene Hinterteil [im wissenschaftlichen Rahmen, Anmerkung d. Verf.] in Bewegung zu setzen" (ebd.134).

Spivaks Nachdenken über Handlungsfähigkeit verweist meiner Meinung nach auf Holzkamps Theorie der restriktiven und verallgemeinerten Handlungsfähigkeit, indem Spivak dazu aufruft, Verantwortung für das Ganze zu übernehmen und Ausbeutung über den eigenen Horizont hinaus zu thematisieren und nicht nur für die eigene Community zu kämpfen (siehe Kapitel 6.2.1).

In Bezug auf Identitätsansprüche formuliert Spivak, dass diese in Ordnung seien, solange sie innerhalb der Bewegung immer auch Kritik generieren (ebd. 135). Sie postuliert, dass es wichtig ist, etwas zu teilen und Überschneidungen zu sehen, um politisch handlungsfähig zu sein. Aber sie appelliert auch an die „neuen ImmigrantInnen", sich auch ihrem eigenen Rassismus zu stellen.

Dieser Ansatz muss unbedingt auf weiße Frauen projiziert und im intersektionalen Rahmen erweitert werden. Sich mit dem eigenen Rassismus auseinanderzusetzen ist das eine, es gilt jedoch auch, die Verstrickung mit den anderen Herrschaftsstrukturen Klassismus, Heteronormativismus und Bodyismus zu erkennen und zu verändern. Ich denke an dieser Stelle wird die Anschlussfähigkeit von Spivaks Ansatz an die Intersektionale Mehrebenenanalyse nochmals sehr transparent. Spivak spricht als Intellektuelle und als Immigrantin aus der Dritten in die Erste Welt, ich als weiße Frau, die aktuell ihre Dissertation über Subalterne der Vierten Welt schreibt. Den Ansatz von Spivak ernst zu nehmen, bedeutet Verantwortung bezüglich der gesellschaftlichen Ungleichheit und ihrer Konsequenzen zu übernehmen und für die Subalternen zu arbeiten. Das bedeutet, die Subalterne nicht durch „kulturelles Wohlwollen", sondern durch außerakademische Arbeit in den Kreislauf der parlamentarischen Demokratie einzubringen, also, „die eigene Zeit und die eigenen Fähigkeiten dafür aufs Spiel zu setzen" (ebd. 146) und damit den subalternen Raum aufzulösen (ebd. 147).

„Wenn es darum geht, dem internalisierten Gendering subalterner Frauen zu begegnen und deren Zugang zur (Staats-)Bürgerschaft zu gewährleisten, dann sollten sich alle ‚globalen Feministinnen' diese Bemühungen wirklich sorgfältig ansehen, ohne ihre eigene Art von internalisiertem Gendering mit den Umrissen des Weiblichen als solchen zu verwechseln." (ebd. 147)

Es ist wichtig zu reflektieren, was wir wie produzieren und welche Auswirkungen die Ergebnisse unserer Arbeit haben. Spivak stellt die verantwortliche Vernunft gegen

---

26 Nach meinem Verständnis meint Spivak mit der vierten Welt die so genannten Überflüssigen, Deklassierten in den hoch entwickelten Industrieländern.

die kulturelle Differenz (ebd. 136), dieser Position schließe ich mich ohne Kommentar an und möchte damit auf die Theorie der Handlungsfähigkeit bei Donna Haraway überleiten. Beide Philosophinnen nähern sich zwar aus unterschiedlichen Richtungen dem Thema der Handlungsfähigkeit, jedoch sind ihre Schlussfolgerungen ähnlich. Ich nutze auch Haraways Ansatz für eine theoretische Fundamentierung, um die Handlungsfähigkeit im Feld drogengebrauchender Sexarbeiterinnen zu untersuchen. Spivak sowie auch Haraway sehen sich dem dekonstruktivistischen Feminismus verpflichtet.

Spivak setzt sich innerhalb der Dekonstruktion immer wieder mit den Gefahren, aber auch der Notwendigkeit strategischer Essentialismen auseinander. So plädiert sie dafür Frauen als Frau zu benennen, wenn kritisiert werden soll, dass ihnen als Frau die Bürgerrechte vorenthalten werden, um am Ende nicht in die Wehklage zu verfallen, dass die materielle Möglichkeit für diesen Namen verschwindet (Spivak 2005, 256f). Indem Spivak für die Verwendung des Namens „Frau" im Sinne eines Begriffes plädiert, fordert sie, die eigene Verwobenheit mit Herrschafts- und Machtverhältnissen anzuerkennen. Es geht ihr darum, den Namen „Frau" nicht einfach hinzunehmen, sondern Verantwortung für den „Handlungsverlauf" sowie für das Nicht-Gesprochene und Nicht-Gehörte zu übernehmen, (Spivak 2005. 256f). Haraway schreibt zwar gegen Essentialismen, nichtsdestotrotz plädiert sie für die Schaffung von Koalitionen im Sinne der Affinität:

„Für mich und viele andere, die eine vergleichbare historische Verortung in einem weißen, weiblichen, radikalen, nordamerikanischen Körper der berufstätigen Mittelschicht mittleren Alters teilen, gibt es unzählige Ursachen für eine Krise der politischen Identität. Der größte Teil der US-Linken und des US-Feminismus hat auf diese Krise in letzter Zeit mit endlosen Spaltungen und Versuchen, eine neue essentielle Einheit zu finden, reagiert. Daneben entwickelte sich aber auch ein zunehmendes Verständnis für eine andere mögliche Strategie der Koalitionsbildung: Affinität statt Identität." (Haraway 1995b, 41)

Während Haraway strikt anti-essentialistisch argumentiert, plädiert Spivak für einen strategischen Essentialismus, der aber nie ontologisch ist. Für mich ist diese Form des Essentialismus dem Ansatz von Haraway sehr ähnlich, Koalitionen auf der Basis von Affinitäten zu begründen (Haraway 1995, 110). Besonders in der Formulierung von Verantwortung und Handlungsfähigkeit sehe ich Parallelen zwischen Haraway und Spivak.

### 4.3.3 Handlungsfähigkeit bei Donna Haraway[27]

Haraways Theorie eignet sich hervorragend, um einen gemeinsamen Bezugsrahmen, der eine notwendige Voraussetzung für Handlungsfähigkeit ist, zwischen den Sub-

---

27 Die Idee einer Implementierung der Theorien von Donna Haraway in das Thema der „Beschaffungsprostitution" verdanke ich einem Text von Anja Rinas und Ellen Kuhlmann. Die feministischen Sozialwissenschaftlerinnen arbeiteten Haraways Theorien in die frauenzentrierten Ansätze der HIV/AIDS Prävention in Afrika und in die ethnologische Forschung zu diesem Thema ein (Rinas/Kuhlmann 2003).

jektpositionalitäten drogengebrauchender Sexarbeiterinnen und den unterschiedlichen AkteurInnen innerhalb der informellen Drogen- und Sexökonomie herzustellen. Um Empowerment bei drogengebrauchenden Sexarbeiterinnen umzusetzen, müssen zuerst Koalitionen geschaffen werden. Daran anschließend ist die Frage zu beantworten, wie die einzelnen AkteurInnen dazu gebracht werden können, ihre Positionalitäten aufzugeben bzw. partielle situative Verknüpfungen untereinander herzustellen, um eine politische Handlungsfähigkeit und Artikulationsräume für die „nicht normgerechte Beschaffungsprostitution" zu entwickeln.

Haraway plädiert dafür, wie viele andere feministische WissenschaftlerInnen, dem unterworfenen Standpunkt ein besonderes Vertrauen zu schenken und Wissen gegen verantwortungslose nicht lokalisierbare Positionen zu verorten und zu verkörpern (Haraway 1995, 83). Ihr Essay „Situiertes Wissen" wendet sich gegen ein Wissen vom Standpunkt des Unmarkierten, da diesem eine herrschende Positionalität zu Grunde liegt, die phantastisch, verzerrt und deshalb irrational ist (Haraway 1995, 85). Ein Sehen von unten sei aber weder einfach zu lernen noch unproblematisch (Haraway 1995, 83). Die Standpunkte der Unterworfenen sind keine ‚unschuldigen' Positionen, deshalb schlägt Haraway im Unterschied zum Relativismus die Betrachtung einer Vielfalt von partialem, lokalisierbarem und kritischem Wissen vor, welches die Möglichkeit zur Vernetzung enthält, die in der Politik als Solidarität und in der Epistemologie als Diskussionszusammenhänge bezeichnet werden (Haraway 1995, 84). Sie stellt sich gegen einen Relativismus im Sinne einer Verallgemeinerung in der Wissenschaft und positioniert sich damit gegen eine Essentialisierung von Forschungssubjekten. Im Sinne einer Dekonstruktion der Kategorie „Drogenprostituierte" werden in dieser Arbeit sowohl die Differenzen als auch die Gemeinsamkeiten in der Gruppe der drogengebrauchender Sexarbeiterinnen in den Fokus genommen, wobei letzteres nicht bedeutet, dass diese Gruppe homogen ist.

Partiales Wissen der Vielfalt soll solidarische Koalitionen schaffen, die Empowerment ermöglichen. Obwohl für Haraway nicht jede partiale Position brauchbar ist, gilt auch hier, subsumierenden Holismen zu misstrauen. Haraway tritt, nach meiner Lesart, für eine antikategoriale intersektionale Perspektive auf Theorie und Praxis ein, die „Anfechtung, Dekonstruktion, leidenschaftlicher Konstruktion, verwobenen Verbindungen und der Hoffnung auf Veränderung den Vorrang gibt" (Haraway 1995, 85). Sie verdeutlicht, dass Identitätspolitik und Epistemologie keine Strategie sein können, um einen kritischen oder klaren Blick vom Standpunkt der Unterworfenen einzunehmen. Erst wenn man das gespaltene, widersprüchlich konstruierte und erkennende Selbst anerkennt, ist man befähigt, die Sichtweise einer Anderen einzunehmen, ohne den Anspruch zu haben, jemand anderes zu sein. Haraways Überzeugung eine vollständige und absolute Position abzulehnen, entspricht einer kritischen intersektionalen Positionalität als Wissenschaftlerin, die keinen Anspruch auf Ganzheit hat. Zudem bietet dieser Ansatz eine Idee an, wie drogengebrauchende Sexarbeiterinnen dazu gebracht werden können, ihre Positionalität aufzugeben bzw. partielle situative Verknüpfungen untereinander herzustellen, indem er es ermöglicht, eine intersektionale Perspektive auf deren Handlungsfähigkeit und Widersetzung einzunehmen. Im nächsten Unterabschnitt werde ich zuerst auf das dekonstruktivistische Körperverständnis von Haraway eingehen, dem ihr Cyborg-Ansatz zugrunde liegt (4.3.3.1). Danach werde ich ihre Theorie von Handlungsfähigkeit, die sie u.a. in ihre

Überlegungen zum Immunsystem einfließen lässt, mit der IMA verbinden und auf die drogengebrauchenden Sexarbeiterinnen beziehen (4.3.3.2).

### 4.3.3.1 Der Körper als Konstrukt

Die provokativen Thesen Haraways stellen die naturalistischen Theorien massiv in Frage. In der Darstellung von Haraways Thesen soll der Schwerpunkt auf den sich auflösenden Grenzen und Identitäten und den Folgen für das Handeln liegen. Als Zugang wird ihre Essaysammlung „Die Neuerfindung der Natur" (Haraway 1995) gewählt. Die Autorin bietet viele Anknüpfungspunkte, um Wissen kritisch zu reflektieren und Konzepte weiterzuentwickeln. Haraway versucht in ihrem „Manifest für Cyborgs" (ebd. 33-72) einen ironisch-politischen Mythos zu erzählen, der im Sinne einer Blasphemie dem Feminismus, dem Sozialismus und dem Materialismus die Treue hält. Mit Blasphemie meint Haraway eine Sichtweise, die dem ehrfürchtigen Glauben an die reine Lehre und der Identifikation trotzt. In das Zentrum dieser mythischen Erzählung setzt sie die Cyborg und vertritt in diesem Rahmen die Überzeugung, dass wir alle Cyborgs sind und damit ein „respektloses" Potential haben (ebd. 36). Das Manifest lese ich als Aufforderung, scheinbar unvereinbare Grundannahmen neu zu kombinieren. Zum Beispiel basiert das Konzept des frauenspezifischen Sucht-Ansatzes auf der Vorstellung homogener Lebenslagen von Frauen und kollidiert mit dem feministischen Dekonstruktionsansatz. Haraways Theorie bietet nicht nur Erweiterungsmöglichkeiten aus der Enge dieses Ansatzes, sondern liefert auch Anschlüsse für die Intersektionale Mehrebenenanalyse. Da sie den Körper in das Zentrum ihrer Überlegungen setzt, ergeben sich weiterführende Erkenntnisse zur Handlungsfähigkeit und Widersetzung drogengebrauchender Sexarbeiterinnen.

Für Haraway sind Körper aktiv als Akteure am sozialen Konstruktionsprozess beteiligt, und ihre Materialität kann nicht ausschließlich als Effekt sprachlich vermittelter Praktiken erklärt werden (Haraway 1995, 14). Körper sind für Haraway zwar Wissensobjekte, jedoch wird die Art und Weise des Regierens nicht ausschließlich durch Diskurse, Normen, Ideologien und strukturelle Herrschaftsverhältnisse bestimmt, sondern entscheidend auch von materiell bedingten körperlichen und geistigen Zuständen, wie Krankheit, Hunger, Freude, Wut usw. geprägt. Um diese nicht als bloße Effekte von Bezeichnungspraktiken, sondern als aktive Materialisierungsweisen fassen zu können, ist das Konzept des Situierten Wissens von Haraway von großer Bedeutung. Entsprechend gilt es, den Körper als „materiell semiotischen Erzeugungsknoten" (Haraway 1995, 96) zu verstehen, der als Ausgangspunkt spezifischer Handlungsfähigkeit fungiert. Seine Grenzen werden innerhalb von Kartierungspraktiken gezogen und materialisieren sich in sozialen Interaktionen, wobei jede Grenzziehung eine riskante Praktik ist. Objekte sind nach Haraway nicht präexistent, sondern sie sind per se Grenzprojekte, wobei Haraway die Grenzen als schwer definierbar und risikoreich charakterisiert, da sie sich von selbst verschieben (Haraway 1995, 96).

„Like ‚poems', which are sites of literary production where language too is an actor independent of intentions and authors, bodies as objects of knowledge are material-semiotic generative nodes. Their boundaries materialize in social interaction. Boundaries are drawn by mapping practices; ‚objects' do not preexist as such. Objects are boundary projects. But boundaries shift

from within; boundaries are very tricky. What boundaries provisionally contain remains generative, productive of meanings and bodies? Siting (sighting) boundaries is a risky practice." (Haraway 1988, 595)

Die Orte, in denen sich Körper in Objekten materialisieren, sind verwoben mit Herrschaftsstrukturen und symbolischen Repräsentationen. Körper als Akteure können
Bedeutungszusammenhänge und Bezeichnungspraktiken verschieben, die neue, nicht
normierte oder kontrollierte Effekte aufweisen. Die Möglichkeit zur Verschiebung
kann als politisches Potential der Materialität begriffen werden, wobei Objekte und
Körper zu aktiven Teilhabenden am Politischen werden (Straube 2004, 134 f).

Haraway durchdenkt das Verhältnis zwischen Natur und Kultur neu. Mit dem
Begriff der artefaktischen Natur versucht sie, den Doppelcharakter der gleichzeitigen
und gegenseitigen Konstituierung von Natur und Kultur zu fassen. Haraway entwirft
die Cyborg als eine widerständige, weder eindeutig natürlich noch eindeutig kulturelle Figur, in der die Dichotomie von Kultur und Natur aufgehoben wird. Durch diese
Abstraktion gelingt es ihr, politische Allianzen, die auf eine Identitätspolitik zurückgreifen, zu vermeiden. Für Haraway ist das Verhältnis zwischen Kultur und Natur
nicht statisch, sondern es unterliegt einer ständigen Veränderung, d.h. alle dichotomen Zuschreibungen werden aufgebrochen und unterliegen der Verhandlung. Dieser
Prozess wird von ihr als inhärent politisch begriffen, und Politik ist niemals abgeschlossen. Für Haraway sind Körper fragile, partikular zusammengesetzte und momentane Entitäten. Die Metapher eines Gesellschaftskörpers kann verdeutlichen, dass
der Körper sowohl eine Einheit, aber gleichzeitig auch eine Verwobenheit aus Individuen, Objekten, Strukturen und Institutionen ist. Körper sind weder nur reine Effekte, noch ausschließlich natürlich determiniert.

Haraway postuliert, dass der Körper in allen verschiedenartigen, oppositionell
miteinander verbundenen politischen und biomedizinischen Erzählungen ein verhält-
nismäßig eindeutiger Ort bleibt. Er ist gekennzeichnet durch Identität, Handlungsfä-
higkeit, Arbeit und durch eine Funktionshierarchie (ebd. 173). Haraway selbst ver-
steht den Körper als konstruiert. Sie kritisiert, wie Butler, in Anlehnung an den
Sozialkonstruktivismus die nicht hinterfragte Essentialisierung in der Sex-
/Genderunterscheidung, die mit der Vernachlässigung der Kategorie Sex und dem
Versäumnis ihrer angemessenen Historisierung einhergeht. Aber im Unterschied zu
Butler geht Haraway davon aus, dass Sex und Natur als Kategorien von Gender und
Kultur unterschieden werden können und ihnen daher im Konstruktionsprozess des
Geschlechtlichen bzw. des Kulturellen eine strukturierende Bedeutung zukommt. Al-
lerdings insistiert sie darauf, dass nicht vorausgesetzt werden kann, dass der Körper
vor dem Diskurs existiert (ebd. 109). Butler wendet sich in ihren Analysen dem Diskurs als Gestalter des Phänomens Körpergeschlecht zu. Haraway versucht außerdem
die Spielart des Körpergeschlechts im Prozess des Gestaltens zu enttarnen. Für sie
kommt es nicht nur auf die Dekonstruktion des Gestalters an, sondern auch auf die
Genealogie des Sexes als Gestalter. Körper sind für sie nicht nur Orte der Einschreibung, sondern sie sind Akteure, die Bedeutungen produzieren und so auf den Diskurs
einwirken. Haraway geht also deutlich über die konstruktivistische Perspektive hinaus (Rinas/Kuhlmann 2003, 63). „Natur und Kultur werden neu definiert. Die eine
stellt nicht mehr die Ressource für die Aneignung und Einverleibung durch die andere dar" (Haraway 1995, 35f).

Für Haraway gibt es keine grundsätzlichen Unterschiede zwischen dem Organismus, der Technologie und dem Text. Es existieren keine stabilen Identitäten eines klar umrissenen Körpers, er ist nicht als essentialistische Gegebenheit zu verstehen, die objektives Wissen festlegt. Biologie, Medizin, Kultur und Technologien prägen den scheinbar biologischen Körper. Für Haraway ist der Körper damit zum Cyborg geworden, der alle Einflüsse miteinander verbindet.

„Kein Objekt, Raum oder Körper ist mehr heilig und unberührbar. Jede beliebige Komponente kann mit jeder anderen verschaltet werden, wenn ein passender Code konstruiert werden kann, um Signale einer gemeinsamen Sprache auszutauschen." (ebd. 50/175)

Haraway verwendet den Begriff Cyborg im doppelten Sinne. Einerseits beschreibt das Bild der Cyborg die Verknüpfung von technologisch-organischen Objekten, die durch die herrschenden gesellschaftlichen Wissenschafts- und Technologieverhältnisse hervorgebracht werden. Andererseits fungiert die Cyborg als oppositionelle Erzählfigur des Menschen in einer postmodernen Welt (ebd. 33ff). Die Hybridität des Körpers und die politische Handlungsfähigkeit über die Metapher der Cyborg betrachtet lassen die herrschaftserhaltenden Grenzen zwischen Mensch und Tier, zwischen Organismus und Maschine sowie zwischen Materiellem und Nichtmateriellem zusammenbrechen.

„Die Maschine ist kein es, das belebt, beseelt oder beherrscht werden müsste. Die Maschine sind wir, unsere Prozesse, ein Aspekt unserer Verkörperung. Wir können für Maschinen verantwortlich sein; sie beherrschen oder bedrohen uns nicht. Wir sind für die Grenzen verantwortlich, wir sind sie." (ebd. 70)

Haraway plädiert dafür, dass Verwischen dieser Grenzen und die Auflösung der Dualismen zu „genießen" und „Verantwortung" zu übernehmen bei der Neukonstruktion (ebd. 35). Die Wissenschaftlerin benennt aber auch die Gefährlichkeit dieser Grenzauflösung am Beispiel der Vereinnahmung des Körpers durch die zunehmende Herrschaft und Kontrolle der Biotechnik (ebd. 38f). Der politische Kampf sollte immer beide Positionen einnehmen, also die Risiken und die möglichen Verbindungen sehen, da beides die spezifischen Herrschaftsverhältnisse und die entsprechenden Optionen sichtbar macht (Rinas/Kuhlmann 2003, 64). So könnte ein anderer möglicher Ausgangspunkt für die politische Koalitionsbildung die Affinität statt der Identität sein (Haraway 1995, 40ff). Wenn wir das nicht zur Kenntnis nehmen, seien wir mitschuldig,

„[...] durch die unreflektierte Partizipation an den Logiken, Sprachen und Praktiken des weißen Humanismus und durch die Suche nach einem einzigen Grund von Herrschaft, um uns unserer revolutionären Stimme zu versichern." (ebd. 48)

Die Entschuldigungen der Vergangenheit existieren für Haraway nicht mehr. Hier sieht sie ein Risiko, dass wir im Bewusstsein unserer Fehler – verbunden mit der Angst vor ihnen – in eine schrankenlose Differenz abgleiten und damit aufhören partielle und wirkliche Verbindungen herzustellen. „Einige Differenzen sind spielerisch, andere bilden eher die Pole eines weltweiten historischen Herrschaftssystems. ‚Epistemologie' heißt, Differenz zu erkennen" (ebd.). Zur Disposition steht dann auch ein Feminismus, der sich auf die homogene Gruppe der Frauen bezieht und diese essentialisiert. Diese Betrachtungsweise war aus Sicht von Haraway ein bedeutender Abschnitt auf dem Weg, die Grenzen der Identifikation zu erkennen. Nun sei es aber notwendig, gegen eine Einheit der Herrschaft und die Vereinnahmung Position zu beziehen (Rinas/Kuhlmann 2003, 64.). Die Dekonstruktion von Körper und Identität enttarnt ebenso die Konstruktion des Subjekts Frau, wie die Konstruktion von der allgemeinen Unschuld der Frauen und der pauschalen Schuld von Männern sowie der Existenz gemeinsamer Ziele der Frauen. Gleichzeitig wird gezeigt, dass auch die Begriffe Geschlecht und Macht immer nur kontextabhängig zu verstehen sind und komplexe Zustände beschreiben.

„Unschuld und das damit einhergehendes Beharren auf dem Opferstatus als der einzigen Grundlage von Erkenntnis haben genug Schaden angerichtet. Das konstruierte revolutionäre Subjekt sollte den Menschen des späten 20. Jahrhunderts aber auch zu denken geben. Im Verschleiß der Identitäten und in den reflexiven Strategien ihrer Konstruktion eröffnet sich die Möglichkeit, etwas anderes zu weben als das Leichentuch für den Tag nach der Apokalypse, die uns das Ende der Heilsgeschichte verheißt." (Haraway 1995, 44)

Eine neue Handlungsperspektive ergibt sich für Haraway aus den Zusammenschlüssen, die nicht auf Identität basieren. Die zunehmende Differenz offenbart Vielfalt und beweist, dass Macht- und Geschlechtergrenzen konstruiert sind. Dieser Ansatz eröffnet die Möglichkeit, begrenzt Verantwortung zu übernehmen. Haraway gehe es nicht um moralische Verpflichtungen, so Anja Rinas und Ellen Kuhlmann, sondern darum, die eigene Position und Perspektive zu verdeutlichen und die des Anderen zu verstehen (Rinas/Kuhlmann 2003, 64). Diese Positionalität schafft Verbindungen und Handlungsmöglichkeiten, aber gleichzeitig auch Begrenzungen.

### 4.3.3.2 Anschlüsse an das Forschungsfeld

Drogengebrauchende Sexarbeiterinnen sind Individuen mit unterschiedlichen Biographien und Lebensrealitäten. Wird im Sinne einer wissenschaftlichen Modellbildung eine Kategorie benötigt, um den Gegenstand zu untersuchen, muss immer wieder der Modellcharakter und ihre Konstruktion verdeutlicht werden. Haraways Konzept der Cyborg schafft die Möglichkeit einer differenzierten Betrachtungsweise von drogengebrauchenden Sexarbeiterinnen nicht nur im sozialisationstheoretischen oder biografischen, sondern auch im körperbezogenen Sinne. „Die Cyborg ist eine Art zerlegtes und neu zusammengesetztes, postmodernes kollektives und individuelles Selbst. Es ist das Selbst, das Feministinnen kodieren müssen" (Haraway 1995, 51).

Viele Menschen benötigen zeitweise oder dauerhaft Medikamente, Therapien, Implantate oder legale Drogen, um ein für sich akzeptables Leben zu führen. Sie haben damit ihren „natürlichen" Zustand verändert und agieren als Cyborg. Einige haben sich aus unterschiedlichsten Gründen für chemische Hilfsmittel (Drogen) entschieden, die von der Gesellschaft illegalisiert werden. Sie unterscheiden sich auf der Identitätsebene von der Mehrheit nur darin, dass sie sich für ein nicht akzeptiertes Hilfsmittel entschieden haben.

Die Forderung an die drogengebrauchenden Frauen, abstinent zu leben, geht häufig an ihrer Lebensrealität vorbei.[28] Ebenso verhält es sich auch mit der Viktimisierung von drogengebrauchenden Sexarbeiterinnen, da sie punktuell mal eine Opfer- und mal eine Täterinnenpositionalität einnehmen (siehe 3.4). Gleichzeitig muss akzeptiert werden, dass sie aus persönlichen Entscheidungen heraus handeln. Dass drogengebrauchende Sexarbeiterinnen im Rahmen ihrer Tätigkeit inakzeptabel oft Opfer krimineller Strukturen werden, muss auf polizeilicher und juristischer Ebene täterorientiert und mit Nachdruck unterbunden werden, rechtfertigt jedoch nicht, ihnen einen permanenten Opferstatus zuzuweisen und ihnen pauschal das Selbstbestimmungsrecht abzusprechen. Dabei müssen immer auch die Grenzen selbstbestimmter Handlungsmöglichkeiten gesehen werden. Dies soll kein Plädoyer dafür sein, dass jeder unabhängig von den Umständen für die Gestaltung seines Leben allein verantwortlich ist, sondern es wird im Gegenteil davon ausgegangen, dass auf Basis einer konsequenten Differenzierung und partiell situativen Positionalitäten, neue sequentielle bzw. temporäre Koalitionen geschaffen werden können.

Gemeinsam sind den drogengebrauchenden Sexarbeiterinnen der Drogenkonsum und die Prostitution. Sie unterscheiden sich jedoch voneinander durch ihre kulturelle Herkunft (Europa, Asien, Orient, Ost- und Westdeutschland usw.), ihre soziale Herkunft (Mittelschicht, wohlhabende Arbeiterklasse, öffentliche Erziehung etc.), ihre geografische Herkunft, ihre Biografie (Armut, Reichtum, Missbrauchs-, Justizvollzugsanstalts-, Psychiatrieerfahrungen etc.), ihre Lebensrealität (Straßenstrich, Zuhälter, obdachlos, Familie, exzessiver Drogenkonsum, Anzahl der Freier etc.), ihre körperliche und psychische Verfasstheit sowie ihr Alter. Diese Vielfalt muss immer mitgedacht werden, ohne dabei zu vergessen, dass die Situation der drogengebrauchenden Sexarbeiterinnen eben auch zentrale Gemeinsamkeiten hat, die als solche thematisiert werden müssen und die den Ansatzpunkt für kollektive Veränderungen bieten. Die Intersektionale Mehrebenenanalyse ist ein hilfreiches Instrument, die Singularitäten zu erfassen, die partiell situative Koalitionen bilden können, an welchen Empowermentansätze anschließen (siehe 6.4/7).

Auch Haraways Ausführungen zum Immunsystem bieten Potentiale für neue Denkansätze. Das Bild, welches sich im 20. Jahrhundert vom Immunsystem gemacht wurde, versinnbildlicht die Vorstellungen von symbolischer und materieller Differenz (Haraway 1995a, 162). Dabei wurden die sozialen Vorstellungen von Differenz mit den biologischen verknüpft (Rinas/Kuhlmann 2003, 64.). In den 80er Jahren des 20. Jahrhunderts hat sich das Bild des Körpers und des Immunsystems vom hierarchischen zum selbstregulierten Netzwerk-Körper gewandelt. Krankheit wurde bei dieser Vorstellung als Fehlinformation, Stress und Zusammenbruch gedeutet (ebd. 65). Haraway sieht das Immunsystem nicht als Werkzeug zur Koordination eines kohärenten biologischen Selbst und somit auch nicht als endgültiges Zeichen einer altruistischen Evolution in Richtung Ganzheitlichkeit (Haraway 1995, 184). Für sie ist es ein fließendes, verteiltes und vernetzendes technisch-organisch-textuell-mythisches System, das die eher schwerfälligen und räumlich gebundenen Zentren des Körpers durch seine Erkennungsakte miteinander verbindet.

---

28  Es gibt bundesweit wenige Therapieangebote, Wohnformen oder andere Hilfsangebote für substituierte Frauen, d.h., im Vordergrund steht immer der Abstinenzanspruch.

Das Immunsystem ist wie der Körper vielfältig, zufällig und verletzlich. „Die Teile sind nicht für das Ganze da" (ebd. 185). Haraway plädiert dafür, den Körper nicht als Festung zu sehen, der immer als Ganzes verteidigt werden muss, sondern Zusammenbrüche auch als Uneindeutigkeiten zu definieren, die informativ sein könnten und für die situativ begrenzte Handlungsmöglichkeiten entwickelt werden können. Der Diskurs des Immunsystems handelt „[...] von den Beschränkungen und Möglichkeiten des Engagements in einer Welt voller ‚Differenz' die gefüllt ist mit Nicht-Selbst" (ebd. 178). Dies kann als ein Plädoyer gelesen werden, die Vulnerabilität und Endlichkeit in das Leben mit einzubeziehen.

„Dabei spielen vielfältige Beziehungen, situative Möglichkeiten und partielle Risiken eine Rolle. Es geht Haraway also nicht darum, den fixierten Körper und das Selbst zu verteidigen und unverletzbar zu machen. Verletzbarkeit und Differenz bedeuten in ihrer Argumentation folgend zugleich situative Risiken wie auch situative Handlungsmöglichkeiten. Die Chance liegt demzufolge in differenzierten und konkreten, aufgrund eines eigenen Standpunkts verantworteten Handlungen, die partiell und immer auch begrenzt sind." (Rinas/Kuhlmann 2003, 65)

Das Immunsystem bekämpft nicht das Andere, sondern nur das situativ Gefährliche in einem Netzwerk, aber erst dann, wenn es sich als solches zu erkennen gegeben hat, auch auf die Gefahr hin, dass es zu spät reagiert. Es lässt das Andere, die Differenz zu. Offensichtlich ist dies in einer Welt voller „Nicht-Selbst" eine erfolgreiche Strategie, denn erst durch das Zulassen des Anderen ergibt sich auch die Möglichkeit einer evolutionären positiveren Veränderung. Evolution heißt dann nicht mehr, dass der Stärkere, der sich abgrenzen kann, siegt, sondern dass die akzeptierende Strategie die erfolgreichere ist.

Für die staatliche Gesetzgebung kann das heißen, dass nicht mehr definiert werden sollte, was ungesetzlich ist, sondern dass ebenso gut festgelegt werden könnte, wann eine Handlung nicht mehr zu tolerieren ist, weil sie die Gesellschaft real bedroht. Drogengebrauchende Sexarbeiterinnen an sich stellen keine Gefahr für die Gesellschaft dar. Ihre Lebensführung stimmt zwar nicht mit den Vorstellungen der Allgemeinheit überein, jedoch nur in einem Maß, das problemlos toleriert werden kann. Erst ihr Ausschluss aus der Gesellschaft durch prohibitive und punitive Maßnahmen auf Grund subjektiver Ängste und die daraus resultierende Verelendung und Rechtlosigkeit der Frauen führt dazu, dass sie für die Gesellschaft gefährliche Verhaltensweisen praktizieren, indem sie sich z.B. gefährliche Infektionen zuziehen, diese aber nicht behandeln lassen können. Die Anderen werden erst durch ihre Ausgrenzung zur Gefahr, gleichzeitig kann durch die Zuweisung der Gefahr an die Anderen auch die Verantwortung verschoben werden (siehe 3.4).

Rinas und Kuhlmann zeigen in ihrem Artikel am Beispiel der HIV/AIDS Prävention, dass diese Krankheit durch die Identitätsvorstellungen und die damit verbundene Verantwortungszuschreibung immer als ein Problem der Anderen wahrgenommen wurde. Mit der Zuschreibung des Problems an die Anderen konnte die eigene Unverletzlichkeit konstruiert und besondere Risikogruppen wie homosexuelle Männer, Menschen aus Afrika, Drogenabhängige und Prostituierte geschaffen werden. Durch die Stigmatisierung als Risikogruppen wurde ihnen auch die Verantwortung für die Erkrankung zugeschoben. Das individuelle Verhalten musste nicht mehr thematisiert werden. Vor diesem Hintergrund, so Rinas und Kuhlmann, blieben die realen Risiken und die möglichen präventiven Maßnahmen sowohl den Stigmatisierten als auch den scheinbar „Unverletzlichen" verborgen. Im weiteren Verlauf der Epidemie stellte sich heraus, dass AIDS sehr unterschiedliche Gruppen betreffen kann, und die scheinbar „Unverletzlichen" sahen sich als Opfer der Anderen. Es fand eine Abwertung und Kontrolle dieser stigmatisierten Gruppe statt. Das eigene Verhalten blieb weiterhin unhinterfragt. Die Verhaltensänderung wurde auf der Seite der Anderen erwartet und erzwungen (Rinas/Kuhlmann 2003, 68).

Die Parallelen zu drogengebrauchenden Sexarbeiterinnen sind hier deutlich sichtbar. Den Frauen wird ein „risikobehafteter Lebenswandel" unterstellt. Diese Grenzziehung zwischen Selbst und Anderen ist offen für die unterschiedlichsten und ambivalentesten Schuldzuschreibungen. Freier können sich leicht als Opfer der Prostituierten konstruieren, da auf Seiten der drogengebrauchenden Sexarbeiterinnen *safer work*[29] angeblich nicht praktiziert wird. Das riskante Handeln der Freier, die für die Erfüllung ihrer sexuellen Wünsche bewusst mit dem Risiko spielen, wird nicht thematisiert. Das trifft auch auf die gesetzlichen Rahmenbedingungen zu, die die Arbeitssituation der Frauen so gestalten, dass ihnen oft kein anderer Ausweg bleibt, als risikoreiche Praktiken zu akzeptieren. Die Verantwortung für *unsafer sex* wird fast ausschließlich bei den Sexarbeiterinnen verortet, obwohl der Freier sein eigenes Verhalten kennt und weiß, dass er es ist, der ungeschützten Verkehr verlangt. Es findet eine Verschiebung der Verantwortung statt, was umso einfacher ist, da diese Art von Schuldzuweisung gesellschaftlich nicht nur akzeptiert, sondern auch gefördert wird. Durch die Zuschreibung stereotyper Verhaltensweisen an drogengebrauchende Sexarbeiterinnen werden genau wie bei der Geschlechtsidentität festgeschriebene Moralvorstellungen oktroyiert, die einem Vergleich der Realität nicht standhalten.

Im frauenspezifischen Sucht-Ansatz hingegen werden Frauen viktimisiert. Die Verantwortung liegt in diesem Denkansatz immer bei den Männern, die alle Handlungsmacht haben (siehe 3.5.2). Die Ungleichheit der Geschlechterhierarchie wird als Wurzel allen Übels identifiziert. Die Aufrechterhaltung der Identitätsgrenzen, also das Frausein, ist im frauenspezifischen Ansatz das entscheidende Motiv für ein gemeinsames Handeln gegen die Ungleichheiten (ebd. 69). In diesem Ansatz wird nicht reflektiert, dass Frauen nicht nur Opfer sind. Außerdem sind bei diesem Ansatz allein die Frauen verantwortlich für die Veränderung der Strukturen, was angesichts der omnipotenten Machtpräsenz der Männer, also der Täter, eine nahezu unlösbare Aufgabe ist. Der frauenspezifische Suchtansatz setzt voraus, dass nur die Frauen sich und ihr Leben vollständig ändern und sich anpassen. Sind sie dazu nicht bereit, existiert für sie keine „Grauzone" des Aushandelns. Die Frauen werden inhaftiert, verelenden oder erkranken. Mögliche Koalitionen wie z.B. die Zusammenarbeit mit den Freiern, mit „professionellen" Sexarbeiterinnen oder auch mit DealerInnen geraten vollständig aus dem Blickfeld. Ebenso wird nicht berücksichtigt, dass viele Frauen auch einen Spielraum individueller und sozialer Handlungsmöglichkeiten bei der Aushandlung sexueller und sozialer Beziehungen haben und dass dieser vergrößert werden müsste, indem die Position der betroffenen Frauen gestärkt wird.

---

29  Safer work entspricht den Regeln von safer sex, das bedeutet risikovolle Sexualpraktiken zu vermeiden.

Die Schuld für *unsafer work* wird von der Mehrheitsgesellschaft bei den Frauen gesehen, obwohl sie aufgrund ihrer Marginalisierung und körperlichen Verfasstheit oft nicht in der Lage sind, die Benutzung von Kondomen bei den Freiern durchzusetzen. Die Tatsache, dass sie sich prostituieren, um unter anderem ihren Drogengebrauch zu finanzieren und sich damit zweifach gegen die Moralvorstellungen der Gesellschaft stellen, enthält auch ein Moment der Entscheidung und der Stärke.

Das Wissen um die Vulnerabilität als Frau und die Verwischung der Identitätsgrenzen wird von der Gesellschaft nicht als Möglichkeit gesehen, Verantwortung für die Gestaltung der Grenzen zu übernehmen und Machtbeziehungen aktiv zu gestalten. Haraway versteht Grenzen ebenso wie Analysekategorien als konstruiert und gleichzeitig als aktiv. Sozialstruktur und Geschlechterdifferenz sind keine Grundstruktur, sondern kulturell konstruiert. Doch auch als Konstruktion beeinflusst die Kategorie Geschlecht die Interaktion.

Auch an dieser Stelle wird die Analogie zwischen Haraways Theorie und der Intersektionalen Mehrebenenanalyse deutlich. Kategorien, die auf der Identitätsebene materialisiert sind und analytisch erfasst werden, offenbaren ihre Verwobenheit in den Subjektkonstruktionen und damit wird die kategoriale Konstruktion in ihrer Differenz nachvollziehbar. Ein gemeinsames Handeln von drogengebrauchenden Sexarbeiterinnen und der Bezug auf vergleichbare Alltagsrealitäten erscheinen im Zusammenhang mit dem besonders vulnerablen Lebensstil Drogengebrauch und der besonders vulnerablen Tätigkeit Sexarbeit trotzdem sinnvoll.

Haraways flexible und kontextspezifische Denkansätze enthalten eine „respektlose" und kreative Perspektive. Die Kategorie „Frau" muss in der Auseinandersetzung mit der Situation von drogengebrauchenden Sexarbeiterinnen nicht aufgegeben, jedoch dekonstruiert und situativ erweitert werden. Dadurch können Verbindungen mit anderen „Affinitäten" hergestellt werden. Vorstellbar wäre eine Zusammenarbeit mit den unterschiedlichsten AkteurInnen, die entweder involviert oder lediglich peripher von Drogenkonsum und Sexarbeit betroffen sind. Das können dann StadtteilbewohnerInnen, Freier, PolizistInnen oder eben auch DealerInnen sein. So wie Rinas und Kuhlmann es für die AIDS-Prävention beschreiben, kann dann die Situation ohne Vorurteile analysiert und interpretiert und die Wahrnehmung der jeweiligen individuellen und kollektiven Grenzen geschärft werden (Rinas/Kuhlmann 2003, 71). Dann zeigt sich, dass Grenzen und Strukturen gestaltet werden können.

Drogengebrauchende Sexarbeiterinnen schaffen sich in ihrer Lebensrealität bereits partielle und strategische Verbindungen. Auch die institutionellen Hilfeeinrichtungen versuchen Verknüpfungen innerhalb dieser Strukturen herzustellen. Die begrenzten und partiellen Identitäten ermöglichen, dass auch Einzelne erfolgreich handeln können und situative Verknüpfungen mit den Anderen möglich werden. Dieses Handeln ist ebenso strukturwahrnehmend wie strukturverändernd. Es vernachlässigt auch nicht die individuellen Einflussmöglichkeiten, sondern sensibilisiert für die Differenzen und lässt sie in die eigene Handlung einfließen. Es geht nicht mehr um eine grundsätzliche Entscheidung, ob eine Zusammenarbeit mit der Polizei und/oder professionellen Sexarbeiterinnen und/oder Freiern und/oder DealerInnen möglich bzw. überhaupt denkbar ist, sondern es werden differenziert Handlungsmöglichkeiten gesucht, Risiken bewertet und gegebenenfalls Chancen ergriffen. Die Hilflosigkeit gegenüber scheinbar ausweglosen Situationen entfällt ebenso wie der Anspruch, die gesamte „Welt" verändern zu müssen.

Ein grundlegendes Problem bleibt das ethische Kriterium des verantwortlichen Handelns (ebd. 72). Nach Haraway ist es nicht möglich, allgemein verbindliche ethische Regeln zu schaffen, die es einem ermöglichen zu handeln, ohne schuldig zu werden. Sie entscheidet sich bewusst und strategisch für die Verwendung der Begriffe Handlungsfähigkeit und Verantwortlichkeit, obwohl diese aus ihrer Sicht kontaminiert sind.

„Verantwortlichkeit hat für mich dann etwas damit zu tun, wie wir unter uns Verbindungen aufbauen, wie wir uns selbst zusammenfügen, und wie wir zusammengefügt sind. Auf diese Errungenschaften von Verantwortlichkeit, entgegen einer Vorstellung moralisch handelnder Subjekte mit verschiedenen Verpflichtungen, kommt es mir an." (Haraway 1995, 110)

Gleichzeitig distanziert Haraway sich aber von dem endlosen Freispiel und der Lust an Überschreitung.

„Verspieltheit, Beweglichkeit, mehr zu sein, als wir glauben, diskursive Konstitution, die Unerwartetheit von Sprache und Körper, das sind die Dinge, an denen mir liegt und um die es in meiner Arbeit geht. Aber ich will nicht, daß die Aneignung meiner Arbeit in verantwortungsloses Freispiel, in Postmodernismus im groben und vulgären Sinn abdriftet." (ebd. 111)

Verantwortung und Ethik sind bei Haraway, wie das Handeln selbst konkret, kontextgebunden, widersprüchlich, begrenzt und veränderlich, aber nie überflüssig. Haraway hat nach meinem Verständnis eine antikategorial intersektionale Sicht auf feministische Wissenschaft, denn sie sieht Objektivität nicht als ein *„disengagement"* (Haraway 1988, 595), sondern als eine wechselseitige, ungleiche Strukturierung und als die Übernahme von Risiken in einer Welt, in der „wir" immer vom Tod bedroht sind (Haraway 1995, 96).

Es ist notwendig, meine soziale, ökonomische, kulturelle und politische Position bezüglich des Forschungsfeldes Sexarbeit und Drogengebrauch immer wieder zu reflektieren, um ihren Einfluss auf meine Interpretation der Interviews zu erkennen und zu minimieren. Dadurch soll sichergestellt werden, dass die Erfahrung um Unterdrückung und Marginalisierung, die in den Erzählungen ihren Niederschlag finden, nicht nur in den hegemonialen Diskurs einsickern, sondern als spezifisches Wissen der drogengebrauchenden Sexarbeiterinnen anerkannt werden und dass auch die Phänomene der Abweichung und der Heterogenität in den Fokus geraten. Der Versuch dieses Wissen sowie mögliche Handlungsfähigkeiten und Widersetzungen durch eine intersektionale Auswertung offen zu legen, soll auch als respektvolle Würdigung dieser Erfahrung gelesen werden. Um die Unterdrückungserfahrungen empirisch fassen zu können, stellt wiederum das Konzept von Iris Marion Young einen hilfreichen Ansatz zur Verfügung.

### 4.3.4 Die Begriffe „Unterdrückung" und „Gruppe" bei Iris Marion Young

Mit der Einführung der Begriffe „Unterdrückung" und „Gruppe" nach Iris Marion Young soll die Handlungsfähigkeit und Widersetzung drogengebrauchender Sexarbeiterinnen noch präziser erfasst werden. Ausgehend von Foucaults Subjektbegriff postuliere ich, dass Subjekte außerhalb von Gewaltverhältnissen die Möglichkeit der Selbstermächtigung besitzen, wobei die subjektive Positionalität innerhalb der Herrschaftsverhältnisse die Wahlmöglichkeiten der Individuen erheblich beeinflusst. Youngs fünf Formen der Unterdrückung, nämlich Ausbeutung, Marginalisierung, Machtlosigkeit, Kulturimperialismus und Gewalt ergänzen diesen Ansatz, da sie den Blick für Herrschaftsverhältnisse schärfen. Auch ihr Gruppenbegriff, der davon ausgeht, dass sich Identität auch als Mitglied einer Gruppe ausbilden kann, deren Existenz die Person als immer schon da gewesen erlebt und deren gruppenspezifische Zuschreibungen im Prozess der Identitätsbildung angenommen werden, ist hilfreich, um die Gruppe der drogengebrauchender Sexarbeiterinnen als unterdrückte Gruppe zu bezeichnen.

Young postuliert, dass soziale Gruppen nicht auf die gleiche Art und Weise unterdrückt werden. Sie haben jedoch die Gemeinsamkeit, dass sie alle darunter leiden, dass sie in ihren Möglichkeiten eingeschränkt werden, ihre Fähigkeiten zu entwickeln und einzusetzen, ebenso wie ihre Gefühle, Bedürfnisse und Gedanken auszudrücken. Das nennt Young die gemeinsamen abstrakten Bedingungen (Young 1996, 100f). Sie führt weiter aus, dass es schwierig sei, spezifischere Unterdrückung für eine gesamte Gruppe auszuformulieren. Unter Unterdrückung als einem strukturellen Begriff versteht sie nicht die Tyrannei, sondern die alltäglichen Praktiken, denen Subjekte innerhalb einer wohlmeinenden Gesellschaft ausgesetzt sind. Young arbeitet in ihrem Artikel den systemischen Charakter von Unterdrückung besonders stark heraus.

„Die bewussten Handlungen vieler Individuen tragen täglich dazu bei, die Unterdrückung aufrecht zu erhalten und zu reproduzieren. Aber diese Menschen erfüllen nur ihre Aufgaben, leben ganz normal ihr Leben und verstehen sich selbst nicht als Urheber von Unterdrückung." (Young 1996, 103)

Sie verweist an dieser Stelle darauf, dass es Situationen gibt, in denen Menschen einander bewusst Schaden zufügen und zu jeder unterdrückten Gruppe eine im Verhältnis stehende privilegierte Gruppe existiert (ebd.), wobei auch innerhalb der Gruppen individuelle Lebenslagen existieren und dass unterschiedliche Situationen für verschiedene Gruppenmitglieder unterschiedliche Formen der Unterdrückung zur Folge haben können. Deshalb sieht sie davon ab, Unterdrückung zu definieren (ebd. 104). Ich plädiere ebenfalls für diese offene Herangehensweise an Unterdrückung, arbeite jedoch mit dem Intersektionalen Mehrebenenansatz, und die fünf Formen der Unterdrückung sind hilfreiche Analysekategorien bei der Herausarbeitung von Handlungsfähigkeit.

Die empirischen Ergebnisse dieser Arbeit zeigen, dass es unmöglich ist, Unterdrückung im Umfeld der informellen Drogen- und Sexökonomie einheitlich zu definieren (siehe 6.4). Es existieren zwar harte Strukturen, von denen alle drogengebrauchenden Sexarbeiterinnen des Samples gleichermaßen beeinflusst sind, wie das BtMG und die SpGVo, jedoch erfahren die Frauen Unterdrückung in unterschiedlicher Art und Weise. Dieser Gedanke ist als wichtige Erkenntnis in die Formulierung von Empowerment eingeflossen (siehe 6.4/7).

Zum Verständnis von Youngs Unterdrückungsbegriff ist es unerlässlich, ihm ihre Gruppendefinition zu unterlegen. Diese Definition wird im Folgenden auf die Gruppe der drogengebrauchenden Sexarbeiterinnen projiziert. Im nächsten Unterabschnitt werde ich das Unterdrückungskonzept von Young an die Herrschaftsverhältnissen in der informellen Drogen- und Sexökonomie anbinden, um es in der Analyse einsetzen zu können (4.3.4.2).

### 4.3.4.1 Die soziale Gruppe der drogengebrauchenden Sexarbeiterinnen

Nach Young verweist die Unterdrückung auf ein strukturelles Phänomen, das eine Gruppe bewegungsunfähig macht oder sie erniedrigt (Young, 104). Eine soziale Gruppe ist immer mit den Identitäten der Personen verflochten, sie ist eine spezifische Gemeinschaft, welche die entsprechenden Konsequenzen für ihr Selbstverständnis trägt (ebd. 104f). Young schreibt, dass die Mitglieder einer Gruppe, aufgrund ihrer ähnlichen Lebensweise und ihrer vergleichbaren Erfahrungen eine besondere Affinität zueinander haben (ebd. 105). Diese veranlasse die Mitglieder dazu, sich eher untereinander zu verbinden, als mit anderen Personen in Beziehung zu treten.

Young problematisiert das Aggregat- und Assoziationsmodell von Gruppen. Während das Aggregatmodell das Individuum vor dem Kollektiv konzipiert, „indem es die soziale Gruppe auf einen bloße Menge von Attributen reduziert, die den Individuen anhaften", begreift das Assoziationsmodell „implizit das Individuum so, daß es ontologisch der Gemeinschaft vorangeht und diese erst bildet oder konstituiert" (Young 1996, 106f).

Soziale Gruppen seien keine Entitäten, so Young, unabhängig von Individuen, sie seien aber auch keine bloße Klassifikation von Menschen aufgrund willkürlicher, ihrer Identitäten entsprechenden Attribute. Young ist es wichtig, Gruppen nicht zu verdinglichen, sondern zu veranschaulichen, dass Gruppenwerte Identitäten konstruieren. Dies erfolgt hinsichtlich kultureller Formen, sozialer Umstände und der Geschichte, die die Gruppenmitglieder als ihre eigene betrachten, da die Werte der Gruppe ihnen auch aufgezwungen werden und/oder von ihnen erfunden wurden (ebd.). Innerhalb des Assoziationsmodells werde vernachlässigt, dass Individuen bereits als geformte Personen zusammenkommen.

Für Young konstituiert die Gruppe das Individuum, wobei die Affinität zueinander die Gruppe bestimme (ebd.). Außenstehende können Gruppen identifizieren, ohne dass die Identifizierten ein Bewusstsein ihrer selbst als Gruppe haben. Young verknüpft die Überlegung zur Gruppenaffinität mit Martin Heideggers „Geworfenheit", dass wir uns selbst als Mitglieder einer Gruppe finden, die wir als schon immer „Daseiend" erfahren. Das setzt nicht voraus, dass Gruppen nicht verlassen und die Grundzüge der Gruppenidentität nicht selbst bestimmt werden könnten (ebd. 109).

Young widerspricht der Position, dass wir Gruppen abschaffen müssten, um Unterdrückung abzuschaffen, denn sie geht davon aus, dass Gruppenidentitäten wichtig sind, selbst wenn es sich um unterdrückte Gruppen handelt.

„Ich glaube, daß die Ausdifferenzierung in Gruppen ein sowohl unausweichlicher als auch wünschenswerter Aspekt moderner gesellschaftlicher Prozesse ist. Soziale Gerechtigkeit erfordert nicht das Verschwinden von Unterschieden, sondern braucht Institutionen, die die Reproduktion von und den Respekt für Gruppendifferenzen ohne Unterdrückung fördern." (ebd. 110)

Da jedoch nicht alle Gruppen unterdrückt sind, bewertet Young die einzelne Gruppe entsprechend der fünf Formen der Unterdrückung. Gruppen als Fiktionen anzunehmen, sei trotzdem der wichtigen „antideterministische[n] und antiessentialistische[n] Erkenntnis" inhärent, Gruppen nicht als wesenhaft, substantiell und statisch zu begreifen, sondern als relational und beweglich (ebd. 111). Young postuliert eine fließende, multiple, sich überschneidende und verschiebende Sicht auf Gruppendifferenz, die ebenfalls eine Kritik am autonomen Selbst impliziert. Auch Personen, die durch verschiedene Gruppenaffinitäten und Beziehungen konstituiert seien, können nicht vereinheitlicht werden, „sie sind ihrerseits heterogen und nicht notwendigerweise kohärent" (ebd. 112). In Youngs Postulat zur Gruppe erkenne ich zum einen eine Verknüpfung zur Intersektionalen Mehrebenenanalyse. Anhand der Wechselwirkungen wird analysiert, wann Individuen sich unterwerfen, sich widersetzen und welche Bedingungen ihre Handlungsfähigkeit behindern oder fördern. Zum anderen unterstützt Young meine gleichzeitige Sicht auf die heterogene, nicht kohärente Gruppe der „Drogenprostituierten" und auf die individuelle drogengebrauchende Sexarbeiterin. Ein Spezifikum dieser Gruppe ist, dass für sie nicht nur eine Form der Unterdrückung kennzeichnend ist, sondern dass alle fünf Formen der Unterdrückung in verschiedenen Ausprägungen die Lebenssituation drogengebrauchender Sexarbeiterinnen bestimmen.

Um die Spezifika der Wirkung von Herrschaftsverhältnissen innerhalb der informellen Drogen- und Sexökonomie erfassen zu können, sind die fünf Formen der Unterdrückung von Young ein hilfreicher Analyserahmen. Sie werden im Folgenden auf die Situation drogengebrauchender Sexarbeiterinnen operationalisiert. Es soll verdeutlicht werden, welche zentrale Rolle die Struktur von Herrschaftsverhältnissen in diesem Bereich einnimmt.

### 4.3.4.2 Unterdrückung als Herrschaftsverhältnis in der informellen Drogen- und Sexökonomie

Es ist deutlich geworden, dass Young für eine Gruppe nicht eine Masterkategorie der Unterdrückung präferiert, sondern dass sie von der Wechselwirkung differenter Unterdrückungsformen ausgeht. Durch die Analyse der fünf Formen Ausbeutung, Marginalisierung, Machtlosigkeit, Kulturimperialismus und Gewalt expliziert Young die Unterdrückung.

*Ausbeutung* ist für Young Unterdrückung auf Basis der Kategorien Klasse, Gender und „Rasse". Es entsteht ein Verhältnis von Ungleichheit und Macht, das immer wieder reproduziert wird, indem die Energien der Habenichtse stetig eingesetzt werden, um die Macht, den Status und den Reichtum der Besitzenden zu erhalten und zu vermehren (Young 1996, 114). Für die Anwendung auf die Gruppe der drogengebrauchenden Sexarbeiterinnen ist zu fragen, wo diese Kategorien sichtbar werden.

Klassismus als ein ausbeuterisches Herrschaftsverhältnis wird sichtbar, da die drogengebrauchenden Sexarbeiterinnen auf Grund der Besitzverhältnisse vollkommen machtlos sind, obwohl sie den Reichtum der Besitzenden mehren (siehe 3.4.3/3.4.4). Es sind die unmittelbar Verdienenden, wie BesitzerInnen von Stundenhotels, die DealerInnen sowie die Freier zu nennen, denen sie ausgeliefert sind, da sie dem Markt nur ihren Körper, der gleichzeitig ihre Arbeitskraft und ihr Produktionsmittel ist, zur Verfügung stellen können. Darüber hinaus legitimieren PolizistInnen, die MitarbeiterInnen und TrägerInnen sozialer Einrichtungen ihren Verdienst mit der Existenz drogengebrauchender Sexarbeiterinnen. Es gibt aber auch mittelbar Nutznießende, wie z.b. Menschen, die Forschungsarbeiten über diese Feld schreiben und dafür Stipendien und andere Reputationen erhalten.

Ausbeutung aufgrund des Geschlechts hat, so Young, „zwei Aspekte, einerseits die Übertragung der Früchte materieller Arbeit auf Männer und andererseits die Übertragung der Pflegeenergien und sexuellen Energien auf Männer" (Young 1996, 115). Das ist ein wichtiger Aspekt und verweist außerdem auf den Ansatz der sexuellen Arbeit, welcher ebenfalls als Deutung für die Arbeit von drogengebrauchenden Sexarbeiterinnen angelegt wird (siehe 4.4.1). Drogengebrauchende Sexarbeiterinnen sind gezwungen zu Dumpingpreisen ihre Dienste anzubieten und müssen den speziellen Wünschen der Kunden sehr weit entgegenkommen (siehe 3.4.2). Heteronormativismus ist ein Herrschaftsverhältnis innerhalb der Ausbeutung.

Als Beispiel für die rassistische Form der Ausbeutung nennt Young die Hilfsarbeit, das ist für sie zum einen Serviceleistung, aber auch „jede dienende, ungelernte, gering bezahlte Arbeit ohne Selbstbestimmung" (Young 1996, 117). Diese Kriterien treffen generell auf die Dienstleistung drogengebrauchender Sexarbeiterinnen zu, unabhängig von der Kategorie „Rasse", da sie als unprofessionell arbeitend bezeichnet werden (siehe 3.4.1). Jedoch existieren rassistisch motivierte staatliche Repressionen gegen Sexarbeiterinnen aus Rumänien und Bulgarien, um diese aus dem Stadtgebiet zu verdrängen (siehe 3.2/3.3). Das hat zur Folge, dass diese Frauen zu noch prekäreren Bedingungen anschaffen müssen und Ausbeutungsstrukturen noch besser greifen können, als bei anderen Sexarbeiterinnen, sei es bei der Höhe der Zimmermiete, der Preisverhandlung mit den Freiern und dem Ablehnen gefährlicher Sexualpraktiken. Es zeigt sich, dass Rassismus ebenfalls ein Herrschaftsverhältnis der Ausbeutung ist.

Meines Erachtens muss die Ausbeutung auch noch durch die Kategorie Körper ergänzt werden. Diese basiert auf bodyistischen Herrschaftsverhältnissen. Darunter verstehen Winker und Degele Herrschaftsverhältnisse zwischen Gruppen oder Individuen aufgrund körperlicher Merkmale wie Alter, Attraktivität, Generativität und körperlicher Verfasstheit (siehe 4.2.2). Daraus resultierende Diskriminierungen schreiben sich in Form von Gewalt über „Rasse", „Behinderung", Krankheit oder Geschlecht in den Körper ein. Dieses spielt eine eklatante Rolle für die Situation drogengebrauchender Sexarbeiterinnen, denn die schlechte körperliche Verfasstheit vieler Frauen kumuliert mit dem extrem niedrigen Preisniveau in der Sexarbeit und die Notwendigkeit, die Droge zu konsumieren, generiert unter anderen das extrem hohe Preisniveau selbst für Drogen von schlechter Qualität (siehe 3.4.5). Das bedeutet, dass auch Bodyismus ein Herrschaftsverhältnis innerhalb der Ausbeutung darstellt.

*Marginalisierung* bezeichnet Young als die vielleicht gefährlichste Form der Unterdrückung. Menschen werden vom sozialen Leben ausgeschlossen und somit gravierender materieller Depravation bis hin zur Vernichtung ausgesetzt (ebd. 119). Im Abschnitt 4.1.5 wird genauer darauf eingegangen, was es bedeutet, nicht mehr dazuzugehören. Der Abbau des Wohlfahrtsstaates generiert zunehmend überflüssige, deklassierte und illegalisierte Menschen, aber selbst ein funktionierender Wohlfahrtsstaat verhindert weder menschliches Leid noch Depravation im großen Ausmaß. Young charakterisiert die Ungerechtigkeit über zwei Merkmale, die über die reine Verteilungsfrage hinausgehen und die mit der Marginalisierung in entwickelten kapitalistischen Gesellschaften eng verknüpft sind (ebd.120):

1. Wohlfahrtsmaßnahmen erzeugen selbst neue Ungerechtigkeiten, weil sie Menschen, die von den Maßnahmen abhängig sind, bestimmter Rechte berauben, die andere Menschen haben.
2. Auch wenn die materielle Depravation durch sozialstaatliche Maßnahmen aufgefangen wird, so bleibt die Marginalisierung doch ungerecht, weil sie Menschen daran hindert, ihre Fähigkeit auf gesellschaftlich anerkannte Art und Weise auszuüben (ebd. 120).

Ich möchte noch einen dritten Punkt hinzufügen:

3. Ungerechtigkeit besteht schon allein aus dem Grund, dass die meisten sozialstaatlichen Sicherungssysteme, Leistungsbezug an Staatsbürgerschaft knüpfen. Weitere Hürden sind Obdachlosigkeit und auch Erkrankungen, die als solche nicht diagnostiziert sind. Das heißt die Zugänge für wohlfahrtsstaatliche Leistungen sind immer an zu erfüllende Voraussetzungen gekoppelt.

Die drei Merkmale der Ungerechtigkeit sind mit dem Lebensalltag drogengebrauchender Sexarbeiterinnen verwoben. Eine Verbesserung ihrer materiellen Situation reicht nicht aus, um den sozialen Tod aufzuhalten, sondern es muss ihnen auch eine sinnvolle Lebensperspektive geboten werden, um der Marginalisierung entgegenzuwirken. Schlussendlich geht es darum, die individuelle Selbstachtung zu stärken (Young 1996, 122). In Bezug auf die Intersektionale Mehrebenenanalyse ist Marginalisierung in den vier Herrschaftskategorien zu finden. Die Auswirkung von Marginalisierung, das Kämpfen dagegen, die Unterwerfung oder Anpassung findet sich jedoch auch in Ideologien, Normen und Werten und Identitäts- und Subjektkonstruktionen wieder.

*Machtlosigkeit* ist eine weitere Form der Unterdrückung bei Young. Sie geht vom Klassenbegriff aus und verweist die Machtlosigkeit an ungelernte Arbeiter (Young 1996, 123). Es ergibt sich eine Analogie zwischen der Machtlosigkeit Ungelernter gegenüber Ausgebildeten und „Drogenprostituierter" gegenüber „professionellen Sexarbeiterin-nen". Professionelle Frauen verfügen aufgrund ihrer stärkeren Lobby, ihrer Vernetzung häufiger über Selbstachtung und eine Arbeitsautonomie, das sogenannte Berufsethos (weitere Ausführungen in 3.4.1). Allerdings möchte ich den Begriff der Machtlosigkeit von Young so nicht übernehmen, da ich von Foucaults Machtbegriff ausgehe, in welchem Machtverhältnisse immer auch Ermächtigung generieren (siehe 4.1.4). Es geht darum, nicht nur die Form der Unterdrückung, sondern auch Ermächtigungsstrategien drogengebrauchender Sexarbeiterinnen zu beschreiben. Ich gehe davon aus, dass eine Gruppe von Menschen, die als machtlos konnotiert wird, trotz der strukturellen Omnipräsenz von Unterdrückung handlungsfähig ist, außer es handelt sich um ein reines Gewaltverhältnis (siehe 4.1.3). Es ist problematisch innerhalb von Machtlosigkeit Widersetzung zu denken. Nichtsdestotrotz ist Machtlosigkeit insofern produktiv, da sie verdeutlicht, dass Menschen aufgrund unterschiedlicher Subjektpositionen auch unterschiedlich von Herrschaft betroffen sind und sich daraus differente Vulnerabilitäten und Dispositionen ergeben. Es ist besser, in Bezug auf das Forschungsanliegen von Machtasymmetrien zu sprechen, um Selbstermächtigung (Handlungsmöglichkeiten) in den Wechselwirkungen von Identität, Repräsentation und Struktur zu analysieren und zu stärken.

Nach Young haben die Machtlosen nicht die Autorität, den Status und das Selbstbewusstsein, das Angehörige höherer Berufsklassen haben. Das Statusprivileg umfasst drei Elemente, deren Fehlen bei niederen Berufsklassen zur Unterdrückung führen (Young 1996, 124). Young benennt als erstes die Ausbildung, das Ausüben eines Berufes und die damit verbundene Aneignung von Sachwissen. Als zweites nennt sie den Grad der Selbstbestimmung höherer Berufsgruppen und als drittes die Respektabiltität (Young 1996, 125f.) Den Begriff der *Respektabilität möchte* ich als eigenständige Form für die Analyse übernehmen. Young geht von bessergestellten und angesehenen Berufsgruppen aus, deren Privilegien sich auf ihre gesamte Art zu leben auswirkt. Diese Lebensart nennt sie Respektabilität, d.h. jemandem zuzuhören, Menschen mit Respekt zu behandeln, weil sie eine gewisse Autorität besitzen und über Fachwissen verfügen. Dazu gehört Kleidung, Sprache, Geschmack, Auftreten und Professionalität einer Gruppe. Respektabilität ist ein präziser Begriff, um Diskriminierung und ihre Rechtfertigung beschreiben zu können. Drogengebrauchende Sexarbeiterinnen ringen um Respektabilität, und diese wird ihnen verwehrt (siehe Unterkapitel 3.4). Personen sind nur insoweit respektabel und sozial geachtet, wenn ihre Handlungen auch den gesellschaftlichen Normen folgen.[30] Die Normen selbst sind materialisiert in den sozialen Kategorien wie Frau, Freier, Migrantin, OrdnungshüterIn, DealerIn und „Drogenprostituierte". Die Kategorien sind verknüpft mit Ungleichheits- oder Unterdrückungsstrukturen wie Körper, Klasse, „Rasse" und Geschlecht. Um respektabel zu werden, müssen gesellschaftliche Normvorgaben eingehalten werden, die einem hegemonialen Diskurs entsprechen. Respektabilität ist an den Subjektstatus und an die Annahme diskursiver Positionen geknüpft. Schon „Drogenkonsumentin" ist keine respektierte soziale Kategorie, „Drogenprostituierte" daher noch viel weniger. In der intersektionalen Analyse von Respektabilität geht es darum, den Kampf der drogengebrauchenden Sexarbeiterinnen zu erfassen, der geführt wird, um ein „Mensch von Gewicht" zu werden. Dieser illustriert die normative und ideologische Verschränkung von Subjektpositionen innerhalb des informellen Drogen- und Sexmarktes. ‚Drogenkonsum' wird männlich und kriminell konnotiert. ‚Prostitution' wiederum wird gesellschaftlich abgewertet sowie nur reguliert und kontrolliert geduldet.

Drogengebrauchende Sexarbeiterinnen sind nicht intelligibel und in den modernen Diskursen von Rationalität, Gleichheit, Freiheit und Meritokratie, die bereits von einem Subjekt als einem Neutrum ausgehen, nicht anschlussfähig, da den Frauen die Lust am Rausch nicht zugestanden wird (siehe 3.4.2), Promiskuität noch immer ausschließlich männlich verhandelt wird und sie obendrein ihr Geld mit sexueller Dienstleistung verdienen, was der Einheit von Sexualität und Liebe im dominierenden gesellschaftlichen Modell von Sexualität widerspricht. Die in der Prostitution praktizierte Trennung von Sexualität und Liebe ist eine Minderheitenposition (Doña Carmen e.V. 2009). Nicht das, was sie real praktizieren, nämlich Drogen benutzen

---

30  Für den folgenden Abschnitt zu Respektabilität danke ich Paula Villa (2010) für die inspirierenden Gedanken in ihrem Artikel „Verkörperung ist immer mehr".

und ihre Existenz durch Sexarbeit sichern, bestimmt das Bild, das sich von den Frauen gemacht wird, sondern es stehen nur die Subjektpositionen der „Kriminellen", des „Opfers" oder der „Risikogruppe" zu Verfügung und als solche werden sie auch verhandelt (siehe 3.4.2/3.4.3/3.4.4/4.1.5). Die intersektionale Analyse von Respektabilität verdeutlicht, dass auch drogengebrauchende Sexarbeiterinnen sozial sichtbar werden (wollen). In meiner Untersuchung von Unterdrückung verstehe ich Respektabilität als eine Form des Kampfes um Selbstermächtigung.

Der Kampf um soziale Sichtbarkeit verweist auf eine weitere Form der Unterdrückung nach Young, den *Kulturimperialismus*. Auch diese Kategorie ist ein hilfreicher Baustein in der Intersektionalen Mehrebenenanalyse drogengebrauchender Sexarbeiterinnen. Unter Kulturimperialismus zu leiden, bedeutet nach Young: „zu erfahren, wie durch die in einer Gesellschaft herrschenden Werte die besondere Perspektive der eigenen Gruppe unsichtbar gemacht werden und wie zugleich die eigene Gruppe stereotypisiert und als das Andere gekennzeichnet wird" (Young 1996, 127). Die Gruppe drogengebrauchende Sexarbeiterinnen befinden sich in einer ambivalenten Situation: Sie werden mit dem Stereotyp „Junkiehuren" versehen und gleichzeitig verschwinden sie aus dem öffentlichen Diskurs (ebd. 128). Das Verschwinden aus dem hegemonialen Diskurs verweist auf die Repressionshypothese von Foucault:

„Das Eigentümliche der Repression, das, was sie von den einfachen Verboten des Strafgesetzes unterscheidet, soll demnach darin bestehen, dass sie zugleich als Verbannungsurteil und als Befehl zum Schweigen funktioniert, als Behauptung der Nicht-Existenz und – konsequenterweise – als Feststellung, dass es bei alledem überhaupt nichts zu reden, zu sehen oder zu wissen gibt." (Foucault 1995, 12)

Ein ganz aktuelles Beispiel dafür ist die Kürzung der kommunalen Zuschüsse für ein Sozialprojekt zur Betreuung minderjähriger Sexarbeiterinnen mit dem Argument, dass keine Prostitution von Minderjährigen im Stadtteil existiere.

Das Stereotyp „Drogenprostituierte" reduziert die Frauen auf eine Natur, die mit ihren nicht normgerechten Körpern in Verbindung gebracht wird. Dieses Klischee durchdringt die Gesellschaft soweit, dass es nicht mehr hinterfragt wird (Young 1996, 128f). Durch die Einbettung der Kategorie Kulturimperialismus in die Intersektionale Mehrebenenanalyse kann illustriert werden, wie diese Kategorie strukturell, medial und identitär gestützt wird und an welcher Stelle auch Angriffsziele bestehen. Die Kategorie Kulturimperialismus beschreibt eine Form der Unterdrückung, indem sie die Wechselwirkung zwischen der Identitäts- und Repräsentationsebene aufnimmt und gleichzeitig die Effekte der „harten" Strukturen von Herrschaftsverhältnissen auf der Repräsentationsebene nicht außer Acht lässt. Im Abschnitt 3.4.4 wurden diese Effekte kurz beschrieben, aber sie müssen noch genauer untersucht werden, um die Diskursmacht der AnwohnerInnen im Stadtteil zu erfassen, die eine Vertreibung von Sexarbeiterinnen durchsetzen wollen und stärkere Repressionen verlangen. Kulturimperialismus bezieht sich nicht nur auf das Herrschaftsverhältnis Rassismus und rassistische Diskurse (siehe 3.3/4.1.1/4.2.3/4.2.4), sondern auch auf die Reglementierung des Drogenkonsums und der Sexarbeit (siehe 3.4). Außerdem ist es mit dieser Kategorie möglich, nicht nur aktuelle gesellschaftliche Verhältnisse zu beschreiben, sondern auch ihre Genealogie zu analysieren. Kulturimperialismus ist die Praxis der Macht sich selbst als normal, die anderen hingegen als das Andere zu setzen.

*Gewalt* ist die fünfte Form der Unterdrückung und geht oft einher mit Kulturimperialismus, beide Formen überschneiden sich (ebd. 133).

„Die Mitglieder einiger Gruppen leben mit dem Wissen, dass sie willkürliche, unprovozierte Angriffe auf ihre Person oder ihr Eigentum fürchten müssen, die kein anderes Motiv haben als ihnen Schaden zuzufügen, sie zu erniedrigen oder zu zerstören." (Young 1996, 130)

Drogengebrauchende Sexarbeiterinnen sind eine Gruppe, deren Mitglieder willkürlicher, vorsätzlicher und grundloser Gewalt in ihrem alltäglichen Überlebenskampf ausgesetzt sind. Ziel der Angriffe ist es, die Frauen zu erniedrigen, sie zu verjagen oder zu verletzen. Young postuliert, dass Gewalt eben nicht nur von Abweichlern und Extremisten ausgeübt wird, sondern immer auch institutionell verankert ist. Für Young ist Gewalt deshalb eine Form der Unterdrückung, da sie nicht eine moralisch falsche Handlung einzelner ist, sondern systematischen Charakter hat und eine soziale Praxis ist (ebd. 131). Unterdrückung in Form von Gewalt bestehe eben nicht nur in der direkten Peinigung, sondern im Wissen um die Verletzung, so Young. Das Wissen in Form von Zumutungen und Drohungen reicht aus, drogengebrauchende Sexarbeiterinnen zu unterdrücken und ihnen jede Form der Würde und Anerkennung zu nehmen. Youngs Gewaltbegriff als integraler Bestandteil der Intersektionalen Mehrebenenanalyse zu verwenden, veranschaulicht die differente vulnerable Subjektpositionalität drogengebrauchender Sexarbeiterinnen. Empowermentansätze müssen diese individuelle Verwobenheit ernst nehmen, um erfolgreich zu sein. Hier wird die Verknüpfung mit der *Vulnerabilität* (siehe 4.3.5) sichtbar, die ich deshalb als eigenständige Form in die Analyse eingliedere.

In diesem Abschnitt wurde illustriert, dass die fünf Formen der Unterdrückung nach Young hilfreiche Indikatoren innerhalb der Intersektionalen Mehrebenenanalyse sind, um sich dem Forschungsgegenstand zu nähern. Da es Youngs struktureller Ansatz nicht leisten kann, die Selbsttechnologien drogengebrauchender Sexarbeiterinnen auf Handlungsmöglichkeiten und Widersetzungen zu analysieren, verknüpfe ich die fünf Formen der Unterdrückung Youngs sowie die zwei zusätzlichen Formen Vulnerabilität und Respektabilität mit dem Ansatz der Intersektionalen Mehrebenenanalyse. Indem zusätzlich zur Strukturebene, die in Youngs Ansatz eine zentrale Rolle spielt, die Verwobenheit mit der Symbol- und der Identitätsebene (Intersektionale Mehrebenenanalyse) untersucht wird, ist es möglich auch Handlungserweiterungen zu explizieren, die nicht nur die Struktur von Unterdrückung erfassen. Anzumerken ist, dass jeder der sieben Formen die Kriminalisierung inhärent ist. Genauer gesagt ist der kriminalisierte Status jeder drogengebrauchenden Sexarbeiterin in meinem Sample eine Bedingung für ihre Ausbeutung, ihre Marginalisierung, ihre Vulnerabilität, für die Machtasymmetrie, die nicht gewährte Respektabilität, die Gewalt und den Kulturimperialismus, dem sie unterworfen sind. Menschen die kriminalisiert werden, sind besonders verletzlich. Deshalb kommt im Forschungsfeld der drogengebrauchenden Sexarbeiterinnen Vulnerabilität eine zentrale Bedeutung zu. In welchem theoretischen Kontext die Begriffe Verletztheit, Verletzung, Verletzbarkeit, Verletzlichkeit und Vulnerabilität eingebettet werden, wird als nächstes beschrieben.

### 4.3.5 Vulnerabilität im Spannungsfeld von Unterwerfung und Selbstermächtigung

Grundsätzlich gehe ich davon aus, dass Frauen, die sich innerhalb der informellen Drogen- und Sexökonomie bewegen, vulnerabel sind. Diese Positionalität ist heterogen ausgeprägt, sodass die Frauen unterschiedliche Handlungsspielräume haben und sich entweder gegen Herrschaftsverhältnisse und Repräsentationen ermächtigen oder unterwerfen (siehe 3.4). Dabei ist es zwingend erforderlich, die bereits erfahrenen Verletzungen drogengebrauchender Sexarbeiterinnen in die Analyse einzuschließen, da diese Erfahrungen eine Disposition zur Vulnerabilität erzeugen können.

Vulnerabilität, Verletzbarkeit und Verletzlichkeit verwende ich synonym und beschreibe damit die Gefahr (Drohung oder Zumutung) eine Verletzung zu erleiden. Unter Verletztheit und Verletzungen verstehe ich psychische und physische Gewalterfahrungen, Erniedrigungen, Diskriminierungen und Abwertungen. Vulnerabilität verwende ich gleichbedeutend mit Verwundbarkeit, diese Begriffe umfassen das potentielle Risiko einer Verletzung. Subjekte sind diesem Risiko in unterschiedlicher Art und Weise ausgesetzt. Bruno Preisendörfer (2011) bringt das Thema der Vulnerabilität mit der Metapher „Beulen am Ich" auf den Punkt. Er beschreibt, dass die erste soziale Demütigung ein Schock sei, die nächste mache niedergeschlagen und die dritte gleichgültig, denn wer verletzlich sei, könne sich keine Empfindlichkeiten leisten. Das Annehmen von Hilfe sei seit Beginn der Wohlfahrtspolitik im 19. Jahrhundert stets mit Kontrollen, Sanktion, Disziplinierungen und moralischer Diskreditierung verbunden. Das habe sich bis heute nicht geändert, der hegemoniale Diskurs darüber ist, dass es den „Abgehängten" an Kraft und Kompetenz fehle und der Wille zur Selbsthilfe verkomme. Preisendörfer meint, wenn man erkannt habe, dass man zu den Verletzlichen gehöre, führe das zu einer Ur-Verletzung, ohne dass bereits eine reale Verletzung stattgefunden haben müsse. Man begreife schon vor der ersten Beule, dass man sich mit vielen abfinden müsse. Ein ungelöstes Problem erwachse zu einer Vielzahl von Folgeproblemen und man werde für den Staat und die Mitmenschen zu einem Fall und zusätzlich auch noch für sich selbst ein Problem. Dieses selbstreferenzielle System ist ein Teufelskreis, der in verschärfter Form auf drogengebrauchende Sexarbeiterinnen zutrifft. Die „geringsten" Verletzungen, die sie erfahren, sind die verbalen Entgleisungen ihrer Mitmenschen. Butler analysiert mittels des Begriffes *hate speech* die Verletzungen durch Sprache (Butler 2006). *Hate speech* ist eine Form des Sprechens, das gleichzeitig Handlung ist (Butler 2006, 152). In der Auseinandersetzung darüber, wie verletzend *hate speech* wirkt, welche Dimension es hat und ob es mit körperlichen Verletzungen vergleichbar ist, schreibt Butler, es sei notwendig,

„[...] daß wir erkennen, wie bestimmte Wörter tatsächlich wirken, wenn sie mit der Absicht gebraucht werden, eine andere Person zu erniedrigen oder sie aus nationalen, ethnischen oder religiösen Gemeinschaften, der sie angehören, auszugrenzen." (ebd. 258)

Die Verletzung liege nicht in den Wörtern selbst, sondern in der wiederholten Anrede, die den Anderen erniedrigt, ausschließt oder entwertet (ebd. 258ff). Auf eine solche Weise angesprochen zu werden, bedeute den Kontext zu verlieren, man wisse nicht mehr, wo man sei (ebd. 13). Butler schreibt, man könne durch ein verletzendes

Sprechen auf seinen Platz verwiesen werden, der möglicherweise gar keiner sei (ebd.). Laut Butler kann Verwundbarkeit nicht einfach weggewünscht werden, ebenso wenig könne ihr durch ein Verbot bestimmter Wörter Einhalt geboten werden. Gerade durch das Verbot dieser Wörter werde die Verletzung als unabänderlich, als eingefroren im Sinne einer geschichtlichen Szene und als unaussprechlich in Erinnerung bleiben (ebd. 261). Butler plädiert vielmehr dafür, stattdessen die Macht der Benennung zurückzuerobern und die Deutungshoheit über Begriffe wieder zu übernehmen. Um zu den Wurzeln des *hate speech* zu gelangen, müsse darüber und dagegen gesprochen werden. Es müssen Wege des Wieder-Sprechens gesucht werden, die der Rede ihre verletzende Wirkung entziehen (ebd.). „Wir sollten schließlich gründlich überdenken, wie wir eine Welt erschaffen können, in der unsere sprachliche Verwundbarkeit ausreichend geschützt ist" (ebd.). Der Ansatz von Butler ist deshalb produktiv, da er nicht die handlungsunfähige Opferperspektive fokussiert, sondern die Möglichkeit der Widersetzung enthält:

> „Wenn man die Kraft des Sprechakts gegen die Kraft der Verletzung setzt, enthält das eine politische Möglichkeit, nämlich daß man sich diese Kraft fehlaneignet und sie dazu aus ihren früheren Kontexten herauslöst." (ebd. 70)

Durch eine verletzende Anrufung werde einem ein soziales Dasein zugewiesen, und da man auf existentielle Weise mit seinem Dasein verhaftet ist, begrüße man schließlich die verletzenden Bedingungen, da sie sozial konstituieren (ebd. 2001, 99). Die Übernahme von verletzenden Bedingungen durch „Selbstkolonisierung bestimmter Formen der Identitätspolitik", biete auch die Möglichkeit sich ihnen zu widersetzen (ebd.100). In ihrer Essaysammlung *Gefährdetes Leben* reagiert Butler auf das Gefühl der zunehmenden Verwundbarkeit und die gesteigerte Aggression, die mit dem Ereignis des 11. September 2001 einhergingen, und setzt sich noch einmal mit dem Thema der Verwundbarkeit und Verletzung auseinander (Butler 2005, 7). Butlers Aufhänger ist der verstärkte nationalistische Diskurs in den Vereinigten Staaten. Gewalt sei, so Butler, eine Berührung der schlimmsten Art, mit ihr wird eine primäre Verletzbarkeit des Menschen durch andere Menschen in erschreckender Weise sichtbar. Gewalt sei ein Vorgang, der einen Menschen dem Willen eines Anderen ausliefert, ohne dass er etwas dagegen tun kann. Sie sei ein Vorgang, in dem selbst das Leben durch eine vorsätzliche Handlung eines Anderen ausgelöscht werden kann (ebd. 45). Butler geht davon aus, dass alle Menschen mit dieser Gefahr der Verletzbarkeit leben, dass diese Verwundbarkeit jedoch unter bestimmten sozialen und politischen Voraussetzungen erheblich gesteigert wird, „wenn Gewalt eine Lebensweise ist und die Mittel zur Sicherung der Selbstverteidigung begrenzt sind" (ebd. 46). Wenn diese Verletzbarkeit berücksichtigt würde, könnten einerseits Forderungen nach nichtmilitärischen politischen Lösungen geäußert werden, aber andererseits auch durch das Verleugnen mit Hilfe von Herrschaftsphantasien die Instrumente des Krieges befeuert werden (ebd. 46). Butler bezieht sich hier zwar explizit auf kriegerische Handlungen, jedoch umfasst ihr Nachdenken generell die Entmenschlichung von Leben, die nicht bemerkenswert sind (ebd. 52). Sie schreibt, dass nicht einfach ein Diskurs der Entmenschlichung existiert, sondern dass dem Diskurs die gleichen Grenzen gesetzt sind, die auch die menschliche Intelligibilität festlegen (ebd.). Butler postuliert, dass durch die Negierung der eigenen Verwundbarkeit eine wichtige Ressource beseitigt wird, die wir brauchen, um uns zu orientieren (Butler 2005, 47). Indem wir die eigene Verwundbarkeit zulassen, könne eine Identifikation mit dem Leiden entwickelt und in die aktive Wahrnehmung der Verletzbarkeit von Anderen umgesetzt werden.

„Vielleicht würden wir dann die Bedingungen, unter denen bestimmte Menschenleben verletzbarer sind als andere und demzufolge auch betrauernswerter, kritischer beurteilen und ablehnen." (ebd.)

Butler argumentiert, dass wenn diejenigen, die Gewalt selbst erfahren haben und diese Verletzung betrauern würden, die Möglichkeit bestehe Andere vor dieser Gewalt schützen zu können. Die Trauer selbst zu einer Ressource zu machen, könne als der langsame Prozess verstanden werden, „durch den wir einen Punkt der Identifikation mit dem Leid selbst entwickeln" (ebd.). Die eigene Gewalterfahrung ist meiner Meinung nach keine zwingende Voraussetzung, um eine gesellschaftliche Sensibilisierung und Aufklärung über die Verletzung und Vulnerabilität Anderer zu erreichen. Würden sich alle Beteiligten die darin verankerte Verantwortung bewusst machen, könnte ebenso ein langsamer Prozess des Umdenkens in Gang gesetzt werden. Butlers Betrachtungen enthalten wertvolle Ansatzpunkte, um die Vulnerabilität und die Verletzungen drogengebrauchender Sexarbeiterinnen besser einordnen zu können.

Ebenso bietet das Konzept der Vulnerabilität von María do Mar Castro Varela und Nikita Dhawan (2004) viele wichtige Anknüpfungspunkte. Die Autorinnen analysieren Diskriminierungen als komplexe Dynamiken und beschreiben sie als verwobene Machtfelder (Castro Varela/Dhawan 2004, 218f). Durch diese Herangehensweise ist es möglich, subjektive Machtverstrickung und die Widersetzungen zu analysieren, ohne dem Opferdiskurs zu verfallen. Verletzlichkeiten würden im Konzept der Vulnerabilität hinsichtlich Form und Ausmaß in unterschiedlichen dynamischen Feldern visualisiert (ebd. 219). Die Wissenschaftlerinnen verbinden damit die Möglichkeit, Menschen in marginalisierten Positionen „zum Sprechen"[31] zu bringen, ohne dass ihre Komplexität und Kontingenz auf der Strecke bleibt (ebd. 220). Der Fokus richtet sich dabei auf zwei Ebenen, zum einen auf die Risiken, die ein Subjekt verletzlich machen und zum anderen auf die Ressourcen, die es mobilisieren kann, um sich vor den Risiken zu schützen und den Verhältnissen zu widerstehen (ebd.).

„Verschiedene Verletzlichkeitskombinationen können als Vulnerabilitätspositionen dargestellt werden. [...] Verletzlichkeitspositionen produzieren Subjekte. Sie verfolgen die Subjekte nicht, sondern stellen sie kontextabhängig her." (ebd.)

Insbesondere im Hinblick auf die Widersetzungen und Handlungsfähigkeit ist das Konzept der Vulnerabilität sinnvoll, da es weder Subjekte viktimisiert noch Herrschaftsverhältnisse unterschlägt, sondern diese in Anlehnung an Foucaults Machtbe-

---

31 Diese euphemistische Sicht würde ich so nicht teilen, da es marginalisierte Gruppen gibt, die sicher sprechen aber trotzdem nicht gehört werden, der Analysebegriff allein reicht nicht aus, sondern hier wird immer auch das Problem des Zugangs tangiert, der für Wissenschaftlerinnen ohnehin schwierig ist (siehe dazu 4.3.2.1 Spivak zur Subalternen).

griff als relational und Herrschaft als geronnene Macht betrachtet. Castro Varela und Dhawan sehen in der sozialen Vulnerabilität eine Form von Risiko, welches aus dem sozialen Alltagsleben erwachse (ebd.):

„Je mehr Risiken ein Individuum exponiert ist, desto höher die Wahrscheinlichkeit, dass es alltäglichen und institutionellen Diskriminierungs-, Stigmatisierungserfahrungen und *Othering*prozessen ausgesetzt ist" (ebd.).

Verletzlichkeit komme in Alltäglichkeiten und an allen Orten zum Tragen. Sie erzeugt nicht nur eine andere Perspektive auf die Welt, sondern führt auch zu anderen Formen des Sprechens und Schweigens. Deren Wahrnehmung sei ebenso ein Effekt von Vulnerabilität wie die Praxis selbst (ebd. 221). Die Wissenschaftlerinnen denken ihr Konzept im Zusammenhang mit der Normalisierungsmacht, die nicht nur zur Homogenität zwinge, sondern auch individualisiere (ebd. 222), indem sie Differenzen essentialisiert und Hierarchien damit legitimiert. Politischen Forderungen müssten möglichst präzise Analysen über Ungerechtigkeiten und Unfreiheit zugrunde gelegt werden. Sie müssten auch Widerstandspotentiale aufzeigen und verdeutlichen, dass Widersetzungen erneut zu Unfreiheit führen können. Mit Hilfe der Intersektionalen Mehrebenenanalyse kann dieser Anspruch umgesetzt werden.

Castro Varela und Dhawan fordern über die nicht opferorientierte Verletzlichkeitsanalyse hinaus dazu auf, einer Ethik zu folgen, die das eigene Handeln daran misst, welche Konsequenzen dieses für die vulnerabel positionierten Subjekte bringt. Sie nennen das Selbst, das bereit ist in den Fokus der Kritik zu geraten (ebd. 224) und fähig ist Visionen und Bündnisse einzugehen (ebd. 225), das *parrhesiastische*[32] Selbst. Diese Fähigkeiten könnten nur durch Selbstkritik und eine ethisch-experimentelle politische Haltung erreicht werden. Die Forderungen der Autorinnen sind vergleichbar mit Foucaults Ethik des Selbst.

---

32  Castro Varela/Dhawan (2003) beziehen sich hier auf *Parrhesia*, die Kunst der riskanten Widerrede. Die Wissenschaftlerinnen setzen sich in ihrem Aufsatz differenziert mit dem Begriff auseinander und arbeiten seinen politik-kritischen Wert für ein verantwortliches Handeln heraus. Foucault hat in seinen Vorlesungen zur Hermeneutik des Subjekts die *Parrhesia* ausführlich analysiert, insbesondere in den Vorlesungen des 10./17. März 1982 (Foucault 2004, 453-531). Sie bedeutet vereinfacht, die Freimütigkeit, die Offenheit des Herzens und der Gedanken (ebd. 216). Weiter umfasst der Begriff die Offenheit der Rede, die Redefreiheit und den freien Gebrauch des Wortes, um alles zu sagen, was notwendig, nützlich und wahr ist (ebd. 447). Es geht nicht darum *alles* sagen zu können, sondern *Parrhesia* ist eng verknüpft mit *ethos*, also einer sittlichen Haltung, und der *techne*, dem technischen Verfahren (ebd. 454 ff). Ziel der *parrhesia* sei es, dafür zur sorgen, dass derjenige, an den man seine Rede richtet, in die Lage versetzt wird, ohne diese Rede auszukommen (ebd. 462 ff). Die *parrhesia* stelle „die notwendige Seelenausrüstung, die *paraskeue*, dar, die den Individuen erlaubt, sich allen Widerfahrnissen im Laufe ihres Lebens zu stellen oder bereit zu sein, sich ihnen zu stellen" (ebd. 505 ff).

### 4.3.6 Zusammenfassung

In dem Unterkapitel wurden verschieden poststrukturalistische und postkoloniale Theorieansätze beschrieben, um ihre Relevanz für diese Arbeit aufzuzeigen und zu verdeutlichen, warum diese Ansätze der Analyse von Widersetzung und Handlungsfähigkeit zugrunde liegen und wie sie mit den Forschungsfragen dieser Arbeit und der Intersektionalen Mehrebenenanalyse verknüpft werden können. Zum einen sollen mittels der dekonstruktivistischen Herangehensweise die Singularitäten im Forschungsfeld erfasst werden, um der Heterogenität drogengebrauchender Sexarbeiterinnen gerecht zu werden. Das bedingt auch die Konstruktion der Kategorie „Beschaffungsprostitution" mit Hilfe der theoretischen Zugänge nachzuweisen. Zum anderen bietet der theoretische Rahmen die Möglichkeit, die Herrschaftsverhältnisse und Gewaltverhältnisse im Feld mitzudenken und zu analysieren.

Butlers kritisches Potential der Dekonstruktion stellt für mich ein Handwerkszeug dar, um die Selbstermächtigung und Unterwerfung besser zu verstehen und dem Dilemma einer binären Opfer- und Täterinnensicht zu entkommen. Ihre Theorie ist für mich ein geeignetes Analyseinstrumentarium, um die Wirkmächtigkeit von Diskursen, Normen und Ideologien sowie deren gewaltsame Einschreibung in die Körper nachzuzeichnen. Außerdem bietet sie die Möglichkeit Subjektkonstruktion als einen nicht deterministischen Mechanismus zu verstehen, der die Möglichkeit eröffnet, Handlungsfähigkeit abstrakt zu denken.

Von Spivaks Theorie nehme ich vor allem mit, dass es nicht darum geht, die eigene Dominanzkultur „wohlwollend" für Subalterne zu nutzen, sondern die Verantwortung mit ihnen zusammen zu übernehmen. In diese Gemeinsamkeit sollten nicht nur die eigenen Verflechtungen in die Herrschaftsstrukturen, sondern auch die eigenen Privilegien eingebracht werden. Obwohl dies ein hoher Anspruch ist, der wahrscheinlich nie vollständig eingelöst werden kann, bildet er jedoch den Imperativ für meine Schlussfolgerungen hinsichtlich der Sozialen Arbeit. Spivaks konsequenter Dekonstruktivismus und ihre Argumentation für einen strategischen Essentialismus bieten mir die Option, Identität im nicht ontologischen Sinne zu verstehen und sie auch so zu analysieren.

Wenn ich das Cyborg-Konzept von Haraway zu Grunde lege, verstehe ich den Körper als unvollkommen, verletzlich und durchlässig. Ich habe damit einen Ausgangspunkt, um die Attribute „süchtig", „krank" und „abhängig" zu dekonstruieren. Damit ist die Voraussetzung geschaffen der binären Logik zu entkommen, die auf der Gegenseite immer das reine Wesen inauguriert, das abstinent und gesund lebt sowie frei agiert. Ihr Ansatz zum Immunsystem ist ein Plädoyer für die Differenz und somit hilfreich für die Akzeptanz des Anderen. Ihre Metapher für die Gemeinschaft ist für mich eine Vision, Gesellschaft anders zu denken. Gleichermaßen schätze ich ihre Kritik am weißen westlichen Feminismus und ihre Abkehr von einer postmodernen Indifferenz. Haraways Konzepte fließen in meine Analyse bodyistischer Herrschaftsverhältnisse ein.

Youngs Gruppenkonzeption ist ein unterstützendes Werkzeug, um die drogengebrauchenden Sexarbeiterinnen als Gruppe deuten zu können und die damit verknüpften Unterdrückungsmechanismen herauszuarbeiten. Wenn man ihr Verständnis der Unterdrückungsformen im gesamten Analyseprozess mitführt, wird der Gefahr vorgebeugt, die extremen Gewalt- und Herrschaftsverhältnisse im Forschungsfeld zu relativieren. Diesem Ansatz versuche ich gerecht zu werden, indem ich Vulnerabilität theoretisch verorte und somit über eine Folie verfüge, die die erfahrenen Verletzungen und die Disposition zu einer höheren Verletzungsgefahr drogengebrauchender Sexarbeiterinnen aufnimmt.

Im folgenden Abschnitt werde ich auf Basis von anschlussfähigen Theoriefragmenten der Frage nachgehen, ob „Beschaffungsprostituierte" überhaupt „einer Arbeit nachgehen".

## 4.4 THEORETISCHE BETRACHTUNGEN ZU EINEM ARBEITSBEGRIFF FÜR DIE SEXUELLE DIENSTLEISTUNG VON DROGENGEBRAUCHERINNEN

Prostitution wird gesamtgesellschaftlich nach wie vor selten als Arbeit angesehen und wenn dann nur als „schlechte Arbeit". Somit ist es sehr schwierig, den Begriff Prostitution als neutrale Bezeichnung für eine Form von Arbeit zu benutzen. Aus diesem Grund habe ich mich entschieden von Sexarbeit zu sprechen, da diese Bezeichnung den Arbeitsbegriff impliziert. Pointiert ausgedrückt soll die Frage „Ist das eine Arbeiterin?" unter Abbildung 1 beantwortet werden.

Die Zeichnung von Heinrich Hoerle illustriert genau das Bild, welches von „Beschaffungsprostituierten" im hegemonialen Diskurs verhandelt wird: kranke, ausgemergelte Körper, die keinesfalls eine Arbeiterin verkörpern. Da ich dezidiert anderer Auffassung bin, werde ich Theorien heranziehen, die es ermöglichen Sexarbeit von Drogengebraucherinnen zu beschreiben und zu analysieren. Als Analyseaufgabe formuliert Pieper

„[...] herauszuarbeiten, wie die Bewältigung des Lebens und die alltägliche Versorgung innerhalb unterschiedlicher Lebensformen bewerkstelligt wird und wie in diesem Kontext Prozesse der Subjektivierung im Zeichen der unterschiedlichen Herrschaftslogiken einer vergeschlechterten, heteronormativen, ethnifizierenden und rassifizierenden Form der Arbeitsteilung operieren." (Pieper 2007a, 229)

*Abbildung 1: Ist das eine Arbeiterin?*

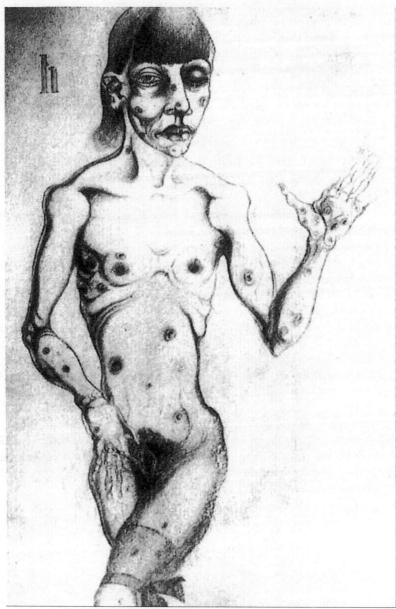

Quelle. Heinrich Hoerle, „Dirne" um 1925

In diesem Zitat formuliert sie die Forderung nach einer intersektionalen Analyse und verweist im Anschluss auf den Begriff der sexuellen Arbeit von Pauline Boudry, Brigitta Kuster und Renate Lorenz (Boudry/Kuster/Lorenz 1999, 6–35). Ich werde die Aspekte der Theorie, welche die notwendigen Anschlüsse zur Sexarbeit herstellen, sowie den Begriff Aufwand näher betrachten. Aus dem Ideologiebegriff von Althusser greife ich nur den für meine Arbeit notwendigen Aspekt der Interpellation auf. Am Ende dieses Abschnitts werden die Reproduktionsarbeit und die Prekarisierung auf das Forschungsfeld drogengebrauchender Sexarbeiterinnen angewendet. Zunächst geht es erst einmal nur darum zu zeigen, wie die beiden Begriffe für die Auswertung produktiv verwendet werden können.

### 4.4.1 Sexuelle Arbeit und Aufwand

Kuster und Lorenz stellen in ihrem Buch „sexuell arbeiten. eine queere perspektive auf arbeit und prekäres leben" die Frage nach der Macht im Feld der Arbeit. Weiter fragen sie, welches die Prozessbestandteile sind, die die „gute Arbeit" charakterisieren und den Anreiz bieten, in diesem Sinne „gut zu arbeiten". Sie versuchen zu klären, wie Anerkennung und Drohung neben den repressiv arbeitenden Institutionen und der Notwendigkeit Geld zu verdienen, wirken (Kuster/Lorenz 2007, 14).

Für Kuster und Lorenz ist sexuelle Arbeit doppelt produktiv, sie produziere eine verkörperte, vergeschlechtlichte und sexuelle Subjektivität und sie stelle zugleich Produkte her (ebd.). Ihnen ist es wichtig, den performativen Prozess selbst zu betrachten und die Frage zu klären, wie Sexualität und Geschlecht in diesem Prozess arbeiten. Nach den Beobachtungen von Kuster und Lorenz leistet sexuelle Arbeit ganz unterschiedliches, je nachdem in welcher Form und unter welchen Arbeitsbedingungen sie erbracht wird. Deshalb haben sie ihre Aufmerksamkeit auf den Begriff Aufwand fokussiert, um umschreiben zu können, was wie in der sexuellen Arbeit geleistet wird. Unter Aufwand verstehen sie einerseits eine anstrengende, widersprüchliche und bedrohliche Praxis, andererseits aber auch eine vielversprechende, individuell unmöglich zu lösende Praxis (ebd. 15). Kuster und Lorenz sehen den Aufwand als Teil der Arbeitsbedingungen, aber auch als Teil informeller, unbewusster Praxen und Phantasien, die ebenso wirkmächtig sind. Der Aufwand habe nicht nur subjektivierende Effekte und sei Bestandteil der Unterwerfung, sondern er regiere auch die Anderen und übe Macht aus (ebd. 19f). Der Begriff Aufwand ermöglicht es mir, drogengebrauchende Sexarbeiterinnen nicht nur als Opfer im Dienstleistungsprozess zu sehen, sondern auch ihre Handlungsfähigkeit mit in den Fokus zu nehmen und gleichzeitig die Zumutungen und Drohungen, die sie aufgrund der Arbeitsbedingungen aushalten müssen, analysieren zu können.

Die sexuelle Arbeit der Subjekte sei produktiv, so Kuster und Lorenz, und Teil der kapitalistischen Verwertungslogik, obwohl sie nicht entlohnt wird (ebd. 54). Den Fokus allein auf die Verwertung zu legen, greife zu kurz, denn sexuelle Arbeit sei eine Machttechnologie, mittels derer gesellschaftliche Regeln subjektiviert würden. Indem die Individuen Fertigkeiten und Fähigkeiten erlernen und praktizieren, würden sie als Subjekte angerufen, die sich den zwanghaften Kategorien unterwerfen bzw. zur Umarbeitung aufgefordert seien (ebd.). Die AutorInnen grenzen das Konzept der sexuellen Arbeit von der Theoriebildung bezüglich patriarchaler, geschlechtsspezifischer Arbeitsteilung ab. Mit dem Konzept der sexuellen Arbeit schlagen sie einen neuen Ansatz vor (Boudry/Kuster/Lorenz 1999, 14). Sie kritisieren das Konzept zum Patriarchat, weil dieses die geschlechtsspezifische Arbeitsteilung einseitig als gesellschaftliches Zwangsverhältnisse konzeptualisiere. Mit der Kategorie Heterosexualität sei es möglich, die Doppelbewegung von Unterwerfung und Ermächtigung zu fassen: also die Zwänge und Wünsche der Individuen. Dieses Subjektverständnis entspricht dem von Althusser (1977). Die Möglichkeit in der Szene der Anrufung intelligibel zu werden und Anerkennung zu erlangen, sei mit einem Aufwand verbunden, der unterschiedlich groß sei und abhängig davon, wo die Subjekte mittels Anrufung platziert werden. Der Name „Arbeit" sei daher zugleich ein strategischer Einsatz. Er solle sexuelle Arbeit als Arbeit, als Anforderung sowie als gesellschaftliche Technologie der Unterwerfung der Individuen kennzeichnen und damit ein neues Politikfeld eröffnen (Kuster/Lorenz 2007, 54). Ich habe die strategischen Setzungen der Autorinnen aufgegriffen und auch die sexuelle Dienstleistung von Drogengebraucherinnen als Arbeit definiert. Die Kennzeichnung der Arbeit als „sexuell" ist nach Kuster und Lorenz ebenfalls eine strategische Setzung: Die Technologien des Selbst erfordern ein Subjekt, das auf sich selbst als sexuelles Subjekt referiert (ebd.). Sexuelle Arbeit weise darauf hin, dass das Erlernen von Fertigkeiten und Fähigkeiten immer bedeutet, sich als vergeschlechtliches, verkörpertes und auch sexuelles Wesen zu subjektiveren (ebd. 55). Auch diese Strategie ist für meinen Analyseansatz relevant, denn es ist davon auszugehen, dass drogengebrauchende Sexarbeiterinnen sich mittels erlernter Fertigkeiten und Fähigkeiten subjektivieren und als Subjekte konstruieren.

Sexarbeit ist eine tabuisierte, oft schlecht bezahlte Tätigkeit. Entgegen der allgemeinen Auffassung sind Fähigkeiten und Fertigkeiten notwendig, um innerhalb dieser Ökonomie überleben zu können. Wenn ich von drogengebrauchenden Sexarbeiterinnen schreibe, so bezieht sich das immer auf einen informellen Markt. Das hat zur Konsequenz, dass innerhalb dieser illegalisierten Szene vielfältige Fähigkeiten und Fertigkeiten erforderlich sind, um überleben zu können. Deshalb bin ich der Meinung, dass mit dem Konzept der sexuellen Arbeit und des Aufwandes das Feld Sexarbeit und Drogenkonsum in erweiterter Form als Arbeit analysiert werden kann. In der Sexarbeit werden explizit Fähigkeiten und Fertigkeiten vorausgesetzt, die nicht unmittelbar zur eigentlichen Dienstleistung gehören. Ein Beispiel dafür ist das sogenannte „Kobern". Dabei wird erwartet, dass die Frauen in einer bestimmten Art und Weise auftreten und trotzdem die Regeln des „guten Anstandes" (Althusser 1977) wahren. Das heißt, sie dürfen potentielle Kunden nicht zu aggressiv ansprechen und müssen höflich sein. Der Aufwand, den drogengebrauchende Sexarbeiterinnen dabei leisten müssen, ist ungleich größer als bei legal tätigen Sexarbeiterinnen, denn sie arbeiten in einem Sperrgebiet und benötigen daher bestimmte Fähig- und Fertigkeiten, um erfolgreich eine Arbeitsleistung in einem für sie verbotenen Raum anzubieten. Drogengebraucherinnen entsprechen nicht dem Bild von normativer Weiblichkeit (siehe 3.4.2), und es werden ihnen von der Gesellschaft entsprechende Anpassungsleistungen abverlangt. Widersetzen sich die Frauen solchen Normativen, werden sie abgestraft (siehe 3.4.4). Gleichzeitig ist ihre Arbeit stärker prekarisiert als auf dem legalen Sexmarkt, da ihre Handlungsspielräume eingeschränkter und deshalb die Abhängigkeiten ungleich stärker sind (siehe 3.4).

Kuster und Lorenz sehen sexuelle Arbeit als ein individuelles und kollektives Mittel der Umarbeitung gesellschaftlicher Regeln und vorgegebener Formen der Subjektivierung. Von Umarbeitung könne gesprochen werden, wenn in Teilbereichen der Gesellschaft, wie einer sexuellen Subkultur, mittels konfliktreicher Auseinandersetzungen Handlungsmöglichkeiten und Subjektivierungsweisen hervorgebracht werden, die nicht den Anforderungen der Zweigeschlechtlichkeit, Heterosexualität und „guten" Sitten folgen (ebd. 21).

Ein wichtiges politisches Anliegen von Kuster und Lorenz ist es, Sexualität aus dem Privaten herauszulösen und ihre Wirkungen als eine Kategorie der Macht im

Feld der Arbeit zu verstehen (Kuster/Lorenz 2007, 25). Auch zu diesem Gedanken lässt sich sofort eine Verbindung zu der Forderung von Sexarbeiterinnen herstellen, die Einheit von Sexualität und Liebe als das dominierende Modell des gesellschaftlichen Umgangs mit Sexualität aufzuheben und die in der Prostitution praktizierte Trennung von Sexualität und Liebe als *common sense* zu etablieren (siehe 3.5.3/6.2.7).

Kuster und Lorenz möchten den von Foucault aufgezeigten Zusammenhang von Sexualität und Macht nutzen, um auch im Feld von Arbeit historische Motive für die Analyse der Macht zu nutzen. Das Konzept der sexuellen Arbeit ermögliche es, die komplexe Verschränkungen von Sexualität, Begehren und Arbeit und die aus ihnen entstehenden Machtbeziehungen herauszuarbeiten. Kuster und Lorenz analysieren die historischen Tagebuchaufzeichnungen einer Haushälterin und folgen dabei konsequent dem Material in seiner Widersprüchlichkeit, um zu verstehen, wie sexuelle Arbeit in einer komplexen „sexuellen Szene der Anrufung" ein Verhältnis zwischen Individuum und Gesellschaft herstellt und dabei sowohl subjektivierend als auch produktiv ist (Kuster/Lorenz 2007, 25-151). Den Anschluss dieser Ausarbeitung stelle ich wie folgt her: Das Arbeitsumfeld einer drogengebrauchenden Sexarbeiterin ist dadurch gekennzeichnet, dass sich Arbeitszeit und private Zeit sowie Arbeitsraum und privater Raum nahezu vollständig ineinander verschränken. Viele Frauen leben und arbeiten auf der Szene. Sie sind mit Freiern befreundet, verbringen mit ihnen ihre Freizeit und konsumieren mit ihnen gemeinsam Drogen. Wenn noch eine eigene Wohnung existiert, dient diese häufig auch als Arbeitsplatz (siehe 3.4/3.4.1). Diese Verschmelzung von Sexualität, Begehren und Arbeit generiert Machtbeziehungen innerhalb der informellen Drogen- und Sexökonomie, die analysiert werden müssen, und die sexuelle Arbeit sowie der damit zu leistende Aufwand sind für mich hilfreiche Konzepte diesem Anliegen gerecht zu werden.

Um die Produktivität des Arbeitens zu verdeutlichen, ist es notwendig, die Fähig- und Fertigkeiten der Subjekte genauer herauszuarbeiten. An anderer Stelle habe ich bereits angeführt, dass es innerhalb der Drogenszene spezifischer, praktischer Kenntnisse bedarf, um das individuelle Überleben zu sichern. Diese sind wichtige Begriffe, um die Handlungsfähigkeit der drogengebrauchenden Frauen zu explorieren. Kuster und Lorenz wenden die Überlegungen Althussers zur Industriearbeit auf die Verhältnisse der Hausarbeit an und nähern sich so dem Konzept von Fähig- und Fertigkeiten (Althusser 1977). Althussers Ideologiebegriff ist hilfreich, um die Fähig- und Fertigkeiten drogengebrauchender Sexarbeiterinnen in ein Konzept von Arbeit zu integrieren. Seine Anrufungsszene ist eine hilfreiche Metapher, um auf der Repräsentationsebene des Intersektionalen Mehrebenenansatzes zu agieren.

## 4.4.2 Die Anrufung

Althusser stellt einen Zusammenhang zwischen der Arbeit, den Fähigkeiten und Fertigkeiten, die in der Produktion gebraucht werden, sowie der Subjektivität der Arbeitskraft her. Er argumentiert, dass der Arbeitslohn nicht ausreicht, um die Arbeitskraft zu reproduzieren, also die Arbeitenden mit Essen, Kleidung und Unterkunft zu versorgen, sondern die Arbeitskraft muss auch kompetent sein, sie muss Fähigkeiten erlernen.

„Dennoch genügt es nicht, der Arbeitskraft die materiellen Bedingungen ihrer Reproduktion zu geben, um sie als Arbeitskraft zu reproduzieren. Wir haben gesagt, daß die zur Verfügung stehende Arbeitskraft ‚kompetent' sein muß, d. h. fähig, im komplexen System des Produktionsprozesses eingesetzt zu werden." (Althusser 1977, 111)

Im Französischen verwendet er die Vokabel *savoir-faire* – „etwas tun können/das wissen wie" (siehe auch Butler 2001, 111), die auch die „‚Regeln' des guten Anstands, [...] die Regeln der Moral, des staatsbürgerlichen und beruflichen Bewusstseins, was klarer ausgedrückt heißt: Regeln der Einhaltung der gesellschaftlich-technischen Arbeitsteilung und letztlich Regeln der durch die Klassenherrschaft etablierten Ordnung" (Althusser 1977, 112) umfassen. Die Reproduktion der Arbeitskraft erfordere nicht nur eine Reproduktion ihrer Qualifikation, sondern auch eine Reproduktion ihrer Unterwerfung unter die Regeln der etablierten Ordnung,

„d. h. für die Arbeiter die Reproduktion ihrer Unterwerfung unter die herrschende Ideologie und für die Träger der Ausbeutung und Unterdrückung eine Reproduktion der Fähigkeit, gut mit der herrschenden Ideologie umzugehen, um auch „durch das Wort« die Herrschaft der herrschenden Klasse zu sichern." (ebd. 112)

Die Individuen lernen Fähigkeiten in einer Form, die eine Unterwerfung unter die herrschende Ideologie oder die Beherrschung ihrer Praxis sichert (ebd.). Althusser führt an dieser Stelle den Begriff der „Ideologie" ein, er nennt es die Wirksamkeit einer neuen Realität (ebd.). Er entwirft damit eine Theorie der Ideologie und weist ihr eine materielle Existenz zu (ebd. 136ff). Die Ideologie erzeuge die Praxen einer Gesellschaft, und alle Mitglieder seien an dieser Aufrechterhaltung mehr oder weniger beteiligt (ebd. 140). Hier finden sich die Parallelen zu Foucaults Machttheorie. Isolde Charim sieht Althussers Konzeption in Anlehnung an Foucault „als ‚*Produktivität* der Staatsapparate'; ein Begriff, der der Komplexität und Ambivalenz der Machtstruktur Rechnung trägt" (Charim 2002, 63). Sie stellt die These auf, dass Althusser eine „sehr ausgeprägte [...] Machttheorie vorgelegt hat – insofern er die Produktivität als eine Form von Macht konzipiert, entsprechend er die Freiwilligkeit als eine Form der Unterwerfung konzipiert, ist seine Machttheorie eine Ideologietheorie" und umgekehrt (Charim 2002, 65).

Althusser entwirft auf der Basis seiner Vorstellungen von „Ideologie" ein Modell des Staates, in dem der einheitliche Staatsapparat durch einen vielfältig gegliederten, beweglichen ersetzt wird, in dem neben dem „Repressiven" wie Militär, Rechtssystem und Polizei auch das „Ideologische" (ebd. 119f) wie Schule, Kirche oder Familie auftreten (ebd. 115ff). Diese Institutionen organisieren die Reproduktion der Ideologie. Nach Charim versehen die ideologischen Staatsapparate die Individuen mit der Fertigkeit des Umgehen-Könnens (Charim 2002, 63). Keine herrschende Klasse könne ihre Macht auf Dauer durch den repressiven Staatsapparat (RSA) sichern, sie müsse sich auch Plätze in dem ideologischer Staatsapparat (ISA) sichern und sich hier etablieren. Nicht nur, weil auch die ehemals herrschende Klasse noch lange eine starke Position innehabe, sondern auch weil die ausgebeutete Klasse immer Mittel und Wege des Widerstands finde, indem sie die existierenden Widersprüche nutzt und sich Kampfpositionen erobert (Althusser 1977, 122). Laut Althusser ist es die Funktion von Ideologie, die Individuen als Subjekte zu konstituieren (ebd. 140). Das bedeutet zum einen, dass die Individuen zu Subjekten werden, die in ihrer Einmaligkeit, als wieder erkennbare Subjekte „evident" sind (ebd. 141), aber sich zum anderen jederzeit unterwerfen. Die Technologie der Unterwerfung nennt Althusser Interpellation. Die Struktur jeder Ideologie, durch die die Individuen im Namen eines absoluten und einzigen „SUBJEKTS" als Subjekte angerufen werden, ist in doppelter Weise gespiegelt. Diese doppelte Spiegelstruktur ist einerseits ein konstitutives Merkmal der Ideologie und andererseits auch ein Garant für ihre Funktion (ebd. 147). Dies gelingt ihr durch die Anrufung der Individuen als Subjekte bei gleichzeitiger Unterwerfung unter das „SUBJEKT", wobei es zu einer wechselseitigen Wiedererkennung zwischen den Subjekten und dem „SUBJEKT" sowie der Subjekte untereinander kommt. Die Wiedererkennung des Subjekts durch sich selbst und die absolute Garantie, dass alles in Ordnung ist und dass alles gut gehen wird, solange die Subjekte nur wieder erkennen, was sie sind, und sich dementsprechend verhalten, gewährleisten die Funktion der Ideologie (ebd. 148).

Althusser kommt zu dem Ergebnis, dass alle Subjekte durch die Gefangenschaft in diesem System von ganz allein funktionieren, mit Ausnahme der *schlechten Subjekte*, die gelegentlich das Eingreifen des RSA herausfordern. Das Individuum wird als freies Subjekt angerufen, damit es sich freiwillig den Anordnungen des „SUBJEKTS" unterwirft, damit es also freiwillig seine Unterwerfung akzeptiert und folglich ganz von allein die Gesten und Handlungen seiner Unterwerfung vollzieht. Somit gibt es die Subjekte nur durch und für ihre Unterwerfung (Althusser 1977, 148).

Drogengebrauchende Sexarbeiterinnen müssen funktionieren, obwohl sie nach Althusser *schlechte Subjekte* sind. Sie müssen möglichst unauffällig, klandestin und individuell handeln, da auch die kleinste Abweichung von der Norm zu massiven Sanktionen führen kann (siehe 3.4.4). Das gilt zum einen natürlich für ihre Dienstleistung, aber auch für den Drogenkonsum, denn sie müssen mit erheblichem Aufwand ihre Fähig- und Fertigkeiten einbringen, um unter den harten Bedingungen des illegalisierten Marktes mit seinen informellen Strukturen und seinen Gefahren hinsichtlich der schwankende Drogenqualität und der massiven Überwachung und Kontrolle die notwendige Reproduktion ihrer Arbeitskraft überhaupt leisten zu können.

### 4.4.3 Entgrenzte Reproduktionsarbeit

Drogenkonsum in der Sexarbeit ist eine sehr spezifische Form der Reproduktion der Arbeitskraft. In meiner Forschungsarbeit betrachte ich den Drogenkonsum als Mittel zum Erhalt der Arbeitsfähigkeit innerhalb einer völlig entgrenzten Arbeitswelt der illegalisierten Sex- und Drogenökonomie und nicht als pathologische Ursache für ein Leben außerhalb der Norm. Zur Definition für Reproduktionsarbeit lehne ich mich an die Definition von Winker an und transferiere ihre Annahme über die Prekarisierungsprozesse von Familienverhältnissen auf die Lebensverhältnisse drogengebrauchender Sexarbeiterinnen.

„Gleichzeitig verändern sich allerdings auch Bedingungen und Formen der Reproduktionsarbeit tiefgreifend, wodurch wiederum Prekarisierungsprozesse befördert werden. Dabei verstehe ich unter Reproduktionsarbeit die unter den jeweiligen gesellschaftlichen Bedingungen zur Reproduktion der Arbeitskraft notwendigen Tätigkeiten, die nicht warenförmig, sondern am Gebrauchswert orientiert in familiären Bereichen realisiert werden. Dies umfasst vor allem die

Ernährung, Erziehung und Bildung von Kindern und Jugendlichen als neue Generationen von Arbeitskräften sowie die Reproduktion der eigenen Arbeitsfähigkeit wie auch die Reproduktion anderer Erwerbspersonen. Reproduktionsarbeit im breiten Sinne, so wie ich sie verstehe, fokussiert nicht nur auf die (Wieder-)Herstellung von Arbeitskraft, sondern bezieht auch das Überleben und Wohlbefinden ehemaliger Arbeitskräfte und damit die Versorgung unterstützungsbedürftiger alter Menschen ein." (Winker 2010, 170)

Insbesondere der letzte Satz der Definition trifft auch für drogengebrauchende Sexarbeiterinnen zu. Drogenkonsum ermöglicht es vielen Frauen die ausbeuterischen Strukturen auszuhalten oder dagegen anzukämpfen, um durch die Arbeit ihr Überleben zu sichern. Drogen sind für einige Frauen die einzige Möglichkeit sich einen letzten Rest an Ruhe und Wohlbefinden zu verschaffen. Winker geht von einer gesamtgesellschaftlichen Ausbreitung und Vertiefung der Prekarisierungsprozesse aus, die nicht nur erwerbszentriert sind. Durch ihre erweiterte Sicht auf die Reproduktionstätigkeit besteht die Möglichkeit die neue Prekarisierung des informellen illegalisierten Drogen- und Sexmarktes in den Blick zu bekommen. Winker erweitert die verengte Prekarisierungsdebatte durch einen geschlechtertheoretischen und intersektionalen Blick. Sie schlägt in ihrem Artikel den Intersektionalen Mehrebenenansatz als Analysewerkzeug vor, um

„[...] Typologisierungen nicht nur entlang der Beschäftigungssituation vorzunehmen, sondern die Vielfältigkeit von Prekarisierungsprozessen herauszuarbeiten, die ihren Ausgang in der Produktions- und Reproduktionssphäre nehmen und durch vielfältige Segregationen entlang Klasse, Geschlecht, Rasse und Körper entstehen und sich reproduzieren." (ebd. 182)

Mit dem Intersektionalen Mehrebenenansatz werde ich nachweisen, dass es nicht der Drogenkonsum an sich ist, der die Handlungsunfähigkeit der Frauen einschränkt, sondern dass die Wechselwirkung zwischen der Prohibition, den strukturellen repressiven Maßnahmen sowie den abwertenden Diskursen, Ideologien einerseits und der wissenschaftlichen Episteme andererseits die Handlungsfähigkeit beschränkt und das Bild einer suchtbestimmten „Drogenprostituierten" (siehe Abbildung 1) erzeugt. So lassen sich mit Hilfe des Intersektionalen Mehrebenenansatzes Handlungserweiterungen und „Zukunftsszenarien" aufzeigen, die

„[...] dann vielfältige Angriffe auf Prekarisierung als neue Herrschaftsform ab [-zeichnen, K.S.], die wegen ihrer Vielfalt Wirkung zeigen und auf die Notwendigkeit einer anderen Welt verweisen." (ebd. 183; siehe auch dies. 2011)

Ich setze den Drogenkonsum als entgrenzte Reproduktionsarbeit, die innerhalb des informellen Drogen- und Sexmarktes eine spezifische Bewältigungsstrategie ist, um die Zumutungen der neuen Prekarisierung, die sich in den veränderten Arbeitsbedingungen manifestiert, aushalten zu können.

## 4.4.4 Zusammenfassung

Sexarbeiterinnen üben nicht nur einfach einen Beruf aus, sondern von ihnen wird erwartet, dass sie ihre ganze Person einbringen. Sexuelle Arbeit ist für mich ein Instrument, um zu verstehen, wie drogengebrauchende Sexarbeiterinnen unter kontextspezifischen Bedingungen zu Subjekten werden und welche Sebsttechnologien in diesen Prozess eingewoben sind. Der zu leistende Aufwand, der mit dieser Subjektkonstruktion verbunden ist, stellt für mich ein analytisches Mittel dar, um die Drohungen, die Zumutungen und die Gefahr von Entrechtung, Verletzungen und Beschämung zu verstehen. Beide Analysekategorien verorte ich auf der Repräsentationsebene. Althussers Konzepte der Ideologie und Anrufung bilden eine geeignete Grundlage, um die Subjektanrufung und -konstruktion in ihrer Widersprüchlichkeit innerhalb der informellen Drogen- und Sexökonomie zu verstehen. Sie spielen in der Analyse der Repräsentationsebene eine wichtige Rolle. Indem ich Drogenkonsum als entgrenzte Reproduktionsarbeit setze und intersektional betrachte, kann ich die einseitige Opfersicht vermeiden und trotzdem die existierenden Ausbeutungsverhältnisse analysieren.

Die drei Konzepte Aufwand, Anrufung und entgrenzte Reproduktionsarbeit sind theoretische Hilfsmittel, um mein Datenmaterial auf der Grundlage eines Arbeitsbegriffes auswerten zu können, der herrschaftskritisch ist und gleichzeitig Handlungsfähigkeit sichtbar macht. Nachdem ich nun alle Theoriebausteine ausgearbeitet habe, widme ich mich jetzt der Methodologie meiner Arbeit.

# 5 Methodischer Rahmen der Untersuchung

Zentrales Anliegen meiner Arbeit ist die Analyse der Selbsttechnologien von drogengebrauchenden Sexarbeiterinnen. Die Analyse widmet sich zugleich den erzähl-
ten Lebensgeschichten. „Drogenprostitution" findet nicht im eigentlichen Prostitutionsmilieu statt, sondern innerhalb einer spezifischen Subkultur (Langer 2003, 11).
Die Erforschung der Subkultur ist eng mit dem Begriff des abweichenden Verhaltens
verknüpft (Becker 1981; Girtler 1991, 385-388). „Beschaffungsprostitution" betrachte ich dabei nicht aus der Perspektive abweichenden Verhaltens innerhalb einer Subkultur, sondern begreife sie als Bestandteil der Alltagswelt.

Da sich die Außenperspektive der Forschenden signifikant von der Innenperspek-
tive des Untersuchungsfeldes unterscheidet, ist die Übermittlung des Expertinnen-
wissens drogengebrauchender Sexarbeiterinnen ein zentrales Anliegen meiner Arbeit.
Für die ForscherIn ist es notwendig, eine „existenzielle Innensicht" zu gewinnen
(Hitzler/Honer 1991, 382-385). Die Analyse soll sich zwar auch der Lebensgeschichte der einzelnen Frauen widmen, der Schwerpunkt liegt aber auf dem Selbstbild als
Sexarbeiterin und Drogenkonsumentin. Weiterhin sollen aus den Analyseergebnissen
Forderungen an die „professionelle Hilfelandschaft" abgeleitet werden. Auch die Beschreibung der sich aktuell verschärfenden Situation aus Sicht der Expertinnen und
ihre Einschätzung der Kunden, die sexuelle Dienstleitungen in der Drogenszene ein-
kaufen, sind von Interesse. So dient die Kategorie „Beschaffungsprostitution" als
konditionelle Matrix individueller Deutungsmuster und Handlungslogiken.

Meinem Arbeitsansatz liegt die erkenntniskritische Perspektive zugrunde, dass
Definitionen, Regulierungen und Kategorisierungen Grenzen ziehen, die Herrschaft
absichern, Hierarchien schaffen sowie Ein- und Ausschlüsse produzieren. Deshalb ist
es notwendig, im marginalisierten Feld drogengebrauchender Sexarbeiterinnen innerhalb des bereits stigmatisierten Feldes der Prostitution scheinbar essentialistische
Kategorien wie z.B. *gender*, *class*, *race* und *sexuality* zu denaturalisieren und un-
gleichheitsgenerierende Kategorien wahrzunehmen und zu dekonstruieren sowie ihre
Wechselwirkungen zu untersuchen. Sinnvoll für die methodische Umsetzung einer
solchen Perspektive ist der Einsatz der Intersektionalen Mehrebenenanalyse nach
Winker und Degele (2009). In diesem methodologischen und methodischen Ansatz
wird davon ausgegangen, dass die Identitäts-, Repräsentations- und Strukturebene in
Wechselwirkung stehen. Die komplexen Verweise aufeinander und die wechselseitigen Abhängigkeiten werden mit der Methode analysierbar und interpretierbar. So
können die ungleichheitsgenerierenden Kategorien im heterogenen Bereich der „Beschaffungsprostitution" untersucht werden. Die intersektionale Methode kann dieses

komplexe und gleichzeitig brisante Feld im Sinne der *differánce* von Derrida (1997) erfassen und dekonstruieren. Intersektionalität hilft bei der Spurensuche nach Widersetzung und Handlungsfähigkeit innerhalb der komplexen Bündelung unterschiedlicher Fäden von Macht, Herrschaft und Unterwerfung. Die methodische Umsetzung wird in den folgenden Abschnitten erläutert. Vorab werden jedoch die Feldphase und die Interviewführung beschrieben.

## 5.1 FELDZUGANG UND SAMPLE

In einem subkulturellen und stark stigmatisierten Milieu gibt es erhebliche Probleme beim Feldzugang. Durch meine mehrjährige Tätigkeit als Sozialarbeiterin und Vorstandsfrau von ragazza e.V. Hamburg habe ich neben meiner Berufserfahrung auch die entsprechenden Zugänge zum Forschungsfeld. Das erfolgreiche Gewinnen von InterviewpartnerInnen erfordert Geduld und ist an die Fähigkeit gebunden, eigene Hemmungen und Vorurteile abzubauen, Vertrauen zu schaffen und Skepsis abzubauen. Als erfolgreiche Methoden in marginalisierten Gruppen haben sich das Beobachtungsverfahren und das offene Interview erwiesen (Girtler 1991).

Aus den Fragen, welche sich mir während meiner Berufspraxis stellten, habe ich ein Forschungsdesign entwickelt und mit den Kolleginnen von ragazza diskutiert. Das Ergebnis dieser vielfältigen Unterstützung führte präzise zu praxisrelevanten Fragestellungen, und ich konnte relativ schnell in die Feldphase einsteigen.

In mein Sample habe ich nur Frauen aufgenommen, die als Sexarbeiterinnen tätig sind, regelmäßig illegalisierte Drogen konsumieren, auf mindestens drei Jahren Szeneerfahrungen zurückblicken können und älter als 27 Jahre sind, da sie nicht mehr unter das Kinder- und Jugendhilfegesetz fallen. Die Frauen sollten ein möglichst breites Altersspektrum abdecken, um eventuell vorhandene Lang- und Kurzzeiterfahrung in der Prostitution und im Umgang mit Drogen zu repräsentieren. Ältere Frauen verfügen oft über mindestens eine drogenfreie Phase in ihrem Leben und können sich daher eher zur postulierten „Kausalität" von Prostitution und Drogengebrauch äußern. Eventuell haben sie schon im professionellen Milieu gearbeitet und können fundiert Auskunft über die Übergänge zwischen diesem und der Drogenszene und zu Veränderungen in derselben geben. Für die jüngeren Frauen ist die Situation des Einstiegs präsenter, sie sind die Gruppe der vermuteten „Unprofessionellen" und können somit den Unterstützungsbedarf am besten formulieren. Um den „unnatürlichen" Faktor in der Interviewsituation zu minimieren, habe ich mich mit den Frauen in der sogenannten Anlaufstelle von ragazza e.V. – ihrem unmittelbaren Lebensumfeld – getroffen. Damit sich auch die Unterschiede in der Einschätzung der eigenen Lebenssituation zeigen, die sich aus der Tageszeit ergeben, ausgeschlafen und nach einem Frühstück oder nachts nach einem anstrengenden Arbeitstag, habe ich die Interviews zu unterschiedlichen Zeiten durchgeführt. Insgesamt geht es mir also weniger um ein repräsentatives Sample, sondern um die Erfassung der Heterogenität.

Zur vollständigen Darstellung des Samples gehört auch ein kurzer Beschreibung des lokalen Umfeldes, in dem die Forschung durchgeführt wurde. Meine Interviewpartnerinnen leben und arbeiten im Hamburger Stadtteil St. Georg. Im Jahre 1194 wurde auf einem unbesiedelten Gelände ca. einen Kilometer vom hamburgischen

Stadtwall entfernt ein Leprahospital gegründet (Geschichtswerkstatt St. Georg e.V. 2011), so taucht St. Georg wohl das erste Mal in der Historie auf. Michael Joho beschreibt auf den Seiten der Geschichtswerkstatt, dass St. Georg schon immer ein ambivalenter Stadtteil war.

„Jahrhundertelang vor den Toren der Stadt gelegen, wurde hier das erste, nach St. Georg benannte Leprahospital angesiedelt, die Schweineweide war hier gelegen, weil das Halten der Borstentiere innerhalb der Stadtumwallung wegen der vermeintlichen Pestgefahr verboten war, die gefährliche Pulvermühle hat hier ebenso wie der städtische Galgen gestanden, Gerbereien, Abdeckerei und Gassenkummerplatz (die mittelalterliche Mülldeponie) sorgten für eine wenig anheimelnde Atmosphäre. Immer wurde St. Georg seitens der Stadt als Aufnahmeort unangenehmer Einrichtungen, problematischer Erscheinungen und störender Elemente definiert, ein roter Faden, der sich bis in die Gegenwart nachvollziehen ließe. Nicht zufällig unterstellt man den St. GeorgerInnen heute ein besonderes Maß an Toleranz gegenüber verschiedensten Lebensweisen." (ebd.)

Heute ist St. Georg nach wie vor durch Vielfalt und kulturelle Brüche gekennzeichnet. Die vielen Moscheen, KünstlerInnen, kleinen Geschäfte, die Nähe zur Alster und zum Hauptbahnhof machen St. Georg zu einem attraktiven Stadtteil. Die Kehrseite ist, dass in St. Georg schon immer alle Formen der Prostitution (Mann-Männliche Prostitution, Transsexuellen- und Transgenderprostitution, Minderjährigenprostitution und vor allem Armutsprostitution) stattfand. Durch das Aufkommen des illegalisierten Drogenkonsums verfestigte sich in St. Georg in den 1970/80ziger Jahren eine Drogenszene, und damit etablierte sich auch die „Beschaffungsprostitution". Diese Entwicklung belastete den Stadtteil stark, und 1981 wurde die Sperrgebietsverordnung für St. Georg erlassen. Bis heute dauern die Konflikte zwischen den AnwohnerInnen und den Gewerbetreibenden auf der einen Seite sowie den sozialen Einrichtungen und ihren KlientInnen, wie DrogenkonsumentInnen und Prostituierten auf der anderen Seite an. Die Situation hat sich in den letzten Jahren zugespitzt, weil St. Georg Ziel eines städtischen Aufwertungsprogramms ist, um noch attraktiver für wohlhabende Personengruppen zu werden. Es haben sich Initiativen gegründet, die massiv gegen Obdachlose, Prostituierte und DrogenkonsumentInnen mobil machen, aber es gibt unter den AnwohnerInnen und Gewerbetreibenden auch GegenerInnen der Gentrifizierung, die den Kampf um Teilhabe der Marginalisierten unterstützen. In diesem konfliktreichen städtischen Raum arbeitet ragazza e.V.[1], eine niedrigschwellige und akzeptierende Kontakt- und Anlaufstelle für Frauen, die Drogen konsumieren und der Prostitution nachgehen. Neben klassischen Formen der Überlebenshilfe und zur akuten Befriedigung existenzieller Grundbedürfnisse existiert in der Einrichtung auch ein Konsumraum. In dieser Anlaufstelle führte ich meine Forschungsarbeit durch.

In Vorbereitung auf die Interviews und um einen Eindruck von der aktuellen Situation im Stadtteil, in der Szene im Allgemeinen und in jener der drogengebrauchenden Sexarbeiterinnen im Speziellen zu gewinnen, hospitierte ich in der Anlaufstelle, nahm an Teamsitzungen sowie an der *Streetwork* teil. Somit hatte ich die Mög-

---

1 http://www.ragazza-hamburg.de/ [22.10.2011]

lichkeit in unmittelbaren Kontakt mit potentiellen Interviewpartnerinnen zu treten und am spezifischen Kommunikations- und Interaktionsgeschehen in ihrem Lebensraum teilzuhaben. Hier bietet sich die Chance zur Introspektion fremder Lebenswelten durch ein methodisch kontrolliertes Fremdverstehen sowie das Erlernen szenetypischer Kommunikationsregeln. Das ist im Sinne der kommunikativen Sozialforschung notwendig, um Lebenswelten rekonstruieren zu können.

Im nächsten Schritt habe ich den Leitfaden für die erste Interviewsession erstellt und diesen zusammen mit den Terminen der Interviews mit den Kolleginnen der Anlaufstelle abgestimmt. Diese Abstimmung war für mich selbstverständlich, da ich zum einen die Interviews in der Einrichtung während der Öffnungszeiten durchführen wollte und somit das Team nicht nur logistisch einbeziehen musste, sondern auch eine inhaltliche Transparenz herstellen wollte. Die Anlaufstelle stellte mir das Beratungszimmer zur Verfügung. Ich plante vier Interviewtage mit jeweils vier verschiedenen Terminoptionen innerhalb von drei Wochen und vereinbarte mit den Frauen, ihnen für jede angefangene Interviewstunde 20,- Euro zu zahlen, da sie mir ihre Arbeitszeit zur Verfügung stellten.

## 5.2 DAS QUALITATIVE INTERVIEW

Die Interviewsituation ist innerhalb der informellen Drogen- und Sexökonomie nicht vergleichbar mit einer Interviewsituation im Normalerwerbsbereich, da die Frauen immer unter Zeitdruck stehen, wenn sie auf der Szene sind, da dann jede Minute ihrer Lebenszeit auch Arbeitszeit ist. Die meisten meiner Interviewpartnerinnen waren vorab im „Druckraum"[2], um sich zu beruhigen und sich besser konzentrieren zu können. Das führte erstaunlicher Weise nur in einem Fall dazu, dass meine Interviewpartnerin die gesamte Zeit „vor sich hin döste", und ich das Interview nach 20 Minuten abbrach. Die Frauen kamen während des Erzählens häufig an ihre Grenzen und begannen zu weinen, obwohl meine Fragen generell nicht darauf angelegt waren, Traumata anzusprechen.

Mir gelang es zwar solche Situationen aufzufangen, trotzdem ist es eine ethische Gratwanderung, Menschen aus wissenschaftlichem Erkenntnisstreben in für sie schwer aushaltbare Situationen zu bringen. Unabhängig davon, dass in keinem meiner Interviews die Situation eskalierte und immer ein „Auffangnetz" aus professionellen Betreuerinnen präsent war, so dass die Frauen jederzeit die Option hatten, aus der Situation herauszugehen, habe ich damit eigentlich eine Grenze überschritten, die bei der experimentellen Beschaffung physiologischer Daten (wie z.B. Schmerzempfinden oder Stärke des Immunsystems) nicht akzeptiert werden würde. Nur der Zuspruch der Frauen selbst, denen es wichtig war, über die Interviews gehört zu werden, hat mich zwar nicht aus dem ethischen Dilemma befreit, aber die Entscheidung positiv beeinflusst, die Interviews weiterzuführen und in meiner Arbeit auszuwerten.

---

2  Ein Raum in der Anlaufstelle, in welchem die Frauen ihre mitgebrachten Drogen konsumieren können. Die Regeln dort unterliegen strengen Auflagen, jedoch können hier unter weniger risikoreichen Bedingungen illegalisierte Droge injiziert oder geraucht werden.

Der Respekt vor dieser psychischen Leistung gebietet es, die ausgewählten Interviews in der Empirie nicht zu interpretieren, sondern die Frauen ausführlich zu zitieren. Das führt sofort zu einem neuen Dilemma, denn es können nur 8 von 15 Interviews analysiert und damit auch ausführlich vorgestellt werden, weil es sonst den Umfang dieser Arbeit sprengen würde. Es wurden die Interviews ausgewählt, die am häufigsten neue Aspekte und die meisten Differenzen aufzeigten. Allerdings wurden alle Interviews transkribiert und stehen damit für Auswertungen zur Verfügung.

Ich entschloss mich eine Mischform zwischen einem narrativen, leitfadengestützten und problemzentrierten Interview zu führen (Lamnek 1989, 70-74/Hermanns 1991, 182-185/Hopf 1991, 177-182). Das heißt, ich stellte eine erzählgenerierende Einstiegsfrage und orientierte mich gleichzeitig an meinen Leitfaden, der die von mir vorab identifizierten Problemlagen und exemplarischen Lebensbereiche erfasst, mit dem Ziel die subjektiven Handlungen sowie die Art und Weise der Verarbeitung von gesellschaftlichen Verhältnisse erfassen zu können (Flick 2006, 135). Die Situation fordert gleichzeitig von der Interviewerin, sich Fremdes vertraut zu machen und von Schon-Gewusstem zu entfremden (dazu ausführlicher Duden 1997). Die offene Fragesituation soll es den interviewten Frauen ermöglichen, die Themenabfolge und ihre Wichtigkeit zu bestimmen. Ziel ist es, möglichst dicht an eine alltägliche Gesprächssituation heranzukommen. Die Interviews sollen nicht länger als eine Stunde dauern. Es ging um die Bewältigung des Alltags in Bezug auf den Drogengebrauch und die Sexarbeit. Das Interview selbst teilt sich in drei Phasen:

1. Die zu Interviewende wird animiert, über ihre Alltagsrealität als drogengebrauchende Sexarbeiterin zu berichten. Die Eigenwahrnehmung von Stärken und Schwächen sollte im Mittelpunkt stehen. Das Gespräch wird deshalb durch erzählgenerierende Fragen eingeleitet.[3]
2. Im Anschluss an bestimmte Erzählpassagen beginnt die Phase des erzählimmanenten Nachfragens, um Verständnisfragen zu klären und neue narrative Sequenzen zu „provozieren". Die Interviewerin übernimmt dabei die Rolle der interessierten Fremden und aktiven Zuhörerin, was impliziert auch die eigene Meinung zu äußern (Zurhold 1993, 83).
3. Im problemzentrierten Teil des Interviews werden anhand des Leitfadens, Fragen zur Widersetzung, Unterstützung und Repression im Kontext der Arbeit gestellt. Das setzt „die vorgängige Kenntnisnahme von objektiven Rahmenbedingungen der untersuchten Orientierungen und Handlungen" voraus, „um die Explikationen der Interviewten verstehend nachzuvollziehen und am Problem orientierte Fragen bzw. Nachfragen zu stellen" (Witzel 2000).

---

3    Die erzählgenerative Anfangsfrage lautete: „Ich möchte Dich bitten mir zu erzählen, wie du das Leben auf der Szene selbst siehst und welche Zusammenhänge es deiner Meinung nach zwischen dem Job und dem Drogenkonsum gibt. Am besten ist, du beginnst zu erzählen, wie dein Tagesablauf aussieht. Auf welche Dinge musst du achten, wenn du arbeitest und was ist wichtig zu wissen? Was hilft Dir und was hemmt Dich? Lass dir ruhig Zeit, auch für Einzelheiten, denn für mich ist interessant, was dir wichtig ist."

Ich habe 15 Interviews durchgeführt und davon acht mit der Intersektionalen Mehre-benenanalyse ausgewertet. Aufgrund der umfangreichen Methode stand von Beginn an fest, dass ich aus dem Sample nur 7 bis 8 Interviews auswählen werde, die das Feld in seiner Heterogenität am besten repräsentieren. Ich habe alle Interviews tran-skribiert und dann gegengehört. Erst dann entschied ich mich, sieben Interviews in die Analyse aufzunehmen. Das achte Interview mit Gesine N. führte ich bereits ein Jahr früher, während des Pretests. Ich entschied mich, auch dieses Interview erneut zu analysieren, da in dem Material Aspekte angesprochen werden, die in den anderen Interviews nicht auftauchen.

Nachdem ich die Subjektkonstruktionen der einzelnen Interviewpartnerinnen her-ausgearbeitet hatte (siehe 6.1), führte ich ein Expertinneninterview (Littig 2002; Meuser/Nagel 2002; Pfadenhauer 2002; Schmidt 1995) mit der Geschäftsführerin der frauenspezifischen Anlaufstelle des Stadtteils durch. Es ging in dem Interview da-rum, die ersten empirischen Ergebnisse auf der Repräsentations- und Strukturebene mit den Aussagen einer Expertin zu vergleichen.

Ein weiteres Expertinneninterview führte ich nach der Analyse von Handlungsfä-higkeit (siehe 6.4) mit einer Sozialarbeiterin durch. In diesem Interview ging es hauptsächlich darum, etwas über das weitere Schicksal meiner Interviewpartnerinnen zu erfahren. Des Weiteren diskutierte ich mit der Expertin meine Analyseergebnisse zur Handlungsfähigkeit.

Im Folgenden werde ich nur einen kurzen Blick auf die Interviewpersonen geben, die nicht in die Analyse aufgenommen wurden. Die Profile und Gesprächsnotizen der analysierten Interviews werden den Auswertungen voran gestellt.

### 5.2.1 Erste Interviewsequenz

21. April 2008, 8.00-13.00 Uhr
Ich führte die erste Interviewsitzung an einem schönen, aber kalten Frühlingsmorgen durch. 14 Tage vorher hatte ich ein Anschreiben für die Besucherinnen ausgelegt, mit einer kurzen Beschreibung meines Vorhabens und der Bitte, sich bei den Mitarbeite-rinnen zu melden, wenn sie an einem Interview interessiert wären. Ich hatte geplant, mich erst einmal im Cafe aufzuhalten, damit die Frauen mich „beschnuppern" kön-nen, und dann die ersten Interviews zwei Wochen später zu führen. Es kam jedoch ganz anders. Es gab sehr viele Anmeldungen, und es herrschte ein regelrechtes Durcheinander, wer an diesem Tag interviewt wird und wer nicht. Davon war ich po-sitiv überrascht, aber auch etwas überfordert. Die Motivation für diesen Zuspruch ist mir immer noch nicht ganz klar, aber ich glaube, dass es im Wesentlichen drei Grün-de waren. Zum ersten hat das Thema die Frauen angesprochen, zum zweiten war ich über meine Tätigkeit für ragazza e.V. eine Person, der sie vertrauten, und zum dritten konnten sie durch die Aufwandsentschädigung an diesem Tage „einen Freier weniger machen". Ich führte an diesem Morgen fünf Interviews, was eindeutig zu viel für mich war, da ich am Ende erhebliche Konzentrationsprobleme hatte.

Das Beratungszimmer der Anlaufstelle ist sehr gemütlich eingerichtet und es herrschte eine sehr angenehme Atmosphäre. In der Einrichtung selbst war es sehr un-ruhig, was auch im Zimmer zu hören war. Da das Zimmer im Erdgeschoss mit einem großen Fenster direkt an der Straße bzw. am Fußweg liegt, drang auch sehr viel Lärm von dort in das Zimmer, diese Geräuschkulisse störte ein wenig. Im Beratungszimmer darf geraucht werden, was für die Interviewpartnerinnen sehr angenehm und entspannend war. Ich begann zuerst grob zu erzählen, wer ich bin und was ich vorhabe, um ihnen zu vermitteln, dass sie das Interview jederzeit abrechen können und nicht antworten müssen. Ich hatte Probleme mit dem Aufnahmegerät, was auch dazu führte, dass ein Interview nicht aufgenommen wurde.

Es werden im Folgenden lediglich Interviews vorgestellt, die nicht analysiert und damit ausführlich betrachtet werden, aber aus Gründen der Würdigung der Einzelperson an dieser Stelle eine Sichtbarkeit bekommen sollen.

**Interview Yvette E. 28 Jahre:** Yvette wartete bereits auf mich und teilte mir mit, dass sie extra wegen des Interviews gekommen sei. Sie wolle deshalb auch gleich dran kommen, da sie um 9.00 Uhr einen Gerichtstermin habe. Sie hatte einen Freier verletzt, der sie um ihr Geld prellen wollte. Dieser zeigte sie daraufhin an. Leider habe ich das erst nach dem Interview von ihr erfahren. Im Interview wird Yvette nur kurz darauf Bezug nehmen, was sehr schade ist. Yvette wirkte das gesamte Interview auf mich sehr offen, positiv, selbstbewusst und stark.

**Interview mit Mailin D. 32 Jahre:** Mailin arbeitet nur noch gelegentlich und konsumiert nur noch Gras und Hasch. Sie wirkte auf mich positiv und fröhlich sowie dem Leben zugewandt. Sie sei froh, kein Crack mehr zu konsumieren, da die Gefahr des absoluten Absturzes sehr groß sei. Sie war extrem offen und sieht sich auch als ein Teil von ragazza, wo sie ihre Erfahrungen an andere Frauen weitergibt.

**Interview mit Aniela V. 40 Jahre:** Aniela wirkte verschlossen und das Interview verlief schwerfällig. Sie antwortete zwar auf meine Fragen, aber sie kam in keinen Erzählfluss. Am Ende des Interviews äußerte sie, dass sie Angst vor Überwachung habe und dass sie schon viele schlechte Erfahrungen gemacht habe. Deshalb sei sie sehr vorsichtig, wenn sie etwas von sich preisgeben solle.

Die Interviews mit Anna Z. und mit Margalit V. werden im Auswertungsteil ausführlich beschrieben.

### 5.2.2 Zweite Interviewsequenz

02.Mai 2008, 7.30-13.00 Uhr
Es ist wieder ein schöner, aber kalter Frühlingsmorgen. An diesem Tag traf ich in der Anlaufstelle zufällig Gül, eine ehemalige Klientin von mir. Unser Wiedersehen war sehr herzlich, wenn es auch für mich immer ein bisschen traurig ist, sie in der Anlaufstelle wiederzusehen. Nach wie vor berührt es mich, sie in ihrer Stärke und ihrer Verletzlichkeit zu erleben, und ich merke wie ich dagegen ankämpfen muss zu denken, dass ein Leben außerhalb der Szene für sie doch besser wäre. Sie erzählte mir, dass sie wieder Kontakt zu ihrer Tochter habe und wie schrecklich und peinlich es für sie sei, wenn sie ihre Tochter nicht treffen könne, weil sie kein Geld habe oder wieder „drauf" sei. Sie ist sehr stolz auf ihre Tochter, da sie einen guten Realschulabschluss gemacht hat und jetzt Grafikerin werden möchte. Gül erzählte, dass ihre Tochter sie während ihrer Therapie besuche und sage, wie „geil" Gül drauf sei, wenn sie nicht „drauf" ist. Sie sagte aber gleich im Anschluss, dass sie ein „cleanes Leben" wohl nie hinbekommen werde. Inzwischen habe ich erfahren, dass Gül in einer anderen Stadt drogenfrei lebt.

Da meine erste Interviewrunde auf so viel Zuspruch stieß, erstellte ich für meine nächsten Termine Listen, in welche sich die Frauen eintragen konnten, die sich als

Interviewpartnerinnen zur Verfügung stellen wollten. Die Liste für den heutigen Tag war übervoll, denn mehr als vier Interviews wollte ich nicht führen, angemeldet hatten sich jedoch acht Frauen. Kurz nach der Öffnung der Anlaufstelle kam erst einmal niemand, meine erste Interviewpartnerin erschien um 9.00 Uhr, und ich führte dann drei Interviews unmittelbar hintereinander.

Wieder war es sehr unruhig in der Einrichtung, was sich auch auf das Beratungszimmer übertrug und etwas anstrengend war. Ich ging genau wie beim ersten Mal vor, erzählte mein Anliegen und wies darauf hin, dass wir das Interview jederzeit unterbrechen können oder sie sich auch entscheiden können, es ganz abzubrechen.

An diesem Tag war es für alle Frauen auffällig schwierig in einen Erzählfluss zu kommen. Ich fragte die Frauen nach dem Interview, ob die Fragen in Ordnung gewesen seien, und das war offenbar nicht das Problem. Trotzdem machte die schleppende Art der Interviewsituationen mich unsicher, und ich habe dann meinen Leitfaden noch mal überarbeitet.

**Interview mit Anessa S. 37 Jahre:** Anessa war freundlich und mir zugewandt. Sie zog klare Grenzen zwischen dem, was sie preisgeben und dem, was sie für sich behalten wollte. Sie wirkte sehr zufrieden und selbstbewusst. Sehr deutlich stellte sie heraus, dass sie in einer Beziehung lebt und wie wichtig ihr das sei, auch im Bereich der Partnerschaft selbstbestimmt leben zu können. Ihr gebe die Beziehung sehr viel Kraft. Des Weiteren nannte sie die Arbeit im *SUBwork*[4] und die Gespräche mit ihrer Psychologin, die für sehr hilfreich sind, um Erlebtes zu verarbeiten und ihr Leben zu organisieren. Mir ist in ihren Schilderungen der „disziplinierte" Umgang mit den Drogen besonders aufgefallen. Sie komme einmal in der Woche, um für 50,- Euro „Steine" zu rauchen und Leute zu treffen. Sie meinte, es sei ihr auch sehr wichtig, die Leute von früher zu sehen und mit ihnen ein wenig zu quatschen, obwohl sie auch immer aufpassen muss, denn viele bieten ihr auch Drogen an, und die Verlockung ist dann sehr groß. Als Freundschaften bezeichnete sie diese Kontakte nicht, aber als gute Bekannte. Sie sprach nicht abwertend von ihren Bekannten oder von den Leuten, die „Platte" (ohne festen Wohnsitz) machen.

**Interview mit Dafne S. 57 Jahre:** Dafne war sehr freundlich. Sie kommt schon sehr lange in die Anlaufstelle und kennt mich auch noch von früher. Sie wirkte auf den ersten Blick ziemlich „fahrig" und unkonzentriert, was auch für die Interviewführung problematisch war, denn sie hatte Probleme sich zu konzentrieren, und so richtig wusste sie offensichtlich nicht, was sie erzählen sollte. Das verbalisierte sie auch mehrfach: „was soll ich sagen ...". Weiterhin bekam sie manchmal Wut und begann zu schimpfen, hauptsächlich auf Politiker und den Staat. Manchmal wirkte sie sehr frustriert und desillusioniert, dann wieder sehr hoffnungsvoll und positiv. Am Ende war sie sehr interessiert, was ich mit dem Material anstellen würde. Das Interview mit Magdalena F. wird im Auswertungsteil ausführlich beschrieben.

---

4   Im Projekt SUBwork wird in einem Reintegrationsprogramm mit 25 Substituierten in 1,-
    Euro-Jobs versucht, Menschen wieder an die Anforderungen der Arbeitswelt heranzuführen. Der Träger ist SUBway Hamburg e.V. und wurde 1995, aus einer privaten Initiative heraus, als niedrigschwellige Einrichtung zur flexiblen Substitutionsbegleitung gegründet. Substitution bedeutet eine Ersatzbehandlung drogenkonsumierender Menschen mit Methadon oder Polamidon (siehe 6.2.11).

### 5.2.3 Dritte Interviewsequenz

08.Mai 2008, 19.30-02.30 Uhr
Es ist Donnerstagabend, ein lauer Frühlingsabend. Kurz nach Öffnung der Anlaufstelle kam meine erste Interviewpartnerin, und ich führte dann nacheinander vier Interviews in der Zeit von 20.00 – 01.10 Uhr durch. Es gab einen großen Andrang, denn auf der Liste standen 10 Frauen. Die Atmosphäre im Beratungszimmer war sehr angenehm, während des ersten Interviews leuchtete die untergehende Sonne mit ihren letzten orangen Strahlen in das Zimmer. Ich ging wie immer vor. Ich erzählte dieses Mal ausführlicher, wie wichtig es ist, dass sie so viel wie möglich erzählen und für mich alles von Interesse ist, was sie wichtig finden.

In dieser Nacht waren die Interviewsituation und auch die Ergebnisse wieder anders als beim letzten Mal. Besonders fiel auf, dass alle Interviews sehr lange dauerten, zwischen einer ¾ Stunde und 1 ½ Stunden, wobei die Zeit wohl noch weiter überschritten worden wäre, wenn ich die Sitzung nicht abgebrochen hätte.

Der Abend war sehr turbulent und laut. Zum Teil war die Situation so störend, dass ich ein Interview unterbrechen musste. Leider bekam ich kaum etwas von der Öffnungszeit selbst mit, da ich die gesamte Zeit interviewte. Die erhebliche Unruhe resultierte aus folgendem Vorfall: Es herrschte plötzlich ein wahnsinniger Krach auf der Straße und in der Einrichtung, weil der Exfreund einer Besucherin es schaffte in die Anlaufstelle zu kommen. Während er aus der Einrichtung verwiesen wurde, bekam er einen epileptischen Anfall, und es musste ein Notarzt gerufen werden. Inzwischen kam er wieder zu sich und forderte lautstark, dass wir den Arzt abbestellen. Dann brach er wieder zusammen, und es mussten Erste Hilfe Maßnahmen eingeleitet werden. Das illustriert, wie anstrengend und aufwühlend die Arbeit in der Anlaufstelle sein kann, da vergleichbare Ereignisse häufiger vorkommen. Am Ende nahm ich an der Nachbesprechung des Teams teil, die aus meiner Sicht sehr professionell ablief, trotz des anstrengenden Dienstes.

Ich habe in meinen Leitfaden die Frage eingebaut, welche Erwartungen die Frauen an mich haben; sie wurde gut angenommen und engagiert beantwortet. Fast durchweg wünschten sich die Frauen, dass es ein gutes Projekt würde und ihnen die Ergebnisse auch etwas brächten.

Am Ende eines jeden Interviews gab ich den Frauen dieses Mal ein Feedback, was ich bisher nicht getan habe. Das Feedback fanden die Frauen sehr gut. Ich hatte auch das Gefühl, dass ich langsam immer sicherer in der Fragestellung und der Interviewführung wurde.

**Interview mit Tara Z. 46 Jahre:** Tara hatte gerade geschlafen, sie wollte unbedingt geweckt werden, um ein Interview führen zu können. Sie wirkte erst mal sehr fröhlich und von positiver Grundstimmung, nach kurzer Zeit stellte sich jedoch heraus, dass es ihr überhaupt nicht gut ging. Sie war seit drei Tagen von ihrem Mann getrennt. Sie weinte sehr viel, konnte sich aber schnell wieder beruhigen. Ich empfand die Atmosphäre an diesem Abend als sehr laut und störend. Es fiel mir extrem schwer, mich zu konzentrieren. Tara empfand das nicht so.

Während dieses Interviews hatte ich erheblich Probleme in meiner Rolle als Forscherin zu bleiben. Mehrmals nahm ich die Rolle einer Beraterin ein, schaltete dazu aber das Aufnahmegerät aus.

Am Ende gab ich Tara ein Feedback, und sie wollte dann von mir wissen, ob ich denn glücklich sei und was mein Zugang zu dem Thema sei. Ich beantwortete ihre Fragen und versuchte meine Motivation transparent zu machen. Die weiteren Interviews mit Tracy A., Maya N. und Sara E. werden im Auswertungsteil ausführlich beschrieben.

### 5.2.4 Vierte Interviewsequenz

15.Mai 2008, 19.30-00.00 Uhr

Zuerst war niemand der angemeldeten Interviewpartnerinnen anwesend, aber langsam kam eine nach der anderen. Der Abend begann sehr ruhig, und es war nur ab und zu etwas unruhiger in der Anlaufstelle, aber das gehört zum normalen Ablauf. Ich fuhr 00.15 Uhr mit der letzten S-Bahn nach Hause, und auf der Straße war noch sehr viel los, und ich traf viele bekannte Gesichter aus der Szene auf dem Weg zum Bahnhof wieder.

**Interview mit Rika Z. 45 Jahre:** Ich wurde von den Kolleginnen informiert, dass Rika sehr schwierig und extrem unzugänglich sei. Sie entwickle immer mehr eine andere Vorstellung von der Welt und mache z.B. immer einen Unterschied zwischen Euro und Geld, was sie im Interview auch tat. Die Interviewsituation war etwas unheimlich, einmal wollte sie, dass ich das Mikrofon ausmache, und sie erzählte dann von irgendeinem Bekannten, ich konnte den Grund nicht wirklich verstehen. Nach 15 min. schaltete ich es wieder ein. Die Gesprächssituation war nicht wirklich produktiv. Rika erzählte fragmentarisch, sie begann Geschichten zu erzählen und brach sie wieder ab. Sie führte mehrfach an, sie sei jetzt ein „Russe" oder „Russki", ich konnte damit nichts anfangen. Einerseits schien sie sehr durcheinander zu sein und wirkte als hätte sie sich ihre eigene Welt geschaffen. Andererseits antwortete sie sehr ausweichend und mit Gegenfragen. Nur auf eine Frage antwortet sie sofort und sehr klar, nämlich dass sie von mir das Geld erwarte. Es kann vermutet werden, dass hinter ihrem Verhalten eine Strategie steckt, nichts von sich preis zu geben.

Rika erhält Sozialleistungen aus dem SGB II und hat es offensichtlich sehr schwer einen Zugang zu den Ämtern zu bekommen und dort Gehör zu finden. Auf meine Fragen, was sie denn dabei am meisten behindere, hat sie immer nur ausweichend geantwortet. Aus den bruchstückhaften Narrationen kann ich schließen, dass Rika viel Gewalt erfahren hat. Später sprach ich mit ihrer Betreuerin, die das bestätigte und erzählte, dass Rika jegliche therapeutische Intervention ablehne.

**Interview mit Carina D. 42 Jahre:** Carina war freundlich und aufgeschlossen. Das Interview war gut, sie erzählte zwar viel, aber auch sie hatte eindeutige Grenzen zwischen dem, was sie preisgeben wollte und was nicht. Sie gab mir ein sehr positives Feedback und meinte sie würde auch noch einmal kommen auch ohne Geld. Sie wirkte sehr unruhig und war immer wie auf dem Sprung.

**Interview mit Aniela V. 40 Jahre:** Dieses Interview war eine Wiederholung, da ich das erste aus Versehen gelöscht hatte. Aniela wirkte nach wie vor verschlossen und das Interview verlief sehr schwerfällig und noch zäher als beim ersten Mal. Aniela schlief laufend ein. Hinterher erzählte sie, dass sie drei Tage nicht geschlafen habe. Somit war es natürlich sehr anstrengend für sie, aber sie wollte unbedingt interviewt werden. Ich vermute, sie brauchte das Geld, da sie mit Abscheu und Ekel von der Sexarbeit spricht. Ich beendete dann das Interview, als sie mir kaum noch auf

Fragen antwortete, weil sie immer einschlief. In der Nacht begegnete ich ihr noch, sie weinte und lief an mir vorbei. Aufgefallen ist mir, dass Aniela in der Einrichtung sehr aufgeschlossen und „quirlig" wirkt, in den Interviewsituationen verkörperte sie das Gegenteil. Bei den anderen Interviewpartnerinnen war es genau umgekehrt. Sie wirkten in der Einrichtung eher zurückhaltend und im Interview sehr offen. Das letzte Interview mit Doro F. wird im Auswertungsteil ausführlich beschrieben.

### 5.2.5 Zusammenfassung

Nach erfolgreichem Ende der Interviewsequenzen konnte ich positiv konstatieren, dass ich sehr schnell und unkompliziert einen Zugang zu den Frauen gefunden habe und die Ergebnisse meine Erwartungen übertroffen haben. Die Bereitschaft und Offenheit der Frauen mit mir über ihr Leben zu sprechen, sich Gedanken zu machen und sie auch zu verbalisieren, gab mir Hoffnung bei der Analyse des Materials auf Indizien zu stoßen, die meinem Forschungsanliegen entgegen kommen.

Auffällig ist, dass in der Anlaufstelle Frauen mit Migrationshintergrund verkehren, was sich aber nicht in meinem Sample widerspiegelt. Wahrscheinlich hätte ich diese Gruppe gezielt ansprechen müssen. Ein Grund ist sicher, dass ich als Vertreterin der Mehrheitsgesellschaft wahrgenommen werde. Generell muss diese Erkenntnis noch stärker thematisiert und im Team besprochen werden. In meinem Leitfaden habe ich versucht, über die Kategorie Mobilität das Thema Migration in den Interviews anzusprechen, was aber nicht funktioniert hat.

Ich habe mich entschieden, im Interview nicht nach der Kindheit zu fragen, obwohl sie wichtig ist, da ich die Stereotype von „schlechter Kindheit" nicht aufrufen und damit reifizieren möchte. Allerdings bin ich mir mit dieser Entscheidung nicht sicher, inwieweit dann wichtige Erlebnisse, seien sie positiv oder auch traumatisch, die vielleicht doch einen wichtigen Einfluss auf den späteren Lebensverlauf haben, verdeckt bleiben.

Vom Team der Anlaufstelle wurde ich sehr nett begleitet und auch über die aktuelle Situation der Frauen informiert. Die Kolleginnen haben sich sehr für das Projekt interessiert, und sie stellten mir Fragen, was mich natürlich sehr gefreut hat. Ich habe die Zwischenergebnisse meiner Arbeit immer wieder im Team rückgekoppelt, und diese sind in die laufende Arbeit der Anlaufstelle eingeflossen. Im Folgenden werde ich verdeutlichen, wie ich das ausgewählte Interviewmaterial empirisch aufbereitet habe.

## 5.3 METHODE DER INTERSEKTIONALEN MEHREBENENANALYSE

Die Intersektionale Mehrebenenanalyse ist ein iteratives Verfahren, dass in acht Schritten die Bedeutung verschiedener Differenzkategorien unterschiedlicher Phänomene und Prozesse analysiert (siehe 4.2.2). Winker und Degele zufolge müssen im Sinne der intersektionalen Analyse alle Schritte durchlaufen werden, jedoch plädieren sie für ein iteratives Vorgehen, so dass bereits gewonnene Erkenntnisse durch ein wiederholtes Durchlaufen überprüft werden können (Winker/Degele 2009, 79f). Da die Methode der Intersektionalen Mehrebenenanalyse ein *work in progress* ist, haben sich seit Erscheinen des Buches 2009 bereits Erweiterungen ergeben, die ich bei meiner Analyse aufgenommen habe. In 4.2.2 wurde der theoretische Bezug zur Intersektionalen Mehrebenenanalyse nach Winker und Degele bereits dargelegt, in der folgenden Übersicht ist die Methode kurz dargestellt (ebd. 80):

*Erster Block I: Auswertung einzelner Interviews*

1.  Bei der Auswertung der Interviews wird zunächst danach gesucht, anhand welcher Differenzsetzungen die ErzählerIn bei der Beschreibung von sozialen Praxen und Interaktionen ihre Identität konstruiert. Die Differenzsetzungen erfolgen durch Kategorien wie alt/jung etc. Die Anzahl der zu analysierenden Kategorien ist auf dieser Untersuchungsebene offen und richtet sich danach, was durch die ErzählerIn selbst benannt wird. Die Identitätskonstruktionen anhand von Differenzierungskategorien werden herausgearbeitet, beschrieben und verdichtet. Wiederholt auftauchende Differenzierungen sollten als Vergleichsfolie für die Analyse weiterer Interviews im Sinne eines heuristischen Rasters genutzt werden. Dadurch sollen auch solche Kategorien sichtbar werden, die in der Differenzsetzung als selbstverständlich, hegemonial und in der Regel unbenannt bleiben (z.B. Inländerin). Die Aufnahme der Anzahl der Differenzierungskategorien ist unbegrenzt, sie orientiert sich an der Forschungsfrage und bleibt möglichst nahe am Material (ebd. 81ff). Auf dieser Grundlage wird anschließend untersucht, wie die sozialen Praxen Identitäten hervorbringen und verändern und wie diese in die Struktur- und Repräsentationsebene ein- und angebunden sind.
2.  Die Erzählungen in den Interviews verweisen auf die Ebene der Repräsentation. In diesem zweiten Schritt werden die symbolischen Kontexte analysiert, auf die die sozialen Praxen verweisen. Es werden dafür hegemoniale Normen und Stereotype herausgearbeitet, „die Individuen tagtäglich performativ hervorbringen, die zur eigenen Subjektivierung beitragen und gleichzeitig Macht- und Herrschaftsverhältnisse stützen" (Degele/Winker 2007, 11). Ebenso müssen hier auch hegemoniale Diskurse, z.B. wissenschaftliche Studien und Ideologien erfasst werden. Die Repräsentationsebene ist eng mit der Identitätsebene verknüpft, denn erst im Einzelinterview „werden Normen und Stereotype konkret und lebendig" (Degele/Winker 2007, 14). Symbolische Repräsentationen werden in Form von hegemonialen Diskursen, Normen, Werte und Ideologien identifiziert. Hier gilt es herauszufinden, auf welche wirkmächtigen Repräsentationen Personen in sozialen Praxen Bezug nehmen und wie sie sich dazu positionieren. Dazu werden alle Symbole, Bilder, Stereotype möglichst nah am Material aufgenommen. Die Äußerungen werden nicht als Dokumentationen, sondern als Inszenierung der Wirklichkeit betrachtet (Winker/Degele 2009, 84f).
3.  Die Interviewpersonen verweisen in der Narration auf die Strukturebene. Im Mittelpunkt steht die Fragestellung, welche Konstruktionen der sozialen Strukturen Einfluss auf die alltäglichen Praxen von Identitätskonstruktionen haben und wie sie verfestigt oder in Frage gestellt werden. In diesem dritten Schritt wird mit den vier Kategorien: Klasse, Geschlecht, „Rasse" und Körper die soziale Lage der Subjekten bestimmt. Statistisches Datenmaterial, Gesetze, Hausordnungen von Institutionen usw. werden wechselseitig auf ihre strukturelle Wirkmächtigkeit hin geprüft. Für die Untersuchung dieser Ebene werden die Inter-

viewergebnisse hinsichtlich Gesetzeslücken, fehlender Daten oder anderer Mängel analysiert und deren strukturelle Auswirkung, wie z.B. restriktiver Aufnahmekriterien in Therapien über den Einzelfall erfasst. Personen verweisen häufig auf eine Vielzahl von Diskriminierungsverhältnisse, die jedoch alle dem deduktiv gesetzten Vierer-Raster zugeordnet werden (ebd. 85f).

4. Die Wechselwirkungen der zentralen Kategorien sind auf den drei Ebenen zu benennen und daraus zentrale Subjektkonstruktionen abzuleiten. Es geht darum, die Subjektkonstruktionen und deren Verwobenheit über die drei Ebenen hinweg zu beschreiben, um die unterschiedliche Bedeutung in verschiedenen Kontexten sichtbar zu machen (ebd. 86ff).

*Abbildung 2: Vierter Schritt der IMA, Modell der Wechselwirkungen*

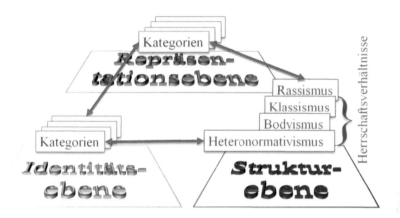

Im Schritt vier erfolgte eine Weiterentwicklung des methodischen Vorgehens. Die Wechselwirkungen begründeten im ersten Entwurf zentrale Identitätskonstruktionen. Nach mehreren Probeläufen der Methode und Diskussionen wurde deutlich, dass an dieser Stelle von Subjektkonstruktionen zu sprechen ist, da zentrale Identitätskonstruktionen bereits im ersten Schritt begründet werden (weiterführend dazu Winker/Degele 2011). Ich finde es hilfreich, an dieser Stelle noch einmal auf die Unterscheidung von Identitätskonstruktionen und Subjektkonstruktionen hinzuweisen: Identitätskonstruktionen nehmen nur Aussagen auf der Identitätsebene auf. Zum Beispiel, „Ich bin eine ehrgeizige Wissenschaftlerin." Während Subjektkonstruktionen hingegen die Wechselwirkung der drei Ebenen von Identität, Repräsentation und Struktur beschreiben. Zum Beispiel, „Ich bin eine ehrgeizige Wissenschaftlerin, es gibt mittlerweile viel zu viele und nur die, die sich wirklich anstrengen, können etwas werden. Das finde ich richtig."

*Block II: Analyse aller Interviews*

5. Die Subjektkonstruktionen aus den Interviews werden verglichen, verdichtet und dann in Clustern zusammengefasst, z.B. auf Basis der Typenbildung nach Udo Kelle und Susanne Kluge (1999). Das bedeutet, es wird die größtmögliche interne Homogenität auf der „Ebene des Typus" und eine externe Heterogenität auf der „Ebene der Typologie" herausgearbeitet (ebd. 90f).

6. Die strukturellen Herrschaftsverhältnisse Klassismus, Heteronormativismus, Rassismus und Bodyismus sind zu analysieren. Dabei sind die Strukturdaten zu ergänzen, d.h. juristische, institutionelle und sozial-ökonomische, aber auch weiterführende theoretische Datenquellen werden zugeordnet und bezüglich ihrer Wirkung analysiert. Danach folgen die Abstraktion des Datenmaterials und die Einbindung in die gesellschaftlichen Verhältnisse (ebd. 91f).

7. In diesem Arbeitsschritt muss die Analyse der benannten Repräsentationen vertieft werden. Die symbolischen Repräsentationen als Rechtfertigung für Ungleichheiten werden generalisiert und können dann theoretisch verortet werden. Die vorherrschenden Ideologien, Diskurse, Normen und Werte werden mit Hilfe zusätzlicher Datenquellen analysiert. Dabei kann auf genealogische und/oder archäologische Weise vorgegangen werden (ebd. 92f).

8. Im letzten Schritt werden die Wechselwirkungen in der Gesamtschau herausgearbeitet. Im Zentrum der Betrachtung steht ihr intersektionaler Charakter auf den drei Materialisierungsebenen der Identität, der Struktur und der Repräsentation. Es werden die unterschiedlichen „Gewichtungen von Ungleichheitsdimensionen und den Herrschaftsverhältnissen" (ebd. 93) herausgearbeitet, deren Wirkungen auf den drei Ebenen aufzuzeigen sind (ebd. 94ff).

Bis zum vierten Schritt folgte ich maßgeblich der methodischen Vorgabe von Winker und Degele. Danach habe ich die Reihenfolge der Analyseschritte verändert und die Typenbildung an das Ende der Auswertung gesetzt. Die strukturellen und repräsentativen Vertiefungen sowie die Gesamtschau ihrer Wechselwirkungen in den Subjektkonstruktionen werden vorgezogen, weil damit vor der Typenbildung die jeweilige Verwobenheit von Handlungsfähigkeit und Widersetzung in den Subjektkonstruktionen identifiziert werden kann.

Das Modell von Winker und Degele verändere ich für diese Arbeit auch an folgendem Punkt. Die beiden Wissenschaftlerinnen gehen von den sozialen Praxen aus und statuieren darin die Verbindung der drei Ebenen. In dieser Arbeit wird die Verbindung der Ebenen über die Selbsttechnologien analysiert. Wie bereits im Theorieteil erläutert wurde, verbinden Winker und Degele dem Ansatz von Bourdieu folgend die Ebenen praxeologisch miteinander (ebd. 2009, 63-67). Ich hingegen habe mich entschieden, mit dem Gouvernementalitäts-Ansatz von Foucault zu arbeiten. Insofern ist es logisch in meiner Auswertung nicht die sozialen Praxen, sondern das Konzept der Selbsttechnologien begrifflich und inhaltlich in das Zentrum meiner Betrachtungen zu stellen. Ausgehend von Foucaults Beschreibung der Techniken des Selbst postuliere ich Selbsttechnologien als Untersuchungsgegenstand der Soziologie, da sie einer empirischen Untersuchung zugänglich sind. Selbsttechnologien sind im Schnittfeld von Identitätskonstruktionen, sozialen Strukturen und symbolischen Repräsentationen verortet (ebd. 63f). Für Foucault sind es die Techniken des Selbst,

„[...] die es dem Einzelnen ermöglichen, aus eigener Kraft oder mit Hilfe anderer eine Reihe von Operationen an seinem Körpern oder seiner Seele, seinem Denken, seinem Verhalten und seiner Existenzweise vorzunehmen, mit dem Ziel, sich so zu verändern, daß er einen gewissen Zustand des Glücks, der Reinheit, der Weisheit, der Vollkommenheit oder der Unsterblichkeit erlangt." (Foucault 1993b, 26)

Das Zitat verdeutlicht, dass die Selbsttechnologien nicht frei agieren können, sondern Identitäten, Repräsentationen und Strukturen konstruieren und ebenso von ihnen hervorgebracht werden (Winker/Degele 2009, 66). Eine fundierte Einordnung der Techniken des Selbst erfolgte bereits in 4.1.3.

Ich komme zu einem weiteren wichtigen Punkt, nämlich zu erläutern, auf welcher Ebene ich die Begriffe Diskurs, Episteme und Dispositiv verorte. Diskurse, Episteme und das Dispositiv sind Phänomene, die in der Analyse eine wichtige Funktion spielen. Deshalb ist es notwendig zu erläutern, warum ihnen überhaupt diese Rolle zugewiesen wird und warum der Diskurs und die Episteme der Repräsentations- und das Dispositiv der Strukturebene zugeordnet werden. In der Definition des Begriffes Diskurs schließe ich mich der kritischen Diskursanalyse von Jürgen Link und Siegfried Jäger an, die sich auf Foucault berufen. Diskurs bedeutet die institutionalisierte gesellschaftliche Redeweise, die an Handlungen gekoppelt ist und Machtwirkung ausübt (Link 1986, 7). Gegenstand des Diskurses ist dabei sowohl die Form als auch der Inhalt von Äußerungen. Dabei wird auch explizit nach dem gefragt, was in der Rede nicht gesagt wird oder gesagt werden kann. Link schreibt, dass der Diskurs eine institutionell verfestigte Redeweise ist, insofern eine solche Redeweise schon das Handeln bestimmt und verfestigt und somit auch Macht ausübt (Link 1983, 60). Für Siegfried Jäger besitzt der Diskurs zudem eine historische Dimension und ist ein Fluss von Rede und Texten (Wissen) durch die Zeit (Jäger 1994, 5, 24-32). Für Foucault ist er die vielfältige Ansammlung von Äußerungen, die sich auf eine bestimmte Auffassung beziehen, die dadurch an Bedeutung gewinnt und Widerspruch erfährt. Der Diskurs sei zu betrachten,

„als eine Serie diskontinuierlicher Segmente [...] deren taktische Funktion weder einheitlich noch stabil ist. Genauer: die Welt des Diskurses ist nicht zweigeteilt zwischen dem zugelassenen und dem ausgeschlossenen oder dem herrschenden und dem beherrschten Diskurs. Sie ist als eine Vielfältigkeit von diskursiven Elementen, die in verschiedenartigen Strategien ihre Rolle spielen können, zu rekonstruieren." (Foucault 1995, 122)

Es gehe weniger um das Sprechen über die Dinge, sondern um die Praxis, wie diese hervorgebracht werden (Foucault 1995, 31). Damit ist aber nicht nur die binäre Teilung von Gesagtem oder nicht Gesagtem gemeint, sondern der Diskurs dient auch der Regulierung und Tabuisierung dessen, was nicht gesagt werden soll: „Es gibt eine Vielzahl von Schweigen, und sie sind integrierender Bestandteil der Strategien, welche die Diskurse tragen und durchkreuzen" (Foucault 1995, 40).

Der Diskurs befiehlt, setzt Grenzen, überredet und organisiert, seine Auswirkungen auf die Erkenntnis sind somit auch immer die Auswirkungen von Macht (Veyne 2009, 117).

„Der Diskurs ist eine Reihe von Elementen, die innerhalb eines allgemeinen Machtmechanismus operieren. Darum muss man im Diskurs eine Folge von Ereignissen, zum Beispiel von politischen Ereignissen sehen, die der Macht als Vehikel dienen und über die sie ihre Ausrichtung erfährt." (Foucault 2003a, 595)

Weil der Diskurs in seiner poststrukturalistischen Erweiterung von Butler die „geschichtlich spezifische Organisationsform der Sprache" (Butler 1991, 212) ist, habe ich mich entschieden, ihn auf der Repräsentationsebene zu verorten. Den Individuen stehen über die Diskurse eine Reihe von Subjektivitätsmodi zur Verfügung, die in dieser Arbeit mit Hilfe der Subjektkonstruktionen erfasst werden. Die Diskurse repräsentieren immer politische Interessen und konkurrieren um Status und Macht. Um wirkmächtig sein zu können, müssen Diskurse über eine materielle Grundlage in den etablierten gesellschaftlichen Institutionen und Praxen verfügen (Weedon 1991, 129). Da ich Foucaults Machtverständnis zugrunde lege, kann durch die Verortung der Diskurse auf der Repräsentationsebene gezeigt werden, dass Gegendiskurse möglich sind, währenddessen „geronnene Diskurse" keine Gegenposition mehr zulassen und somit Herrschaftsverhältnisse sind, die auf der Strukturebene angesiedelt werden. Als Beispiel möchte ich ein Ergebnis der Arbeit darstellen. Die abwertenden Diskurse über Crackkonsumentinnen werden zwar überwiegend medial „angeheizt", aber sie werden auch durch die Wissenschaft legitimiert. Die Frauen wehren sich dagegen, indem sie sich von der stigmatisierten Gruppe abgrenzen und indem sie die Zuschreibungen nicht annehmen und einen Gegendiskurs entwerfen. Beide Strategien sind erfolglos, weil sich Herrschaftsverhältnisse wie der Erlass von Gefahrengebieten und das BtMG auf diese Diskurse stützen. Es ist hingegen kein hegemonialer Diskurs, dass drogengebrauchende Sexarbeiterinnen ungefährliche Arbeiterinnen sind, die lediglich ihr Überleben sichern. Bezogen auf den Diskurs über Arbeit bewegen sich die drogengebrauchenden Sexarbeiterinnen in einem vollständig asymmetrischen Machtverhältnis, die Diskurse sind zu Gesetzen und Verordnungen geronnen, über die es „nichts mehr zu diskutieren" gibt. Die Frauen hätten zwar die Möglichkeit, Gegendiskurse zu entwerfen, da diese aber nicht in gesellschaftliche Praxen und Institutionen etabliert sind, können die strategischen Ziele der Macht in Herrschaftsverhältnissen objektiviert werden, beispielsweise durch Gesetzgebungen, institutionelle Maßnahmen der Regulierung von Risikogruppen oder städtebaulichen Veränderungen. Die Verortung des Diskurses auf der Repräsentationsebene ist zwar ein analytisches Hilfsmittel, das aber erst durch die Beschreibung der Wechselwirkungen zwischen den Ebenen die Wirkmächtigkeit von Diskursen aufzeigen kann. Im engen Zusammenhang mit den Diskursen steht die Episteme:

„[...] es ist die Gesamtheit der Beziehungen, die man in einer gegebenen Zeit innerhalb der Wissenschaften entdecken kann, wenn man sie auf der Ebene der diskursiven Regelmäßigkeit analysiert." (Foucault 1981, 272f)

Ich verorte die Episteme ebenfalls auf der Repräsentationsebene und beziehe mich in der Definition neben Foucault auch auf Spivak, da ich über den Begriff „Epistemische Gewalt" die Hegemonie von Diskursen aufzeigen kann, die das Andere, das „Gefährliche" konstruieren (Spivak 2008, 42ff). Durch Spivaks Ansatz „The subaltern can not speak" kann auf der Repräsentationsebene die Hierarchie der Wissensproduktion nachgewiesen werden, über die bestimmtes Wissen mundtot gemacht und hegemoniales Wissen reproduziert wird. Foucault nennt es das „unterworfene", „nicht-begriffliche" Wissen, das „Wissen der Leute" „unterhalb des verlangten Kenntnisstandes und erforderlichen Wissenschaftsniveaus" (Foucault 1999, 21f). Durch die Verwendung der Begriffe „Subalterne" und „Epistemische Gewalt" kann verdeutlicht werden, dass drogengebrauchende Frauen sich nicht verständlich machen können, selbst wenn sie mit aller Kraft und den ihnen zur Verfügung stehenden

Mitteln sprechen, werden sie nicht gehört und bleiben somit stumm (Spivak 2008, 75). Die Subalternität drogengebrauchender Sexarbeiterinnen bedeutet den vollständigen Ausschluss aus der gesellschaftlichen Repräsentation.[5]

In der Auswertung werde ich den Begriff des Dispositivs (z.B. Sicherheitsdispositive) verwenden und ihn auf der Strukturebene verorten. Foucault bezeichnet mit diesem Begriff die

„heterogene Gesamtheit der Institutionen, architektonischen Einrichtungen, reglementierenden Entscheidungen, Gesetzen, administrativen Maßnahmen, wissenschaftlichen Aussagen, philosophischen, moralischen und philanthropischen Lehrsätzen, kurz, Gesagtes ebenso wie Ungesagtes, das sind die Elemente des Dispositivs. Das Dispositiv selbst ist das Netz, das man zwischen diesen Elementen herstellen kann." (Foucault 2003c, 392)

Foucault ersetzt mit dem Begriff des Dispositiv den der Struktur (Veyne 2009, 180, Fn.17). Der Diskurs ist dem Dispositiv immanent, das sich an ihm orientiert und ihn in der Gesellschaft verkörpert (ebd. 39). Das Dispositiv verbindet ungeniert Dinge, Ideen (darunter auch die der Wahrheit), Vorstellungen, Doktrinen und sogar Philosophien mit Institutionen (ebd. 42). Das Dispositiv definiert sich also durch eine Struktur heterogener Elemente und durch eine bestimmte Genese (Foucault 2003c, 393). Auf dieser Basis verwende ich den Begriff „Dispositiv", um das zu benennen, was ich oben als „geronnenen Diskurs" bezeichnet habe. So ist zum Beispiel der Diskurs „Crackkonsumentinnen sind gefährlich" auf der Repräsentationsebene mit der Episteme der wissenschaftlichen Studie verwoben, die den Diskurs als wahr beweist. Diskurs und Episteme stehen in Wechselwirkung mit dem Sicherheitsdispositiv, zum Beispiel der Kameraüberwachung. Ich gehe allerdings davon aus, dass Dispositive nicht immer Herrschaftsverhältnisse sind, sondern auch Machtverhältnisse sein können. Es ist immer von der Positionalität der Subjekte abhängig, ob es sich um Herrschafts- oder Machtverhältnisse handelt (auf den Unterschied wurde in 4.1.4 eingegangen). Wenn es den Individuen möglich ist, sich gegen Dispositive zur Wehr setzen, weil sie als Rechtssubjekte agieren können, dann handelt es sich um ein Machtverhältnis. Haben sie diesen Status verloren, wird das Dispositiv zu einem Herrschaftsinstrument, da die Macht jetzt asymmetrisch ist.

Nachdem die Bedeutung und die Verortung der Begriffe Diskurs, Episteme und Dispositiv für bzw. in der Auswertung erläutert wurde, kehre ich zur Umsetzung der Methode zurück.

Eine wichtige Erkenntnis, die ich bei der Auswertung der Interviews gewonnen habe, besteht darin, dass allein aus einer Widersetzung noch keine Aussagen über die Handlungsfähigkeit extrahiert werden können. Nur wenn ich die Handlungsfähigkeit individuell beschreibe, kann ich meiner Forschungsfrage gerecht werden. Deshalb ist zunächst eine genaue Analyse von Widersetzungen notwendig, die nicht bei der Nar-

---

5   Dieser Ausschluss wird von den Frauen durchaus reflektiert, so gingen konkrete Aufforderungen an mich, mit dem Forschungsergebnissen verantwortungsvoll umzugehen. Dahinter steht die Hoffnung, durch das Sprechen „über" drogengebrauchende Sexarbeiterinnen die Diskurshoheit zu verändern (siehe dazu Subjektkonstruktion *Widersetzung als Handlung*, 6.1.4).

ration der Subjekte stehen bleiben darf, es müssen die Widersetzungen konkretisiert und kontextualisiert werden. Drogengebrauchende Frauen, die sexuelle Dienstleistungen anbieten, werden in der Gesellschaft bereits als Subjekte wahrgenommen, die sich der etablierten Norm widersetzen. Schon die Bezeichnung „Drogenprostituierte" impliziert den Verstoß gegen geltende Gesetze, den Gesundheitsdiskurs und die moralischen Vorstellungen. Jedoch laufen die Widersetzungen oft ins Leere, oder sie wenden sich destruktiv gegen die Subjekte. Deshalb muss zuerst analysiert werden, warum sich manche der Interviewpartnerinnen scheinbar willenlos den Normen und Strukturen unterwerfen, während sich andere dagegen zur Wehr setzen. Es ist zu analysieren, welche Konsequenzen die Unterwerfung hat und wie erfolgreich die Widersetzung ist, um dann beschreiben zu können, welche Handlungsfähigkeit jede einzelne Frau besitzt. Dafür ist eine theoretische Einbettung notwendig, die allerdings erst nach der Beschreibung der Subjektkonstruktionen erfolgen kann, um nicht schon am Anfang der Auswertung die Aussagen der Frauen zu interpretieren. Die empirischen Ergebnisse zeigen, dass es unmöglich ist, Widersetzung in Bezug auf Handlungsfähigkeit von drogengebrauchenden Sexarbeiterinnen einheitlich zu definieren. Es existieren zwar für alle drogengebrauchenden Sexarbeiterinnen die gleichen Strukturen, wie das BtMG und die SpGVo, sie unterliegen alle den gleichen abwertenden Stereotypen über „Drogenprostituierte", jedoch stehen der Einzelnen unterschiedliche Ressourcen zur Verfügung, um damit umzugehen. Um die Handlungsfähigkeit bewerten zu können, muss ihr inneres Bedingungsgeflecht exploriert werden, um zu verstehen, wie die Widersetzungspraxen Differenzkategorien generieren. In einer Gesamtschau analysiere ich danach die fallspezifische Handlungsfähigkeit in den Subjektkonstruktionen und leite die darauf aufbauenden Empowermentansätze ab. Auf dieser Grundlage kann ich dann sich widersetzende Handlungstypen beschreiben und politische Handlungsstrategien für diese Typen formulieren. Die Abbildung 3 verdeutlicht meine Vorgehensweise bei der Umsetzung der IMA.

Die Modifikation der Methode ist notwendig, um aus den Widersetzungen drogengebrauchender Sexarbeiterinnen Handlungsfähigkeit ableiten zu können, denn erst nach der Beschreibung der Subjektkonstruktionen können die sozialen Strukturen und Herrschaftsverhältnisse sowie die symbolischen Repräsentationen innerhalb der informellen Drogen- und Sexökonomie im Detail analysiert werden. Die drogengebrauchenden Sexarbeiterinnen in meinem Sample sind in den meisten Fällen den gleichen strukturellen Bedingungen sowie den gleichen Diskursen, Epistemen, Ideologien, Normen, Werten und Stereotypen unterworfen, deshalb werden die Schritte fünf und sechs (siehe Abbildung 3) interviewübergreifend durchgeführt. Im siebten Schritt werden die Subjektkonstruktionen mit den herausgearbeiteten Widersetzungspraxen wieder aufgegriffen und die Handlungsfähigkeit sowie die davon abgeleiteten Empowermentansätze auf Basis der analytischen Vorarbeit beschrieben. Es wird der Zusammenhang von Handlungsfähigkeit und Widersetzung in den Subjektkonstruktionen mit dem Ziel expliziert, sich widersetzende Handlungstypen zu begründen.

Die Abbildung 3 stellt dar, wie ich vorgegangen bin: zuerst nach den Widersetzungstechnologien zu fragen und erst im siebten Arbeitsschritt die Handlungsfähigkeit herauszuarbeiten.

*Abbildung 3: Umsetzung der IMA*

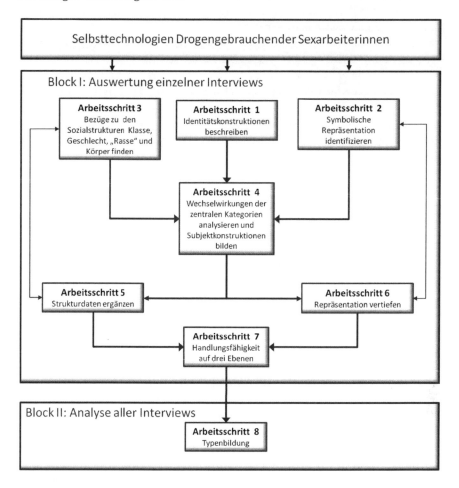

Im nächsten Unterkapitel werde ich erklären, wie ich mit Hilfe der *Knowledge Workbench* atlas.ti in den ersten Schritten der IMA die Identitätskonstruktionen gebildet und aus den Wechselwirkungen der zentralen Kategorien die Subjektkonstruktionen entwickelt habe.

## 5.4 AUSWERTUNGSSCHRITTE DER INTERSEKTIONALEN MEHREBENENANALYSE

Die erste Auswertung des Datenmaterials für die Analyseschritte eins, zwei, drei, fünf und sechs habe ich in Tabellenform vorgenommen, da sich ihr Umfang einer textuellen Darstellung verschließt. Die Tabellen werden in dieser Arbeit nicht abgebildet, da sie lediglich ein Hilfsinstrument für die weitergehende Analyse waren. An dieser Stelle werde ich daher nur die Verfahrensweise beschreiben, wie ich mit Hilfe der *Knowledge Workbench* atlas.ti die Arbeitsschritte eins bis drei umgesetzt habe.

Der Einsatz dieser Software war hilfreich und notwendig, um den Überblick über die Codes[6] und ihre Zusammenhänge zu behalten, da durch die Vielzahl der Codes und der daraus resultierenden exponentiellen Zunahme der Verknüpfungen hochkomplexe Gebilde entstanden sind, die in einem Fließtext nicht mehr zu beschreiben und zu erfassen sind. Die Auswahl der wichtigsten Identitätskonstruktionen aus den einzelnen Fällen und ihrer Verweise auf die Repräsentations- sowie die Strukturebene erfolgte entlang der Arbeitsthese und den sich daraus ergebenden Forschungsfragen der Dissertation (siehe Kapitel 2).

Nach der Transkription wurden die Interviews entlang der Forschungsfragen innerhalb von altlas.ti kodiert. Alle Codes wurden entsprechend ihrer Zuordnung zu den Analyseebenen wie folgt gekennzeichnet:

- Mit I_*<Code>* für die Identitätsebene,
- mit R_*<Code>* für die Repräsentationsebene und
- mit S_*<Code>* die Strukturebene.

Pro Interview ergaben sich zwischen 69 bis 219 Codes. Insgesamt sind es 673 Codes, davon wurden 523 der Identitätsebene, 107 der Repräsentationsebene und 44 der Strukturebene zugeordnet. Die Codes auf der Identitätsebene sind individuell und heterogen und gleichen sich daher nur sehr selten, weshalb ihre Anzahl am größten ist. Die Codes der Repräsentationsebene hingegen erfassen oft die gleichen Werte und Normen. Die Verweise auf die Strukturebene beziehen sich häufig auf ähnliche oder gleiche Herrschaftsverhältnisse.[7] Ihre Anzahl ist deshalb deutlich kleiner als die der Codes, die sich auf die Repräsentationsebene beziehen. Allerdings gibt es deutlich mehr Verweise von der Identitäts- auf die Strukturebene als auf die Repräsentationsebene.

Im ersten Arbeitsschritt habe ich die wichtigsten Codes auf der Identitätsebene erfasst. Anfänglich ging ich offen an das Material heran und schaute nach prägnanten Identitätskonstruktionen, die in erster Linie eine Verbindung zur Kategorie *Widersetzung* haben. Wenn mir dabei allerdings Verweise auf die Repräsentations- und Strukturebene auffielen, kodierte ich diese ebenfalls. Ein Beispiel für die Vorgehensweise das Material aufzuspalten, soll das Interview mit Anna Z. geben, dort wurde der Code *Widersetzung gegen Sex for Drugs Exchange* auf der Identitätsebene erfasst. Mit welchen anderen Codes auf der Identitätsebene dieser Code verknüpft ist, kann in Abbildung 4 nachvollzogen werden. Da es sich um eine vollständige Auswertung aller abhängigen Codes in atlas.ti handelt, werden auch die Verknüpfungen zu den Codes auf der Repräsentations- und der Strukturebene angezeigt.

---

6   Der grundlegende Vorgang qualitativer Datenanalyse ist die Kodierung der Daten. Gleichgültig, welcher Methodologie man sich verschrieben hat: Der erste Schritt, um sich das Material zu erschließen, besteht immer darin, dass man einzelne Passagen der Textdaten in irgendeiner Weise als sinnhafte Einheit identifiziert und dieser Einheit ein Label zuordnet, das vielleicht zunächst nur paraphrasierend-deskriptiv gemeint ist, später aber u.U. eine ausgearbeitet analytische Abstraktion darstellt.

7   Die Codierung der Strukturebene wurde im dritten Schritt noch nicht den deduktiven Vierer-Cluster (Klassismen, Bodyismen, Heteronormativismen, Rassismen) zugeordnet.

Der Code *I_Widersetzung gegen Sex for Drugs Exchange {5-0} [15]* kann wie folgt aufgelöst werden. *I_* ist der Identifikator für die Identitätsebene, *Widersetzung gegen Sex for Drugs Exchange* kennzeichnet, dass Anna Z. die Bezahlung ihrer Dienstleistung mit Drogen ablehnt und Geld verlangt. Der Inhalt der geschweiften Klammer besagt, dass dieser Code 5-mal im Gesamtmaterial vorkommt, und 0 bedeutet, dass er nicht mit anderen Codes verlinkt ist. Der Inhalt der eckigen Klammer gibt wider, dass er mit 15 weiteren Codes in unterschiedlichen *Quotations* auftaucht, das heißt durch die Abbildung wird bereits jetzt schon ersichtlich, wo die Identitäts- mit der Repräsentations- oder der Strukturebene verwoben ist. Der Index *4:47* besagt, dass der Code im 4. Interview in atlas.ti (Interview mit Anna Z.) mit der 47. *Quotation* verknüpft wurde (siehe Abbildung 4).

Nach der Codierung des dritten Interviews wurde deutlich, dass in jedem Interview zentrale Identitätskonstruktionen zur Sexarbeit und zum Drogengebrauch zu finden sind. So nahm ich die Kategorien *Sexarbeit* und *Drogengebrauch* als deduktive Setzung zur Kategorie *Widersetzung* hinzu. Weiterhin war ich in der Codierung offen für zentrale induktive Identitätskonstruktionen.

*Abbildung 4: Die Verknüpfung der I_, R_ und S_Codes mit dem Code*
*„I_Widersetzung gegen Sex for Drugs Exchange" von Anna Z.*

---

## ATLAS.ti Cooccurring Codes

HU:         Auswertung2
File:        [C:\Dokumente und Einstellungen\Kathrin\Eigene Dateien\Kathrin\
Empirie_Diss \Auswert...\Auswertung2.hpr5]
Edited by :   Super
Date/Time:   22.08.2011 14:36:35

---

**I_Widersetzung gegen Sex for Drugs Exchange {5-0} [15]**

   I_Anschaffen für Geld~Sex for Drugs Exchange {4-0} [3]
      4:47 A2: Nee, also das lehne ich to.. (127:127):
      8:24 Und seid es den Stein hier gib.. (18:18):
      8:25 Ja, das schaffe ich. Ja. Weil,.. (20:20):

   I_anschaffen für Lebensunterhalt~Sex for Drugs Exchange {2-0} [1]
      3:83 Ich muss mein Zimmer bezahlen,.. (81:81):

   I_Anschaffen: Verkauf einer Dienstleistung~Kauf meiner Person {1-0} [1]
      3:83 Ich muss mein Zimmer bezahlen,.. (81:81):

   I_Aussehen wichtig für mich {2-0} [1]
      3:83 Ich muss mein Zimmer bezahlen,.. (81:81):

   I_Selbst Würde und Stolz {1-0} [1]
      3:82 Was schützt dich denn? Also wa.. (80:81):

   I_Selbstbestimmung~Fremd {8-0} [2]
      4:47 A2: Nee, also das lehne ich to.. (127:127):
      8:25 Ja, das schaffe ich. Ja. Weil,.. (20:20):

   I_Selbstdiziplinierung {10-0}~ [1]
      8:25 Ja, das schaffe ich. Ja. Weil,.. (20:20):

   I_Widersetzung gegen Stigma Hure {1-0}~ [1]
      3:83 Ich muss mein Zimmer bezahlen,.. (81:81):

   R_Crackheads sind amoralisch ohne Gewissen {8-12}~ [1]
      3:83 Ich muss mein Zimmer bezahlen,.. (81:81):

   R_Die billige Junkiehure {13-9}~ [2]
      3:83 Ich muss mein Zimmer bezahlen,.. (81:81):
      4:47 A2: Nee, also das lehne ich to.. (127:127):

   R_Drogenkonsumenten sind unzuverlässig,-diszipliniert {4-2} [1]
      4:47 A2: Nee, also das lehne ich to.. (127:127):

   R_Drogenprostituierte als Abschaum {7-5} [1]
      4:47 A2: Nee, also das lehne ich to.. (127:127):

   R_Stein verändert die Szene {5-12} [1]
      8:24 Und seid es den Stein hier gib.. (18:18):

   S_Machtasymmetrie(Männer/Drogenkonsumentin) {43-27}~ [4]
      3:82 Was schützt dich denn? Also wa.. (80:81):
      3:83 Ich muss mein Zimmer bezahlen,.. (81:81):
      4:47 A2: Nee, also das lehne ich to.. (127:127):
      8:24 Und seid es den Stein hier gib.. (18:18):

   S_Restriktion durch BtMG {30-29}~ [1]
      3:83 Ich muss mein Zimmer bezahlen,.. (81:81):

Nachdem ich alle Interviews vollständig codiert hatte, formulierte ich zentrale Identitätskonstruktionen und ordnete die dazugehörigen I_Codes zu. Ich nahm die sogenannte *Networkview* in atlas.ti zu Hilfe, um die Codes nach den Kategorien Widersetzung, Sexarbeit, Drogenkonsum und den induktiven Setzungen zu ordnen. Ein Beispiel dafür ist im Interview mit Anna Z. in Abbildung 5 zu sehen.

*Abbildung 5: Die Codes der Identitätsebene aus dem Interview mit Anna Z.*

Die Struktur in atlas.ti bietet die Möglichkeit auf einer höheren Ebene *Code families* zu bilden. Diese Funktion nutzte ich, um die zentralen Identitätskonstruktion zu klassifizieren (siehe Bezeichnung über den Kästchen in Abbildung 5). Ich ordnete dieser zentralen Identitätskonstruktion (*Code family- CF*) durch Rückschau auf die kodierte *Quotation* die dort verlinkten I_<Codes> zu, um daraus die zentrale Identitätskonstruktion abzuleiten (siehe Abbildung 6).

*Abbildung 6: Networkview Code Family für die zentrale Identitätskonstruktion*
*„Widersetzung als Kampf gegen Fremdbestimmung" von Anna Z.*

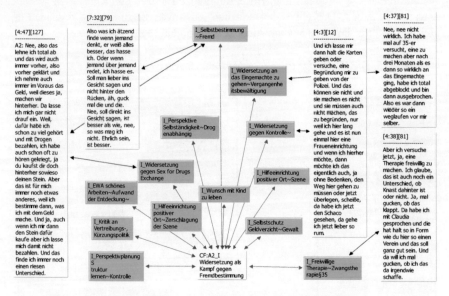

Im zweiten Arbeitsschritt habe ich auf die gleiche Art und Weise symbolische Repräsentationen im Interview identifiziert und im dritten Arbeitsschritt die Bezüge von der Identitätsebene zu den Sozialstrukturen Klasse, Geschlecht, „Rasse" und Körper hergestellt. In der Abbildung 7 sind alle Codes der Identitäts-, Repräsentations- und Strukturebene des Interviews mit Anna Z. aufgeführt.

*Abbildung 7: Die gesamten Codes von Anna Z.*

```
Code-Filter: PD

HU:         Auswertung2
File:       [C:\Dokumente und Einstellungen\Kathrin\EigeneDateien\Kathrin\Empirie_Diss\Auswert...\Auswertung2.hpr5]
Edited by:  Super
Date/Time:  22.08.2011 14:09:35
```

I_Abgestumpftes Dasein~Solidarität
I_Abgrenzung Bulgarinnen~Drogenprostituierte
I_Abgrenzung von ausländischen Frauen~Solidarität
I_Akzeptanz von Handel~Ablehnung Ausbeutung
I_Angst erkannt zu werden
I_Angst vor Infektion
I_Angst vorm Clean sein
I_Anschaffen als Muss~Beruf Sexarbeiterin
I_anschaffen als Muss~fehlende Alternative
I_anschaffen für Drogen~nicht vorgesorgt
I_Anschaffen für Geld~Sex for Drugs Exchange
I_Anschaffen für Lebensunterhalt~nur Konsum
I_Anschaffen ist harter Job für Drogenkonsumentin
I_Anschaffen ist harter Job~direkte Arbeit
I_Anschaffende arbeitet safer~Freier unsafer
I_Anschaffende distanziert~Nähe zu Personen
I_Anschaffende ehrlich~Prostituierte ist Schauspielerin
I_Anschaffende rechtlos~polizeilicher Umgang nervt/verletzt
I_Anschaffende~Verbrecher
I_Arbeitsstandard safer
I_Aufwand nicht erkannt zu werden
I_Droge als Schutz
I_Drogen erleichtern die Situation~kein Spaß an der Arbeit
I_Drogenkonsumentin unzuverlässig, undiszipliniert ~ Das reine Wesen
I_Einkommen
I_Einsam~soziales Umfeld
I_Einzelkämpferin/Individualisierung~Solidarität
I_Entsolidarisierung erzwungen~Zusammenhalt
I_Erfahrung Szeneveränderung
I_EWA schönes Arbeiten~Aufwand der Entdeckung
I_Freiwillige Therapie~Zwangstherapie §35
I_Hilfeeinrichtung positiver Ort~Szene
I_Hilfeeinrichtung positiver Ort~Zerschlagung der Szene
I_Kritik Vertreibungs-, Kürzungspolitik
I_Lebenshaltungskosten
I_Man ist gesund~vielleicht bin ich krank
I_Nutzer Hilfeprojekt~Behinderung durch Kontrollen/PV
I_Perspektive Selbständigkeit~Drogenabhängig
I_Perspektivplanung Struktur lernen~Kontrolle
I_PV grundlos~Begründung
I_Selbstbestimmung~Fremd
I_Selbstschutz Geldverzicht~Gewalt
I_Selbstvertrauen fehlt~vorhanden
I_Substituierte mit bewussten Beikonsum~unbewusst
I_Suche nach dem Kick
I_Szene ist Ort der sozialen Kontakte~Einsam

I_Szenefrau kennt jeder~Zuhause Anonym
I_Unterstützung einfordern ist schwierig
I_Unterstützung in der Selbstführung~Kontrolle
I_Verschränkung Droge Sexarbeit
I_Widersetzung an das Eingemachte zu gehen~
         Vergangenheitsbewältigung
I_Widersetzung gegen Kontrolle
I_Widersetzung gegen Sex for Drugs Exchange
I_Widersetzung gegen Unsafer
I_Wunsch mit Kind zu leben
R_Anrufung als Junkiehure
R_ansteigende Infektionsrate
R_Der rationale angepasste Mensch(Abstinenz)
R_Die billige Junkiehure
R_Die Leistungskürzer
R_Drogenkonsumenten sind unzuverlässig,-diszipliniert
R_Drogenprostituierte als Abschaum
R_Drogenprostituierte als Täterin Minderheit
R_Drogenprostituierte sind gefährliche Individuen
R_Drogenprostituierte sind Opfer
R_Eigenverantwortung/Selbstregulierung
R_Exekutive ist überkorrekt und hart
R_Exekutive schützt keine Drogenprostituierten verfolgt nur
R_Freier als Ausnutzer
R_Freier als Preisdrücker
R_Freier nehmen das Selbstwertgefühl
R_Freier sind gewissenlos
R_Hilfeeinrichtung unterstützend in allen Lebenslagen
R_Sexarbeiterin ist unehrlich
R_Stein verändert die Szene
R_Vereinzelung in der Szene
R_Viele arbeiten ohne Kondom
S_Benachteiligung Arbeitsmarkt
S_Gentrifizierung/Handlungskonzept St Georg
S_Machtasymmetrie(Männer/Drogenkonsumentin)
S_Preise hoch von unreinem Stoff
S_Preisverfall
S_Prekarisierung des informellen Sexmarktes
S_Recht(losigkeit) von Drogenprostituierten
S_Restriktion durch BtMG
S_Restriktion durch Hartz IV
S_Restriktion durch SpGVo
S_Sicherheitsdispositive/Disziplinartechniken
S_Therapieinterventionen Regularien
S_Unterstützungsangebote als positiver Ort auf der Szene
S_Verhinderung von Safer Work

Im vierten Arbeitsschritt werden die Wechselwirkungen zwischen den zentralen Kategorien der Identitäts-, der Repräsentations- sowie der Strukturebene beschrieben und damit die zentralen Subjektkonstruktionen begründet. Auch in diesem Schritt habe ich am Anfang mit atlas.ti gearbeitet, um *Supercodes* für die zentralen Subjektkonstruktionen zu bilden. Eine Verdichtung der Codes der Identitätsebene war bereits während der Erstellung der zentralen Identitätskonstruktionen (*Code Family*) erfolgt, diese bildeten jetzt die Grundlage, um die im Material codierten Struktur- und Repräsentationskategorien herauszuarbeiten. Ich ordnete den *Supercodes* (zentrale Subjektkonstruktion) durch Rückschau auf die kodierten *Quotations* und die dort verlinkten R_*<Codes>* und S_*<Codes>* zu, um daraus die zentralen Subjektkonstruktionen abzuleiten und die Wechselwirkungen beschreiben zu können (siehe Abbildung 8).

An dieser Stelle muss kurz erklärt werden, warum ich in meiner Auswertung die zentralen Identitäts- und die zentralen Subjektkonstruktionen gleich benenne. Die Entscheidung ist zum einen in meiner Arbeitsweise mit altlas.ti begründet. Aus den zentralen Identitätskonstruktionen, die als *Code Families* (CF) in atlas.ti erfasst werden, entwickelte ich die zentralen Subjektkonstruktionen in Form von atlas.ti-spezifischen *Supercodes* (\*). Da ich jeweils zusammengehörenden Codes den gleichen Namen gegeben habe, konnte ich jede Ebene und alle Verknüpfungen in den Einzelinterviews, aber auch bezüglich des Gesamtmaterials zurückverfolgen. Innerhalb von atlas.ti war eine Unterscheidung jederzeit möglich, da ein *Supercode* mit \* und eine *Code family* immer mit CF gekennzeichnet werden. Am Beispiel von Anna Z. möchte ich das erläutern: Eine zentrale Identitätskonstruktion von Anna ist *Widersetzung als Kampf gegen Fremdbestimmung*. Diese setzt sich aus weiteren Konstruktionen von Identitäten zusammen (siehe Abbildung 5 und 6). Die wichtigsten von ihnen wurden thematisch unter der Kategorie Widersetzung subsumiert. Im nächsten Schritt suche ich im Material nach den Wechselbeziehungen zu der Repräsentations- und der Strukturebene und kann damit eine zentrale Subjektkonstruktion zur Widersetzung beschreiben. Ich habe also aus Gründen der besseren Orientierung in atlas.ti den Namen der zentralen Identitätskonstruktion für die Subjektkonstruktion beibehalten. Das Subjekt ist ebenso wie die Identität weder kohärent noch eindeutig, und es kann nur eine Momentaufnahme des Interviews eingefangen werden. Ich werde aus der Analyse nicht die Schlussfolgerung ziehen, dass Anna Z. eine essentialistische feste Identität als Kämpferin, Fremdbestimmte oder Widerständige hat, sondern lediglich, dass es in ihren Aussagen auffallend ist, wie sie gegen jegliche Form der Fremdbestimmung ankämpft und sich widersetzt. Das entspricht auch ihrem Selbstverständnis, und zugleich zeigt die Subjektkonstruktion *Widersetzung als Kampf gegen Fremdbestimmung*, wie eine zentrale Identitätskonstruktion mit der Repräsentations- und Strukturebene verwoben ist.

*Abbildung 8: Networkview Supercode für die zentralen Subjektkonstruktion „ *A2_Widersetzung als Kampf gegen Fremdbestimmung" von Anna Z.*

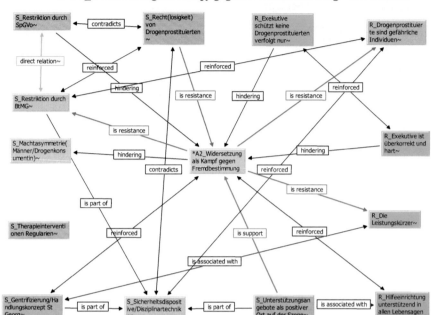

Es kam häufiger vor, dass eine Aussage nicht nur einer Ebene, sondern mehreren Ebenen zugeordnet werden musste. Die Gefahr, dass damit Identitäten festgeschrieben werden, konnte durch die Beschreibung der Wechselwirkung entgegengewirkt werden. Die Aussagen werden auf der Identitätsebene codiert, und durch die weitere Analyse werden die Verwobenheit mit der Repräsentations- und/oder Strukturebene deutlich. Damit wurde sichtbar, in welchem Maße die eigene Identifikation, Überzeugung oder freie Entscheidung hinter einer Aussage steht oder konstruiert ist. Durch die Ergänzung der Repräsentations- und Strukturebene in den Schritten fünf und sechs werden die dicht am Material erstellten Codes überprüft und in einen fachlichen Kontext gestellt, dabei werden Vermutungen, Deutungen, Missverständnisse verifiziert, erklärt und gegebenenfalls aufgelöst. Dadurch werden die subjektive Unterwerfung, strategische Anpassung oder Widersetzung verständlich und nachvollziehbar.

Nachdem die Vorgehensweise in den Analyseschritten beschrieben ist, werden im nächsten Kapitel die Auswertungsergebnisse der Intersektionalen Mehrebenenanalyse präsentiert.

# 6 Ergebnisse der Intersektionalen Mehrebenenanalyse

In diesem Kapitel wird die Auswertung der acht Interviews präsentiert. Dazu ist es in sechs Abschnitten untergliedert, die aufeinander aufbauen und sich auch aufeinander beziehen. Als erstes werden die Wechselwirkungen der Identitäts-, Repräsentations- und Strukturebene in den zentralen Subjektkonstruktionen analysiert (siehe 6.1). Dieser Analyseschritt sollte so nah wie möglich an den Aussagen der Interviewpartnerinnen durchgeführt werden. Im zweiten Abschnitt werden die Aussagen auf der Strukturebene aufgegriffen und durch Herrschaftsverhältnisse und Dispositive ergänzt, die sich in Gesetzen, Regulierungen und Reglementierungen niederschlagen (siehe 6.2). Danach analysiere ich die symbolischen Repräsentationen und verknüpfe sie mit den Theorien und Diskursen, die im Zentrum der Auswertung stehen (siehe 6.3). Damit sind die Voraussetzungen geschaffen, die Wechselwirkung auf den drei Materialisierungsebenen in Bezug auf die Handlungsfähigkeit der einzelnen Subjekte zu beschreiben (siehe 6.4). In diesem umfangreichen Abschnitt werden für jede einzelne Frau Empowermentansätze herausgearbeitet. Da die acht Fälle sehr differenziert ausgewertet wurden, sind Grundtendenzen von Handlungsfähigkeit erkennbar, die in drei unterschiedlichen Typen zusammengefasst werden (siehe 6.5). Die Typenbildung ist zum einen ein strategisches Mittel, um noch einmal ein wichtiges Ergebnis der Arbeit zu verdichten. Sie sollen subjektübergreifend verdeutlichen, dass Widersetzung nicht notwendigerweise zu einer erweiterten Handlungsfähigkeit führt, sondern diese auch massiv eingeschränkt werden kann. Zum anderen werden die Typen auch benötigt, um ausgehend von den individuellen Ergebnissen verallgemeinerte politische Handlungsstrategien und -forderungen zu formulieren (siehe 7). Im nächsten Abschnitt werden somit die zentralen Subjektkonstruktionen meiner Interviewpartnerinnen beschrieben.

## 6.1 ZENTRALE SUBJEKTKONSTRUKTIONEN

Im vierten Schritt der Intersektionalen Mehrebenenanalyse werden die Wechselwirkungen zwischen der Identitäts-, Repräsentations- und Strukturebene, die wichtigsten fallspezifischen Subjektkonstruktionen (SK) herausgearbeitet und die wichtigsten Wechselwirkungen in den zentralen Subjektkonstruktionen meiner Interviewpartnerinnen Gesine N. (6.1.1), Anna Z. (6.1.2), Margalit V. (6.1.3), Doro F. (6.1.4), Magdalena F. (6.1.5), Sara E. (6.1.6), Tracy A. (6.1.7) und Maya N. (6.1.8) beschrieben. Ich stelle der Auswertung jeder Interviewsequenz eine kleinen Einführung voran, betrachte dann die Subjektkonstruktion zur *Widersetzung,* dann die zum *Drogenkonsum,* die zur *Sexarbeit* und zuletzt die *induktiv gebildeten Subjektkonstruktionen.*[1]

## 6.1.1 Subjektkonstruktionen von Gesine N.

### Profil und Feldnotizen

Gesine ist erwerbslos und wohnungslos. Sie ist zum Zeitpunkt des Interviews 42 Jahre alt und bezeichnet sich selbst als „drogenabhängig". Sie wohnt in einer Wohnunterkunft für Frauen. Gesine konsumiert zum Zeitpunkt des Interviews nicht exzessiv Drogen und fühlt sich stabil genug ein Interview zu führen. Sie möchte aktuell den Ausstieg aus der Drogenszene umsetzen. Gesine nutzt die frauenspezifische Anlaufstelle, um sich sozialpädagogische Hilfe zu holen und soziale Kontakte zu pflegen. Das Interview fand im Beratungszimmer der Einrichtung statt, wo es hell und freundlich ist. Da das Interview während der Öffnungszeit der Einrichtung durchführt wurde, sind verschiedene Geräusche im Hintergrund zu hören, was sich jedoch nicht störend auf das Interview auswirkte. Gesine hatte unmittelbar vor unserem Gespräch einen Termin bei ihrer zuständigen Sachbearbeiterin bei der ARGE,[2] die sie als bemüht und engagiert beschreibt. Gesine wirkte zu Beginn unseres Gespräches sehr zuversichtlich. Ich erzählte ihr, warum ich dieses Interview führe und sicherte ihr die Anonymität zu. Sie war während des gesamten Gespräches sehr offen, wirkte nie genervt und fragte nach, wenn sie Fragen nicht verstand. Ihre fast fröhliche Haltung am Anfang des Gespräches veränderte sich aus meiner Sicht zunächst in Nachdenklichkeit und im weiteren Verlauf in Traurigkeit und Verzweiflung. Am Ende des Gespräches wirkte sie wieder etwas gefasster. Ich begann das Interview relativ selbstsicher, weil ich davon ausging, dass es ein Vorteil bei der Interviewführung sein würde, dass ich einige Jahre mit traumatisierten Menschen gearbeitet habe. Das änderte sich schon zu Beginn des Interviews schlagartig, und ich hatte am Ende des Interviews mehr als ein schlechtes Gewissen. Ich hatte das Gefühl, dass ich diese Frau, die immer nur benutzt wird, jetzt für meine Forschungszwecke instrumentalisiere. Dieses Gefühl entsprang nicht einer momentanen Betroffenheit, sondern verdichtete sich zu einer Auseinandersetzung mit dem Problem des ethischen Umgangs mit Interviewpartnerinnen und damit auch von „Leidensgeschichten" zu Forschungszwecken. Für mich leitet sich aus diesen Überlegungen eine besondere Verantwortung für die Anwendung und Umsetzung der Forschungsmethode in diesem brisanten Forschungs-

---

1 Ich habe, wie bereits oben erwähnt, Tabellen zu den Subjektkonstruktionen der acht Interviews erarbeitet. Mit Hilfe dieser Tabellen konnte ich nachvollziehen, wie in den Schritten eins bis drei der IMA die *Quotations* aufgebrochen und den drei Ebenen zugeordnet wurden. Die Tabellen dokumentieren außerdem stichwortartig die Ergänzung und Abstraktion der Repräsentations- und Strukturebene der Schritte fünf und sechs, die in 6.2/6.3 fundiert abgehandelt werden.

2 Arbeitsgemeinschaft nach dem SGB II (zuständig für Arbeitsvermittlung und Arbeitslosengeld II, bis Ende 2010, jetzt Jobcenter).

feld ab. Meine Unsicherheit zeigt sich auch deutlich in der Formulierung der Fragen, immer suchte ich nach Worten, versuchte durch permanente „also" und „ehm" konkrete Fragen zu umschiffen, in der Hoffnung, dass Gesine schon weiß, was ich meine. Häufig half sie mir aus der Misere. Auffällig war, dass Gesines Position zum Anschaffen fast unmarkiert bleibt.

*Gedächtnisprotokoll*
Nachdem das Mikrofon ausgeschaltet war, fragte ich sie noch, ob sie ihren derzeitigen Job als Prostituierte wie einen Job zur Finanzierung ihres Lebensunterhaltes sähe. Das verneinte sie und meinte, früher habe sie „normal" als Animierdame gearbeitet, aber jetzt arbeite sie nur für die Finanzierung der Droge. Um nur den Lebensunterhalt zu finanzieren, würde ihr ALG II ausreichen. Ich fragte weiter und gab zu bedenken, dass sie ihren Drogenkonsum ja finanzieren müsse, da sie kein Geld dafür habe, und ob sie die Prostitution nicht als Job sehen könne, wenn sie den Standpunkt einnimmt, dass viele Menschen Alkohol trinken und auch Drogen nehmen und dies durch ihre Erwerbsarbeit finanzieren. Sie stimmte dem zu, gab aber zu bedenken, dass Prostitution von den Freiern nicht als Arbeit gesehen werde. Die Freier würden immer Druck ausüben und erst dann die Frau ansprechen, wenn sie richtig „affig" (Entzugserscheinungen haben) seien, um die Preise zu drücken und *unsafer* Sex zu verlangen. Diese Freier würde sie immer fragen, „...machst Du das beim Bäcker auch?" So gesehen, meinte sie, sei es doch Arbeit. Auf meine Frage, ob es sinnvoll sei, die Freier in Form von Aufklärung und Konfrontation anzusprechen, antwortete sie, das sei Quatsch, die seien zum großen Teil resistent gegen jegliche Form von Beratung. Außerdem wollten die meisten unerkannt bleiben, da sie wüssten, wie pervers diese Art von Geschäft auf Basis von Macht- und Abhängigkeitsstrukturen sei. Die Prognose und Analyse der Drogen- und Prostitutionsszene von Gesine fiel sehr pessimistisch und deprimierend aus: „Wir sind der letzte Dreck für jeden, und die Mädchen werden immer jünger". Ich habe für Gesine drei zentrale Subjektkonstruktionen herausgearbeitet:

- Widersetzung: Widersetzung als Kampf mit sich und gegen Kontrolle,
- Drogenkonsum und Sexarbeit: Schuldige Süchtige,
- Induktive Setzung: Härtefall und Allein.

### Die Subjektkonstruktion Widersetzung als Kampf mit sich und gegen Kontrolle
Die Subjektkonstruktion zeigt, dass Gesine für ein „normales Leben" kämpft. Das wird aktuell durch die strukturellen Bedingungen ihrer Unterbringung in der Wohnunterkunft durchkreuzt oder erschwert.

„Und eigentlich 'n ganz normales Leben versuche zu führen, (.) was gar nicht so einfach ist, weil [Name der Wohnunterkunft für Frauen, K.S.], ich weiß nicht ob Sie-du das kennst? Das ist so 'ne Wohnunterkunft für Frauen. [...] Ich könnte mir vorstellen (2), nein. Ich hab' mir gedacht, sagen wir's mal so, (4), ich möchte irgendwie (.) 'ne Wohnung haben. (2) Ich will eigentlich nur ein ganz einfach(es) normales Leben haben."

Nachvollziehbar wird Gesines strategische Problemlösung mittels Drogenkonsum, wenn sie ihre Kindheit beschreibt. Der Drogenkonsum war für sie die einzige Möglichkeit, um sich gegen die sexuellen Übergriffe in der Herkunftsfamilie und das gleichzeitige Ignorieren ihrer Hilferufe zu immunisieren. Innerhalb dieser Zirkulation von Gewalt und Lieblosigkeit widersetzt sie sich und flieht aus dem Elternhaus. Gesine beschreibt so den Anfang ihrer „Drogenkarriere". Das Wort Karriere wirkt hier zuerst euphemistisch, bezeichnet aber genau das, was sie meint, Karriere als „Fahrtstraße", „Laufbahn", auch verbunden mit der Änderung der sozialen Schicht. Für Gesine führt sie in den sozialen Abstieg, der eigentlich ein gesellschaftlicher Ausstieg ist. Zu dieser Zeit war sie noch ein Kind.

„Da hab' ich dann auch angefangen Joints zu rauchen. Also das ist dann immer so stufenweise, also hat sich so meine Drogenkarriere raufgearbeitet. Ich bin dann abgehaun vom mein Vater."

Gesine widersetzt sich (intrapersonal) gegen die Angst vor Überforderung, indem sie sich selbst ermutigt. „[...] ich weiß, dass ich das schaffen kann. Ich weiß nur immer nicht so genau, wie ich das machen soll. Um dahin zu kommen." Sie hat offensichtlich das Selbstvertrauen, aber sie weiß keine Handlungsstrategie, sie ist innerlich zerrissen.

„Tja, wie würd' ich mich einschätzen poh, der Geist ist willig das Fl-Fleisch ist schwach, eh (.) ich würd' mal sagen, ich bin eigentlich (4) [atmet ein] soweit gefestigt, nein bin ich nicht, nee, ich bin noch nicht gefestigt."

Gesine widersetzt sich, indem sie sich weigert, amtliche Schreiben zu öffnen. Diese Selbsttechnik hat aber keine Chance, weil die Beantwortung der Schreiben eine gesellschaftliche Anforderung ist und die Widersetzung für sie schwerwiegende Folgen hat. Sie weiß das und fühlt sich dafür schuldig. Gesine öffnet die ersten beiden Amtsschreiben, aber dann reicht es ihr, und sie reagiert mit Verweigerung. Sie nimmt die Anrufung, dass Junkies „nie Geld haben" an. Der Versuch strukturelle Zumutungen eigenständig zu bewältigen, hat für Gesine auch mit persönlichem Stolz zu tun.

„Das is' (4) den ersten machst Du auf und den zweiten vielleicht auch noch. (2) Ich glaube, (.) ja es ist einfach zu viel geworden. Auf einen Schlag. Ich hab' den ersten gelben Brief bekomm', was war das denn noch (.), mmm, 'ne Rechnung war das. Dann kam am nächsten Tag gleich noch eine, dann kam die nächste Woche noch mal zwei oder drei. Die kam alle im Abstand von ein oder zwei Wochen. Das war einfach zu viel. Nach dem dritten oder vierten, hab' ich gesagt, Klappe zu. Mach' gar nicht mehr. Weil (.) ich hab' genau gewusst, ich krieg' das Erste nicht geregelt, weil da war so 'ne Rechnung und da die Raten einzuhalten, das fällt mir schwer, weil ich hab' so gut wie nie Geld. Ich bin 'n Junkie. Und (2) wenn ich d-, ja wenn ich ein Problem vor mir sehe, (.) das (.), wo ich denke, was ich nicht lösen kann. Und da bin ich vielleicht noch zu stolz, ich hol' mir einfach zu spät Hilfe. Und wenn ich das nicht lösen kann, dann will ich die anderen auch gar nicht erst sehen. Dann mache ich die Briefe erst gar nicht auf."

Gesine will sich selbst regulieren in Bezug auf den Drogengebrauch, sie möchte aber auch Unterstützung von außen, im Sinne einer „Korrektur". Sie widersetzt sich äußerem Zwang und Fremdkontrollen.

„Mm, zeitweise ja. Ich mein', ich leg' mir selbst schon meine Kontrollen auf. Ich (hab' aber) z.B. bei der Ambulanz [Drogenambulanz, K.S.], man kann ja bei den konsumieren, ne, bei der Ambulanz. Aber ich hab' gesagt, ich möchte öfter UK [Urinkontrollen, K.S.] abgeben. Ich möchte', dass ich öfter mal'n Rüffel kriege, wenn ich zu dolle drüber steige. Weil, (.) Kontrolle ist ganz gut. Man sollte sich allerdings auch (.) aussuchen, wie oder bei wem sie ist. Weil, wenn man mir eine Kontrolle aufzwingt, dann werd ich bockig. [...] Aber ich, für mich jetzt, für mein Teil kann ich nur sagen, (1) ich weiß, dass es für mich ist, ich will ja irgendwie raus. Aber ich weiß auch, wenn es zu schnell (geht) oder wenn es mit Zwang geht, dann geht's nach hinten los. Also ist das total verkehrt, ich such' mir meine Leute, wo ich mich kontrollieren lasse, selbst aus, weil dann mach' ich die Kontrolle freiwillig. Und dann weiß ich auch, dass sie funktioniert."

Gesine ist sehr geduldig gegenüber Regeln, fordert aber Transparenz und Mitbestimmung bei gleichzeitiger Selbstbestimmung.

„Ich tu' mir, ich tu' mir im Ganzen, 'ne ganze Weile, also, ich, ich red' immer nur von mir, ich, tu mir 'ne ganze Zeit lang viel gefallen lassen, auch mit, wenn ich jetzt in 'nem Regelwerk drinn' sitze, (.) wo es heißt, mach' dies, mach' dies, mach' dies. Ich frag' nach, warum wieso weshalb, gibst Du mir anständige ordentliche Erklärungen, die ich verstehe, die nachvollziehbar sind, mach' ich es auch. Aber wenn dann irgendwie welche Dinger komm', die ich nicht nachvollziehen kann, die ich nicht verstehe. Dann lass' ich mir das vielleicht zwei, drei Mal gefallen und dann geht das Ding nach hinten los. Dann wird' ich nicht nur bockig, dann wird' ich rebellisch, aber auf's Tiefste. Und dann wird das meistens, (.) ich geh' dann nicht einfach hin und trink' einen. Wenn ich rückfällig werde, werde ich ganz rückfällig. (.) Dann haue ich mir gleich (.) alles rein, auf einmal."

Das heißt, der Rückfall ist für Gesine die heftigste Form des Widerstands und der Rebellion. Simultan dazu kämpft sie tagtäglich gegen ihre Sucht, und manchmal verliert sie. Das ist zwar ein Widerspruch zu Gesines Selbsttechnik Rückfall als Rebellion zu sehen, jedoch zeigt dies den Grad ihrer Verzweiflung, für die sie diesen konditionierten Schutzmechanismus benötigt.

„Das ist so'ne Gratwanderung. Das gibt Tage, da (.) denk' ich mir wirklich, ich schaff' das alles ohne Drogen, ohne irgendwas (2) und denn gibt es wieder Tage (.), da kann man mich voll vergessen. Da ist das erste (.), was ich denke, is' Drogen und (.) da muss ich wirklich manchmal so gegen ankämpfen. (.) Das ist wirklich (.), ja, die ganze Kraft, geht allein nur gegen das Ankämpfen und das wird manchmal so viel, dass ich da überhaupt kein Bock mehr drauf hab'. Dann konsumier' ich auch einfach."

Um sich ihren schlechten Gefühlen und Ängsten zu widersetzen, versucht sie diese durch selbst organisierte Beschäftigungen und selbstgestellte Aufgaben zu bewältigen.

„Putzen, Kleiderschrank aufräumen, ach alles Mögliche, was'dn, egal was, aber dann, (.) tierisch penibel und dreitausendmal am Besten. (2) Ehm, diese schlechten Gefühle, erst mal muss ich die Träume vergessen, die ich nachts da geträumt habe, die Erinnerungen. (3) Ja, die Erinnerungen wegmachen und dann die Gefühle von dem Ekel und dem (Abschrecken/Abschaum) so was ich vor mir selbst habe. (6) Ja, keine Ahnung. [seufzt] (7) Keine Ahnung, wo ich manchmal was Positives sehe. Aber irgendwie schaffe ich das."

Diese Erzählpassage zeigt, welchen Aufwand Gesine betreiben muss, um den Tag ohne Drogen zu überstehen. Sie verzichtet freiwillig auf Drogen, obwohl die ihr auch bei der Bewältigung, resp. Verdrängung ihrer Traumatisierungen helfen. Die Zumutungen sind bedrohlich, dagegen aktiviert Gesine ein subjektives Widerstandspotential, um sich dem zu stellen. Sie kommt am Ende des Interviews implizit noch einmal auf den intrapersonalen Kampf von leben wollen und nicht leben wollen zu sprechen, als sie auf die Frage antwortet, ob sie einen Wunsch habe.

„@Och@, was für 'ne fiese Frage. Also wenn Du mich an schlechten Tagen siehst, dann wäre meine Antwort sofort, nie geboren zu sein. (9) Ja und jetzt? (10) 'N einfaches Leben zu führen. Keine Ahnung, ich weiß es nich'."

### Die Subjektkonstruktion Schuldige Süchtige

In der Subjektkonstruktion wird die Verschränkung der Kategorien von Drogenkonsum, schuldig und süchtig Sein sichtbar. Gesine konstruiert ihren Tagesablauf als vollständig von Drogen bestimmt. Momentan versucht sie jedoch auszusteigen, indem sie der Szene fernbleibt. Es stehen ihr nur die dichotomen Handlungsmodalitäten zur Verfügung. Ihren Drogenkonsum verknüpft sie mit rein kriminellen Handlungen wie Diebstahl, Drogenhandel und der Prostitution. Hier erwähnt Gesine das einzige Mal, wenn auch nur implizit, dass sie anschaffen geht und verknüpft dies mit dem Konsum von Crack.

„Mm, (2) wenn ich voll auf Droge bin, kümmer' ich mich nur um Drogen, d.h. Beschaffung, (.) Strich, Diebstahl, (.) Handel evtl. auch ab und zu mal."

Gesines Suchtkonstruktion wird hauptsächlich in der Narration zu Crack deutlich. Sobald sie Crack raucht, beginnt ein Kreislauf, in welchem sie nicht mehr selbstbestimmt handelt, obwohl sie keinen körperlichen Suchtdruck verspürt. Gesine ist zwar substituiert, jedoch verhindere Methadon nicht das Verlangen nach Crack.

„Crack ist so'n Scheißzeug, wenn man da den ersten Zug raucht, dann sitzt es im Kopf drinn. Du willst einfach immer mehr. Nach dem ersten Zug, wenn ich jetzt weggehe und einen Zug Crack rauche, (.) weiß ich, dass ich hier wieder zwei drei Tage hängen bleibe. Und alles Mögliche anstelle, nur um an Crack zu kommen. (2) Obwohl ich mein Metha drinn' hab', ich hab' mein Substitut drinn'. Aber das Substitut ist ja nicht für Crack. Das ist für Heroin. (.) Ich hab' also keinen körperlichen Entzug. Aber dieses Crackzeug sitzt im Kopf drinn und wenn ich da jetzt ein Zug von rauche, [mit Nachdruck] dann bleibe ich hier häng' [/]. (2) Und dann gehe ich klaun' und geh' anschaffen und mach' alles Mögliche, nur um wieder an Crack ranzukommen."

Gesine konstruiert sich in allen Problemlagen als schuldig, sei es hinsichtlich ihrer Kindheit, ihres „Versagens" bezüglich behördlicher Sicherheitsdispositive in Form von Verwaltungsakten und administrativen Reglementierungen, ihres Drogenkonsums und der therapeutischen Regulierung. Die Wechselwirkung zwischen ihrer

Identität als Schuldige, der Repräsentation, dass sie die Beschuldigung annimmt, und der Strukturebene, auf der sie die Sanktionen zu spüren bekommt, werden sichtbar.

„Nee, ich bin Schuld. (Hab immer ich Schuld.) [...] Meine Tante hat mir auch immer die Schuld gegeben @.@. Ich weiß, dass das ein Fehler ist, aber (.) aus dem Schema rauszukommen ist schwer, (2) einem die Schuld zu geben. [...] Nein, dass hat es ganz einfach, eh, ich bin ja diejenige, die Scheiße gebaut hat. Also Schuld...hab... ich...schon. Auch wenn es dann, ich hätte die Schuld oder nein sagen wir's mal so, ich hätte den Ausgang anders machen könn', wenn ich eher reagiert hätte. Also Schuld hab ich. [...] Ich bin ja diejenige, die die Drogen konsumiert, die Klauen geht oder die Straftaten macht. (.) Der Rattenschwanz, der hinterher kommt, den könnte ich ändern. (2) Also diese, wat weiß ich, wie das heißt, so, diese Ratenzahlungen oder diese immensen Summen. Die könnte ich ja ändern, indem ich schon beim ersten Brief sagen würde, ich bezahle es auf einmal oder ich mach' Ratenzahlung, würde mich dran halten. Aber da ist dann, ich kümmer' mich soweit drum, ich schlag' die Ratenzahlung vor, ich bezahl' vielleicht auch eine Rate. Im zweiten Monat kommt die Droge dazwischen, [pfeift], und schon ist wieder alles hinüber. [...] Ich mein die Therapie, die ich gemacht hab, die war gut. Die hat mir wirklich geholfen. Den Fehler, der 'n da gemacht wurde, das war meiner. Ich hätte mich einfach mehr um mein Privatleben kümmern müssen, um mein damaligen Freund. (.) Wenn ich, ich, da anders gehandelt hätte, dann wär' ich jetzt vielleicht nicht hier. Dann wär' ich mit Sicherheit nich' hier."

### Die Subjektkonstruktion Härtefall und Allein

Die Subjektkonstruktion entstand induktiv aus dem Material und bezog sich insbesondere auf Gesines Einsamkeit. Sie fühlt sich allein und ihre heutige Situation im Wohnheim gleicht der früheren, als sie noch eine eigene Wohnung hatte, weil sie damals und heute kein soziales Umfeld hat.

„Ich hab' früher 'ne eigene Wohnung gehabt. Das ist zwar schon ein paar Jahre her und da hatte ich das Gleiche wie eigentlich hier jetzt auch. Ich bin dann alleine, ich hab' kein richtiges soziales Umfeld, wo ich hingehn könnte."

Im Wohnheim sind die Leute, mit denen sie sich unterhalten könnte, tagsüber nicht anzutreffen. Zusätzlich wird sie mit psychisch kranken Frauen konfrontiert, von denen sie sich abgrenzt, weil sie das sehr belastet. Die Verknüpfung der Struktur- und Identitätsebene zeigt sich in Gesines Abgrenzung von den psychisch kranken Frauen, von denen sie sich abgrenzen muss, um die Belastung aushalten zu können. Anfänglich schildert Gesine, dass diese Wohnunterkunft es ihr erleichtert, Abstand zur Szene zu halten, es ist zuerst eine unterstützende Struktur. Im weiteren Interviewverlauf bricht diese Darstellung, denn die Situation in der Wohnunterkunft forciert die Einsamkeit, unter der sie leidet, woraus wieder das Verlangen entsteht, auf die Szene zu gehen.

„Aber wenn man den ganzen Tach, in dieser N. in seinem Zimmer sitzt und da sind sehr viele (.) psychisch kranke Frauen drinne', die unterhalten sich selbst und (.) die schreien und die stellen sich vor'n Spiegel, sehn sich und fangen an zu schreien und das mitten in der Nacht und das ist irgendwie schon 'ne Belastung da zu wohnen, ne. Aber, (2) wenn ich dann den ganzen Tag da sitze und meine Zimmerkollegin geht (.) mittags meistens weg zwischen eins und zwei und kommt nachts zwischen eins und zwei wieder und dann bin ich den ganzen Tag alleine und die ganze Nacht alleine und ich habe da vielleicht zwei Personen, mit denen ich rede, und die haben auch nicht immer Zeit, die sind auch nicht immer da. Dann sitze ich da manchmal tagelang, rede mit gar keinem, wenn ich nicht hier her [frauenspezifische Anlaufstelle, K.S.] kommen würde."

Hier wird eine Wechselwirkung zwischen Identitäts- und Strukturebene sichtbar; sie wird in einem Frauenwohnheim untergebracht, das ihr offensichtlich keine Möglichkeit bietet, adäquate zwischenmenschliche Kontakte zu knüpfen und mit diesen in einen regen Austausch zu treten. Gesine bewegt sich in dem Widerspruch, eine eigene Wohnung als Rückzugsort haben zu wollen, aber nicht allein sein zu können.

„[...] ach ich weiß gar nicht wie ich das sagen soll, 'ne Wohnung hätte, wo ich hingehen könnte, aber trotzdem nicht alleine bin. Ich brauch' einen Rückzugspunkt, wo ich alleine bin, aber ich möchte eigentlich gar nicht alleine sein. (.) Hört sich blöde an, ne?"

Sie bezeichnet sich als „Härtefall" in Bezug auf ihre Lebenssituation und unterlegt dies mit der Narration struktureller Gewalt- und Missbrauchserfahrungen in ihrer Kindheit.

„Also angefang hat das irgendwie mit neun Jahrn bei mir ungefähr. Da hab ich angefang zu trinken (3) [atmet ein] eh, noch weiter nach vorne. Ich bin mit zwei Monaten ins Kinderheim gekommen, meine Eltern sich haben scheiden lassen. Meine Mutter war Alkoholikerin, mein Vater (.) auch. (.) Eh, (.) wie viele Geschwister ich genau habe, weiß ich nicht. Ich weiß aber, dass ich mit zwei von mein' Geschwistern in das Heim gekommen bin, am Anfang mit zwei Monaten also. Mit neun Jahren sind wir raus gekommen zu unserer leiblichen Tante (2), eh, die Wochenenden durften wir leider bei unserem Vater verbringen, der hat nämlich angefangen, als ich neun war, mich sexuell anzutatschen. (.) Als ich das meiner Tante versucht hab' zu erzählen oder zu erklären oder (.) halt zu sagen, das ich nich' mehr Wochenende dahin möchte, hat sie mir das nicht geglaubt und hat mich eingesperrt. (.) Dann hab' ich halt angefangen irgendwie zu trinken und meistens halt entweder bevor wir hingekommen sind oder nachdem, das ich halt nicht mehr dran denke, vergesse. Mit elf oder zwölf hat mein Pflegebruder bei meiner Tante auch angefangen (.). Und wieder genau das gleiche Spiel, die hat mir nicht geglaubt. Bla, bla, bla. Da gab's 'ne Zeit, da war ich lieber im Kleiderschrank (2) [Türsummer] eingesperrt wie draußen [Türzuschlagen] und da war ich wenigstens sicher."

Auf die Frage, was sie morgens beim Aufwachen denkt, formuliert sie ihre Lebensängste aufgrund ihrer Gewalterfahrungen.

„Was denk ich, wenn ich morgens aufwache? Heute war 'ne Scheiß-Nacht. @Heute möchte ich nicht denken@ @ @. Das kommt immer, ich weiß nicht. (3) Kennst du das, dass du Angst hast vorm Tag? Und Angst hast vor der Nacht? [beginnt zu weinen, K.S.] Das ist einfach ein Scheiß-Gefühl. Und in letzter Zeit kommen meine Träume, (2) immer wieder mehr (16) [fragt nach einer Zigarette]. Ja, wenn ich dann so 'ne Scheiß-Nacht hinter mir habe, wo wirklich die Träume von meim Vater komm', oder so (24) [zündet die Zigarette an] [seufzt] dann wünsch' ich mir eigentlich nur noch (3) nicht mehr aufzuwachen. (24) [weint] Interviewerin: °Soll ich abbrechen?° Gesine: °Nee°. (3) Und mit den Gefühlen aufzuwachen, ist Scheiß (-situation) (3)."

Die erlebte strukturelle Gewalt sind schwere Traumata, die mit Gesines Selbstkonstruktion „Härtefall" und ihrer Einsamkeit und Isolation verwoben sind. Gesine wird in ihren mutigen Bemühungen ihr Alleinsein aufzulösen immer wieder von der Wirkmächtigkeit und Beständigkeit der Stereotype über DrogenkonsumentInnen enttäuscht.

„Und im nachhinein hab' ich dann festgestellt, dass (.) auch von den Leuten, mit den ich mich dann Telefonnummern ausgetauscht habe und so ne, bei den ich mich getraut habe zu sagen: hört zu, eh, ich hab'n Drogenproblem oder ich hab'n Alkoholproblem. Hab' ich schon festgestellt, dass die meisten zurückgegangen sind, das war bei denen (.), die haben nein gesagt, mit dem will ich nichts zu tun haben, damit hat sich das."

## 6.1.2 Subjektkonstruktionen von Anna Z.

### Profil und Feldnotizen

Anna ist 33 Jahre alt und im Heim aufgewachsen. Sie hat einen Sohn, der zum Zeitpunkt des Interviews 10 Jahre alt ist und im Heim lebt. Anna konsumiert seit 17 Jahren Drogen und ist davon 10 Jahre auf der Szene. Die negativen Veränderungen (zunehmende Repression und Entsolidarisierung unter den Kolleginnen) stellt sie seit zwei Jahren fest. Anna wollte sehr viel über das Forschungsprojekt wissen und auch darüber, was die Mitarbeiterinnen der frauenspezifischen Anlaufstelle gegen die Repressionen tun würden. Anna wirkte auf mich zum einen desillusioniert, zum anderen hatte sie aber klare Vorstellungen von Recht und Unrecht. Sie denkt sehr viel über ihre Rechtlosigkeit und Entwürdigung nach. Anna war während des Interviews sehr offen und äußerte am Ende noch mal klar die Hoffnung, dass das Material helfen würde, die Situation der Frauen zu verbessern. Anna bezieht monatlich Arbeitslosengeld II in Höhe von 250,- Euro. Ich habe für Anna vier zentrale Subjektkonstruktionen herausgearbeitet:

1. Widersetzung: Widersetzung als Kampf gegen Fremdbestimmung,
2. Drogenkonsum: Drogenkonsumierende traut sich nichts anderes zu,
3. Sexarbeit: Anschaffen ist Job keine Arbeit,
4. Induktive Setzung: Angst erkannt zu werden.

### *Die Subjektkonstruktion Widersetzung als Kampf gegen Fremdbestimmung*

Die Subjektkonstruktion zeigt, wie Anna von der Exekutive[3] behindert wird, wenn sie die frauenspezifische Einrichtung besuchen will. Sie vermutet, dass ihr der Weg erschwert wird, weil sie als Konsumentin bekannt ist.

„Ja, also wie gesagt, wenn ich von Zuhause hier her komme, direkt Schwerpunkt [frauenspezifische Anlaufstelle, K.S.], gar nicht mal zum Arbeiten oder so, die Polizei fährt hier hoch, sieht mich, kennt mich noch aus früheren Zeiten und hält - aus - also es gibt keinen Grund um anzuhalten, um mir 'n PV also zu geben. [...] Und ich lasse mir dann halt die Karten geben oder versuche, eine Begründung mir zu geben von der Polizei. Und das können sie nicht und sie machen es nicht und sie müssen auch nicht machen, das zu begründen, nur weil ich hier lang gehe und es ist nun einmal hier eine Fraueneinrichtung und wenn ich hierher möchte, dann möchte ich das eigentlich auch, ja ohne Bedenken, den Weg hier gehen zu müssen oder jetzt überlegen, scheiße, da habe ich jetzt den Schaco gesehen, da gehe ich jetzt lieber so rum."

Anna widersetzt sich diesen ungerechtfertigten Sanktionen, indem sie eine Begründung von der Polizei verlangt. Sie grenzt sich von VerbrecherInnen ab und wehrt sich, wie eine Verbrecherin behandelt zu werden.

„Ja ... da sage ich mal eine Situation hier oben, da sind die also, wären da so, also solide Leute dran vorbeigegangen, so wie die angehalten haben, die hätten bestimmt gedacht, ich wäre eine Schwerverbrecherin gewesen und da habe ich mich richtig mit dieser Polizistin angelegt. Und ich wollte einfach nur eine Begründung haben, weil ich nichts getan habe und ich habe mich echt so gefühlt so, aha, die kennen wir noch von früher noch so, die halten wir mal an und drücken der mal einen rein."

Anna konstruiert sich als Person, die aufgrund ihrer Wohnung über einen besseren Status verfügt.

„Weil das ist ganz oft so, also die machen im Moment hier so richtig Druck: Und ich finde aber, wenn es das [frauenspezifische Anlaufstelle, K.S.] hier nicht geben würde, dann würde es einigen Frauen hier wirklich wesentlich schlechter gehen. Ich meine, ich habe nun meine Wohnung, Gott sei Dank, aber wenn ich sie nicht hätte und ich hatte eine ganze Zeit lang keine und da muss ich echt sagen, da war ich dem [frauenspezifische Anlaufstelle, K.S.] hier ganz schön dankbar."

Obwohl Anna eine Wohnung hat, nutzt sie die Kontakt- und Anlaufstelle. Sie meint zwar, dass es anderen Frauen ohne diese Unterstützung schlechter gehen würde, jedoch nimmt sie die Unterstützung für sich, als Wohnungsinhaberin, auch in Anspruch. Deutlich wird die Wechselwirkung zwischen der vorhandenen Hilfestruktur, Frauen die sich in ähnlichen Situationen befinden und ihrem persönlichen Wohlbefinden.

---

3   Damit meine ich in dieser Arbeit die Kriminalpolizei.

„Ja, also wenn es dann gar nicht mehr geht, dann komme ich auch hier her und das ist dann einfach nur, ich meine, die meisten Mitarbeiter, die kennen mich auch schon und die sehen dann, wenn es echt ganz schlimm ist und sagen, komm mal her, was ist los. Aber das ist dann einfach nur, dass ich mich hinsetze und mich einfach irgendwie abzulenken oder einfach auch mal zu hören, dass es anderen genau so schlecht geht oder vielleicht auch noch schlechter. Ja, das ist so das, was ich dann mache. Ich kann mir auch ganz schwer Hilfe holen."

Anna beschreibt die frauenspezifische Einrichtung als notwendige Form der Disziplinierung der Szene und äußert ihr Unverständnis darüber, dass diskutiert wird, die Einrichtung zu schließen. Sie betont die Notwendigkeit dieser Anlaufstelle, kritisiert die Pläne, die Einrichtung zu verlagern, und reflektiert Vertreibungspolitik mit fachlichen Argumenten.

„Ja, das ist schon, wäre schade, wenn es das nicht geben würde, auf jeden Fall. Und ich verstehe auch nicht, warum, warum die das hier weghaben möchten. Weil sonst würde das ja alles verstreut werden, die ganzen Frauen, es würde hier nicht aufhören mit der Prostitution, es würde viel schlimmer sein mit dem Konsum, es würde dann wieder in den Hauseingängen sein, und und und. Und das versuchen die auf Biegen und Brechen kaputt zu machen. Ich weiß nicht warum."

Anna grenzt sich von der staatlichen Intervention „Therapie statt Strafe" gemäß §35 BtMG ab und wehrt sich gegen therapeutische Zwangsinterventionen. Bewusst mit zu entscheiden, ist für Anna ein wichtiges Moment im Alltag, das sie sich nicht nehmen lässt.

„Ich habe mal auf 35-er [bedeutet § 35 BtMG Therapie statt Strafe, siehe 6.2.10, K.S.] versucht, eine zu machen aber nach drei Monaten als es dann so wirklich an das Eingemachte ging, habe ich total abgeblockt und bin dann ausgebrochen. Also es war dann wieder so ein Weglaufen vor mir selber. Aber ich versuche jetzt, ja, eine Therapie freiwillig zu machen. Ich glaube, das ist auch noch ein Unterschied, ob Knast dahinter ist oder nicht. Ja, mal gucken, ob das klappt. Da habe ich mit [einer Mitarbeiterin] gesprochen und die hat halt so in Form wie du hier so einen Verein und das soll ganz gut sein. Und da will ich mal gucken, ob ich das da irgendwie schaffe."

Anna hat eine klare Vorstellung von Unterstützung, sie will sich keinesfalls Dinge vorschreiben lassen, was sie auf ihre Erfahrungen in öffentlicher Erziehung zurückführt. Ihr ist es wichtig selbst zu bestimmen, und darin will sie unterstützt werden, aber sie widersetzt sich jeglicher Form der Bevormundung und Kontrolle. Die frauenspezifische Einrichtung beschreibt sie als unterstützende Struktur bei der Umsetzung ihrer Vorhaben.

„Ja, ja, weil ich, ich muss dazu sagen, ich bin im Heim groß geworden und diese ganzen, ja das war auch alles immer nur ein Vorschreiben, du musst dies machen, du musst das machen. Und da, das sind dann halt Punkte wo ich dann irgendwann, das mache ich eine zeitlang mit aber denn breche ich aus. Aber wenn ich halt in meinem Vorhaben, was ich selber bestimme, da unterstützt werde, das ist das, was ich brauche."

Selbstbestimmung ist auch eine wichtige Selbsttechnologie für sie innerhalb der Sexarbeit. Sie fordert ganz klar Geld und lässt sich auf *Sex for Drugs Exchange* nicht ein. Sie will selbst bestimmen, was sie mit dem Lohn für ihre Arbeit macht.

„Nee, also das lehne ich total ab und das wird auch immer vorher, also vorher geklärt und ich nehme auch immer im Voraus das Geld, weil dieses ja, machen wir hinterher. Da lasse ich mich gar nicht drauf ein. Weil, dafür habe ich schon zu viel gehört und mit Drogen bezahlen, ich habe auch schon oft zu hören gekriegt, ja du kaufst dir doch hinterher sowieso deinen Stein. Aber das ist für mich immer noch etwas anderes, weil ich bestimme dann, was ich mit dem Geld mache. Und ja, auch wenn ich mir dann den Stein dafür kaufe aber ich lasse mich damit nicht bezahlen. Und das finde ich immer noch einen riesen Unterschied."

Die Einhaltung dieses Standards gibt ihr das Gefühl ein handlungsfähiges Subjekt zu sein und die Situation kontrollieren zu können, sie verfügt damit über ein Stück Macht.

### Die Subjektkonstruktion Drogenkonsumierende traut sich nichts anderes zu

Anna befindet sich aktuell in der Substitution, gibt aber an, in erheblichen Mengen Crack zu konsumieren (Steingebrauch). Sie begründet ihren Beikonsum mit der „Suche nach dem Kick". Allerdings ist ihr bewusst, dass sie diesen nie mehr erreichen wird.

„Ja, das ist bei mir, also ich werde eigentlich substituiert, habe aber Beikonsum, extrem diesen Steingebrauch. [...] ich bin 17 Jahre jetzt irgendwie drogenabhängig und die Substitution allein bringt mir nicht das. Ja, mir fehlt eigentlich irgendwo immer noch der Kick, den man eigentlich gar nicht mehr kriegt, das weiß ich wohl aber, man läuft ja doch immer hinterher."

Der Drogenkonsum dient Anna als Hilfsmittel, sich vor einer Arbeitsstruktur zu schützen, mit der sie nicht klar kommt. Anna benennt sehr deutlich die Verschränkung von Drogenkonsum und Sexarbeit, in der das eine das andere bedingt.

„Es ist eher so ein Schutz. Eher so ein Weglaufen. Ja, wie soll man das beschreiben? Um nichts mehr zu fühlen. So! Ja, als Betäubung halt. Ja! [...] Ja, weil ich halt mit der Prostitution nicht klar komme. Und dadurch, da habe ich die Drogen kennen gelernt. Ja, und ich habe gemerkt, dass ich dadurch besser arbeiten kann, bzw. hinterher nicht drüber nachdenke, es besser verdrängen kann und dadurch ist der Konsum halt immer stärker und immer mehr geworden. Also ja, ein Kreislauf. [...] Also es ist wirklich so ein Hin- und Herspielen. Also ohne Arbeit würde ich, würde ich keine Drogen ..., na ja jetzt, nach so vielen Jahren ist es schwierig, weil das, was alles passiert ist, auch zu verarbeiten."

Anna hat Angst vor Neuem, es fehlt ihr an Selbstvertrauen, sich auf Aktivitäten außerhalb der Szene einzulassen, zumal ihr soziales Netzwerk nur über den Konsum von Drogen funktioniert.

„Aber ich habe gerade drüber nachgedacht, ich war mal eine kurze Zeit clean und brauchte keine Drogen und bin trotzdem dann irgendwann hierher gekommen. Das ist aber weil man, ich kenne hier in Hamburg nur Leute, die was mit Drogen zu tun haben. Mein ganzes Umfeld dreht sich nur um Drogen, um Prostitution und es ist die Angst vor etwas Neuem. Man traut sich selber nichts neues, nichts anderes zu."

Anna weiß genau, dass zuhause niemand wartet und auch niemand kommen wird. Auf der Szene hingegen ist sie bekannt, begehrt und verfügt über Selbsttechniken, die strukturell innerhalb des informellen Drogen- und Sexmarktes und repräsentativ als Norm akzeptiert sind.

„Genau, ja und das war dann so der Punkt, warum ich dann wieder hier her gekommen bin. Also nur um mal zu gucken. Alte Bekannte wieder zu sehen ja. und dann ist man ganz schnell wieder da drin. Dann sieht man mal wieder einen Stammfreier einen alten oder wie auch immer. ok, einen kann man ja mitnehmen, dann trifft man irgendeinen Dealer, den man auch noch kennt und dann geht das wieder von vorne los. Also von daher weiß ich nicht, also der Wille ist wohl da, dass man nicht mehr hierher möchte aber ob das so umsetzbar ist, weiß ich nicht. [...] das ist auch noch so ein Grund warum ich Drogen nehme, weil ich habe halt meine Wohnung, aber meine Familie ist nicht mehr, mein Bruder ist vor zwei Jahren gestorben. Mein Vater ist schon lange tot, mit meiner Mutter habe ich keinen Kontakt, meinen Sohn haben sie mir weggenommen und ich habe hier in Hamburg familienmäßig und ja wenn ich, ja habe ich eigentlich nicht, gar nicht."

Anna empfindet sich selbst und die Leute, die Drogen konsumieren, als extrem unzuverlässig. So legitimiert sie die eigene Unzuverlässigkeit.

„Aber sonst habe ich nichts. Weil ich auch keine Bekannten habe, die mit Drogen zu tun haben und die Leute, die mit Drogen zu tun haben, die sind nicht zuverlässig und das sehe ich an mir selber auch. Ich bin dann auch nicht zuverlässig und da kann man auch nichts planen und nichts machen irgendwie."

Also scheint es gerechtfertigt zu sein, dass alles so bleibt. Deutlich wird eine intensive Wechselwirkung zwischen der identitären und repräsentativen Ebene: Es erfolgt eine Abgrenzung von den „Unzuverlässigen", die in Zusammenhang steht mit dem Stereotyp, dass DrogenkonsumentInnen unzuverlässig und undiszipliniert sind. Die Anrufung nimmt sie selbst an.

### Die Subjektkonstruktion Anschaffen ist Job keine Arbeit
Anna schafft an, um ihren Lebensunterhalt zu verdienen und nicht nur um Drogen zu kaufen. Sie ist dazu gezwungen, weil das Arbeitslosengeld II in ihrer aktuellen Lebenssituation nicht ausreicht, um die Kosten zu decken.

„Ja und deswegen halt die Prostitution. Nicht nur wegen den Drogen auch zum Leben. Ich meine Hartz IV, das kommt auch noch hinzu, ist ja auch recht wenig und durch meine Wohnung habe ich 250,- Euro im Monat zum Leben und damit kann man nicht, also komme ich nicht zurecht. Und das ist halt der Punkt, warum ich gezwungen bin, immer wieder, jeden Tag hier oder fast jeden Tag hierher zu kommen, um zu arbeiten. Das ist ein blöder Kreislauf."

Anna unterscheidet zwischen Job und Arbeit,[4] was erst in der folgenden Quotation deutlich wird. Sie bezeichnet Sexarbeit als einen harten Job, weil die Freier versuchen, den Frauen das Selbstwertgefühl zu nehmen, indem sie sie als „billige Junkiehuren" anrufen. Das verdeutlicht die Wechselwirkung zwischen der Repräsentations- und der Identitätsebene. Gegen den Diskurs „billige Junkiehure" versucht sich Anna zur Wehr zu setzen, indem sie die Freier als Ausnutzende und Preisdrücker markiert und einen Gegendiskurs aufmacht. Sie benennt die Strategie der Freier, den Frauen das Selbstwertgefühl zu nehmen, um die Preise zu drücken. Es besteht eine Wechselwirkung zwischen der Repräsentationsebene und dem strukturellen Machtungleichgewicht zwischen Männern und Frauen auf der Szene. Die Diskurse werden durch die bestehende Herrschaftsstruktur legitimiert, und umgekehrt sichern die Diskurse die Macht der Freier. Anna wehrt sich gegen das strukturelle Machtungleichgewicht und die Abwertung.

„Schwer zu sagen. Ja, doch im Grund schon ja, glaube schon, ja. Ja, gerne mache ich das nicht, klar. Aber als Arbeit direkt kannst du das auch nicht ansehen. Ja, doch Job genau. Ein harter Job. Weil gerade hier auf St. Georg, muss ich sagen, ist es, weil die Freier halt wissen, das sind halt Prostituierte, die halt Drogen nehmen, und das nutzen die aus oder versuchen, das auszunutzen, indem sie die Preise drücken, indem sie versuchen, einem das Selbstwertgefühl auch zu nehmen und einem das auch sagen so, du bist halt nur ein Junkie und so, was willst du und was verlangst du eigentlich. Und das ist noch zusätzlich, finde ich, ziemlich heftig. Das habe ich woanders nicht so erlebt. Ich habe ja privat gearbeitet früher und auch ja so in Clubs, und da war das eigentlich nicht so."

Aufgrund ihrer Arbeitserfahrungen unterstützt Anna den Diskurs der gewissenlosen Freier und distanziert sich als *safer*-Arbeitende von deren Forderungen. Allerdings hat sie auch Angst vor HIV, und sie formuliert deutlich, dass es für sie ein Arbeitsstandard ist, *safer* zu arbeiten. Das verweist auf eine Selbsttechnik professionellen Arbeitens und ein damit verknüpftes Berufsethos. Das steht im Widerspruch zu Annas Unterscheidung zwischen Job und Arbeit, also dass sie ihre Arbeit nicht also solche sieht.

„Das ist hier selbstverständlich geworden, dass ohne Kondom gearbeitet wird. Oder für die Freier, will ich mal so sagen, für die Freier ist es selbstverständlich, weil ich erlebe das ganz oft wenn ich mit denen nach oben gehe und die dann sagen, wie? Mit Kondom?, dass ich denke, so hä, das kann doch nicht sein. [...] Also das ist schon so, ich konnte echt ein gewisses Klientel, denen ist es schon völlig egal, ob eine Frau krank ist oder nicht und ja keine Ahnung. Ich meine, ich arbeite mit Kondom, weil ich einfach, diese Hepatitis C, das reicht mir schon. [...] also doch, ich habe schon meine Prinzipien für mich, das ist halt ohne Kondom nicht, Analverkehr nicht und halt was mir zu nahe kommt, das kann ich aber in dem Moment erst entscheiden. Das ist, ja, das kann man schwer beschreiben. Also es gibt Stammgäste, die lasse ich näher an mich

---

4    Anna grenzt die Prostitution von Arbeit ab, obwohl sie sagt, dass sie arbeitet. Ich vermute, es geht ihr darum zu betonen, dass Prostitution ein viel härterer Job als normale Erwerbsarbeit ist, was ja in den einzelnen Narrationen auch deutlich wird. Vor einem anderen Hintergrund vollzieht Tracy (siehe 6.1.7) diese Trennung ebenfalls.

heran als vielleicht irgendein Gast, der mir nur einmal über den Weg läuft. Also da kann ich sagen, habe ich nicht so Prinzipen, das kommt dann immer darauf an. Aber doch, an das Prinzip, ohne Kondom daran halte ich mich."

Anna berichtet davon, dass die Frauen selbstverständlich mit den Preisen runtergehen, wenn es ihnen schlecht geht, und dabei bezieht sie sich explizit mit ein. Ihr kann keine erzählen, „dass sie dann sagt, ich bleibe dabei." Hier wird die Struktur der Machtasymmetrie zwischen den Frauen und den Männern in ihrer Wirkung auf den schwächeren Subjektstatus der Sexarbeiterinnen deutlich. Anna scheint unterworfen zu sein, aber sie versucht sich im Rahmen ihrer Möglichkeiten zu schützen. Sie sieht sich als ehrlich Anschaffende und grenzt sich von den Prostituierten ab, die Schauspielerinnen sind, und verweist gleichzeitig auf den Diskurs, dass Sexarbeiterinnen unehrlich sind. Simultan dazu lehnt sie eine Identifikation mit dem Job komplett ab, da sie die Kunden verachtet,

„weil halt eine Prostituierte immer noch dieses, dieses schauspielerische drauf, dieses vorspielen den Freiern gegenüber und das kann ich nicht. Also ich bin, ich bin wirklich ich oft auch oft. Ich bin teilweise viel zu ehrlich und das ist eine Prostituierte nicht. [...] Nee, ich will da also weg von [der Prostitution, K.S.]. Und so ist das ein Punkt, wo ich immer wieder sehe, das ist nix für mich. Ich, wo ich echt schon, na ja teilweise, so einen Hals krieg, wenn ich nur einen Freier sehe. Ja (8) und ich will das auch gar nicht. Nicht länger."

Im Verlaufe ihres bisherigen Arbeitslebens stellt Anna eine zunehmende Konkurrenz unter den Frauen fest. Sie verweist damit auf die Diskursebene, auf der Crack als Grund für die Entsolidarisierung (Vereinzelung) in der Szene verhandelt wird.

„Ich bin jetzt 10 Jahre hier und also sagen wir mal so, die letzten zwei Jahre ist das so schlimm geworden seit dem das extrem mit dem Crack ist, ist erstmal der Konkurrenzkampf extrem hoch, dann die Hilfsbereitschaft untereinander ist nicht mehr da wie früher und dann natürlich auch mit den ausländischen Frauen hier, das ist auch ein ganz großer Kampf. Ja also Solidarität ist hier in meinen Augen also ganz, ganz klein geschrieben."

Anna definiert sich im Gegensatz zu den bulgarischen Frauen als rechtlos und fühlt sich schikaniert. Sie konstruiert sich als „Drogenprostituierte" in Abgrenzung zu den Bulgarinnen. Das verweist auf eine strukturelle Prekaritätskonkurrenz, aber auch auf den aktuellen hegemonialen und rassistischen Diskurs im Stadtteil gegen bulgarische, polnische, rumänische, osteuropäische, oder ausländische Sexarbeiterinnen, eben die Anderen.

„Ja, und das ist das, was ich meine mit den Ausländerinnen da oben. Das sind diese Bulgarinnen. Aber dann sollen sie das bitte da oben machen. Die wissen, wo die stehen und die wissen, dass hier unten wirklich, ja halt die Frauen stehen, die sich ihre Drogen finanzieren. Die wissen, wo die stehen und die wissen, dass hier unten wirklich, ja halt die Frauen stehen, die sich ihre Drogen finanzieren. Und die, also für mich ist das reine Schikane. Es kommt immer darauf an, welcher Polizist das ist."

### Die Subjektkonstruktion Angst erkannt zu werden

Anna versucht während ihrer Arbeit nicht von der Polizei erkannt zu werden. Diese Strategie gegen die Verfolgung durch die Exekutive führt zu einer Entsolidarisierung unter den Frauen, da sie deshalb öffentlich untereinander keinen Kontakt aufnehmen können.

„Und ich mache das echt schon so, dass ich mich von den Frauen distanziere, was auch nicht gut ist, wie gesagt in Zusammenarbeit dann hier aber auch um mich selber zu schützen, bringt aber auch gar nichts."

Sie bezeichnet die Frauen, sich eingeschlossen, als abgestumpft und deshalb zur Solidarität nicht fähig. „Jede denkt nur an sich und das ist ganz schlimm geworden." Sie stellt keinen strukturellen Zusammenhang her, obwohl sie vorher berichtet, dass sie aus Schutz vor Polizeikontrollen Abstand zu ihren Kolleginnen hält.

Die Angst erkannt zu werden, hat Anna auch, als sie sich kurzzeitig in einer Arbeitsmaßnahme befindet. Um die Arbeit nicht zu verlieren, kann sie es sich nicht leisten, im Verkauf zu arbeiten und dann erkannt zu werden, weil der Arbeitsort unglücklicherweise ein zentraler Punkt ist, an welchem sich auch SzenekollegInnen, Kunden oder andere KonsumentInnen aufhalten.

„Also ich habe jetzt vor zwei Jahren habe ich eine kurze Unterbrechung hier gehabt und dann war ich in einer Zeitarbeitsfirma. Nur mein Pech war, dass sie mich in der [Arbeitseinsatzort, K.S.] eingesetzt haben und das war SCHEISSE auf gut deutsch gesagt, weil da laufen echt ja nur Bekannte, da habe ich da in der Bäckerei gearbeitet und die durften das halt nicht wissen und das war echt so ein Aufpassen, dass mich da keiner sieht hier von der Szene, denn dann alles richtig machen, es war einfach ein kurzes arbeiten und es war auch ein schönes arbeiten. Und es war auch ein schönes Leben, weil ich habe den ganzen Tag zu tun gehabt, bin abends nach Hause gekommen, war geschafft und habe auch keinen Moment hier, so an das Arbeiten und an Drogen gedacht, das war echt klasse so. Aber es war halt der falsche Einsatzort und das war im Endeffekt zu anstrengend. Also ich habe echt Angst davor gehabt, dass irgendwann mal mich jemand grüßt oder so, wo mein Chef vielleicht sagt, wo kennst du den denn her oder irgendwie so was."

Anna beschreibt das Stigma der Drogenkonsumentin und dessen körperliche Einschreibung sowie die damit verbundene Angst erkannt zu werden.

„Die was mit Drogen zu tun haben. Und die, die nichts mit Drogen zu tun haben, da ist dann wieder der Punkt, da in die Kreise reinzukommen. Wenn man auch immer denkt, die sehen das bei mir auf der Stirn geschrieben, was ich getan habe oder gemacht habe oder wie auch immer. Oder man hat Angst, das zu sagen."

### 6.1.3 Subjektkonstruktionen von Margalit V.

### Profil und Feldnotizen

Margalit ist 30 Jahre alt. Sie hat eine Tochter, die zum Zeitpunkt des Interviews 7 Jahre alt ist. Am Anfang betonte sie mehrmals, nicht mehr leben zu wollen. Mein Eindruck war, dass es ihr körperlich und geistig sehr schlecht geht. Sie wirkte traurig und desillusioniert, was sich in den einzelnen Erzählpassagen veränderte, sodass ich sie auch als sehr wütend und stark wahrnahm. Margalit war gleich zu Beginn des Interviews offen. Während des Interviews hatte ich den Eindruck, dass ihr beim Erzählen über ihren Alltag und ihre Erfahrungen die Heftigkeit und Gewalt der Diskriminierungen bewusst wurde, was sie ziemlich wütend machte. Diese Emotion kippte aber relativ schnell in Resignation um. Margalit ist obdachlos und betonte mehrfach die Diskriminierung und Ungerechtigkeit, mit der sie behandelt wird. Sie fühlt sich hilflos. Ich gehe davon aus, dass Margalit einen Migrationshintergrund hat, was sie aber selbst nicht erwähnte. Sie war sehr interessiert an dem Forschungsprojekt und hofft, dass es sich positiv auf das Leben in der Szene auswirkt. Das Interview enthält sehr viele narrative Sequenzen.

Ich habe für Margalit fünf zentrale Subjektkonstruktionen herausgearbeitet:

1. Widersetzung: Widersetzung verbal als Wegweisung, Kritik und Forderung
2. Drogenkonsum: Drogenkonsumentin zwischen Anpassung und Legalisierungsforderungen
3. Sexarbeit: Leben ist Anschaffen
4. Induktive Setzung: Überlebenskämpferin
5. Induktive Setzung: Ungerecht Diskriminierte

### Die Subjektkonstruktion Widersetzung verbal als Wegweisung, Kritik und Forderung

Margalit widersetzt sich hauptsächlich verbal in Form von Wut, Enttäuschung und Verzweiflung darüber, nicht gehört zu werden. Sie definiert sich als Mensch ohne festen Wohnsitz und bewertet deshalb die szenenahen Hilfeprojekte positiv und reflektiert deren Notwendigkeit, z.B. um dort konsumieren zu können. Diese Selbsttechnik verweist auf die Norm, dass öffentlicher Konsum nicht zulässig ist und stellt eine Anpassungsleistung dar. Strukturell bietet die szenenahe Anlaufstelle für Frauen wie Margalit die Möglichkeit ihre Zeit in Gesellschaft zu verbringen. Die Hilfestruktur reagiert auf die Diskurse über DrogenkonsumentInnen und verwaltet diese im Stadtteil.

„Also ich habe keine Wohnung, ich habe keine Eltern, ich bin ganz allein. Deswegen sind so Einrichtungen ganz gut, dass man halt hier rein kann. Und dass man auch nicht auf der Straße konsumieren muss zum Beispiel."

Margalit wird durch Kontrollen und Platzverweise darin behindert, die szenenahe Anlaufstelle für Frauen zu nutzen. Sie findet es unmenschlich, wie mit ihr, respektive der Gruppe von „Drogenprostituierten" umgegangen wird. Verbal wehrt sie sich dagegen mit der Formulierung, dass die Polizei unmenschlich sei, womit sie einem Gegendiskurs eröffnet.

„Und die Polizei nervt natürlich auch noch mit ihrer ganzen scheiß Kontrolle. [...] Und im Moment ist es ja auch so, dass du ja selbst wenn du hier rein willst auch kontrolliert wirst schon. Also selbst wenn du hier hin willst, wirst du schon mit Platzverweis. Obwohl man sagt, man will hier her. Das interessiert die aber gar nicht. Also ich finde es einfach unmenschlich."

Margalit erzählt von einem Zivilpolizisten, der ihre sexuelle Dienstleistung in Anspruch nahm und diese nicht bezahlte. Sie hat keine Chance dagegen vorzugehen und bekommt kein Recht. Sie fühlt sich macht- und hilflos und ist deshalb verletzt. Margalit eröffnet den Diskurs, dass die Exekutive unlautere Mittel anwendet, um die „Drogenprostituierten" zu verfolgen (in dieser Passage verbalisiert sie das implizit). Den unlauteren Ermittlungstechniken ist Margalit machtlos ausgeliefert, und sie verweist auf die Herrschaftsstrukturen zwischen Männern (Polizei) und Frauen innerhalb der informellen Sex- und Drogenökonomie.

„Ich habe sogar mal einen gehabt, der ist mit mir aufs Zimmer, hat sich sogar einen blasen lassen und danach hat er die Marke [Dienstausweis, K.S.] gezeigt, hat mir das Geld abgenommen und war von der Polizei. Da stand ich aber dumm da. Nur Aussage gegen Aussage hat er natürlich abgestritten, hat gesagt, nee er wäre nur mit mir ins Hotel, damit er mich auffliegen lassen kann, hat sich erst einen blasen lassen und das Geld wieder weggenommen. Und dann hat er erst die Marke, also echt, das zum Zeigen gegeben und da habe ich auch gedacht, echt das kann doch nicht angehen. Und da stand ich da, hat er sich umsonst einen blasen lassen. Ja, das ist schon hart und mit so was kommen die auch noch durch und ich weiß nicht wieso. Also normalerweise finde ich das eine Schweinerei, dass die das überhaupt dürfen aber dagegen kannst du nichts machen und das ist das Doofe, das, was wir sagen, interessiert die sowieso nicht. Leider, das nervt und das tut auf jeden Fall auch weh."

Margalit thematisiert, dass sie keine Privatsphäre hat und einer ständigen Überwachung durch Kameras und Zivilpolizisten ausgesetzt ist. Auch hier beschreibt sie wieder eine Situation, in der die Polizei ihre Dienstleistung scheinbar nachfragt, indem sich Zivilpolizisten wie Freier verhalten, um ihr danach eine Straftat nachzuweisen und sie Bußgeld zahlen zu lassen. Margalit muss dann umso mehr arbeiten, da sie keine andere Möglichkeit hat das Bußgeld zu verdienen.

„Genauso hier mit den Kameras, das ist auch krass, du hast ja gar keine Privatsphäre mehr oder laufen hinter her, das finde ich schon frech, dass die sich zum Beispiel ansprechen lassen als Zivil, also provozieren sie es doch, dann fördern sie es ja auch in dem Moment aber das dürfen sie wiederum und das finde ich unfair. Wenn die sich ansprechen lassen oder an, dann heißt es ja für mich, oder anlächeln und wenn ich dann hingehe, dann heißt es ja, Polizei, Ausweis bitte, das ist eine Straftat. Kriegst du gleich eine Anzeige und wovon sollst du die bezahlen? Das kannst du doch gar nicht und das finde ich unfair, dann sollen sie uns irgendwie eine Möglichkeit, dass man irgendwas machen kann, ohne dass man einen Abschluss oder so haben muss. [...] Ich habe jetzt 200,- Euro bezahlen dürfen nur weil ich jemanden nach einer Zigarette gefragt habe. Ich habe den nach einer Zigarette gefragt und die Polizei meinte, ich habe ihn nach auf dem Zimmer gehen gefragt. Und das war nicht so. Ich habe ihn wirklich nur nach einer Kippe gefragt und mehr war da gar nicht. Na und dafür haben sie mich dann aufgeschrieben. Und dann durfte ich 200,- Euro bezahlen. Nur, wenn du das Geld nicht hast, dann musst du doch anschaffen. Was soll ich denn sonst machen."

Margalit braucht die Drogen, um ihre Situation zu erleichtern. Sie versteht nicht, warum diese nicht legalisiert werden. Margalits Unverständnis über die deutsche Drogenpolitik äußert sich auch in der Ablehnung der repressiven Exekutive. Sie unterstützt den Diskurs, dass die Exekutive intolerant und hart ist. Margalit wehrt sich gegen die restriktive Drogenpolitik und gegen die Sanktionen, indem sie diese verbalisiert und die Gesetzgebung ignoriert.

„Mit den Drogen ist es nur leichter, fällt es einem leichter. Ich weiß nicht, warum sie es nicht legalisieren, es gab doch mal so ein Projekt, weiß ich nicht, da gab es doch auch so wenig Plätze aber da habe ich mal gefragt und da ging das irgendwie auch nicht, wenn du nicht versichert bist zum Beispiel und das finde ich scheiße. Dass die das nicht irgendwie legalisieren so wie in Holland mit dem Gras, da geht das doch auch und hier nicht und das verstehe ich nicht. Und ich meine, mein Gott, die nehmen dich ja schon mit für so einen Krümel in der Hand, das ist doch ein Witz. Ich meine, was ist ein Krümel, das tut denen doch nicht weh, wenn sie einfach mal weggucken und sagen, gut das ist nur ein kleiner Zug, den die hat, lass mal gut sein, haben wir übersehen und fertig. Dafür nehmen sie dich dann bis 9.00 Uhr morgens mit, die beschlagnahmen dein Geld und alles."

Sie unterstützt verbal die Drogenlegalisierung und kämpft gegen die Restriktionen und Sanktionen. Sie reflektiert, dass es dann weniger Tote, weniger Dealer und weniger Probleme für die Gruppe der „Drogenprostituierten" gäbe. Ihre Argumente sind fundiert, aber da sie betroffen ist, muss sie sich den Herrschaftsverhältnissen unterwerfen und strategische individuelle Lösungen finden.

„Oder wenn sie irgendwo legal die Drogen verkaufen, wenn wie so in Holland, dann würde es auch kontrolliert sein und ich glaube, es würde auch weniger Tote dann auch geben. Und es würde dann auch keine Dealer geben. Desto weniger Probleme hätten wir. Aber stattdessen machen sie alles wieder kaputt und sagen, das weg, das weg, das weg."

Margalit kritisiert das Problem der schlechten Drogenqualität und deren absolut überhöhte Preise, dieser Struktur ist sie unterworfen.

„Das ist ein Witz, was die da mengen, da kriegst, da kriegst du eine Krise, das sind zwei Krümel und da zahlst du schon 20,- Euro/30,- Euro für. Also das ist eine Frechheit. Das ist das Schlimme daran."

Ihre Wut richtet sich zuallererst gegen die PolitikerInnen, dann aber auch gegen die ganze Gesellschaft. Wenn Margalit beschreibt, wie entwürdigend es für sie ist, in einem Hauseingang übernachten zu müssen, formuliert sie das auch in Kritik an der Gesellschaft. Die Beschimpfung durch AnwohnerInnen verweist auf den Mainstreamdiskurs „Junkies liegen in Hauseingängen". Margalit nimmt die Anrufung an, aber sie verdeutlicht auch die Notwendigkeit dieser Handlung. Margalit verweist damit auf die Zumutung keinen festen Wohnsitz zu haben und auf der Straße leben zu müssen und klagt diese Struktur an.

„Ja, oft, einfach Wut auf die ganze Gesellschaft, auf alles, dass das auch keiner sieht, jeder will weggucken und die wollen uns nur weghaben, oder die fragen sich doch auch nicht, wo sollen wir denn hin. Ist doch logisch, wenn man keine Möglichkeit hat und wenn man nicht weiß, wo man schlafen soll, dass die Leute sich in ihre Hauseingänge legen, ich meine ja, schön ist das bestimmt nicht, sich auf einen dreckigen Boden zu legen, da kann ich mir auch etwas Besseres vorstellen. Aber dann meckern sie dann auch noch."

Margalits Wut richtet sich

„[...] gegen die Politiker. Schon weil die einfach nichts tun. Und dann die ganze Gesellschaft. Alle wollen sie, dass wir irgendwie, es ist als wenn sie einfach uns nicht kennen und uns unter den Teppich kehren [...]".

Diese Aussage spitzt sie noch zu, indem sie beklagt, dass nur die Frauen sanktioniert werden. Sie verweist auf den Teufelskreis, dass sie die Bußgelder aufgrund des Verstoßes gegen die SpGVo nur bezahlen kann, wenn sie noch mehr arbeitet. Gleichzeitig nutzt sie in ihrer Anklage den szeneinternen Diskurs, dass die Polizei die Frauen intensiv überwacht und sanktioniert, Pädophile hingegen nicht verfolgt.

„[...] genauso es werden auch immer die Polizei und dass immer nur die Frauen den Ärger kriegen. Und wenn hier einer ankommt und Kinderficker ist, auf Deutsch gesagt, da gehen sie nicht hin. Im Gegenteil, die schicken sie weg und wir kriegen eine Anzeige. Und das Geld, wo sollst du es denn wieder herholen? Also musst du doch wieder stehen, da bleibt dir doch gar nichts anderes übrig."

Als Margalit Opfer von gewalttätigen Übergriffen wird, erfährt sie keine Unterstützung. Dies verweist auf die Rechtlosigkeit von „Drogenprostituierten" und die bestehende Machtasymmetrie zwischen ihnen und den Freiern sowie der ignoranten Polizei.

„Oder selbst wenn ich im Auto einsteige und es passiert was und du gehst zur Polizei und die sagen ja, wieso bist du eingestiegen. Ist doch scheißegal ob du eingestiegen bist, trotzdem kann der doch nicht irgendwas machen, was du nicht willst. Aber die werden nicht bestraft. Dann heißt es, na du bist ja selber schuld, weil du eingestiegen bist. So haben sie mir das auf der Wache gesagt. Hättest ja nicht einsteigen brauchen. Scheiß ist das."

Sie beschreibt, wie ein Sicherheitssystem für Sexarbeiterinnen auf der Szene funktionieren könnte und erklärt, dass sie ungern im Auto arbeitet, weil es dort keine Sicherheit gibt. Das bedeutet, dass eine Selbsttechnik zum Schutz ihrer Unversehrtheit innerhalb der informellen Drogen- und Sexökonomie für die Frauen unbedingt notwendig ist. Margalit fordert für alle Konsumentinnen einen Therapieplatz und beklagt die bürokratischen Hürden, die fehlenden Plätze, die fehlenden Aktivitäten der Behörden sowie die Struktur der hochschwelligen Regularien für die Aufnahme in eine Therapie. Um einen Platz zu bekommen, sind umfangreiche Fähigkeiten im Selbstmanagement die Voraussetzung. Weiterhin verweist sie auf die Kürzungspolitik, wobei die ständige Angst, dass die Unterstützungsangebote vor Ort auch noch schließen, medial genährt wird, jedoch sind auch die identitären Erfahrungen mit der Gentrifizierung im Stadtteil ausschlaggebend.

„Die wollen einfach und dann wollen sie am Besten das hier auch noch zumachen [...]. Ich habe auch das Gefühl, dass sie es bald schaffen, dass alles zu ist. Und dann gibt es keine Einrichtungen mehr. Und ich wüsste nicht, weiß auch nicht, was man dann noch machen soll. Weil das hier wollen sie ja auch schon weg haben, wir dürfen ja noch nicht mal mehr hier vor der Tür rauchen oder selbst wenn wir nur in der Nähe des Eingangs sind, kommen die von nebenan vom Hotel und holen die Polizei und beschweren sich. So und wir machen doch gar nichts. [...] Und wenn das hier jetzt auch noch zugemacht wird, dann wissen wir gar nicht mehr wohin. [...] ich denke mal irgendwann ist es ja, habe ich zumindest gehört, dass die das hier auch bald zu- machen wollen, dass die uns hier weghaben wollen."

Margalit beschreibt und kritisiert die Kürzungen als eine gegen Frauen gerichtete Po- litik.

„Genauso wie die schaffen alles ab, was für, weiß ich nicht, die Mädchen zum Beispiel leichter ist. Es gibt ja außer der Stelle hier schon nix mehr. Und [Einrichtung der Diakonie für minder- jährige Drogenkonsumentinnen, K.S.] ist nur für die Mädchen, die unter 18 sind oder ab bis 20 oder so. Das finde ich auch unfair zum Beispiel, dass die [Sozialarbeiterinnen der Diakonie] draußen rumlaufen und nur weil wir älter sind, nichts zu trinken geben, also das finde ich ein- fach nicht in Ordnung."

Das Waffengesetz bezeichnet Margalit als unsinnig, das ist als Gegendiskurs zu le- sen. Sie wird aufgrund des Waffengesetzes sanktioniert, weil sie ein kleines Schwei- zer Taschenmesser besitzt. Sie ist dem Gesetz zwar unterworfen, jedoch widersetzt sie sich, da sie das Taschenmesser benötigt, um ihre Crackpfeife auszukratzen.

### Die Subjektkonstruktion Drogenkonsumentin zwischen Anpassung und Legalisierungsforderungen

Die Subjektkonstruktionen zur Widersetzung und zum Drogenkonsum sind unterei- nander dicht verwoben. Es zeigt sich, dass Margalits Forderungen nach Legalisierung zu ihrer Konstruktion als Drogenkonsumentin gehören, aber gleichzeitig Widerset- zungsleistungen sind. Um eine Doppelung zu vermeiden, wurden die Forderungen und die Kritik Margalits in der Subjektkonstruktion zur Widersetzung analysiert. Margalit schämt sich in der Öffentlichkeit zu konsumieren, und sie grenzt sich von denen ab, die es in der Öffentlichkeit tun. Sie nimmt die Anrufung als Drogenkon- sumentin an und unterstützt den Diskurs, dass Drogenkonsum in der Öffentlichkeit den gesellschaftlichen Normen widerspricht. Margalit passt sich an und unterwirft sich der Disziplinierung, indem sie nur in der Anlaufstelle konsumiert.

„Und da habe ich auch keinen Bock drauf, weil das finde ich dann auch und ich schäme mich auch, wenn die Leute das mitkriegen aber muss ja auch nicht sein. Aber es gibt ja auch viele, die immer noch mit einer Spritze im Arm im Hauseingang sitzen. Tut einfach nicht not."

Die Möglichkeit durch Polamidon ihre aktuelle Lebenssituation zu erleichtern, ist ihr durch den Rauswurf aus dem Programm genommen. Der Wunsch von Margalit, in das Polamidonprogramm aufgenommen zu werden, wird von einem Arzt verhindert, da er nur Privatpatienten aufnimmt.

„Genauso wie, ich habe das versucht mit Pola-Programm, du musst da erstmal, also mein Arzt zum Beispiel, der hat mich erstmal rausgeschmissen und gesagt, nee, du musst privat versichert sein, das heißt, nur wieder mit Geld. [...] ja, hat der aber gemacht. Der hat alles gesagt, nur noch Privatpatienten, du musst dir einen Arzt suchen, das hat er mir aber von einem Tag auf den anderen gesagt. Ja und seit dem bin ich natürlich wieder voll drauf."

In ihren Ausführungen zu Crack verstärkt Margalit den Diskurs bezüglich der „Horrordroge" und generell bezüglich des Drogenkonsums, verknüpft diese aber mit einer Strukturkritik, indem sie beklagt, dass sie sich keine schönen Sachen leisten kann, und die bürokratischen Hürden für Therapieplätze sowie die geringen Therapieplätze bemängelt.

„Also Stein, Crack, das ist eigentlich die schlimmste Droge, die es gibt. Aber auch Heroin, Alkohol, also alles was es gibt. Leider! Und ich würde mir am liebsten viel schönere Sachen oder so holen, ich würde auch gern auf Therapie gehen aber die Plätze sind einfach nicht da. Und da musst du dann ja auch wieder für eine Kostenzusage haben und alles kostet Geld und wenn du das nicht hast irgendwie, dann bist für die Leute auch nichts."

### Die Subjektkonstruktion Leben ist Anschaffen
Margalits professioneller Arbeitsansatz wird von den Kunden unterlaufen, indem sie Dienstleistungen verlangen, die sie ablehnt. Die entwürdigenden Forderungen verweisen auf den Diskurs über die perversen und gewalttätigen Freier. Dieser Diskurs enthält ein abwertendes Freier-Stereotyp und belegt die Erfahrungen von Margalit. Dadurch wird auf der Strukturebene die ungleiche Machtverteilung zwischen den Freiern und den Frauen sichtbar. Margalit verweigert verbal die erniedrigenden Forderungen.

„[...] ich stell mich halt hin, spreche die Leute halt an, sage französisch Verkehr, 20,- Euro plus 10,- Euro Hotel, manche haben halt auch außergewöhnliche Vorstellungen oder fragen ob man sich schlagen lässt und wenn man halt affig ist, dann macht man eben die Sachen, die man eigentlich nicht will. Zum Beispiel mit schlagen oder Analverkehr, eigentlich Sachen, die ich eigentlich überhaupt nicht machen würde."

Margalit arbeitet für sehr wenig Geld und grenzt sich von denen ab, die noch weniger verlangen.

„Das manche auch für fünf Euro auf Zimmer gehen, das ist schon, das habe ich noch nicht gemacht, für fünf Euro oder so. Aber es ist trotzdem ein Witz. Also zehn, zwanzig Euro ist ja gar nichts und das finde ich dann schon schmerzhart."

Sie beklagt das niedrige Preisniveau. Dabei wird deutlich, wie die Machtposition der Kunden in Wechselwirkung mit dem abwertenden Diskurs über die Frauen steht, die bereitwillig für weniger als 10,- Euro arbeiten.

„Ich würde mir auch gerne mal schöne Sachen kaufen, aber wie denn, die Freier drücken die Preise so derbe. Das war früher nicht. Früher war 50,- bis 70,- Mark. Und jetzt 30,- und selbst 20,- Euro und das ist wirklich schon viel zu wenig. Aber hier gibt es schon Mädchen, die für 10,- oder 5,- Euro auf Zimmer gehen. Und das nutzen sie [die Freier, K.S.] aus. Sie sehen, dass eine affig ist und warten manchmal extra noch, desto schlechter den ist und dann sagen sie, ich gebe dir 5,- oder 10,- können wir ja schnell mal und die Meisten sagen dann ja."

Margalit empfindet es als Glück, nicht für 5,- oder 10,- Euro arbeiten zu müssen. Allerdings unterwirft sie sich der Forderung von Kunden, indem sie zulässt, dass die

Grenzen ihrer körperlichen Integrität überschritten werden. Sie bestätigt den Diskurs über gewalttätige Freier. Sie muss sich aufgrund ihrer Armut der Gewaltstruktur unterwerfen. Margalit verweist auf die Leistungskürzungen und auf die strukturelle Restriktion durch ALG II.

„Also das habe ich zum Glück noch nicht gehabt. Aber es ist trotzdem schlimm genug, wenn man sich schlagen lässt, weil man das Geld braucht. Und das Sozi streicht ja auch immer mehr. Man kriegt ja auch schon fast nix mehr."

Die Alternativlosigkeit und die ständigen Sanktionen sowie die schlechte Drogenqualität führen dazu, dass sie rund um die Uhr anschaffen muss.

„Das ist genau so wie mit diesen Ein-Euro-Jobs bei den Sozis, das ist es das Selbe, du musst jede für jede Scheiße alles belegen und ich kann solange drogenabhängig bist, kannst du nicht arbeiten. Also ich kann es nicht. Das kann ich vom Kopf und körperlich auch gar nicht. Weil du musst ja erst mal sehen, dass du deinen ganzes Tages-, was du an Stoff brauchst und es ist auch viel Dreck auf dem Markt, also ich habe schon alleine muss ich jeden Tag mindestens 200,- /300,- Euro verdienen, damit ich überhaupt über die Runden komme. [...] Ich finde es einfach unmenschlich was man macht. Es ist einfach nicht gerecht. [...] alles was ich kenne, ist [Arbeitsort, K.S.]. Ich kenne auch nur die Straße oder Heime und sonst nee, alles was ich kenne ist wirklich nur jeden Tag anschaffen gehen, jeden Tag ein Freier nach dem anderen zu machen und versuchen halt, nicht drüber nachzudenken."

Margalit benötigt Drogen, um den Zwang zur Sexarbeit aufgrund fehlender Alternativen zu kompensieren und die Entwürdigung ertragen zu können. Darin drückt sich ihre Ausweglosigkeit und Verzweiflung aus, die sie nur lösen kann, indem sie schnell aus der erzwungenen Arbeitssituation flieht und vergisst, was passiert ist. Ihre Fluchthelfer sind die Drogen, die ihr helfen zu vergessen und jeden Tag weiterzumachen.

„Ich sehe das einfach nur, weil ich es machen muss, weil ich halt keine Wahl habe aber wenn ich etwas anderes machen könnte, würde ich es bestimmt nicht machen. Also man kann das von der Psyche her auch gar nicht lange."

Meine zusammenfassende Feststellung, ob es für sie vorstellbar sei, den Job ohne Drogen auszuführen, verneint Margalit, und sie argumentiert mit dem Kundenwunsch nach gewalttätiger und entwürdigender Dienstleistung.

„Nein, überhaupt nicht. Nicht zumindest schon gar nicht bei der Vorstellung was die haben. Also mich schlagen lassen, bin immer froh, wenn ich raus bin aus dem Hotel und dann weg. Anders geht es ja nicht."

Margalit lehnt es ab, sich ihr Geld durch Straftaten im Sinne der Beschaffungskriminalität statt durch sexuelle Dienstleistung zu besorgen. Das zeigt, wie sie sich um Anpassung bemüht, auch wenn dabei ihre körperlichen Grenzen und ihre Menschenwürde verletzt werden.

„Und klauen und einbrechen gehen tue ich nicht und deswegen weiß ich halt nicht, was ich sonst machen soll. Toll ist das natürlich nicht aber man macht es einfach und versucht halt und vor allen Dingen nichts dabei zu fühlen aber das ist nicht so einfach."

Den Opferdiskurs über missbrauchte und vergewaltigte „Drogenprostituierte" kann Margalit auf Grund ihrer langjährigen Arbeitserfahrungen bestätigen.

„Weil ich mache das jetzt schon so lange und ich glaube fast alle Mädels sind hier schon vergewaltigt worden missbraucht worden. Also ich kenne hier keine, die nicht vergewaltigt worden ist oder missbraucht worden ist."

Margalit schafft es in allen Lebensbereichen, ihre existenziellen Bedürfnisse und körperlichen Grenzen zu ignorieren. Wahrnehmungen in diese Richtung wehrt sie ab, um sich zu schützen.

„Oh, ich hab Hunger. [...] Ja, ein bisschen, ja es geht, ich bin es gewöhnt so, nicht zu schlafen, nicht zu essen, irgendwann härtet man ab. Ich sage ja, ich versuche nicht drüber nachzudenken, anders geht es nicht. Sonst wirst du ganz irre."

Margalit versucht mit Hilfe der Drogen zu überleben (siehe Gesine „Härtefall"). Diese helfen ihr abzutauchen, nicht nachdenken zu müssen und ihre Arbeit zu ertragen.

### Die Subjektkonstruktion Überlebenskämpferin

Margalits Subjektkonstruktion *Überlebenskämpferin* steht im Widerspruch zu ihrem Wunsch tot zu sein. Sie ist durch ihre Lebensumstände und ihre exponierten Aufenthalts- bzw. Arbeitsorte unmittelbar von Veränderungen im Stadtteil und strukturellen Maßnahmen, wie der Überwachung und der Verschärfung von Repressionen und Sanktionen, betroffen. Das erschwert ihr den Kampf um ein Leben in Würde, so dass ihre Kraft nur noch für ein Dahinvegetieren ausreicht.

„Ich versuche einfach zu überleben. Aber es ist halt nicht einfach. [...] Und das ist, du versuchst ganz einfach zu überleben. Ich meine, ganz oft wünsche ich mir auch lieber, ich wäre tot, wenn ich ganz ehrlich bin. [...] Also ich weiß nicht. Ich versuche einfach, ganz knall hart gesagt, wäre ich halt lieber tot. [...] Das ist doch kein Leben, das ist ein Vegetieren."

Der Überlebenskampf war ihr seit frühster Jugend durch die Traumatisierungen auf Grund von Vergewaltigungen aufgezwungen.

„Und ich habe keinen Abschluss, also ich bin seit dem ich 13 bin hier, weil mein Bruder hat mich mit zwölf vergewaltigt und seit dem keine Schule, kein Abschluss, ich habe halt nichts gelernt, ich weiß auch nicht, wie ich das machen soll."

Durch eine Vergewaltigung wurde Margalit schwanger, obwohl sie das Kind nicht wollte, brachte sie es dann zur Welt. Sie erzählt im Interview, dass sie nach der Geburt clean war und mit ihrer Tochter leben wollte. Das Jugendamt hat ihr die Tochter gegen ihren Willen weggenommen und seither weiß sie nicht, wo sich ihre Tochter aufhält.

„Ich bin ja schwanger gewesen, meine Tochter die ist aber von einer Vergewaltigung, ich wollte die eigentlich nicht haben. Dann hatte ich einen Mutter-Kind-Platz und plötzlich hat der vom Jugendamt da angerufen und dafür gesorgt, dass ich den Platz nicht bekommen habe. Und dann wollte ich diese Mutter-Kind-Therapie machen haben sie mir die einfach weggenommen und mir gesagt, einmal Junkie immer Junkie. Also die haben mir gar keine Möglichkeit gelassen [...] Und meine Tochter haben sie mir dann auch einfach weggenommen und da war ich zum Beispiel clean, da habe ich auch nichts genommen. Aber die meinten halt nee, Sie sind viel zu instabil, nachher werden Sie rückfällig, das schaffen Sie doch nicht und geben Sie Ihre Tochter nur weg. Ja, jetzt weiß ich auch nicht, wo sie ist und gar nichts. Ich kriege keine Auskunft da."

Die Vergewaltigung konfiguriert zwischen dem Täter und ihr ein heteronormatives (androzentristisches) Herrschaftsverhältnis. Die Macht des Jugendamtes wird deutlich, gegen diese hat sie keine Mittel und ist den strukturellen Entscheidungen unterworfen ist. Margalit hat weder einen Schul- noch einen Berufsabschluss, und sie weiß nicht, wie sie diese Benachteiligung aufheben kann. Die gesellschaftliche Norm und der Wert eine „anständige Ausbildung" zu erlangen sind ihr bewusst. Das ist eng verwoben mit dem klassistischen Herrschaftsverhältnis, denn für Menschen ohne Qualifikation gibt es kaum noch Beschäftigung. Deshalb gibt es für traumatisierte Frauen ohne bürgerliche Bildung auch keine nachhaltigen Ausstiegsmöglichkeiten.

„Ich hätte so gerne einen Abschluss und eine Wohnung und eine andere Arbeit und ich habe ja nichts gelernt und egal wo du hingehst, die fragen immer nach einem Abschluss grundsätzlich und wenn du keinen hast, bist du angeschissen."

Margalit konstruiert sich als „allein", sie hat keinen Rückzugsort bzw. keinen Ort der Geborgenheit, wie eine eigene Wohnung oder eine Familie, und auch keine Freunde, die sie auffangen könnten. Die Vereinzelung auf der Szene verstärkt das Gefühl allein und ohne Sicherheiten zu sein.

„[...] bin ganz allein. Habe ich auch also nie gehabt hier. Also ich habe immer gedacht, es sind Freunde aber die haben mich auch immer nur ausgenutzt. Wenn ich Geld hatte, bin ich gut, sobald ich kein Geld hatte, kennen sie mich wieder nicht, da kann ich gut drauf verzichten. Da bleibe ich lieber allein. [...] kein Zusammenhalt, is überhaupt nicht [...] Gar nicht. Jeder denkt nur an sich und versucht irgendwie klar zu kommen. Früher gab es das mal, aber das gibt es schon lange nicht mehr. [...] Ja, weil die Meisten es einfach nicht mehr so interessiert. Ich denke mal, die gucken nur, dass sie einen Kunden kriegen, die kriegen alles Andere um sich herum nicht mehr mit. Die sehen einfach nur schnell Geld machen, egal wie und ob einer einsteigt oder nicht. Untereinander wenn man mal was mitkriegt, sagt man nur Bescheid, du steig da und da nicht ein."

Nur in der frauenspezifischen Anlaufstelle ist Margalit glücklich. Sie verweist positiv auf die Struktur der szenenahen Hilfeprojekte, denn diese unterstützen sie in ihrem Überlebenskampf. Margalit wünscht sich Ruhe, hat aber nur eine vage Vorstellung, was das sein könnte, da selbst ihr Schlaf von Alpträumen durchsetzt ist und so auch keine Erholung bietet.

„Das einzige ist, wenn man mal zur Ruhe kommt, wenn du noch versuchst zu schlafen aber selbst dann hat man noch Albträume, weil es einen auch einholt. Und das ist bestimmt auch nicht gerade schön."

Margalit wünscht sich, dass ihre existenziellen menschlichen Bedürfnisse erfüllt werden, aber sie stellt resigniert fest, dass ihr selbst das verweigert wird. Sie adressiert diese Verweigerung unspezifisch. Daran lässt sich die Verwobenheit der Herrschaftsstrukturen mit der Repräsentationsebene erkennen, denn für Margalit ist nicht mehr nachvollziehbar, wo und wann ihre Diskriminierung zu verorten ist.

„Dann würde ich mir wünschen meine Schule noch mal machen zu können, ein kleines Zimmer, meine Tochter, einfach Liebe und Geborgenheit, dass man von Vorne anfangen könnte. Zumindest, dass ich einen Schulabschluss hätte, eine kleine Wohnung ja und meine Tochter, das würde mir schon reichen. Und die verweigern mir das einfach. Es wäre das Schönste, wenn man das kann. Aber das kann man ja leider nicht."

### Die Subjektkonstruktion Ungerecht Diskriminierte

Wie in der Subjektkonstruktion zur Widersetzung klagt Margalit auch in dieser Subjektkonstruktion wiederholt die Anzeigepolitik an, die gegen die Frauen gerichtet ist und nicht gegen die Freier, selbst wenn diese Sex mit Kindern suchen. Dabei konstruiert sie sich als Angehörige einer Gruppe und fordert die Politik zum Handeln auf.

„Und das ist schon krass genug, dass wir Frauen angezeigt werden und die Freier nicht. Die kriegen keinen Brief nach Hause gar nichts. Nur wir kriegen dann Ärger. Und das finde ich ungerecht, weil, die könnten auch mal einen auf den Deckel kriegen. Oder wenn sie fragen, ob eine 10 oder 11 ist, ich kann so was gar nicht verstehen, das geht ja gar nicht. Oder sagen ich gebe dir Geld, wenn du mir eine vermittelst."

Als Nutzerin der frauenspezifischen Anlaufstelle distanziert sich Margalit von denen, die sie vertreiben wollen. Dabei konstruiert sie sich wieder als Mitglied der Gruppe der „Drogenprostituierten". Sie folgt zwar der sozialpädagogischen Disziplinierung, die Einrichtung zu nutzen, hinterfragt aber die Anrufung als Störerinnen. Gleichzeitig beklagt sie die untätige Ämterstruktur.

„Ich fühle mich auch rechtlos, hilflos und auch ziemlich unterdrückt, weil es auch nichts von Ämtern von denen kommt. [...] So und wir machen doch gar nichts. Mein Gott, besser als wenn ich ein Auto überfall oder eine Oma ausraube, dann sollen sie uns doch hier in Ruhe lassen. Mein Gott, das stört doch keinen. [...] Aber wir stören doch keinen, was machen wir denn?"

Die Wechselwirkung der Identitäts-, Symbol- und Strukturebene wird wie folgt transparent: Margalit fühlt sich als Rechtssubjekt nicht ernst genommen, deklassiert und ausgegrenzt, sie konstruiert sich als Gruppenangehörige und ihre Abwertungserfahrungen symbolisieren sich im Stigma der „Drogenprostituierten".

„Ich wäre so froh, wenn ich meine Tochter behalten hätte, echt. Und ich war ja auch clean, und ich weiß auch nicht, was das sollte. Aber leider haben die den längeren Arm. Weil, das ist egal, was wir Drogenabhängigen sagen, lauter Prostituierte, selbst bei Gericht, man merkt, dass die einfach ungerecht behandelt werden, und das finde ich unfair. [...] Und Hilfe kriegt man von den Meisten irgendwie auch nicht. Für die sind wir einfach ein Stück Scheiße würde ich sagen. Denke ich einfach so. Also unfreundlich auch so und wie sie auch ankommen und es ist schon heftig und so."

## 6.1.4 Subjektkonstruktionen von Doro F.

### Profil und Feldnotizen

Doro ist 34 Jahre alt. Sie hat einen Sohn, der bei seinem Vater lebt und zum Zeitpunkt des Interviews 10 Jahre alt ist. Es war ein sehr gutes Interview, denn Doro hat viele interessante Aspekte angesprochen, wenn auch überaus traurig. Doro hat dabei viel geweint, und es ging ihr überhaupt nicht gut. Sie wirkte auf mich sehr verletzt, doch auch auffallend stark. Sie erschien mir äußerst desillusioniert, aber keinesfalls abgestumpft. Doro beobachtete mich sehr genau, sie war außerordentlich wach und aufmerksam und konzentriert. Gleichzeitig wirkte sie unruhig und in ihrer Art zu sprechen bestimmt, resolut und emotional. Häufig wurde sie während ihrer Ausführungen regelrecht wütend, z. B. wenn es um Mütter mit Kindern auf der Szene ging oder wenn sie darüber sprach, wie herablassend sie oft behandelt wird. Obwohl sie so unruhig war, was mich anfänglich etwas nervös machte, konnte ich mich nach kurzer Zeit gut auf Doro einstellen, und es war eine angenehme Atmosphäre. Als sie weinte, verunsicherte mich das nicht so sehr wie in den anderen Interviews. Trotzdem musste auch ich mich immer wieder beruhigen. Die Interviewsituation war für mich sehr aufwühlend. Doro wohnte zum Zeitpunkt des Interviews seit zwei Monaten in einem Hotel, vorher war sie in Haft, und davor hatte sie eine eigene Wohnung, die sie während des Haftaufenthalts verloren hat. Sie ist seit 2001 bis auf einige haftbedingte Unterbrechungen durchgängig auf der Szene. Doro hoffte, dass sie am Tag nach unserem Interview ein Zimmer in einem Außenbezirk bekommen würde. Die Vorstellung, ihre Sachen zu packen und das Hotel verlassen zu können, stimmte sie sehr zuversichtlich. Mit 14 begann Doro Drogen zu nehmen, sie hatte Stress mit ihrer Mutter und lebte bei der Schwester des Vaters, einer Schaustellerin, auf dem Jahrmarkt. Sie arbeitete dort vier Jahre und verdiente sehr viel Geld. Drogen in jeglicher Form waren immer vorhanden. Doro begann eine Ausbildung als Apothekenhelferin und brach diese nach neun Monaten ab, da sie Medikamente aus der Apotheke entwendet hatte und befürchten musste, erwischt zu werden. Sie ist dann in eine Großstadt im Norden Deutschlands gegangen. Zuerst war sie auf Trebe, begann dann aber eine Umschulung. Zu dieser Zeit war sie ab und an clean. Doro brach die Umschulung ab, weil sie von ihrem Chef sexuell belästigt wurde. In dieser Situation fand sie keinerlei Unterstützung. Ich habe für Doro drei zentrale Subjektkonstruktionen herausgearbeitet:

1. Widersetzung: Widersetzung als Handlung[5]

---

5    Mir ist klar, dass jede Widersetzung eine Handlung im Sinne einer sozialen Praxis ist. Die Subjektkonstruktion *Widersetzung als Handlung* bedeutet, dass Doro sich aktiv zur Wehr setzt, nicht nur schimpft und sich beschwert, sondern ihre Widersetzung geht über die ver-

2. Drogenkonsum: Drogenkonsumentin mit Würde
3. Sexarbeit: Anschaffen ist Arbeit

### Die Subjektkonstruktion *Widersetzung als Handlung*

Doro bricht ihre Ausbildung ab, da ihr keine andere Handlungsmöglichkeit bleibt, um den Übergriffen ihres Vorgesetzten zu entgehen. Da ihr niemand zur Seite steht und glaubt, nimmt sie die Anrufung der Mitschuld an.

„Goa-Szene, Ecstasy, LSD, Speed, Koks und dann war ich auch irgendwann wieder rückfällig auf Schore [Heroin, K.S.] gekommen und Ausbildung abgebrochen, weil mein Chef mich sexuell belästigt hatte und dann hatte mich das alles zurückgeworfen, weil mir die Schule hat mir nicht geglaubt, Klassenkameraden hatten mir nicht geglaubt und Arbeitsamt hat das eigentlich auch auf die leichte Schulter genommen und wenn man dann nachher auch selber denkt, irgendwie so, ist man irgendwie selber Schuld gewesen oder so und dann wieder rückfällig geworden."

Sie wird rückfällig und nimmt in Kauf, auf der Straße zu arbeiten, um nicht für einen Zuhälter arbeiten zu müssen.

„[...] und dann wieder Drogen ja und dann irgendwann hier auf der Straße gelandet bin, weil im Laden dann immer irgendjemand ist mit der Zeit und so wenn die halt mitkriegen, dass man allein irgendwie arbeitet, dann kommt ein Typ, der meint irgendwie Aufpasser spielen zu müssen."

Für Doro ist Prostitution Arbeit und aus diesem Selbstverständnis heraus fordert sie eine anständige Bezahlung.

„Ja, ist echt Job, Arbeit. Und mit der Zeit lernt man echt dazu. Ich sehe das als Job sozusagen. Und dementsprechend will ich natürlich auch ordentlich bezahlt werden."

Doro widersetzt sich entwürdigenden und verletzenden Zumutungen durch Kunden, wenn diese sie mit Drogen bezahlen wollen. Für sie ist es sehr wichtig, gut auszusehen, was sie wiederum auch finanzieren muss. Doro formuliert deutlich, dass sie eine Dienstleistung verkauft.

„[...] weil ich keinen Bock habe, mir meine Würde und meinen Stolz, den lasse ich mir nicht nehmen. Da weiß ich auch nicht, da bin ich, weiß ich nicht, ob das mein Dickkopf ist oder so aber ey, wenn so ein Typ kommt und meint mit Drogen bezahlen zu können, nee danke, das kann ich mir selber besorgen. Ich muss mein Zimmer bezahlen, ich habe Hunger, er will auch, dass ich gut aussehe und nicht stinke und was wie wo, das muss ich auch irgendwo kaufen zu bezahlen. Und ich habe keine Lust, dass er denn nun mach mal denn kriegst du einen Kopf oder so ähnlich, nee, nee, nee ich weiß nicht, ich lass mir, bloß weil er, wedel, wedel, er kauft eine Dienstleistung aber nicht mich."

---

bale Widersetzung wie z.B. bei Margalit (Subjektkonstruktion *Widersetzung verbal als Wegweisung, Kritik und Forderung*) hinaus.

Doro widersetzt sich nicht nur den Erpressungsversuchen durch die Kunden, sondern sie nutzt den restriktiven und kontrollierenden Umgang mit Sexarbeit strategisch für sich, indem sie den Kunden, die sie erpressen, mit der Polizei droht.

„Und ich lasse mir auch nicht mehr drohen, ich sage gut, alles klar, dann gehen wir zur Polizei also los. Manchmal haben die mir dann auch noch irgendwie Geld gegeben, damit ich Drogen hole, ich sage, wer hat sich denn jetzt hier gerade strafbar gemacht, ich bin abhängig, ist ja so, muss ich dann leider Gottes, dann so, weil die denn meinen, ja ich gehe zur Polizei, ich zeige dich an aber im Endeffekt so, er hat meine Situation ausgenutzt, so. [...] Und wenn er irgendwelche Sachen nicht einhält, dann ist Schluss, dann ist Feierabend, dann wenn es sein muss, schmeiß ich ihn aus dem Zimmer, wenn er nicht geht, dann gehe ich, ganz einfach."

Sie gibt ihre Berufserfahrungen an junge Frauen weiter, indem sie versucht eine solidarische Atmosphäre zu schaffen, um der Machtasymmetrie zwischen den Kunden und den arbeitenden Frauen entgegenzuwirken. Sie fordert einen Zusammenhalt unter den Frauen ein und verwendet dafür ein abwertendes Freier-Bild. Doro konstruiert sich in diesem Zusammenhang als gruppenzugehörig.

„Ich habe dann, hoffe ich dann immer so, dass sie vielleicht doch einen anderen Weg einschlägt oder so. Wenn es noch ganz am Anfang ist oder so. Und wenn nicht, dass man dann wenigstens da ist. Weil ich finde, irgendwo müssten wir da zusammen halten. Was auch nicht mehr so wie früher ist so, so, dieses aufeinander aufpassen. Ganz wenig so von früher noch ein paar Alte, die halt das irgendwie noch wissen. Aber ansonsten so. Ich meine, wenn die dann, dann das ist ja das, was die Freier merken und dann kann ich ja machen und tun was ich will, fällt ja eh nicht auf."

Doro wird Opfer einer körperlichen Misshandlung, in der Erzählung darüber widersetzt sie sich den Stereotypen über Frauen, die Crack konsumieren und anschaffen. Auch hier sieht sie sich als Mitglied einer Gruppe. In dieser Interviewsequenz nimmt Doro das abwertende Stigma über Alkoholiker auf, um sich von diesen abzugrenzen.

„Einmal so in einem Hauseingang, da bin ich eingeschlafen, werde wach, wo mir jemand voll eine reinhaut und die Treppen runter tritt. Und Crack-Junkie und Crack-Junkie und so. Ich meine, ich bitte dich, ich meine, was soll das? Ey, weißt du. Man sitzt da und gut ok aber man ist unten und hat keinen Dreck gemacht und auch nicht geklaut und hast du nicht gesehen. So ein Alkoholiker, der scheißt und pisst in die Ecke, verstehst du so, auch in der Bahn und der wird noch raus getragen so ungefähr. Irgendwas kann da, irgendwas haut da nicht hin."

Die frauenspezifische Anlaufstelle auf der Szene ist für Doro eine Unterstützung, in der die persönliche Ansprache durch ihre Betreuerin wichtig ist.

„So, dann ist man echt froh, wenn das [frauenspezifische Anlaufstelle, K.S.] hier dann auch auf hat. Dienstags und mittwochs ist natürlich ätzend so dann gucke ich meistens fahre zu [andere soziale Einrichtung, K.S.] so, wenn es sonst nicht anders geht. Aber wie gesagt, da war ich froh, dass die denn hier waren, weil dann ich ja hier schlafen, duschen, Wäsche waschen und rausholen konnte. [...]Ich habe das ja hier, die Unterstützung. Beziehungsweise ich muss sie oftmals auch wahrnehmen. Der [Betreuerin, K.S.] habe ich auch mal einen Freistart gegeben, dass sie mich auch nerven soll, weil ich ja vieles auch wegdränge oder gar keine Zeit habe oder Lust oder affig oder weiß nicht wo und dann mag ich gar nicht dran denken. Die Post mir schon sozusagen schon fast hinterher getragen wird, weil ich sage ÄH, könnte ja was Unangenehmes bei sein. Manchmal ärgere ich mich so, warum hast du ihr bloß den Freischein gegeben aber dann wiederum ist es gut und ich finde es gut, dass sie das macht, weil sie muss das ja nicht machen. Und ja, das ist auch die Unterstützung, die ich da echt, ja die ich brauche auch. Sie erinnert mich oft dran und „ja Mensch und sollen wir nicht" und das ist schon ganz gut, dass die da sind. Also beziehungsweise meine Bezugsperson sozusagen."

Als persönliches Erfolgserlebnis beschreibt Doro, dass sie es geschafft hat, ihren Lebenslauf zu schreiben. Dies ist eine der Voraussetzung für einen hochschwelligen Therapieplatz.

„Na ja, aber wenigstens habe ich jetzt irgendwie schon mal einen Lebenslauf geschrieben. Also ich will auf jeden Fall, ich bin die ganze Zeit irgendwie, was heißt die ganze Zeit, dauert ja irgendwie alles ein bisschen länger, also das ist mir schon klar, weil eben durch diesen ständigen beschaffen, beschaffen, beschaffen, so natürlich nicht viel Zeit bleibt."

Doro widersetzt sich erfolgreich während einer polizeilichen Ingewahrsamnahme, die aus ihrer Sicht eine willkürliche Sanktion darstellt.

„Ja, so beim letzten Mal, habe ich echt so, da habe ich auf der Klingel gesessen, das war mir scheißegal und dann haben sie mich dann auch irgendwann raus gelassen. So, aber das kann ja wohl nicht angehen. So, es ist so eine Willkür und wenn der Bulle meint, dann muss ich halt eben da bleiben."

Doro appelliert an mich, das Datenmaterial im Sinne der verfolgten Frauen zu benutzen und mich damit gegen abwertende mediale Diskurse und für eine strukturelle Unterstützung einzusetzen, sodass die entwürdigende Lebenssituation sich verändert. Das ist ein Anrufung an die Verantwortung von Wissenschaft, mit der Aufforderung nicht nur die Interviewpartnerinnen und die Diskriminierungen ernst zu nehmen, sondern auch dafür zu arbeiten, dass die Situation sich verändert. Doro relativiert es sogleich, untermauert dann aber noch einmal, wie wichtig es ihr ist, einen Gegendiskurs einzubringen. Diese Stelle ist ein Beispiel für die theoretische Abhandlung von Subalternität und deren nichtvorhandene Diskursmacht. Doro ist sich dessen durchaus bewusst und appelliert deshalb an meine Verantwortung für die Interviews.

„Oha, (12) ja du arbeitest ja in der Forschung und hier und da, meine du arbeitest ja mit der Politik und so, ich weiß nicht, vielleicht ob auch ein paar Frauen mehr noch was dazu gesagt haben, na ja vielleicht kommt das ja irgendwie bei den Richtigen an und es ändert sich vielleicht ja irgendwann mal ein bisschen, weiß ich nicht, irgendwie, may be, ja leichter gesagt als getan aber auf jeden Fall, dass man irgendwie nicht mehr so als Zombie in den Medien irgendwie so, dass irgendwelche Leute irgendwie halbwegs wegrennen, wenn man uns sieht, so ungefähr. Ich weiß es nicht, irgendwie auf jeden Fall nicht mehr diese Vertreibung. Dass man ein Stück Vieh ist irgendwie so ungefähr, was heißt Stück Vieh, ich glaube ein Stück Vieh wird glaube ich noch besser behandelt, ich weiß es nicht."

### Die Subjektkonstruktion Drogenkonsumentin mit Würde

Doro versucht immer wieder gegen ihre Vereinnahmung durch die Szene anzukämpfen und plant Veränderungen in ihrem Leben. Eine Wohnung zu haben, ist ein existentielles Bedürfnis bzw. ein Menschenrecht. Um dieses Recht umzusetzen, braucht sie Ruhe, und die kann sie nur erreichen, indem sie wieder substituiert wird. So stehen ihr einige strukturelle Hürden bevor, die in ihrer derzeitigen Situation schwer zu bewältigen sind.

„Aber wie gesagt, vielleicht also, das habe ich mir schon vorgenommen, wenn mehr, Ruhe und dann möchte ich doch schon wieder ins Programm [Substitutionsprogramm, K.S.]. Und dann hoffe ich doch, dass so ein bisschen Ruhe einkehrt ja und dann gucke ich mal. Weiter weiß ich eigentlich auch noch gar nicht. Wohnung und Programm weiter habe ich eigentlich auch noch gar so geplant, muss ich sagen. Bin froh, wenn ich das irgendwie erst mal auf die Reihe kriege. [...] ich möchte eine Wohnung haben, aber man ist in diesem Trott drin, immer dieser, dieser Druck Zimmer bezahlen, sonst wird das Zimmer geräumt."

Aufgrund ihrer aktuellen Lebenssituation schämt sich Doro Ämter aufzusuchen. Sie verweist in diesem Zusammenhang aber auch auf die schlechte Drogenqualität, die mit ihrem nicht gesellschaftskonformen Verhalten verwoben ist.

„So, dann bin ich vielleicht, habe ich die Nacht nicht geschlafen, dann traue ich mich natürlich nicht zum Amt hin. Und ich denke nee, so verwackelt, dann zappelst du vielleicht oder man sieht es dir an, dann fühle ich mich schlecht, dann fange ich dann vielleicht noch an zu pulen so oder weil irgendwie Dreck dann in der Droge ist."

Doros Schamgefühl resultiert aus den Folgen der informellen Drogen- und Sexökonomie, aus der sie jedoch nicht ausbrechen kann.

„Ich glaube, man sieht sich selber und wenn man hier rum läuft, dann kann man sich nur dicht machen sozusagen. Aber das ist automatisch, dann wenn Geld und ähm los, wenn man hier lebt und arbeitet, das habe ich schon festgestellt."

Sie versucht die kräftezehrende Struktur ihres Alltags zu managen und distanziert sich von den Frauen, die sich dem Preisdumping der Kunden unterwerfen.

„So und ja und immer wieder Druck Mietschulden bezahlen, Drogen organisieren, dann teilweise mit den Freiern abnerven, die dann kommen für 10,- /15,- Euro ja das ist doch normal, da hinten stehen Mädchen, die machen das."

Doro versucht sich gegen dieses Preisdumping zu wappnen, indem sie vorsorgt, was sie jedoch gleichzeitig verletzlicher gegenüber der Polizei macht.

„Und dann natürlich, natürlich auch wieder mit der Angst, wenn die Polizei mich denn erwischt, dann habe ich natürlich ein bisschen mehr Drogen dann dabei. Ja aber ich nicht mehr so unter Druck stehe und dann der dann der dann anfängt noch zu handeln, weil er sieht, dass man affig ist und man notgedrungen denn vielleicht auch mitgehen muss so aber."

Sie ärgert sich über die repressive Politik und äußert dabei ihr Unverständnis darüber, dass nichts gegen die minderjährigen Frauen unternommen wird.

„Und das ist irgendwie, irgendwie, ja weiß ich nicht, da kann man sich auch echt maßlos drüber ärgern. Weil weiß nicht, wir Frauen wir stehen hier, wir sind leicht zu fangen und ja uns jagen sie, uns hetzen sie. [...] Auch minderjährige, die hier nachts sich rumtreiben und da frage ich mich, wo ist da die Polizei und da haben sie die Augen zu. Und das weiß ich auch nicht, das kann doch nicht normal sein. Uns finden sie in dem dunkelsten Eingang, kommen sie mit Blaulicht angefahren und finden und sehen uns."

Doro beklagt nicht nur die Repression des Platzverweises, sondern thematisiert auch die fehlenden räumlichen Alternativen. Die medialen Verzerrungen in der Darstellung des Crack-Konsums und die damit einhergehende gesellschaftliche Abwertung ihrer Gruppe sind für sie unverständlich.

„Ja, sollen die doch froh sein, dass die Leute sich dort aufhalten und da alles machen, nein, die Polizei kommt, kesselt das ein, sammelt die Leute ein, gibt Platzverweise, ja wo sollen die Leute denn hin? [...] Irgendwie immer weniger da, immer weniger zur Verfügung, überall wirst du weggejagt irgendwie und ja, da bleibt wenig Zeit irgendwo und ja in der Presse irgendwie so, da wirst du, mein Gott also keine Ahnung, Crack irgendwie so, die Leute kriegen Panik sobald sie uns sehen, teilweise habe ich den Eindruck. Was machen wir denn? Gar nichts. So dass es auch falsch irgendwie alles dargestellt wird und übertrieben wird und ja, und kaum irgendwo ist man so, dann wird man echt."

Sie wünscht sich ein normales Leben und möchte auch mal Dinge außerhalb der Szene erleben.

„Ja, äh, ja, keine Sucht mehr zu haben, ja vor allem Mal andere Sachen machen. Wie du sagst ein normales Leben führen. Alle Sachen, ein normales Leben führen, mal Tanzen, Kino, ich hätte Lust. Aber alleine geht man ja wohl auch nicht. Und das ist irgendwie manchmal eine andere Welt."

Doro berichtet, dass es im Gegensatz zu früher keine Freundschaften auf der Szene mehr existieren.

„Aber hier gibt es keine Freunde. Gute Bekannte, ja so ok, aber wenn jemand affig ist, dann ist jeder sich selbst der Nächste sozusagen, das ist nun mal so. Leider Gottes. So was wie früher, wo man affig war und sofort jemand geholfen hat, das gibt es nicht mehr."

Sie glaubt, dass sie sich selbst sowie der Drogenkonsum und die Angst vor dem „normalen" Leben die Umsetzung ihrer Pläne behindern und damit eine Veränderung erschweren.

„[...] ich selber glaube ich manchmal. [...] Wahrscheinlich und die Droge. Ich weiß es nicht. Ja und die Angst eben, ja klar, jetzt behindert in dem Sinne im normalen Leben, so clean sein, ja die Angst dann. Was dann ist. Ja, die Angst dann, das ist so, die Angst was dann ist."

Allerdings hat sie es geschafft sich ein Zimmer zu organisieren und verknüpft damit die Hoffnung, dass es ihr besser gehen wird.

„Ja und Morgen, Morgen hoffe ich ist, mein Tag. Morgen packe ich meine Sache im Hotel, ich hoffe es geht alles gut. Und ich habe in Billstedt ein Zimmer. So, das glaube ich natürlich erst, wenn ich mit Sack und Pack da in der Wohnung bin und einen Schlüssel habe. Ja und dann werde ich mal endlich mal Zuhause bleiben können und den Kopf auch mal ein bisschen freier kriegen."

Aktuell versucht Doro zwar in die Substitution zu kommen, hat aber Zweifel an sich, weil sie nur auf der Szene rumläuft. Ihre aktuelle Handlungsstrategie besteht darin, sich selbst zu substituieren.

„[...] Pola also mit Tabletten. Die hole ich mir manchmal auch hier so schwarz. Da komme ich wunderbar mit klar mit den Dingern. Bei Pola habe ich festgestellt, weiß ich auch nicht, dann passieren merkwürdige Sachen. Ich tiger durch die Gegend und es passiert nur Scheiße, ich weiß auch nicht, ob ich das nicht abkann oder so. Dann passiert nur Scheiße bei mir. Und bei Methadict ist alles ok. Ich weiß auch nicht was das soll. Obwohl es ja an und für sich dasselbe sein sollte."

Doro hat sich von Crack runterdosiert und konsumiert noch Heroin.

„Ich habe auch kein Problem, wenn kein Stein da ist, das stört mich irgendwie gar nicht. Irgendwie, früher war das schon ganz anders. Da habe ich Kilometer gelaufen, gefahren, stunden- und tagelang um irgendwas zu besorgen und das ist vorbei, zum Glück. Weiß auch nicht warum, aber Schore eben noch, das ist eben noch da."

Gegen die strukturellen und repräsentativen Diskriminierungen als „drogenabhängig" durch die Polizei, die sie sanktioniert, und die Freier, die sie abwerten, setzt Doro eine positive Selbstkonstruktion von Stolz, Stärke und zitiert den Artikel 1 des Grundgesetzes.

„Und ich habe immer gesagt, die Würde ist unantastbar und das ist auch so. Und das ist das, weiß ich nicht, ich lass mich da nicht, auch wenn ich drogenabhängig bin, ey ich will mich im Spiegel angucken können trotz allem noch. Auch wenn einiges nicht so gut gelaufen ist wie es sein soll, aber es ist nun mal so und gut. Das gehört dazu irgendwie aber ich lasse mir meinen verdammten Stolz nun echt nicht nehmen ob es nun ein Bulle ist oder ein Freier. Und das glaube ich, hält mich irgendwie auch noch zusammen."

### Die Subjektkonstruktion Anschaffen ist Arbeit
Doros Arbeitstag ist routiniert, aber darin sind auch viele Behinderungen enthalten. Deutlich wird in ihrer Beschreibung, dass sie nicht nur für Drogen anschafft. Die Passage zeigt auch, dass sie manchmal Unterstützung von jemandem bekommt, der nicht der Szene angehört.

„Also ich muss dann also raus und heißt es Miete anschaffen. So und dann wenn ich nicht vorgesorgt habe, dann bin ich vielleicht auch noch affig und dann muss ich Drogen besorgen. Also der erste Weg dann praktisch aufstehen, so gut wie es geht, wie man gerade so fit ist, ein büschen frisch machen, fertig machen und dann runter auf die Straße. Ja und denn anfangen zu arbeiten. Dann wenn man Glück hat, dann mache ich denn gleich einen Freier. Manchmal, wenn ich ganz großes Glück habe, dann ist es, einen Taxifahrer gibt es hier, wenn es mir dann ganz schlecht geht, so dann leiht der mir dann schon mal einen fünfer oder so aber den muss ich dann aber auch schnellstmöglich zurückzahlen, sonst kriegt man natürlich nichts mehr. So, das ist natürlich fast jeden Tag dasselbe."

Sie verweist nochmals auf den Stress während der Lohnaushandlung und implizit auf die hohe Taktrate ihrer Dienstleistung.

„Ich sage ja, das ist natürlich auch, wenn man am Tag zehn, fünfzehn Typen hat, die meinen für 10,-/15,- Euro kriegen sie ne Hochzeitsnacht, volles Programm mit Stellungswechsel und am Besten noch mit nach Hause und ohne Kondom."

Doro definiert ihre Tätigkeit als Arbeit und untermauert diese Sicht argumentativ mit der extremen Arbeitsbelastung, der sie ausgesetzt ist. Dabei bedient sie sich gängiger Stereotype über den Nutzen von Prostitution.

„Ja, natürlich ist das Arbeit. Eindeutig. Ich habe letztens die Diskussion mit jemandem gehabt, er ist Bäcker und … wie du, ich habe machst blasen, blasen, da höre ich schon wie. Er meinte er arbeitet hart. Und ich mache mir so einen Lenz und so weiter. Ich sage, meinst du ich arbeite etwa nicht. Ich sage, ich laufe hier stundenlang manchmal 24 Stunden lang durch die Gegend, bin froh, wenn ich Schuhe wechseln kann, habe dicke Füße, habe den Mund fusselig geredet, habe irgendwelche Nervtypen und psychologisch, wie ich irgendwie ich denjenigen anpacke, damit ich ihn mitkriege. […] Deswegen frage ich mich, warum die das hier irgendwie abschaffen wollen, also die sollen echt froh sein, dass wir Frauen hier rumlaufen und dass wir da sind. Sonst würden die Männer, ey, was für perverse Ideen die manchmal haben, so Vergewaltigung vorspielen und hast du nicht gesehen, die würden sich sonst irgendwann eine Frau auf der Straße schnappen."

Ein Teil von Doros Arbeitsaufgaben ist durchaus vergleichbar mit den Tätigkeiten in anderen Dienstleistungsbranchen.

„Manchmal ist es ja ganz nett und ok und dann mach man sich gern unterhalten aber manchmal muss man sich echt irgendwelchen komischen Dreck anhören, tut mir leid, aber ist dann wirklich so, dass ich fragen muss, was will der mir jetzt eigentlich erzählen und man muss nett und freundlich bleiben und ja, da ist ja viel Psycho-, ja wie so eine Therapeutin hier manchmal auch so"

Aufgrund ihrer enormen Arbeitsbelastung auf der Straße kann sie selbst einem Job, bei dem sie sich fast zu Tode hungerte, positive Seiten abgewinnen.

„Ja und dann weiß ich, hatte ich mal einen Freier gehabt, der stand so auf dünne auf nur Haut und Knochen und brauchte dann nicht anschaffen gehen, das war schön, das führte dann soweit, dass ich so dünn war, dass ich Herzklabastern hatte, Bauchspeicheldrüsenentzündung mit dem Notarztwagen Intensivstation, Notoperation praktisch."

Alter wird von Doro als wichtige Kategorie der Diskriminierung in ihrem Arbeitsumfeld beschrieben.

„Ich [...] meine ich werde auch älter und die Typen, die hier in [im Stadtteil, K.S.] rumlaufen, die wollen ich sage mal auf gut deutsch, junge, frische Kinder, also das ist offensichtlich. Die laufen den jungen Mädchen hinterher, je jünger umso besser, also ich bin 34 also nä, schon lange hier praktisch und natürlich nicht mehr interessant."

Eine strategische Erleichterung ist es, eine Stammkundschaft zu haben und Geld anzusparen. Das hilft ihr die hohen Lebenshaltungskosten aufzubringen, die sich nicht nur aus den hohen Heroinpreisen ergeben, sondern auch z.B. wegen der Unterbringung im Hotel entstehen.

„Natürlich habe ich Stammgäste, die immer wieder kommen, aber die sind natürlich nicht jeden Tag da. Ja und dadurch natürlich jetzt angefangen bin, mir mein Geld sammeln und mir natürlich einen Beutel Schore holen sozusagen und dadurch mir dann das Meiste finanziere, sprich Hotel, Essen oder dies und das und jenes nebenbei. Was heißt nebenbei, wenn einer kommt und gut zahlt, dann einen Gast mache aber das macht einiges auch schon ein bisschen einfacher."

Aufgrund ihrer Unerfahrenheit und der geringen Unterstützung durch damalige Kolleginnen am Anfang ihrer Tätigkeit hat Doro viele schlechte Erfahrungen selbst machen müssen. Sie hat daraus die Konsequenz gezogen, junge Kolleginnen in die Arbeit einzuführen.

„[...] ja, wäre, wäre ich froh gewesen damals. Ich habe auch teilweise versucht, irgendwo anzudocken und denn aber dann eben so, ja dann das Gefühl hatte, so es waren vielleicht auch die verkehrten so, ich mochte dann auch nicht als doof oder es wurde nicht drauf eingegangen. Und dann ok habe ich gedacht, beiß dich so durch. Plötzlich sehe ich dann junge Mädchen hier und dann sehe ich das und dann versuche ich denen immer irgendwie ein büschen zu erzählen und so und so und Geld vorher und nä, so, weil ich echt auch einige unangenehme Erfahrungen machen durfte. Und das erste Mal, dann kriegst du kein Geld und das sind echt, gibt nichts Schlimmeres, diese Verarschung und so. Und das sehen die jungen Mädels auch, die sind gerade erst angefangen irgendwas, ich will nicht Mutter Theresa spielen oder was, aber ich wäre froh gewesen, wenn mir vielleicht jemand so ein büschen versucht hätte."

Doro verweist auf die Individualisierung und Vereinzelung innerhalb der Szene, die sie hier in Zusammenhang mit den strukturellen Bedingungen reflektiert.

„[...] ich glaube, das hat auch viel mit der Politik, keine Ahnung, es ist auch das Geld immer weniger Geld. Jeder muss gucken wie er klar kommt, jetzt auch die Freier und so weiter. Jeder ist mit sich selber beschäftigt und muss gucken, wie er zu Recht kommt."

In der folgenden Passage grenzt sich Doro scharf von rumänischen Sexarbeiterinnen ab und entsolidarisiert sich ebenfalls. Sie nimmt das Stereotyp der minderjährigen Prostituierten und der „alten Kupplerin" auf, um ihre Argumentation zu unterstützen. Dabei argumentiert Doro mit rassistischen Bildern, sie partizipiert an einem rassistischen Herrschaftsverhältnis und beruft sich außerdem auf eine nationalistische Ideologie.

„Mit manchen Frauen ja, mit manchen Frauen nicht. Die kapieren es auch nicht. So dann sind ja jetzt auch wieder viele rumänische Weiber hier, die für 10,- Euro alles machen. [...] Aber da laufen minderjährige Mädchen rum, wo eine ältere Frau das Sagen hat, die das Geld kassiert, das ist wirklich so, das habe ich schon von Freiern gehört, die müssen machen, was die Freier wollen. Beziehungsweise die Ober-Guru-Tante da rein da und dann und dann wieder zurück. Ich meine, wo sind wir denn hier, wir sind hier in Deutschland und da kann es sein, dass da so was durchkommt."

Doro grenzt sich (nochmals) vehement von den Frauen ab, die für Crack alles machen. Sie bedient sich gängiger Stereotype über Crackkonsumentinnen und zeigt die Verschränkung mit der Strukturebene auf, indem sie auf die Gefahr des Machtzuwachses auf der Kundenseite verweist.

„Stein, scheiß Stein, Stein, Stein. Es gibt einige Trullas, die sind oberaffig aber kaufen sich Stein und kotzen in die Ecke, es ist so was, keine Ahnung, das ganze Gehirn ist kaputt, ich weiß nicht, ich verstehe das nicht. Für Stein machen sie alles, ich weiß es nicht. Ein Typ könnte sich hier einen Krümel hinkleben, die krabbeln auf allen Vieren hinterher. Für mich unbegreiflich und dementsprechend kommen mir natürlich dann auch solche Typen entgegen und meinen dann natürlich, die macht das auch, warum nicht."

### 6.1.5 Subjektkonstruktionen von Magdalena F.

*Profil und Feldnotizen*
Magdalena ist 32 Jahre alt und gelernte Erzieherin. Sie erhält Sozialleistungen aus dem SGB II, und seit 2 Jahren ist die Szene Magdalenas Lebensmittelpunkt. Sie berichtet, dass für sie keine Trennung zwischen einem Privatleben und der Szene existiert. Sie raucht Crack und Heroin im Wechsel. Magdalena war sehr verschlossen, und es war ihr peinlich das Interview zu führen. Ich spürte, dass sie sich in dieser Situation sehr unwohl fühlte. Dieses Gefühl blieb über die Dauer des Interviews präsent. und sie war offensichtlich sehr froh, als ich sie fragte, ob wir es beenden wollen. Ich musste sehr viel nachfragen und Magdalena kam nicht in einen Erzählfluss. Nachdem ich das Aufnahmegerät ausgeschaltet hatte, sprach Magdalena über ihre sehr klaren Vorstellungen, was ihr helfen könnte. Sie schlug unter anderem eine mobile Hilfe in Form eines Busses vor und meinte, dann wäre es leichter den Absprung zu schaffen. Die SpGVo und das BtMG bezeichnete sie eindeutig als Auslöser von massivem Dauerstress und damit als Haupthindernisse beim Versuch ihre Situation zu verändern. Ich habe für Magdalena drei zentrale Subjektkonstruktionen herausgearbeitet:

1. Widersetzung: Widersetzung aus Resignation,
2. Drogenkonsum: Drogenkonsumierende Anschaffende (verbindet Konsum fast ausschließlich mit Arbeit und umgekehrt),
3. Sexarbeit: Frau, die mit ihrem Leben nicht so richtig klar kommt.

### Die Subjektkonstruktion Widersetzung aus Resignation

Magdalena benennt die soziale Anlaufstelle als wichtige strukturelle Unterstützung, um ihre Arbeit beginnen zu können, da sie diese ohne Konsum nicht ertragen könnte.

„Also, der Tag beginnt so, wenn ich hier ankomme, dass ich meistens erstmal zusehe, meinen Affen tot zu kriegen. Dann bin ich meistens erst im Y. Und gehe dann hier rüber und stelle mich meistens so auf ohne feste Verabredungen oder so in meine Ecke. Ich habe hier am [Platz im Stadtteil, K.S.] im Moment eine bestimmte Ecke, wo ich mich hinstelle, einen festen Platz sozusagen, aber ich kann nicht ohne vorher was genommen zu haben hier her gehen. Also nicht im klaren Kopf oder so, das würde ich gar nicht irgendwie ertragen. [...] Ähm, ja, ich versuche so ein bisschen auf Durchzug zu schalten, in das eine Ohr rein, in das andere Ohr wieder raus und brauche halt dementsprechend viel. Also, umso mehr ich nehme, umso weniger ist meine Hemmschwelle oder umso weniger stört mich das. Und umso schneller und besser - in Anführungsstichen - kann ich auch arbeiten oder mich irgendwie, na wie soll ich das sagen, mich anbieten oder was weiß ich, wie ich das sagen soll.‘‘

Magdalena muss Drogen konsumieren, um die gesellschaftliche Abwertung zu ertragen.

„Also nicht im klaren Kopf oder so, das würde ich gar nicht irgendwie ertragen. So die Anwohner hier in den Straßen, die also beachten uns teilweise absichtlich herablassend und gehen an uns vorbei und bringen dumme Sprüche und das im klaren Kopf irgendwie so hinzunehmen ist irgendwie schwierig, auf Dauer.‘‘

Magdalena sieht sich zwar durch die Exekutive behindert, aber viel schlimmer findet sie das Verhalten der anderen Frauen, von diesen grenzt sie sich ab.

„Also die Polizei erschwert mein Leben hier auf St. Georg ganz klar. Ähm, das Verhalten anderer Mädels teilweise. Also die machen viel kaputt, so dass ähm, dass du abgestempelt wirst als Abzieherin und AIDS-Kranke, Crack-Nutte, die für fünf Euro bumsen geht und solche Geschichten, dieses Bild erschwert vieles.‘‘

Interessanterweise äußert sie dann, dass ihr die Abwertungen egal seien, was im Widerspruch zu ihrer Argumentation steht, dass sie ohne Drogen nicht arbeiten kann, was heißen würde, die Abwertungen sind ihr nicht egal, sonst könnte sie diese im nüchternen Zustand ertragen.

„Aber es wäre natürlich nicht schlecht, wenn es nicht ganz so derbe wäre. So dass, so dass man viel mehr als vorher dafür tun muss, um dieses Bild halt zu widerlegen. Aber, eigentlich ist es mir egal, wie die anderen [AnwohnerInnen des Stadtteils, K.S.] mich sehen.‘‘

Magdalena schafft nur an, weil sie Drogen konsumiert, definiert dies aber trotzdem als Arbeit. Wichtig sind ihr die Rückzugsräume auf der Szene.

„Also, wenn ich nicht drauf wäre, dann würde ich niemals anschaffen gehen. Ich sehe es oder könnte es auch als Beruf sehen und finde es auch ok. Für die Frauen, die es für sich privat als Beruf sehen und das Geld aufbessern. Aber für mich persönlich ist es eine Überwindung und ein Muss. Aber, doch es ist ein Job, auf jeden Fall. Ich habe keinen festen Arbeitsrhythmus oder so, aber so was wie so einen Raum, wo man sich zurückziehen kann oder so für eine halbe Stunde, das wäre schon nicht schlecht. Also Einrichtungen hier, wie [benennt drei verschiedene soziale Drogeneinrichtungen, K.S.]."

Die Substitution erleichterte ihre Situation, allerdings ist sie aktuell nicht substituiert, da sie sie gegen die Regularien der Substitution verstoßen hat.

„Ja, da war ich noch substituiert also war nicht drauf angewiesen regelmäßig hier her zu kommen und mein Rhythmus so nach dem Affen, also so nach dem körperlichen Entzug zu richten. Ja, und dann habe ich meine Krankenversicherung verloren eine zeitlang und dadurch bin ich dann auch aus der Substitution rausgeflogen und habe mich jetzt zwar wieder drum gekümmert, um die ganzen Sachen aber krieg irgendwie die Kurve nicht so, zum Arzt zu gehen, den Arzt zu suchen und eine Apotheke und eine Ambulanz. Ich war in der Ambulanz und dann sind meine UKs nicht sauber gewesen und die schmeißen einen dann auch raus nach einer Zeit. Also ich schaffe es nicht, konstant ohne Beikonsum zu bleiben."

Die Frage, ob sie Teile ihres Alltags als widerständig bezeichnen würde, verneint sie und meint, sie sei eher resigniert.

„Nee, so als aufgeben und Resignation würde ich das eher sehen. Widerstand nicht, nee."

### Die Subjektkonstruktion Drogenkonsumierende Anschaffende

Magdalena plant ihren täglichen Arbeitsablauf und gibt ihm eine Struktur, jedoch bleibt sie abhängig davon, wie viel sie verdient und wie gut die Drogen sind.

„Ja, und meistens läuft es dann so ab, dass ich entweder ein paar Freier hintereinander mache, um eine gewisse Summe Geld zu haben, um längere Zeit dann wieder Pause machen zu können oder es läuft halt so, dass ich je nach dem, wie das Geld da ist, mir meinen Stoff besorge und dann gucke, wie lange es hält, um für das Nächste zu sorgen."

Da sie nicht substituiert ist, muss sie mehr arbeiten, weil sie mehr Geld für Drogen braucht. Seit zwei Jahren berichtet Magdalena über die Zunahme von Repressionen auf der Szene, die sich negativ auf ihre Arbeitsbedingungen und körperliche Verfasstheit auswirken.

„Und, jaaaaaa, also es ist schon im Gegensatz vor zwei Jahren zum Beispiel, hier wesentlich schwieriger geworden, hier Geld zu verdienen, weil du ständig in Bewegung sein musst und gucken musst, von wo kommen Streifen, wo wird kontrolliert, wo sind vielleicht Zivis und ähm, das nimmt einem so ein bisschen die Luft zum Atmen irgendwie so, also der Druck wird immer größer, immer größer und die Rückzugsmöglichkeiten sind, ähm ja, teilweise, weiß ich nicht, hast das Gefühl wie so ein gehetzter Hund von links nach rechts, die Polizei spielt Katz und Maus, ja und das Gefühl ist halt extrem geworden, im Gegensatz zu früher."

Durch diese strukturellen Veränderungen hat sie massive Verdiensteinbußen.

„Denn ich bin es eigentlich gewohnt immer ziemlich flott und fließend Geld zu haben und Geld zu machen. Und die wenigen Stammfreier, die noch da sind, die kommen meistens am Wochenende und das reicht halt nicht für die ganze Woche oder so. Also so viel zahlen die nicht mehr."

Magdalenas täglichen Lebenshaltungskosten belaufen sich auf 150,- bis 200,- Euro. Sie benötigt etwas Geld für die alltäglichen Dinge des Lebens, aber deutlich ist, dass die Drogen sehr teuer sind und einen Großteil der Kosten ausmachen.

„Na ja gut, da sind Zigaretten mit bei und vielleicht im Wert von 5,-/6,- Euro was zu essen und zu trinken, aber sonst, ja, wenn es gut läuft, merkbar gut läuft, heißt für mich alle halbe Stunde ein Freier und dann wieder Stoff besorgen. Also ich lebe von der Hand in den Mund und dann leiste ich mir Klamotten und Kosmetik und so Kleinigkeiten aber nichts wirklich Größeres. Und es nicht möglich hier wegzukommen. Du bist irgendwie hier gebunden an diesen Kreislauf, bis du irgendwann nicht mehr kannst nach zwei, drei Tagen, dann siehst du zu, dass du schläfst, und dann geht das Spiel wieder von vorne los."

Seit zwei Jahren ist der informelle Drogen- und Sexmarkt Magdalenas Lebensmittelpunkt. Das stimmt sie traurig, und sie wünscht sich eine stärkere Trennung zwischen der Szene und dem Privatleben. Durch die strukturelle Diskriminierung auf dem ersten Arbeitsmarkt entsteht ein Bedingungsgeflecht von Identität und Struktur, für welches letztendlich keine Auflösung erkennbar ist, denn die Diskriminierung steht in Wechselwirkung mit ihrer Frustration und Resignation.

„Ich habe meinen Job verloren, bin arbeitslos geworden also gekündigt worden, weil viele Stellen in der Zeit eingespart wurden und gekürzt wurden überhaupt in allen möglichen Bereichen, und nach zwei Monaten Arbeitssuche, ist mir dann irgendwann so die Decke auf den Kopf gefallen, dass ich irgendwie total frustriert und unzufrieden war und gesagt habe, ich habe keinen Bock mehr und scheiß auf alles und haue mir die Birne wieder dicht. Und dann bin ich losgefahren und es fing wieder an, schleichend an, bis ich dann halt jeden Tag hier war."

***Die Subjektkonstruktion Frau, die mit ihrem Leben nicht so richtig klar kommt***
Magdalena ist zwar nicht wohnungslos, jedoch verhindert ihre aktuelle Wohnform jegliche Möglichkeiten eines privaten Rückzugs.

„Ich wohne bei einem Freier seit zwei Jahren ungefähr und da bin ich gemeldet, postalisch und so weiter aber einer eigenen Wohnung oder so, einen wirklichen Rückzug hast du da nicht. Ist halt eben mit Gegenleistung. Ich wohne bei ihm und dafür machen wir halt Sex unregelmäßig."

Durch dieses Wohnarrangement mit dem Freier versucht Magdalena ihrer Angst vor dem Alleinsein zu kompensieren.

„Also, was eigenes ja so ein Punkt wo ich mich Zuhause fühle schon [das wünscht sie sich, K.S.] aber ich weiß aus Erfahrung, dass ich mit dem Alleinsein gar nicht so wirklich klar komme. Ich würde die Wohnung nicht wirklich zum Wohnen benutzen. Zum umziehen, duschen, waschen und wieder weg gehen und schlafen höchstens. Also ich bin nicht gern alleine."

Magdalenas Gefühl des Alleinseins resultiert unter anderem daraus, dass sie kein soziales Netzwerk hat.

„Ja, es gibt schon ein paar Personen, aber ich würde es, das Wort Freundschaft hier in der Szene nicht in den Mund nehmen, weil hier die eine der anderen die Butter auf dem Brot nicht gönnt. Und das ist auch bei den Personen, bei den Frauen so, die ich als engere Bekannte oder Bezugspersonen bezeichnen würde. Einerseits ist es ok und entspannt ein bisschen, eine zeitlang mit der zusammen zu sein, aber es ist immer so ein Rest Misstrauen. Also so wirklich, nee, nee, da gibt es keine Person. Nee."

Magdalena konstruiert sich als Frau, die mit ihrem Leben nicht klarkommt, weil sie aufgrund ihres Drogenkonsums gezwungen ist, sich zu prostituieren.

„Ich sehe mich als Frau, die mit ihrem Leben irgendwie nicht so richtig klar kommt. Ja. Wie soll ich das anders bezeichnen? Weil für mich eben dieses Leben hier mit der Prostitution nichts wäre, was ich ohne Drogen machen würde. Also ich mache es nicht wirklich gern."

Sie lehnt zwar das Normale ab, wünscht sich aber Normalität statt des Szenelebens. Magdalenas ambivalente Position zur Normalität und die Verschränkung zwischen Lebensrealität und der Repräsentationsebene (die „ganzen Normalen") werden im folgenden Zitat sichtbar.

„Nein, nein, nein, nein, also, diese ganzen Normalen, die sind für mich nichts, also ich beneide die teilweise. Ich würde auch lieber wieder so ein normales Leben führen als hier rumzuhängen. Aber andererseits kann, weiß ich nicht, kann ich im Moment nicht, oder kriege die Kurve nicht, auf Stoff zu verzichten."

Durch den Stress auf der Szene kompensiert Magdalena die Angst mit sich allein zu sein, und ihr Alltag bekommt eine, wenn auch destruktive Struktur.

„Ich kenne nur diesen Ablauf, diesen Rhythmus, das Jagen, dieses Gehetztsein und das unter Stress sein und wenn du auf einmal alle Zeit dieser Welt hast, dann weißt du gar nicht, was du machen sollst. Weil du dir vorher halt nicht wirklich einen Plan gemacht hast. Oder keine Aufgaben hast. [...] Angst, ah...ja und es stellt sich sofort ein Gefühl von Gehetztsein ein. Unter Stress. Ich muss los, ich muss los, ich muss Geld machen. Ich weiß nicht, wie ich das beschreiben soll oder das Gefühl ausdrücken soll."

Allerdings verliert sie sich in dieser Struktur, denn das momentane Leben bietet ihr keine Perspektive.

„Nee, nee, das ist mein Problem, ich habe null, null Perspektive. Ich weiß es nicht, echt nicht."

## 6.1.6 Subjektkonstruktionen von Sara E.

### *Profil und Feldnotizen*

Sara ist 52 Jahre alt. Sie war an diesem Abend meine letzte Interviewpartnerin. Unbefriedigend war, dass wir gezwungen waren das Interview sehr abrupt zu beenden, da die Anlaufstelle schließen musste. Sara war sehr freundlich, wirkte aber sehr müde und kraftlos, was sie auch mehrfach betonte. Mein erster Eindruck war, dass sie sehr angepasst ist, aber dies mutet eher wie eine Strategie an, um mit den Widrigkeiten in ihrer aktuellen Situation zurecht zu kommen. Sie konstruierte sich als sehr gutmütig, aber auch als jemand, die sich Selbst im Blick hat. Das formuliert sie ganz deutlich, denn es ist ihr wichtig, für sich selbst zu sorgen. Für sie gibt es klare Regeln im Umgang mit Anderen, die sie einhält. Sie begründet das damit, dass auch sie nicht von Anderen verletzt werden will. Aktuell ist sie ohne festen Wohnsitz (ofW gemeldet) und lebt in einem Hotel, das 27,- Euro die Nacht kostet, was einer monatlichen Miete von 821,- Euro entspricht. Ich habe für Sara drei zentrale Subjektkonstruktionen herausgearbeitet:

1. Widersetzung: Widersetzung zwischen Selbstbestimmung und Strategie,
2. Drogenkonsum: Drogenkonsumentin fühlt sich menschlich,
3. Sexarbeit: Anschaffen ist das älteste Gewerbe versus Straftat.

### *Die Subjektkonstruktion Widersetzung zwischen Selbstbestimmung und Strategie*

Die verschärften Polizeikontrollen verschlechtern die Arbeitsbedingungen von Sara. Sie beschreibt, wie sie damit umgeht.

„Das hat sich rumgesprochen, auch bei der Kundschaft, dass hier extrem Polizeikontrollen sind und deswegen ist natürlich auch rar, dass die Leute hier runter kommen und ja man muss halt, ich stehe da und bin die ganze Zeit am gucken, gucken, gucken und sobald ein Polizeiauto kommt, sobald eine Streife kommt oder sie kommen auch zu Fuß, dann bewege ich mich. Also solange man in Bewegung bist, halten sie dich auch nicht an. Aber wenn sie sehen, dass du mit anderen Frauen redest oder dass du stehen bleibst, dann kommen sie und halten dich an und funken durch."

Es wird immer schwieriger für sie, Kunden zu akquirieren, die eigentliche Dienstleistung hat sich für Sara nicht verändert.

„Aber ansonsten, ich meine das Arbeiten ist nach wie vor genau das Gleiche. Und man kann auch noch ein bisschen mehr machen. Man kann, wenn man die Leute erst Mal oben auf dem Zimmer hat, kann man kobern und wenn es denen gefällt, dann klappt das ja auch meistens. Aber im Großen und Ganzen ist es wahnsinnig schwierig geworden."

In ihren Antworten benennt Sara die Wechselwirkung zwischen der Struktur- und Identitätsebene in Bezug auf die Reglementierung der Prostitution durch die SpGVo, indem sie ihren stressigen Arbeitsalltag beschreibt.

„Ja, Wegfall der Sperrgebietsverordnung, das auf jeden Fall würde helfen. Natürlich klar. Weil das macht ja hier das Arbeiten am Schwierigsten. Sie wissen und es ist auch bekannt, aber man darf es nicht. Und wenn sie dich dann stundenlang hier sehen, dann kommen sie und scheuchen dich weg, weil du dich prostituierst. Und andererseits es sind ja Stichproben, sie gehen ja, gerade so, wie es ihnen gefällt. Manchmal denke ich auch es ist viel Willkür dahinter. Weil sie mögen ja schon ein bisschen schikanieren und, und, und. Weil den Rattenschwanz, den kennen die auch, wenn man kein Geld hat, keine Drogen, keine Drogen heißt gleich sich schlecht fühlen, sich unmenschlich fühlen. Aber ich denke, wenn sich da die Gesetze ändern würden, dann würde das alles entfallen."

Aufgrund der massiven Belastungen hat Sara die Idee, eine Pension für ältere DrogengebraucherInnen einzurichten. Sie fordert die strukturelle Unterstützung für eine hoch belastete und marginalisierte Gruppe ein, der sie sich zugehörig fühlt.

„Und ich finde ja, wenn du 20 oder 30 Jahres deines Lebens mit diesem extremen Stress verbracht hast, Beschaffung, Konsum und, und, und, dann finde ich das schon in Ordnung, weil gerade wenn man älter wird und das werden ja alle, ich meine jetzt so ist meine Generation, damals fing das an mit den harten Drogen, dass die so verbreitet sind und die sind jetzt eben in dem Alter zwischen 40 und 60 und das höre ich immer wieder, man wird müde. Man kann auch nicht mehr so, wie man konnte, das ist ja ganz klar. Und da finde ich das auch in Ordnung, dass man sagt, die Leute sollen jetzt noch die letzten 10 oder 15 Jahre ganz in Ruhe verbringen und auch ein bisschen was vom Leben genießen können. So eine Art Pension weißt du. (lacht)"

Sara hat klare Arbeitsstandards, und sie wehrt jeden Versuch seitens der Kunden ab, diese zu unterlaufen.

„Und seit es den Stein hier gibt, sind auch viele Kunden der Meinung, sie müssten mich damit bezahlen. Die nehmen dich dann mit und da ist Geld gar kein sprechen, da wird das auf den Tisch gelegt und dafür hat es sich, da muss da erst mal klar Fronten schaffen und sagen, dass das nicht geht. [...] Ja, das schaffe ich. Ja. Weil, das möchte ich nicht. Ich möchte nicht jetzt für Drogen mitgehen. Ich möchte schon Geld dafür haben. Und das, dass ich mir die Drogen selber kaufe. Dass ich das selbst im Griff habe."

Sara berichtet, dass der Straßenstrich keine Möglichkeit für ein strukturelles Sicherheitsnetzwerk bietet, was sie unter anderem mit allgemeinen Individualisierungstendenzen verbindet.

„Es ist ja eigentlich auch unmöglich aufeinander zu achten. Ich meine gut, ich kann mir die Auto-Nummer merken, wenn jemand einsteigt und kann dann, wenn er nach zwei Stunden noch nicht zurück ist zur Polizei gehen und das melden. Aber da habe ich sie denn doch trotz allem nicht beschützt oder sie gerettet oder sonst was, in zwei Stunden kann viel passieren. Ich kann unmöglich mitfahren, das ist schon mal von dem Aspekt gesehen, gar nicht machbar. Im Hotel oben passieren auch Sachen, weil die sind auch recht ignorant, die da arbeiten, weil die denken vielleicht das gehört dazu wenn man lauter wird oder ignorieren das. Also es ist doch jeder sich selbst der Nächste. Jeder guckt erst mal für sich und wenn also wenn es manchmal den Eindruck erweckt, dass es hier ein großes Miteinander oder dass der Eine auf den Anderen aufpasst, dann ist es auch immer damit verbunden, dass der Hintergedanke da ist, der Andere der hat, wo man davon profitieren könnte. Es ist nichts Echtes, es ist alles oberflächlich. Es achtet keiner auf den Anderen."

Sara fühlt sich als Angehörige der informellen Drogen- und Sexökonomie nicht diskriminiert.

„Ich doch, ich denke, ich finde schon, dass ich Rechte habe, und ich kann auch meine Rechte wahrnehmen. Wenn ich das Ganze zum Punkt bringe, wenn ich genau weiß, worum es geht, dann weiß ich auch nicht, was dagegen spricht. Natürlich es wird versucht, es wird auch von der Staatsmacht versucht. Ich habe jetzt die Erfahrung noch nicht gemacht, dass sie mich als Person irgendwie, ja dass sie mich behandeln als wenn ich ein anderer Mensch wäre wie andere Menschen. Es ist bekannt, ich bin Konsument, man sieht mich hier auch, wird auch bekannt sein, dass ich hier arbeite, aber ich bin nicht ohne gewissen Respekt behandelt worden oder so. Kann ich nicht sagen. Auch wenn man mich mal kontrolliert hat, hat man mir ganz normal und sachlich gesagt worum es geht. Also hat mich da nicht irgendwie spüren lassen, was ich bin oder dass ich weniger bin."

Sie führt die nicht vorhandenen Diskriminierungserfahrungen auf ihr Verhalten und ihr Alter zurück, welches sie als positive Differenzkategorie markiert. Sie grenzt sich damit von der Situation junger Frauen ab.

„Weiß nicht woran, liegt glaube ich auch an jedem Einzelnen, wie er sich benimmt, wie er sich verhält, wie weit man jemanden an sich rankommen lässt mit einer, wenn ich eine gewisse Distanz zu spüren vermittle, also dass der Andere das auch wahrnimmt, dann denke ich schon, dass das auch machbar ist. Vielleicht liegt es auch am Alter, dass sie mit einem nicht so umgehen wie vielleicht mit einer 20-jährigen oder so, dass da anders gesprochen wird, ich weiß es nicht. [...] Ich meine, dass ich doch ein ganz einfaches Ding, guck mal, wenn ich jetzt mit dir abfällig rede, dass da keine schmeichelnde oder liebevolle Resonanz kommt, ist doch ganz klar, dass du dann auch einen gewissen Ton anschlägst, ist auch normal. Und wenn ich zum Beamten sage, hör mal zu du Arschloch, warum hältst du mich schon wieder an, dann wird der auch dementsprechend reagieren. Aber wenn ich ganz normal mich verhalte, ich habe die Erfahrung noch nicht gemacht. Dass trotzdem provoziert wurde oder so, kann ich nicht sagen."

Allerdings ist Sara trotzdem von staatlichen Sanktionen betroffen, die sie allerdings nicht ernst nimmt und strategisch mit ihnen umgeht.

„Ich meine, mit ihren Platzverweisen sind sie schnell, aber in Gottes Namen, dass irgendwie ob die Platzverweis geben oder die Linde rauscht, (lacht) man geht ja trotzdem, weißt du und das wissen die ja auch und sie können dir ja nicht verbieten, ich wohne da oben im Tower, die können mir nicht verbieten auf der Straße zu laufen. Und ob ich hier Geld mache oder nicht, das kriegen die gar nicht mit. Auch wenn ich mit jemanden mal in irgendeine Richtung zu Fuß gehe, solange die mich nicht dabei sehen, wie ich Geld kriege für eine Dienstleistung, können die mir gar nichts."

### Die Subjektkonstruktion Drogenkonsumentin fühlt sich menschlich
Sara hat eine Identität als Drogenkonsumentin und konstruiert sich als undiszipliniert.

„Ich meine, ich als Drogenkonsument, ich denke, anderen geht es genauso, bin ja wenig diszipliniert, was die Droge betrifft und umso mehr man verdient umso mehr konsumiert man."

Sie begründet ihre Disziplinlosigkeit jedoch direkt mit der unerträglichen Situation, in der sie lebt.

„Anstatt dass man das zur Seite legt, aber das ist irgendwo unmöglich, weil das Geld, das wird immer gleich umgesetzt in Heroin oder Stein und andererseits auch um das hier besser ertragen zu können."

Während Sara sich gegen die SpGVo ausspricht, befürwortet sie das BtMG, obwohl sie von beiden Gesetzen negativ betroffen ist. Sara verweist hier auf das Normativ der notwendigen individuellen Disziplin und die Möglichkeiten der Substitution, obwohl sie sich selbst als undiszipliniert konstruiert. Diese Unterwerfung unter eine Norm steht indirekt auch im Widerspruch zu der Idee, eine Pension für ältere DrogenkonsumentInnen zu eröffnen.

„Also keine Sperrgebietsverordnung, für Freigabe von Betäubungsmitteln bin ich gar nicht, muss ich ehrlich sagen. Weil nee, es gibt ja die Substitution, das ist ja nicht viel anders. Das ist ein Drogenersatz, nur da liegt es natürlich auch an der Disziplin jedes Einzelnen."

Sie hinterfragt dann allerdings selbst die Reglementierung der Substitution.

„Am Anfang musst du jeden Tag zur Ambulanz, du musst klar und nüchtern dort ankommen, es werden Stichproben und UKs gemacht und, und, und. Und daran scheitert das schon. Das heißt, also wenn man in der Substitution ist, dann geht es einem ja weitaus besser. Nur es bleibt nicht aus, dass man trotzdem diesen Stein konsumiert. Da gibt es keine Substitution für."

Es wird deutlich, wie stark der Drogenkonsum mit Saras Subjektkonstruktion verwoben ist, wobei Sara sich durchweg positiv bewertet. Umso unverständlicher ist ihre Sichtweise auf das BtMG.

„Ich bin schon über 20 Jahre drauf. Und die drei Monate wo ich [sozialtherapeutische stationäre Drogeneinrichtung, K.S.] war, das war alles mühsam. Es fällt mir ohne Drogen alles schwer. Es fällt mir schwer irgendwie was sauber zu machen, was in Ordnung zu halten, mich selbst in Ordnung zu halten. Ich habe da irgendwie gar keine Motivation. Und das, das ist es auch so ein bisschen, mal wieder richtig durchstarten können. Wie so ein Auto, das kein Benzin mehr hat und auf den letzten Rest so vor sich her tuckert. [...] Einfach das Gefühl mit der Droge ist irgendwie so tief eingebrannt bei mir. Ich fühle mich damit einfach am Menschlichsten und am Besten. Das ist ja nicht so, dass ich konsumiere bis zum Umfallen, dass ich nichts mehr schnall oder wie manche da stehe und gar nicht mehr weiß, was ich tu. Ich habe also, ja nehme ich an, einen klaren Kopf so weit und ich weiß auch was ich tu. Aber es, ohne Drogen, es, es fehlt mir was, es fehlt mir was ganz Extremes. Es fehlt mir eine Art Lebenselixier, was ich brauche für mich. Um ganz normal Gas zu geben, nicht dabei einzuschlafen oder."

Sara bedient sich klassischer Stereotype, wenn sie vom „arabischen Dealer" und seiner jungen Freundin spricht, die für diesen die Drogen verkauft.

„[...] obwohl die jungen Frauen, die tendieren eher dazu, sich mit jemanden von den Dealern vom Drop anzufreunden. Das sind ja überwiegend Araber und ja und das, das findet man immer mehr, dass die so mit den zusammen mauscheln und dann für die verkaufen und so auch ihren Konsum finanzieren. Aber da muss man auch den Nerv, das hat man wahrscheinlich auch nur wenn man jung ist, die Nerven dafür."

Trotz aller positiven Zuschreibungen an ihren Drogenkonsum beschreibt sie diesen auch als eine Struktur, die ihr Leben erschwert.

„Was mein Leben erschwert ist ganz klar die Droge. Der Drogenkonsum jeden Tag, die Beschaffung, der Erwerb, die Beschaffung von Geld, der Erwerb der Droge, das erschwert mein Leben. Weil sich der ganze Tag und die halbe Nacht und auch anders herum, nur darum dreht, es ist, es bleibt hier dieser kleine Kreis, in dem man sich bewegt und ich nehme mir zwar immer wieder vor, ich mache das oder das oder das aber im Endeffekt läuft es wieder auf dieses hier hinaus. Weil immer irgendetwas fehlt. Entweder es fehlt Geld oder es fehlt Droge. Oder man ist nicht ausgeschlafen oder irgendwas passt immer nicht. Also, da muss man schon ganz weit weg wieder entgiften und neu durchstarten."

### Die Subjektkonstruktion Anschaffen ist das älteste Gewerbe versus Straftat
Da Saras Arbeitsbiografie nicht der gesellschaftlichen Norm entspricht, bekommt sie keine Wohnung. Die daraus resultierende Obdachlosigkeit ist für sie sehr belastend.

„Und ich finde es ist auch wichtig ein Dach über den Kopf gerade zum Ausruhen und. Ja, also was mir am Meisten zu schaffen macht, ist eben dass ich keine feste Wohnung habe. [...] Und da bin ich auch schon, ich bin seit zwei Jahren jetzt wieder in Hamburg am Suchen aber es ist unglaublich schwer ohne festen Job und so."

Ihr Arbeitsalltag ist routiniert, jedoch gleichzeitig unstrukturiert und körperlich überaus belastend, da sie keine Möglichkeit hat, sich auszuruhen. Der Druck, permanent Geld verdienen zu müssen, weil sie keine andere strukturelle Absicherung hat, als die unmittelbar finanzierbare, bedingt eine Rastlosigkeit, die sich massiv auf Saras Körper auswirkt.

„Ja und der Alltag hier ist eigentlich immer das Gleiche, es wiederholt sich immer. Ich stehe auf, wenn ich ausgeschlafen habe, das kann morgens um sieben sein, das kann abends um sechs sein, das kann mitten in der Nacht sein. Ich gehe ja auch erst dann ins Bett, wenn es gar nicht mehr anders geht und dann ist es meistens so, dass ich noch ein bisschen Geld überbehalten habe, dass ich meinen Affentöter zusammen kriege und dann konsumiere ich erst einmal, dass ich auf die Beine komme, und dann stell ich mich hier runter. [...] Manchmal steht man auch Stunden hier unten. Also heute ist wieder so ein Tag, da läuft so gut wir gar nix. Und wenn, meistens drehen sich die Preise eh zwischen 20,- und 50,- Euro. [...] So am Schlimmsten finde ich ja, dass man sich körperlich verschleißt und manchmal gar nicht zur Ruhe kommt, und wenn man zur Ruhe kommt, keine Gelegenheit oder keinen Platz wo man sich hinlegen kann. Im Hotel ist es ja auch so, wenn du nicht bezahlt hast, den vollständigen Preis, dann darfst du dich nicht drin aufhalten."

Sara verweist im Interview auf den Zusammenhang zwischen einer repressiven Struktur und ihrem schlechten körperlichen Zustand, obwohl sie an andere Stelle meint, dass die Platzverweise unproblematisch seien.

„Als Konsument ist man bekannt und dann erteilen sie meistens Platzverbot oder Aufenthaltsverbot und das ist dann ganz extrem schwierig, weil das Geld ist nicht da für die Droge und man weiß es geht noch ein paar Stunden und dann geht es einem auch nicht mehr gut. Also woher nehmen und dann schleicht man hier rum und guckt doch sein Geld zu machen und dass sie einen nicht erwischen. Weil sonst gehst du rein bis neun Uhr morgens."

Allerdings bedient sie sich auch für die Erklärung der Razzien durch die Exekutive im Stadtteil eines rassistischen (antiziganistischen) Stereotyps.

„Eine Zeit hatten sie doch als die Bulgaren- und Polen-Frauen so sehr die Gäste beklaut haben also als die richtig gewütet haben, da sind sie sogar bis ins Hotelzimmer rein und haben geklopft an der Tür, das habe ich auch schon erlebt. Aber in letzter Zeit ist es wieder recht ruhig geworden, vielleicht ist es die Ruhe vor dem Sturm, weiß ich nicht."

Bezüglich ihrer Kunden verweist Sara auf gängige Stereotype über die „ausländischen Freier". Deutlich wird die Wechselwirkung zwischen dem auf der Strukturebene angesiedelten Preisverfall auf dem Straßenstrich und der Repräsentationsebene, die lediglich den „ausländischen Freier" abwertet, während die anderen, die Deutschen sparen und mit ihrem Geld rechnen müssen.

„Ansonsten also reich, reich werden kannst du auf der Straße nicht mehr. Früher, also ich habe von 20 Jahren schon in Hamburg St. Georg gearbeitet und war damals auch schon Drogenkonsument und habe aber trotz dem Konsum habe ich noch Geld über gehabt und konnte auch mein Zimmer zahlen und auch Essen gehen und es war ein ganz anderer, unter 50,- Mark, gar kein Sprechen. Und jetzt sind 20,- Euro manchmal zu viel für die Leute. Die Leute müssen sparen. Klar, sie wollen ihr Vergnügen auch aber viele rechnen dann auch in DM um, 20,- Euro, das sind 40,- Mark, also es kommt ja nahe dem, was man hatte und ja, es sind auch sehr, sehr viele Ausländer hier und die haben eh eine ganz andere Vorstellung, was das betrifft. Die denken dann für 10,- oder 5,- Euro oder was zu Essen würde da laufen. Ich habe schon mehrfach gehört, kommst du mit? Ich habe Essen ich habe Trinken Zuhause. Und das ist es ja nicht. Ich meine das bisschen Essen und Trinken, das kriegt man immer irgendwo her. Die haben auch eine ganz andere Vorstellung auch eine ganz andere Beziehungen zu den Frauen und was die dir anbieten, was du machen sollst für das Geld, ist teilweise ganz schon widerlich. Was die sich vorstellen für 20,- Euro."

Sara beschreibt ihre Arbeit als unerträglich und verweist darauf, dass diese nicht mit anderen Jobs vergleichbar sei.

„Weil, das ist ja ganz klar, im nüchternen Zustand ist es ja auch kaum erträglich. Es sei denn, du bist geboren dafür aber wer ist das schon. Es ist ja nicht ein Job wie jeder andere."

Trotzdem hat sie eine selbstbewusste Haltung zu der Arbeit.

„Für mich ist es ein Job. Ich sehe das als Job. Es ist das älteste Gewerbe, ich schäme mich dafür auch nicht. Und ja, was soll ich sagen, also manchmal denke ich, es ist schnell, schnell gut verdientes Geld, aber genau so schnell geht es natürlich auch raus."

### 6.1.7 Subjektkonstruktionen von Tracy A.

*Profil und Feldnotizen*

Tracy ist zum Zeitpunkt des Interviews 52 Jahre alt. Sie war sehr elegant und geschmackvoll gekleidet. Sie wirkte attraktiv, und ich spürte, dass sie sich wohl fühlt und anziehend findet. Mit ihrer Selbstsicherheit und ihrem Esprit schaffte sie eine sehr angenehme Gesprächsatmosphäre und ermöglichte mir einen komplikationslosen Einstieg in das Interview. Das Gespräch dauerte fast 1 ½ Stunden, und ich musste es leider aus Zeitgründen abbrechen. Tracy hatte einen großen Redebedarf, war aber trotzdem nie distanzlos und wahrte klar die Grenzen. Es gab zwei Erzählsituationen, in denen sie zu weinen begann. Ich habe dann das Aufnahmegerät ausgeschaltet und sie gefragt, ob wir das Interview abbrechen wollen. Tracy verneinte meine Frage und beruhigte sich dann sehr schnell. Als sie zu weinen anfing, war ich sehr verunsichert und emotional berührt. Meine Betroffenheit war so groß, dass ich sofort in die Rolle der Sozialpädagogin schlüpfte, was wiederum Tracy so eigenartig fand, dass sie sich vielleicht deshalb so schnell beruhigte. Tracy ist ein sehr freundlicher und einfühlsamer Mensch. Ihr Umgang mit anderen ist respektvoll, mir gegenüber war sie sehr aufmerksam und beobachtete mich genau, wie übrigens fast alle Interviewpartnerinnen. Tracy sprach sehr respektvoll von anderen Sexarbeiterinnen, und sie war eine derjenigen, die Andere nie abgewertet hat. Sie berichtete über die Konkurrenz zwischen den Frauen und äußerte gleichzeitig, dass sie die Anderen akzeptiere. So erwähnte sie explizit, nach dem Interview, dass sie auch den „Russenfrauen", die hier stehen, nicht den Platz streitig mache und sich immer woanders hinstelle, weil sie auch nicht wolle, dass ihr jemand den Platz streitig mache. Tracy hat eine Wohnung und betonte mehrfach, wie wichtig ihr diese als Rückzugsort sei. Sie möchte gern als Sexarbeiterin tätig sein und in eine Arbeits- und Rentenversicherung einzahlen. Gegenwärtig kann sie sich aber nicht anmelden, da sie Sozialleistungen aus dem SGB II bezieht und darauf auch angewiesen ist. Zurzeit arbeitet sie auch noch in einer Arbeitsgelegenheit mit Mehraufwandsentschädigung (Ein-Euro-Job) als Garderobenfrau, was sie gut findet. Ihr war viel daran gelegen mir Dinge zu erzählen, die mir weiterhelfen könnten. Oft wirkte Tracy sehr nervös, und sie zerrupfte während des Interviews ein ganzes Papiertaschentuch.

Ich kenne Tracy schon sehr lange, und ich finde sie sehr beeindruckend und stark. Sie entspricht in keiner Weise dem allgemeinen Bild, dass „Drogenprostituierte" entweder Opfer und/oder gefühllose „Zombies" sind. Ich nahm jedoch deutlich ihre Vulnerabilität, aber auch die darin liegende Stärke und Energie wahr. Sie verfügt über ein breites Spektrum an Wissen, Kompetenz und Erfahrungen. Sie liebt ihr Leben, was „Drogenprostituierten" ja per se abgesprochen wird. Ihre Widerständigkeit, ihr Humor und ihr Schalk lockerten die Interviewsituation sehr auf und nahmen mich vom ersten Augenblick an für sie ein. Ich weiß, dass Tracy ihre Erfahrung und ihre Traumata in sehr beeindruckenden Bildern und Gedichten ausdrückt, was sie im Interview jedoch nicht erwähnt.

Ich habe für Tracy fünf zentrale Subjektkonstruktionen herausgearbeitet:

1. Widersetzung: Widersetzung als Sorge um sich,
2. Drogenkonsum: Selbstbewusste Drogenkonsumentin als Grenzgängerin,
3. Sexarbeit: Erfahrene Anschaffende zwischen Spiel und Geldnot,
4. Heimat (induktive Setzung): Szene ist meine zweite Heimat,
5. Stolz und Überlebenskampf (induktive Setzung): Stolze verletzliche Kämpferin.

*Abbildung 9: Zeichnung von Tracy 1999*

*Anonymisiert*
*Tracy 18.01.1999*
*JVA - ...*

### Die Subjektkonstruktion Widersetzung als Sorge um sich

Tracy fühlt sich durch die veränderte Situation auf der Szene erheblich beeinträchtigt. Sie sagt, dass es im Alter notwendig ist, von der Szene Distanz und etwas Neues aufzubauen, was ihr aber nicht gelingt. Die Wechselwirkung zwischen der Identitäts- und Repräsentationsebene wird sichtbar, wenn Tracy sich als Einzelkämpferin konstruiert, die ihren eigenen Weg finden muss, weil Crack (der Stein) die Szene in St. Georg (Meile) und die dort agierenden Personen veränderte und die Frauen nicht mehr zusammenhalten.

„Und ich habe da, ich selber habe da nachher auch kein Interesse mehr richtig gehabt, mich täglich hier aufzuhalten, weil die Meile wurde mir immer auch durch diesen Stein, die Personen veränderten sich, die Psyche kam anders, die Frauen haben nicht mehr zusammen gehalten, jeder hat sein Ding gemacht, keiner hat dem Anderen die Butter auf Brot gegönnt und die Szene wurde immer kaputter und dann war irgendwie habe ich da, bin ich nicht so gut mit klar gekommen und dann habe ich für mich auch gesagt, es ist halt für mein Alter auch ganz gut, wenn ich mich da so irgendwie langsam mal ein bisschen abkapsle, abglucke und so und da mal einen Strich drunter mache und sage so also das war dein Leben und jetzt sehe mal zu, dass du was Neues aufbaust, aber das haut nicht hin bei mir."

Sie führt ein „Doppelleben", ein langweiliges und ein aufregendes, es ist eine wichtige Selbsttechnologie, beide Leben voneinander zu trennen und sich weder von dem einen noch von dem anderen dominieren zu lassen.

„[...] ja, mir kommt es manchmal so vor, als so, es ist wirklich so wie eine gespaltene Persönlichkeit fühle ich mich manchmal so. Wenn ich Zuhause bin, dann bin ich ruhig, fühle mich gelangweilt, also so Hausmütterchen lieb und artig und Staub saugen und Essen kochen und brav vor dem Fernsehapparat und mal was lesen oder so und sobald ich dann mein Fahrrad schnappe oder mich in die Bahn setze und ab einer gewissen Bahnstation geht bei mir gleich als wenn ein Schalter umgelegt ist. Bin ich gleich total anders. Habe ich eine andere Laune, bin ich locker und lachen, habe Bock Leute anzusprechen, mich zu unterhalten oder in Kontakt zu bleiben mit den Leuten und so und das ist wirklich als wenn ich da so auf der einen Seite ja, wo ich schon, weswegen ich auch schon mal Psychiatrie besucht habe. Auf der einen Seite die [bürgerlicher Name, K.S.], die Normale und auf der andere Seite, die Tracy, die Szenefrau, die so halt, der das irgendwie alles scheißegal ist so, weil ich das ist, ich bin immer, ich gehe mal davon, seit dem ich meine Wohnung habe sage ich mal, habe ich mich immer daran gehalten, mein Nest bleibt sauber."

Tracy ist vollkommen bewusst, dass sie beide Welten aus Selbstschutz trennen muss, weil sie offensichtlich die andere Situation kennt.

„Ich habe das zu meiner eigenen Sicherheit gemacht, dass ich gesagt habe, ich muss das trennen. Weil ich wäre, ich war ja schon reichlich den Bach runter und ich habe ja echt lang gelegen und durch also ja, ja Platte machen ist alles, wenn man draußen gelebt hat oder draußen geschlafen hat und so."

Sie hat eigene Vorstellungen über die Art und Weise des Drogenkonsums und möchte sich nicht reglementieren lassen. Sie konstruiert sich als Substituierte mit Beikonsum. Die Wechselwirkung zwischen der Identitäts- und Strukturebene verdeutlicht, dass Tracy sich von den Vorgaben der Heroinambulanz[6] zu stark reglementiert fühlt

---

6  Mit Heroinambulanz oder Heroinstudie ist die diamorphingestützten Substitutionsbehandlung gemeint (siehe Bundesministerium für Gesundheit 2011).

und deshalb eine eigene Lösung gefunden hat, obwohl sie eigentlich sehr gut in das Profil der Heroinambulanz passt. Sie ist zwar substituiert, aber sie widersetzt sich den Regeln, da sie immer nebenher Heroin konsumiert.

„Da habe ich mir gesagt, dann kann ich auch jeden Tag mir mein Schore [Heroin, K.S.] holen, zwei Drucks am Tag, da habe ich das Gleiche. Obwohl, dass dann, natürlich, es ist rein, es ist sauber und so. Aber ich wäre dann gezwungen gewesen, das immer zu machen. Dann hätte ich jeden Tag dahin müssen und das ist das, was ich nicht wollte, dass ich jeden Tag dann zweimal zu einer Ambulanz fahren muss, um mir dann einen Druck machen zu müssen. Und da habe ich gesagt, nee, dann nehme ich lieber einen Schluck [Substitut, K.S.], habe den Tag Ruhe, kann auch was anderes machen unter anderem auch arbeiten oder so. Weil das kann man ja damit gar nicht verbinden oder so was. Und ich habe, als ich das gehört habe, mit dem Heroin-Programm, klar, da war ich auch erst ganz oben auf und toll und wollte ich, war ich auch interessiert dran. Aber ich war zu der Zeit da schon im Polaprogramm drin, und dann hatte ich das von anderen halt mitgekriegt, dass sie zweimal am Tag zur Ambulanz mussten und da habe ich mir gesagt, nee, so oft mache ich mir mit Schore noch nicht mal einen Druck, warum soll ich mir denn da zweimal am Tag da einen Druck machen und nö und deswegen und dann habe ich das eben für mich besser gesehen, dass ich eben halt im Polaprogramm bleib oder wie jetzt so mit dem Methadon.“

Tracy kennt die Gefahren des illegalisierten Konsums aus eigener Erfahrung. Bezüglich der Drogenqualität ist die Struktur des informellen Drogen- und Sexmarktes undurchsichtig, sie kann diese nie prüfen, sondern ihr nur mit größter Aufmerksamkeit begegnen.

„Aber ich bin dementsprechend dann auch, ich richte mich denn auch drauf ein und bin dann obervorsichtig dann auch, falls es, weil ich immer rechne, es könnte schief gehen, weil ich ja nie weiß, was ich da zu mir nehme, ich weiß zwar, dass da ein bisschen Heroin drin ist aber die Mischung macht das. Und jedes Mal wenn man sich einen neuen Druck setzt, hat man eine andere Mischung. Und alles zusammen das bringt die Bombe im Endeffekt und da braucht nur ein verkehrtes, eine verkehrte Substanz zu sein und auf einmal hängt man auf LSD und weiß gar nicht, was los ist und das ist und schon bin ich in der Psychiatrie drin, und das habe ich zweimal gehabt. Und das muss ich nicht unbedingt noch mal haben.“

Dadurch, dass Tracy kaum noch auf der Szene ist, arbeitet sie nicht mehr so häufig.

„Aber äh, also ich bin so gut wie gar nicht mehr auf der Meile, so gut wie gar nicht mehr am Ackern, vielleicht, ja, mal bin ich drei Monate gar nicht hier auf der Ecke, dann gucke ich mal wieder vorbei oder guck mal, was sich geändert hat oder so oder nicht aber und es kann ja sein, dass du, vielleicht sonst oder von früher das irgendwie weil, was oder so Veränderungen oder was sich verändert hat.“

Wenn sie arbeitet, achtet sie jedoch sehr auf ihre Kunden. Das ist eine Vorsichts- und Abwehrmaßnahme gegen die vorherrschende Diskriminierung. Tracy formuliert Erniedrigungen fast immer als Gruppenerfahrung und fordert einen menschenwürdigen Umgang.

„Obwohl ich immer noch, selbst wenn ich es in Betracht ziehe und ich das und das sich ergibt oder so was, achte ich aber trotzdem auf die Person, wer das ist, mit wem ich losgehe. Weil ich mir sage, auch wenn ich das mache, habe ich immer noch das also, es das Mindeste, dass die Person auch ok ist, weil erniedrigen lassen wir uns schon alleine überhaupt, dass wir für gewisse Kurse halt gewisse Sachen machen und dann muss es ja wenigstens, trotzdem zumindest ne Menschlichkeit trotzdem da sein und nicht, dass man von oben herab gesehen wird."

Angesichts ihrer negativen Erfahrung mit Männern ist ihre Forderung nach Menschlichkeit im geschäftlichen Umgang mehr als verständlich. Dass dies nicht selbstverständlich ist, basiert auf einer Wechselwirkung zwischen der Machtposition (die Herrschaft ist) der Kunden und der kriminalisierten Position der Dienstleisterinnen.

„Weil es gibt hier einmal je früher der Morgen, je später der Abend, je schlechter das Wetter, gibt es mehr als genug Männer, die halt immer wieder versuchen halt, Frauen runterzudrücken wo es nur geht."

Trotzdem ist es für Tracy Teil ihrer Arbeitsauffassung ihren Kunden respektvoll zu begegnen, da sie ein solches Verhalten auch von ihnen erwartet. Diese Einstellung vertritt Tracy trotz ihrer erfahrenen Verletzungen in Verbindung mit ihrer Arbeit.

„Natürlich und nicht abziehend oder so was, weil das in einer menschlichen Basis obwohl das halt in der Szene ist. Und ich brauche das auch, weil ich gehe mit den Menschen genauso um, weil ich selber nicht, ja genau, weil ich selber nicht so behandelt werden möchte. Ich möchte nicht geschlagen werden, ich möchte nicht erniedrigt werden, weil ich dieses Gefühl kenne, kommen mir die Tränen schon wieder. [...] Aber das ist irgendwo, ich will diese, dieses, ich mag diese Gefühle nicht, ich will das nicht. Weil ich kenn das auch von früher nicht, ich habe das nie kennen gelernt. Ja natürlich auf der Szene habe ich auch Gewalt und Vergewaltigung und ich weiß gar nicht, wie ich das überhaupt alles überstanden habe psychisch so, dass ich trotzdem immer noch so geblieben bin, wie ich bin."

Trotz ihrer traumatischen Erlebnisse hat sie Verständnis für die Kunden und wertet diese nicht vollständig ab, das heißt, sie verallgemeinert nicht. Allerdings wehrt sie sich gegen die komplette Ausbeutung ihrer Arbeitskraft und setzt dabei wieder die Menschlichkeit als Bewertungskriterium an.

„Wobei, wenn ich Freier wäre, würde ich auch versuchen, für wenig Geld viel zu kriegen, aber es muss in der Relation bleiben. Man kann nicht den ganzen Körper verlangen, wenn man nur irgendwie da ein Stück Brot rüber schiebt oder so, dass ist also. Nee und deswegen, nee also, ist immer noch, also menschlich, ich finde aber trotzdem es wird ja von jeder Person auch mit anderen Augen gesehen, sage ich mal."

Es ist eine durch Berufserfahrung gewonnene Kompetenz von Tracy, sich durch die Wahl ihrer Kleidung und durch ihr hohes Maß an Mobilität der Verfolgung durch die Exekutive zu entziehen.

„Aber ansonsten, fallen sie [Crack-Userinnen, K.S.] durch ihre Kleidung auf und automatisch werden sie dann, wenn sie sich länger auf einer Ecke aufhalten oder so was, angesprochen [von der Polizei, K.S.]. Aber ich habe das von jeher so gehalten, dass ich viel spazieren gegangen bin. Ich bin ja immer von der einer Ecke in die andere, von der andren in die eine, egal, ich habe nie einen festen Platz gehabt, weil ich dem immer aus dem Weg gehen wollte auch. Ich habe mich sicherer gefühlt, wenn ich an verschiedenen Plätzen war."

Gutes Aussehen ist für Tracy bezüglich ihres Selbstwertgefühls wichtig, aber auch dafür, wie sie sich durch die Kunden wahrgenommen sieht.

„Weil ich mich dann leiden mach und je besser, je besser ich aussehe, desto besser komme ich auch an und das ist ja, es ist alles, dass ist das einzige Spiel irgendwie, das mir nicht vorgeschrieben wird."

Tracy hat ein positives Selbstbild und damit auch eine unkonventionelle Einstellung zur optischen Wahrnehmung anderer Menschen.

„Ich bin ja selber, vom Kopf her bin ich ja, um die 30 rum, aber vom Körper her bin ich um die 50 rum. Und deswegen warum soll man denn jemand, warum soll man Menschen nachgucken, die körperlich so aussehen wie ich anstatt junge Leute, die können auch ältere Eindrücke haben, die können jung aussehen, aber total ja, weiß ich nicht, konservativ halt von der Einstellung sein."

Diese positive Selbstkonstruktion wird auch deutlich, wenn sie ihre Wünsche formuliert. Diese Stärke ist angesichts ihrer Traumatisierungen sehr bemerkenswert.

„Ja, äh, ich bin immer noch am Wünschen, dass ich vielleicht doch noch in den nächsten fünf Jahren noch einen Mann finde, der mir zusagt und nicht nur, dem ich zusage, sondern der mir zusagt. Weil Männer, denen ich zusage, da gibt es mehrere, mit denen komme ich nicht klar, das ist überhaupt nicht meine Reichweite. Und das ist eben, aber, aber da ich ja bis jetzt, toi, toi, toi, ganz gut durchs Leben gekommen bin, bin ich immer noch am hoffen, dass ich vielleicht doch noch mal Glück habe. Und nicht als einsames Mauerblümchen …"

Auch Tracy fordert, dass ich respektvoll und zielführend im Sinne der Frauen mit dem Datenmaterial umgehe.

„Ja, ich gehe jetzt mal davon aus, dass du, dass dir mehr oder weniger noch mal anhörst, dass du das neutralisierst oder ausdünnst, wollen wir mal so sagen und dass du auch von anderen Frauen und dass das dann zusammen irgendwie insgesamt so was als im Allgemeinen zusammen gekommen ist, dass du dir da irgendwas draus machst, dass du da, ich weiß nicht, was drüber schreibst oder informierst oder Eindrücke, die du glaubst draus gehört oder mitbekommen zu haben."

### Die Subjektkonstruktion Selbstbewusste Drogenkonsumentin als Grenzgängerin
Tracy konstruiert sich als Drogenkonsumentin und ähnlich wie Sara konnotiert sie den Gebrauch von Drogen für sich positiv. Sie bezieht sich dabei auf den positiven Diskurs zum Drogenkonsum.

„Ich werde auch immer Junkie bleiben, auch wenn ich substituiert bin, trotzdem werde ich immer wieder dazu greifen, solange ich die Möglichkeit dazu habe. Solange ich nicht an der Krücke gehe. Also das ist mir jetzt auch, ich meine, ich bin zwar nicht stolz drauf, aber irgendwo lasse ich mir die Tür auf, weil ich, weil ich halt festgestellt habe, dass ich leiste mir sonst kein Highlight weiter, also ich gehe nicht ins Kino, ich gehe nicht Tanzen, ich nehme keine anderen Drogen, ich nehme keinen Alkohol, ich nehme keine Tabletten, bis auf die, die mir zustehen oder die ich brauche und also dass mir jetzt irgendwie ein Cocktail oder Heroin jetzt reinzuziehen oder wegzutun, dass ist für mich ein Highlight, da kommt mal wieder der Speed durch, da weiß ich, dass ich noch am Leben bin, dass da die Geister im Kopf noch am arbeiten sind und der Witz da dran ist, dass ich in diesem Zustand unheimlich kreativ bin. Also das habe ich zuhause gemerkt, wenn ich mir zuhause was gemacht habe, sei es Cocktail oder nur Schore, ich habe mir Sachen einfallen lassen kreativ, ich habe die ganze Wohnung umge... und man sagt nicht umsonst, dass Schriftsteller und Maler, da sind ja viele, die entweder am Rauchen sind oder am Trinken also es gibt halt viele, die irgendwelche Drogen nehmen."

Sie glorifiziert den Drogengebrauch nicht und reflektiert auch die problematische Seite und führt das ursächlich auf Crack zurück.

„Und so toll finde ich Droge ja auch nicht und die Leute, die mit Drogen zu tun haben, finde ich auch nicht so toll. Weil durch das Stein halt ist viel Zockerei, es ist alles was mit Klauen und Diebstahl und so, bin ich nicht für, war ich noch nie für, dafür bin ich zu oft beschissen, beklaut und sonst was geworden. Und deswegen mache ich auf der einen Seite, versuche ich einen riesen Bogen darum zu machen, wobei ich auf der anderen Seite, wenn ich damit zu tun habe, direkt drauf zugehe. Ohne dass ich da irgendwie mich verstecken brauche oder so, sondern auf der einen Seite kennen sie mich, wissen was ich will, wissen dass ich drauf bin, immer noch."

Tracy stellt die negative Seite des Drogenkonsums auch in einen strukturellen Zusammenhang, sie bezieht sich dabei besonders auf die schlechte Substanzqualität, die den KonsumentInnen zur Verfügung stehen.

„Nur es ist ja, es ist halt so, Drogen gab es ja sowieso schon je her. Nur es ist eben immer ins Schlechtere gegangen, weil wir uns das finanziell nicht leisten können, um uns was Besseres zu besorgen, weil das eben zu teuer ist."

Für Tracy ist der Gebrauch von Drogen ein normaler, alltäglicher Vorgang, in dem sie durch das BtMG behindert wird.

„[...] ich fühle mich normal. Ich habe nicht diese depressiven Abschwankungen und ich kann mit mir also arbeiten trotzdem halt und ob ich, das Einzige ist eben, dass es im BtM-Gesetz steht und die Kopf-Tabletten, die ich gekriegt habe vorher, die haben auch den Kopf ruhig gestellt, aber die haben den Körper nicht ruhig gestellt, weil das einen dadurch, dass ich, ich bin ja, habe ja, normalerweise bin ich ja mehr Junkie auf Heroin gewesen."

Ihre Selbsttechnologie des Drogengebrauchs beschreibt eindrücklich, wie sehr der Konsum zu ihrer Subjektkonstruktion gehört, obwohl sie immer wieder andere Wege ausprobiert hat. In dieser Beschreibung wird auch deutlich, wie stark die staatlich legitimierten Substitute körperlich abhängig machen und wie offen Tracy auch hier für einen „kreativen" Umgang mit der Substitution ist.

„[...] ich habe es ja soweit jetzt wenigstens geschafft, dass ich, ich habe zwar versucht auszuschleichen, ich war ja auch im Krankenhaus drin, so 20 Tage, um von dem Methadon flüssig runter zu kommen, habe dann Psychopharma gekriegt, aber das hat dann zuhause, das hat dann also ich bin immer wieder ins depressive reingefallen weil ich zu lange, also über 30 Jahre halt mit Drogen zu tun hatte, mein Körper hat sich dran gewöhnt, sage ich mal und ich komme, mein Körper kommt mit den ganzen Gefühlseinbrüchen nicht klar. Sei es sexueller Art und Weise, sei es optische Eindrücke, sei es geruchsmäßige Eindrücke also ich bin nasenmäßig hypersensibel geruchstechnisch und Ohren und also es ist alles bei mir denn wirklich es ist, wie ja weiß nicht, wie auf Glatteis, denn ist richtig, da kann ich jeden Moment von denken, dass ich den Durchdreher kriege sobald ich in die Bahn reingekommen bin, habe ich sofort, wenn ich einen Geruch aufgenommen habe und einen anderen Geruch und das zusammen oder chemische oder Farben oder so, dann ist mein Kopf nicht mit klar gekommen, dann bin ich abgedreht bei."

Tracy analysiert genau, warum sie keinesfalls ein Leben ohne Drogengebrauch führen kann und will.

„Und um das nicht zu, um dem aus den Weg zu gehen, dass ich das nicht alles durchmache, weil, wenn ich jetzt mit 50 noch damit anfange, dass noch alles zu neutralisieren und dann von klein auf, müsste ich ja Schritt für Schritt, da müsste ich speziell noch eine Therapie extra nur dafür machen, dass ich Kopf und Körper erstmal zusammen bekomme. Und, und das können sich viele gar nicht vorstellen, was da an normalerweise an, was ich von der Person da an Arbeit leisten müsste. Bis ich da wieder meinen Körper so im Gleichgewicht hab."

Eigentlich hat Tracy eine Identität als Heroinkonsumentin, Kokain konsumierte sie erst infolge des fehlenden Kicks durch die Substitution.

„Hauptsächlich auf Heroin. Das mit dem Koks bin ich ja auch nur durch das Pola angefangen, aufgrund weil ich irgendwie, was da irgendwie den Kick gesucht habe trotzdem obwohl ich dieses Medikament genommen habe. Und dadurch bin ich dann ins Koks reingerutscht und dann kam der Cocktail und von den 70-er bis zu den 90-er Jahren habe ich nie Koks angerührt. Ich habe immer einen großen Bogen darum gemacht. Ich meinte, nee, bloß nicht. Geh mir weg mit dem Scheißzeug. Und dann ja und durch Pola bin ich dann doch dazu."

Tracy handelt als Drogengebraucherin verantwortungsvoll und kontrolliert. Sie kennt ihre Grenzen und das ist ihr wichtig.

„[...] also so lange wie ich schon drauf bin und wie ich auf drauf war und so, ich habe das nachher zum Schluss ja auch nicht mehr so heftig getrieben. Ich habe zwar immer so gesehen, ich habe zwar immer, also ich habe das, war immer so drauf, dass ich nicht oberbreit war, aber immer trotzdem alles mitgekriegt habe. Ich war, habe zwar was drin gehabt, hab meinen Spiegel gehabt und es ging mir ok und dann war ich auch zufrieden damit. Also ich musste mich nicht, dass ich dann oben drauf noch einen extra gesetzt habe. Das mache ich vielleicht jetzt so schon mal, dass ich mir mehr mache als mir gut tut, aber dann ist das ein Bockding von mir, dass ich ausloten will, wie weit mein Körper und mein Geist halt was ab kann und wie weit ich was mitbekomme, wenn ich so und so viel drin habe."

Im Umgang mit der Exekutive sieht sie sich als Grenzgängerin zwischen unterschiedlichen Welten. Sie muss deren Regeln kennen und Normen beherrschen, um nicht aufzufallen, um dazuzugehören und um sich zu schützen.

„Ja, ja, wie man sich verhält, dementsprechend, deswegen hatte ich ja, ist das ja auch, hat das auch viel mit Bekleidung zu tun, kann total auffallen. Ich habe immer gesagt, wenn ich in die Szene eintauchen will, dann muss ich wie die Szene aussehen. Wenn ich in die Drogen eintauchen will, muss ich mich den Drogen, muss ich so aussehen, wie andere auch, die mit Drogen zu tun haben."

### Die Subjektkonstruktion Erfahrene Anschaffende zwischen Spiel und Geldnot

Tracy beschreibt sehr dicht die negativen Folgen ihrer Tätigkeit als Sexarbeiterin. Im Mittelpunkt ihrer Betrachtungen steht dabei der Verdienst.

„Und durch die ganze Szenerie auch mit dem Anschaffen habe ich also ja ich sage mal, ja habe ich auch einen Knacks weggekriegt. Also bin ich vorbelastet. Deswegen bin ich auch noch alleine, weil ich auch keine Lust habe auf einen Mann oder Freund oder deswegen bin ich ja, ich habe auch so durch die Szene sexuell läuft bei mir nichts, es sei denn, wenn ich mal Lust habe was zu machen oder so, dann hat es was finanziell mit zu tun. Also ist immer mit dem Budget in Konfrontation. Und wenn ich das irgendwie nur so aus Lust und Leidenschaft machen sollte, ja, da ist kein Reiz drin. Das ist gefällt mir nicht, komme ich nicht mit klar so, denn kann ich mich 10 Minuten mit dem Typ unterhalten und dann sage ich ja und tschüss."

Gleichzeitig findet sie an der Sexarbeit das nicht Legale reizvoll und will auch in der Arbeit ihre Grenzen austesten.

„Und wenn das irgendwie näher an meine Person rankommen sollte, ohne dass da was läuft wo ich auch was von habe oder was kaufen kann oder so, ist äh, nee interessiert mich nicht. Habe ich, ist kein Reiz drin so da ist es, weil ich das gewohnt bin, immer die Drogen da ist, eben das Illegale, das hat sich so in den Kopf reingefressen. Alles was illegal ist, das reizt ein bisschen, das zu. Nä, weil mal gucken wie weit man kommt und so."

Durch die Arbeit und in derselben entwickelte Tracy berufliche Kompetenzen, die professionelle Voraussetzungen für Sexarbeiterinnen sind.

„Oder analysieren also ich, Menschen analysieren, sobald ich mich mit jemandem unterhalt so, dann geht der erste Blick in die Augen, Gesicht, Gestik, was ist hinter den Augen also so wie so ein entweder wie ein Spiegel, dass ich mich selber drin sehe oder dass ich versuche, die Person selber zu gucken, ist das ein guter, ist das ein korrekter Mensch oder ist sind da irgendwie Linkereien im Hintergrund oder nä, oder was Bübisches oder so, das sieht man alles in den Augen."

Ein wirklicher Job[7] ist die Prostitution für Tracy nicht, sondern nur eine Möglichkeit ihren Alltag, zu dem auch der Drogengebrauch gehört, zu finanzieren. Deshalb legt sie großen Wert auf Distanz zu ihren Kunden. Sie berichtet, dass sie nicht sparen kann und verdientes Geld sofort ausgibt, egal wofür.

„[...] also, wenn das ein Job wäre, wenn ich das als Job machen würde, dann würde ich finanziell anders anschlagen. Aber da es Mittel zum Zweck ist, ist es mir scheißegal irgendwo. Also je kürzer ich jemanden an der Hand habe, desto schneller ich den los bin desto, also es ist, für mich der Mittel zum Zweck. Entweder um mein Zwiebelleder aufzufüllen oder um mir halt Drogen zu kaufen. Aber das entscheide ich dann in dem Moment, wenn äh, nachdcm ich das Geld habe."

Tracy berichtet, dass in ihrer Tätigkeit keine feste Zeitstruktur existiert, was für sie ein wichtiges Merkmal für einen Job sei.

„[...] ja, aber als Job würde ich was sehen, weil ich setze mir keine Zeiten fest. Ich mache, ich komme hier her und dann äh, ähm, dann versuche ich erst mal einen Typ klar zu machen, und wenn das hingehauen hat und ich immer noch gut drauf bin, ja dann kann ich, dann laufe ich noch ein bisschen weiter rum, also ich setze mir keine feste Zeit."

Im Gegensatz zu ihren vorherigen Aussagen erklärt Tracy, dass sie aus Spaß arbeite, und es deshalb auch kein Job sei, den sie verdienstorientiert ausführen würde.

„Und wenn das jetzt für mich ein Job wäre, dann würde ich mir eine gewisse Menge an Geld festsetzen, dass ich sage also, meinetwegen zwei, drei Scheine, und dann machst du Feierabend. Und von dem Geld, wenn ich das in der Tasche habe, dann gibst du das da und da und dafür aus und gut. Oder bunkerst das oder so. Aber ich mache das, einmal weil ich mich freue, dass ich hier auf der Ecke wieder bin, weil ich mich freue, dass ich unter Leute bin und wenn was läuft, dann läuft was und wenn nichts ist, dann ist halt nichts."

Gegenwärtig arbeitet sie, im Gegensatz zu früher, ohne Stress. Diese Feststellung ist ihr wichtig. Tracy hat offensichtlich ein Gleichgewicht zwischen dem Drogenkonsum, der Sexarbeit sowie ihren Wünschen und Vorstellungen gefunden.

„Also ich mache mir da keinen Druck im Nacken oder so. Und das ist, auf der einen Seite freut mich das, dass ich das nicht machen brauche, weil ich das jahrelang genug gemacht habe, man ey, brauchst Knete, musst dir was holen, scheiße, hoffentlich nicht affig werden und so und das

---

7   Tracy unterscheidet im Gegensatz zu Doro (für sie ist Prostitution ein Job und keine Arbeit, siehe 6.1.7) die Prostitution von einem Job. Auf welchen Arbeitsbegriff die beiden Frauen sich beziehen, wird nicht klar. Meine Vermutung ist, dass beide meinen, dass die Prostitution keine normale Erwerbsarbeit sei. Tracy bringt als Argumentation die fehlende Regelmäßigkeit, weil sie anschafft, um ihr Einkommen aufzubessern und für Anna ist es die Härte des Jobs. Wichtig ist jedoch die Erkenntnis, dass die Frauen durchaus wissen, und das erzählen sie auch, dass Prostitution entweder ein harter Job oder eine Tätigkeit ist, um das Einkommen aufzubessern, was meine These stützt, dass die sexuelle Dienstleistung von Drogengebraucherinnen Arbeit ist.

ist jetzt ist das eben nicht. Habe ich nicht nötig und muss nicht sein. [...] So was ich mir als Vorstellung oder wonach ich mache oder strebe oder wenn ich was mache, wie weit ich das gehen lasse, dass ist ja auch, ja, wie sympathisch die Person ist, wie ich drauf bin, auch wie weit ich breit bin oder wie weit ich nüchtern bin."

Tracy reflektiert die Verschränkung zwischen Sexarbeit und Drogengebrauch und weiß um die Gefahren. Auch an dieser Stelle wird ihre Fähigkeit zur Gratwanderung deutlich, die sie sich als Kompetenz erarbeiten musste.

„Je breiter ich bin, desto mehr Scheiße mache ich mit aber desto frecher bin ich auch. Also, also das ist, ja es ist halt schwer, ich habe das in den Jahren gelernt, da so den Mittelweg zu finden so."

Tracys pflegt auch in der Verteidigung ihrer Grenzen einen verbindlichen, auf Respekt aufbauenden Kommunikationsstil gegenüber ihren Kunden.

„Und wer mir zu dumm kommt, ja da sage ich dann aber immer noch freundlich, ja danke und such dir mal eine andere Frau. Aber ich bin nie, niemals zu Männern pervers, pervers gewesen. Oder, es gibt ja Frauen, die sobald das irgendwie nicht hinhaut oder das Gespräch sagt ihnen nicht zu oder es ist ihnen zu sabbelig, ja verpiss dich und hol dir selbst einen runter, was weiß ich, dass sie denn die Person selber persönlich angreifen, und das habe ich nie gemacht und ich bin da [...]."

Für Tracy hat die Einhaltung ihres Berufsethos eine hohe Priorität beim Arbeiten.

„Ja, weil ich habe mir immer gesagt, ich kann hier, so kaputt wie ich auch gewesen bin, aber ich kann hier mit graden, kann grade durch die Szene gehen, kann jedem in die Augen gucken und weil ich habe, ja ich habe auch schon einmal jemanden abgezogen, aber ich habe sonst, ich habe nie Freier abgezogen. Ich käme da gar nicht drauf so."

Sie argumentiert ethisch, bleibt dabei aber immer Dienstleiterin oder Geschäftsfrau.

„Weil ich mir gesagt habe, von den Leuten, da habe ich gelebt, von denen, die brauche ich irgendwann wieder auch wenn das nicht täglich, wenn ich nicht täglich hier bin. Aber so nach einem Monat habe ich das immer noch, dass ich Freier kenne, die ich von früher von was weiß ich, anderthalb zwei Jahren oder so was wo ich mal mit zusammen war und die meine Art, der meine Art gefallen hat und denn ach ja und wie geht es dir und lass uns doch mal, oder gar nicht erst gefragt, wie teuer sondern gleich aufs Zimmer und nä, weil sie, weil es eben so war wie es ist."

Tracy beschreibt, wie heterogen die sexuellen Dienstleistungen von drogengebrauchenden Sexarbeiterinnen sind. In dem von ihr beschriebenen Fall zeugt die Wechselwirkung zwischen ihr als Dienstleiterin und der Kundschaft von einem gleichberechtigten Umgang unter GeschäftspartnerInnen.

„Ich habe das auch gehabt, dass ich mich mit Freier unterhalten habe, wo ich erst von ausgegangen war, dass die gar keinen Bock haben irgendwie was zu unternehmen, aber irgendwie
mich sympathisch gefunden haben, weil ich mir die Zeit genommen habe, mich mit dem zu
unterhalten, einfach so, einfach globale Sachen, was weiß ich. Und dann hat er gesagt, oh ja,
die ist ja in Ordnung und die scheint ja ehrlich zu sein, na und dann habe ich doch mein Geld in
die Tasche gekriegt. Hat zwar ein bisschen gedauert aber ich bin ja und das ist."

Mit der bereits in den anderen Subjektkonstruktionen angeführten Mobilität verfügt
Tracy über ein strategisches Mittel in ihrem Arbeitskontext. Sie versucht, immer in
Bewegung zu sein, um damit unberechenbar zu sein.

„Und ich habe mir auch gesagt, selbst von den Freiern es gibt Stellen, da kommen die Freier,
die auf der anderen Ecke sind, gar nicht hin. Und dadurch dass ich verschiedene Punkte mich
blicken lass und auch immer wieder irgendwie mal links, mal rechts rum gehe, mal quer durch
aber dadurch weil ich manchmal ins Auge falle und dann plötzlich wieder weg bin und dann
wieder da bin, klickt das so eher bei jemand als wenn jemand einige Frauen fest stehen, es sei
denn sie haben einen festen Freier oder feste Leute, die sagen also ich weiß, dass die da steht,
und wenn die nicht da steht, dann ist sie entweder auf Zimmer oder weg oder frei oder so. Aber
bei mir, ich war immer unberechenbar. Bei mir konnte man nie sagen, bin ich jetzt da, bin ich
jetzt weg und deswegen haben sie sich immer gefreut, wenn sie mich irgendwo dann doch aufgegriffen haben. Aber, also das fand ich zumindest immer noch die beste Möglichkeit."

### Die Subjektkonstruktion Szene ist meine zweite Heimat
Für Tracy ist der Aufenthalt auf der Szene, um zu arbeiten oder um Drogen zu kaufen, mit Spaß verbunden, deshalb ist sie ihre zweite Heimat. Sie hat eine Selbsttechnik entwickelt, indem sie sich und das, was sie will, ernst nimmt.

„Also ich bin sehr selten hier und wenn ich mal hier bin dann entweder ist mein Budget wirklich Zwiebelleder oder ich habe, dass ich mir was geholt habe und dann bin ich gut drauf und
dann also ich habe das die letzten Jahre [...], dass ich auch in mich reinhorche und dann so, ah
ja heute habe ich Lust was zu unternehmen, was zu machen und so was und dann ist es meistens, dass ich mich in dieser Ecke hier treff, weil ich hier das ist wie meine zweite Heimat sozusagen."

Für Tracy ist die Trennung zwischen der informellen Drogen- und Sexökonomie und
ihrer Privatsphäre wichtig. Trotz der klaren Trennung wird deutlich, dass ihre Sicherheit auf einem strukturellen sozialen Netzwerk innerhalb der Szene basiert.

„Also da wo ich wohne, der Umkreis und so, ich könnte bei mir an Drogen locker rankommen
und so, aber ich habe es provokativ nicht gemacht, weil ich genau weiß, dass wenn ich da irgendwie Leute kennen lerne und so was, dann bleibt das nicht bei einem Tag oder so sondern
dann hänge ich jeden Tag da. Und somit habe ich gesagt, das Nest bleibt sauber. Wenn du was
willst, dann geh halt auf deine Ecke, wo du dich früher auch immer aufgehalten hast. Und somit ist das halt ist, ja ist [Stadtteil, K.S.] und [Platz im Kiez, K.S.] und so was ist halt eine Gegend, da kennt jeder mich, jeder kennt mich, jeder wenn einige Leute mich sehen, ach ja, da ist
[Tracy, K.S.] und weißt du noch und von früher, ich bin hier bekannt als Szenefrau. Also dass
ich anschaffe, dass ich Drogen nehme oder genommen habe und, und das ist normal, da brau-

che ich mich auch nicht gegen zu wehren, weil es ist eben so und gut, die Leute die mich, ja die sehe ich aber nicht bei mir zuhause vor der Tür oder so was."

Ihre Konstruktion einer Verwurzelung mit der Szene zeigt die starke Wechselwirkung zwischen der sich verändernden Szenestruktur und Tracys Identität als jemand, die davon betroffen ist. Deshalb kann Tracy auch die negative Veränderung der Strukturen durch die restriktiven baulichen Maßnahmen und die Zunahme von Repressionen gegen KonsumentInnen genau beschreiben und analysieren.

„Also hier bin ich groß geworden, hier bin ich seit den 80-ern und so nä, und ich habe die ganze Szene mitgemacht, ich habe den Babystrich, wie das abgegangen ist, wie das nachher immer weniger wurde auch wie die, die Meilen immer kleiner immer enger immer mehr Sackgassen, Sackgassen, Sackgassen und nachher kamst du ja, dann kam auch halt durch die Drogen auch dieses Junkie-Jumping, habe ich immer dazu gesagt. So und mir kam das schon vor, als wenn der Staat versuchte, das alles so schleusenmäßig zu machen, dass er das zwar mehr, noch mehr kontrollieren kann als früher."

Die Szene als zweite Heimat zu konstruieren, hat auch mit Tracys Verbundenheit zu der frauenspezifischen Anlaufstelle zu tun, die für sie ein positives Netzwerk darstellt.

„[...] ja, also was ich halt vom [frauenspezifische Anlaufstelle, K.S.] gut finde, dass ihr lasst euch halt gute Sachen so einfallen, für mich jedenfalls, so ideenmäßig. Ihr versucht immer irgendwie die Frauen so rauszureißen irgendwie kopfmäßig so ein bisschen zum Denken zu zwingen oder mal auf eine andere Tour zu, dass man nicht immer so, essen und raus und Straße sondern das Klick, ja Malen oder Galerie oder Gespräche oder irgendwie was so, dass immer irgendwie so Blickpunkte so Poole gesucht werden so auch auf die Personen selber."

Für Tracy ist der soziale Austausch in der Anlaufstelle sehr wichtig. Sie verweist in dieser Passage auch auf die sinkende strukturelle Nachfrage nach sexueller Dienstleistung.

„Ich komme zwar öfter hierher, um einen Kaffee zu trinken oder Frühstücken oder so, aber ich komme nicht her nur, um mir jetzt einen Druck zu machen und auf die Meile zu hüpfen und so. Hat aber auch mit den Freiern was zu tun. Die Freier haben sich geändert. Es ist lange nicht mehr so viel los hier, es ist, man merkt, dass es überall knapp finanziell ist. Dass sie alle ziemlich knapp bei Kasse sind auch."

Tracy spricht sehr anerkennend über die frauenspezifische Anlaufstelle.

„Und ja, mit dem also ihr macht hier, ihr habt ja schon sehr viel zu tun, nicht nur mit den Frauen, das ist ja nicht nur der Druckraum, und dass wir Frühstücken oder abends essen können und uns aufhalten können und so, ihr macht ja viele soziale Sachen ja auch. Ihr helft den Frauen, wenn die Schwierigkeiten haben oder versucht, was zu vermitteln. Dann mit dem Knast, dass ihr da die Besuche macht, Krankenhausbesuche, das kommt ja auch noch alles dazwischen und das finde ich halt, ja, das ist halt eine Wahnsinns- Arbeit alles so was aufrecht zu erhalten."

### Die Subjektkonstruktion Stolze, verletzliche Kämpferin

Tracy bewertet ihr Leben zwar positiv, jedoch blendet sie ihre Verletzungen nicht aus. Entgegen der bürgerlichen Vorstellung, dass „ein Leben auf der Straße" keinen Wert hat, behauptet sie viel gelernt zu haben.

„Aber so, wenn ich zurück denke, ich will, ich würde das aber auch nicht missen wollen, das was ich gemacht, auch wenn ich auf der Straße gelebt, gewohnt, geschlafen habe, so dreckig wie es mir auch gegangen ist und so, aber die Zeit möchte ich auch nicht missen, weil ich habe aus der Zeit unheimlich viel mitgekriegt, trotzdem. Weil ich habe da unheimlich hellen Sinn durch gekriegt also so mit Antennen ausfahren. Vielleicht ein bisschen zu viel also mit Skepsis und mich, jemand nicht zu nahe an sich rankommen zu lassen oder so."

In späteren Sequenzen wird jedoch sichtbar, wie viel Kraft sie aufwenden musste, um mit ihren negativen Erfahrungen umgehen zu können. Die Drogen waren dabei wichtige Hilfsmittel.

„Dass ich das, ja, dass ich das alles so verarbeitet habe. Aber Nachhinein, ich mache mir auch immer wieder Gedanken und denke viel zurück und so aber Nachhinein denke ich schon, dass das ja, weiß nicht, ja hat nicht nur was mit Stärke, ja Nachhinein hat das aber auch wieder damit zu tun, weil ich auch Drogen drin hatte."

Es zeigt sich, dass Tracy nur mittels Drogenkonsums die strukturbedingte Gewalt kompensieren konnte:

„Hätte ich keine Drogen drin gehabt, dann wären viele Sachen bestimmt bei mir viel stärker hängen geblieben und hätte ich viel mehr zu tun gehabt als dadurch, dass ich eben Heroin oder Cocktail oder so was zu der Zeit drin hatte, weil ich vergewaltigt worden bin und, und, und, weil der Körper viel ab, viel gedämpft, viel blockiert hat [...] weil viele Gefühle nicht durchgekommen sind, die sonst wahrscheinlich, ich weiß nicht, sonst würde ich glaube ich, psychisch total am Boden sein. [...] also das überspielt alles, viel. Man nimmt es nicht so, man nimmt es nicht so, also ich habe es nicht so, also nicht so wahrgenommen, ich habe es körperlich gespürt, aber ich habe mir gesagt, ich kann froh sein, dass ich am Leben bin. Dass ich das lebend überstanden habe."

Obwohl Tracy schwer traumatisiert ist, kann sie mit ihrer Biografie in ihrem Wohnumfeld nicht offen umgehen. Ihre Bedenken stehen in Wechselwirkung mit der Repräsentation einer normfixierten Nachbarschaft, die oft auch ohne Anlass die Polizei holt.

„Ich weiß nicht, wenn ich damit offener noch offener mit umgehen würde oder dass, wenn ich, es gibt, ja, wenn ich damit offener mit umgehe, also wenn ich mit jeder Person, wenn jede Person wüsste, was ich gemacht habe, auch wenn ich es gemacht habe und jetzt auch nicht mehr regelmäßig. Aber ich tue es ja immer noch. Wenn ich die Möglichkeit oder irgendwie, ich denn (7) also ich fühle mich nicht verletzt jetzt, aber ich könnte mir vorstellen, wenn so was in also bei mir in meine Kreise käme, da wo ich jetzt wohne oder so was, in das Haus alleine, da dieses Neun-Parteien-Haus, die Personen, wenn die damit konfrontiert werden würden und direkt so, dann, also die holen ja von sich aus schon die Bullen, ohne dass da überhaupt was los ist im Haus."

Trotz Trauma, Abwertungen und Erniedrigungen ist Tracy auf sich und ihr bisheriges Leben stolz.

„[...] ja, aber deswegen, ja aber es ist ja wirklich, ich bin ja nichts, außer meine Person, meine Persönlichkeit, mein Ich und auf mich selber bin ich stolz, so wie ich bin. [...] Auch wenn ich am Naschen bin oder nä auch dass es, das wiegt bei mir überhaupt nichts so, einfach so wie ich bin, bin ich echt, doch ja, mag ich mich so wie ich bin, dass ich das soweit doch noch so gut hingekriegt habe so."

Sie sieht sich als Kämpferin, weiß jedoch um die Wichtigkeit der Solidarität und Hilfe anderer Menschen.

„Auch an, viele habe mitgeholfen, dass ich das so weit geschafft habe, wie ich es gemacht habe oder wie weit ich gekommen bin. Auch wenn man immer sagt, kämpfen muss ich selber. Klar. Also und ich wunder mich immer noch, was für eine Energie ich aufbringen kann, wenn es um meine Person geht."

### 6.1.8 Subjektkonstruktionen von Maya N.

*Profil und Feldnotizen*
Maya ist zum Zeitpunkt des Interviews 46 Jahre alt. Sie machte einen sehr entspannten Eindruck, sie wirkte *cool*, was auch an ihrem Outfit lag, das sehr an den Reggae Style erinnerte. Einer ihrer Lieblingsmusiker ist Bob Marley. Maya erwähnte in Bezug auf die Diskriminierung durch die Polizei kurz, dass sie Sintiza sei, geht jedoch auf meine dahingehende Nachfrage nicht weiter ein. Zuerst war Maya sehr zurückhaltend, wurde aber während des Erzählens immer offener. Sie fand das Interview „*cool*" und vollkommen in Ordnung. Mir ist aufgefallen, dass Maya sehr in sich ruht und sachlich sowie reflektiert über ihren Alltag spricht. Dabei positioniert sie sich ganz klar zu unterschiedlichen Themen und ist sehr kritisch gegenüber der informellen Drogen- und Sexökonomie, ihren Kolleginnen und der Polizei. Die Freier erwähnt sie immer nur mittelbar und wenn, dann ist ihre Kritik konstruktiv. Alles was sie sagt, deutet selten auf die Abwertung der Anderen hin, sondern sie versucht die Probleme auf der Sachebene zu schildern und bedient sie sich dabei praktischer Beispiele. Sie lacht sehr gern. Auf mich wirkt Maya lebenslustig.

Maya arbeitet seit vielen Jahren als Sexarbeiterin. Sie hatte mit elf Jahren ihren „Berufseinstieg", über diese Zeit erzählt sie nur wenig. Als Kind wurde Maya verkauft. Später wuchs sie im Heim auf und ging drei Jahre zur Schule. Maya erzählte, dass sie anfänglich in der Schule lernen wollte, aber dass es unmöglich war, da immerzu irgendwer den Unterricht störte, und die Lehrerin nicht in der Lage war, für Ruhe zu sorgen. Deshalb ist sie irgendwann nicht mehr hingegangen, was keine Konsequenzen nach sich zog, obwohl es eine heimeigene Schule war. Innerhalb einer Klassifizierung nach bürgerlichen Merkmalen würde Maya bezüglich ihrer Bildung in die Kategorie „bildungsfern" eingestuft werden. Allerdings zerbricht diese Bewertung an der Realität, denn Maya spricht perfekt englisch und versteht andere Sprachen, z.B. Französisch. Maya war es sehr wichtig mitzuteilen, dass sie ein anerkanntes Mitglied der gambischen Community ist, das betonte sie mehrfach im Interview. Sie nennt die Mitglieder ihre Brüder, und sie sei ihre Schwester, darauf ist sie sehr stolz. Ich habe für Maya drei zentrale Subjektkonstruktionen herausgearbeitet:

1. Widersetzung: Widersetzung als Aufpassen auf das Leben,
2. Drogenkonsum: Eigenverantwortliche Drogenkonsumentin,
3. Sexarbeit: Anschaffen nie ohne Kondom.

### Die Subjektkonstruktion Widersetzung als Aufpassen auf das Leben

Maya versteht nicht, dass die Frauen zu extrem niedrigen Preisen und ohne Kondom arbeiten, für sie ist beides inakzeptabel, und damit widersetzt sie sich dieser informellen Struktur (eine risikoreiche Sexualpraxis für wenig Geld) innerhalb des informellen Drogen- und Sexmarktes. Sie argumentiert stark normativ, man müsse immer daran denken vorsichtig zu sein.

„Ich gehe noch nicht mal mit einem Typ für 15,- oder 10,- Euro oder so. Und dann sage ich, gehe mal die Straße hoch und runter und dann kannst du [...] Und, ich verstehe das nicht, das ist mir zu. Die Mädchen müssen doch selber überlegen. Ok, die nehmen Drogen, das ist ja auch alles schön und gut aber die müssen selber wissen, ganz genau, dass sie mit einer Krankheit infiziert werden. Kann auch so ein gut aussehender Typ kommen, woher weiß man, ob der krank ist oder nicht. Man muss immer daran denken. So, und wenn du jetzt von dem Mann krank wirst, die Krankheit kriegst du nicht weg. Dann bist du für dein Leben für immer mit die Krankheit und das nee, lasse ich mir nicht antun, tut mir leid."

Maya verwehrt sich gegen stereotype Zuweisungen seitens der Polizei. An dieser Stelle wird deutlich, wie sich die repräsentative und strukturelle Ebene wechselseitig bedingen, das Bild der Dealerin von früher bleibt erhalten und führt zu polizeilichen Reglementierungen.

„Weil wenn die Bullen, die Bulldogs, Bulldogs sind die Bullen, wenn die mich soundso sehen: Sinti, ja Computer, ja Sie haben früher gedealt und so bla, bla, bla, es ist besser Sie gehen jetzt. Und denken denn, dass ich noch Drogen habe und ich habe gesagt, ich habe keine Drogen, können mich von oben bis unten, ich habe nichts. [...] Wenn sie mich sehen. [...] Ok, stand ich nur hier, stand ich hier vorne. Ja, bleiben Sie mal stehen, ach, was machst du denn schon wieder hier? Willst du wieder dealen? Da meine ich, Hallo, habt ihr mir Drogen gegeben, dass ich dealen soll oder was? Ja, ähm, früher hast du doch hier rumgedealt. Ja, ok, wenn du ein Dealer bist, bist du auch im Computer, da kommst du auch nicht mehr raus. Einmal Dealer für immer Dealer."

Maya beschreibt, wie sie der ständigen Sanktionierung durch Platzverweise ausgesetzt ist: Sie hat eine Strategie dagegen entwickelt, die aus naheliegenden Gründen nicht veröffentlicht werden soll. Sie erfährt auch Unterstützung durch einzelne Polizisten. Mit ähnlichen Stereotypen wird Maya auch konfrontiert, wenn sie einen Job außerhalb der Sexarbeit sucht. Hier wird ihre Biografie mit ihren Vorstrafen verknüpft, woran jede Bewerbung scheitert.

„So, ok wenn ich manchmal eine Arbeit gesucht habe, dann musstest du so ein weißes Papier und dann steht da immer, Polizeiliches ob du irgendwas mit den Bulldogs zu tun hast, und einmal hab ich nein geschrieben, aber das haben sie dann doch so rausgekriegt. Dann habe ich immer die Wahrheit gesagt und dann habe ich auch keine Arbeit bekommen. Ja, wir haben schon jemand anderes, immer mit so blöde Sprüche. Ich meinte, Jungs, warum sagt ihr mir nicht die Wahrheit, dass ihr mich nicht haben wollt, weil ich mal mit die Bulldogs zu tun hatte, ist besser ihr die Wahrheit sagt und nicht durch den Brei rumturnt. Sagt einfach, wir können dich nicht nehmen, du hast was mit den Bulldogs zu tun und wir suchen jemand anderes."

Maya würde gern einer anerkannten, „normalen" Arbeit nachgehen. Sie nutzt die frauenspezifische Anlaufstelle, um soziale Kontakte zu haben und ihren Tag zu strukturieren.

„Am liebsten möchte ich arbeiten. Weil ich, nur zuhause rumsitzen ist manchmal so langweilig, so blöd. Und dann frage ich mich manchmal, ja wenn [frauenspezifische Hilfeeinrichtung, K.S.] aufhat, dann sage ich, ich bleibe nicht Zuhause, ich gehe zu [frauenspezifische Anlaufstelle, K.S.]. Ok, kann man mit den Leuten sprechen. Na toll, wenn die zu haben, hmm, hockst du die ganze Zeit zuhause und dann weißt du manchmal nicht, was du machen sollst und so."

Maya widersetzt sich in der Beziehung ihrem dominanten Partner und seinen Lästereien.

„Weil er manchmal so meinte, er ist der King und so, ich hasse das. Wenn jemand sich so aufspielen tut, ich hasse es, ich mag so was nicht und das habe ich ihn auch gesagt, dass es keinen Sinn hat. Und dann immer über jemand anderes reden, verstehst du hinter den Rücken, ich habe gesagt, Hallo, ich mag das nicht. Wenn du über jemanden redest, dann rede direkt in sein Gesicht, aber nicht über jemand anderes schlecht reden, das hasse ich. Und dann habe ich gesagt, hey, du spielst dich so auf und so und dann habe ich ihn so angemacht und dann meinte er, du bist bescheuert und so. Ja und dann, ist er nicht mehr gekommen. Ja."

Augenfällig ist Mayas starke Werteorientierung in Bezug auf einen ehrlichen Umgang miteinander.

„Also was ich ätzend finde wenn jemand denkt, er weiß alles besser, das hasse ich. Oder wenn jemand über jemand redet, ich hasse es. Soll man lieber ins Gesicht sagen und nicht hinter den Rücken, äh, guck mal die und die. Nee, soll direkt ins Gesicht sagen, ist besser als wie, nee, so was mag ich nicht. Ehrlich sein, ist besser."

Eine der wichtigsten Wechselwirkungen zwischen Mayas Identität und der Repräsentationsebene wird durch ihren Anspruch, dass man auf das Leben aufpassen muss, sichtbar. Das auf sich Aufpassen und vorsichtig Sein ist für sie normativ, und sie grenzt sich damit auch von den Anderen, die für wenig Geld und ohne Kondom arbeiten (siehe oben) ab.

„Aber ok, wie soll ich das jetzt sagen, man muss immer aufpassen auf ein Leben, das ist besser."

Dieser Anspruch zieht sich durch das gesamte Interview. Maya hat ihr Leben im Blick, aber auch das anderer Menschen. Daran zeigt sich, dass sie nicht aus egoistischen Motiven nur auf sich „aufpasst", sondern dass es ihr auch um das Leben anderer Menschen geht.

„Aufpassen als wenn du dich nur hinstellst und die Bullen und so. Ok, ich hatte auch mal einen Afrikaner, der hat auch Drogen genommen, und ich habe gesagt, komm mit zu mir, kannst du da schlafen. Keiner hat ihm geholfen. Also Freund nicht. Ich habe ihn erst mal kennen gelernt und dann meinte ich, woher kommst du denn, da meinte er aus Gambia. Und da ich ja, da ja fast meine Brüder sind, die meisten Gambianer. Und da meinte ich, was machst du hier. Ja, ich nehme Drogen und Crack. Nur Crack und wo schläfst du? Ist doch kalt! Ja, in der S-Bahn unten. Da meinte ich, komm mal mit. Ich habe viele mit zu mir nach Hause genommen. Die haben sich auch alle bedankt. Den Gambianer habe ich mitgenommen und habe gesagt, hier kannst du schön heiß baden und so, ey, der hat sich hingesetzt, der hat geweint, da sage ich Hallo, was ist los? Keiner ist so wie du. Keiner hat zur mir gesagt, komm mit zu mir, da kannst du baden, ich mache dir was zu essen, du bist so nett. Da meine ich, hey, nicht weinen, geh mal baden und dann ich mach dir was zu essen, gambianisch Essen kann ich nicht machen, da meinte er, hast du irgendwie Brot, da meinte ich pass auf, ich mache dir Spaghetti ist besser als Brot. Ich meine er hat zwei Teller gegessen und dann meinte ich hier, leg dich ins Bett, ich schlafe auf der Couch. Weil der hat Minimum zwei Tage richtig durchgepennt. Und wo er richtig wach geworden ist, guckte, guckte, da meinte ich: keine Panik, hast du Hunger? Guckt er mich an, er wusste momentan nicht, wo er war, da meinte er, was ist los, wo bin ich, da meinte ich, weißt du nicht mehr wo du bist, ich habe dich doch mitgenommen von der Straße. Und da fiel es ihm ein und da meinte er, wie viele Tage habe ich geschlafen? Da meinte er, warum hast du mich nicht aufgeweckt? Da meinte ich, nee, wieso, wenn du kaputt und müde bist, schlaf doch einfach."

### Die Subjektkonstruktion Eigenverantwortliche Drogenkonsumentin
Maya hat wegen der hohen Kosten ihren Crack- und Kokainkonsum durch Marihuana ersetzt.

„Ok, aber dann habe ich bin ich von selbst abgehauen von Crack. [...] Ja. Weil ich auch Marihuana rauche und dann habe ich gedacht, das war ein Silvester und da habe ich gedacht, hey, ich habe das selber gesehen, 100,- Euro Crack, 50,- Euro Koka, so ein Gramm Crack 50,-Euro und dann natürlich nichts im Kühlschrank. Ok, ab und zu habe ich eingekauft und so und dann habe ich mir selber gesagt, ok, bin ich so bescheuert, ich muss davon weg ey, sonst mache ich mein Leben total kaputt. Und dann habe ich gedacht, ja ok, weg, hau ab, hau ab von Crack, und dann habe ich es geschafft und dann habe ich mehr Ganja [Ist in der afrikanischen Community die Bezeichnung für Marihuana, K.S.] geraucht und dann hatte ich nicht mehr das Gefühl Crack anzufassen. Ok, dann ging es aber mit Koka, ok dann habe ich Koka mit Gras zusammengemixt und dann geraucht. Ok, und dann habe ich auch gedacht, hey, ich will das auch nicht mehr. Und dann sitze ich manchmal so und gucke das an, ich will das nicht mehr. Gras ja, aber Koka nee, nee. Das hängt wieder mehr mit Geld an, als wenn ich was zu essen habe also weg, Koka weg."

Maya beschreibt, wie anstrengend dieser eigenwillige Entzug war und wie glücklich sie jetzt darüber ist. Sie ist stolz darauf und eine Therapie kommt für sie nicht mehr in Frage.

„Äh, kann ich dir auch wirklich sagen, ich habe es genommen, und dann habe ich gedacht, ok, keiner hat dich dazu gezwungen rein zu gehen in Crack und das, also muss ich schon so stark sein, von SELBER wegzugehen. Also, ich will keine Therapie, ich schaff das von mir alleine. Und was mir mehr geholfen hat, das war ja Marihuana. [...] Und alle haben mich angeguckt nä, wie, und dann meine ich ja, der Ersatz ist Marihuana. [...] Und ich brauchte auch keine Therapie."

Nach anfänglichem exzessivem Konsum von Marihuana hat Maya ein Maß gefunden, das ihr gut tut.

„[...] vorher habe ich jeden Tag geraucht. Aber jetzt auch nicht mehr so jeden Tag. Wenn ich Lust habe, ok ja, wenn ich keine Lust habe, nee, lass mal. Aber vorher immer jeden Tag von morgens bis abends. Aber jetzt sehe ich das ganz anders, du musst auch mal klar werden, nicht jeden Tag stoned sein, stoned ist ok aber dann sitzt du nur so und guckst jemanden an und fängst an zu lachen und die wissen noch nicht einmal warum du lachst und so aber dann habe ich gedacht, ich rauche jetzt nicht jeden Tag. Ich mache ein paar Tage (Takte) Pause und dann rauche ich wieder und dann mache ich mal ein paar Tage (Takte) Pause und dann rauche ich wieder. Also abhängig bin ich nicht mehr so wie früher, dass ich jeden Tag man das ging von morgens bis abends, von abends bis morgens Ganja, Ganja und dann habe ich gesagt, hey und wenn du in den Maßen so viel rauchen tust von morgens bis abends, von abends bis morgens, irgendwann merkst du sowieso nichts mehr, weißt überhaupt nicht mehr, bin ich stoned oder bin ich normal. Und dann habe ich gedacht, ja ok, dann rauche ich jetzt nicht mehr."

Dass Maya es geschafft hat nur noch Marihuana zu konsumieren, schreibt sie ihrer persönlichen Stärke zu.

„Und ein Mädchen hat auch gesagt, sag mal, wie hast du das geschafft. Meinte ich, indem ich von allein aufgehört habe. Wie das geht doch nicht. Nee, das geht. Wenn du stark genug bist, dann schaffst du das alleine. Wenn du nicht stark genug bist, ok, dann muss man Therapie machen. Aber du musst mit dir selbst, aber hattest du keinen Ersatz und da meinte ich doch Marihuana. Aha, also wenn man Marihuana mehr raucht, dann vergisst man die? Ja."

Für Maya steht der Marihuanakonsum offensichtlich in Wechselwirkung mit einem guten Leben.

„Und dann hat er [ihr Freund, K.S.] Ganja gekauft und gesagt, wir machen uns ein schönes Leben. Ja, ok und dann eines Tages ist er gegangen. Und dann wurde er geschnappt. [...] Abgeschoben."

Die folgende Narration zeigt, wie sehr Maya mit der gambischen Community verbunden ist.

„Ja und einmal dann war ich in Gambia. Und ich wusste nicht, auf einmal ruft hinter meinem Rücken auf einmal meinen Namen. Ich drehe mich um, guck ihn an, habe natürlich Tränen in den Augen bekommen, er auch, da meinte er, das sind alles meine Brüder, komm mit, ich habe alles erzählt von dir, wie nett du bist. Und alle gucken mich an, paar kannten mich, ey, unsere Schwester hat dir geholfen, wie, kennst du die, ja, wir kennen sie, wir danken dir, dass du ihm auch geholfen hast. Wir danken dir noch. Bleibst du jetzt für immer hier."

### Die Subjektkonstruktion Anschaffen nie ohne Kondom

In dieser Subjektkonstruktion wird noch einmal Mayas Widersetzung gegen *unsaferes* Arbeiten deutlich, sowie die Verwobenheit mit der Subjektkonstruktion *Aufpassen auf das Leben*.

„Wenn mir, weil ich nie ohne Kondom mache, ich mache es nicht. Da kann mir jemand 5.000,- hinlegen, ich mache es nicht. Ich weiß ja nicht, ob derjenige schon mit jemanden gemacht hat, ohne Kondom oder so. Nee, ich denke lieber an mein Leben. Mein Leben ist mir tausendmal wichtiger als irgendwo Aids zu bekommen oder andere Krankheit."

Sie vergleicht den gegenwärtigen Zustand im Milieu mit früher und beklagt den strukturellen Preisverfall.

„Also so, war das früher nicht. Früher ging es, ok, wir haben uns die Preise abgemacht. Also 30,- dann von 30,- geht es ab, geht es höher auf 50,-. So, aber jetzt, wenn ich das manchmal so sehe, also dann kann man nur noch denken, du bist in einem anderen Film."

Die Sexarbeit sieht Maya zwar als ihren richtigen Job an, aber auf Grund der schlechten strukturellen Bedingungen überlegt sie aufzuhören.

„Manchmal denke ich, soll ich aufhören oder soll ich weitermachen. [...] vorher war es mein richtiger Job. [...] wenn ich kein Geld habe, komme ich her. Ok, manchmal stehe ich bis morgens früh bis um drei oder so und wenn ich sehe, es bringt überhaupt nichts, haue ich ab. Nee, es ist nicht mehr so wie früher. Absolut nicht. Weil das ist alles kaputt. Manche Frauen, die was vorher hier standen, warum sind die nicht mehr hier? Weil die auch keinen Bock mehr haben. Wenn die schon hören, 15,- oder 5,- Euro oder 10,- Euro und ohne Kondom, da haben die Mädchen auch gesagt, hey, wir hauen ab, wir gucken uns lieber woanders um, wo man echt Geld machen kann. [...] Aber was ich jetzt sehe, bin ich momentan wirklich nur noch am Denken, aufzuhören."

Allerdings weiß Maya, dass sie aufgrund ihrer Biografie kaum die Möglichkeit haben wird, eine andere Arbeit zu finden.

„[...] ich sage dir offen und ehrlich, mit elf habe ich, guck mal ich bin im Kinderheim aufgewachsen und mit elf habe ich schon angefangen [mit der Prostitution, K.S.], und jetzt bin ich [...] und jetzt bin ich 46. So, ok aber ja, ich würde am liebsten auch einen normalen Job machen, aber da komme ich niemals rein, wegen ja, wenn du dann aufschreiben tust und die sagen, haben sie schon mal was mit den Bulldogs und du sagst die Wahrheit, ja, ja dann Entschuldigung, wir haben schon jemand anders. So und denn, wenn ich kein Geld habe, muss ich wieder hier runter. Das ist so."

Aufgrund ihrer gesundheitlichen Verfassung und ihrer fehlenden Ausbildung ist sie für bestimmte Arbeiten nicht geeignet, das Wissen darum hindert sie aber nicht daran, von einer Arbeit mit Babys zu träumen.

„Reinigung kann ich sowieso nicht machen wegen meinen Rücken. Mein richtiger Traum-Job, wäre mit den Babys, aber da komme ich sowieso nicht rein, weil ich keine Ausbildung habe, weil ich gar nichts habe und darum kriege ich das auch nicht. Und ja, ok, das war mein echter Traum-Job, so ok, jetzt muss ich mal überlegen, wie ich das mache."

### 6.1.9 Zusammenfassung

In diesem Abschnitt wurden – gemäß des vierten Schrittes der Intersektionalen Mehrebenenanalyse – die Subjektkonstruktionen der Interviewpartnerinnen herausgearbeitet. Wichtig war es dabei, diese, soweit das umsetzbar war, sprechen zu lassen (siehe Spivak zur Subalternität 4.3.2.1) und möglichst wenig zu abstrahieren, zu generalisieren oder gar zu interpretieren. Deutlich wurden durch die knappen Einleitungen der Interviewsequenzen und die Zitationen selbst die Wechselwirkungen der drei Ebenen, wie sich die Frauen widersetzen, anpassen (müssen) oder unterwerfen. Nachvollziehbar wird auch, dass weder die Subjektkonstruktionen voneinander klar zu trennen sind, noch dass diese dann so etwas wie das Wesen einer Person darstellen, sondern dass in den einzelnen Konstruktionen immer wieder Brüche und Widersprüche zu finden sind, die eine Kohärenz veruneindeutigt.

In der nachfolgenden Tabelle werden die unterschiedlichen Subjektkonstruktionen der acht Fälle aufgelistet. Die linken Kästchen enthalten die anonymisierten Namen der Interviewpartnerinnen, die obere Spalte verweist auf die induktiv herausgearbeiteten und deduktiv gesetzten Kategorien, zu denen die Subjektkonstruktionen gebildet wurden. Das Tabelleninnere enthält die Bezeichnung der Subjektkonstruktionen (siehe Tabelle 3).

*Tabelle 3: Die Subjektkonstruktionen zu den induktiven Kategorien sowie zur Widersetzung, Sexarbeit und Drogengebrauch.*

| | **Induktive SK** | **SK zur Sexarbeit** | **SK zu Drogen** | **SK zur Widersetzung** |
|---|---|---|---|---|
| Gesine N. | Härtefall und Allein | | Schuldige Süchtige | Widersetzung als Kampf mit sich und gegen Kontrolle |
| Anna Z. | Angst erkannt zu werden | Anschaffen ist Job keine Arbeit | Drogenkonsumierende traut sich nichts anderes zu | Widersetzung als Kampf gegen Fremdbestimmung |

| Margalit V. | Überlebenskämpferin | Ungerecht Diskriminierte | Leben ist Anschaffen | Drogenkonsumentin zwischen Anpassung und Legalisierungsforderungen | Widersetzung verbal als Wegweisung, Kritik und Forderung |
|---|---|---|---|---|---|
| Magdalena F. | | | Frau, die mit ihrem Leben nicht so richtig klar kommt | Drogenkonsumierende Anschaffende (verbindet Konsum fast ausschließlich mit Arbeit und umgekehrt) | Widersetzung aus Resignation |
| Tracy A. | stolze verletzliche Kämpferin | Szene ist meine zweite Heimat | erfahrene Anschaffende zwischen Spiel und Geldnot | selbstbewusste Drogenkonsumentin als Grenzgängerin | Widersetzung als Sorge um sich |
| Maya N. | | | Anschaffen nie ohne Kondom | Eigenverantwortliche Drogenkonsumentin | Widersetzung als Aufpassen auf das Leben |
| Sara E. | | | Anschaffen ist das älteste Gewerbe versus Straftat | Drogenkonsumentin fühlt sich menschlich | Widersetzung zwischen Selbstbestimmung und Strategie |
| Doro F. | | | Anschaffen ist Arbeit | Drogenkonsumentin mit Würde | Widersetzung als Handlung |

Der nun folgende Arbeitsschritt, die Ergänzung, Vertiefung und Überprüfung der Strukturebene, dient einer weiteren Erkenntnis über die Macht- und Herrschaftsverhältnisse (siehe 4.1) im konkreten Feld, die mittels von Gesetzen, nichtdiskursiven Praxen und Institutionen vorhanden sind und von den Interviewpersonen aufgegriffen werden. Es kommt zum Beispiel vor, dass im Interview ein strukturelles Herrschaftsverhältnis nicht benannt wird, in der Überprüfung jedoch wird deutlich, dass die Verortung auf der Identitätsebene in der Narration eng zusammenhängt mit den Herrschaftsverhältnissen. Das bedeutet, im nächsten Schritt werden nicht nur benannte Herrschaftsverhältnisse ergänzt, sondern diese werden in den Kontext des speziellen Forschungsfeldes gesetzt. Da bestimmte Kategorien oft unmarkiert bleiben, aufgrund von Privilegien, Tabus, Scham oder weil sie „normal" erscheinen, dass sich ihre Erwähnung erübrigt, setzt die Analyse eine Kenntnis des Feldes voraus. Im nächsten Analyseschritt verallgemeinere ich die wichtigsten strukturellen Herrschaftsverhältnisse über die acht Fälle hinweg.

## 6.2 ANALYSE STRUKTURELLER HERRSCHAFTSVERHÄLTNISSE

Ein Teil der Aussagen in den Interviews bezieht sich auf die sozialen Strukturen und die Herrschaftsverhältnisse, denen die Frauen unterworfen sind. Ich werde diesen Arbeitsschritt fallübergreifend ausführen, da sich die strukturellen Verweise in den Interviews häufig auf die gleichen Gesetze, Reglementierungen, Repressionen, Regulierungen sowie staatlichen Kontrolldispositive beziehen und mit denselben Theorien erklärt werden können. In diesem Schritt werden Strukturdaten ergänzt und Herrschaftsverhältnisse analysiert, um „handfeste Strukturen, d.h. Gesetze, Verordnungen und Institutionen materialisierter Praxen, zu untersuchen" (Winker/Degele 2009, 91f).

Es ist notwendig, zusätzliche Datenquellen einfließen zu lassen, da die Interviewten zwar Herrschaftsverhältnisse benennen, aber sich oft nicht der dahinter stehenden Gesetzeslage bewusst sind oder die Verweise nur implizit im Interview vorkommen. In diesem Schritt sollen auch unmarkierte Herrschaftsverhältnisse erfasst werden. Analysiert werden können auch Handlungen staatlicher Organe, die sich außerhalb der Gesetzeslage bewegen. Durch diese Vertiefung wird deutlich, warum manche Widersetzungen wirkungslos sind oder auf der Subjektebene zu extremen Verletzungen führen, währenddessen andere zur Selbstermächtigung führen.[8]

Die Zuordnung der Strukturverweise unter die vier Herrschaftsverhältnisse habe ich in Tabellen ausgearbeitet, und sie werden im Unterkapitel 6.4 wieder aufgegriffen. An dieser Stelle wird aus Gründen der Lesbarkeit größtenteils darauf verzichtet, die Strukturverweise den Herrschaftsverhältnissen zuzuordnen, denn Bodyismus, Klassismus, Heteronormativismus und Rassismus sind im Feld der informellen Drogen- und Sexökonomie eng verwoben, und sie wiederholen sich ständig. Am Beispiel der Kategorie „Prohibition" möchte ich transparent machen, warum ich so vorgegangen bin. Ich muss an dieser Stelle etwas vorgreifen, um meine Vorgehensweise zu verdeutlichen.

Ich habe über alle Subjektkonstruktionen hinweg die Narrationen zur Reglementierung des Drogengebrauchs unter der Kategorie „Prohibition" zusammengefasst (siehe 6.2.9). In dieser Kategorie wirken alle vier Herrschaftsverhältnisse. Die Prohibition ist ein klassistisches Herrschaftsverhältnis, da sie die „arme" Drogengebrauchende am härtesten trifft. Die Illegalisierung führt auf der Angebotsseite zu einer massiven Verschlechterung der Substanzqualität, da die KonsumentInnen auf Grund des Verfolgungsdrucks die Qualität der Ware vor dem Geschäftsabschluss nicht prüfen können. Gleichzeitig verteuert sich die Ware, was zum verstärkten Vertrieb und Konsum nur scheinbar preiswerter Drogen wie Crack führt. Obendrein erlaubt Crack einen schnellen und unauffälligen Konsum und ist damit bestens für den Gebrauch in der Öffentlichkeit geeignet. Wohlhabende KonsumentInnen können sich bessere Drogen und einen Konsum im geschützten privaten Raum leisten. Die Prohibition ist auch ein heteronormatives Herrschaftsverhältnis, da sie in besonderer Form die Frau-

---

8    Allerdings werden im folgenden Abschnitt nur die Strukturen berücksichtigt, die für die Fragestellung der Arbeit relevant sind. So werden z.B. die Verweise auf die Kinderrechte oder die Arbeit der Jugendämter vernachlässigt, obwohl auch das wichtige Themen wären.

en trifft, die durch den Konsum und die Sexarbeit nicht den stereotypen Rollenbildern von Weiblichkeit entsprechen. Hier wird die Wechselwirkung zwischen der Struktur- und Repräsentationsebene sichtbar. Sexarbeiterinnen sind vom Sicherheitsdispositiv der Prohibition besonders betroffen, weil sie gezwungen sind immer mehr anzuschaffen, da sie aufgrund der Verfolgung hohe Bußgelder zahlen müssen und die mangelnde Wirksamkeit der Drogen durch häufigeren Konsum ausgleichen müssen. Diese Konstellation verstärkt die Abhängigkeitsstruktur zu den Kunden. Die Prohibition muss auch als rassistisches Herrschaftsverhältnis gesehen werden, weil Menschen mit Migrationshintergrund ihren Aufenthaltsstatus verlieren können und sofort abgeschoben werden, wenn man sie des Umgangs mit Drogen überführt. Der Bodyismus kommt zum Tragen, da die prohibitionsbedingte schlechte Qualität unmittelbare negative Auswirkungen auf die körperliche Verfasstheit der KonsumentInnen hat, die durch den massiven Beschaffungsdruck und den daraus resultierenden Stress noch verstärkt werden.

Im nächsten Abschnitt werde ich die wichtigsten in den Interviews benannten sozialen Strukturen bzw. Herrschaftsverhältnisse im Leben von drogengebrauchenden Sexarbeiterinnen konkretisieren und zuspitzen sowie sie gegebenenfalls theoretisch kontextualisieren. Um den Einstieg zu erleichtern, habe ich immer einen Kernsatz aus der Strukturanalyse der Interviews ausgewählt, der in die Herrschaftsverhältnisse einleitet.

### 6.2.1 Risikomanagement von überflüssigen, verworfenen und gefährlichen Subalternen

*„Für die sind wir einfach ein Stück Scheiße würde ich sagen."*
Die Rechtlosigkeit, Erniedrigung und Diskriminierung der Interviewten basiert unter anderem auf einem Risikomanagement im Stadtteil, dass von städtebaulichen Veränderungen über gesetzliche Regulierungen bis hin zu polizeilichen und ordnungspolitischen Disziplinierungen bestimmt wird. Diese Regulierungen sind nicht etwa repressive Maßnahmen des Staates gegen die gesamte Einwohnerschaft, sondern sie haben nur Auswirkungen auf Randgruppen und finden daher eine breite Zustimmung in der Mehrheitsbevölkerung. Negativ sind nur diejenigen von den Reglementierungen betroffen, die sich der Mehrheitssicht auf Kunst, Kultur, Einzelhandel und Gastronomie verweigern oder die nicht die Möglichkeit haben daran zu partizipieren. Der Titel des Abschnitts *Risikomanagement von überflüssigen, verworfenen und gefährlichen Subalternen* soll auf die theoretische Verortung einer Regierungstechnik hinweisen, die auf Basis breiter Zustimmung menschenfeindliche Auswirkungen hat (siehe 4.1.1/4.1.5). Ich beziehe mich im Folgenden auf den Hamburger Stadtteil St. Georg, in dem meine Interviewpartnerinnen leben und arbeiten. Dieser Stadtteil ist aufgrund seiner kontrastreichen Sozialstruktur und seiner Nähe zur Alster sowie durch seine innerstädtische Lage zu einem attraktiven Wohngebiet geworden. Das daraus resultierende Konfliktpotential unterlag jahrelang einem Aushandlungsprozess oder wurde durch Kompromisse „befriedet". Aktuell entwickeln sich die Konflikte jedoch zu antagonistischen Positionen der AkteurInnen. Der Stadtteil ist seit 2006 ein sogenanntes „Entwicklungsquartier". Ein Ziel der Quartiersentwicklung ist das Verdrängen der Alkoholiker-, Drogen- und Prostitutionsszene (Bezirksamt Hamburg Mitte Dezernat für Wirtschaft, Bauen und Umwelt 2009).

„Mietpreise von elf Euro pro Quadratmeter sind in St. Georg keine Seltenheit mehr. [...] Welch starken Einfluss die Drogenszene jahrzehntelang auf St. Georg hatte, wird umso deutlicher, je mehr sich der Stadtteil nun von ‚Sex, Drugs and Crime' befreit. Aus dem schmierigen Bahnhofsviertel ist ein schicker Stadtteil an der Alster geworden, der von Gewerbetreibenden wie Wohnungssuchenden mitunter stärker nachgefragt wird, als das Schanzenviertel. Die jetzt in Angriff genommene Aufhübschung des Hansaplatzes [zentraler Platz im Stadtteil K.S.] ist nur das aktuellste Beispiel für eine Veränderung, die viele Bewohner begrüßen, viele aber auch als Verdrängung von Alteingesessenen kritisieren." (Dittmann 2009)

Städtebauliche Aufwertungsprozesse „führen zur Vertreibung derjenigen, die wir dort nicht haben wollen" (Hamburger Abendblatt 23.08.2006) und zur „Integration" von BewohnerInnen mit ökonomischen, kulturellen und sozialem Kapital. Durch veränderte Straßenführung und die Einrichtung von Sackgassen wurde der so genannte „Freierkreisel" unterbrochen. Das bedeutet, dass die Kunden sexueller Dienstleistung entweder aufwendige Fahrwege auf sich nehmen oder den weniger anonymen Weg zu Fuß durch das Viertel wagen müssen. Letzteres ist für viele Kunden keine Option, da sie die Öffentlichkeit meiden und im Klandestinen agieren wollen. Die Analyseergebnisse dieser Arbeit zeigen, dass sich diese Maßnahmen bereits auf das Nachfrageverhalten der Kunden ausgewirkt haben, denn die Frauen berichten, dass immer weniger Kunden den Stadtteil aufsuchen (Hamburger Abendblatt 09.10.2006; ebd. 15.03.2004). Inzwischen sind die Straßen um den Platz mit ein- und ausfahrbaren Pollern bestückt und können nur noch von akkreditierten AnwohnerInnen genutzt werden. Zum Stadtentwicklungskonzept gehört es ebenfalls, rund um den zentralen Platz die Bäume zu fällen und sämtliche Sitzgelegenheiten zu demontieren (das heißt im Klartext dürfen sich nur noch Menschen ausruhen, die in Cafés oder Bars bezahlen können). Deshalb müssen Menschen, die sich ausruhen wollen, die Poller zum Sitzen nutzen.

„Die ersten von 21 Bäumen wurden gestern gefällt. Der Leiter des Bezirksamts Mitte, Markus Schreiber (SPD), wird heute um 13 Uhr mithilfe eines Baggers mit dem Abriss der Mauer beginnen, die weite Teile des kameraüberwachten Platzes umgibt. Grund für die Maßnahmen, die rund 55 000 Euro kosten: ‚Wir wollen diesen traditionsreichen Platz wieder heller und einladender machen und so für die normalen Bürger zurückerobern', sagt Schreiber. Für den Bezirksamtsleiter steht fest: ‚Einer der schönsten Orte dieser Stadt sollte nicht vorrangig von Säufern und Drogenabhängigen bevölkert werden'." ( ebd. 27.11.2007)

Es ist fragwürdig, warum das Fällen von 21 Bäumen den städtischen Raum verschönert. Daher liegt die Mutmaßung nahe, dass nicht die Helligkeit des Platzes das Ziel der Abholzung war, sondern dass es viel mehr um bessere Observierungsmöglichkeiten ging, denn zeitgleich wurden im Juli 2007 fünf Überwachungskameras rund um den Platz installiert, die im Oktober 2009 wieder abgebaut wurden. Interessant ist, dass die ständige Videoüberwachung selbst der bürgerlichen Mitte im Stadtteil zu weit ging, sodass dieses Kontrollregime keine breite Zustimmung fand (Initiative Hansaplatz 2011a). Die Kameraüberwachung im Stadtteil Hamburg St. Georg wurde in erster Linie als ein Herrschaftsinstrument gegen die Anderen, die Verworfenen und Überflüssigen eingesetzt und wurde der Mehrheitsgesellschaft als präventive Sicherheitsmaßnahme verkauft. Die DrogenkonsumentInnen verfügen weder über eine Option die Diskurshoheit zu erlangen, noch können sie Rechtsmittel dagegen einlegen. Die bürgerliche Mitte hingegen verfügt über die entsprechenden Mittel im Kampf um die Diskurshoheit und kann diverse Gegenstrategien entwerfen, wie das Beispiel der AnwohnerInneninitiative „Kultur statt Kameras" (Initiative Hansaplatz 2011a) zeigte (siehe dazu der Unterschied zwischen Macht und Herrschaft in 4.1.3/die Ausführungen zum Dispositiv 5.3).

Allerdings gibt es auch in St. Georg AnwohnerInnen, die sich der Gentrifizierung widersetzen. So sprechen sich Teile der Anwohnerschaft immer wieder gegen die Verdrängung ungeliebter NutzerInnen des Platzes in die städtischen Randgebiete aus und protestieren gegen die Übereignung des städtischen Raums an die Nutzungsvorstellungen von „Hochqualifizierten", „Gutverdienenden" und vorgeblichen „Leistungsträgern" (Einwohnerverein St. Georg 2008). Deutlich wird, dass nicht nur drogengebrauchende Sexarbeiterinnen von den Sicherheitsdispositiven betroffen sind, sondern alle, die nicht in die ökonomisch hegemonialen Regulierungen passen. In der intersektionalen Analyse wird sehr deutlich, dass durch diese Form des Regierens das menschenwürdige Dasein der Frauen verhindert wird. Sie versuchen die gesellschaftliche Abwertung durch Würde und Respekt vor sich selbst zu kompensieren. Sie greifen im Kampf gegen die Kommodifizierung auf die einzigen Ressourcen zurück, die ihnen in der Situation der Bedrängnis bleiben, ihre Würde und Ehre. Gegen diese Herrschaftsverhältnisse setzen sie Selbsthilfestrategien, die auf ihrem Stolz und ihrer Würde beruhen. Eine der interviewten Frauen zitiert aus dem Grundgesetz, dass die Würde unantastbar sei. Jedoch wird die Würde schon längst angetastet, das wird insbesondere an der Ausgrenzung von drogengebrauchenden Sexarbeiterinnen und ihrer daraus resultierenden Lebensrealität deutlich. Wilhelm Heitmeyer schreibt dazu:

„Die fatale Ausgrenzung bestimmter Gruppen stabilisiert sogar noch eine Gesellschaft, weil die heimliche Botschaft lautet: Steigert eure Leistungsbereitschaft oder senkt eure Anspruchshaltung, sonst landet ihr ganz unten – aussortiert und ohne Würde." (Heitmeyer 2010, 190)

In allen Interviews wird Kritik an den erweiterten Zugriffsrechten der Polizei geäußert. Diese basieren unter anderem auf einem Erlass der Innenbehörde zur Abwehr von Straftaten in definierten Gefahrengebieten innerhalb der Innenstadt. Solche Erlasse werden dann als Argumente für ein verschärftes Sicherheitskonzept herangezogen:

„Neben der Reeperbahn soll der Hansaplatz angeblich der gefährlichste Ort Hamburgs sein, dem man jetzt mit Sicherheitsmaßnahmen aller Art zu Leibe rücken müsse." (Einwohnerverein St. Georg 2008)

In den Gefahrengebieten gilt ein ganzer Maßnahmenkatalog zur Kontrolle und Sanktionierung des informellen Drogen- und Sexmarktes. Gefahrengebiete sind die Legitimationsgrundlage für verschärfte polizeiliche Interventionen (Staub-Bernasconi 2007, 185). Der Verein republikanischer Anwältinnen und Anwälte e.V. definiert diese wie folgt:

„Gefahrengebiete konstruieren einen Generalverdacht gegenüber Menschen und ‚Zielgruppen', die sich in bestimmten Stadtteilen aufhalten. Dabei verfügt die Polizei per Gesetz über die Definitionshoheit, welche Personen an welchen Orten zu welchen Zeitpunkten kontrolliert und kriminalisiert werden. Sie braucht keinen konkreten Anfangsverdacht und keine konkrete Gefahr mehr. Allein aufgrund ihrer ‚Lageerkenntnisse' hat die Polizei seit Juni 2005 das Recht, so genannte ‚Gefahrengebiete' zu definieren, in denen sie ‚Personen kurzfristig anhalten, befragen, ihre Identität feststellen und mitgeführte Sachen in Augenschein nehmen' darf (§ 4 Abs. 2 PolDVG). Diese Verschärfung des Polizeirechts wurde mit dem ‚Gesetz zur Erhöhung der Sicherheit und Ordnung' [SOG K.S.] vom 16. Juni 2005 vom CDU-Senat in Hamburg eingeführt. Seitdem hat die Polizei über 40 Gefahrengebiete in Hamburg ausgewiesen. Ganze Stadtteile unterliegen dem polizeilich erklärten Ausnahmezustand." (Republikanischer Anwältinnen- und Anwälteverein e.V. 2011)

Die präventive Straftatermittlung wird euphemistisch als „Lageerkenntnis" bezeichnet und basiert im Wesentlichen auf Stereotypen. Sie stigmatisiert, diskriminiert und kriminalisiert daher nur bestimmte Gruppen wie z.B. MigrantInnen, DrogenkonsumentInnen und SexarbeiterInnen. An dieser Stelle wird die unmittelbare Wechselwirkung mit der Stigmatisierung unerwünschter Personen sichtbar.

„Die Ursachen von Kriminalität werden durch Ausweisung von Gefahrengebieten nicht behoben, es erfolgt lediglich eine Stigmatisierung von Stadtteilen als gefährlich und eine Vertreibung „unerwünschter Personen" mit Hilfe von Platzverweisen und Aufenthaltsverboten." (Fraktion DIE LINKE in der Hamburgischen Bürgerschaft 2011)

Die „Kampagne für die Grundrechte" der Fraktion DIE LINKE in der Hamburgischen Bürgerschaft hat die Anzahl der Platzverweise, Aufenthaltsverbote, Gewahrsamnahmen und Ermittlungsverfahren aus den Angaben der Innenbehörde für den Zeitraum 1. Halbjahr 2004 bis zum 30.3.2009 dokumentiert (ebd.):

- Anzahl der festgehaltenen Personen:     23.952

- Anzahl der Identitätsfeststellungen:     23.952

- Anzahl Platzverweise:     38.587

- Anzahl Aufenthaltsverbote:     53.181

- Anzahl Ingewahrsamnahmen:     7.771

- Anzahl Ermittlungsverfahren:     23.375

Die Vertreibung der „Nichtangepassten" und „Überflüssigen" sowie die zeitgleiche Förderung ökonomisch, sozial und kulturell konformer Lebensweisen ist in dem Stadtteil, in welchem die interviewten Frauen arbeiten und leben, eine gängige Praxis. Die erleichterten Zugriffsrechte der Polizei basieren auf der Verfügung zur „Handlungsanweisung zur Bekämpfung öffentlich wahrnehmbarer Drogenkriminalität" (Polizeikommissariat 11 2004). Besteht der geringste Verdacht der Zugehörigkeit zum Prostitutionsmilieu oder zur Drogenszene legitimiert das eine Personenkontrolle. Verdachtsmomente ergeben sich aus einem scheinbar auffälligen Verhalten oder der Kontaktaufnahme zu Personen, die vermutlich dem Milieu oder der Szene angehören. Die Definition von „Auffälligkeiten" basiert auf dem persönlichen Ermessen der BeamtIn, wobei der „äußere Eindruck" oder das „konspirative" unsichere Bewegen im Gefahrengebiet (Polizeikommissariat 11 2004, 3)[9] als Begründung ausreichen.

Die in den Interviews beschriebene Vereinzelung und Entsolidarisierung unter den Frauen ist ein (gewollter) Effekt staatlicher Repression. Drogengebrauchende Sexarbeiterinnen müssen jeglichen Kontakt zu ihren Kolleginnen in der Öffentlichkeit vermeiden, da sie ansonsten immer Gefahr laufen, Anlass zur Kontrolle zu bieten und dann auch sanktioniert zu werden. Gleiches gilt für die Mobilität der Sexarbeiterinnen. Sie ist notwendig, um sich gegen die Sicherheits- und Disziplinardispositive zur Wehr zu setzen und damit eine erzwungene strategische Verhaltensweise, die mit einem ziemlich hohen Stressfaktor verbunden ist. Dass es sich bei dieser Mobilität auch um eine Vermarktungsstrategie gegenüber den Kunden handeln (um interessanter zu wirken oder mit ihnen zu spielen, wie Tracy es beschreibt) und somit freiwillig sein könnte, ist eine euphemistische Interpretation.

Diese polizeiliche Verfolgung und die drohenden Sanktionen zwingen den Frauen auch einen möglichst unauffälligen Habitus auf. Dieser liegt dann dem Stereotyp zugrunde, dass drogengebrauchende Sexarbeiterinnen keinen Wert auf ein professionelles Aussehen legen würden. Vor diesem Hintergrund verliert auch das Argument, dass Sexarbeiterinnen aus den Stadtentwicklungsgebieten vertrieben werden müssen, weil sie laut, aggressiv und störend seien, an Überzeugungskraft. Ein solches Verhalten wäre derart unüberlegt und gegen ihre eigenen Interessen gerichtet, dass es auch für Menschen, die für „essentiell unvernünftige" Subjekte gehalten werden, nicht vorstellbar ist. Die Ergebnisse dieser Arbeit zeigen, dass sie ausnahmslos um Anerkennung durch und Anpassung an die Mehrheitsbevölkerung bemüht sind. Darüber hinaus wird sichtbar, dass nicht die Droge Crack („der Stein") die von den Frauen beschriebene Vereinzelung und Entsolidarisierung bedingt, sondern dass die Entsolidarisierung viel mehr eine Reaktion auf die herrschenden punitiven Verhältnisse ist, und Crack ist der Auslöser, aber nicht die Ursache.

Wird während einer polizeilichen Kontrolle ein Bezug zur Drogenszene festgestellt, kann laut § 12a SOG ohne weitere Begründung ein Platzverweis für ein bestimmtes Gebiet ausgesprochen werden. In schwerwiegenderen Fällen kann auch ein Aufenthaltsverbot bis zu einem Jahr für den gesamten Stadtteil erteilt werden. Wird die so in den Fokus geratene Person erneut als „eine Gefahr für die Sicherheit und Ordnung" wahrgenommen, erfolgt eine Ingewahrsamnahme (PK 11 2004, 3). Dies wird schon praktiziert, wenn bei einer Personenkontrolle festgestellt wird, dass die betroffene Person bereits als „Besonders auffällige Person" (BAP) in der „Datei Drogenszene" polizeilich erfasst ist. Diese Registrierung erfolgt, wenn eine Person innerhalb eines Zeitraums von drei Monaten mehrmals auffällig geworden ist und ihr wenigstens einmal entweder der Handel oder der Erwerb von illegalisierten Drogen nachgewiesen wurde (ebd.). Die Einführung des Waffenverbotes in dem Stadtteil lie-

---

9 Der öffentliche Zugriff auf diese Verfügungen ist nicht ohne weiteres möglich. Die mangelnde Transparenz führt zu einer Unsicherheit bei den Sexarbeiterinnen, aber auch der Anlaufstelle und weiteren Hilfeprojekten. In Bezug auf die SpGVo weiter unten wird das Problem noch deutlicher beschrieben.

fert eine weitere Legimitation für „präventive" Personenkontrollen und Observierungen.

„Hamburg führt als erstes Bundesland Waffenverbotsgebiete ein. In den Bereichen Reeperbahn und Hansaplatz ist es seit Dezember 2007 nicht mehr erlaubt, Waffen, wie z.B. Schusswaffen, Messer und Reizstoffsprühgeräte mit sich zu führen. Werden bei einer Polizeikontrolle innerhalb dieser Gebiete Verstöße festgestellt, so drohen empfindliche Geldbußen (im Rahmen von 150,- Euro bis zu 10.000,- Euro)." (Behörde für Inneres und Sport 2007)

Frauen, die Crack rauchen, geraten dadurch noch mehr in das Fadenkreuz strafrechtlicher Verfolgung, denn sie sind nunmehr nicht nur Konsumentinnen von illegalisierten Drogen, sondern potentielle Gewalttäterinnen, da ein Taschenmesser zwingend zu ihren Rauchutensilien gehört.

Volker Eick beschreibt in einem Text die zunehmenden Sicherheitsdispositive und die damit verbundene Ausgrenzung von „entbehrlichen" Personengruppen in der BRD. Er untersucht die Kommerzialisierung kommunalen Eigentums und (Re)Kommodifizierung öffentlicher Räume und Güter (Eick 2006, 174). Er postuliert, dass die mit dem Neoliberalismus einhergehende Verarmung sicherheits- und ordnungspolitisch gewendet und damit zunehmend dem Politikfeld Innere Sicherheit zugeschlagen wird (ebd. 175). Die Regulierung der innerpolitischen Sicherheit würde kommerziell durch den Wachschutz, zivilgesellschaftlich durch die Mobilisierung der Bevölkerung und staatlich durch die Neuausrichtung polizeilicher und ordnungsamtlicher Akteure unterschiedlicher Sicherheitsagenturen praktiziert (ebd.). Eick benennt in seinem Text explizit den Ausbau der Sicherheitsdienste im Personennah- und Fernverkehr und die zahlreichen schutz- und kriminalpolizeilichen Sondereinheiten mit spezifischer Quartiersorientierung.

Der Vergleich mit der Situation in dem Stadtteil, in welchem die Interviewten leben und arbeiten, zeigt, dass hier genau diese Sicherheitsdispositive zum Einsatz kommen. Insbesondere fallen dabei die Aufstellung quartiersorientierter Sonderabteilungen im verantwortlichen Polizeikommissariat sowie die zivilgesellschaftliche Mobilmachung der neu hinzugezogenen AnwohnerInnen auf. Im Stadtteil hat sich eine Initiative gegründet, die ihre Hauptaufgabe darin sieht, die Vertreibung der SexarbeiterInnen massiv voranzutreiben (Initiative Hansaplatz 2011a). In ihrer Argumentation unterscheiden die Aktivisten der Initiative nicht zwischen sozialpolitischen Problemen und Kriminalität, die sie als *disorder*-Probleme zusammenfassen. Sie fordern, dass Sauberkeits- und Ordnungsstandards sowie Verhaltenskodizes auch im Bagatellbereich durchgesetzt werden.[10]

Der informelle Drogen- und Sexmarkt grenzt unmittelbar an den Hauptbahnhof. Die dort ansässige Drogenszene wurde 2002 seitens der Deutschen Bahn AG (DB) erfolgreich vertrieben. 1999 wurde durch die DB für Hamburg das 3-S-Programm „Service, Sicherheit, Sauberkeit" etabliert (Deutsche Bahn AG 2011), in dem explizit auch die repressive Durchsetzung der Unternehmensinteressen angekündigt werden

---

10 In einem sehr aufschlussreichen Beitrag setzt sich Krasmann (2011) mit der zunehmenden gesellschaftlichen Akzeptanz in Bezug auf die enorme Ausweitung staatlicher Interventionsbefugnisse von Sicherheitsdispositiven auseinander.

(Eick 2006, 190). Die Dauerbeschallung des Bahnhofgeländes mit klassischer Musik war eine der ersten Maßnahmen, die 2000 umgesetzt wurden. Die auf dem Hausrecht beruhenden privatwirtschaftlichen Aktivitäten zur Zerschlagung der Drogenszene wurden 2001 durch die Installation der sogenannten Sicherheitswache auf dem Hauptbahnhofsvorplatz flankiert. Dabei handelt es sich um eine öffentlich präsente und dezentrale Wache der Bundespolizei in unmittelbarer Nachbarschaft zur Sicherheitswache der Deutschen Bahn, womit die gemeinsame Arbeit an einem Ziel verdeutlicht wird. Über die bauliche Realisierung mit Bürocontainern wiederum soll ihr mobiler und temporärer Charakter, der sich der aktuellen Gefahrenlage anpassen kann, gezeigt werden. Der Hauptbahnhof und die angegliederten S- und U-Bahnstationen sowie alle Verbindungswege sind videoüberwacht. 1992 wurde die Hamburger Hochbahnwache GmbH gegründet, die ein umfassendes Sicherheitskonzept in der U-Bahn umsetzen sollen.[11]

„Rund 260 Fachkräfte der HHW sorgen für Sicherheit und stehen den Fahrgästen nicht nur in Notfällen als Ansprechpartner zur Verfügung. Wesentlicher Bestandteil des integrierten Sicherheitskonzeptes neben der Personalpräsenz ist die Videobeobachtung. Die 89 U-Bahn-Haltestellen sind mit insgesamt 950 Videokameras ausgestattet und werden zyklisch oder gezielt beobachtet. Weitere 1400 Videokameras in den 700 U-Bahn-Fahrzeugen sorgen durch Videoaufzeichnungen für zusätzliche Sicherheit." (Hamburger Hochbahn AG 2011)

Die Angestellten sind berechtigt Kontrollen durchzuführen. Ein Großteil der Drogengebrauchenden Sexarbeiterinnen haben Hausverbote in den S-und U-Bahnhöfen aufgrund des Strafdeliktes „Erschleichen von Beförderungsleistungen"[12] und können deshalb von den Mitarbeitern (es handelt sich um Männer) aus den Bahnhöfen vertrieben werden. Die Vertreibungspolitik führte natürlich nicht zur Auflösung der „offenen Drogenszene", sondern drängte diese in den Stadtteil St. Georg ab, wo sie wiederum durch Repressionen bedrängt wird. Die Interviews belegen, dass das aktuelle Konzept der Polizei eine Situation generiert, in der nicht einmal mehr die bestehende, von der Stadt genehmigte und finanzierte Anlaufstelle im Stadtteil für die Nutzerinnen frei zugänglich ist. Das so genannte *Junkie Jogging* (Polizeijargon für die Vertreibung von DrogenkonsumentInnen) findet sich auch als Thema in den Interviews wieder. Tracy spricht diese Form der Reglementierung sogar direkt an. Der Bezirksamtsleiter forderte unlängst die vollständige Verlagerung der Szene in ein abgelegenes Industriegebiet (Hamburger Abendblatt (29.03.2011). Abgesehen von dem er-

---

11 Für die S-Bahn ist die Deutsche Bahn Sicherheit zuständig, die eine ähnliches Konzept verfolgt. http://www.sicherheit.info/SI/cms.nsf/si.svo.lookupByID/210909?Open [01.07. 2011].

12 Die Frauen wurden entweder beim Fahren ohne gültigen Fahrausweis erwischt, oder sie besitzen diesen nicht, wenn sie den Bahnsteig betreten. Das Ordnungsgeld können sie häufig nicht bezahlen, sodass sich Schulden häufen und daraufhin die Staatsanwaltschaft gegen sie ermittelt. Diese Bagatelldelikte können zur strafrechtlichen Verfolgung führen und DrogenkonsumentInnen „riskieren" damit immer eine Haftstrafe.

höhten Gefahrenpotential,[13] dem sich die Frauen dort gegenüber sehen würden, könnten sie den Ort nicht erreichen, da sie aufgrund ihrer Verstöße gegen das Beförderungsrecht die öffentlichen Verkehrsmittel nicht nutzen können und aufgrund ihres Drogenkonsums weder Auto noch Fahrrad fahren dürfen. Die repressive Regulierung fasst Foucault in einem Zitat wie folgt zusammen:

„Das Eigentümliche der Repression, das, was sie von den einfachen Verboten des Strafgesetzes unterscheidet, soll demnach darin bestehen, dass sie zugleich als Verbannungsurteil und als Befehl zum Schweigen funktioniert, als Behauptung der Nicht-Existenz und – konsequenterweise – als Feststellung, dass es bei alledem überhaupt nichts zu reden, zu sehen oder zu wissen gibt." (Foucault 1995, 12)

Abschließend lässt sich konstatieren, dass durch die Aufwertung (Gentrifizierung), Überwachung und Kontrolle des öffentlichen Raumes den drogengebrauchenden Sexarbeiterinnen jegliche Grundlage entrissen wird, ihre existenziellen Bedürfnisse zu befriedigen. Die sich etablierende Infrastruktur grenzt sie aus und verschärft ihren Überlebenskampf. Slavoj Žižek schreibt zur systematischen Entrechtung einer Gruppe:

„Wenn eine Klasse systematisch ihrer Rechte und ihrer Würde als Personen beraubt, sind sie eo ipso auch von ihren Pflichten gegenüber der Sozialordnung befreit, da diese Ordnung nicht mehr ihre ethische Substanz ist. Der ablehnende Ton in Hegels Aussagen über den „Pöbel" ist eine Klasse von Menschen, denen die Anerkennung durch die ethische Substanz – systematisch nicht nur in kontingenter Weise – verwehrt wird, also schulden sie der Gesellschaft auch nichts und sind sämtlicher Pflichten ihr gegenüber entbunden. Dies ist bekanntermaßen der Ausgangspunkt der Marxschen Analyse: Das „Proletariat" bezeichnet ein solches „irrationales" Element der „rationalen" sozialen Totalität, den unerklärlichen „Anteil der Anteilslosen", jenes Element, das systematisch von ihr erzeugt wird und dem gleichzeitig die Grundrechte verweigert werden, durch die sich die Totalität definiert." (Žižek, Slavoj 2009, 238)

Žižeks Zitat lässt sich auf die marginalisierte Positionalitäten drogengebrauchender Sexarbeiterinnen übertragen, jedoch kämpfen die meisten der Frauen gegenwärtig noch darum, in irgendeiner Form am gesellschaftlichen Leben partizipieren zu dürfen. Sie sind wütend darüber, dass ihnen diese gesellschaftliche Teilhabe verweigert wird. Leider verkehren sich ihre Wut und ihr Entsetzen über die gesellschaftliche Verachtung oft nur in Resignation und Desillusion, und ihre Kraft reicht nicht mehr für einen aktiven Kampf um ihre Rechte. An dieser Stelle kommt Spivaks Nachdenken über die Subalterne zum Tragen, denn in dieser Situation können die Betroffenen nicht mehr für sich selbst sprechen, respektive wenn sie das tun, werden sie trotzdem nicht gehört. Ist es die ethische Pflicht das Unrecht als Stellvertreterin anzuklagen

---

13  In diesem Gebiet existiert keine Bar-, Restaurant und Hilfestruktur sozialer Einrichtungen. Die Infrastruktur entspricht mitnichten dem Rotlicht- oder Drogenmilieu. Allerdings besitzen die dort ansässigen Menschen keine so starke Lobby, wie die neu zugezogene Anwohnerschaft in St. Georg.

„für" die, die keine Stimme haben, mit dem Ziel ihnen einen Raum der Sichtbarkeit und Emanzipation zu schaffen oder ist das Dominanzkultur?

Rose schreibt, dass der sogenannte Umbau des Wohlfahrtsstaates nicht nur von Privatisierung, Wettbewerb und Kostenrechnung begleitet wird, sondern auch von neuen politischen Konzepten, den *Community*-Diskursen. Diese bedienen sich einer neuen Terminologien, in der Begriffe wie zum Beispiel *Community Care* für gemeindenahe Sozialarbeit, *Community Home* für das Stadtteilzentrum (Rose 2000, 79) sowie „Stadtteil-" oder „Quartiermanagement" für die Stadtentwicklung und „Bürgernaher Beamter" für den Polizisten verwendet werden. Dieser Diskurs generiert auch stadtteilbezogene Sicherheitskonzepte, deren Folge die *Risk Communities*, also die Risikogruppen sind. Zu diesen gehören unter anderem DrogenkonsumentInnen, „Beschaffungsprostituierte" und Schwule. Jede Aussage über die einzelne *Community* bezieht sich auf eine Identifikation, die bereits existiert und die zugleich die Akzeptanz eines gemeinsamen Schicksals voraussetzt. Das Einbinden in eine Gemeinschaft setzt allerdings voraus, dass wir zuerst auf diese aufmerksam gemacht werden. Das erfordert die Arbeit von AktivistInnen, die Durchführung von Kampagnen, es bedarf der Erzählungen und der Identifikation sowie Sichtbarmachung des bereits Bestehenden (ebd. 85). Beispiele sind Gesundheitsschutzprogramme und die Liberalisierung von Prostitution. Diese soll am Prostitutionsgesetz (ProstG) beispielhaft betrachtet werden (siehe 3.2). Es ist bekannt, dass der Einführung des ProstG ein langer politischer Kampf um Emanzipation der Hurenbewegung vorausging und dass die endgültige Umsetzung des Gesetzes einen Kompromiss zwischen den politisch AktivistInnen und den konservativen Kräften in Deutschland darstellt. Auch wenn bezüglich des ProstG durchaus Nachbesserungsbedarf besteht, bleibt im Vergleich zur Situation in Europa festzustellen, dass es einen echten Fortschritt darstellt. Prostitution schreibt sich so in die gesellschaftlichen Diskurse ein, es gibt Kongresse, Fachtagungen, Forschungsprojekte, Seminare und Vorlesungen an den Hochschulen und Universitäten. Die SexarbeiterInnen selbst haben diese Gesetzesinitiative unterstützt, um gegen Benachteiligung und Ausgrenzung anzukämpfen und die gängigen Stereotype gegenüber Prostituierten zu widerlegen. Es existieren eine Reihe von Präventionsprogrammen, die jetzt auch die Kunden sexueller Dienstleistungen mit einbeziehen. Das geschieht in Zusammenarbeit mit Selbsthilfeprojekten und einzelnen engagierten BürgerInnen, die sich vehement für die Anerkennung der Betroffenen und ihrer *Communities* einsetzen. Es ergeben sich aber auch neue Praktiken der Ausschließung, nämlich die Ausgrenzung der illegalisierten MigrantInnen und der „Beschaffungsprostituierten". Beide Gruppen partizipieren nicht an diesem Gesetz, da sie mehrfach kriminalisiert sind und sich ihre Illegalisierung nicht nur auf die informelle Sexarbeit bezieht. Die „Beschaffungsprostituierten" sind in der Wahrnehmung der Gesellschaft obendrein die Anderen, die sogenannten Unprofessionellen und die „Junkiehuren", die eine schlimme Kindheit hatten und häufig sexuell missbraucht wurden. Sie sind diejenigen, die ohne Berufsethos arbeiten, die Preise drücken, immer Krawall machen und ohne Kondom arbeiten. Diese Aufzählung ließe sich beliebig fortsetzen. So zeigt sich, dass auch das Regieren durch eine *Community*, selbst wenn diese einen emanzipativen Charakter hat und sich auf bestehende Solidarbeziehungen stützt, eben diese Beziehungen auch verändert. Es lädt sie mit neuen Wertvorstellungen auf, lässt sie an Fachwissen partizipieren und schafft neue Ausschließungssituationen (ebd. 88). Das heißt nicht, dass diese Aktivitäten deshalb unecht wären, nur sollten wir aufmerksam verfolgen, welche Arbeit mit der Konstruktion von *Communities* verbunden ist und welche unvermeidlichen Implikationen die ihnen innewohnende Logik von Inklusion und Exklusion, von Verantwortung und Autonomie hat (Rose 2000, 88). Mit Sicherheit entstehen aus dem Diskurs der *Community* und ihrer Identität neue Ansätze des Protestes, die jedoch ganz unterschiedliche Gründe und Ziele haben können, wie das Beispiel der Unterschriften- und Klageaktionen für eine Vertreibung der Drogengebraucherinnen und Sexarbeiterinnen zeigt (siehe 6.2.4/6.3.2). Die Regulierung der Prostitution verbessert die Bedingungen für „Beschaffungsprostituierte" und illegalisierte Migrantinnen nicht, sondern verschärft ihre Situation noch, da sie nunmehr nicht mehr den Schutz einer großen *Community* haben.

Wie die Intersektionale Mehrebenenanalyse zeigt, treffen Baumans Betrachtungen auf die Lebensrealität drogengebrauchender Sexarbeiterinnen zu (siehe 4.1.5). Der immer noch existente alten Big Brother versucht nach wie vor die Frauen durch Überwachung, Repressionen und Sanktionen zu regulieren und auf Linie zu bringen. Dazu bedient er sich nicht nur der „klassischen" Institutionen wie Gefängnisse, Therapiekliniken und soziale Einrichtungen, sondern setzt dafür auch Überwachungskameras im Stadtteil ein. Der neue Big Brother hingegen will die drogengebrauchenden Sexarbeiterinnen fern halten und verjagen. Zwischen diesem Widerspruch werden die Frauen schier zerrieben.

Der Inhalt des folgenden Abschnitts ist eng mit dem Risikomanagement von überflüssigen, verworfenen und gefährlichen Subalternen verschränkt. Aufgrund der drastischen und vehementen Wiederholungen in den Interviews werden der „Überlebenskampf" und der „Wunsch tot zu sein" als eigenständige Strukturkategorie untersucht.

### 6.2.2 Alltägliche Grenzverletzungen durch Gewalt

*„Ja natürlich, auf der Szene habe ich auch Gewalt und Vergewaltigung, und ich weiß gar nicht, wie ich das überhaupt alles überstanden habe psychisch so, dass ich trotzdem immer noch so geblieben bin, wie ich bin. "*
In ganz unterschiedlicher Weise erzählen die Frauen von ihrer persönlichen „Abhärtung", die es ihnen ermöglicht hat, überleben zu können. Entweder sie sehen sich als „Härtefall", oder sie negieren existentielle Bedürfnisse, um den Schmerz und die Verletzung nicht spüren zu müssen. Ein häufiges Ergebnis der Interviewanalyse ist, dass der Konsum von Drogen offensichtlich als die einzige zuverlässige Hilfe und Unterstützung wahrgenommen wird, um den Schmerz und die erlebten Traumata[14] zu

---

14 Psychische Traumata werden nach DSM-IV (American Psychiatric Association 1994) als Erfahrung definiert, die 1. eine ernste Bedrohung des eigenen Lebens oder der körperlichen Integrität, 2. die Bedrohung des Lebens von Bezugspersonen oder Familienmitgliedern beinhalten, 3. das Mitansehen von Gewalt gegen andere Personen, 4. Das Erleben schwere Unfälle und Katastrohen und 5. sexuelle Kindesmisshandlungen. Die Erlebnisse sind für die Personen sehr qualvoll und mit extremem Schrecken und großer Hilflosigkeit verbunden. Besonders Traumata, die auf menschliche Gewalt zurückzuführen sind, führen häufig zu schweren und langanhaltenden Störungen (Zumbeck 2001, 7).

bewältigen, wenn kein Auffangnetz existiert. Deutlich wird in den Interviews, dass alle Frauen einen harten Kampf gegen den sozialen Tod führen.

Die Unterdrückung, Diskriminierung und Verfolgung der Arbeiterinnenkultur, die in dem bereits zitierten Buch „Klassismus" von Kemper und Weinbach (2009) beschrieben wird, weist Parallelen zu der Repression gegenüber Menschen auf, denen in der heutigen Zeit ihr Recht auf ein menschenwürdiges Leben abgesprochen wird wie den drogengebrauchenden Sexarbeiterinnen. Kemper und Weinbach sehen eine Analogie zwischen der Entrechtung von Menschen in der Moderne und der Sklaverei in der Geschichte. Als entscheidende Gemeinsamkeit sehen sie, dass das Menschsein grundsätzlich infrage gestellt wird. Zwar wird das heutzutage die Mehrheit den drogengebrauchenden Sexarbeiterinnen nicht per se absprechen, doch durch die Wechselwirkung unterschiedlicher Diskriminierungskategorien und die daraus entstehenden Effekte wird ihnen ein menschwürdiges Dasein unmöglich gemacht. Kemper und Weinbach nennen das die extremste Form des Klassismus, die den Tod des Menschen bereits miteinkalkuliert (Kemper/Weinbach 2009, 66). Dieser Sichtweise schließe ich mich an, zumal die Stereotype über drogengebrauchende Sexarbeiterinnen dazu dienen, „die realen Verhältnisse so darzustellen, als seien letztlich immer diejenigen Schuld, die in diesen Verhältnissen leben" (ebd.). Auch drogengebrauchende Sexarbeiterinnen sind eine Gruppe von Menschen, deren Tod als Kollateralschaden im Kampf um „ordentliche Verhältnisse" gesellschaftlich akzeptiert ist. Dass sie einer „potentiellen Todesgefahr" ausgesetzt sind, wissen die Interviewpartnerinnen, deshalb fordern sie einen „menschlichen und natürlichen Umgang". Diesen Anspruch formulieren sie nicht nur an die Gesellschaft, sondern den haben sie auch an sich selbst.

Seyla Benhabib schreibt in ihrem Buch, „Die Rechte der Anderen": „Keine Papiere zu haben, ist in westlichen Gesellschaften eine Form des zivilen Todes" (Benhabib 2008, 207ff). Mit dem Bild des gesellschaftlichen Todes beschreibt sie das Schicksal von Menschen, die in den USA illegalisiert leben müssen und deshalb über keinerlei gesellschaftliche Rechte verfügen. Diese Situation trifft auch auf migrierte Sexarbeiterinnen in Deutschland zu. Diese Menschen werden kriminalisiert, weil sie keine gültigen Papiere besitzen. Sie befriedigen ein real existierendes Bedürfnis und verdienen damit ihren Lebensunterhalt, trotzdem wird ihnen jegliche Form der Partizipation verwehrt, obwohl sie in den informellen oder illegalisierten Bereichen längst Bestandteil der Gesellschaft sind. Drogengebrauchende Sexarbeiterinnen mit deutscher Staatsbürgerschaft befinden sich in ähnlichen Situationen, mit dem Unterschied, dass sie einst über Rechte verfügten und entrechtet wurden. Erst wenn sie den mühseligen Weg der Abstinenz von Drogen, der Übernahme von Eigenverantwortung und der Unterwerfung unter sämtliche staatlich dargebotenen Resozialisierungsmaßnahmen gegangen sind, können sie einen Teil ihrer Rechte als Staatsbürgerinnen zurückerhalten. Diese Option ist illegalisierten Migrantinnen fast immer verwehrt. Das ändert aber nichts an der Tatsache, dass auch Frauen mit deutscher Staatsbürgerschaft oder gültiger Aufenthaltserlaubnis der gesellschaftliche Tod droht. Es geht hier nicht um die Gleichsetzung von unterschiedlichen Biografien, sondern darum, nachzuzeichnen, wie „überflüssige" Menschen nur noch durch Repressionen und Sanktionen reguliert werden. Auch in diesem engmaschigen Netz der Verfolgung gelingt es den interviewten Frauen sich zu widersetzen und dabei greifen sie auf ihre Würde und Ehre zurück, die letzten Ressourcen, die ihnen in der Situation der Bedrängnis geblieben sind, auch wenn sie bereits unzählige Male verletzt wurden.

Diese Verletzungen sind die Folge gewalttätiger Übergriffe in den Biografien drogengebrauchender Sexarbeiterinnen. Diese reichen von Missbrauchserfahrungen in der Kindheit über sexuelle Übergriffe in der Ausbildung und Misshandlungen in der Partnerschaft bis hin zu Vergewaltigungen und schweren Misshandlungen als Sexarbeiterin. Die Täter sind Väter, Brüder, Betreuer und Kunden sexueller Dienstleistung. Gewalt gegen Frauen im Allgemeinen und Sexarbeiterinnen im Besonderen ist ein komplexes Thema, und die Täter gehören allen gesellschaftlichen Schichten an. So wurden 2010 15.781 Straftaten gegen die sexuelle Selbstbestimmung unter Gewaltanwendung oder Ausnutzen eines Abhängigkeitsverhältnisses begangen (Bundesministerium des Inneren: Polizeiliche Kriminalstatistik 2010, 22). 7,8% der Opfer waren männlich und 92,2% waren weiblich (ebd.). Die Straftaten gegen die sexuelle Selbstbestimmung sind von 2009 auf 2010 um 2,6% angestiegen (ebd.). Dadurch, dass diese Übergriffe nach wie vor ein Tabu und auf der Opferseite beschämend sind, ist von einer hohen Dunkelziffer auszugehen. Unabhängig von der realen Situation wird die Gewalt gegen Frauen in der Gesellschaft zunehmend weniger thematisiert, sondern es wird im Gegenteil der hegemoniale Diskurs eröffnet, dass zunehmend auch Männer Opfer weiblicher Gewalt werden (Amendt 2009). Außerdem werden Misshandlungen, Vergewaltigungen und Morde verstärkt nur als Erscheinungsformen der Verrohung im Milieu der „Unterschicht" wahrgenommen und rezipiert (Kemper/Weinbach 2009, 151).

Sexarbeit ist ein Beruf, der eine hohe Gewaltrate aufweist, trotzdem muss der Gleichsetzung von Gewalt und Sexarbeit widersprochen werden, da eine solche Sichtweise nicht produktiv ist, auch wenn Sexarbeiterinnen in ihrer beruflichen Laufbahn oft extreme Gewalt erleben. Wichtig ist es, die Zusammenhänge zwischen der Lebensrealität und den Gewalterfahrungen differenziert zu analysieren. Obwohl der Fokus dieser Arbeit nicht auf den Gewalterfahrungen und Traumata der Frauen lag, wird in den Interviews deutlich, dass meine Gesprächspartnerinnen in unterschiedlichen Stationen ihres Lebens überproportional oft Opfer von Gewalt geworden sind und das auch außerhalb ihrer Tätigkeit als Sexarbeiterin.

„Gewalt im Leben von Prostituierten ist nicht identisch mit Gewalt in der Prostitution. Grundsätzlich ist zu unterscheiden zwischen gewalttätigen Übergriffen, die mit der Ausübung der Prostitution verbunden sind, und erlebter Gewalt außerhalb der Prostitution." (Leopold/Grieger 2004, 19)

Während der Interviewführung wurde spürbar, dass einige der Frauen massive Gewalterfahrungen haben. Einige begannen zu weinen, andere berichteten von drastischen Gewaltsituationen, als wären sie die Rezipientin eines Horrorfilms und nicht selbst betroffen. Das zeigt, dass neben der Selbstmedikation durch Drogen (siehe 3.5.3 und 4.4.3) die Abwehr und Verdrängung traumatischer Erlebnisse eine überlebenswichtige Ressource für sie ist. Der Aufwand ist ein psychischer Kraftakt, den die Frauen leisten müssen, um zu überleben. Aus diesem Grund muss an dieser Stelle noch speziell auf die Bewältigung von Gewalterfahrungen eingegangen werden. Dabei beziehe ich mich auf den Gewaltbegriff, wie er in 3.4.3 dargelegt wurde.

Von den interviewten Frauen ist insbesondere Gesines Kindheit von sekundärer Gewalt geprägt. Die Entscheidung auszubrechen ist eine Form, sich gegen die Gewaltstruktur zu widersetzen. Dass sie dann in neue Abhängigkeiten geraten und dass sich ihre „Opfergeschichten" fortschreiben, ist nicht den Frauen selbst, sondern einer strukturellen und repräsentativen Misere anzulasten, die aus einem Konglomerat von finanzieller Not, repressiven Gesetzen und abwertenden Diskursen besteht. Helen Ward (2007) schreibt dazu:

„Extremere Beispiele der Unterdrückung von Prostituierten schließen die hohe Mordrate und die Häufigkeit von physischen Angriffen ein, und die Verteufelung, die sie durch die Presse erfahren. Frauen, die als Prostituierte geoutet werden, werden oft von Familie und Freunden verstoßen, können ihre Kinder verlieren und nie wieder in „normale" Jobs wechseln. Sie werden zu Geächteten. Diese rechtlichen und sozialen Sanktionen betreffen nicht nur Frauen, die auf der Straße arbeiten; erstrecken sich auf jede Frau, die als ‚Hure' erfasst wird. Klarerweise sind es Frauen in verwundbaren Positionen - ohne Geld, mit geringer Bildung und geringem sozialem Support - die am meisten leiden. Sie werden von allen Seiten geschmäht. Es überrascht wenig, dass sich bei vielen eine Drogen- oder Alkoholsucht oder ein mentales Gesundheitsproblem entwickelt. Doch das populäre Stereotyp von Frauen, die als Kind missbraucht und in die Prostitution getrieben werden, um ihren Drogenkonsum zu finanzieren, ist nicht der häufigste Werdegang. Meist ist es eine Kombination von Faktoren, die zum Beginn der Sexarbeit führen, und der gemeinsame Nenner ist nicht Drogensucht oder Missbrauch, auch wenn dies Faktoren sind, sondern finanzielle Nöte. Dieser Geldmangel kann absolut oder relativ sein – viele Frauen halten die Sexindustrie für eine bessere Option als einen schlecht bezahlten Job mit hoher Ausbeutung im formellen Sektor." (Ward 2007, 5f)

Für Egartner und Holzbauer ist die „Sucht nach ‚harten' Drogen, welche in ihren körperlichen, psychischen und sozialen Auswirkungen äußerst selbstzerstörerisch ist" (Egartner/Holzbauer 1994, 214-218), die extremste Form der Grenzverletzung gegenüber sich selbst. Diese nur prinzipiell richtige Aussage muss dahingehend präzisiert werden, dass die Drogen nicht wegen ihrer selbstzerstörerischen Effekte, sondern als Hilfsmittel bei der Bewältigung von Problemen konsumiert werden und die Reproduktion der Arbeitskraft sichern (siehe 4.4.3). Die negativen Effekte werden dabei wissentlich in Kauf genommen, sie sind aber nur die Begleiterscheinungen einer prohibitiven Drogenpolitik, welche dazu führt, dass Drogen von schlechter Qualität zu hohen Preise verkauft werden. Zusammen mit der Kriminalisierung (3.4.4) und der damit verwobenen Repression hat der Konsum extrem negative körperliche, psychische und soziale Auswirkungen (3.4.5), die dann fälschlicherweise als pathologische Selbstzerstörung verhandelt werden. Auch der Drogengebrauch meiner Interviewpartnerinnen ist nicht als gezielte Selbstzerstörung zu deuten, sondern ist ein Hilfsmittel im Kampf um das Überleben, der aufgrund der restriktiven und punitiven Strukturen den sozialen oder physischen Tod bedingen kann.

„Gesundheitliche Begleit- und Folgeschädigungen des illegalisierten Drogengebrauchs sind demnach weniger substanzbedingt (wenn die Substanzen in reinem Zustand und nicht, wie auf dem illegalen Drogenmarkt üblich, mit schädlichen Substanzen gestreckt sind), sondern in erster Linie Folge kriminalisierter Konsumbedingungen und Verwendungskontexte." (Gerlach 1998, 3)

Egartner und Holzbauer resümieren, dass die von ihnen interviewten Frauen berichten, das ihre persönlichen Grenzen nicht ernst genommen werden, insbesondere bezieht sich das auf die Erfahrung von Gewalt (siehe 3.4.3), wobei die Übergriffe das Resultat einer patriarchal strukturierten Welt seien, auch wenn nicht nur Männer die Täter sind (Egartner/Holzbauer 1994, 222f). Diesem Ergebnis ist zuzustimmen, denn auch die von mir befragten Frauen sind in erster Linie von männlicher Gewalt betroffen. Ein Grund dafür ist die Stratifikation des informellen Drogen- und Sexmarktes zugunsten des männlichen Geschlechts. Da ist zum einen die männliche Kundschaft, die aufgrund der Herrschaftsverhältnisse über eine machtvolle Position verfügt.[15] Des Weiteren ist es die noch immer männlich dominierte Exekutive, deren Angehörige als Milieuaufklärer, Zivilfahnder und Streifenpolizisten[16] den Auftrag haben, die Frauen ordnungspolitisch und strafrechtlich zu verfolgen. Darüber hinaus haben auch die überwiegend männlichen Dealer eine machtvolle Position in der Szene.[17] Allerdings wirkt hier außer dem Geschlechterverhältnis (3.4.2) ein klassistisches Herrschaftsverhältnis, da drogengebrauchende Sexarbeiterinnen als Deklassierte keine Möglichkeit haben, ihre Rechte einzuklagen.

Die Gewalterfahrungen tragen wesentlich zur Entstehung von Perspektivlosigkeit bei, und der Umstand der Dethematisierung verschärft diesen Zustand (Egartner/Holzbauer 1994, 223). Meine Auswertung hat ergeben, dass, wie in den erwähnten Studien (3.4.3), die Gewalterfahrungen an sich das Trauma auslösen, jedoch die Perspektivlosigkeit erst durch die sozialen Randbedingungen entsteht. Dazu gehört das Schweigen in der Familie, die fehlenden Möglichkeiten die Erlebnisse zu thematisieren und die fehlenden Strukturen, die bei der Bewältigung helfen könnten ebenso wie die Konfrontation mit den gesellschaftlichen Stereotypen (siehe 6.3.3/6.3.4). Deutlich wird zwar, dass bei den Frauen Resignation und Perspektivlosigkeit sehr ausgeprägt sind, jedoch bringen sie trotzdem immer wieder die Kraft auf weiterzumachen. Durch die intersektionale Analyse wurde sichtbar, dass die fehlenden Netzwerke und/oder die Stigmatisierungen sie resignieren lassen. Herausgearbeitet wurde aber auch, dass sie immer noch Wünsche und Visionen haben und oft auch eine konkrete Zukunftsperspektive existiert, die aber in der Vorstellung immer wieder an ungünstige gesellschaftliche Verhältnisse und fehlende Möglichkeiten gekoppelt ist. Einige der drogengebrauchenden Sexarbeiterinnen äußerten in den Interviews

---

15 Zwar sollen in naher Zukunft auch Kunden sexueller Dienstleistungen mit einem Bußgeld und der postalischen Zusendung der Ordnungswidrigkeit auf der Basis eines Kontaktanbahnungsverbotes belangt werden. Jedoch ist diese Verfügung noch nicht durchgesetzt. In der Vergangenheit wurde immer wieder versucht eine „Freierverfolgung" durchzusetzen, diese fand aber nie konsequent statt. Seit 24.01.12 ist das Kontaktanbahnungsverbot für Hamburg St. Georg durchgesetzt (Behörde für Inneres und Sport 2012).

16 Im Stadtteil sind ausschließlich männliche Milieuaufklärer und Zivilfahnder unterwegs, die gegen drogengebrauchende Sexarbeiterinnen eingesetzt werden. Inwieweit weibliche Beamte *undercover* gegen Kunden eingesetzt werden, entzieht sich meiner Kenntnis.

17 Auch hier ist es so, dass es natürlich auch Dealerinnen gibt. Aber diese Erwerbsgruppe ist nahezu homogen männlich durchstrukturiert. Der Drogenverkauf und die Drogenvermittlung ist die erste Einnahmequelle, jedoch scheint es eine Männerdomäne zu sein. (Kleiber 2000, 4-10; Langer 2003, 10).

Träume oder hielten an der Vision fest, irgendwann mit ihren Kindern zusammenzuleben, eine nette PartnerIn zu finden oder nach Jamaika zu fliegen. Diese Träume
sind zwar sehr weit von der Lebensrealität der Frauen entfernt, aber sie sind wichtige
Überlebenshilfen. Ihre Existenz und ihre wichtige Funktion in der Narration bestätigen die Vermutung von Alexander Kluge, dass wir in den ersten Stunden unseres
Lebens so etwas wie ein Urvertrauen erfahren und dem Irrtum anheimfallen, dass das
Leben es mit uns gut meint und dass wir deshalb immer weitermachen.

„Marx nennt Ideologie das notwendige falsche Bewusstsein. Dazu gehört, dass wir Menschen
als Säuglinge mit gläubigem Blick in die Wirklichkeit schauen, und weil die Mutter zurück-
blickt, glauben wir, dass die Welt es gut mit uns meint. Das ist ein grundlegender Irrtum, von
dem wir leben bis wir sterben. Unsere Welt meint es mit den Menschen nicht gut. Wir können
diesen Irrtum aber nicht aufgeben. Freud nennt das das Urvertrauen." (Kluge 2000)

### 6.2.3 Wohnungslosigkeit

*„Ist doch logisch, wenn man keine Möglichkeit hat und wenn man nicht weiß, wo
man schlafen soll, dass die Leute sich in ihre Hauseingänge legen. "*
Die alltäglichen Grenzverletzungen gegenüber drogengebrauchenden Sexarbeiterinnen basieren unter anderem auch auf der strukturellen Benachteiligung durch Obdachlosigkeit. Gesine, Margalit, Doro, Magdalena und Sara verfügen nicht über eigenen Wohnraum und haben zeitweise auch keine Unterkunft. Das bedeutet fünf von
acht Frauen sind wohnungslos. Sie gehen unterschiedlich mit dieser extremen Dis-
kriminierungsform um, wobei die Wahlmöglichkeiten sehr beschränkt sind. Während
Margalit in Hauseingängen übernachtet und das als entwürdigend empfindet, wohnen
andere bei einem Freier, um der Obdachlosigkeit zu entgehen. Diese Kompensations-
form wird allerdings mit der permanenten sexuellen Verfügbarkeit erkauft.
Die Frauen ohne eigenen Wohnraum beklagen massiv, dass ihnen ein Rückzugsort und die Privatsphäre fehlen. Die Frauen mit eigenem Wohnraum betonen hingegen übereinstimmend, wie wichtig diese beiden Aspekte für ihr Wohlbefinden sind.
Unterkünfte für obdachlose Frauen, die nur den Sicherheitsdispositiven und einer
wohlfahrtsstaatlichen Verwaltung der Obdachlosigkeit dienen, können somit keine
Alternative sein, um ihre Lebensqualität nachhaltig zu verbessern, denn dort gibt es
keine Rückzugsmöglichkeiten und keine Betreuungsangebote. Tracy empfand es
zwar als Deklassierung, ohne festen Wohnsitz leben zu müssen, beschreibt dies aber
als wertvolle Erfahrung, die sie nicht missen möchte, auch wenn es ihr dabei nicht
gut ging. Hier scheint es sich aber um ein klassisches narratives Element zu handeln,
einem negativen Teil der eigenen Biografie einen Sinn zu geben.
Die Strukturkategorie Wohnungs- oder Obdachlosigkeit ist eng mit der Repräsentationsebene verwoben. Sie ist eine strukturelle Diskriminierungskategorie, die
gleichzeitig mit abwertenden und verachtenden Stereotypen verschränkt ist. Sie wird
diesem Abschnitt zugeordnet und in einen theoretischen Zusammenhang eingebettet.
Günter Wallraff schreibt in seinem Artikel *Die Abschaffung der Würde*, dass 30.000
Menschen in Deutschland kein Dach über dem Kopf haben, sie leben und schlafen
auf der Straße (Wallraff 2010, 223). Obdachlose, so Wallraff, tauchen anders als die
„Wohnungslosen" in keiner Statistik auf. Obdachlose werden in städtische Notunter-

künfte eingewiesen (ebd.) und in der Amtssprache als „nichtsesshaft" bezeichnet. Wallraff hingegen nennt sie „die Nichtgröße der datenverliebten Bürokratie, die Gespenster des Elends, die Verdammten der Nacht, die aus allen Netzen Herausgefallenen" (ebd.). Wallraff hat obdachlose Menschen über Monate hinweg begleitet und beschreibt die entwürdigenden Zustände, unter denen die Betroffenen leben müssen. Er kommt zu dem Schluss, dass die Straße die Menschen verändert, manche zu ihrem Vorteil und manche zu ihrem Nachteil. Grundsätzlich würden aber alle auf eine andere Bahn gebracht und in eine anderes Leben geworfen (ebd. 231). Im Unterschied zu Wallraff postuliere ich, dass das Leben mancher Menschen von Anfang an derart wirkmächtigen strukturellen Herrschaftszuständen und Diskursen unterworfen ist, dass sie immer auf der gleichen Straße gehalten werden, auf der die Obdachlosigkeit eine regelmäßig anzulaufende Station ist und somit zu ihrem Leben gehört.

Wie das vorliegende Material zeigt, wird diese „Geworfenheit" (siehe 6.10.2) jedoch als Entwürdigung und Verletzung des Selbst wahrgenommen und niemals als gegeben hingenommen. Kemper und Weinbach zeigen, dass Obdachlosigkeit eine klassistische Ungleichheitskategorie ist, die Menschen stigmatisiert (Kemper/Weinbach 2009, 11). Kemper stellt auf seinem Wissensportal[18] die Ergebnisse eines auf 10 Jahre angelegten Forschungsprojekts zur *Gruppenbezogenen Menschenfeindlichkeit* des Instituts für interdisziplinäre Konflikt- und Gewaltforschung der Universität Bielefeld vor, das jährlich unter anderem die Abwertung von Obdachlosen misst.[19] An der Studie haben 2000 repräsentativ ausgewählte Personen der deutschsprachigen Bevölkerung teilgenommen (Heitmeyer/Mansel 2008, 21/34). Abwertung bedeutet hier die „Feindseligkeit gegenüber jenen Menschen, die den Vorstellungen von einem geregelten bürgerlichem Dasein nicht entsprechen" (Heitmeyer/Mansel 2008, 19). Bezüglich der Abwertung von Obdachlosen kam die Studie zu den in Tabelle 4 gezeigten Ergebnissen.

*Tabelle 4: Abwertung von Obdachlosen (Heitmeyer/Mansel 2008, 29)*

| Aussage | Trifft eher zu | | Trifft voll und ganz zu | |
|---|---|---|---|---|
| | **2007** | **2005** | **2007** | **2005** |
| Obdachlose in Städten sind unangenehm | 28,8% | 24,8% | 14,1% | 14,1% |
| Die meisten Obdachlosen sind arbeitsscheu | 22,1% | 15,2% | 10,8% | 7,6% |
| Bettelnde Obdachlose sollten aus den Fußgängerzonen entfernt werden | 18,2% | 18,7% | 15,8% | 16,3% |

---

18  http://knol.google.com/k/obdachlosendiskriminierung#Obdachlosendiskriminierung [09.05.2011].

19  Das Projekt hat 2002 begonnen (Heitmeyer 2008a, 9).

Die Abwertung von Obdachlosen ist also gegenüber 2005 angestiegen (ebd. 23f).
Wilhelm Heitmeyer und Kirsten Endrikat vermuten, dass die Abwertung von Personen, die innerhalb der Sozialhierarchie im unteren Bereich changieren, mit der
Ökonomisierung des Sozialen korreliert, also Menschen nach einem Kosten-Nutzen-
Kalkül bewertet und Obdachlose entsprechend abgewertet werden (Heit-
meyer/Endrikat 2008, 68). Dieser Mutmaßung Heitmeyers und Endrikats kann ich
auf Basis der Ergebnisse dieser Arbeit zustimmen und erweitere die Kategorie Obdachlosigkeit auf Sexarbeit. Sexarbeiterinnen stehen im Stadtteil in der Sozialhierarchie relativ weit unten, unter ihnen befinden sich drogengebrauchende Sexarbeiterinnen und Sexarbeiterinnen aus Rumänien und Bulgarien.

Im gesellschaftlichen Diskurs wurde die Bezeichnung „obdachlos" weitestgehend
durch „wohnungslos" ersetzt, da das Wort obdachlos ein stigmatisierendes Credo habe (Gerull 2009, 37). Im Sinne einer politisch korrekten Sprache ist es sinnvoll, eine
solche Wortkosmetik zu betreiben, sie ändert aber nichts an der Tatsache, dass Wohnungslose nach wie vor extrem stigmatisiert werden. In Deutschland gilt, dass „wohnungslos ist, wer nicht über einen mietvertraglich abgesicherten Wohnraum verfügt"
(BAG W 2008).[20] Nach Susanne Gerull existiert in Deutschland kein gesichertes Datenmaterial über das Ausmaß der Wohnungslosigkeit (Gerull 2009, 37). Wohnungslose Menschen sind aus ihrer Sicht „arm" im Sinne einer „Kumulation von Unterver-
sorgungslagen und sozialer Benachteiligung" (Gerull 2004, 38). Wohnungslos zu
sein bedeutet in eine extreme Notlage zu geraten, da existenzielle Grundbedürfnisse
wie Essen, Schlafen, Trinken nicht mehr gesichert sind (ebd. 39). Sie thematisiert die
Ausgrenzung und Stigmatisierung wohnungsloser Menschen im öffentlichen Raum
und die daraus resultierenden katastrophalen Folgen für die Betroffenen. Als Problem
sieht sie nicht nur die Vertreibung der Menschen durch die Polizei, sondern auch die
Privatisierung des öffentlichen Raums (Gerull 2009, 40). Der Stigmatisierung wohnungsloser Menschen, so Gerull, seien tätliche Übergriffe, teilweise mit Todesfolge,
inhärent (ebd. 39), wobei sie bei wohnungslosen Frauen die extremen Gewalterfahrungen als geschlechtsspezifische Belastung identifiziert hat (ebd. 38). Diese Erkenntnisse werden durch die Ergebnisse dieser Arbeit bestätigt. In den Interviews
werden Erniedrigungen und Misshandlungen geschildert, die unmittelbare Folge der
Dreifachstigmatisierung von wohnungslosen und drogengebrauchenden Sexarbeiterinnen ist. Im Jahr 2001 wurden zwei drogengebrauchende Sexarbeiterinnen ermor-

---

20 Das Ausmaß der Wohnungslosigkeit zwischen 2008 und 2010 ist dramatisch gestiegen.
   Bezogen auf die Gesamtgruppe der im Jahr 2008/2010 Wohnungslosen (227.000/248.000)
   schätzt die BAG W den Frauenanteil unter den Wohnungslosen (ohne Aussiedler) auf insgesamt 25 %, das sind ca. 56.000 Frauen, 2010 26% das sind ca. 64.000 Frauen. Die Zahl
   der Kinder und Jugendlichen werden 2008/2010 auf ca. 11%/10% (24.000/25.000 Personen) und die Zahl der Männer auf ca. 64%/64% (142.000/157.000 Personen) geschätzt. Ca.
   22.000 Menschen lebten 2010 ohne jede Unterkunft auf der Straße (2008: ca. 20.000), das
   ist eine Steigerung um 10 %. Anerkannte Asylbewerber in Notunterkünften zählen im Sinne der Definition zwar zu den Wohnungslosen, können aber bei den Wohnungslosenzahlen
   aufgrund fehlender Daten nicht berücksichtigt werden (Bundesarbeitgemeinschaft
   Wohnungslosenhilfe e.V. 2011: Fakten).

det, die in einer Bauruine (Wikipedia 2011) übernachten mussten, da sie wohnungslos waren (Der Spiegel 16.07.2001).

Neben der repressiven Vertreibung durch die Exekutive führen auch städtebauliche Veränderungen (Gentrifizierung) in St. Georg zu Situationen, dass es keine öffentlichen Aufenthaltsorte für wohnungslose Sexarbeiterinnen in diesem Stadtteil mehr gibt.

### 6.2.4 Die Verordnung über das Verbot der Prostitution (Sperrgebietsverordnung) als Sicherheitsdispositiv und Disziplinartechnik

*„Wegfall der Sperrgebietsverordnung auf jeden Fall würde helfen. Natürlich klar."*

Im Abschnitt *Sexarbeit in der Subkultur der Drogenszene* (siehe 3.4.4) wurde bereits ausführlich auf die Sperrgebietsverordnung eingegangen, so dass an dieser Stelle nur die Umsetzungen dieser Verordnung in St. Georg und die sich daraus ergebenden Auswirkungen auf der Subjektebene explizit herausgestellt werden. Seit 1981 ist für den Stadtteil die Sperrgebietsverordnung gültig (Behörde für Justiz und Gleichstellung 2011). Der Verstoß gegen die Sperrgebietsverordnung ist eine Ordnungswidrigkeit nach §120 OWiG (Juristischer Informationsdienst 2011a). Daneben gibt es den Straftatbestand des beharrlichen Zuwiderhandelns gegen die Sperrgebietsverordnung nach §184 StGB:

„Wer einem durch Rechtsverordnung erlassenen Verbot, der Prostitution an bestimmten Orten überhaupt oder zu bestimmten Tageszeiten nachzugehen, beharrlich zuwiderhandelt, wird mit Freiheitsstrafe bis zu sechs Monaten oder mit Geldstrafe bis zu einhundertachtzig Tagessätzen bestraft." (ebd. 2011b)

Bei einer Verurteilung oder einem Strafbefehl nach §184d ist das Strafmaß somit eindeutig festgelegt. In den Interviews sprechen die Frauen immer wieder von den hohen Bußgeldern, mit welchen sie belegt werden. Im Zeitraum der Interviewführung (2008 und 2009) wurden viele Frauen in St. Georg mit Platzverweisen, Aufenthaltsverboten, Ingewahrsamnahmen und Bußgeldern ab 50,- Euro[21] bestraft. Seit dem 01.04.2011 müssen die Frauen mit einem Einstiegsbußgeld von 200,- Euro plus 20,- Euro Verwaltungsgebühr rechnen. Da die Bußgelder sich aufsummieren, haben die Frauen mittlerweile erhebliche Schulden. Die Mitarbeiterinnen der Anlaufstelle versuchen die Frauen zum Widerspruch zu animieren, aber die Frauen gehen mit diesem Rechtsmittel sehr zögerlich um, da sie vor noch größeren Repressalien Angst haben. Der fristgerechte Widerspruch ist zwar kostenfrei, jedoch werden die meisten abgewiesen. Die nächsten juristischen Schritte sind dann kostenpflichtig und könnten nicht finanziert werden. Unklar ist, auf welcher rechtlichen Basis die Frauen (siehe Interview mit Margalit) in den Jahren 2008 und 2009 mit hohen Bußgeldern bis zu 300,- Euro belegt wurden. Zu vermuten ist die Aufsummierung des Einstiegsbußgeldes. Das zuständige Polizeikommissariat ging damals wie folgt vor: Wurde ein Buß-

---

21 Angabe des zuständigen Hamburger Polizeikommissariats 11.

geld verhängt, so erhielten die Frauen keinen schriftlichen Bescheid, sondern mussten sofort bar bezahlen. Das sei die gängige Praxis bei Menschen, die keinen festen Wohnsitz nachweisen können, und die Exekutive habe auf Grund der Sachlage das Recht dazu. Ein Quittungsbeleg konnte ihnen hingegen nicht gleich ausgestellt werden, da es nur einen Quittungsblock im zuständigen Kommissariat gebe, wo sie sich diesen jedoch abholen könnten.[22] Dieses Verfahren ist mehr als fragwürdig, da Menschen, die im Fokus der Strafverfolgung stehen, nicht wegen einer Quittung in die Räume der Exekutive gehen und somit kein Nachweis über die geleistete Zahlung, ihre Höhe und die richtige Abrechnung existiert.

Um die Sexarbeit im Stadtteil zu regulieren, wurde im April 2010 ein Runder Tisch „Sexuelle Dienstleistung" (Behörde für Gesundheit und Verbraucherschutz 2010) in Hamburg errichtet. Obwohl sich dort alle sozialen Einrichtungen und Träger gegen die Aufrechterhaltung der Sperrgebietsverordnung aussprachen, wurde beschlossen diese weiterhin aufrecht zu erhalten und noch höhere Bußgelder durchzusetzen (Freie und Hansestadt Hamburg Behörde für Gesundheit und Verbraucherschutz 2011, 18). Dass diese Form der Reglementierung wenig effizient ist, wird auch von der Exekutive zugegeben. Der Versuch, sie über den verstärkten Einsatz von Ingewahrsamnahmen der Frauen durchzusetzen, wurde glücklicherweise durch die Klage einer Sexarbeiterin verhindert.

„Die praktische Durchsetzbarkeit des sich aus der HmbSperrgebietsVO ergebenden Prostitutionsverbotes im öffentlichen Raum wird durch die rechtliche Situation erschwert. So hat das OLG Hamburg mit dem Beschl. v. 29.3.2006, 2 WX 81/04 - zumindest in einem Einzelfall - die Ingewahrsamnahme einer Prostituierten für rechtswidrig erklärt und betont: ‚Dem Verstoß gegen die Platzverweisung hätte nämlich anders als durch eine Ingewahrsamnahme begegnet werden können und müssen und zwar sowohl mit Bußgeldverfahren als auch mit unmittelbarem Zwang.' Nach dieser Rechtsprechung, die an die ‚Unerlässlichkeit' der Freiheitsentziehung i. S. d. § 13 SOG übersteigerte Anforderungen stellt, ist die Polizei gezwungen, anderen (sic!) Instrumente, wie das Ordnungswidrigkeitenverfahren und das Mittel des unmittelbaren Zwangs vorrangig zu nutzen. Eine effektive polizeiliche Arbeit, die auch nachhaltigen Erfolg im Sinne einer spürbaren Reduzierung der Straßenprostitution mit all ihren Belastungen für Passanten, Anwohner und Gewerbetreibende in St. Georg erbringt, ist unter diesen Voraussetzungen nicht möglich, wie die mehrjährige Praxis zeigt." (ebd. 17, Fn. 17)

Deutlich wird an dieser Form der scheinbaren Bürgerbeteiligung des Runden Tischs, dass es nicht darum geht, die Rechte der Sexarbeiterinnen zu stärken, sondern Sexarbeit möglichst so zu regulieren, dass sie als „Problem" entweder in den entsprechen-

---

22  Das war die Aussage einer Mitarbeiterin des Dezernates Interne Ermittlungen (D.I.E.) in Hamburg. Die Geschäftsführerin der Anlaufstelle folgte einer „Einladung" des D.I.E. aufgrund eines Vortrages, welchen sie gemeinsam mit der Verfasserin dieser Arbeit auf einer öffentlichen Veranstaltung 2010 gehalten hat. Dort kam die Bußgeldzahlungen von drogengebrauchenden Sexarbeiterinnen zur Sprache, und die hohen Bußgelder wurden vom Auditorium angezweifelt. Unter den TeilnehmerInnen befanden sich auch BeamtInnen der Polizei.

den sozialen Einrichtungen für die Öffentlichkeit nicht sichtbar sind oder ganz aus dem Stadtteil verdrängt werden.

Zum 01.04.2011 sollte eine Handlungsanweisung durch das zuständige Polizeikommissariat in Kraft treten, welche SexarbeiterInnen auf Basis von vagen Verdachtsmomenten, wie zum Beispiel dem Winken, mit einem erhöhten Bußgeld oder einem Platzverweis sanktioniert. Diese Information wurde von den Milieubeauftragten und den Zivilpolizisten unter den Sexarbeiterinnen verbreitet, und die Geschäftsführerin der Anlaufstelle wurde von dem Polizeikommissariat informiert. Auf Bitten der Anlaufstelle, ihnen diese Dienstanweisung zuzusenden, wurde lediglich ein Urteil des Oberverwaltungsgerichtshofes in Karlsruhe angegeben, die für die Anlaufstelle jedoch nicht zugänglich ist.[23] In der Antwort auf eine offizielle Anfrage einer sozialen Einrichtung im Stadtteil und einer Abgeordneten der Fraktion *Die Linke* vom 07.06.11 wurde die Existenz einer solchen Handlungsanweisung dementiert (Artus 2011). Auf die Frage nach dem Inhalt der Polizeidienstvorschrift 350 (PDV 350), auf die sich die Polizei bei ihrer Arbeit beruft, wurde folgende Antwort gegeben:

„Das Kapitel Prostitution der PDV 350 ist als „Verschlusssache – nur für den Dienstgebrauch" (VS-NfD) nach der Verschlusssachenanweisung eingestuft. Es enthält Informationen, die Rückschlüsse auf die Einsatztaktik der Polizei zulassen. Für den Fall des Bekanntwerdens besteht das begründete Risiko eines Unterlaufens polizeilicher Maßnahmen. Aus diesem Grund wird davon abgesehen, das entsprechende Kapitel als Dokument an die Antwort des Senates anzuhängen." (Artus 2011, 1)

In der Antwort wurden die Sanktionen ausgewiesen, die zwischen 2005 und 2010 bezüglich des definierten Gefahrengebietes ausgesprochen wurden (siehe Tabelle 5).

*Tabelle 5: Platzverweise und Strafanzeigen zwischen 2005 und 2010 (Artus 2011, 2f)*

| Jahr | 2005 | 2006 | 2007 | 2008 | 2009 | 2010 |
|---|---|---|---|---|---|---|
| Anzahl der Platzverweise | 784 | 702 | 1467 | 1380 | 1150 | 691 |
| Anzahl Strafanzeigen gemäß § 184a StGB | 13 | 12 | 17 | 86 | 190 | 162 |
| Anteil der mit Strafanzeigen verknüpften Platzverweise in % | 1,6 | 1,7 | 1,2 | 6,2 | 16,5 | 23,4 |

23 Folgender Link aus dem Internetangebot des Verlages C.H. Beck wurde von claus.cortnumme@polizei.hamburg.de an die Anlaufstelle versendet. NStZ 1985, 131/BVerfG: Zulässigkeit verdeckter polizeilicher Tätigkeit/Beschluss vom 27.11.1984 - 2 BvR 236/84 | GG Art. 2 | GG Art. 20 | OWiG § 120 | StGB § 184a http://beck-online.beck.de/?vpath=bibdata%2fzeits%2fNStZ%2f1985%2fcont%2fnstz.1985.131.1.htm

Unter der Annahme, dass es in diesem Zeitraum real keine signifikante Zunahme der Prostitution St. Georg gegeben hat, spiegeln die Zahlen wider, dass ab 2007 der Verfolgungsdruck zugenommen hat, wobei ab 2008 noch eine Verschärfung der eingesetzten Sanktionsmittel (mehr Strafanzeigen) festzustellen ist. Ab 2009 zeigen sich erste „Erfolge" des Konzeptes, die dann 2010 signifikant werden, denn die Abnahme der Sanktionen resultiert nicht aus einer geänderten Praxis, sondern aus der Abnahme von sanktionsfähigen Verstößen, was auf eine erfolgreiche Verdrängung der Frauen hindeutet.

Die mutmaßlich rechtsverletzende Praxis und die Reaktion der Polizei auf entsprechende Anfragen machen sichtbar, wie die Definition eines Gefahrengebietes und die daraus abgeleiteten Maßnahmen zur Abwehr der vermeintlichen Gefahr eigentlich dem strukturellen *Risikomanagement von überflüssigen, verworfenen und gefährlichen Subalternen* (siehe 4.1.5/6.2.1) dient. Die Zahlen belegen, wie erfolgreich dieser Ansatz in einem begrenzten Gebiet ist, allerdings bleibt das „gesamtgesellschaftliche Problem" bestehen, es wird nur aus einem bestimmten Gebiet verdrängt.

Da nach den Absprachen des „Runden Tisches" auch die Kunden sexueller Dienstleistungen immer mehr in das Visier polizeilicher Verfolgung genommen werden und bis zu 5000,- Euro Bußgeld zahlen sollen, bezog sich die Anfrage der Fraktion *Die Linke* vom 07.06.11 auch auf das Kontaktanbahnungsverbot im Stadtteil. Auch dazu gab es keine zufriedenstellende Antwort, da die Prüfung noch nicht abgeschlossen sei (Artus 2011, 1). Die Bildzeitung tituliert im Februar 2011, „Wer eine Hure anspricht, soll Bußgeld zahlen" (Bild 15.02.2011), das wurde von dem Quartiers Manager der Interessengemeinschaft Steindamm e.V.[24] positiv aufgegriffen:

„Unser Bezirksbürgermeister Herr Markus Schreiber (SPD), ‚es ist lange überfällig, dass die Straßenprostitution aus dem Sperrgebiet verschwindet'. Soviel zum Text der BILD. In vielen Punkten können wir das Statement unseres Bezirksbürgermeisters nur unterschreiben. Wollen wir hoffen, dass sich diese Bemühungen auch nach der Wahl fortsetzen. Noch eine schöne Woche IHR QM." (Schüler 2011)

Parallel dazu startete die bereits oben erwähnte AnwohnerInneninitiative eine Unterschriftensammlung, die dokumentieren soll, wie massiv sich die Menschen von den Kunden sexueller Dienstleistungen belästigt fühlen, angeblich auf Anraten des Kommissariats, um das Kontaktanbahnungsverbot durchsetzen zu können (Initiative Hansaplatz 2011b).

In diesem Abschnitt sollte die Verordnung über das Verbot der Prostitution (Sperrgebietsverordnung) als Sicherheitsdispositiv und Disziplinartechnik und damit als Herrschaftsinstrument markiert werden, dass nicht dazu genutzt wird, Menschen vor etwas zu schützen, sondern unliebsame Mitglieder der Gesellschaft aus dem Stadtteil zu vertreiben. Auch anhand dieser Strukturkategorie wird deutlich, wie ver-

---

24 Ein Verein der sich unter anderem aus Unternehmern, dem Siemens-Norddeutschlandchef, dem Geschäftsführer der Haspa Hamburg Stiftung, der Präsidentin des Lions Clubs Hamburg Hammonia, Grundstücksverwaltern, Immobilienmaklern und -besitzern zusammensetzt (Hamburger Abendblatt 06.10.2006).

schieden AkteurInnen in die Strukturen eingreifen und dass die Vertreibung und Repression ein Teil des gouvernementalen Regierens ist. Die Konsequenz ist, dass Sexarbeiterinnen trotz aller Widersetzung einer extremen Entgrenzung ihrer Arbeit unterworfen sind, die massive negative Auswirkungen auf sie als Frauen, Migrantinnen, Arbeiterinnen und auf ihren Körper haben, da sie ja weiterhin der Sexarbeit nachgehen müssen, aber unter deutlich verschlechterten Bedingungen.

### 6.2.5 Entgrenzung der entfremdeten Arbeit

*„Am Schlimmsten finde ich ja, dass man sich körperlich verschleißt und manchmal gar nicht zur Ruhe kommt."*
Die Entfremdung von Arbeit ist ein fallübergreifendes Phänomen. Ward schreibt in ihrem Artikel *Marxismus versus Moralismus* folgendes zur Entfremdung:

> „Das Leben von Sexarbeiterinnen ist oft hart und gefährlich, und nicht zuletzt deshalb, weil es kriminalisiert und der Repression ausgesetzt ist und damit Sexarbeiterinnen dem Missbrauch durch Zuhälter und Klienten ausliefert. Viele Sexarbeiterinnen sind mit ihrer Arbeit unglücklich und würden sie verlassen, gäbe es wirkliche Alternativen. Dennoch ist es eine Form entfremdeter Arbeit wie die anderen im Kapitalismus." (Ward 2007, 7)

Auch Kappeler schreibt, dass in den entwickelten Industriegesellschaften der Gegenwart die Instrumentalisierung der Menschen ein Ausmaß angenommen habe, in dem für viele Menschen der Widerspruch zwischen geforderter rationaler Selbst-Funktionalisierung und permanent verletzten sinnlichen Bedürfnissen nicht mehr zu ertragen sei (Kappeler 1998, 58). Menschen versuchen, die permanent vorenthaltenen sinnlichen Erlebnisqualitäten zurückzugewinnen und die zerstörerischen Erfahrungen zu kompensieren (ebd. 59). Das geschieht in unterschiedlichen Formen, und der Gebrauch illegalisierter Drogen ist eine davon.

Die Analyse der Interviews zeigt, dass die strukturelle Entgrenzung der Arbeit im Sample fundamental ist. Sie beginnt bei den deutlich längeren Arbeitszeiten aufgrund sinkender Kundenzahlen. Drogengebrauchende Sexarbeiterinnen stehen unter dem Druck, ausreichend Geld für Hotels, Bußgelder und die hohen Drogenpreise zu verdienen. Sie arbeiten entfremdet, weil sie oft die Kundschaft und die Dienstleistung hassen. Ihre Körper werden extrem ausgebeutet bis hin zu den oben beschriebenen Grenzverletzungen. Es kostet viel Kraft, sich gegen die verletzenden und ausbeuterischen Strukturen zur Wehr zu setzen, um damit ihr Berufsethos und ihre Selbstachtung aufrechterhalten zu können. Für einige der interviewten Frauen ist Sexarbeit immer eng mit dem Konsum verknüpft. Die Drogen dienen als Hilfsmittel, um die Arbeit bewältigen zu können, weil die gesamte Persönlichkeit (Körper und Psyche) zur Ware wird und kein strukturelles Netzwerk existiert, um die extremen Zumutungen in der Arbeit abzuwehren. Die Frauen sind auf sich selbst zurückgeworfen und müssen sich allein der Entgrenzung widersetzen.

Der Straßenstrich verfügt zwar über mehr Freiheit, da die meisten Frauen selbständig, also ohne Zuhälter arbeiten. Diese Freiheit gibt es jedoch nur, weil die Verdienstmöglichkeiten und die Arbeitsbedingungen so schlecht sind, und hat erhebliche Risiken in Bezug auf die Freiergewalt zur Folge. Dazu gehört auch, dass kein strukturelles Sicherheitsnetz im Sinne eines Arbeitsschutzes vorhanden ist. Dieses Fakt spielt den Kunden in die Hände. Obwohl die Frauen den Anspruch haben professionell zu arbeiten, werden durch die Machtposition der Kundschaft die Grenzen immer wieder in Richtung vollständiger Verfügbarkeit verschoben.

Der existentielle Wunsch der Interviewpartnerinnen nach einer anderen Arbeit ist auf die destruktiven Nebenwirkungen der Arbeit in der Überschneidungszone von informeller Drogen- und Sexökonomie zurückzuführen. Zerstörerische Aspekte von Arbeit wie Entwürdigung und Entfremdung existieren auch in anderen Berufen und Arbeitsverhältnissen. Der Soziologe Alain Ehrenberg hat in seinem Buch *Das erschöpfte Selbst (2008)* deutlich herausgearbeitet, wie das scheinbar freiheitliche Versprechen der Selbstverwirklichung trügt und sich unter dem Deckmantel der scheinbaren Freiheit ein Zwang zur Selbstverwirklichung verbirgt. Die dadurch vorprogrammierte Erschöpfung, die sich zwangsläufig aus der Anstrengung man selbst werden zu müssen ergibt, mündet in Depression (Ehrenberg 2008, 15). Ehrenberg nennt es den Preis, der für die Autonomie zu zahlen ist. Die Möglichkeit sein Leben selbst zu gestalten, geht einher mit dem Zwang dies auch zu tun. Wer scheitert, ist selbst schuld und muss der weiteren Entgrenzung seiner Arbeit, auch als erweiterte Zumutbarkeit bekannt, zustimmen.

Die Subjektkonstruktion *selbst schuld* zu sein an der zerstörerischen und zermürbenden Situation wird in der Bearbeitung des Materials sehr deutlich. Die daraus resultierende Anrufung an drogengebrauchende Sexarbeiterinnen, „Eigenverantwortung" zu übernehmen, gehört zum Lebensalltag und ist eine ihrer Selbsttechniken, insbesondere trifft das für Gesine zu (siehe 6.3.5). Sich der Entgrenzung zu widersetzen, scheitert im Ansatz schon an der komplexen Verschränkung von Diskriminierungskategorien (siehe 3.4.2/3.4.3/3.4.4/3.4.5/4.1.5/6.2.1/6.2.2/6.2.3/6.2.4/6.2.6), der die Frauen unterworfen sind. Die Anrufung, „Eigenverantwortung" zu übernehmen oder „selber schuld" zu sein an einer fehlenden Qualifikation, verschleiert die existentielle Wucht der Gewalterfahrung und der daraus resultierenden Lebensrealität und verliert damit ihre Berechtigung. Ihre fehlende Qualifikation für den ersten Arbeitsmarkt ist dabei nur ein Problem unter vielen.

## 6.2.6 Fehlende Bildung und Ausstiegsmöglichkeiten

*„Ich habe keinen Abschluss, also ich bin seitdem ich dreizehn bin hier, weil mein Bruder hat mich mit zwölf vergewaltigt und seitdem keine Schule, kein Abschluss, ich habe halt nichts gelernt, ich weiß auch nicht, wie ich das machen soll."*
Die unterschiedlichen Facetten der strukturellen Benachteiligung auf dem Arbeitsmarkt spiegeln sich auch in den Analyseergebnissen wider. So berichten die Frauen von der Situation nach der Entzugsbehandlung und dem Verlassen der Szene, dass sie die Arbeitslosigkeit nicht mehr aushalten konnten. Die Rückkehr auf die Szene und der damit verbundene „Rückfall" ist oft ihre einzige Option, um diesem Zustand nicht hilflos ausgeliefert zu sein. Das Gefühl eine Arbeit außerhalb der Sexökonomie ausführen zu wollen, aber keinen Einstieg zu finden, lässt die Frauen resignieren, da sie mit einer strukturellen Benachteiligung konfrontiert sind, die sich aus einem Bedingungsgeflecht von fehlender Schul- und Ausbildung, stereotypen Bildern über Prostitution und dem Stigma über die „gefährlichen" Drogenkonsumentinnen ergibt (siehe 6.3.3/6.3.4).

„Viele Prostituierte sind schlecht oder überhaupt nicht ausgebildet und daher arbeitslos oder im Niedriglohnsektor tätig. Daher ist ein Bildungssystem, welches Chancengleichheit unabhängig von der sozialen Herkunft gewährleistet, besonders wichtig." (Renzikowski 2007, 64)

Kemper und Weinbach postulieren, dass Klassismus besonders im Bereich der Bildung über Diskriminierung hergestellt würde (Kemper/Weinbach 2009, 117). Diese Verknüpfung ist wichtig für das Forschungsfeld, weil viele der drogengebrauchenden Sexarbeiterinnen als bildungsfern stigmatisiert sind. Sie haben selten einen Schulabschluss und meist keine Ausbildung. Ihre Fähigkeiten und Kompetenzen, die sie während ihrer Arbeit als Sexarbeiterinnen erworben haben, werden entsprechend der bildungs- und arbeitsmarktpolitischen Maßstäbe nicht anerkannt und sind auch sonst nicht verwertbar, da diese Qualifikationen immer nur pejorativ bewertet und mit massiven gesellschaftlichen Vorbehalten und Ängsten verknüpft sind. Kemper und Weinbach unterscheiden drei Ebenen, die Bildungsklassismus reproduzieren (Kemper/Weinbach 2009, 119).

Die erste Ebene sei die der Definitionsmacht darüber, was als Bildung gilt und wer somit als gebildet oder ungebildet gilt. Bildung ist eine klassistische Herrschaftsform. Deshalb plädieren Kemper und Weinbach nicht nur dafür, die Zugänge zur Bildung gerecht zu gestalten, sondern die Bildung von der Herrschaft der Mehrheitsgesellschaft zu entkoppeln und sie demokratischer, queerer und interkultureller zu gestalten (Kemper/Weinbach 2009, 119-122). Die zweite Ebene bezeichne die Zuteilungspraxis der Bildungszertifikate. Hier ist der institutionalisierte Klassismus durch die Zugangsbeschränkungen an den Bildungsschwellen gekennzeichnet und zielt besonders auf die soziale Herkunft ab. Dabei werden Menschen aus den so genannten „unteren Schichten" bewusst ausgegrenzt (Kemper/Weinbach 2009, 122-129). Die dritte Ebene sei durch die klassenspezifische Verteilung der gesellschaftlichen Ressourcen gekennzeichnet, die für die Erlangung der legitimen Bildung notwendig sind (Kemper/Weinbach 2009, 129-132). Zum Thema Bildung ist abschließend noch festzuhalten, dass sich aus dem Begriff der „Bildungsferne" die Wechselwirkung zwischen der Repräsentations- und der Strukturebene ableiten lässt. Er wird verwendet, um Menschen, die nicht eine deutsche, humanistische und bürgerliche Bildung durchlaufen haben, als „bildungsfern" zu bezeichnen und im nächsten Schritt als ungebildet zu stigmatisieren.

Der Wunsch aus der Sexarbeit auszusteigen wird von den Frauen häufig formuliert. Die Ausstiegshilfen werden von Fachberatungsstellen angeboten. Die Angebote sind Beratung beim Aus- und Umstieg, Schuldenregulierung sowie Integrationshilfen in den Arbeitsmarkt. Oft sind es Modellprojekte, die vom Land und/oder der EU finanziert werden.

„Unterstützende und den Ausstieg aus der Prostitution begleitende Maßnahmen entstanden in Deutschland gegen Ende der 1980er Jahre und wurden unter dem Begriff ‚Ausstiegsprogramme' bekannt. Programmatisch war bei diesen Maßnahmen der ermöglichte niedrigschwellige Zugang von Prostituierten zum staatlichen Hilfesystem. Darüber hinaus gehend handelte es sich jedoch um individuelle Ausstiegshilfen, da die Inhalt jeweilige Situation der aussteigebereiten Prostituierten (Schul- und/oder Berufsausbildung, Schulden, psychische und physische Verfassung, Drogenproblematik, etc.) die zurück Grundlage weiterer Planungen und Schritte darstellte." (Kavemann et al. 2007, 20)

Leider konstatieren Kavemann et al. eher negative Ergebnisse im Bereich der Ausstiegshilfen, unter anderem deshalb, weil diese Angebote zurückgefahren werden. Meine Interviewergebnisse finden eine Bestätigung in einem der Evaluationsergebnisse des ProstG von Kavemann et al. Sie kommen zum Ergebnis, dass durch die Streichung öffentlicher Mittel und die wirtschaftliche Situation in der Gesellschaft die Aus- oder Umstiegsperspektiven der Frauen erheblich beeinträchtigt werden (Kavemann et al. 2007, 21). Basierend auf der Befragung von Fachberatungsstellen werden in der wirtschaftlichen Gesamtsituation und der Umstellung im Bereich von Arbeitslosenhilfe- und Sozialhilfeansprüchen auf SGB II (Hartz IV) die wesentlichen Ursachen für die Verschlechterung der Ausstiegsmöglichkeiten gesehen (Kavemann et al. 2007, 24ff).

„Maßnahmen der Weiterbildung durch die Arbeitsagenturen wurden in den letzten Jahren generell fast gegen Null gefahren. Die wenigen verbleibenden Fördermöglichkeiten sind kaum für den Personenkreis der Prostituierten geeignet, da diese meistens keine entsprechenden Voraussetzungen aus früheren Beschäftigungsverhältnissen mitbringen, die als Zugangsvoraussetzung für Umschulungen und Fortbildungen notwendig sind." (Kavemann et al. 2007, 29)

Es wird deutlich, dass Frauen aufgrund unterschiedlicher struktureller Diskriminierungen in der Sexarbeit verbleiben müssen. Die gesamtgesellschaftlichen Strukturen im Allgemeinen und die Strukturen des informellen Drogen- und Sexmarktes im Besonderen begünstigen die Ausbeutung und Entwürdigung von Sexarbeiterinnen und werden von diesen auch bekämpft.

### 6.2.7 Ausbeutung in der sexuellen Dienstleistung

*„Die Würde ist unantastbar und das ist auch so."*
Sexarbeiterinnen können, selbst wenn sie eine andere Arbeit haben, nie offen mit ihrer Biografie umgehen, da sie immer wieder mit Diskriminierungen konfrontiert werden. Das Datenmaterial der Interviews gibt Auskunft über die heterogenen Arbeitsweisen der Frauen. Während schauspielerische Qualitäten oft als vorteilhaft gesehen werden, hat Magdalena damit ethische Probleme, weil sie ein distanziertes Verhältnis zu den Kunden propagiert. Tracy hingegen spielt mit den Identitäten, weiß aber um die Gefahren und versucht, sich gegen diese zu wappnen. Für sie hat Sexarbeit auch mit Grenzerfahrungen zu tun. Dabei arbeitet sie nicht nach dem Leistungs-, sondern nach dem Lustprinzip, das heißt die Kunden müssen ihr sympathisch sein. Allerdings wird deutlich, dass diese Sorge um sich selbst das Ergebnis eines langen und steinigen Lernprozesses war, der eine gewisse Unabhängigkeit voraussetzt.

Für Sexarbeiterinnen ist es wichtig, auf den eigenen Körper zu achten, dazu gehört auch eine attraktive Erscheinung. Von allen Interviewpartnerinnen werden klar definierte Arbeitsstandards angegeben, die von den Dienstleisterinnen ebenso wie von den Kunden eingehalten werden sollten. Damit werden Geschäftsbedingungen formuliert, die auf dem Berufsethos einer freundlichen Dienstleisterin und auf dem ethischen Umgang zwischen GeschäftspartnerInnen basieren. Um Verletzungen zu vermeiden und die Kunden einschätzen zu können, sind analytische Fähigkeiten unabdingbar. Daran knüpft die Umsetzung von *safer work*-Konzepten an, die über die Anrufung zur Eigenverantwortung durchgesetzt werden. Dies sind gouvernementale

Selbsttechniken, die notwendig sind, um überleben zu können. Die Drogenvorsorge ist ebenfalls eine Selbsttechnik, die der Erweiterung der Handlungsfähigkeit gegenüber der Machtasymmetrie bezüglich der Kunden dient und die sich den formalen Gesetzen (unter anderem dem Betäubungsmittelgesetz) widersetzt. Das ist eine notwendige Selbsttechnik, denn für drogengebrauchende Sexarbeiterinnen ist die illegalisierte Droge ein wichtiges Reproduktionsmittel. Der Umgang mit illegalisierten Drogen erfordert eine Qualifikation, gerade bezüglich des instabilen Qualitäts- und Preisgefüges. In Bezug auf die Repression entwickeln die Frauen persönliche Lösungsstrategien im Umgang mit der Polizei, die aus parteilichen Gründen nicht weiter ausgeführt werden, um ihre Wirksamkeit nicht zu gefährden. Diese Aspekte zeigen, dass ein Fundus an Wissen über professionelles Arbeiten unter den drogengebrauchenden Sexarbeiterinnen vorhanden ist und dass ihnen bewusst ist, dass sie eine Dienstleistung anbieten und nicht ihren Körper verkaufen. Deshalb nehmen sie auch keine Subsistenzleistungen an.

„Wie die meisten kommerziellen Transaktionen im Kapitalismus baut die Prostitution auf Verkauf und Kauf einer Ware. In Alltagssprache übersetzt, eine Prostituierte ‚verkauft ihren Körper'. Doch das ist eine Fehlbezeichnung, denn am Ende der Transaktion ‚besitzt' der Klient nicht den Körper der Prostituierten. Der Klient kauft hingegen eine sexuelle Dienstleistung. [...] An jedem Ort der Prostitution, egal ob auf der Straße, im Bordell oder durch eine Agentur, gibt es einen Tarif. Üblicherweise wird er aufgrund der rechtlichen Beschränkungen nicht schriftlich festgehalten, aber klar ist: Es gibt einen Preis für Masturbation und üblicherweise höhere Preise für oralen, vaginalen oder analen Sex. Manche Hostessen verlangen eine stundenweise Bezahlung, stellen aber klar, welche sexuellen Leistungen inkludiert sind und welche nicht. Die Ware ist Sex - oder vielmehr eine bestimmte sexuelle Dienstleistung." (Ward 2007, 2)

Im Vergleich zu den Aussagen von Ward wird sichtbar, dass sich das professionelle Selbstverständnis drogengebrauchender Sexarbeiterinnen nicht von dem anderer Sexarbeiterinnen unterscheidet. Allerdings wird diese professionelle Arbeitshaltung immer wieder in Frage gestellt oder verhindert. Nach wie vor werden drogengebrauchende Sexarbeiterinnen als „Deklassierte" verhandelt. Dieser Klassismus kann durch Foucaults Sexualitätsdispositiv erklärt werden. Die Technologie des Sexes war seit Mitte des 18. Jh. ein Mittel des Bürgertums, sich einen Körper zu geben, „den es zu pflegen, zu schützen, zu kultivieren, vor allen Gefahren und Berührungen zu bewahren und von den anderen zu isolieren galt, damit er seinen eigenen Wert behalte" (Foucault 1995, 148). Das Bürgertum gab sich eine Sexualität, und von dort aus erschuf es sich einen spezifischen „Klassenkörper" mit eigener Gesundheit, eigener Hygiene, einer eigenen Nachkommenschaft und einer eigenen „Rasse" (Foucault 1995, 149). Foucault nennt es „die Inkarnation des Sexes in seinen eigenen Körper, die Endogamie zwischen dem Sex und dem Körper" (ebd.).

Den vom Bürgertum ausgebeuteten Klassen wurde lange Zeit keine Sexualität zugestanden. Erst die aufkommenden Konflikte (Epidemien, Krankheiten und Prostitution) und der ökonomische Druck (Industrialisierung) führten zur Installation von Kontrolltechniken (ebd. 152). Die Sexualität ist also in ihrem Ursprung bürgerlich, und durch ihre sukzessive Verschiebung und Übertragung führte sie zu verschiedenen Klasseneffekten (ebd.). Verständlich wird dadurch die noch heute vorherrschende gesellschaftliche Weigerung, Prostitution als Arbeit anzuerkennen, weil in der Argumentationslinie des bürgerlichen Sexualitätsdispositivs Prostitution nach wie vor der Unterschicht zugeschrieben wird. „Sozial randständigen" Frauen wird noch immer eine polygame, umtriebige Sexualität zugeschrieben. Die „Unterschicht" hat zu viele Kinder und lässt sie obendrein verwahrlosen (siehe Sarrazin 2009/2010, 123).

Ein weiterer Beleg dafür ist die Anrufung zu gebären, die sich ausschließlich an AkademikerInnen und LeistungsträgerInnen richtet und mit soziopolitischen und ökonomischen Maßnahmen gekoppelt ist, die nur auf eine Unterstützung dieser Gruppe zielt (siehe Carstensen/Nielbock 2008; Groß 2011; Dies. 2008 b; Haller/Nowak 2010; Paulus 2008; Ullrich 2010; Scharfenberger 2008).

Da Sexarbeit in dieser Gedankenwelt ohnehin nur von randständigen Frauen ausgeübt wird, bedarf es auch keiner Qualifikation, denn Sex beherrschen sie ja qua ihrer Herkunft. Teilweise stützen linke feministische Positionen diese Auffassungen, indem Liebe und erfüllte Sexualität mit Sexarbeit vermischt werden. Ward zitiert in ihrem Artikel Mhairi McAlpine von der *Scottish Socialist Party*:

„Prostitution is the commodification of sexual relations, taking it out of the sphere of mutual pleasure and into the domain of the market. Quite apart from the damage done to women, this commodification of sexuality affects men as well." (McAlpine 2006, 5)

Ward bestätigt die gesellschaftliche Auffassung, dass die Umwandlung von Sex zu einer Ware von vielen Menschen als „Sünde" betrachtet wird, weil sie ähnliche Diskussionen mit GenossInnen hatte. Die Argumente sind dabei immer die gleichen, dass Sex einen intimen Bereich betreffe, der nicht als Ware veräußert werden könne. Diese verklärte romantische Sicht auf Sex verschleiert die gesellschaftlichen Verhältnisse. Mit Foucaults Sexualitätsdispositiv wurde bereits darauf hingewiesen, dass die Regulierung des Sexes eine Technik der Maximierung des Lebens war (Foucault 1995, 147f). Es ging um die Stärkung des Körpers, die Zeugungskraft und Nachkommenschaft der „herrschenden Klasse" (ebd. 148). Sex im Kapitalismus sei höchst geregelt, so Ward, und verfüge über eine wirtschaftliche Dimension: „Diese Regelung ist gegründet auf die Notwendigkeit, das Privateigentum durch Vererbung zu schützen" (Ward 2007, 2). Durch diesen Exkurs soll deutlich werden, dass Sexarbeit klassistisch entlang von Herrschaftsverhältnissen strukturiert ist und Herrschaft und Ausbeutung damit aufrechterhalten werden. Soziale und ökonomische Verhältnisse zwingen Frauen unter anderem in einem Bereich der Sexarbeit tätig zu sein, der durch extreme Ausbeutungsverhältnisse geprägt ist. Deshalb ist es umso wichtiger, die Frauen in ihrer Arbeit zu qualifizieren, denn Sexarbeit findet nicht außerhalb des kapitalistischen Systems statt.

„Waren haben sowohl einen Gebrauchswert als auch einen Tauschwert. Der Gebrauchswert von Prostitution ist die Befriedigung der Sehnsüchte des Klienten, die Bereitstellung sexuellen Genusses. Der Tauschwert ist die in der Ware enthaltene, gesellschaftliche Arbeit, also die physische und mentale Arbeit, die in der Bereitstellung der sexuellen Dienstleistung enthalten ist. Sie entspricht dem, was eine Sexarbeiterin braucht, um sich zu reproduzieren unter den gesellschaftlich durchschnittlichen Bedingungen für diese Industrie." (Ward 2007, 3)

Für drogengebrauchende Sexarbeiterinnen gilt obendrein, dass sie mit dem Tauschwert ihrer Dienstleistung nur schwer die Kosten für ihre Reproduktion decken können. Das resultiert zum einen aus dem niedrigen Lohnniveau und zum anderen aus den hohen Lebenshaltungskosten. Deshalb sind sie gezwungen um jeden Preis einen Verkaufsvorteil zu erlangen, auch wenn sie damit die Grenzen ihrer Integrität verletzten. Es ist nicht das fehlende Berufsethos, sondern es sind die strukturellen Bedingungen, welche die risikoreichen Praktiken generieren und die Ausbeutungsstrukturen befördern. Die Frauen sind auf diese Arbeit angewiesen und solange ein System wie der Kapitalismus existiert, wird es immer Menschen geben, die aufgrund von Diskriminierung und Ausbeutung alle Alternativen nutzen müssen, um zu überleben.

## 6.2.8 Rassismus und Entsolidarisierung

*„Ich finde, irgendwo müssten wir da zusammen halten. "*
Dieser Abschnitt steht im unmittelbaren Zusammenhang zum vorangegangenen Abschnitt 6.2.7. Rassismus und Entsolidarisierung sind als Phänomene nicht nur im informellen Drogen- und Sexmarkt anzutreffen, sondern sie wirken als strukturelle Kategorien in allen gesellschaftlichen Bereichen.

Es ist davon auszugehen, dass das gesamte Umfeld, in dem sich drogengebrauchende Sexarbeiterinnen bewegen (Polizei, Ämter, soziale Einrichtungen, WirtschafterInnen, AnwohnerInnen, Kunden etc.), genauso rassistisch ist wie die Gesamtgesellschaft und dass es natürlich auch hier einer Verhaltensänderung bedarf. Jedoch nehme ich meine Interviewpartnerinnen auch in Bezug auf ihren Rassismus ernst. Die Interviews zeigen, dass die einen sich rassistischen Strukturen widersetzen (siehe Subjektkonstruktionen von Tracy 6.1.7 und Maya 6.1.8), während andere sich rassistisch äußern (siehe Subjektkonstruktionen von Anna 6.1.2, Doro 6.1.4 und Sara 6.1.6).

Aus dem Datenmaterial wurden Widersetzungen gegen das Ausländerrecht (von Frauen mit deutscher Staatsbürgerschaft) herausgearbeitet, denen ein solidarisches Handeln zugrunde liegt, und es wurden die Kategorien Anerkennung und Akzeptanz identifiziert, die nicht nur für sich in Anspruch genommen werden, sondern auch für andere gelten sollen, die noch weniger oder gar nicht an der Gesellschaft partizipieren. Damit wurde sichtbar, dass unter drogengebrauchenden Sexarbeiterinnen antirassistische Ermächtigungen existieren, wenn sie andere „Deklassierte" unterstützen. Es wurden aber auch Rassismen extrahiert, wenn sie die Exekutive gegen migrierte Sexarbeiterinnen anrufen, sich auf die „Nation" berufen, um sich von den „Nichtdeutschen" abzugrenzen, Razzien gegen Migrantinnen positiv bewerten oder sich pauschalen Beschuldigungen von Migrantinnen anschließen.

Rassismus existiert nicht nur an den Rändern der Gesellschaft, sondern er ist ebenso ein integraler Bestandteil der gesellschaftlichen Mitte und ein konstitutives Moment moderner Staaten (Foucault 1999, 305 ff./siehe 4.1.1). Der institutionelle Rassismus im Stadtteil Hamburg St. Georg manifestiert sich als eine Biopolitik und ein Sicherheitsdispositiv, denn es werden vorrangig Migrantinnen mit Bußgeldbescheiden geahndet, die deutschen drogengebrauchenden Sexarbeiterinnen bleiben zwar nicht unbehelligt, sind aber nach Aussagen des Polizeikommissariats nicht das eigentliche Ziel der aktuellen Repression, wie die folgenden Interviewausschnitte aus den Expertinneninterviews (5.2) zeigen.

„[...] also wir [die drogengebrauchenden Sexarbeiterinnen, K.S.] werden eher unter (1) der (.) Überschrift der armen Opfer, während die Andern [Migrantinnen, K.S.] die Täterinnen sind und die Aktiven und die will man hier im Stadtteil nicht haben. [...] Dass die Polizei nämlich auch eben sagt ähm; du brauchst dir keine Sorgen machen, wegen eines Bußgeldes, du wirst keine ähm, (1) kein Bußgeld wegen Verstoß gegen die Sperrgebietsverordnung kriegen. Wegen dir sind wir hier auch nicht in der Straße unterwegs, wir wolln gerne (.) dass die hier verschwindet und du mach dir mal keine Sorgen und das (.) trägt natürlich nicht grade zu einer Harmonisierung der Stimmung auf der Straße bei. [...] Also tatsächlich (.) Frauen ähm, die unsere Einrichtung [für drogenkonsumierende Sexarbeiterinnen, K.S.] aufsuchen, die stehn in den Straßen und sagen; ja, pff, ich brauch keine Angst haben vor den Bullen ich krieg kein Bußgeld, ich bin nämlich Konsumentin. Ähm, während die andere, da drüben, wenn die Olle nicht da wär, nä. Natürlich, die muss ordentlich Bußgeld kriegen. Also das @geht bis zur Denunziation@, dass die dann sagen, ja die schafft an, ich nicht, oder die nimmt mir die Kunden weg. Und das ist also gewollt und das wird auch so von der Polizei bestätigt." (Expertinneninterview Geschäftsführerin ragazza e.V. 2010)

„Es gibt Menschen, die solidarisieren sich untereinander und unterstützen sich ein bisschen und sind interessiert am anderen und es gibt dann die komplette Entsolidarisierung auch, wo eine von unseren Klientinnen winkt mich plötzlich heran als ich gerade mit einer bulgarisch stämmigen Frau am Sprechen bin und meint, die Milieus [Zivilfahnder, K.S.] sind heute extra zu mir aufs Zimmer gekommen, die haben mir gesagt, ihr Deutschen braucht euch keine Gedanken zu machen, ihr Drogengebraucherinnen werdet nie ein Bußgeld kriegen, die Bulgarin guckt sie so an, die schon, die sollen weg." (Expertinneninterview Sozialarbeiterin 2011)

Das bedeutet, der repressive Staatsapparat fördert bewusst eine rassistische, entsolidarisierende Struktur. Das bedeutet, dass bezüglich der Merkmalsbestimmung von Guggenbühl und Berger im Unterkapitel 3.4 nicht zuzustimmen ist, dass Beschaffungsprostitution innerhalb der Prostitutionshierarchie ganz unten stehe (Guggenbühl/Berger 2001, 16), sondern darunter stehen, jedenfalls ist das für St. Georg gültig, immer noch Frauen aus Osteuropa, sprich Bulgarien und Rumänien.

Ein weiteres Indiz für die Permanenz der rassistischen Strukturen ist das deutsche Hilfesystem. In den sozialen Einrichtungen sind im Regelfall nur Angehörige der Mehrheit beschäftigt und Migrantinnen eher die Ausnahme:

„Insgesamt ist allerdings bis heute kein entsprechender Anteil von Migrantinnen, nicht nur in den Frauenberatungsstellen, erkennbar. Und wie stellen Beratungsstellen für Migrantinnen und Flüchtlinge ihre KollegInnen ein? Zumindest an den Stellen, wo Migrantinnen und Flüchtlingsfrauen einen großen Teil der Klientinnen stellen, wären und sind Migrantinnen als Mitarbeiterinnen wünschenswert und angebracht. Die Vorteile, die dies hat und hätte, brauchen an dieser Stelle wohl nicht weiter ausgeführt werden." (Duscha/Howe/Schauen 2005, 12)

Das hat zur Konsequenz, dass sich deutsche drogengebrauchende Sexarbeiterinnen auch in der Anlaufstelle oder in anderen sozialen Einrichtungen des Stadtteils dem Thema Rassismus nicht stellen müssen, da auch ihre „Helferinnen" Deutsche sind. Weil sich der Rassismus insbesondere auf Frauen aus Bulgarien und Rumänien bezieht, soll hier Slavoj Žižek zitiert werden, der drei Formen des Rassismus unterscheidet, mit denen es möglich ist, die genuine Abwertung im Balkanismus zu analysieren.[25]

1. Die erste Form ist die altmodische Ablehnung des despotischen, barbarischen, orthodoxen, muslimischen, korrupten, orientalischen etc. Anderen im Namen der westlichen christlichen Zivilisation (Žižek 2009, 72, Fn. 13).

2. Dann gibt es den „reflexiven", politisch korrekten Rassismus. Das ist die multikulturalistische Wahrnehmung muslimischer und Länder des Balkans als Orte ethnischer Gräuel, Intoleranz und primitiver irrationaler Kriegsleidenschaft (ebd.).

3. Als letzte Form benennt er den umgekehrten Rassismus. Hier würde die exotische Authentizität des Anderen aus dem Balkan gefeiert (ebd.). Diese Form des „Orientalismus" wurde bereits von vielen postkolonialen Kritikerinnen beschrieben (Said 2009; siehe auch 4.2.3).

In diesem Zusammenhang ist die 2007 durchgeführte Studie zur *Gruppenbezogenen Menschenfeindlichkeit* des Instituts für interdisziplinäre Konflikt- und Gewaltforschung der Universität Bielefeld sehr erhellend. Sie analysiert die Herrschaftsverhältnisse Rassismus, Fremdenfeindlichkeit, Islamophobie und Antisemitismus. Ich werde nur die Ergebnisse zum Rassismus und zur Fremdenfeindlichkeit wiedergegeben, da diese meine Arbeit unmittelbar betreffen. Dem Rassismus werden alle Einstellungen und Verhaltensweisen zugeordnet, die eine Abwertung auf Grundlage einer konstruierten „natürlichen" Höherwertigkeit der Eigengruppe vornehmen (Heitmeyer/Mansel 2008, 19). Fremdenfeindlichkeit definiert die Forschergruppe als bedrohlich wahrgenommene kulturelle Differenz und als materielle Konkurrenz um knappe Ressourcen (ebd. 19).

*Tabelle 6: Teilergebnis der Studie zur gruppenbezogenen Menschenfeindlichkeit (Heitmeyer/Mansel 2008, 26)*

| Aussage | Zustimmung in % |
|---|---|
| Aussiedler sollten besser gestellt werden als Ausländer, da sie deutscher Abstammung sind | 18,5 |
| Die Weißen sind zu Recht führend in der Welt | 12,6 |
| Es leben zu viele Ausländer in Deutschland | 54,7 |

Ein Thema, das zur Entsolidarisierung gehört, sind Freundschaften oder Bündnisse unter den drogengebrauchenden Sexarbeiterinnen. Ein Großteil der interviewten

---

25 Allerdings spiegelt sich in den rassistischen Angriffen und Repressionen auch die besondere Form des Antiziganismus wieder. Leider kann das an dieser Stelle nicht weiter ausgeführt werden. Siehe dazu: Hund, Wulf D. 1996: Zigeuner. Duisburg; Bundeszentrale für politische Bildung (Hg.): Sinti und Roma. APuZ, 22-23/2011, Bonn.

Frauen beklagt, dass keine Freundschaften, sondern lediglich noch Bündnisse auf ökonomischer Basis zu anderen Frauen existieren. Auch zu diesen Äußerungen kann ein gesamtgesellschaftlicher Bezug hergestellt werden, denn die Individualisierungstendenzen gibt es auch in anderen Arbeitsverhältnissen sowie im gesamtgesellschaftlichen Umfeld.

In einem Forschungsprojekt der Universität Bielefeld wurden 2009 auch individuelle Strategien der Krisenbewältigung untersucht.

*Tabelle 7: Teilergebnis der Studie zur Krisenbewältigung (Heitmeyer 2010, 31f)*

| Aussage | Zustimmung in % |
|---|---|
| In Krisenzeiten sollen nicht die gleichen Rechte für alle Bürger gelten | 32,8 |
| Minderheiten können in Krisensituationen keinen besonderen Schutz erwarten | 20,5 |
| In Zeiten der Krise müssten zu viel schwache Gruppen mitversorgt werden | 61,1 |

Es gibt allerdings verglichen mit den Ergebnissen aus dem Jahre 2007 auch einen rückläufigen Trend einer ökonomistischen, an wirtschaftlichen Kosten-Nutzen-Kalkülen ausgerichteten Einstellung. Die These des Autors ist, dass Solidarität unter den Menschen in Zeiten der Krise zunehme. 90% haben zwar diesen Wunsch geäußert, jedoch glauben nur 43% der Befragten, dass es zu einer solchen Entwicklung kommen würde (ebd. 33). Ulrike Demmer bezieht sich in der Veröffentlichung 2010 auf den Psychoanalytiker Horst-Eberhard Richter, der bereits vor zehn Jahren ein wachsendes Unbehagen über den inneren Zustand unserer Gesellschaft diagnostiziert hat. Er untersucht seit 1975 die Selbsteinschätzung der deutschen Erwachsenen und stieß damals auf einen markanten Rückgang von sozialer Anteilnahme zugunsten einer rücksichtslosen Ich-Bezogenheit. Demmer schlussfolgert, dass der marktradikale Kapitalismus den Zusammenhalt und die Moral vernichtet (Demmer 2010, 194). Es geht an dieser Stelle nicht darum, in den düsteren Gesang über die negative Entwicklung der Gesellschaft miteinzustimmen, sondern aufzuzeigen, dass der Trend der Vereinzelung und Entsolidarisierung als gesamtgesellschaftliche Entwicklung zu sehen ist und sich nicht nur auf die marginalisierte Gruppen beziehen darf.

Die Themen der Solidarität untereinander und Wertschätzung für andere sind drogengebrauchenden Sexarbeiterinnen wichtig, und sie beklagen, dass sie nicht mehr vorhanden seien, wobei sie auch die strukturellen Gründe dafür reflektieren. Trotzdem konnte auch solidarisches Verhalten analysiert werden, indem zum Beispiel Arbeitserfahrungen weitergegeben, Drogen geteilt und den Kolleginnen die Stehplätze nicht streitig gemacht werden.

## 6.2.9 Das deutsche Betäubungsmittelgesetz[26] und die Prohibition

*„Aber ohne Drogen, es fehlt mir was, es fehlt mir was ganz Extremes. Es fehlt mir eine Art Lebenselixier, was ich brauche für mich."*

Das Betäubungsmittelgesetz ist ein struktureller Herrschaftszustand, der, um mit Foucault zu sprechen, ein verfestigtes Machtverhältnis darstellt.[27] Im nächsten Abschnitt wird die Widersetzung drogengebrauchender Sexarbeiterinnen gegen das Betäubungsmittelgesetz und die daraus entstehende Vulnerabilität näher beleuchtet. In den Abschnitten 3.4.4 und 3.5.1 wurde bereits auf die Bedeutung des Betäubungsmittelgesetzes (BtMG) im Forschungskontext eingegangen und im Abschnitt *Risikomanagement von überflüssigen, verworfenen und gefährlichen Subalternen* (siehe Abschnitt 3.4.4, 4.1.5 und 6.2.1) wurden seine Auswirkungen auf das Leben der Frauen analysiert. An dieser Stelle wird das BtMG noch einmal in den Fokus genommen, da die Interviews zeigen, wie stark die Restriktion durch das BtMG und die damit zusammenhängenden prohibitiven Kontrollmechanismen die Lebensbedingungen der Frauen negativ beeinflussen und ihr Überleben erschweren. Gerade anhand des BtMG werden die Wechselwirkungen zwischen den Gesetzesstrukturen und der Repräsentationsebene deutlich, was sich in einer prohibitiven Ideologie und in den Stereotypen über DrogengebraucherInnen sowie in den gesellschaftlichen und wissenschaftlichen Suchtdiskursen manifestiert. Die Ergebnisse der Interviews zeigen, dass die Prohibition strukturell im Sicherheitsdispositiv des BtMG verankert ist und die Disziplinartechniken von Repression und Sanktionen sowie die Verelendung der Frauen befördern (Böllinger 1999, 8).

Alle interviewten Frauen in Hamburg konsumieren oder konsumierten Crack, einige berichten immer wieder, dass der Crackkonsum die Ursache für die negative Veränderung der Szene sei. Die Etablierung von Crack innerhalb der informellen Drogenökonomie muss auch vor dem Hintergrund der zunehmenden Repression auf KonsumentInnen und der veränderten politischen Haltung gegenüber Marginalisierten (Abbau wohlfahrtsstaatlicher Leistungen) seit 2001 in Hamburg gesehen werden, die massive Kürzungen in der Drogenhilfe und politische Exzesse wie den Brechmitteleinsatz[28] nach sich zog.[29] Crack kann unauffälliger gehandhabt und ohne großen Aufwand konsumiert werden. Außerdem wird Crack ein höherer Reinheitsgrad und geringere Kosten als Kokainpulver zugesprochen (Bernard/Langer 2008, 300). Ber-

---

26 Rechtsanwälte Breidenbach & Popovic 2011a; siehe auch Körner 2007; Bundesministerium der Justiz 2001.

27 Die theoretische Erklärung zu Foucaults Unterscheidung zwischen Macht und Herrschaft ist im Unterkapitel der Gouvernementalität erfolgt (siehe 4.1.3).

28 In Hamburg wurden seit dem Sommer 2001 bis 2005 Brechmittel im „Kampf gegen Dealer" eingesetzt. Eingeführt wurden sie vom Innensenator Olaf Scholz SPD (Rock Links 2011). Das Brechmittel wurde auf Verdacht eingesetzt, der sich nach Einsatz des Mittels häufig nicht bestätigte. Laut einem Urteil des Europäischen Gerichtshofs für Menschenrechte verstößt die Brechmittelvergabe gegen das Folterverbot (akzept e.V. 2007a; ebd. 2007b).

29 Ein Beispiel dafür war der Abbau der Spritzenautomaten im Knast (Die Tageszeitung 26.10.2002).

nard/Langer beschreiben auch für Frankfurt am Main eine Konsumverschiebung von Kokainpulver hin zu Crack. Die ursprüngliche inhalative Konsumform von Crack verschob sich ebenfalls zum intravenösen Konsum (ebd. 301).

Crack wird von den interviewten Frauen implizit als Armutsdroge benannt, indem sie immer wieder darauf hinweisen, dass sie sich keine besseren Drogen leisten können. Auch das beweist, dass die Prohibition und die Verelendung der Konsumentinnen in einem unmittelbaren Zusammenhang stehen. Durch die Illegalisierung kann die Qualität der Substanz nicht getestet werden, und die KonsumentInnen müssen sich auf die Aussagen der DealerInnen verlassen (Bernard/Langer 2008, 312/314). Schleichende Vergiftung und Fehldosierungen mit tödlichen Folgen sind die sichtbaren Folgen. Die Analyse der vorliegenden Interviews hat ergeben, dass die Gründe für das „Rund-um-die-Uhr-Anschaffen-Müssen" in einer komplexen Gemengelage von Gründen zu finden sind. Die Frauen benennen in diesem Zusammenhang die erhöhten Bußgelder in Folge der massiven Sanktionen, die Kosten für das Hotel, die schlechte Drogenqualität und die hohen Preise sowie das subjektive Gefühl, immer vorsorgen zu müssen. Das führt auf der Strukturebene zum permanenten „Wechsel zwischen Prostitution und Konsum" (Bernard/Langer 2008, 315; siehe auch BISDRO 2001).

Ein weiteres Ergebnis meiner Analyse ist, dass durch die staatliche Repression die Zahl der Freier abnimmt, was eine Prekaritätskonkurrenz unter den Frauen auslöst, die einen Preisverfall nach sich zieht, der wiederum zu längeren Stehzeiten und damit zu einer höheren Arbeitsbelastung führt. Daraus resultiert eine entgrenzte Arbeitssituation, in der das Privatleben und die Tätigkeiten für den informellen Drogen- und Sexmarkt ineinander verschmelzen. Der in den wissenschaftlichen Studien (BISDRO 2001, 32/41/89; Bernard/Langer 2008, 299/320 u.a.) hergestellte einfache Zusammenhang zwischen Beschaffungskriminalität und Sexarbeit kann in seiner Schlichtheit so nicht bestätigt werden. Die interviewten Frauen begründen ihre Entscheidung in die Sexarbeit zu gehen explizit damit, dass sie eben nicht kriminell werden wollen und distanzieren sich damit von der Beschaffungskriminalität. Die ganze Absurdität des BtMG wird sichtbar, wenn man sich die Kriminalisierung der eigenständigen Substitution mit Hilfe von Marihuana vor Augen führt. An dieser Stelle könnte anerkannt werden, dass eine solche Substitution für einige Konsumentinnen eine verträglichere und die Gesundheit nicht so belastende Alternative zur Substituierung mit Methadon oder Polamidon ist, die zudem als Ersatz für Heroin und nicht für Crack entwickelt wurden.[30] Obendrein wird der Entzug von Methadon als extrem belastend und schlimm beschrieben (Bundesministerium für Bildung und Forschung 2005, 152f). Hier legalisiert der repressive Staat eine chemische Substanz, man könnte auch von einer Designerdroge sprechen, die zwar keinen „Kick" liefert und therapeutisch oft wirkungslos ist, dafür aber hochgradig abhängig macht. Gleichzeitig verbietet er mit Cannabis eine natürliche, kulturell fest verankerte und therapeutisch wirksame Substanz, nur weil sie zusätzlich positiven Genuss verschafft. Hier wird der repressive Charakter des BtMG besonders deutlich, weil seine strafende Wirkung, Abhängigkeit ohne „Kick", über die Wirksamkeit der eingesetzten Mittel gestellt wird. Da meine Ergebnisse (siehe 6.1) zeigen, wie massiv das

---

30  Zur Geschichte siehe Gerlach 2004.

BtMG das Leben meiner Interviewpartnerinnen beeinflusst, werde ich an dieser Stelle die Diskussion um die Legalisierung von Drogen vertiefen. Diese Vorgehensweise ist ein wichtiges Element der Intersektionalen Mehrebenenanalyse, in dem noch einmal auf die Analyse des Forschungsstandes Bezug genommen wird, um die Diskussion der Ergebnisse zu vertiefen.

Sebastian Scheerer argumentiert gegen das Cannabisverbot mit den Artikeln 1 und 2 des Grundgesetzes (Scheerer 2009). Der Artikel 1 GG besagt die Würde des Menschen ist unantastbar (siehe Subjektkonstruktion von Doro 6.1.4). Das bedeute, so Scheerer, der Mensch darf nicht zum reinen Objekt degradiert werden, er darf machen was er will, solange er nicht in die Rechte des Anderen eingreift (ebd.). Das betreffe auch die allgemeine Handlungsfreiheit des Art. 2 GG und bedeute, der Mensch darf auch Dummheiten begehen, solange er ein mündiger Mensch apriori ist. Scheerer konstatiert weiter, dass ein System, welches Einschränkungen wie das Cannabisverbot vornehme, dem Wesen einer Demokratie widerspreche und totalitär agiere (ebd.). Obwohl inzwischen eine Vielzahl wissenschaftlicher Studien existieren, die die Sinnlosigkeit des BtMG nachweisen, hält sich der Mythos hartnäckig, dass ein strafrechtlich abgesichertes Verbot von Drogenhandel und -konsum die beste Drogenpolitik wäre. Die Wirklichkeit zeigt jedoch, dass gerade die Repression und Verfolgung von KonsumentInnen diese noch weiter ins Abseits treibt.

Lorenz Böllinger kommt in seinem Vortrag über die Rechtsgutsdefinition, die dem BtM-Strafrecht zu Grunde liegt, zu dem Schluss, dass nicht die „Opfer", sondern eine bestimmt Moral geschützt wird und es somit eigentlich juristisch unhaltbar ist (Böllinger 1999, 4). Er argumentiert, dass DrogengebraucherInnen, die destruktiv bzw. psychopathologisch agieren, aus ethischen und verfassungsrechtlichen Gründen nicht Gegenstand einer strafrechtlichen Intervention sein dürften (Böllinger 1999, 5). Außerdem belegt Böllinger anhand von Statistiken, dass es keinen signifikanten Zusammenhang zwischen der Schwere der Repression und dem Konsumverhalten gebe und die Repression auch als Opferschutz nicht gerechtfertigt sei(ebd.). Vollends unglaubwürdig wird die Rechtsfigur jedoch dadurch, dass die gesundheitlichen und psycho-sozialen Schäden durch Alkoholmissbrauch vollends ausgeblendet werden(Böllinger 1999, 6f).

Rainer Ullmann, der seit mehr als 20 Jahren in Hamburg als Arzt in der Substitution arbeitet, resümiert in einer Videoansprache, wenn man die Definition zu Grunde lege, dass eine besonders sozialschädigende Handlung ein Verbrechen sei, dann wäre die Prohibition ein Verbrechen und nicht der Drogenkonsum.[31] Er bestreitet nicht, dass illegalisierte Drogen wie Kokain, Amphetamine, Heroin und Cannabis schädlich sein können, jedoch weist er darauf hin, dass der Umgang mit ihnen genauso erlernt werden kann wie mit anderen gesundheitsschädigenden Substanzen oder Gewohnheiten (ebd.). Seine Berufserfahrung zeige ihm, dass nicht die Drogen die Gesundheit schädigen, sondern die Folgen der Prohibition. Die KonsumentInnen seien darauf angewiesen, in einem rechtsfreien Raum teure Ware von stark schwankender Qualität zu kaufen, die oft mit schädlichen Stoffen gestreckt würden (ebd.). Neben der gesundheitlichen Schädigung müssten die Konsumentinnen auch massive soziale Prob-

---

31 Siehe zur Auswirkung der Prohibition auf KonsumentInnen/Kritik an der Drogenpolitik und -arbeit: Schäfer/Stöver, Heino (2011), 5-45.

leme in Kauf nehmen, so Ullmann. Damit wird die Prohibition zu einer extrem teuren staatlichen Intervention. Seit Beginn der Prohibition in Europa steige die Zahl der KonsumentInnen, weil der Staat die Kontrolle verloren habe, denn der Markt würde durch organisierte kriminelle Strukturen beherrscht, die steigende Gewinne zu verzeichnen haben (ebd.). Laut Ullmann werden nur 5% der Ware durch den Staat beschlagnahmt, 95% erreichen die KonsumentInnen.

Da einige Disziplinarmaßnahmen, die ihre Begründung in der Kriminalisierung von DrogengebraucherInnen haben, im Sample mehrfach erwähnt werden, wird im Folgenden deren strukturelle Ergänzung vorgenommen.

### 6.2.10 Polizeigewahrsam, Inhaftierung und Zwangstherapie als Kontrolldispositive des Staates

*„So, aber das kann ja wohl nicht angehen. So, es ist so eine Willkür und wenn der Bulle meint, dann muss ich halt eben da bleiben."*

Im Abschnitt 3.4.4 wurde die Diskriminierung inhaftierter drogengebrauchender Sexarbeiterinnen bereits einer Betrachtung unterzogen. Die Auswertung des Datenmaterials untermauert diese Erkenntnisse. Die strukturellen Herrschaftsverhältnisse, die in diesem Abschnitt genauer betrachtet werden, ergeben sich aus den Folgen des BtMG für die drogengebrauchenden Sexarbeiterinnen. Sie erzählen von der Angst, während der Ingewahrsamnahme oder der Inhaftierung in den „kalten Entzug" zu geraten, sowie von entwürdigenden Behandlungen in Polizeigewahrsam oder Strafvollzug. Ebenso problematisch sind die fehlenden Resozialisierungsmaßnahmen nach der Haft. So wird berichtet, dass sie nach der Entlassung wohnungslos sind.[32]

In dem Essay „Sie sind gefährlich" antwortet Foucault (Foucault 2005e) auf den Vorwurf gegen die französischen Linken und Intellektuellen und ihre vermeintlich verantwortungslose und laxe Einstellung zur Verurteilung von Straftaten. Foucault stellt fest, dass die Presse „Irrtum, Irreführung, Vergiftung" schreie und diejenigen attackiere, die eine maßvolle Justiz fordern und behaupten, dass die Gefängnisse die Verurteilten nicht verändern (ebd.). Für Foucault liegt der Irrtum jedoch bei den Befürwortern von Gefängnissen, weil sie glauben Delinquenz durch Haftstrafen zu verhindern. Foucault postuliert, dass das Gefängnis das „Delinquentenmilieu" aufbaut, stärkt, und wenn jemand wegen Diebstahl zu einer langen Haftstrafe verurteilt werde, komme er als „Gangster" oder „Verrückter" wieder heraus (ebd. 639). Foucaults Argumente können noch 20 Jahre später direkt auf die völlig übertriebenen Strafmaßnahmen gegen drogengebrauchende Sexarbeiterinnen übertragen werden und finden dort eine Bestätigung. Die Frauen sind nach der Entlassung aus der Haft oft wohnungslos, es gibt für sie kaum Maßnahmen zur Wiedereingliederung und keine Ausbildungsangebote. In der Haft müssen sie dann kalt entziehen oder sich illegal mit Drogen versorgen, die zwar verfügbar, aber noch teurer als auf der Szene sind. Die Mittel dazu können sie in der Haft noch weniger auf legale Weise erwerben als in „Freiheit". Für Foucault ist klar, dass es diejenigen sind, die verheißen, dass Sicherheit entsteht, wenn nur sehr hart bestraft wird, welche die Gesellschaft in die Irre führen (ebd.). Durch den Gefängnisaufenthalt werden weder ErsttäterInnen am Rückfall

---

32 Weiterführend siehe dazu: Zurhold/Schneider 1997, 27ff; Zurhold 2011, 49-65.

gehindert noch notorische Kriminelle umerzogen. Auch wenn Frauen nach ihren Entlassungen oft in einer besseren physischen Verfassung sind, da sie dort regelmäßige Mahlzeiten und gesundheitliche Versorgung bekommen, sind sie nicht „umerzogen", sie konsumieren weiter illegalisierte Drogen, „erschleichen" sich öffentliche Beförderungsleistungen oder prostituieren sich im Sperrgebiet. Foucault geht auf die Heroisierung der Gefängnisse ein und sieht darin die Vergiftung. Denn die Wirklichkeit der Gefängnisse sei erniedrigend, schäbig und keinesfalls ein Ort, der es verdient ihn durch Heldengeschichten zu beschönigen.

„Diese zwiespältigen Heroisierungen sind gefährlich, denn eine Gesellschaft braucht ihre Kriminellen nicht zu lieben oder zu hassen; sie muss aber so genau wie möglich wissen, wen sie straft, warum sie straft, wie sie und mit welchen Wirkungen sie straft. Sie sind auch deshalb gefährlich, weil nichts leichter ist als durch diese wirren Übertreibungen ein Klima von Furcht und Unsicherheit zu nähren, in dem sich die Gewalttätigkeiten auf der einen wie auf der anderen Seite verschlimmern." (ebd. 339f)

Auch diese Beschreibung Foucaults trifft auf die aktuelle Situation in dem Stadtteil, in welchem die Frauen arbeiten zu. Drogengebrauchende Sexarbeiterinnen beschreiben in den Interviews die gewalttätigen Übergriffe gegen sie, und auf Seiten der AnwohnerInnen herrscht ein Klima der Angst und Unsicherheit. Foucault resümiert, dass eine Justiz niemals vergessen dürfe, wie schwierig es ist gerecht und wie leicht es ist ungerecht zu sein (ebd. 640). Die Institutionen der Justiz dienten am Ende dem Despotismus, wenn diejenigen, die sie ausübten, und diejenigen, die sie schützen soll, nicht mehr den Mut hätten sie zu hinterfragen (ebd.). Die Gefahren bestünden in der Delinquenz, den Machtmissbräuchen und in der Spirale ihrer Verbindung (ebd.). Hüten müsse man sich vor der Art, wie man straft, wenn diese droht, die Delinquenz stark zu machen (ebd.). Eine Justiz müsse sich stets über sich selbst befragen, „eben so wie auch eine Gesellschaft nur durch die Arbeit leben kann, die sie an sich selbst und an ihren Institutionen durchführt" (ebd. 641).

Für Deutschland gilt, dass diese „Arbeit", die Foucault in Form einer Selbstreflexion meint, in Bezug auf das Betäubungsmittelgesetz längst überfällig ist. In Hamburg muss auch der Sinn der Sperrgebietsverordnung hinterfragt werden. Generell müssen die Justiz und auch die Gesellschaft überlegen, inwieweit sie durch die übertriebene Kriminalisierung von drogengebrauchenden Sexarbeiterinnen bereits dem Machtmissbrauch anheimgefallen sind. Das betrifft aber nicht nur die Kriminalisierung, sondern auch den Umgang mit DrogengebraucherInnen während der Inhaftierung an sich. Die Fortsetzung der Substitution während der Inhaftierung ist immer sehr schwierig, hingegen ist es unproblematisch, während der Haft harte Drogen zu bekommen. Da in den Hamburger Gefängnissen die Spritzenautomaten abgebaut wurden, wird die Verletzlichkeit von DrogengebraucherInnen offenbar (Plenert 2011). Seit langer Zeit ist bekannt und durch wissenschaftliche Studien belegt, dass es erhebliche Probleme mit der Substitution im Strafvollzug gibt:

„Beim Übergang vom Setting 'Straße' in ein Hospital, den Polizeigewahrsam, U-Haft, Strafhaft, Maßregelvollzug, medizinische ambulante oder stationäre Rehabilitationsmaßnahme etc. – überall ergeben sich Brüche, Abbrüche, Unterbrechungen, inadäquate Dosierungen oder neue Medikationen!" (Stöver 2010, 4)

Heino Stöver weist auf die erheblichen gesundheitlichen Probleme hin, die sich für die Substituierten durch die Diskontinuität in der Behandlung ergeben, und er argumentiert auch gegen die Zwangsabstinenz von Inhaftierten, da die Mortalitätsrate nach der Entlassung besonders hoch sei (ebd.). Ich möchte in der Kritik dieser Praxis noch weiter gehen. Wenn die Substitution eine Maßnahme des fürsorglichen Staates wäre, um DrogengebraucherInnen von ihrer Sucht zu therapieren, ist es logisch nicht nachvollziehbar, warum diese Maßnahme ausgerechnet dann unterbrochen wird, wenn sich die DrogengebraucherInnen in der Obhut des Staates befinden, es sei denn man unterstellt, dass die mit dem Entzug verbundene psychische und physische Tortur als Teil der Strafe gesehen wird.

Ein weiteres Sicherheitsdispositiv ist die Regulierung „Therapie statt Strafe" gemäß §35 des BtMG.[33] Diese Maßnahme ist überaus fragwürdig, da eine Therapie immer nur auf Basis von Freiwilligkeit und Vertrauen erfolgreich sein kann, nicht jedoch in einer Zwangssituation.[34]

In den Abschnitten 6.2.9 und 6.2.10 wurde veranschaulicht, dass es kontraproduktiv ist, den Konsum bestimmter Drogen unter Strafe zu stellen. Die Repression war zu keiner Zeit ein Mittel die Lebensverhältnisse der Betroffenen zu verbessern.

### 6.2.11 Die Regierung von Substituierten

*„Der [Substitutionsarzt, K.S.] hat alles gesagt, nur noch Privatpatienten, du musst dir einen Arzt suchen, das hat er mir aber von einem Tag auf den anderen gesagt. Ja und seitdem bin ich natürlich wieder voll drauf."*

Das Zitat beschreibt, wie Margalit von einem auf den anderen Tag aus der Substitution, ohne Auffangnetz entlassen wurde. Die Substitution ist ein zentrales Thema in den Interviews. Ich habe dazu keinen Forschungsstand im Kapitel 3 erarbeitet, da mir ihre Bedeutung zu Beginn meiner Forschungsarbeit nicht bewusst war. Erst im Zuge der intersektionalen Analyse des Materials wurde mir die Wichtigkeit des Themas bewusst, deshalb wird erst jetzt die Substitution in Bezug auf die Interviewaussagen gesetzt und vertieft. Im folgenden Abschnitt werde ich allerdings nur jene Aussagen zur Substitution berücksichtigen, verallgemeinern und in der Forschung verorten, die einen Bezug zur Strukturebene haben.

---

33 Der Gesetzgeber hat bestimmt, dass Drogenabhängige, anstatt eine Gefängnisstrafe abzusitzen, eine Therapie absolvieren können. Die rechtliche Voraussetzung dafür ist zunächst, dass die Strafe im Zusammenhang mit Drogen steht. Weiterhin darf das Strafmaß einer Einzelstrafe bei Therapieantritt nicht größer als zwei Jahre sein. Mehrere Einzelstrafen, die sich auf mehr als zwei Jahren aufsummieren, stehen der Therapie nicht entgegen. Eine solche Therapie kann für jeglichen Drogenkonsum, außer dem Alkoholmissbrauch, beantragt werden. Die Therapie muss nicht stationär erfolgen, auch ambulante Formen sind möglich. Wer eine stationäre Therapie abbricht, muss zurück in den Strafvollzug. Nur in wenigen begründeten Ausnahmefällen hat der „Drogenabhängige" die Möglichkeit, eine weitere Therapie anzutreten (Rechtsanwälte Breidenbach & Popovic 2011b).

34 Weiterführend siehe dazu: Böllinger/Stöver/Fietzek 1995, 239-284/Kappeler 1998, 16-26.

Seit 1987 wird in Deutschland die Substitutionsbehandlung von Opiat-abhängigen[35] zunehmend mit Methadon durchgeführt. Im Herbst 1992 wurde in einer Novellierung des Betäubungsmittelgesetzes die Substitutionsbehandlung mit Levo-methadon (Polamidon) als eine „ultima-ratio"-Therapie für zulässig erklärt, und seit dem 1.02.1994 kann nun auch das Racemat aus links- und rechtsdrehendem Methadon (DL-Methadon, Methadon-Racemat)[36] zur Substitution verschrieben werden (Bossong 1998). Gegenwärtig wird die Diskussion zur Substitutionsbehandlung sehr kontrovers geführt, und die Vorschriften zum Umgang sowie die Verschreibungspraxen sind von sehr komplexer Natur.[37] Die Mehrzahl meiner Interviewpartnerinnen wurde oder wird noch substituiert. Einige berichten, dass sie aufgrund von „unsauberen Urinkontrollen"[38] aus der Substitution entlassen werden. Rainer Ullmann schreibt dazu:

„Forderungen nach Behandlungsabbruch wegen Beikonsum lassen sich nicht wissenschaftlich begründen, sondern sind Ausfluß der weit verbreiteten Einstellung, Sucht als Laster (und nicht als Krankheit) anzusehen. Patienten mit Beikonsum sind meistens die schwerer Kranken, die intensiver behandelt werden müssen." (Ullmann 1999)

Ein Teil der Frauen erwirbt das Methadon illegal aufgrund ihres Ausschlusses aus dem Substitutionsprogramm oder der strengen Reglementierung.

„Wenn Abhängige gezwungen sind, Methadon auf dem Schwarzmarkt zu kaufen, weil sie keinen Behandlungsplatz finden oder weil die Aufnahmeregularien zu lange dauern, dann sind sie demselben Risiko ausgesetzt wie unbehandelte Heroinabhängige. Möglicherweise neigen unerfahrene Konsumenten auch dazu, Methadon wegen seiner langsam eintretenden Wirkung überzudosieren oder mit anderen Sedativa zu kombinieren, um eine schnellere Wirkung zu erzielen." (ebd.)

Diese Kritik an der Reglementierung in der Substitution wird in einer Studie der Gesellschaft für sozialwissenschaftliche Frauenforschung e.V. von einer Interviewpartnerin geäußert. Sie beschreibt die Zwänge der Substitution und den Entzug von Methadon als „Hölle" (Gesellschaft für sozialwissenschaftliche Frauenforschung (Hg.) 2005, 152). Die Härte des plötzlichen Methadonentzugs durch Ausschluss von der Substitution zeigt sich in meinem Sample, einzelne Frauen berichten, dass sie gezwungen sind, diesen mittels einer höheren Dosis illegalisierter Drogen und dem illegalen Zukauf von Methadon zu kompensieren. Die Substitution wird in den Inter-

---

35 Zu den Opiaten zählen unter anderem: Opium, Morphium, Heroin, Codein, Laudanum.

36 Weiterführend siehe dazu: Bornemann/Poelke 1994.

37 Weiterführend siehe dazu: INDRO e.V. (2011); Böllinger/Stöver/Fietzek 1995, 119-128/188-192; Bossong/Stöver (Hg.) 1992; Schäfer/Stöver (Hg.) 2011, 117-173.

38 Die Frauen sprechen von unsauberen Urinkontrollen, meinen damit aber positive Urinproben, das heißt, im Urin wurden Substanzen anderer harter, verschreibungspflichtiger und/oder illegalisierter Drogen nachgewiesen.

views als hilfreich beschrieben, obwohl die meisten Frauen mehr Crack und weniger Heroin konsumieren. Günter Amendt postuliert, dass Methadon eine Droge sei.

„Das vorläufig letzte Glied einer Kette von Produkten, die die Pharmaindustrie im Rhythmus von Sucht-Profit-Sucht auf den Markt gebracht hat: Morphium, Heroin, Methadon. Das eine jeweils geschaffen, um die Folgen des anderen zu bekämpfen." (Amendt 1990, 98)

Er schreibt, dass sich das anfängliche Versprechen, Methadon werde nicht nur den „Drogenhunger" stillen, sondern es blockiere auch die euphorisierende Wirkung von Heroin, nicht erfüllt hat (ebd. 99ff). Methadon mache genauso süchtig wie Heroin (ebd. 101). Das Ziel der Methadonvergabe sei schon lange nicht mehr die Drogen-freiheit (die Abstinenz von Drogen), sondern die Umsetzung einer sozialpolitischen Maßnahme. Die meisten KonsumentInnen erhofften sich von Methadon Ruhe, wobei mehr als eine Atempause nicht zu erreichen sei (ebd. 101).

Diese These spiegelt sich wieder in den von mir durchgeführten Interviews, die erwünschte Ruhe ist ein immer wiederkehrendes Thema und wird von den Frauen zeitweise über das Substitut erlangt. Deswegen hinterfragt Amendt das Methadonprogramm als sozialpolitisches Instrument für die Integration von Drogen-konsumentInnen, da völlig unklar sei, „in was" integriert werden soll. Er argumen-tiert weiter, Urinproben würden häufig ergeben, dass fast alle Methadon-KlientInnen zusätzlich fixen (ebd. 103). Die substituierten Frauen in meinem Sample haben alle Beikonsum, wobei Crack und Kokain häufiger als Heroin zusätzlich konsumiert wer-den. Diese Erfahrung wird auch vom Bremer Institut für Drogenforschung BISDRO bestätigt.

„Der Kokain- und auch Crack-Konsum unter Substituierten ist besonders hoch. Die Kokain-wirkung wird oftmals als ein probates Gegengewicht zur Methadonwirkung empfunden. Im Gegensatz zu Methadon mach Kokain antriebsstark und wach. Dworsky (2001) [Geschäftsfüh-rer einer niedrigschwelligen Drogenberatungsstelle in Hamburg, K.S.] berichtet, dass etwa 40% der Substituierten, die sich in der psychosozialen Begleitung befinden, auch Kokain- und/oder Crack-KonsumentInnen sind." (BISDRO 2001, 26)

Die Motive für den Beikonsum vermuten die ForscherInnen in der Langeweile und im Versuch den Antrieb zu steigern (BISDRO 2001, 41). Diese Vermutung wird durch die Ergebnisse dieser Arbeit bestätigt. Hier sei noch mal auf Amendts Frage verwiesen, „in was" die Frauen mithilfe der Substitution integriert werden sollen, denn die Substitution allein führt nicht zu einer gesellschaftlichen Teilhabe.

Amendt verweist auf seine Selbstversuche mit Methadon und auf seine Berufser-fahrung, wenn er postuliert, dass Methadon dazu dient, die Emotionen der Konsu-mentInnen so stark zu dämpfen, dass sie weniger verletzlich und unerreichbar werden (Amendt 1990, 105). So wird auch verständlich, dass KonsumentInnen Alkohol und andere Drogen nutzen, um dieser „Dumpfheit" zu entgehen. Diese Aussagen sollen kein Plädoyer gegen die Methadonbehandlung sein, sondern es soll im Gegenteil ge-zeigt werden, wie wichtig für viele Leute die Methadonbehandlung ist und dass end-lich der idealistische Ansatz der Abstinenz aufgegeben werden muss. Außerdem wird die Doppelmoral deutlich, wenn durch die Exekutive die eine Abhängigkeit durch eine andere ersetzt wird.

Mit dem „Gesetz zur diamorphingestützten Substitutionsbehandlung" vom 05.07.2009 hat der Gesetzgeber für die Substitutionsbehandlung auch eine diamorphingestützte Behandlung im Gesetz ausdrücklich vorgesehen.[39] In den Interviews wird vereinzelt darauf Bezug genommen und begründet, warum diese Praxis der Substitution abgelehnt wird. Die Gründe dafür liegen in der Überregulierung und den hohen Eingangshürden.[40]

## 6.2.12 Zusammenfassung

In diesem Unterkapitel wurden die Aussagen in den Interviews zu den Herrschaftsstrukturen ergänzt, theoretisch vertieft und mit wissenschaftlichen Erkenntnissen überprüft. Deutlich wurde in diesem Arbeitsschritt, wie sich auf der strukturellen Ebene Diskriminierung und Ungerechtigkcit (4.3.4) manifestieren und wie sich drogengebrauchende Sexarbeiterinnen dagegen auflehnen, daran verzweifeln oder einen strategischen Umgang damit finden. Ein Ergebnis dieses Unterkapitels ist die Erkenntnis, dass die Sicherheits- und Disziplinardispositive die Handlungsfähigkeit immens einschränken (siehe 6.2.1/6.2.4). Die unterschiedlichen Herrschaftsverhältnisse (siehe 6.2.3/6.2.5/6.2.6) bedingen, dass die Frauen als Subalterne (4.3.2.1) einen (Mehr-) Aufwand (4.4.1) leisten müssen, um überleben zu können. Wichtig für die weitere Analysearbeit ist die Erkenntnis, dass im Forschungsfeld Gewaltverhältnisse (siehe 6.2.2/6.2.7) vorzufinden sind, die jegliche Form der Handlungsfähigkeit verhindern.

Eine weitere Erkenntnis ist aber auch, dass die drogengebrauchenden Sexarbeiterinnen dem nicht hilflos ausgeliefert sind, sondern selbst Mittel und Wege finden, um ihre Existenz zu sichern. Da die Machtverhältnisse aber oft asymmetrisch sind, müssen sie häufig Verletzungen (4.3.5) auf der Subjektebene in Kauf nehmen. Im Bereich des Rassismus gehören drogengebrauchende Sexarbeiterinnen auch zu den Akteurinnen, was ein Beispiel dafür ist, dass sie den Strukturen nicht nur hilflos ausgeliefert sind, sondern gegenüber Migrantinnen eine machtvolle Position besitzen (6.2.8). Das ist eine elementare Erkenntnis für die weitere Ausarbeitung von Empowermentansätzen. Geplante bzw. geforderte strukturelle Veränderungen müssen immer die Heterogenität unter den Frauen im Fokus haben. In diesem Abschnitt wurde aber auch deutlich, wie stark die drei Ebenen miteinander in Wechselwirkung stehen und wie die miteinander verwobene Struktur- und Repräsentationsebene als Macht gegenüber den Subjekten funktioniert, sodass eine eindeutige Trennung der Ebenen manchmal nicht möglich war. Im folgenden Unterkapitel werden die unterschiedlichen Kategorien der Repräsentationsebene vertieft.

---

39  Weiterführend siehe dazu: Bundesgesetzblatt I, 1801; akzept e.V. 2011.
40  Weiterführend siehe dazu: Bundesministerium für Gesundheit 2011.

## 6.3 Die Vertiefung der symbolischen Repräsentationen

Viele Aussagen der interviewten Frauen beziehen sich auf die Diskurse, Epistemen, Anrufungen, Stereotype, Normen, Werte und Ideologien. Hier werden nun die symbolischen Repräsentationen vertieft und fallübergreifend ausformuliert, da die Verweise auf die Repräsentationsebene in den Interviews häufig die gleichen sind und mit den selben Theorien erklärt werden können. Es wird immer wieder deutlich, wie eng die drei Ebenen miteinander verwoben sind und wie stark sie einander bedingen, so dass sie oft nicht eindeutig zu trennen sind. Deshalb kommt es auch in der Darstellung der Ergebnisse zu Überschneidungen zwischen den Ebenen, und es würde auch dem poststrukturalistischen Ansatz widersprechen, wenn eine eindeutige Verortung angestrebt würde. Durch die hegemonialen Diskurse werden Stereotype, Epistemen, Ideologien, Normen und Werte manifestiert, die wiederum Herrschaftsverhältnisse legitimieren.

In diesem Abschnitt werden die Repräsentationen, die im Datenmaterial evident sind, theoretisch unterlegt und durch zusätzliche Datenquellen ergänzt (Winker/Degele 2009, 92). Nur so kann verständlich werden, in welchen gesellschaftlichen Zusammenhängen die symbolischen Repräsentationen auftauchen, wie sie am Leben erhalten werden und welchen Zweck sie verfolgen (ebd.). Durch diese Vertiefung wird verständlich, warum manche Widersetzungen erfolglos sind oder sich zerstörerisch gegen die Subjekte wenden. Weiterhin kann analysiert werden, warum sich die Subjekte scheinbar willenlos den Normen unterwerfen oder dagegen zur Wehr setzen und wie erfolgreich diese Widersetzungen sind. In diesem Schritt werden Anrufungen oder Ideologien, die innerhalb der Selbsttechnologien eine Orientierung vorgeben, genealogisch betrachtet. Dazu wird weiteres Datenmaterial herangezogen, dass jedoch immer einen Bezug zum Interview haben muss (ebd. 93). Um auch hier wieder einen Bezug zu den Interviews herzustellen, habe ich, wie schon in 6.2, einen Kernsatz eines Interviews aus der Analyse der Repräsentationsebene ausgewählt, der den Abschnitt einleitet.

### 6.3.1 Die Fiktion des „normalen, rationalen, angepassten Wesens"

*„Nein, nein, nein, nein, also, diese ganzen Normalen, die sind für mich nichts, also ich beneide die teilweise. Ich würde auch lieber wieder so ein normales Leben führen als hier rumzuhängen. Aber andererseits kann, weiß ich nicht, kann ich im Moment nicht, oder kriege die Kurve nicht, auf Stoff zu verzichten."*
Das Zitat verdeutlicht die Widersprüchlichkeit in der Selbstwahrnehmung, da zum einen das Normsubjekt abgelehnt wird, gleichzeitig aber der Wunsch geäußert wird, normal zu sein. In der Analyse der Interviews bin ich immer wieder auf den Abstinenzanspruch gestoßen, an dem sich fast alle Frauen „abarbeiten". Deutlich wurde schon in den Abschnitten 6.2.1/6.2.9/6.2.10, wie die Strukturebene diesen Ansatz rechtlich stützt und es dabei nicht um das Wohl der DrogengebraucherInnen geht, sondern um die Durchsetzung eines absoluten Drogenverbotes. Das Herrschaftsverhältnis des Drogenverbots und der Prohibition (6.2.9) muss im Zusammenhang mit der Repräsentationsebene gesehen werden. Durch die juristisch legitimierte, instituti-

onelle Illegalisierung von bestimmten Drogen werden gesellschaftlich Bilder, Diskurse und Ideologien produziert, die in Form von Normen und Werten den Individuen Lebensorientierungen geben und sich in ihren Selbsttechnologien niederschlagen. Weichen Individuen davon ab oder sind nicht bereit diesen Orientierungen zu folgen, laufen sie Gefahr nicht intelligibel zu sein. Sie werden als krank, anormal, gefährlich und kriminell konnotiert. Um ein intelligibles Subjekt zu werden, müssen drogengebrauchende Sexarbeiterinnen für ihre Abstinenz arbeiten. Verweigern sie sich, nehmen sie die für sie vorgesehene Rolle des *schlechten Subjektes* (siehe 4.4.2) ein. Mit ihrem Konsum weichen sie vom Herrensignifikanten eines rational handelnden Menschen ab. Foucault verweist in einem Gespräch auf die enge Wechselwirkung zwischen der repressiven Struktur der Drogenbekämpfung und dem Ideal des rationalen Menschen:

„Der Kampf gegen die Drogen ist ein Vorwand zur Verstärkung der gesellschaftlichen Repression: Streifzüge der Polizei - aber auch zur Verherrlichung des normalen, rationalen, bewußten und angepaßten Menschen. Das findet man auf allen Ebenen." (Foucault 2002, 281)

Drogengebrauchende Sexarbeiterinnen müssen sich durch die Kriminalisierung zwangsläufig als unzuverlässig, undiszipliniert und schuldig empfinden. Dem Bild „des normalen, rationalen, bewussten und angepassten Menschen" entsprechen zwar die wenigsten, jedoch entkommt niemand diesem leeren Signifikant des abendländischen Denkens. Die im Abschnitt 4.1.2 dargestellten Gouvernementalitätsstudien Foucaults zeigen, wie diese „vernünftige" Selbstführung von ganz allein funktioniert. Um mit Althusser zu sprechen, lautet die Anrufung, 'sei ein vernünftiges Subjekt und lebe abstinent'. Wer dieser Anrufung nicht folgt, ist ein *schlechtes Subjekt*. Die Anrufung ist immer auch eine Drohung, denn wer ihr nicht folgen kann oder will, muss mit schweren Sanktionen rechnen. Die gesellschaftliche Anrufung an drogengebrauchende Sexarbeiterinnen ist, 'unterwerft Euch dem absoluten Subjekt, dem Normdiskurs und damit der Abstinenz oder lebt mit bzw. sterbt an den Folgen Eurer Verweigerung'. Es wird so getan, als existiere ein Möglichkeitsraum, sich ohne Verluste für das 'Bessere' entscheiden zu können, aber in der Realität ist diese Dichotomie gnadenlos und ohne visionäre Zwischenräume. Die Abstinenz begründet sich in der Vernunft, der Sorge um die Gesundheit, der Angepasstheit, der Selbstkontrolle und der Nützlichkeit und ist damit fest in den humanistischen Werten und Normen der Aufklärung verankert. Der Drogengebrauch und die Prostitution verkörpern hingegen die Wildheit und Triebhaftigkeit der Natur, die Gefahr von Krankheit und Tod sowie das ausschweifende Leben.

„Das mögliche Versagen der Selbstkontrolle, als verunsichernde Erwartung immer schon mitgeschleppt, der befürchtete Verlust des vergötzten Ich, findet seinen sinnfälligen Ausdruck in den Zuschreibungen, die im dominierenden Bild vom ‚Drogenabhängen' zusammenfließen." (Kappeler 1998, 27)

Es wird verständlich, dass Veränderungen in Richtung des gesellschaftlichen Ideals für drogengebrauchende Sexarbeiterinnen angstbesetzte Zumutungen sind, denn vernünftig ist nur, wer keine Drogen konsumiert und sich nicht prostituiert. Darauf antworten die Frauen in den Interviews richtigerweise mit der Gegenfrage, was sie denn machen sollen, wenn die neoliberale Leistungsgesellschaft ihnen keine Perspektive bietet. Sie thematisieren damit den Umstand, dass nonkonforme Lebensentwürfe von Menschen, die körperlich sowie seelisch verletzt sind und keine berufliche Ausbildung vorweisen können, nicht akzeptiert werden.

Kappeler konstatiert, dass der Verlust von Selbstkontrolle, die Unfähigkeit zur Selbstbeherrschung und die hemmungslose, sofortige und absolute Bedürfnisbefriedigung als Ursachen und Wirkungen des Drogenkonsums hervorgehoben werden (Kappeler 1998, 26). Ebenso werde den DrogenkonsumentInnen das Fehlen von logisch-rationalem Denken und ein unverantwortliches Sozialverhalten unterstellt. Dieses Vorurteil werde durch „Gefahr signalisierende Züge von ‚Unberechenbarkeit' und ‚Triebhaftigkeit'" untermauert. Sie gelten als subversiv und verdächtigt, da sie sich der gesellschaftlichen Kontrolle entzögen (ebd.).

Drogengebrauchende Sexarbeiterinnen entsprechen nicht im entferntesten dem Bild des mit der Aufklärung inaugurierten bürgerlichen, weißen und vernunftbegabten Mannes, welcher sich selbst und die Natur, „durch die Anstrengung seines rationalen Bewußtseins und seines Willens" beherrscht und sich durch eigene Kraft zum eigentlichen Menschen erhebt (ebd.). Ihnen wird in diesem androzentristischen und dichotomen Weltbild der Platz des undisziplinierten, schlechten und unnützen Subjekts zugewiesen. Kappeler nennt den Triumph über die eigene innere und äußere Natur des aufgeklärten Menschen einen „Pyrrhussieg", denn hinter der Maske des Selbstbewusstseins verberge sich die Angst, dass seine Anstrengung vergeblich und seine Herrschaft bedroht sei. Eine Siegesfreude könne nicht aufkommen und „immer sind es die Anderen, die daran Schuld sind: die Repräsentanten des Verdrängten und Verbotenen und Verborgenen, die keine Ruhe geben wollen" (ebd.).

Butler nennt es das Verworfene und Ausgeschlossene, der Rest der vom gescheiterten Versuch übrig bleibt, ein intelligibles kohärentes Subjekt zu werden (siehe 4.3.1). Auch für Kappeler ist die ständige Abwehr innerhalb des Rationalitätsanspruches im bürgerlichen Menschenbild zwanghaft und wird genährt durch die Angst und den Neid vor Hingabe, Selbstauflösung, Rausch und jeglichem sinnlichen Erleben (ebd.). Menschen, die diese abgewehrten Zustände erleben (wollen), stellen eine Provokation dar, der mit aller Härte begegnet werden muss (ebd.).

> „Die absolute Vorrangstellung der Vernunft, die nur als die Vernunft des aufgeklärten Bürgers gedacht werden konnte, zeitigt schwerwiegende Folgen für das Menschenbild der Aufklärung, das in den westlichen, den Ländern der Weißen, bis heute kaum verändert, dominiert." (ebd. 168f)

Weil sich drogengebrauchende Sexarbeiterinnen der vernünftigen Selbstregulierung verweigern, wird ihnen der Status eines Rechtssubjekts entzogen. Das risikoreiche Handeln von drogengebrauchenden Sexarbeiterinnen wird als unvernünftiges Verhalten gelesen. Der folgende Abschnitt soll zeigen, dass Risikohandeln zur menschlichen Existenz gehört und dem neoliberalen Regieren innewohnt.

## 6.3.2 Risiko als Kategorie des Alltagshandelns

*„Alles was illegal ist, das reizt ein bisschen, das zu. Nä, weil mal gucken wie weit man kommt und so."*
Die Aussage verweist auf den Reiz und das Begehren, der bzw. das darin besteht, nicht immer legal zu handeln. In den gegenwärtig geführten Diskursen ist es, außer in der Ökonomie und Selbstvermarktung, in der die Anrufung „wer nicht wagt, der nicht gewinnt" noch uneingeschränkte Gültigkeit hat, gesellschaftlich nicht mehr en vogue Risiken einzugehen. Ganz besonders deutlich wird das in Bezug auf die Kategorie Gesundheit. Hier gilt es, sämtliche Risiken auszuschalten. Ein gesundheitliches riskantes Verhalten wird geächtet und zunehmend auch sanktioniert bis hin zur strafrechtlichen Verfolgung, wie das BtMG zeigt. Drogengebrauchende Sexarbeiterinnen überschreiten die vermeintliche Grenze zwischen schicksalsbehafteter Pathologie und Selbstzerstörung soweit, dass ihr Handeln nicht mehr nur als riskant, sondern als vorsätzlich und unvernünftig wahrgenommen wird.

Peter Franzkowiak bezeichnet Unsicherheit und Risiko als Grundkategorien gesellschaftlich organisierten Alltagslebens (Franzkowiak 186, 124). Versuche, sie mit sozialtherapeutischen und/oder medizinischen Interventionen ausschalten zu wollen, seien in Wahrheit ideologisch motivierte Angriffe auf die geschichtliche und soziokulturelle Aneignung von Subjektivität und Selbstbefindlichkeit (ebd.). Franzkowiak kritisiert das „Risikoverhalten im biomedizinischen-epidemiologischen Risikofaktorenkonzept". Er konstatiert, dass diesem Konzept ein defizitäres Menschenbild zugrunde liegt, da es unreflektiert eine naturwissenschaftlich sezierbare Körpermaschine voraussetze, und beruft sich dabei auf andere kritische Medizinsoziologen (ebd. 129). Risikoverhalten beschreibe paradigmatisch den Versuch einer Aneignung des Körpers als Schnittpunkt biografischer, sozialer und kultureller Entwicklungen (ebd. 179).

„Gerade in der scheinbaren Gefährdung und Verschwendung seiner individuellen Ressourcen vergewissert sich das Subjekt seiner je (lebens-) geschichtlichen Befindlichkeit und beginnt am eigene Leib mit der Rekonstruktion *seiner* Gesundheit; im Rahmen seiner Lebensweise und der darin verwurzelten Befindlichkeitskalkulation. In diesem Zusammenhang wird die Rede von 'gesundheitsgefährdenden' Risikoverhalten unsinnig." (ebd.)

Während Franzkowiak postuliert, dass riskantes Verhalten genuin menschlich sei, dekonstruiert Susan Sontag die Krankheit – im speziellen Krebs, Tuberkulose und AIDS – als Metaphern. Sie kritisiert anhand von AIDS die schädlichen und falschen Metaphern. Besonders ihre Kritik an der metaphorischen Deutung von AIDS kann wegen der Ähnlichkeit der Bilder, die sich von Aidskranken und drogengebrauchenden Sexarbeiterinnen gemacht werden, für die Analyse der gesellschaftlichen Diskurse über letztere genutzt werden, zumal das Stereotyp der krankheitsübertragenden „Junkiehure" gesellschaftlich hegemonial ist. Sontag beschreibt, dass die metaphorischen Ranken, die Krebs zum Synonym des Bösen gemacht haben, für die an Krebs erkrankten beschämend seien (Sontag 2003, 94). Bei AIDS würde die Scham durch die Schuld ersetzt, denn AIDS zu bekommen, bedeute als Angehöriger einer Risikogruppe, einer Gruppe von Ausgestoßenen entlarvt zu werden (siehe dazu auch Haraway 4.3.3/4.3.3.2). „Man sucht immer mehr nach Zusammenhängen zwischen Primärorganen oder -systemen und bestimmten Verhaltensweisen, die als verwerflich gelten" (ebd. 95). So werde auch Krebs mit riskanten Gewohnheiten in Verbindung gebracht, die ein Ergebnis von Willensschwäche, Unvorsichtigkeit oder Abhängigkeit von legalen, aber sehr gefährlichen Drogen seien. Das gefährliche Verhalten, das AIDS hervorrufe, sei nicht mehr nur eine Schwäche, sondern eine Folge von Ausschweifung, Kriminalität und Abhängigkeit von illegalisierten Drogen sowie von sexuellen Praktiken, die als abartig gelten (ebd.). Die stereotype Verurteilung von AIDS basiere auf der Vorstellung, es sei nicht nur die Folge sexueller Exzesse, sondern die Perversion schlechthin (ebd.). Sontag schreibt weiter, dass Drogensüchtige, die durch eine kontaminierte Nadel an AIDS erkranken, als unfreiwillige Selbstmörder betrachtet würden. Im Umfeld der hegemonialen Diskurse um „Drogensucht", Ansteckung und sexuelle Freizügigkeit in der Prostitution wird die Risikogruppe der drogengebrauchenden Sexarbeiterinnen zu Risikofaktoren, die ausgesondert und kontrolliert werden müssen.

„Jede gefürchtete epidemische Krankheit, vor allem, wenn sie mit sexueller Freizügigkeit verbunden zu sein scheint, führt in der Öffentlichkeit zu der wahnhaften Unterscheidung zwischen mutmaßlichen Trägern der Krankheit (für gewöhnlich Arme und, in unserem Teil der Welt, Menschen mit dunkler Hautfarbe) und jenen, die als ‚allgemeine Bevölkerung' definiert werden." (ebd. 96)

Was Sontag hier beschreibt, weist Parallelen zu Foucaults Begriff der Biopolitik auf, denn das Definitionsmonopol liegt nach Sontag bei den Gesundheitspolitikern und anderen Bürokraten. Diese Phobien und Kontaminationsängste gegenüber AIDS wurden auch bei der „allgemeinen Bevölkerung" geweckt, bei weißen Heterosexuellen, die keine Drogen spritzen und auch keine sexuelle Beziehung zu Leuten unterhalten, die das tun (ebd. 97). AIDS ist die Krankheit des Anderen, die man nicht hat, sondern sich holt und sie straft nur die bereits Stigmatisierten (ebd.). Die Diskriminierung des Anderen, die Sontag mittels der Metaphern von Krankheit illustriert, beschreibt Kappeler anhand des Zusammenspiels von Kolonialisierung, Rassismus und deren Legitimation durch die Aufklärung des Abendlandes (siehe 3.5.1). Er zeichnet den Weg nach, auf dem die Diskriminierung des Drogenkonsums der Kolonisierten dem Kolonialismus, der Pädagogik und der Philosophie in den europäischen Ländern und den USA dienstbar wird, bis sie schließlich mittels der „Antidrogenpolitik" auch im „Inneren" der Länder der Weißen zum reinen Herrschaftszweck mutiert (Kappeler 1998, 172). Kappeler stellt in der Verbundenheit des Rassismus und der Erziehungslehre von Immanuel Kant wichtige Zusammenhänge für den heute vorherrschenden Suchtbegriff her (ebd. 171). Die jahrhundertlange Diskriminierung des Drogenkonsums der Kolonisierten sei als konstituierendes Element in den Begriff „Sucht" eingegangen. Wer süchtig ist, verhalte sich wie ein „Wilder", er entziehe sich der ihm zugewiesenen Funktion und müsse daher ausgegrenzt und verfolgt werden. Kappeler benutzt den Begriff „Drogen der Kolonisierten", das verdeutlicht die Wechselwirkung zwischen Rassismus und Drogenkonsum. Wenn sich der Mensch mittels der „Drogen von Kolonisierten" der bürgerlichen Ordnung entziehe, dann träfe ihn der ganze rassistische Hass des aufgeklärten Bürgers gegen die „Wildheit", den Urwald" und die „Wilden" sowie die unbarmherzige Strenge des Gesetzes. Dass Kappelers Argumentationslinie nach wie vor richtig ist, soll der folgende Auszug aus einem

Brief des Jahres 2009 von einem empörten Anwohner des Stadtteils, in dem drogen-gebrauchende Sexarbeiterinnen leben und arbeiten, zeigen. Der Brief wurde an die Behörde, Polizei und öffentliche Stadtteilgremien gesendet.

„Gewalt und Gefahr: Abgesehen von den Taten gegen die Bewohner des letzten Jahres (Briefe und 1000 Unterschriften belegen alles)[41] sind wir Anwohner ständig der Aggressivität der Mädchen und Frauen ausgesetzt. Ein Unrechtsempfinden haben sie leider nicht. Gerade die Anwohner [Straße in der sich die Anlaufstelle befindet, K.S.] die die Damen auch des Öfteren zur Ordnung und Ruhe auffordern werden ständig angepöbelt. Nachdem im letzten Jahr das auffinden von Spritzen weniger geworden war, habe ich in den letzten 4 Wochen schon 3 Spritzen aus den Beeten gesammelt. Nicht allein die Hunde, Menschen und die wenigen Kinder sind hochgradig gefährdet sich sonst was zu holen. Ich trage immer dicke Handschuhe!!! Müll: Was mich zum nächsten Thema bringt. Wie oben schon berichtet beginnt mein Tag 3-4 x die Woche damit ca. 5 Kg (eine Plastiktüte voll) Müll der Prostituierten aufzulesen. Die Damen Essen ja ständig auf der Straße und obwohl wir halb St. Georg mit roten Mülleimern vollge-stellt haben, finden sie die einfach nicht. Das geht dann weiter mit den Getränken, nach deren Verzehr fällt die Verpackung auch auf den Boden. Diverse Plastikbecher zeugen daher."

Der Inhalt des Briefes belegt, wie ein Risiko zur Gefahr konstruiert wird. Den unver-nünftigen und unzivilisierten Anderen wird ein gefährliches Verhalten unterstellt, währenddessen der Autor sich selbst zum binären Gegenüber der sauberen und ord-nungsliebenden Menschen zuordnet, die ebenso bedroht werden, wie die wenigen Kinder und Hunde. St. Georg ist kein beschaulicher Vorort, sondern liegt im Innen-stadtbereich in der Nähe des Hauptbahnhofes. Im Zentrum einer Großstadt zu woh-nen, ist eben nicht nur attraktiv, sondern immer auch mit „Risiken" verbunden.[42] Hier gibt es viele Hotels, Restaurants, Bars sowie Geschäfte und der Stadtteil ist das Ziel vieler Touristen, die hier nicht Bildung, sondern Vergnügen und Nachtleben suchen. Lärm und punktuelle Verschmutzungen sind daher an der Tagesordnung und die dro-gengebrauchenden Sexarbeiterinnen sind nicht deren alleinige Verursacherinnen. Auch der Vorwurf laut und aggressiv zu sein, darf getrost hinterfragt werden, denn auf Grund des großen Verfolgungsdrucks wollen sie natürlich kein zusätzliches Risi-ko eingehen, indem sie durch auffälliges Verhalten die Aufmerksamkeit auf sich len-ken. Allerdings hält sich das Stereotyp der lauten und aggressiven Drogenszene wa-cker und insbesondere zum Thema Crackkonsum existiert eine regelrechte Mythen-bildung, die im nächsten Abschnitt näher betrachtet wird.

---

41  Es wurde im Jahr 2009 ein Brief an das Polizeikommissariat mit 1000 Unterschriften von AnwohnerInnen übergeben, darin wurden angebliche gewalttätige Übergriffe drogenge-brauchender Sexarbeiterinnen auf Kinder und ältere Menschen beschrieben. Die Forderung war die Anlaufstelle zu schließen. Die Vorwürfe stellten sich als haltlos heraus und viele der UnterzeichnerInnen entschuldigten sich bei den Mitarbeiterinnen der Anlaufstelle.

42  Die Gefahr von einem Auto erfasst zu werden, ist in dem Viertel wahrscheinlich ungleich größer als von einer drogengebrauchenden Sexarbeiterinnen angegriffen oder von deren Utensilien verletzt zu werden.

### 6.3.3 Mythen um die Horrordrogen und ihrer Konsumentinnen

*„Crack ist so'n Scheißzeug, wenn man da den ersten Zug raucht, dann sitzt es im Kopf drinn. Du willst einfach immer mehr. "*

Auch von meinen Interviewpartnerinnen wird Crack in ausschließlich negative Zusammenhänge gestellt, obwohl fast alle Frauen Crack konsumieren und sich nur eine aufgrund der negativen Auswirkungen und Assoziationen entschieden hat, auf Marihuana umzusteigen. Drogengebrauchende Sexarbeiterinnen nehmen die negativen Diskurse über Crack an und leiden gleichzeitig unter dem Stereotyp der Crackkonsumentin. Crack wird von den Frauen, die ich interviewt habe, als Armutsdroge und Folgeerscheinung der Prohibition beschrieben. Nach Angabe der Frauen rauchen sie Crack nicht, weil sie ein kontemplatives Rauscherlebnis suchen, sondern es geht darum, fit zu sein für den Markt. Sie müssen die dort herrschenden Bedingungen aushalten können und sich gegen diese wehren. Wenn sie in diese Situation geraten sind, ist es unerheblich, ob sie, wie einige Frauen berichten, ihren Konsum nicht mehr finanzieren konnten und deshalb mit der Prostitution begonnen haben oder die Zumutungen in der Prostitution nicht mehr ausgehalten haben und sie diese durch den Konsum von Drogen kompensiert haben. Fakt ist, sie brauchen jetzt die Drogen, um überleben zu können. Durch die Materialanalyse wird deutlich, dass die Frauen die Stereotype und Zuschreibungen bezüglich Cracks zwar in ihre Betrachtungen aufnehmen, sich aber gegen die Zuschreibung, selbst eine „Crackhure" zu sein, wehren. Die Crackdiskurse übertreffen in ihrer Rezeption negativer Stereotype die Diskurse zu anderen illegalisierten Drogen um ein Vielfaches: Das betrifft die wissenschaftliche, polizeiliche oder medizinische Seite ebenso wie die Sozialarbeit (weiterführend dazu Reinarman 2007). Insofern ist nachvollziehbar, dass die einzelne Frau gezwungen ist, sich innerhalb dieser negativen Wahrnehmung als die Andere, die nicht ganz so schlimm ist, zu konstruieren. Crack wird von den Medien immer wieder als Teufelsdroge gebrandmarkt, die gewalttätige, nicht mehr zurechnungsfähigen KonsumentInnen hervorbringe.[43]

So titelte die Welt online 1999: „Schon 250 Abhängige - Nur Frankfurt hat mehr Konsumenten - Erschreckende Zustände in St. Georg - Süchtige extrem aggressiv" (Weltonline 13.08.1999). Auch 10 Jahre später wird die Presse nicht müde, Crack als Herrensignifikanten zu verhandeln. In den Unterüberschriften des Artikels wie: „Die Todesdroge Crack hat St. Georg nach wie vor im Griff"; „Sex für fünf Euro: Crack-Mädchen machen alles"; „Die Süchtigen sind wie Piranhas"; „Der betrogene Freier: Ein Klassiker auf St. Georg"; „Die Junkies von St. Georg: bleich, blaustichig und extrem dürr" (Vgl. Hunke 2009), werden weitere Stereotype generiert, denen Rassismus und die Abwertung marginalisierter Gruppen inhärent sind. Die immer wiederkehrenden Stereotype: der schwarzafrikanische Dealer; der albanische Gewalttäter; Junkies, die ihren Dreck nun auch in U- und S-Bahnen verteilen; Araber, die Hehlerware kaufen; eine Crackkonsumentin, die einen Veitstanz aufführt; das Asylantenheim als Drogeneinkaufstätte und eine sächsische Reisegruppe, die einen Sozi-

---

43 Der Film „Pulp Fiction" von Quentin Tarantino aus dem Jahr 1994 persifliert diese Stereotype gelungen.

alfreier[44] verhöhnt, werden in diesem Artikel aufgerufen und verwendet zu Abwertung der Anderen. Auch Lisa Maher stellt fest, dass die US-amerikanische Presse die Öffentlichkeit seit 1985 mit reißerischen Bildern über die dämonische Droge Crack bombardiert (Maher 1997, 56).

„The form, content and level of discourse have served to imprint an omnipotent image of crack as a highly potent, 'instantly addictive' drug conducive to systemic violence and 'hypersexual' behaviours. Crack users have been portrayed as unstable, erratic, and willing to 'do anything' for that next hit. Women in particular, have been vilified as corrupted and polluted by the 'glass dick'. Having abandoned their womanhood with the loss of their 'instinct for parenthood' (New York Times, 17 March 1990). Women crack users have been held responsible for creation of a 'bio-underclass' of 'crack babies', said to be lacking the 'central core of what it means to be human' (New York Times, 17 September 1989)." (ebd.)

Es geht den JournalistInnen dabei nicht um Aufklärung, sondern darum, subjektive Ängste zu schüren, die eine Risikobekämpfung rechtfertigen.

„Man schürt die Angst vor dem Verbrechen und malt monströse Bedrohungen an die Wand, um die Ideologie des Guten und Bösen, des Erlaubten und Verbotenen zu stärken, [...]. Was der Philosophielehrer nicht mehr in seinen verquasten Worten zu sagen wagt, das verkündet der Journalist ganz ohne Komplexe." (Foucault 2002, 281)

Drogengebrauchende Sexarbeiterinnen versuchen sich erfolglos den Mainstream-Diskursen, die besagen, „Junkiehuren sind abhängig, ferngesteuert und ohne Selbstrespekt", zu widersetzen. Es existieren aber auch Studien über Crackkonsumentinnen, die diese als handlungsfähig und nicht nur als passive Opfer beschreiben. So schreiben Patricia G. Erickson et al.[45]:

„Rather, their agency is not conventional and not always straightforward, but there is an element of choice in the life they lead and its continuation." (Erickson et al. 2000, 770)

Das analysierte Datenmaterial dieser Arbeit zeigt, dass – entgegen der Auffassung „einmal Junkie immer Junkie" – manche Frauen selbstbestimmt und in eigener Verantwortung den Entzug von Crack realisieren. Nichtsdestotrotz führen die medialen Abwertungsprozesse und die negativen, stereotypen Bilder über Drogengebraucherinnen zur Selbstabwertung und zu ihrem gesellschaftlichen Ausschluss, selbst wenn sie Ex-Userinnen sind. Dazu gehört auch, dass drogengebrauchende Sexarbeiterinnen nicht offen mit ihren Biografien umgehen können, was ihr Alleinsein verstärkt. Um analysieren zu können, welche Konsequenzen das hat, möchte ich noch einmal das Konzept des zu leistenden „Aufwandes" von Lorenz und Kuster aufgreifen (siehe Abschnitt 4.4.1), das sie im Rahmen ihrer Theorie zur sexuellen Arbeit entwickelt haben (Lorenz/Kuster 2007; Lorenz 2009, 17f).

---

44 Freier, die „Prostituierte" retten wollen.

45 Erickson et al. führten 30 Tiefeninterviews mit Crackkonsumentinnen, die als Prostituierte in Kanada arbeiten durch.

Drogengebrauchende Sexarbeiterinnen müssen außerhalb des informellen Drogen-
und Sexmarktes einen zusätzlichen Aufwand leisten, nicht erkannt zu werden und
einen Teil ihres Lebens zu verschweigen. Nach Lorenz müssen alle Menschen im
Prozess der Subjektkonstruktion[46] einen bestimmten individuellen Aufwand leisten,
der jedoch unterschiedlich groß ist (Lorenz 2009, 18). Normen nicht zu entsprechen
oder sich zu widersetzen, ist mit möglicher Entrechtung, Verletzungen, Beschämung
sowie immer mit Drohungen verbunden und erfordert einen besonderen Aufwand
(ebd.). Manche Frauen entscheiden sich, ihre Biografie zu verbergen. Tun sie das
nicht, haben sie die Konsequenzen eines Normverstoßes zu tragen, sie werden ausgegrenzt und haben keine Chance einen formalen Arbeitsplatz zu erhalten, weil sie immer ein gefährliches Subjekt bleiben. Indem die sexuell Marginalisierten die Beleidi-
gungen aushalten und verarbeiten, übernehmen sie eine Mehrarbeit, die für die
Mehrheitsgesellschaft identitätsstiftend sei (ebd.). Sie bestätigen das Eigentliche in
der Norm, weil ihnen das Andere zugeschrieben werden kann (ebd.).

Durch die Theorie des Aufwandes von Kuster und Lorenz ist es möglich, Hierarchien und Arbeitsteilungen in der zu leistenden sexuellen Arbeit zu kritisieren und so
Differenzen in ihrer Abstufung, Widersprüchlichkeit und Intersektionalität zu fassen
(ebd.). Mit dem Begriff Aufwand soll verdeutlicht werden, dass drogengebrauchende
Sexarbeiterinnen nicht einfach die Szene und die damit verwobenen Netzwerke hinter sich lassen können, selbst wenn sie dies wollten. Ihr so „geworden Sein" ist für
die Mehrheitsgesellschaft aufgrund der wirkmächtigen Abwertung auf der Repräsentationsebene inakzeptabel. Diese speist sich aus den negativen Bildern, Ideologien,
Stereotypen und Epistemen. Auch die Wissenschaft unterfüttert die Sichtweise und
damit auch die Festschreibung und Konstruktion der „Drogen-" oder „Beschaffungsprostituierten". Maher führt unterschiedliche wissenschaftliche Studien (Anderson
1990; Inciardi/Lockwood/Pottieger 1993 u.a.) an, in welchen Crackraucherinnen
konstruiert werden, die bereit seien, für einen Kick alles zu tun, also jede „perverse,
abnorme" Sexualpraxis zu bedienen (Maher 1997, 137/165). Dem Verweis auf die
weibliche Sexualität sei implizit, dass alles, was diese Frauen angeblich tun müssen,
unvermeidlich sexualisiert sei. Maher stellt einen Zusammenhang zwischen den Berichten sensationslüsterner Medien über Crackkonsumentinnen und der Nachfrage
nach „kinky or ‚freaky' sex" her (ebd. 137). Auch Maher kommt zu folgendem Ergebnis:

„In contrast, my research suggested that, while the advent of crack had profound effect on
street-level sex markets, it did not produce a cohort of hypersexual ‚others'. The women I stu-
died were not women who would do ‚anything' for a ‚hit'. My research identified the existence
of a set of occupational norms which cohere around the concept of discrimination as a central
organizing principle in street level prostitution." (ebd. 195)

Die von mir interviewten drogengebrauchenden Sexarbeiterinnen kämpfen um Respekt und ein würdevolles Leben, auch sind sie nicht bereit alles zu tun, sondern sie
definieren die Grenzen sexueller Dienstleistungen und Selbstbestimmung. Maher
schreibt in ihrer Studie:

---

46  Lorenz verwendet den Begriff der Subjektivierung.

„Within the confines of the operating conditions of street-level sexwork however, some women are able to manipulate opportunities to their advantage. The ways in which these women ‚resist‘ the oppressive conditions of their working existence both refutes the hypersexuality hypothesis and denies a simple reading of them as victims of pharmacology. Both women ‚perceptions of, and responses to, requests for ‚non-normative‘sexual activity indicate that they are not in fact prepared to do ‚anything‘. Most women maintained fairly clearly defined limits in relation to sexual conduct, reinforced by the occupational norms of street-level sexwork, which they felt were important to maintaining a sense of dignity and self-respect.“ (ebd. 139)

Die Würde drogengebrauchender Sexarbeiterinnen und der Respekt vor sich selbst sind einer stetigen Bedrohung ausgesetzt, die bis zur Auslöschung derselben führen kann. Das Fundament für diese Bedrohung liefern unter anderem die hegemonialen Diskurse zum Konsum illegalisierter Drogen. Alessandro Baratta kritisiert den Diskurs über Drogenabhängigkeit auf der Grundlage von Foucaults These, dass das Wissen sich selbst den Status der Wissenschaft zuschreibt. Baratta nennt diesen Diskurs, der die Basis der Drogenpolitik bildet, eine Ideologie, die weit von einer Wissenschaft entfernt sei (Barrata 1995, 61). Dieser sei inkonsistent und werde überlagert von heterogenen Diskussionsbruchstücken medizinisch-biologischer, juristischer und moralischer Art. Er definiere sich durch die willkürlich selektive Art, wie aus einer Vielzahl heterogener Situationsbeschreibungen das Stereotyp des „Drogenabhängigen" gezeichnet würde (ebd.).

In der „offiziellen" repressiven Reaktion auf die „Drogenabhängigkeit" überlagern sich die zwei Dimensionen des „Heilens" und „Strafens" (ebd.). Beide gingen von der Konstruktion eines abstrakten Subjekts „Drogenabhängige" aus und stünden in einer konvergierenden Wechselbeziehung: „Ist das Subjekt nicht frei, wird es als krank betrachtet; ist es frei, so ist es moralisch zu verurteilen, muß bestraft werden" (ebd.). Mit dieser künstlichen Polarisierung zwischen Gut und Böse bzw. krank und gesund würden die Kontrollfunktion des Sozialstaates und die Repression der strafenden Gesellschaft legitimiert (ebd.). Mit Baratta kann ich mein Ergebnis untermauern, dass allein schon durch die binäre Sicht auf das heterogene Feld von „Drogenabhängigkeit" sämtliche Optionen, ein individuelles und gesellschaftliches Selbstbewusstsein im Konfliktfeld herauszubilden, erheblich eingeschränkt werden. Verschränkt sich „Drogenabhängigkeit" mit „Prostitution" wird die bereits bestehende Heterogenität um ein Vielfaches erweitert, währenddessen die gesellschaftliche Sicht darauf in der Dichotomie zwischen Gut und Böse sowie krank und gesund verharrt.

In diesem Abschnitt wurde analysiert, welche Angriffe von der Repräsentationsebene auf die Konsumentinnen illegalisierter Drogen im Allgemeinen und die „Crackkonsumentin" im Besonderen geführt werden. Die Verschränkung von Drogenkonsum und Sexarbeit ist in diesem Sample nur schwer aufzulösen. Eine grobe Unterscheidung wäre, dass die Diskurse über illegalisierte Drogen eher unter rassistischen und klassistischen Ideologien zu verorten sind, während der Prostitutionsdiskurs in erster Linie einer heteronormativen Ideologie unterliegt. Im Folgenden werden die Stereotype zur Kategorie Sexarbeit genauer untersucht.

### 6.3.4 „Hure" als ewiges Stereotyp

*„Weil, das ist egal, was wir Drogenabhängigen sagen, lauter Prostituierte, selbst bei Gericht, man merkt, dass die einfach ungerecht behandelt werden und das finde ich unfair. "*
In diesem Abschnitt werden die abwertenden Stereotype über Sexarbeiterinnen hergeleitet und die Folgen für die Betroffenen aufgezeigt.

„Das Stigma der Hure trennt uns Frauen in gute und schlechte Frauen. Dieses Stigma ist eine Säule der patriarchalen Ideologie. Es ist notwendig, das Konzept der Prostitution – in dem dieses Stigma bereits festgeschrieben ist – zu dekonstruieren." (Boidi 2008)

Die Bezeichnung Sexarbeiterin löst bei vielen Bürgern ein mildes Lächeln aus, das sagen will, was denn Sex mit Arbeit zu tun hat. Hier kommt das uralte gesellschaftliche Stereotyp, die Gleichsetzung von romantischer Liebe und Sexualität als Norm und als Idealbild die gegengeschlechtliche Ehe mit Kindern, zum Tragen (siehe 6.2.7). Es ist kein Beruf wie jeder andere, da Sexarbeit mit einem heteronormativen Ordnungssystem bricht und Zweigeschlechtlichkeit und Monogamie hinterfragt (Haller 2001, 1ff).

Es ist immer ein Indiz von Abwertung, wenn Arbeit nicht anerkannt wird. Hier könnten strukturelle Maßnahmen wie Qualifizierung und Ausbildung sowie die Anerkennung von Sexarbeiterinnen als Arbeiterinnen im öffentlichen Diskurs die Emanzipation unterstützen. Tiefer greift das „Huren-Stigma" als ein sozialpsychologischer Unterdrückungsmechanismus, „der sich explizit gegen weibliche Prostituierte richtet und implizit die Sozialisation aller Menschen beeinflusst" (Pheterson 1990, 11).

Da Sexarbeiterinnen abwertenden Stereotypen unterworfen sind, verheimlichen sie nicht selten die Art ihrer Arbeit. Vor diesem Hintergrund wird erst recht die Sexarbeit von Drogengebraucherinnen von allen Seiten abgewertet oder im günstigsten Fall viktimisiert, aber nie als schwere körperliche Arbeit definiert. Ihnen wird aufgrund ihrer „Suchterkrankung" jegliches Arbeitsethos abgesprochen. Hingegen werden Migrantinnen in der Sexarbeit fast ausschließlich als Opfer von Menschenhandel und keinesfalls als selbstbestimmte handlungsfähige Subjekte gesehen.[47] Speziell für Menschen, die am Existenzminimum leben, ist Sexarbeit oft die einzige Möglichkeit ihr Überleben zu sichern, denn sie übernehmen Arbeiten, die die Mitglieder der Mehrheitsgesellschaft als inakzeptabel ablehnen, deren Nutznießer sie aber oft sind (Schrader 2011). Das ist auch ein wichtiger Grund, warum sich Sexarbeiterinnen und soziale Einrichtungen gegen die Gleichsetzung von Frauenhandel und Sexarbeit verwahren. Sexarbeit ist Arbeit und eine Dienstleistung (ebd.). Sie darf niemals mit einem Verbrechen und einer Menschenrechtsverletzung wie dem Frauenhandel gleichgesetzt werden. Faika Anna El-Nagashi sagt dazu:

---

47 Weiterführend dazu: Agustín 1988, Biermann 1980, Pheterson 1990, Preciado 2003 und Schrader 2006.

„Die begriffliche Vermischung verstärkt die Stigmatisierung, die dem Bereich Prostitution eingeschrieben ist; sie assoziiert Sexarbeit mit Gewalt und setzt Prostitution und Migration mit Frauenhandel gleich. Dabei wird auch vermittelt, dass einer Gruppe von Frauen zugestanden wird, in der Sexarbeit freiwillig tätig zu sein und der anderen Gruppe – Migrantinnen – nicht. Einer Migrantin wird grundsätzlich weniger Entscheidungsautonomie zugestanden." (El-Nagashi 2007)

Dies gilt in etwas anderen Formen auch für die Gruppe der drogengebrauchenden Sexarbeiterinnen, ihnen wird jegliche Entscheidungsautonomie abgesprochen (Schrader 2011; dies. 2007).

„Gerade weil die Prostitution zwar vom bürgerlichen Milieu nachgefragt, aber nicht als legale Dienstleistung akzeptiert wird, entstehen die Bedingungen für Ausbeutung und Menschenhandel." (Schrader 2011)

Die Kriminalisierung drogengebrauchender Sexarbeiterinnen verhindert, dass sie ihre Arbeitssituation auf Grundlage des Prostitutionsgesetzes verbessern können. Gleichzeitig fehlen ihnen wichtige Stimmen in der gesellschaftlichen Diskussion, weil sie von vielen WissenschaftlerInnen (vgl. etwa Brückner/Oppenheimer 2006, 12/24) und SozialpädagogInnen nicht als Sexarbeiterinnen gesehen werden, da für sie die Finanzierung ihrer Sucht im Vordergrund stünde und sie es nur selten schafften, eine professionelle Distanz zu ihrer prostitutiven Tätigkeit aufzubauen (Schrader 2007). Drogengebrauchende Sexarbeiterinnen nehmen die abwertenden Bilder der Prostitution auf und versuchen sie für sich umzudeuten. Ein Beispiel dafür ist, dass sie ihre „Nützlichkeit" damit legitimieren, dass sie als Prostituierte die Vergewaltigung anderer Frauen verhindern würden. Diese Deutung greift auf das ebenfalls sehr alte Stereotyp zurück, dass die bereits gefallene Frau als Prostituierte die ehrbare Frau schützen sollte. Exemplarisch dafür ist auch die immer wieder gebrauchte Bezeichnung „das älteste Gewerbe der Welt", die die Prostitution in eine quasi natürliche Beschäftigung erhebt und sie als integralen Bestandteil der kulturellen Entwicklung betrachtet, obwohl es dafür keine verlässlichen Quellen gibt.

Biermann schreibt, dass die Prostitution in ihrer heutigen Form keineswegs älter ist als die ‚anständige', ‚richtige' Arbeit der Frau, die nicht entlohnte, unsichtbare, lautlose Hausarbeit (Biermann 1980, 12). Erst seit zweihundert Jahren würden Frauen auseinanderdividiert: „Die einen schaffen an – die andern schaffen umsonst" (ebd.). Alle Theorien über die Alltagskultur der Zeit vor der schriftlichen Darstellung profaner Lebensumstände sind gewagte Interpretation von Indizien und werden massiv von unserer heutigen Sichtweise bestimmt. Im Abschnitt 3.1 habe ich einen Einblick gegeben, wie bereits im 16. und 17. Jahrhundert abwertende Legenden und Stereotype über Prostituierte erzählt wurden. Im historischen Abriss zeigte sich deutlich, dass nur sehr wenig über das Leben der Frauen von damals bekannt ist, ein Phänomen, das sich, ebenso wie die Vorurteile über diese Arbeiterinnen, bis heute gehalten hat.

Mit der Durchsetzung der Aufklärung und der Industrialisierung waren die Zuschreibungen fest etabliert und wurden Bestandteile scheinbar wissenschaftlicher Diskurse und (sich daraus) vorgeblich rational begründeter Regierungstechniken. Überlebt haben allerdings die religiös geprägten negativen und abwertenden Bilder über Prostituierte aus der Vormoderne, die sich im Zusammenhang mit illegalisiertem Drogengebrauch verstärken. Stereotype und negative Bilder über Prostituierte aufzugreifen und mit Kriminalitätsdiskursen zu vermischen, ist immer noch gängige Praxis, wie z.B. auch in einem behördlichen Schreiben deutlich werden kann. So antwortet der Stabsleiter des zuständigen Polizeikommissariats für St. Georg auf die Anfrage einer sozialen Einrichtung zur Vergabe von Bußgeldern mit folgender Beschreibung der Prostitutionsszene: „Tatsächlich gibt es verbotenen (sic!) Straßenprostitution in St. Georg und hiermit sind z. T. erhebliche Beeinträchtigungen für den Stadtteil verbunden" (Leiter des Stabes 2011, 1). Die Beeinträchtigungen fasst er unter folgenden Punkten zusammen:

- Offensives, teilweise aggressives Ansprechen von männlichen Passanten durch Prostituierte
- Belästigung von weiblichen Passanten durch Freier
- Lärm und Abgase durch Freierverkehr
- Lautstarke Streitereien zwischen Prostituierten
- Ausübung der Prostitution in einem Stadtteil, in dem auch Familien mit ihren Kindern und Jugendlichen wohnen und in dem sich zahlreiche Schulen befinden (Jugendschutz)
- Gelegentlich Angebot von ungeschützten Geschlechtsverkehr.

Der Stabsleiter behauptet in dem Schreiben weiter, dass die Straßenprostitution in organisierter Form vielfach mit Straftaten unter anderem gegen die sexuelle Selbstbestimmung, persönliche Freiheit und wirtschaftliche Unabhängigkeit von Prostituierten einhergeht. Er zählt dann die Zuhälterei, die Ausbeutung von Prostituierten und den Menschenhandel auf. Daraufhin bezichtigt er die Prostituierte „nicht selten" des Diebstahls- bzw. der Raubstraftaten untereinander oder an potentiellen Freiern (Leiter des Stabes 2011, 1).

Das Schreiben zeigt, wie mit Ideologien die massive strukturelle Repression gegen die Sexarbeiterinnen gerechtfertigt wird, denen in diesem Umfeld nichts weiter übrig bleibt, als die Verantwortung für ihr Leben vollständig in die eigenen Hände zu nehmen. Die ambivalente Funktion von Eigenverantwortung und wie sie in Selbstschuld der Subjekte umgedeutet wird, soll im Weiteren betrachtet werden.

### 6.3.5 Die Metaphern von Eigenverantwortung und Selbstschuld

*„Und ich mein', ich weiß, dass ich das schaffen kann. Ich weiß nur immer nicht so genau, wie ich das machen soll. Um dahin zu kommen. "*
Die Erzählpassage zeigt, dass die Interviewte sich prinzipiell zutraut Veränderungen in Angriff zu nehmen, jedoch nicht weiß, wie sie diese umsetzen soll. Die Analyse des Datenmaterials ergab, dass auch drogengebrauchende Sexarbeiterinnen Eigenverantwortung übernehmen. Das tun sie zum einen aus Sorge um sich und zum anderen, weil die informelle Drogen- und Sexökonomie darauf angelegt ist, dass die AkteurInnen eigenverantwortlich handeln, um überleben zu können. Eigenverantwortung und Selbstregulierung sind gesamtgesellschaftliche Kategorien, die dem gouvernementalen Regieren inhärent sind. Eigenverantwortung zu übernehmen, bedeutet für die Subjekte auch scheitern zu können. Es ist ein gesellschaftliches Phänomen,

dass die Eigenverantwortung diskursiv in Selbstschuld umgedeutet und in die Körper eingeschrieben wird, wenn die Subjekte an ihr scheitern oder gar an ihr zerbrechen. Drogengebrauchende Sexarbeiterinnen, die ihr Leben selbstverantwortlich in die Hand nehmen, scheitern permanent und fühlen sich deshalb schuldig. Morus Markard setzte sich in einem Vortrag mit den Begriffen Verantwortung und Privatisierung auseinander. Zu dem Begriff Eigenverantwortung meint Markard, dass die Bedeutung des Vorwortes „eigen" immer vom Nachwort und Verwendungskontext abhängig sei. „Verantwortung" hingegen sei ein soziales Konstrukt, da sie einem zugeschrieben würde (Markard 2007, 149). Bei Verantwortung werde immer ein handlungsfähiges Subjekt mitgedacht. Die Voraussetzung für die Übernahme von Verantwortung sei, dass das Subjekt soweit über seine Lebensumstände bestimmen kann, dass es in der Lage ist, auf Basis der Abschätzung von Konsequenzen diese Umstände. Es müsse in gewissem Maße frei in seine Entscheidungen sein und dürfe unter keinem absoluten Zwang stehen (Markard 2007, 149). Laut Markard ist eine „eigenverantwortliche" Existenz immer daran gebunden, dass dies auch gesellschaftlich ermöglicht und gefördert wird. „Eigenverantwortung" sei an Handlungsfähigkeit ebenso geknüpft wie daran, dass sie gesellschaftlich ermöglicht wird (Markard 2007, 150). Am Beispiel des Berliner Schulgesetzes resümiert Markard:

„Auf Eigenverantwortung wird abgehoben, wenn eine Verantwortung zugeschrieben bzw. zur Übernahme angedient wird, die in einem vorgegeben, fremdbestimmten Rahmen übernommen werden soll oder muss. Eigenverantwortung ist eine Art von Gestaltungsspielraum, aber auch der Zwang dazu." (Markard 2007, 151)

Im Kontext der Privatisierung beschränke sich Eigenverantwortung auf die Individualisierung von Risiken, so Markard. In diesem Zusammenhang schreibt Michael Wolf (2006), dass das vordringlichste Ziel von Hartz IV nicht die Absicherung des Lebensunterhalts, sondern die Stärkung der Eigenverantwortung sei. In einer solchen Formulierung, so Wolf, komme das Stereotyp zum Ausdruck, dass sozialstaatliche Hilfe die Abhängigkeit verfestigt und die Eigenmotivation behindert (Wolf 2006). Die Logik darin sei, dass durch das Verweigern der Hilfeleistung eigentlich etwas Gutes getan wird, weil die Eigenmotivation gestärkt werde und der „fremdmotivierte" Mensch Eigenverantwortung übernehme. Markard bezieht sich auf die Erkenntnisse der Motivationspsychologie, wenn er argumentiert, dass zum „motivierten" Handeln Wollen und Können gehören (Markard 2007, 152). Daraus schlussfolgert er, dass Eigenverantwortlichkeit in der Hartz IV Gesetzgebung für eine Zuschreibung steht, die eine Zumutung darstelle, weil die Forderung strukturell unerfüllbar sei.

Er argumentiert weiter, dass sich die Zuschreibung von Verantwortung in eine pauschale Schuldzuweisung verwandle, wenn Verantwortung und Handlungsmöglichkeit getrennt sind, und somit Verantwortung zugewiesen wird, ohne dass die objektiven und subjektiven Voraussetzungen bestehen. „Eigenverantwortung hieße dann „selber schuld" zu sein (ebd.). Hier würden zynisch die objektiven Beschränkungen in subjektive Beschränktheiten umgedeutet. Weiterst sei die Trennung von Verantwortung und Handlungsmöglichkeiten kompatibel mit der „Universalisierung von Verantwortung". Markard bezieht sich an dieser Stelle auf Theodor Adorno, der die Eigenverantwortung als die „Illusion der Ohnmächtigen, ihr Schicksal hinge von ihrer Beschaffenheit ab" bezeichnet (Adorno 1955, 54). Hier werde Verantwortung zugeschrieben, was die psychologisierende Kehrseite gesellschaftlicher Marginalisierung sei. Die Verantwortungsuniversalisierung impliziere, dass eine Verstrickung aus der Befreiung nicht mehr gedacht werden kann (Markard 2007, 153). Für Markard ist es wichtig, die Frage der Interessen zu klären, bevor Appelle an die Menschen gerichtet werden, Verantwortung zu übernehmen. Nur so sei ein sinnvoller Motivationsbegriff zu etablieren. Interessen seien nicht nur individuums- oder gruppenzentriert, sie ergeben sich nicht von allein, sondern müssten argumentativ entwickelt werden (Markard 2007, 153). Durch die Auflösung gesellschaftlicher Interessenzusammenhänge und -gegensätze in die scheinbar isolierten Interessen der Einzelnen wird die Solidarität untergraben. Die Konsequenz dieser Denkweise sci die allgemeine Unterstellung des bürgerlichen, autonomen und marktfähigen Subjekts.[48] Dies sei eine ideologische Kunstfigur, mit der die Ausgrenzung all jener gerechtfertigt werde, die ihr nicht entsprechen (Markard 2007, 154).

„Gesellschaftliche Interessen [...] lösen sich auf in individuelle Interessen der vielen Einzelnen. Die mit ihrer – allein systemkonformen – Konkurrenz eben jene Bedingungen immer wieder reproduzieren, die sie in persönliche Konkurrenz zueinander setzen und bestimmte Teile der Bevölkerung ausschließen." (Markard 2007, 154)

Henning Schmidt-Semisch stellt fest, dass gegen Ende des 20. Jahrhunderts das wohlfahrtsstaatliche Prinzip der Solidarhaftung zunehmend prekär wird und an seine Stelle wieder die Risikorationalität der Privatversicherung[49] rückt (Schmidt-Semisch 2004, 223). Dieses Modell habe die Eigenverantwortung der Subjekte zum Ziel und sei zugleich ihre Voraussetzung, indem Autonomie und Responsibilisierung (Krasmann 2000, 198; dies. 2003, 196) zusammenfallen (Schmidt-Semisch 2004, 224). Die Subjekte müssen stets auch mit der Unsicherheit des „selbstverschuldeten" Scheiterns leben (ebd.). Besonders auffällig sei die Privatisierung der Risiken im Gesundheitswesen, deren Grundannahme und Zielvorstellung es sei, dass Krankheiten durch ein verantwortungsvolles Leben grundsätzlich vermeidbaren sind (ebd. 225). Die Betonung der Eigenverantwortung in diesem Bereich folge dem ökonomischen Imperativ der Kostenminimierung: „Die Folgen gesundheitlich riskanter oder fahrlässiger Verhaltensweisen sollen nicht von der Gemeinschaft, sondern müssen vom Einzelnen selbst getragen werden." (ebd.)

Jeder müsse in sein eigenes Humankapital investieren, aber nicht nur um Risiken zu vermeiden oder zu begrenzen, sondern um das unternehmerische Selbst in die Lage zu versetzen, die Risiken abzuwägen und sie dann aktiv einzugehen (ebd. 226). Schmidt-Semisch resümiert, dass erlaubt sei, was gefällt, solange man die Konse-

---

48  Wie die Figur des „bürgerlichen, autonomen und marktfähigen Subjekts" im Neoliberalismus inauguriert wird, ist im Unterkapitel zur Gouvernementalität, in Foucaults Genealogie des „Unternehmers seiner Selbst" und in Kappelers Kritik am Ideal des androzentristischen rationalen Menschen zu lesen.

49  Diese bewerte Risiken, im Gegensatz zur Sozialversicherung, nach Marktgesichtspunkten. Ihre Leistungen orientiere sie nicht mehr an der Bedürftigkeit, sondern an der zuvor gezahlten Prämie, und ihre Beiträge bemesse sie nicht am Einkommen, sondern am individuellen Risiko (Schmidt-Semisch 2004, 223).

quenzen und Kosten selbst trage. Wolfgang Fach schreibt zur Selbstverantwortung, dass sie die Menschen an den Rand[50] treibe und den abstürzen lasse, der versehentlich zu weit gegangen ist (Fach 2004, 234).

Die von Schmidt-Semisch und Fach beschriebene Doppelmoral der gesellschaftlichen Eigen- oder Selbstverantwortung zeigt, in welchen Widersprüchen sich drogengebrauchende Sexarbeiterinnen bewegen. Sie sind bereits über die gesellschaftlich akzeptierte Norm hinausgegangen bzw. wurden dazu gedrängt und agieren schon längst am äußersten Rand, aber sie wehren sich massiv gegen den Absturz. Eigenverantwortung zu übernehmen, ist manchmal eine Selbstermächtigungsstrategie innerhalb herrschender Verhältnisse und/oder eine Unterwerfung unter diese. Eigenverantwortung und Selbstregulierung hängen eng mit dem Diskurs über schwache und starke Menschen zusammen. Innerhalb der illegalisierten Drogen- und Sexökonomie wird dieser häufiger aufgenommen. Er ist vergleichbar mit dem meritokratischen Diskurs in der Erwerbsarbeit Normalbeschäftigter. Winker/Degele verorten das Phänomen der Meritokratie ebenfalls auf der Repräsentationsebene:

„So ist es nicht weiter erstaunlich, dass gesellschaftliche Diskurse immer wieder darauf verweisen, dass sich auch Erwerbslose aus eigener Kraft (wieder) in den Arbeitsmarkt integrieren können und auch prekär Beschäftigte Aufstiegschancen in eine so genannte Normalbeschäftigung haben. So ist die Meritokratie, die Herrschaft von Leistung, eine allgemein anerkanntes, performativ wirksames Prinzip und als Norm und Allgemeinwissen verankert. Wer wegen mangelnden Leistungswillens keinen Erfolg hat, verdient dieser Diktion zufolge keine gesellschaftliche Unterstützung." (Winker/Degele 2009, 55)

Es wird deutlich, wie sich diese hegemonialen Diskurse in die Subjektkonstruktionen einschreiben und sich in einer fiktionalen Normalität materialisieren, ohne hinterfragt zu werden. Die Narration, dass nur die Starken den Entzug von Crack allein schaffen und die Therapie etwas für die Schwachen sei, entspricht der Dichotomie von stark und schwach und folgt dem Mythos, dass man es immer schafft, wenn man sich nur genügend anstrengt. Jedoch ist die Subjektkonstruktion der starken Drogenkonsumentin gleichzeitig eine Widersetzung gegen das Stereotyp der per se schwachen DrogenkonsumentIn. Eigenverantwortung oder Selbstregulierung sind dann eine Selbstermächtigungsstrategie. Ein Effekt der Selbstregulierung ist auch innerhalb der illegalisierten Drogen- und Sexökonomie die Individualisierung, die im Folgenden auf der Repräsentationsebene betrachtet wird.

### 6.3.6 Der Mythos der Individualisierung

*„Jeder ist mit sich selber beschäftigt und muss gucken, wie er zu Recht kommt. "*
In dieser Aussage wird verdeutlicht, dass es darum geht, allein und ohne Gemeinschaft oder Unterstützung zu Recht zu kommen.

Die Individualisierung und die vollständige Ökonomisierung in den Arbeitsverhältnissen sind ein gesamtgesellschaftliches Phänomen. Auch unter den drogenge-

---

50  Fach meint mit „Rand" die Gratwanderung zwischen Risikovermeidung und dem Eingehen von Risiken.

brauchenden Sexarbeiterinnen werden sie oft beschrieben und tauchen dann besonders häufig in der Narration, dass Crack die Szene verändert hat und es durch den zunehmendem Crackkonsum keinen Zusammenhalt mehr gibt. Diese zieht sich wie ein mythischer Faden durch die Interviews. Mythisch ist sie deshalb, weil alle Interviewpartnerinnen berichten, dass sie um Zusammenhalt bemüht seien und nur die Anderen es nicht umsetzten. Die Individualisierung ist jedoch die Konsequenz einer kapitalistisch strukturierten Gesellschaft mit der grundlegenden Dynamik der Profitmaximierung (Winker/Degele 2009, 25).

Solche Gegenbewegungen[51] sind auch im informellen Drogen- und Sexmarkt zu finden. Maher hat mittels einer dreijährigen ethnologischen Studie die Verbindung zwischen den so genannten *monster stories* und der „Lebenswirklichkeit" von weiblichen Drogengebraucherinnen, speziell von Crack rauchenden Frauen in Brooklyn untersucht, und auch in dieser Studie betonen die Frauen immer wieder, dass keine wirklichen Freundschaften existieren. Maher vergleicht unterschiedliche wissenschaftliche Studien und stellt fest:

„Despite claims by other researchers that urban crack users inhabit a ‚dog eat dog' world. And even the women's own reluctance to characterize their associations in anything more than the most instrumental terms (e.g. 'there's no friends only associates'), I found that many woman did form affective bonds which challenge the image of street-level drug users as cold, callous and self centred. This was apparent on numerous occasions when women were injured, 'dopesick', or physically ill and other woman came to their aid. The following excerpt from my fieldnotes shows that ties between women often arose out of mutual understandings of their shared social position." (Maher 1997, 38)

Drogengebrauchende Sexarbeiterinnen fordern von ihren Kolleginnen ein soziales Verhalten ein und beklagen die Entsolidarisierung unter den Frauen. Keinesfalls sollen hier die Verhältnisse innerhalb des informellen Drogen- und Sexmarktes romantisiert werden. Sie sind wie auch die gesamtgesellschaftlichen Verhältnisse von Konkurrenz, Ausgrenzung und Rassismus geprägt, aber sie werden auch von den entsprechenden Gegenbewegungen geprägt. „However, it became clear over the course of research that women formed both instrumental and affective bond with each other" (Maher 1997, 174). Ebenso wie Maher fand auch ich solidarisches und freundschaftliches Verhalten unter den Frauen, z.B. bei Maya, die einem Unbekannten geholfen hat und ihre Kolleginnen immer wieder zum *saferen* Arbeiten ermahnt (siehe 6.1.8) sowie bei Doro, die jüngeren Kolleginnen hilft und ihnen Tipps gibt (siehe 6.1.4).

Die Frage ist generell, inwieweit es in kapitalistischen Arbeitsverhältnissen, die auf Ausbeutung von Arbeitskraft und Konkurrenz basieren, möglich sein kann, solidarische Beziehungen als breite soziale Bewegungen aufzubauen. Informelle Märkte sind von massiven Herrschafts- und Gewaltverhältnissen durchstrukturiert, deshalb sind hier die Bedingungen für eine solidarische emanzipative Widersetzung besonders ungünstig, da die marginalisierten Frauen rund um die Uhr um ihr Überleben kämpfen müssen. Eine spezielle Form der Widersetzung bestünde darin, Kriminalität als Arbeit zu begreifen, so wie es auch Maher in ihrem Buch vorschlägt. Klar ist je-

---

51  Weiterführend dazu: Ganz/Gerbig 2010; Ganz 2009; Habermann 2009; Ebd. 2008.

doch auch, dass der Gedanke Kriminalität als Arbeit zu bezeichnen an die Grenzen des Tolerierbaren stößt und sich eine solche Lesart in Wechselwirkung mit den strukturellen Herrschaftsverhältnissen nicht durchsetzen lässt. Die Individualisierung unter den drogengebrauchenden Sexarbeiterinnen wird von ihnen selten mit den strukturellen Herrschaftsverhältnissen in Verbindung gebracht, sondern die Schuld wird der Droge „Crack" oder den Anderen zugeschrieben. Letztere basiert auf den Ideologien von Ungleichheit, wofür die rassistischen Ideologien typische Beispiele sind.

### 6.3.7 Die Wirkmächtigkeit rassistischer Ideologien

*„So dann sind ja jetzt auch wieder viele rumänische Weiber hier, die für 10 Euro alles machen."*
Diese abwertende Aussage einer meiner Interviewpartnerinnen verdeutlicht, dass rassistische Stereotype und die Abwertung des Anderen unter drogengebrauchenden Sexarbeiterinnen eine Technologie im Alltag ist. Einige Frauen berufen sich auf hegemoniale Diskurse, die im Stadtteil über Migrantinnen in der Sexarbeit existieren. Sie grenzen sich von den „Ausländerinnen" ab und entsolidarisieren sich in Bezug auf die Repressionen, wie z.B. Anna (6.1.2). Sie greifen, wie Doro, auf uralte abwertende Bilder und nationalistische Ideologien zurück, (6.1.4). Sara hingegen macht die Migrantinnen für die Razzien im Stadtteil verantwortlich (6.1.6).

Im Unterabschnitt 6.2.8 habe ich die dazugehörige Struktur analysiert. Struktureller Rassismus kann aber nur in Wechselwirkung mit der Ideologie erklärt werden. Nichtsdestotrotz haben rassistische Ideologien ein Eigenleben. In diesem Abschnitt werde ich der ideologischen Spur nachgehen, jedoch muss er in Zusammenhang mit dem Abschnitt 3.3 des Forschungskontextes, den theoretischen Vorarbeiten in Kapitel 4 sowie den Ausarbeitungen zur Strukturebene in 6.2.8 gelesen werden.

Eine Erklärungsmöglichkeit für die Wirkmächtigkeit abwertender Anrufungen und kul-turimperialistischer Diskurse über „Obdachlose, Drogenprostituierte und Ausländerinnen" bietet Bernice Lott (2002) mit dem Ansatz der Institutionellen Distanzierung (*Institutional Distancing*). Sie bezieht sich dabei auf die Definition von *Institutional Discrimination* von Jim Sidanius und Felicia Pratto:

„By institutional discrimination we are talking about the way that social institutions such as schools, businesses, and government bureaucracies disproportionately allocate positive social value (e.g., high social status, good health care, good housing) to dominants and disproportionately allocate negative social value (low social status, poor housing, long prison sentences, torture and executions) to subordinates." (Sidanius/Pratto 1999, 127)

Der Staatsapparat weist die positiven gesellschaftlichen Werte den herrschenden Gruppen und die negativen den unterworfenen Gruppen zu (Lott 2002, 104 zit. n. Weinbach 2009, 103).[52] Die Analyse des Datenmaterials zeigt, dass die diskursive Abwertung auch innerhalb unterworfener Gruppen funktioniert. Wahlweise müssen dafür Alkoholiker, Sexarbeiterinnen, die Crack konsumieren, oder Sexarbeiterinnen mit Migrationshintergrund herhalten. Der Rassismus gegenüber bulgarischen und

---

52 Lott bezieht sich an dieser Stelle auf Sidanius/Pratto 1999, 127.

rumänischen Frauen ist strukturell und repräsentativ verwoben. Er entsteht in abwertenden Diskursen und Stereotypen über Menschen, die angeblich anders sind. Dieses Anderssein wird ihnen zugewiesen und ist nicht selten negativ konnotiert. Eine Form der Erklärung von Rassismus auf der Repräsentationsebene ist das *Othering*. Im Begriff *Othering* wird das Adjektiv „andere" durch die Endung „ing" zu einem aktiven Verbund, bezeichnet also den Vorgang, jemanden „anders zu machen". *Othering* beschreibt die Distanzierung zu anderen, um sich der eigenen „Normalität" zu versichern. Der Begriff wurde unter anderem von Gayatri Spivak benutzt und beschreibt den Prozess, durch den der kulturimperialistische Diskurs die Anderen bzw. die aus dem Machtdiskurs Ausgeschlossenen kreiert (Spivak 1985). Durch *Othering* „werden Menschen durch Zuschreibung, Herabsetzung, Aus- und Abgrenzung fremd und anders gemacht, um die eigene Kulturform aufzuwerten" (Kemper/Weinbach 2009, 68).

*Othering* ist die eigene Aufwertung durch die Abwertung der anderen, indem diese als anormal, gefährlich, sozial unangepasst, pervers, unvernünftig, faul, unverantwortlich, verrückt, unzivilisiert usw. deklassiert werden. *Othering* beschreibt die Aktivität sich zu vergleichen und sich gleichzeitig von den anderen zu distanzieren, weil man sich auf ein Ideal, eine Norm, eine Ideologie, einen Diskurs oder einen Wert bezieht, der das Gegenüber als minderwertig festschreibt. Die westliche Gesellschaft verwendet dazu die bürgerlichen Werte, die in der Aufklärung festgelegt wurden. Zu den großen Ideen der Aufklärung gehört das Ideal der Gleichheit. Im Artikel 1 des Grundgesetzes wird die Würde eines jeden Individuums geschützt und damit in den Status eines juristischen Ideals erhoben, mit der es, wie bei jedem Ideal, in der Praxis nicht so genau genommen wird, sodass noch immer soziale Ungleichheiten existieren, die sich auf die Klassifikationen von Menschen berufen (Heitmeyer 2008, 36). In Anlehnung an Adorno (Adorno 1998, 85)[53] postuliert Heitmeyer, dass die Zivilisation ihrerseits das Antizivilisatorische hervorbringe und es zunehmend verstärke, sodass der Fortschritt und die Unmenschlichkeit eine sehr enge Verbindung eingehen können (Heitmeyer 2008, 37). Die Idee der Gleichheit könne dann auch zur Ideologie verkommen oder werde durch Ideologien bekämpft. Damit sei sie ein wichtiges Instrument bei der Einführung von unterschiedlichen Wertigkeiten der Menschen (ebd.).

„Eine Ideologie ist ein System von Begriffen und damit verbundenen Überzeugungen, die der Durchsetzung von Machtinteressen bzw. der Konservierung von Hierarchien und sozialer Überlegenheit dienen. Um dieser Funktion zu genügen, wird die soziale Realität verzerrt wiedergegeben, werden soziale Konstruktionen naturalisiert bzw. biologisiert." (ebd.)

Auch heute, so Heitmeyer, grassiere hinter dem Rücken der Aufklärung eine Ideologie der Ungleichwertigkeit von Menschen. Sie komme in der Abwertung von schwachen Gruppen zum Ausdruck (ebd. 38). Die Abwertung wiederum legitimiere Diskriminierung, Ausgrenzung und Gewalt (ebd.). Heitmeyer sieht in den Ideologien die

---

53 Adorno schreibt in *Erziehung nach Auschwitz*, „Unter den Einsichten den Einsichten von Freud, die wahrhaft auch in Kultur und Soziologie hineinreichen, scheint mir eine der tiefsten die, daß die Zivilisation ihrerseits das Antizivilisatorische hervorbringt und es zunehmend verstärkt" (Adorno 1998).

Essentialisierung einer Ungleichwertigkeit und weist darauf hin, dass in vielen wissenschaftlichen Analysen vor allem die Konstruktion solcher Phänomene zu kritisieren sei. In den Abschnitten 3.4.2 und 3.5.3 wurde bereits auf die Konstruktion sozialer Tatsachen vor allem durch die Humanwissenschaften hingewiesen, aber auch die Sozialwissenschaften sind an derartigen Konstruktionsprozessen[54] beteiligt. Heitmeyer resümiert:

„Die Ideologie der Ungleichwertigkeit und die darin einbezogenen Opfergruppen variieren in Abhängigkeit von den Thematisierungsinteressen deutungsmächtiger Gruppen." (ebd. 39)

Die Wirkmächtigkeit solcher Episteme hat Foucault in seiner Untersuchung des Macht/Wissens-Komplex[55] analysiert. Durch die diskursive Verankerung wissenschaftlicher Erkenntnis, die vorgibt wahr zu sein, wird die Ungleichwertigkeit gerechtfertigt. Heitmeyer unterscheidet zwischen Ungleichheit und Ungleichwertigkeit, wobei Ungleichheit materiell fundiert und sozial erzeugt sei (ebd. 39).

„Über soziale Ungleichheit, also Unterschiede im Hinblick auf Leistungsfähigkeit, Besitz, Lebensform, religiöse Praktiken etc. können Wertigkeiten eingeführt werden – genauer: Ungleichwertigkeiten." (ebd. 40)

Die Ideologie der Ungleichwertigkeit und der Prozess des *Othering* sind Techniken des informellen Drogen- und Sexmarktes und seiner AkteurInnen. Durch die rassistische Abwertung von bulgarischen und rumänischen Sexarbeiterinnen oder generell aller „Ausländerinnen" reifiziert auch die drogengebrauchende Sexarbeiterin eine ideologisch begründete Ungleichwertigkeit von Sexarbeiterinnen. Die rassistische Abwertung ist diskursiv verwoben mit pejorativen Bildern und Stereotypen über das Andere, sei es der „schwarze" oder „arabische Dealer", der „ausländische" Freier mit perversen Wünschen oder die „bulgarischen" Frauen, die Gäste[56] beklauen.

### 6.3.8 Zusammenfassung

Im Abschnitt 6.3 ging es mir darum, zu veranschaulichen, dass die symbolischen Repräsentationen innerhalb des informellen Drogen- und Sexmarktes eng mit der Mehrheitsgesellschaft verwoben sind. Es wurde aufgezeigt, dass sowohl Widersetzungen gegen als auch strategische Anpassung an oder Unterwerfung unter die gesellschaftlich (aufgezwungen) Lesarten von drogengebrauchenden Sexarbeiterinnen existieren.

Indem ich die Vorstellung über den immer rational handelnden Menschen dekonstruierte, konnte ich nachweisen, dass dieser genau der Herrensignifikant ist, an dem sich drogengebrauchende Sexarbeiterinnen abarbeiten müssen (6.3.1). Durch die Einbettung des Risikobegriffes in den gesellschaftlichen Diskurs wurde deutlich,

---

54  Siehe in dieser Arbeit den Forschungsstand zu DrogengebraucherInnen und Prostituierten.

55  Siehe in dieser Arbeit 4.1.2 zur Gouvernementalität, sowie Foucault 1994c, 39f; ebd. 1992, 18-61.

56  Das bezieht sich an dieser Stelle auf die Kunden sexueller Dienstleistung.

dass meine Interviewpartnerinnen bewusst Risiken eingehen und dass diese Risiken manchmal unvermeidlich sind (6.3.2). Im Unterabschnitt 6.3.5. habe ich aufgezeigt, dass Crack zwar eine Armutsdroge ist, aber dass die damit verwobenen Mythen die Konsumentinnen als „ferngesteuerte" Subjekte konnotieren und abwerten. Eine ähnliche Erkenntnis zeigt sich in 6.3.6, hier wies ich nach, dass innerhalb der informellen Drogen- und Sexökonomie starke Individualisierungstendenzen existieren, diese aber auch immer wieder von den Akteurinnen selbst aufgerufen werden und dass ebenso ein Gegenverhalten und -diskurse existieren. Die Wirkmächtigkeit des Stigma Hure (6.3.4) sind wertvolle Erkenntnisse in Bezug auf den Arbeitsbegriff. Verständlich wird, wie hartnäckig sich die abwertenden Bilder halten, die nur in ihrer Genealogie zu verstehen sind. Das gleiche gilt für die rassistischen Ideologien, die ich im letzten Unterkapitel analysiert habe, wobei aber der Unterschied zu beachten ist, dass diese von den Drogengebraucherinnen teilweise unterstützt werden und sie diese in der Hoffnung nutzen, ihre Handlungsfähigkeit restriktiv zu erweitern. Wie sehr die Anrufung zur Eigenverantwortung zu einer Farce verkommt, wenn keine Bedingungen vorhanden sind, die dieses Ziel unterstützt, bebilderte der Abschnitt 6.3.5. Offensichtlich ist, dass die Phänomene der Repräsentationsebene nicht monolithisch auftauchen, sondern miteinander in Wechselwirkung stehen, sie bedingen einander und verstärken sich oder schwächen sich ab.

## 6.4 INTERSEKTIONALE WECHSELWIRKUNGEN AUF DEN DREI MATERIALISIERUNGSEBENEN IN BEZUG AUF DIE HANDLUNGSFÄHIGKEIT

Die Analyse der Herrschaftsverhältnisse im Unterkapitel 6.2 und die Vertiefung der symbolischen Repräsentationen in 6.3 bilden die Grundlage für die Beschreibung der Wechselwirkungen auf den drei Ebenen in Bezug auf die Handlungsfähigkeit in den Subjektkonstruktionen meiner Interviewpartnerinnen, die ich im Folgenden vornehmen werde.

Die zentralen Subjektkonstruktionen sind nicht als statisch, monolithisch und voneinander unabhängig zu sehen, sondern sie sind ineinander verwoben, und es gibt Parallelen und Doppelungen. In den Subjektkonstruktionen wurden die Forschungsfrage und die zentralen Themen der Subjekte sinnverstehend mittels der IMA aufgegriffen und bearbeitet (siehe 6.1). Danach (siehe 6.2/6.3) erfolgte die Ergänzung und Vertiefung der Struktur- und Repräsentationsebene.

In diesem Abschnitt werden die Wechselwirkungen auf den drei Materialisierungsebenen in Bezug auf die Handlungsfähigkeit in den Subjektkonstruktionen zusammen betrachtet. In diesem Schritt werden die Wechselwirkungen im untersuchten Kontext drogengebrauchender Sexarbeiterinnen verallgemeinert und zugespitzt, sowie bezogen auf ihre Handlungsfähigkeit dargestellt. Mit dieser methodologischen Herangehensweise kann ich sichtbar machen, „welche Durchkreuzungen und Verschiebungen von Dominanzverhältnissen auf den drei Materialisierungsebenen" (Winker/Degele 2009, 134) identifiziert werden können und wie die Handlungsfähigkeit in den Subjektkonstruktionen beschrieben werden kann. An dieser Stelle wird der Bezug zum theoretischen Fundament (siehe Kapitel 4) hergestellt. Mein anfänglicher Arbeitsansatz, über die Analyse der Widersetzungen auch Handlungsfähigkeit beschreiben zu können (siehe Kapitel 2), musste ich dahingehend revidieren, dass Widersetzungen die Handlungsfähigkeit auch massiv einschränken können. Diese Erkenntnis führt wiederum zu der Schlussfolgerung, dass nicht die Widersetzung, sondern die Handlungsfähigkeit relevant für die Empowermentansätze ist. In der Analyse der Wechselwirkungen wurde deutlich, dass die Form der Widersetzung einen immensen Einfluss auf die Handlungsfähigkeit der Frauen hat und dass sich allein aus den Widersetzungen noch keine Handlungsfähigkeit der Subjekte ableiten lässt. Dass Margalit laut und wütend über die strukturellen Repressionen und die normative Abwertung schimpft (siehe 6.1.3), erweitert ihren Handlungsspielraum in keiner Weise. Auch im Fall Doro, die sich aktiv gegen die strukturelle Diskriminierung zur Wehr setzt (siehe 6.1.4), wirkt die Widersetzung destruktiv und verringert den Handlungsspielraum. Währenddessen wehrt sich Tracy (siehe 6.1.7) zwar auch gegen die strukturelle Regulierung (z.B. Sperrgebietsverordnung und Betäubungsmittelgestz) und abwertende Zuschreibung (Junkie), hat dabei aber nicht nur sich, sondern auch ihre Kolleginnen und generell ihr soziales Umfeld im Blick und verfügt somit über mehr Möglichkeiten zu handeln (z.B. Wohnung als Rückzugsort, Akzeptanz von Stehplätzen der Anderen). Die heterogen ausgeprägte Handlungsfähigkeit drogengebrauchender Sexarbeiterinnen oszilliert also ständig zwischen Selbstermächtigung und Unterwerfung. Widersetzung und Handlungsfähigkeit stehen in einer komplexen Wechselwirkung, und es ist notwendig, die fallspezifische Handlungsfähigkeit genauer in den Blick zu nehmen. Eine Ergänzung und Vertiefung der Struktur- und Repräsentationsebene, wie sie in den Unterkapiteln 6.2 und 6.3 herausgearbeitet wurden, sind die Voraussetzung für diese Analyse.

Um die Materialisierung von Handlungsfähigkeit im Feld drogengebrauchender Sexarbeiterinnen beschreiben zu können, lehne ich mich an das Konzept der Unterdrückung von Iris Marion Young an (siehe 4.3.4). Das Konzept von Young wird in Bezug auf das Forschungsfeld drogengebrauchende Sexarbeiterinnen weiterentwickelt (siehe 4.3.4.2). Dies ist notwendig, da es mir in meinem Forschungsansatz darum geht, die Handlungsfähigkeit von drogengebrauchenden Sexarbeiterinnen als einer mehrfach unterdrückten Gruppe ausgehend von den subjektiven Widersetzungspraxen zu beschreiben. Die Modifikation von Youngs Unterdrückungsmerkmalen in Verknüpfung mit poststrukturalistischen Ansätzen von Handlungsfähigkeit, die in den Theoriekapiteln (siehe 4.3) erläutert wurden, sowie der Intersektionalen Mehrebenenanalyse ermöglicht es mir, die Wechselbeziehungen in den Subjektkonstruktionen in Bezug auf Handlungsfähigkeit zu beschreiben. Die Beschreibung ermöglicht den Vergleich der fallspezifischen Subjektkonstruktionen, deren Ergebnis dann zu unterschiedlichen sich widersetzenden Handlungstypen führt. Das heißt einer Typologie, die Widersetzungshandeln auf ihre Handlungsfähigkeit prüft.

Folgende Erweiterung von Youngs Konzept erfasst nicht nur strukturelle Unterdrückung, sondern es werden auch die Ambivalenzen und Widersprüche in der Unterwerfung und Selbstermächtigung operationalisiert. Dadurch wird Handlungsfähigkeit in Korrelation zur Widersetzung beschreibbar. Die Kategorien Respektabilität und Vulnerabilität sind Youngs Konzept zwar inhärent, ich habe sie aber aus folgenden Gründen als eigenständige Formen betrachtet (siehe auch 4.3.4.2):

1. Respektabilität beschreibt, wie der Kampf drogengebrauchender Sexarbeiterinnen um Anerkennung und Respekt strukturell und durch die Repräsentationsebene beeinflusst (behindert und/oder unterstützt) wird, welche differenten Strategien der Anpassung gewählt werden, um zum Beispiel intelligibel zu werden und an welcher Stelle Ermächtigungsstrategien als Widersetzung und Gegenwehr inauguriert werden.

2. Die Differenzkategorie Vulnerabilität verdeutlicht nicht nur die heterogene Disposition drogengebrauchender Sexarbeiterinnen, innerhalb der informellen Drogen- und Sexökonomie und der gesellschaftlichen Verhältnisse verletzt zu werden, sondern enthält auch die bereits erfahrenen Verletzungen.

Die Handlungsfähigkeit für die fallspezifischen Subjektkonstruktionen wird also entlang der Merkmale Ausbeutung, Marginalisierung, Machtasymmetrie, Kulturimperialismus, Gewalt, Respektabilität und Vulnerabilität beschrieben. Dabei wird mit der Subjektkonstruktion „Widersetzung" begonnen. Entsprechend der Vorgabe von Winker und Degele analysiere ich zuerst die Wechselwirkung und die unterschiedliche Gewichtung von Ungleichheitsdimensionen und Herrschaftsverhältnissen sowie deren Wirkungsweisen auf den drei Ebenen (Winker/Degele 2009, 93f). In Ergänzung zu diesem Ansatz lege ich die in 4.3 beschriebene Handlungsfähigkeit als Folie über die Ergebnisse aus den Arbeitsschritten, welche die strukturellen und repräsentativen Vertiefungen zum Ziel hatten (siehe 6.2 und 6.3).

Ich beginne, wie Winker und Degele vorschlagen, mit der Strukturebene und beschreibe die verwobenen Herrschaftsverhältnisse und ihre Wirkung auf der Subjektebene und umgekehrt. Es gilt herauszuarbeiten, in welchen Situationen und in welcher Form sich die Subjekte wehren und um Selbstermächtigung kämpfen oder ob sie sich den Verhältnissen unterwerfen (Winker/Degele 2009, 94). Die Widersetzungen sind strategisch, angepasst oder konfrontativ, wobei diese Klassifizierung noch nichts über die Handlungsfähigkeiten Drogenbrauchender Sexarbeiterinnen aussagt. Erst durch das Folie wird sichtbar, auf welche Art und Weise die Widersetzungen die Handlungsfähigkeit erzeugen, stabilisieren oder beschränken. Es ist davon auszugehen, dass sie sich allein durch den Verstoß gegen das BtMG und die SpGVo tagtäglich widersetzen. Dadurch wird ihre Handlungsfähigkeit jedoch oft extrem eingeschränkt, wobei es aber gerade diese Verstöße sind, die es ihnen ermöglichen, zu überleben. Somit ist die Frage zu beantworten, wie sie sich so widersetzen können, dass sie handlungsfähig werden bzw. bleiben.

Ähnlich gehe ich bei den symbolischen Repräsentationen vor. Auch hier folge ich dem Konzept von Winker und Degele (Winker/Degele 2009, 94f) und untersuche die kontextualisierten Repräsentationen bezüglich ihrer Wirkungen auf die Subjektkonstruktion. Die erarbeitete Folie bietet die Möglichkeit Ermächtigungs- oder Unterwerfungsstrategien in Bezug auf die Handlungsfähigkeit zu veranschaulichen. So werden insbesondere der Kulturimperialismus, die signifikanten Auswirkungen von Ideologien, Normen, Werten, Diskursen und Epistemen auf die Handlungsfähigkeit drogengebrauchender Sexarbeiterinnen sichtbar. Es zeigt sich, dass Respektabilität mit Intelligibilität eng verbunden ist, aber dass sich die Frauen für eine Respektabilität vor sich selbst und sich damit gegen eine gesellschaftliche Intelligibilität entscheiden. Nach Butler ist dies ein Moment der Reiteration (siehe 4.3.1), in dem die Möglichkeit der Widersetzung gegen vorgegebene Normierungen liegt, die Grenzen der Intelligibilität zu verschieben sowie sie zu rekontextualisieren und zu deformieren. Abschließend betrachte ich „das Verhältnis von im Kontext wirksamen strukturellen Herrschaftssystemen und bedeutsamen Repräsentationen. Das Wechselverhältnis wird wieder in zwei Richtungen abgefragt" (Winker/Degele 2009, 95). Ich möchte die Frage beantworten, inwieweit die Dispositive Auswirkungen auf Diskurse und Epistemen haben und wann die Normen und Ideologien die nichtdiskursiven Praxen[57] und Strukturen stützen. Durch die erarbeitete Folie kann erfasst werden, wie sich z.B. strukturelle und epistemische Gewalt gegenseitig fördern oder auch behindern und wie dadurch die subjektive Handlungsfähigkeit beeinflusst wird. Da auch die Subjektkonstruktionen in Wechselwirkung stehen, muss auf eine chronologische Abfolge verzichtet werden, was die Lesbarkeit erschwert, aber die Inkohärenz von Subjekten verdeutlicht.

### 6.4.1 Handlungsfähigkeit von Gesine

Gesine ist durch die Unterbringung in der Wohnunterkunft für obdachlose Frauen strukturell und diskursiv marginalisiert. Deutlich wird das in den Subjektkonstruktionen *Widersetzung als Kampf mit sich und gegen Kontrolle* sowie *Härtefall und Allein*. Menschen, die nicht über einen eigenen Wohnraum verfügen, sind stigmatisiert durch die Diskurse, dass sie der Gesellschaft zur Last fallen (Sozialschmarotzer) und keine „Eigenverantwortung" übernehmen. Die Wohnunterkunft ist nur ein Obdach, sie bietet Gesine keine Sicherheiten und Unterstützung. Sie ist zwar vor Obdachlosigkeit geschützt, aber trotzdem von Klassismus betroffen, da Obdachlosigkeit eine klassistische Ungleichheitskategorie ist, die Menschen stigmatisiert. Vor diesem Hintergrund wird deutlich, dass Gesine auch als Bewohnerin einer Obdachlosenunterkunft mit vielfältigen Stigmata zu kämpfen hat. Die Wechselwirkung zwischen den drei Ebenen wird deutlich: Gesine als obdachlose Frau wird strukturell unterstützt durch die Wohnunterkunft, damit wird Gesines Handlungsfähigkeit erweitert, symbolische Repräsentationen schränken im gleichen Moment die Handlungsfähigkeit durch die Stigma über obdachlose Menschen ein.

Problematisch ist weiterhin, dass die Unterkunft nur obdachlosen Frauen mit deutscher Staatsbürgerschaft zugänglich ist. Das heißt, auf der einen Seite werden undifferenziert alle Frauen mit deutscher Staatsbürgerschaft aufgenommen, während auf der anderen Seite Frauen mit nicht deutschen Staatszugehörigkeiten ausgeschlossen sind. Gesine hat zwar das Privileg einer deutschen Staatsbürgerschaft und so auch einen Zugang zu dieser Unterkunft, jedoch fühlt sie sich aufgrund ihrer Traumatisierung belastet durch das spezifische Verhalten einer „psychisch kranken Frau". Daran wird das Dilemma deutlich, wenn unter einer Masterkategorie, hier der Obdachlosigkeit, unterschiedliche Differenzkategorien vereinheitlicht werden. Gesine ist bemüht ein ganz „normales" Leben zu führen, das zeigt insbesondere die Subjektkonstruktion *Widersetzung als Kampf mit sich und gegen Kontrolle.* Sie kämpft um

---

57 Damit meine ich ein nicht mehr explizit aussage- und diskursförmig vorliegendes Wissen, das gerade aufgrund seines impliziten Charakters und seiner Verfestigungen die unhinterfragten Voraussetzungen und das Apriori für das Funktionieren der Praktiken bildet, z.B. Institutionen, architektonische Einrichtungen, Kleidung.

Respektabilität und erweitert ihre Handlungsfähigkeit, indem sie die frauenspezifische Anlaufstelle auf der Szene regelmäßig nutzt. Unter einem normalen Leben versteht Gesine eine Wohnung zu haben und arbeiten zu gehen.

Zurzeit kann sie dieses Ziel aufgrund ihrer Angst vor Überforderung nicht umsetzen, denn die Angst basiert auf strukturellen Forderungen an Menschen, die Transferleitungen beziehen, und auf Anrufungen sich anzustrengen und Eigeninitiative zu ergreifen. Sichtbar wird das in der Subjektkonstruktion *Härtefall und Allein*. Gesine zieht binäre Grenzen zwischen normal und nicht normal. Diese dichotomen Metaphern benutzt Gesine auch in der Selbstbeschreibung „gefestigte" und „nicht gefestigte" Person. Damit ist auch ihr innerer Kampf gegen den Drogenkonsum verknüpft. Sie will auf jeden Fall abstinent bleiben. Wenn sie einen Rückfall erleidet, deutet sie das als eigenes Versagen (siehe Subjektkonstruktion *Schuldige Süchtige*).

Gesine absolvierte eine Therapie, deren Ziel die Drogenabstinenz war. Nach der Entlassung lebt sie in einer gewalttätigen heterosexuellen Beziehungsstruktur, die Gewalt geht von ihrem Partner aus. Sie wurde nicht mehr substituiert und wird rückfällig. Mit struktureller Unterstützung ihrer Bezugsperson in der frauenspezifischen szenenahen Anlaufstelle wird sie wieder substituiert. Da Gesine die Substitution als unterstützend empfindet, ist es umso unverständlicher, warum sie eine Therapie absolvierte, deren Ziel es war, am Ende abstinent zu sein. Die Wechselwirkung der Ebenen zeigt auch hier, wie eine strukturelle Maßnahme zuerst ihre Handlungsfähigkeit erweitert, das aber nur im schützenden Rahmen der Therapie; der späteren Gewaltstruktur kann Gesine nichts entgegensetzen außer dem Rückfall. Gleichzeitig verstärkt das Bild des „rationalen abstinenten Menschen" ihr Gefühl versagt zu haben. Die Subjektkonstruktion *Widersetzung als Kampf mit sich und gegen Kontrolle* verdeutlicht ihre Selbsttechnologie als eine Gratwanderung, ein Leben zwischen den Erfahrungen in der Drogenszene und dem Erlernten der Therapie. Das verunsichert und belastet sie, im Gegensatz zu Tracy, sie sieht das als Herausforderung und als bewusste Grenzüberschreitung. Gesines Widersprüchlichkeit zwischen Abstinenz und Akzeptanz liegt die abendländische Vorstellung des cartesianischen Subjekts zugrunde, die Trennung zwischen Körper und Geist. In dieser binären Logik konstituiert sich Gesine als schwache und süchtige Frau gegenüber dem rationalen angepassten Mann. Gesine hat zwar bestimmte Selbsttechniken in der Therapie gelernt, kann sie allerdings strukturell nicht umsetzen. Fraglich ist, ob die Partnerschaft mit dem Gewalttäter ein verzweifelter Versuch war, nach dem Verlassen des geschützten Therapierahmens nicht allein leben zu müssen. Des Weiteren sieht Gesine nur zwei Optionen, zwischen denen sie wählen kann, dem Leben auf der Szene oder dem normalen abstinenten Leben, die jedoch beide bezüglich ihrer marginalisierten vulnerablen Situation Vor- und Nachteile haben, so dass sie sich zwischen beiden nicht richtig entscheiden kann. Diese binären Entscheidungstopoi sind verwoben mit der Prohibition und der Anrufung abstinent zu leben.

In Bezug auf das heteronormative Herrschaftsverhältnis ergibt sich aus Gesines Situation eine allgemeine Frage bezüglich der inhaltlichen Ansätze in den Therapien für drogengebrauchende Frauen und Sexarbeiterinnen: Es wäre zu klären, inwieweit die Sexarbeit an sich und die Erfahrungen von Sexarbeiterinnen eine Rolle spielen und in der Therapie real bearbeitet werden.

Der Rückfall von Gesine verweist auf ein bodyistisches Herrschaftsverhältnis. Da für Gesine augenscheinlich kein System der sozialen Absicherung existiert, versucht sie sich, mit den ihr verbleibenden Mitteln zu betäuben, was ihr in diesem Moment Handlungsfähigkeit verleiht. Dass sie keine Möglichkeiten hat, ihre Therapieerkenntnisse umzusetzen, verweist auf eine klassistische Herrschaftsform. Sie hat etwas gelernt, dass sie strukturell nicht umsetzen kann, was wiederum das Gefühl erzeugt, selbst schuld zu sein. Um intelligibel zu werden, muss Gesine abstinent leben. Diese Anrufung zur absoluten Abstinenz folgt der Figur des „rationalen angepassten Menschen", die keine Grautöne zulässt. Menschen, die sich diesen Anrufungen widersetzen oder nicht folgen, können das nur unbeschadet überstehen, wenn sie über soziale, kulturelle und finanzielle Kapitalien verfügen. Gesine hat diese Wahlmöglichkeit nicht.

Gesine kämpft gegen ihre Marginalisierung und bemüht sich deshalb außerhalb der Drogenszene soziale Netzwerke aufzubauen, um ihre Handlungsfähigkeit zu erweitern. In verschiedenen Situationen macht sie die Erfahrung, dass sie als nicht normal oder anders wahrgenommen wird. Erzählt sie ihre Biografie, dann sind Menschen geschockt und wenden sich ab; lehnt sie Alkohol ab, dann wenden sich die Menschen auch ab. Daraus resultiert ihre Subjektkonstruktion allein und enttäuscht zu sein. Es ist ein Verweis auf ihre bereits bestehende Marginalisierung und Vulnerabilität, aber auch auf den kulturimperialistischen Diskurs über illegalisierte Drogen und deren Konsumentinnen mit seinen negativen Bildern und Stereotypen. Gesine verstößt, wie alle drogengebrauchenden Sexarbeiterinnen, in zweifacher Hinsicht gegen die gesellschaftliche Moral und das für Frauen vorgesehene Rollenbild: Sie konsumiert Drogen und sie arbeitet als Prostituierte. Außerdem verweist diese gesellschaftliche Ausgrenzung auf den kriminologischen Diskurs, bei bestimmten Risikogruppen eine potentielle Täterschaft vorauszusetzen. In einer gefestigten Situation könnte sie sich mit den Zurückweisungen auseinandersetzen, aber da sie verunsichert und vulnerabel ist, schreiben sich die Stigmata in ihren Körper ein und tauchen als Schuldgefühle und Selbstzweifel wieder auf. Gesine weiß, dass Drogenkonsum kein individuelles, sondern ein gesellschaftliches Problem ist, diesen Diskurs bringt sie ein, er wirkt aber nicht normverändernd und hat somit auch keinen Einfluss auf ihr Selbstbewusstsein. Sie fühlt sich an allem und für alles selbst verantwortlich und schuldig. Auch diese Situation ist ihrer subalternen Positionalität geschuldet. Gesine holt sich zu spät Hilfe bei Problemen, sie meint zu stolz zu sein. Dahinter liegt auch ihre Erfahrung, Situationen hilflos ausgeliefert gewesen zu sein, auf keine Struktur oder Netzwerk zurückgreifen zu können, das oder die unterstützend sein könnte. Gesine konnte gar keine Technologie des Hilfe-Holens und kein Vertrauen entwickeln. Dieses nicht vorhandene Vertrauen in andere Menschen und Strukturen sowie die individualisierte Handlungsstrategie verstärken ihr Gefühl allein und einsam zu sein und schränken auch ihre Handlungsfähigkeit ein.

Als Leistungsempfängerin ist Gesine Disziplinartechniken (Nachweise über ihre „Bedürftigkeit" erbringen zu müssen) und Sicherheitsdispositiven (Zuwendung nur für bestimmte Leistungen zu erhalten, bei gleichzeitigem Zwang Fristen einzuhalten) unterworfen. Sie kämpft um Intelligibilität, indem sie versucht, die Forderungen der Behörden zu erfüllen, jedoch scheitert sie immer wieder, da die vielen Schreiben sie überfordern. Das Scheitern ist nicht produktiv, sondern führt zur weiteren Marginalisierung, insofern ihr Status dann als subaltern bezeichnet werden kann. Die Angst vor Überforderung als Begründung für ihr Scheitern wird weder gesellschaftlich noch institutionell akzeptiert. Dessen ist sie sich bewusst, und sie kämpft für einen

Neubeginn. Die Unterbringung schützt sie nicht nur vor Obdachlosigkeit, sondern schafft ihr auch Abstand von der Szene. Indem sie die Einsamkeit als gravierenden Nachteil der Wohnunterkunft erträgt, kämpft sie gegen weitere Marginalisierung.

In der Subjektkonstruktion *Widersetzung als Kampf mit sich und gegen Kontrolle* wird transparent, dass sie sich aktiv widersetzt und rebelliert gegen sozialstaatliche Kontrollen, denn sie möchte ernst genommen werden und selbstbestimmt handeln. Ihre Gegenwehr bzgl. Kontrollen und die Forderung nach Mitsprache korrespondieren mit dem Ringen nach Respektabilität, es sind Akte der Selbstermächtigung. Gleichzeitig verhindern diese Widersetzungen gesellschaftliche Akzeptanz (sozialstaatlichen, institutionellen oder judikativen Aufforderungen nicht zu folgen, bedeutet immer Sanktionierung) und verschärfen ihre marginalisierte Situation. Um das zu verhindern, unterwirft sie sich den bürokratischen Akten staatlicher Institutionen. In der Subjektkonstruktion *Widersetzung als Kampf mit sich und gegen Kontrolle* zeigt sich, wie immens Widersetzung Handlungsfähigkeit einschränken kann. Gesine muss sich den Disziplinartechniken und Sicherheitsdispositiven unterwerfen. Die Verweigerung hat keine Chance, weil sie schwerwiegende Folgen haben kann und ihre vulnerable Positionalität verschlimmert. Sie sieht sich einer Machtasymmetrie gegenüber (Behörden versus Hilfeempfängerin) und kämpft um Respektabilität, indem sie der Anrufung von Selbstaktivierung und Eigenverantwortung folgt. Sie öffnet die Rechnungen und Behördenschreiben und folgt staatlich-institutionellen Aufforderungen, jedoch schafft sie es am Ende nicht, es wird ihr zu viel, sie scheitert. Ihr Scheitern interpretiert sie als „selbst schuld", dem liegt der kulturimperialistische Diskurs, jeder ist seines Glückes Schmied, zugrunde. Das kommt insbesondere in der Subjektkonstruktion *Schuldige Süchtige* zum Ausdruck. Trotz der Machtasymmetrie zwischen Gesine und den Institutionen wie der Therapieeinrichtung, den sozialen Hilfeeinrichtungen, der Drogenambulanz oder den Behörden widersetzt sie sich den Zwangskontrollen und fordert Mitbestimmung und freiwillige Eigenkontrolle. Sie folgt zwar der Anrufung des neoliberalen Regierens, einer Selbstführung, indem sie sich selbst kontrollieren will, jedoch ist ihr ein Handlungsspielraum wichtig. Wird ihr dieser abgesprochen, rebelliert sie. Alkohol und Drogen dienen nicht nur als Schutz, um traumatische Erfahrungen auszuhalten und zu verdrängen, sondern der exzessive Konsum ist ihr stärkstes Mittel der Rebellion. Diese Form der Widersetzung bedingt eine massive Einschränkung ihrer Handlungsfähigkeit. Der Widersetzung liegt der Kampf gegen das Normsubjekt und gegen die Disziplinierung zugrunde, und sie verdeutlicht, dass die *absolute Abstinenz* für Gesine eine Unterwerfung unter ein gesellschaftliches Diktum der Normalität ist. Denn die Rebellion ist das Andere, der Rückfall, das was der gesellschaftlichen Norm zuwiderläuft. Diese Form der Rebellion gibt Gesine aber nur scheinbar eine Selbstermächtigung an die Hand, die sie zum nicht intelligiblen, *schlechten Subjekt* macht. Das ist ihr bewusst, deshalb ringt Gesine um Respektabilität durch Anpassung.

Durch die strukturelle Marginalisierung und kulturimperialistische Diskurse („Junkies sind nichts wert", „einmal Junkie – immer Junkie", „die bekommen eh nichts mehr auf die Reihe"), die auf die Subjektkonstruktion zurückwirken, nimmt sich Gesine als die Andere wahr und traut sich keine Veränderung zu. Gleichzeitig bedingen ihre Gewalterfahrungen eine generell vulnerable Positionalität. Sie kämpft dagegen an, indem sie versucht sich abzulenken. Die Ablenkung wird erschwert durch die Wohnform, aber auch durch die strukturelle Perspektivlosigkeit ihrer Situation. Gesine muss einen großen Aufwand betreiben, um den Tag ohne Drogen zu übersehen. Sie verzichtet damit auf ein Hilfsmittel, das ihr bei der Bewältigung, resp. Verdrängung ihrer Traumatisierungen helfen könnte. Die Zumutungen in Form von massiven Ängsten, dem Gefühl nicht mehr aufwachen zu wollen und Ekelgefühlen sind bedrohlich. Nichtsdestotrotz verfügt sie über ein ausreichend großes subjektives Widerstandspotential, um sich dem zu stellen. Sie hat kaum strukturelle Unterstützung, außer einem Dach über dem Kopf, und für alles andere ist sie selbst verantwortlich. Gesine will auch selbstverantwortlich sein, nur wäre ein Netz, auf welches sie im Bedarfsfall zurückgreifen könnte, notwendig. Dadurch, dass kein schützender Rahmen existiert, muss sie diese Situationen, in welchen die Erinnerungen zurückkommen, selbst managen. Sie widersetzt sich den Gefühlen des Ekels und der Vorstellung Abschaum zu sein, will sich nicht von diesen überwältigen lassen und schafft dies auch. Das sind Konsequenzen ihrer marginalisierten Positionalität, die von einer extremen Verunsicherung durchkreuzt wird. Ihre Handlungsfähigkeit ist in dieser Situation extrem eingeschränkt und wirft sie auf dichotome Handlungsstrategien zurück, zu putzen oder Drogen zu konsumieren. Das zeigt sich insbesondere in der Subjektkonstruktion *Härtefall und Allein*. In dieser Subjektkonstruktion wird auch noch einmal deutlich, dass Gesines Selbsttechnologie, alle Probleme bei sich selbst zu verorten, und dass das Gefühl schuldig zu sein eine lange Geschichte hat. Sie war schon immer auf sich selbst gestellt und musste die familiäre Gewalt, Misshandlungen und Missachtungen, die ihr seitens ihres Vaters, ihres Stiefbruders und ihrer Tante angetan wurden, allein und ohne Unterstützung aushalten. Die einzige Handlungsoption, die ihr als Kind und Jugendliche zur Verfügung stand, war zuerst Alkohol zu trinken und später Drogen zu konsumieren. Dies waren die Mittel die Situationen zu überstehen und handlungsfähig zu sein. Es existierte keine schützende Struktur, die das Kindeswohl ernst nahm, im Gegenteil, sie wurde als Lügnerin oder Schuldige der Missbrauchssituationen abgestraft. Dass Gesine diese Horrorsituationen überlebt hat, obwohl der soziale Tod wie ein Damoklesschwert über ihr schwebte, zeigt ihren Kampfesgeist, deutlich werden aber auch die extremen Verletzungen, die ihr zugefügt wurden. Diese Verletzungen hätten nur durch strukturelle staatliche Eingriffe abgemildert, bestenfalls vermieden werden können. Verstehbar wird Gesines Vorsicht Hilfe in Anspruch nehmen zu können oder sich allein zu fühlen. Aber auch in der Situation kämpft sie um Handlungsfähigkeit, indem sie, als sie alt genug ist, in einen Zirkus flüchtet vor den familiären Übergriffen und Gewaltstrukturen. Sie bezeichnet diese drei Jahre im Zirkus als die „drei Jahre ihres Lebens". Sie arbeitete als Tierpflegerin und lebte wie ein „normaler Mensch". Angesichts dieser Geschichte kann gedeutet werden, dass Gesines Vorstellung „normal zu leben" eine reale Anbindung hat und keine Fiktion ist. Der Alltag einer Tierpflegerin im Zirkus ist ein sehr anspruchsvoller, aber auch harter Job und der Zirkus hat Gesine eine Struktur geboten, in der sie „ihr Leben leben" konnte. Sie bekam einen kleinen Jungen, der kurz nach der Geburt am plötzlichen Kindstod starb. Nun begannen die Verdächtigungen und Schuldzuschreibungen von vorn. Sie muss in Untersuchungshaft und nach ihrer Entlassung ist ihr Leben komplett zerstört. An dieser Stelle macht Gesine wiederholt die Erfahrung, Strukturen hilflos ausgeliefert zu sein. Mit dem Unterschied, dass es nicht die familiären, sondern staatliche Strukturen sind. Ihr Kind ist tot, der Zirkus ist weg, sie ist wieder allein.

Die Erfahrungen allein und schuld zu sein durchziehen ihr Leben wie ein roter Faden, und so findet sich, verglichen mit den anderen Interviewpersonen, wenig Kritik an sozialen Strukturen, und sie greift die Zuschreibungen kaum an. Gesine reflektiert zwar die Strukturen (z.B. die Kontrollen durch Ämter und Soziale Dienste) und auch die Repräsentationsebene (z.B. Misstrauen gegenüber ihr als Ex-Junkie), aber durch ihre „harte" Selbstkritik und ihre Verunsicherung in vielen Feldern verortet sie Kritik, Forderungen, Wut und Widersetzung immer auf der Subjektebene. Zum Zeitpunkt des Interviews konstruiert sie sich als nur der Wohngruppe zugehörig, Diskriminierung und Unterdrückung bewertet sie als individuelle Probleme. Diese Form der Subjektkonstruktion ist insofern nachvollziehbar, da sie versucht auszusteigen und so eine Gruppenidentität ablehnen muss. Wenn sie die frauenspezifische Anlaufstelle besucht, dann nicht als drogengebrauchende Sexarbeiterin, sondern als Gegenmaßnahme zu ihrer Vereinsamung und als Unterstützung-Suchende.

*Nachtrag:*
Gesine hatte eine Krebserkrankung, eine Diagnose bekam sie ein halbes Jahr nach unserem Interview. Sie hielt sich sehr tapfer und ging die Behandlung an.

Gesine starb in der Silvesternacht 2009/10. Sie lebte in einer Außenwohnung einer Nachbetreuungseinrichtung. Sie hatte kurz vor Weihnachten 2010 einen Rückfall. Es ist zu vermuten, dass sie sich die „Schwäche" immer wieder rückfällig zu werden, obwohl sie clean leben wollte, nicht verziehen und somit ihr erneutes „Versagen" nicht verkraftet hat oder dass es aufgrund ihrer Abstinenzphase und der unkalkulierbaren Substanzqualität zu einer Überdosierung kam. Das untermauert meine Forschungsergebnisse, dass es notwendig ist, die Frauen im Verständnis ihres Konsums dahingehend zu schulen, diesen zu akzeptieren, da sie es aufgrund ihrer Traumatisierungen nicht aushalten clean zu leben, und dass es zwingend notwendig ist, Stoffqualitäten in szenenahen Einrichtungen prüfen zu können.

Die Trauerfeier für Gesine war sehr schlicht und andächtig. Es waren nur wenig FreundInnen und Bekannte anwesend, was wieder auf ihre Einsamkeit und Zurückgezogenheit hindeutet. Ihr Tod hinterlässt einen Geschmack von Tristesse und die Frage, warum manche Menschen nie eine Chance im Leben bekommen, wenn sie doch eigentlich ihr gesamtes Leben für eine solche gekämpft haben.

### 6.4.2 Handlungsfähigkeit von Anna

Die Subjektkonstruktion *Widersetzung als Kampf gegen Fremdbestimmung* zeigt, dass Anna sich der staatlichen Kontrolle und Sanktion widersetzt, sie kommt oft auf die Szene, um die Angebote der frauenspezifischen Anlaufstelle zu nutzen und will nicht jedes Mal anschaffen. Trotzdem wird sie von der Polizei dabei gehindert. Anna hat dafür folgende Erklärung: Die Beamten kennen Anna von früher, und sie wird deshalb grundlos durch einen Platzverweis (PV) sanktioniert. Sie verlangt eine Begründung und versucht dadurch ihren Handlungsrahmen zu erweitern, indem sie gegen diese repressive Struktur und die hegemonialen abwertenden Diskurse über drogengebrauchende Sexarbeiterinnen kämpft und aktiv handelt. Aufgrund ihrer marginalisierten Positionalität benötigt sie die Anlaufstelle und wird gleichzeitig von der Polizei daran gehindert. Die Eingriffsrechte der Polizei basieren auf der Verfügung zur „Handlungsanweisung zur Bekämpfung öffentlich wahrnehmbarer Drogenkriminalität" (siehe 6.2.1), aber offensichtlich auch auf der Mutmaßung der PolizistInnen, dass Anna eine „Drogenprostituierte" sei und sie deshalb gegen das BtMG und die SpGVo verstoße. Es ist nicht klar, auf welcher Rechtsgrundlage Anna an dieser Stelle einen PV bekommt, es sei denn Anna verfügt über den Status einer Besonders Auffälligen Person (BAP Status), so dass sie sofort mit einem PV sanktioniert werden kann. Anna sieht sich einem heteronormativen Herrschaftsverhältnis gegenüber, denn sie ist als Frau, Sexarbeiterin und Drogengebraucherin von den Sanktionen betroffen, und sie wird behindert die Fraueneinrichtung zu nutzen. Die Fraueneinrichtung unterstützt die notwendige Respektabilität der Besucherinnen, es ist ein Ort, an dem sie anerkannt sind und vulnerable Situationen abgeschwächt werden können. Deutlich wird die Machtasymmetrie zwischen Anna als drogengebrauchender Sexarbeiterin und der Polizei, denn auch wenn sich Anna gegen diese Sanktion wehrt, so wird sie wenig erfolgreich sein. Sie sieht sich mit dem kulturimperialistischen Diskurs „Drogenprostituierte sind gefährliche Individuen" konfrontiert. Dieser Diskurs verweist, ähnlich wie die gesellschaftliche Ausgrenzung von Gesine, auf den kriminologischen Diskurs, der bei bestimmten Risikogruppen eine potentielle Täterschaft voraussetzt. Anna geht es in der Widersetzung gegenüber der Polizei um Respektabilität, die sie aber aufgrund ihres subalternen Status nicht durchsetzen kann. Sichtbar wird hier das Herrschaftsverhältnis Klassismus, denn „Drogenprostituierte" rangieren in der Hierarchie der Sexarbeit auf der untersten Ebene, sie haben keine Stellplätze in der Toleranzzone und müssen auf die Sperrgebiete ausweichen. Anna kann ihren Handlungsrahmen aufgrund ihres subalternen Status durch diese Form der Widersetzung nicht erweitern.

Sie argumentiert professionell gegen die Schließung oder die Verlagerung der Einrichtung, das heißt, sie wehrt sich gegen das kulturimperialistische Stereotyp, dass „Drogenprostituierte" den Stadtteil verschmutzen. Reflektiert kritisiert sie die Vertreibungspolitik und bedient sich dabei fachlicher Argumente. Anna verfügt aber über keine Diskurshoheit, und so ist auch die Eröffnung des Gegendiskurses nicht normgebend.

Da keine Netzwerke (die schützen könnten) unter den Frauen vorhanden sind, können sich die ausbeuterischen Arbeitsstrukturen manifestieren. Entsteht einmal eine Vernetzung, wird sie im Ansatz durch die erzwungene Entsolidarisierung zerstört. Die Entsolidarisierung bedingt im Feld der Minorisierten eine weitere Marginalisierung und führt zu verschärfter Vulnerabilität. Die massiven Polizeikontrollen und -sanktionen erzwingen als Sicherheitsdispositive und Disziplinartechniken eine permanente Mobilität auf der Subjektebene. Diese Mobilität ist manchmal eine strategische Anpassung, aber häufig auch massiver Stressfaktor, der sich auf das Herrschaftsverhältnis Bodyismus insofern auswirkt, dass die Körper der Frauen extrem belastet sind. Diese Belastung schränkt ihre Handlungsfähigkeit in Bezug auf das Arbeitshandeln ein. Das korreliert mit einer absoluten Individualisierung, Anna ist vollkommen auf sich selbst gestellt. Entsprechend ihrer marginalisierten Positionalität hat sie Angst vor neuen Situationen und kein Selbstvertrauen, deshalb ist sie einsam und sucht einen letzten Rest an Respektabilität durch Szenekontakt zu erhalten. Sie versucht zwar durch diese Aktivität ihre Einsamkeit zu bekämpfen, jedoch hat sie gleichzeitig Angst als „Drogenprostituierte" erkannt zu werden. Die Ambivalenz wurde in der Subjektkonstruktion *Angst erkannt zu werden* aufgenommen. Aufgrund ihrer Erfahrung entwickelt sie die Technik, strategisch Distanz zu den Kolleginnen zu halten, jedoch verhindert diese Distanz den Zusammenhalt und die Solidarität unter den Frauen. Die Angst erkannt zu werden durchzieht Annas Lebensalltag nicht nur auf der Szene, sondern sie hat diese Angst auch, als sie kurze Zeit erwerbstätig ist. An dem ihr zugewiesenen Arbeitsort kann sie jederzeit ihre Vergangenheit einholen, das verlangt ihr einen großen Aufwand ab, diese Situation zu bewältigen. Zwar wirkt die Erwerbsarbeit stabilisierend auf Anna, jedoch kann sie aufgrund des wirkmächtigen Diskurses „Drogenprostituierte sind gefährliche Individuen" ihre Vergangenheit nicht preisgeben und muss diese geheim halten, es ist ein Tabu, das beschämt. Die Wechselwirkung zwischen Diskurs und Annas Subjektkonstruktion verweist auch auf die ausschließende Struktur von Subalternen und die Benachteiligung von marginalisierten Gruppen und Personen am Arbeitsmarkt. Logischerweise können Menschen wie Anna nur in den seltensten Fällen zu ihrer Geschichte stehen, da für ihre Biografien keine gesellschaftliche Akzeptanz existiert (siehe Maya). Anna erweitert in dem Verheimlichen ihrer Vergangenheit zwar kurzfristig ihre Handlungsfähigkeit, die aber jederzeit durch die „Wahrheit" eingeschränkt werden kann, und in letzter Konsequenz ist das eine verletzende Situation zu wissen, dass das eigene Leben inakzeptabel und somit verworfen ist. Eine solche Handlungsstrategie versetzt sie auf einen einsamen Posten. Anna versucht der Einsamkeit und dem Stress durch den Aufenthalt in der frauenspezifischen Anlaufstelle entgegenzuwirken. Diese ist für sie ein Ort des Ausruhens, der Ablenkung, des Austausches und des Trostes. Unterstützung will Anna nicht um jeden Preis, denn sie widersetzt sich den therapeutischen Zwangsinterventionen des Paragrafen §35 BtMG (siehe 6.2.11). Sie greift auch den kulturimperialistischen Diskurs der Moderne an, dass es einer Therapie bedarf, wenn man Drogen konsumiert und süchtig ist. Ihre Gegenwehr ist aber auch verwoben mit dem Versuch respektabel zu werden und selbstbestimmt zu entscheiden, ob sie z. B. eine Therapie machen will. Anna möchte zwar eine Unterstützung in der Selbstführung, jedoch lehnt sie Disziplinarmaßnahmen im Sinne von Kontrollen und Zwang ab.

Sie kämpft auch um ihre Respektabilität in Bezug auf ihren Sohn, sie reflektiert ihre marginalisierte Situation und will intelligibel werden, da sie dem Sohn nicht als „Junkie" gegenübertreten will. Es geht um die Subjektwerdung als Mutter, was aktuell ein Scheitern und damit ein Verworfensein impliziert. Die Subjektkonstruktion *Drogenkonsumierende traut sich nichts anderes zu* beleuchtet Annas Verhältnis zu den illegalisierten Drogen und ihren Umgang damit. Anna widersetzt sich den Regeln in der Substitution durch extremen Crackgebrauch. Dieser Regelbruch zieht eine Sanktion, häufig das Entlassen aus der Substitution, nach sich. Der Crackgebrauch ist ihrer marginalisierten Situation geschuldet, denn Crack ist eine Armutsdroge. Gleichzeitig wird sie vulnerabler, da sie ihrem Körper extrem schadet, obwohl sie mit dem Crackkonsum ihre Vulnerabilität bekämpft, um ihre Lebenssituation auszuhalten. Substitution ist eine Konsequenz des Kulturimperialismus im Sinne von Young (siehe 4.3.4.2). Er bezieht sich hier auf den Umgang mit illegalisierten Drogen (siehe 3.5.1/6.2.8/6.3.2). Anna ist als Akteurin betroffen, sie wird, wie auch die anderen Drogengebraucherinnen ganz allgemein abgewertet. Dabei ist das Gegenüber „das reine rationale Wesen", gegen das sie sich abgrenzt, das sie aber auch begehrt. Es gibt keine Vision, die Zwischenräume zulässt. Sie muss sich entscheiden, ob sie bleiben will oder ob sie sich dem absoluten Subjekt, der Unterwerfung unter den Normdiskurs und der Forderung nach der Abstinenz verschreibt. Die Suche nach dem „Kick" ist ein Ringen um Respektabilität innerhalb ihrer Marginalisierung, denn die Droge ist für sie Halt und Hilfsmittel, um zu überleben. Diese Positionalität macht es extrem aufwändig, sich gegen die soziale Praxis der Gewalt in ihrem Job zu wehren. Anna will durch den Konsum nichts mehr fühlen und vergessen, simultan dazu wird sie zum *schlechten Subjekt* einer „Drogenprostituierten". Anna vergrößert einerseits ihre Vulnerabilität durch ihren Drogenkonsum und versucht diese andererseits durch den Drogenkonsum zu minimieren. Drogen als Arbeitsmittel helfen ihr die Kontrolle über die Situation zu behalten, und sie fühlt sich nicht mehr so angreifbar. Anna versucht durch Drogenkonsum ihre Handlungsfähigkeit zu erweitern, da sie aber am Ende die Kontrolle verliert, kann sie dies nur bedingt und kurzfristig erweitern. Die abwertenden Diskurse über DrogengebraucherInnen haben sich in den Körper eingeschrieben, denn Anna behauptet für sich keine Perspektive planen zu können, weil sie der Gruppe von unzuverlässigen KonsumentInnen zugeschrieben wird und die Zuschreibung annimmt.

Die Subjektkonstruktion *Anschaffen ist Job keine Arbeit* bebildert, dass Anna anschaffen muss, um zu überleben, da sie als Konsumentin illegalisierter Drogen und als Sexarbeiterin marginalisiert ist, bleibt ihr keine Alternative. Diese Subjektkonstruktion zeigt Annas Ambivalenz, die Arbeit tun zu müssen und sie gleichzeitig abzulehnen. Anna versucht handlungsfähig zu bleiben, jedoch gerät sie zwangsläufig in eine Situation der Ausbeutung. Sie kämpft in dieser Situation um Respektabilität, indem sie nicht nur die Härte des Jobs beschreibt, sondern auch gegen die ausbeuterischen Strukturen angeht. Anna hat entgegen dem Stereotyp über „Drogenprostituierte" ein Berufsethos, das in unterschiedlicher Weise unterdrückt und angegriffen wird, sie wehrt sich aber dagegen. Sie reflektiert die Machtasymmetrie zwischen Kunden und sich selbst und illustriert dadurch ihre Vulnerabilität. Sie hat die Strategien mit Stammfreiern zu arbeiten und auf Geld zu verzichten, um gefährliche Situationen zu deeskalieren bzw. präventiv zu umgehen. So versucht Anna zwar ihre Handlungsfähigkeit zu erhalten, indem sie der Gewalt durch Geldverzicht vorbeugt. Jedoch ist das ein Spiel mit dem Feuer, erstens muss sie auf den ihr zustehenden Lohn verzichten und zweitens gibt es keine Gewähr, dass die Situation nicht eskaliert, da ihr Handeln immer individuell ist und keinerlei Schutzrahmen existiert. Nichtsdestotrotz ist es in diesem Setting die einzige Handlungsoption unverletzt der Situation zu entkommen. Die andere Strategie, die Arbeit mit „Stammfreiern" bedeutet, dass Anna ihre Kunden kennt und einiges von ihnen weiß, sodass sie weiß, worauf sie sich einlässt. Anna widersetzt sich gegen *Sex for Drugs Exchange* und gegen *unsafer* Sex, damit greift sie das Herrschaftsverhältnis der Freier an, indem sie sich nicht gänzlich ausbeuten lässt und Arbeitsstandards einfordert. Die strukturelle Marginalisierung drogengebrauchender Sexarbeiterinnen verhilft Kunden zur Herrschaft. Anna wehrt sich in ihrem Arbeitshandeln gegen die hegemonialen Diskurse „Drogenprostituierte machen für Drogen alles" und „die billige Junkiehure". Sie erweitert langfristig damit ihre Handlungsfähigkeit in Bezug auf das Herrschaftsverhältnis Bodyismus, da sie ihre Gesundheit schützt sowie gegen die klassische Annahme, „Drogenprostituierte" verfügten über kein Berufsethos. Annas Arbeitshandeln widerspricht ebenso wissenschaftlichen Epistemen, die eine reine Abhängigkeitsposition figurieren. Die Wechselwirkungen zwischen den Herrschaftsverhältnissen, Annas Subjektkonstruktion und den Diskursen veranschaulichen die verhärtete Struktur der Machtasymmetrie, die Annas Handlungsfähigkeit immer wieder einschränkt. Umschrieben wird das unter anderem durch die Angst vor Infektionen, die ihre vulnerable Disposition aufzeigt. Annas Erkrankung an Hepatitis ist eine bereits erfahrene Verletzung. Der Kampf um ein Berufsethos ist Teil ihres Ringens um Respektabilität. Vulnerabel ist sie, da sie Standards nicht immer aufrechterhalten kann, aufgrund ihrer körperlichen Verfasstheit. Hieran verdeutlicht sich die Wechselwirkung zwischen dem bodyistischen Herrschaftsverhältnis, dem sich widersetzenden Subjekt, den hegemonialen Diskursen und Anrufungen. Diese illustriert, wie sehr Anna um Handlungsfähigkeit kämpft, die aber massiv durch ihre marginalisierte Positionalität als Subalterne behindert wird. Anna grenzt sich auch von der Sexarbeit ab, indem sie sich mit der Behauptung aufwertet, sie sei zu ehrlich, um Sexarbeiterin zu sein. An dieser Stelle verdeutlicht sich der wirkmächtige Diskurs, dass Sexualität nach wie vor mit Liebe gleichgesetzt wird und sexuelle Dienstleistung daher unehrliche Sexualität sein muss. Die hohe Konkurrenz in ihrem Arbeitsfeld bedingt massive Ausbeutungsstrukturen, die mit massiven Abwertungsdiskursen des *Othering* wechselwirken. Anna nimmt den rassistischen Diskurs (Kulturimperialismus) an, indem sie auf die „ausländischen" Frauen verweist und sich von diesen abgrenzt, um ihre Respektabilität durch die Ablehnung der Anderen („Ausländerinnen") zu steigern. Um intelligibel zu werden, unterwirft sie sich dem *Hate Speech* (siehe 4.3.5) über „die Ausländerinnen" (siehe auch Sara 6.4.7 und Doro 6.4.8).

Die beiden Subjektkonstruktionen *Drogenkonsumierende traut sich nichts anderes zu* und *Anschaffen ist Job keine Arbeit* sind eng miteinander verwoben, weil Anna die Drogen als Arbeitsmittel nutzt, um den harten Job als drogengebrauchende Sexarbeiterin machen zu können, gleichzeitig wird sie aber genau deshalb marginalisiert und ausgebeutet.

Anna verweist sehr oft auf die Strukturebene und greift diese auch an. Die Verweise auf die Repräsentationsebene erfolgen implizit, jedoch reagiert sie auf die mythischen abwertenden Narrationen in Bezug auf drogengebrauchende Sexarbeiterinnen mit aktivem Gegenhandeln und unterwirft sich gleichzeitig rassistischen Diskursen.

### Nachtrag

Anna hat ein Therapie gemacht und eine Weile clean gelebt. Seit geraumer Zeit arbeitet sie wieder als Sexarbeiterin und ist, wie die Sozialarbeiterin sagt, „ein wenig rückfällig". Ein eher gutes Zeichen sei, dass sie die Anlaufstellen noch nicht wieder aufgesucht hat.

„weil hier kommt sie dann tatsächlich erst wieder her, wenn sie wirklich rückfällig ist und sich wieder für eine Runde, weitere Runde im Drogengebrauch entschieden hat. Also es dauert wirklich ganz lange, bis sie nach Hilfe fragt und sie scheint ja immer wie als sie ganz kompetent in allem wäre, sie ist ja auch ganz intelligent, kann sich gut ausdrücken und es fällt ihr wirklich sehr schwer, von dem dass sie nicht mehr ihrem eigenen Bild nachkommen kann. Dass sie dann nachfragt und Unterstützung anfordert und ich glaube, da fällt es ihr noch mal besonders schwer, bei uns in der Frauen-Einrichtung." (Expertinneninterview Sozialarbeiterin 2011)

Anna habe schon früher den anonymeren Umgang in einer gemischtgeschlechtlichen Einrichtung geschätzt, weil sie dort nicht so viel Angst habe, dass ein Gespräch doch tiefer gehen könne.

„Und ich sehe das ambivalent, dass sie noch nicht zu uns gekommen ist. Das kann bedeuten, dass sie es tatsächlich, dass sie wie manch andere Frauen hier, einfach nur arbeitet und ein bisschen konsumiert und dann wieder nach Hause geht und da für sich so viel gelernt hat, dass sie da ihre Schritte gehen kann oder dass es ihr total unangenehm ist, erst wieder noch mal ein paar Schritte runter muss, bevor sie sich traut, wieder hier herzukommen oder sie schon wieder so in der Spur ist, dass es ihr egal ist, was sie denkt, was wir von ihr denken." (Expertinneninterview Sozialarbeiterin 2011)

Die Einschätzung von Anna durch die Sozialarbeiterin zeigt, wie verletzend ein Rückfall für Anna ist, wofür sie sich so schämt, dass ihr selbst die Anonymität in der frauenspezifischen Anlaufstelle nicht ausreicht.

### 6.4.3 Handlungsfähigkeit von Margalit

In der Subjektkonstruktion *Widersetzung verbal als Wegweisung, Kritik und Forderung* wird Margalits massive Kritik an der Exekutive sichtbar. Die dauernde Polizeipräsenz basiert unter anderem auf der Verfügung zur „Handlungsanweisung zur Bekämpfung öffentlich wahrnehmbarer Drogenkriminalität". Die Verfügung ist ein Sicherheitsdispositiv und steht in Wechselwirkung mit den Forderungen der Anwohner- und WirtschafterInnen nach strengen Polizeikontrollen, da Sexarbeiterinnen im Stadtteil als „gefährliche Subjekte" gelten, die vertrieben werden sollen. Die permanente Kontrolle wird von ihr kritisiert und als unmenschlich bezeichnet. Margalit berichtet, ähnlich wie Anna, dass sie daran gehindert wird, die frauenspezifische szenenahe Anlaufstelle aufzusuchen. Allein aufgrund ihrer Anwesenheit im Stadtteil wird sie unter Verweis auf das BtMG und die SpGVo durch Platzverweise und Bußgelder sanktioniert. Auch ihr Versuch, durch den Besuch der Einrichtung zur Unterstützung von drogengebrauchenden Sexarbeiterinnen im Stadtteil ihre Handlungsfähigkeit zu erweitern, wird durch die polizeiliche Repression und ihren rechtlosen Subjektstatus eingeschränkt. Margalit kritisiert diesen Zustand, doch als Subalterne verfügt sie über keine Diskurshoheit, sodass sich ihre Kritik gegen die hegemonialen abwertenden Diskurse über „Drogenprostituierte" nicht durchsetzen kann.

Ihre Rechtlosigkeit verdeutlicht sich auch in der Schilderung ihrer Erfahrung mit der Exekutive. Ein Zivilfahnder beansprucht ihre sexuellen Dienstleistungen und zeigt sie daraufhin an. Sie kämpft zwar um Respektabilität, indem sie Gerechtigkeit einfordert, hat jedoch keinen Erfolg. Aufgrund ihrer marginalisierten Positionalität ist sie unglaubwürdig. So wird ihre Dienstleistung nicht bezahlt und zusätzlich erhält sie noch eine Anzeige. Sie reflektiert die Diskriminierung und verbalisiert ihre Verletzung, jedoch ohne strukturelle Effekte. Ähnliche Abwertungen erfährt Margalit, wenn sie im Rahmen ihrer Arbeit Kunden im Auto bedient, dabei Opfer von Übergriffen wird und dies zur Anzeigen bringen will. Auch hier wird sie als Marginalisierte nicht ernst genommen. Eine der Ursachen für diese Missachtung ist das Stereotyp, dass Sexarbeiterinnen nicht vergewaltigt werden können bzw. dass sie es selbst zu verantworten haben, wenn ihnen Gewalt widerfährt.

Die Subjektkonstruktion *Leben ist Anschaffen* zeigt, dass Margalit versucht ihre Handlungsfähigkeit zu vergrößern, indem sie nicht im Auto, sondern im Hotel arbeiten will, wobei selbst dort immer ein gewisses Restrisiko vorhanden ist. Hier wird ihre vulnerable Positionalität innerhalb der Sexarbeit offensichtlich, gegen die sie sich zwar strategisch wehrt (was auf ein professionelles Arbeitshandeln verweist), jedoch wird sie dabei nicht durch eine Struktur unterstützt. Margalit sieht sich einer Machtasymmetrie gegenüber, in welcher sie gegenüber den Kunden und BeamtInnen eine durch Marginalisierung geschwächte Position einnimmt. Aufgrund der Wechselwirkungen zwischen den Herrschaftsverhältnissen und den Diskursen erweitert auch ihr Ringen um Respektabilität nicht ihre Handlungsfähigkeit.

Margalit verfügt über langjährige Erfahrungen und professionelles Wissen in der Sexarbeit, sie kann diese jedoch nicht umsetzen, da die ausbeuterischen Strukturen in diesem Bereich sowie ihr marginalisierter Status eine Veränderung verhindern. Untermauert wird diese Diskrepanz zwischen dem vorhandenen professionellem Wissen und der mangelnden Umsetzung in Margalits Narration über die Risiken und Gefahren für Sexarbeiterinnen und der möglichen Konfiguration von Sicherheiten. Obwohl ihre Handlungsfähigkeit in Bezug auf Risiko- und Gewaltvermeidung extrem eingegrenzt ist, widerspricht sie dem hegemonialen Diskurs, dass „Drogenprostituierte" nicht professionell arbeiteten. Sie nimmt die Ausbeutung im Arbeitskontext sehr deutlich wahr.

Ihre extreme Marginalisierung ist verwoben mit einer Machtasymmetrie zwischen den Männern (Polizisten und Kunden) und den drogengebrauchenden Sexarbeiterinnen auf der Szene, die zwangsläufig eine Vulnerabilität auf der Seite der Frauen erzeugt. Dieses Bedingungsgeflecht führt zu einer absoluten Entfremdung der Arbeit und zu extremer Ausbeutung. Gleichzeitig verdinglicht sich der Diskurs, dass innerhalb der illegalisierten Drogen- und Sexökonomie alle Frauen missbraucht und vergewaltigt werden.

Margalit hat zwar eine professionelle Haltung, die die Grenzen ihres Arbeitshandelns festlegt, jedoch werden die Grenzen durch die strukturelle Machtasymmetrie immer wieder verletzt. Als letzte Respektabilitätsgrenze versucht sie ein Lohnniveau aufrecht zu halten, das nicht unter 10,- Euro oder 20,- Euro fällt. Allerdings ist ihr bewusst, dass auch dies ein ausbeuterischer Lohn ist. Margalit kann ihre Arbeitssituation nur durch den Gebrauch von Drogen aushalten, es existieren keine Alternativen oder Ausstiegsmöglichkeiten. Sie entwirft auf Basis ihrer Erfahrungen ein extrem pejoratives Bild von Kunden sexueller Dienstleistungen, weil diese die vulnerable Positionalität der Frauen zu ihrem Vorteil ausnutzen. Die Struktur des illegalisierten Sex- und Drogenmarktes versetzt die Kunden in die Herrschaftsposition, während die abwertenden Diskurse über drogengebrauchende Sexarbeiterinnen deren Position schwächen und somit die heteronormative und klassische Herrschaftsstruktur stützen. Innerhalb der Wechselwirkungen dieser Strukturen und Diskurse bleibt Margalit kaum Handlungsspielraum. Deshalb konstruiert sie sich als abgehärtet und gewöhnt sich alle existentiellen Bedürfnisse ab, um handlungsfähig bleiben zu können und nicht verrückt zu werden.

Die Subjektkonstruktion *Widersetzung verbal als Wegweisung, Kritik und Forderung* illustriert Margalits Anpassungsleistungen. Für sie ist die frauenspezifische szenenahe Anlaufstelle nicht nur ein Ort, um ihr Alleinsein zu bekämpfen, sondern auch ein Ort, wo sie ungestört Drogen gebrauchen kann und ihr Konsum akzeptiert wird.

Ihr ist es nämlich wichtig, nicht in der Öffentlichkeit zu konsumieren, da sie dabei Scham empfindet, und sie kritisiert die DrogengebraucherInnen, die öffentlich konsumieren. Die Scham wird transparent in der Subjektkonstruktion *Drogenkonsumentin zwischen Anpassung und Legalisierungsforderungen*. Die Unterwerfung ist als eine Anpassungsleistung zu lesen, denn im hegemonialen Diskurs wird unterstellt, dass Drogenkonsumentinnen, speziell Crackkonsumentinnen nicht in der Lage seien, sich anzupassen. Die Forderung, Drogen nicht in der Öffentlichkeit zu konsumieren, ist eine gesellschaftliche vorgegebene Norm, die mittels der Herrschaftsebene durch strafrechtliche Sanktionen durchgesetzt wird.

Ihre Widersetzung in Form von verbaler Kritik an den Schließungs- oder Kürzungsabsichten der Fraueneinrichtung und anderer sozialer Projekte ist verwoben mit der großen Angst, die Anlaufstelle könnte geschlossen oder verlegt werden. Ihre Angst und Kritik stehen in Wechselwirkung mit den Diskursen, die Anlaufstelle aus dem Stadtteil zu entfernen. Verständlich wird diese Angst angesichts der unsicheren Finanzierung von sozialen Projekten, der Gefahr, dass die Zuwendungen jederzeit gekürzt oder gestrichen werden können. Das heißt, es gibt für die Menschen, die auf diese Hilfen angewiesen sind, keine Verlässlichkeit. Angesichts der Tatsache, dass die sozialen Einrichtungen auch eine sanfte Methode der Überwachung und Kontrolle von Risikogruppen und damit der Disziplinierungen sind, erscheint die immer wiederkehrende Kürzungsdebatte sehr kurzsichtig. Die ganze Absurdität zeigt sich darin, dass Frauen durch die Exekutive daran gehindert werden, eine Einrichtung aufzusuchen, die zum großen Teil vom Senat finanziert wird. Angesichts dieser Zustände äußert Margalit Wut und Verzweiflung über die Politik und die Gesellschaft. Foucault beschreibt diese Form des Regierens als das Eigentümliche der Repression (siehe 4.3.4.2). Es wird so getan, als wären keine „Drogenprostituierten" existent, und simultan dazu werden sie restriktiv reguliert. Margalits Erfahrung spiegelt Foucaults Betrachtung wieder. Weil „Drogenprostituierte" *schlechte Subjekte* sind, wird der repressive Staatsapparat tätig. Das veranschaulicht die engen Grenzen von Margalits Handlungsoptionen, sie versucht intelligibel zu werden, was aber durch die Zuweisung auf einen bereits verworfenen Platz der „Drogenprostituierten" unmöglich wird. Selbst ihre Wut ist nicht produktiv, sondern bleibt als Resignation zurück. Sie reagiert zum einen mit einer perspektivlosen Resignation und zum anderen mit Wut über das, was ihr angetan wird. Diese Inkohärenz beweist, dass sie zwar in vielerlei Hinsicht vulnerabel ist, jedoch im Rahmen ihrer Möglichkeiten oft sehr wütend wird und sich widersetzt.

Margalit stellt sich gegen den Diskurs der Eigenverantwortung, indem sie die Ausweglosigkeit beschreibt und die Herrschaftsstrukturen anruft und kritisiert. Dies entspricht der von Markard in seinem Text zur Eigenverantwortung aufgestellten These, dass „Ausgegrenzte" oft gar nicht die ihnen äußerlich zugeschriebene Eigenverantwortung übernehmen können, da ihnen die fundamentalen, meist ökonomischen Grundlagen fehlen. Margalit konstruiert ihre Zugehörigkeit zur marginalisierten Gruppe der drogengebrauchenden Sexarbeiterinnen und nimmt die Schuldzuschreibung im Gegensatz zu Gesine nicht an, sondern klagt das System an, den Bürokratismus der Therapieaufnahme, die wenigen Plätze und die viel zu langen Wartezeiten. Ihre kritische Auseinandersetzung zeigt, dass für Menschen, die sich in extremen Ausbeutungsverhältnissen befinden und deren körperliche Verfasstheit nicht dem Normdiskurs entspricht, der Zugang zu Therapien zu „hochschwellig" geregelt ist. Margalits Handlungsfähigkeit besteht also darin, das Leben auf der Szene zu organisieren, eine Selbsttechnik zu entwickeln, die ihr Überleben sichert. Die Wechselwirkung zwischen der Ausbeutungsstruktur, den abwertenden Diskursen, den Normenverweisen und der Anrufung zur Eigenverantwortung schlagen sich als wütende Äußerungen über die gesellschaftlichen Verhältnisse in der Subjektkonstruktion nieder.

Margalit ist heteronormativen, körperlichen und klassistischen Herrschaftsverhältnissen unterworfen, da sie als Frau und drogengebrauchende Sexarbeiterin diskriminiert wird. Sie wird strukturell als Sexarbeiterin und als Drogengebraucherin sanktioniert und stigmatisiert. Ihre Reflexion, für schlechte Drogenqualität noch ungebührlich hohe Preise zahlen zu müssen, basiert mittelbar auf einer Kritik am BtMG und der Prohibition und entfacht einen Legalisierungsdiskurs, der eine Widersetzung gegen diese Regierungspraktiken darstellt. Ihre Handlungsfähigkeit wird dadurch nicht erweitert, sondern sie ist überlagert von der Struktur des repressiven Staatsapparates und den kulturimperialistischen Diskursen über illegalisierte Drogen. Wie entwürdigend sie die marginalisierte Positionalität empfindet, spiegelt sich unter anderem in ihrer Reflexion der Ablehnung ihrer Obdachlosigkeit durch die Mehrheitsgesellschaft wieder. Um nicht zu erfrieren, muss Margalit in einem Hausflur übernachten. Sie versucht also unter widrigen Bedingungen ihre Handlungsfähigkeit zu erweitern und wird dafür gesellschaftlich verachtet (siehe Gesine).

Die Subjektkonstruktion *Widersetzung verbal als Wegweisung, Kritik und Forderung* zeigt, dass sie verbal dagegen ankämpft und um Respektabilität ringt. Margalits Forderungen nach Respekt zeigen keine Effekte, insofern wird hier eine Form des Kulturimperialismus sichtbar, der sie als „Junkiehure" bezeichnet. Sie ist die Andere, die aus dem öffentlichen Diskurs verdrängt wird und keine Stimme hat. Das wird auch in der Subjektkonstruktion *Ungerecht Diskriminierte* deutlich. Sie wendet sich gegen die kulturimperialistischen Stereotype, indem sie es als Ungerechtigkeit empfindet, dass nur die Frauen verfolgt und sanktioniert werden, und fordert, die Kunden zu bestrafen. Margalits Forderung entspricht dem aktuellen politischen Ansatz, die Szene im Stadtteil durch die Verfolgung der Kunden zu zerschlagen. Dabei wird von politischer und exekutiver Seite im positiven Sinne auf das schwedische Modell zum Umgang mit Prostitution verwiesen (siehe Seite 9, Fn. 3 und Abschnitt 6.2.4).

Verschwiegen wird an dieser Stelle, dass sich durch die Freierverfolgung die Situation der Sexarbeiterinnen keinesfalls verbessert hat, sondern, so warnen ExpertInnen, sie weitaus ungeschützter arbeiten müssen, weil Sexarbeit dadurch viel eher in ein „Dunkelfeld" abgedrängt wird. Dass sich Margalit rechtlos und unterdrückt fühlt, lässt darauf schließen, dass die Hilfsangebote keine ausreichende Unterstützung bieten. Obwohl Margalit sich von der Beschaffungskriminalität abgrenzt und durch ihre Anpassung an Normen niemanden stören will und sich ruhig verhält, ist es ihr versagt, gesellschaftlich respektabel zu sein. Ihre Handlungsfähigkeit ist im Stadtteil auf ein Mindestmaß begrenzt, da sie als *schlechtes Subjekt* stigmatisiert ist und der repressive Staatsapparat gegen „Drogenprostituierte" vorgeht. Margalit versucht diesem Alltag zu entkommen, indem sie die Fiktion mit ihrer Tochter zusammenzuleben aufruft. Die Tochter wurde ihr weggenommen, obwohl sie clean war, das empfindet sie als ungerecht. Inwieweit Margalit als Mutter wirklich ein „Opfer" einer voreiligen Handlung des Jugendamtes ist, lässt sich in dieser Arbeit nicht prüfen. Fakt ist, dass sie mit ihrer Biografie natürlich viel eher überwacht und kontrolliert wird als Elternteile der bürgerlichen Mitte. Sollte das Jugendamt sich im Sinne des Kindeswohles für den Entzug des Sorgerechts entschieden haben, so ist das auf alle Fälle zu begrüßen. Margalits eigene Biografie (oder die von Gesine) zeigt, wie fatal die Auswirkungen sein können, wenn die Rechte von Kindern weniger wiegen als die ihrer Eltern oder von Erwachsenen. Für Margalit ist das Wegnehmen ihres Kindes allerdings eine weitere Bestätigung dafür, dass sie als Subalterne kein Gehör findet.

In der Subjektkonstruktion *Überlebenskämpferin* spiegelt sich Margalits Kampf ums Überleben wider und dass sie von materieller Depravation und Vernichtung betroffen ist. Sie ist nach Butler ein verworfenes Subjekt, sie kämpft zwar massiv um Respektabilität, kann diese jedoch nur selten erreichen. Deshalb hat der Wunsch tot zu sein für sie eine erlösende Bedeutung. Ihre Biografie ist durchwoben von gewalttätigen Übergriffen auf ihre Person. Gewalt war in ihrem Alltag schon immer eine soziale Praxis, insofern ist sie nicht nur eine bereits verletzte, sondern eine permanent von Verletzungen bedrohte Person (siehe Gesine). Sie wurde im Alter von 12 Jahren von ihrem Bruder vergewaltigt. Später wurde sie wiederum durch eine Vergewaltigung schwanger. Die Vulnerabilität zeigt sich besonders in ihrer Arbeitssituation. Durch die Vereinzelung und den Druck schnell Geld verdienen zu müssen, sind alle Sicherheitsnetzwerke komplett zerstört. Margalits Marginalisierung wird weiterhin durch ihre isolierte Positionalität deutlich, die sie durch Szenekontakte nicht kompensieren kann (im Gegensatz zu Tracy). Die isolierte Positionalität basiert nicht nur auf dem Gefühl des Alleinseins, sondern kann als einsam generalisiert werden. Der Kampf um Respektabilität wird auch im Wunsch nach einer anderen Arbeit und nach einer Wohnung deutlich. Sie möchte zur Ruhe kommen und mit ihrem Kind leben. Dieser Wunsch zeigt das ganze Ausmaß ihrer Verzweiflung und Ausweglosigkeit auf, da die Möglichkeit mit ihrem Kind zu leben angesichts ihrer momentanen Situation und Verfasstheit unrealistisch ist. Die Vorstellung mit ihrem Kind zu leben ist zwar eine Fiktion, jedoch ist es auch eine Überlebenshilfe, da sie in der Hoffnung auf ein gutes Leben Lebenskraft finden kann. Die Mutterrolle böte auch eine Form von Intelligibilität und Respektabilität. Die Verzweiflung speist sich aus ihrer Erkenntnis entweder gar nicht oder nur mit größtem Aufwand intelligibel werden zu können. Dass sie die frauenspezifische Anlaufstelle als „Glück" bezeichnet und sonst im Leben keine Freude (sie sagt Spaß) hat, zeigt, dass die Anlaufstelle ein Ort der Respektabilität ist.

In der Subjektkonstruktion *Drogenkonsumentin zwischen Anpassung und Legalisierungsforderungen* wird deutlich, dass Margalit von den Strukturen des illegalisierten Drogenmarktes abhängig ist. Sie ist Crackkonsumentin und ihr ist klar, dass Crack eine Armutsdroge ist. Sie bekommt die diskursive Abwertung und gesellschaftliche Missachtung zu spüren. Wie bereits analysiert, ist es für Margalit unmöglich, sich einen Therapieplatz zu organisieren. Erschwerend kommt hinzu, dass sie ohne medizinische oder soziale Begleitung aus der Substitution entlassen wurde. Daraus resultiert ein exzessiver Drogenkonsum, der letzten Endes ihren Handlungsspielraum beschränkt. Margalit versucht diesen durch den Drogenkonsum wieder zu erweitern oder zumindest ihre vulnerable Arbeitssituation zu erleichtern. Durch den Crackkonsum kann sie ihre Handlungsfähigkeit jedoch nur kurzfristig erweitern. Die strukturell bedingt schlechte Drogenqualität und das hohe Preisniveau verstärken die Abwärtsspirale, sodass sie als selbstbestimmt handelndes Subjekt immer stärker eingeschränkt wird.

Sie verweist extrem häufig auf die Struktur- sowie auch direkt auf die Repräsentationsebene und greift beide Ebenen an. Deutlich wird das vor allem in den Subjektkonstruktionen *Widersetzung verbal als Wegweisung, Kritik und Forderung* und *Ungerecht Diskriminierte* (siehe 6.1.3). Ihre Angriffe sind verbale Forderungen, das heißt, Margalit präsentiert sich kämpferisch und auch wütend, jedoch bleiben aktive Handlungen aus. Das wird durch ihre resignative Einstellung untermauert. Die Resignation speist sich aus ihrer subalternen Positionalität. Fallspezifisch ist, dass sie einen deutlichen und häufigen Gruppenbezug hat, wobei alle Gruppen, auf die sie sich bezieht, von Abwertung betroffen sind.

*Nachtrag:*

Aktuell lebt Margalit wieder auf der Szene. Ihre Sozialarbeiterin berichtet, dass sie stabil substituiert sei und eine Zeit lang relativ gut lebte. Sie hat nur noch ein paar Stammfreier bedient, aber nicht mehr im Stadtteil gearbeitet. Sie wohnte bei ihrem Freund, der gute Kontakte zur Szene hatte und sie mit hochwertigen Substanzen versorgen konnte. Als die Beziehung scheiterte, wurde sie wieder wohnungslos. Sie hatte von einem Tag auf den anderen keine Sachen, kein Geld und keine Papiere. Margalit hat sich aber gleich darum gekümmert, ihre Sozialleistungen aus dem SGB II zu sichern, das auf das Konto ihres Ex-Freundes gezahlt wurde, und sich unverzüglich bei der ARGE gemeldet und ihre Situation geschildert. Aber hier machte sie, wie früher, schlechte Erfahrungen und wurde abgewiesen. Ihre Sozialarbeiterin meint:

„[...] jetzt gehe es ein bisschen darum, bleibt sie auf ihrem Weg oder halt nicht. Also es ist für sie eigentlich alles ganz schlimm. Sie hat auch Neurodermitis-Schub, sie hat dann aber auch gleich noch mal irgendwie, sie hat ihn nicht so bezeichnet, es ist glaube ich auch kein wirklicher Stamm-Freier, sondern ihr Stammfreier-Kollege, wo sie auch jetzt schon wieder zwischenwohnt, sie hat sich ganz schnell organisiert aber sie schafft es überhaupt nicht, zu unseren verschiedenen Beratungs-Frequenzen zu kommen, sondern eher nur in die Nacht-Dienste, dann erzählt sie und spricht viel was sie vorhat und die Umsetzung ist ein bisschen schwierig. [...] Miriam war leider immer eine Frau, wo ganz wenig in der Umsetzung geklappt hat und wo es sehr traurig war. Nee, also sie muss ja auch trotzdem immer noch ganz viel lachen." (Expertinneninterview Sozialarbeiterin 2011)

Ihre Sozialarbeiterin ist relativ zuversichtlich, dass Margalit den Absprung schaffen wird, beschreibt aber ihre brisante Lage wie folgt:

„[...] jetzt muss sie auf der Straße wieder arbeiten. Und ihr ist die neue Polizei-Situation ja nicht so ganz klar und dann erzählt sie immer wieder, wie sie kontrolliert wird oder von der Polizei angesprochen wird, wie sie denn bitte rumläuft, das wäre ja wohl zu sexy mäßig, das riesen Dekolleté und halt was die Zwiegespräche erzählt sie halt immer wieder und das ist so lustig, weil das glaube ich ihr auch. [...] Ist halt die Frage, wie lange das gut geht. Aber äh, sie nimmt, also das ist für sie bestimmt auch alles nicht wirklich lustig, aber sie nimmt es immer noch ein bisschen cool oder versucht es von der positiven Seite zu nehmen und ich finde, das ist so ein Zeichen, sie will hier nicht bleiben und sie hat da auch keine Lust mehr drauf und sie kriegt das hin und das mit der Wohnung in [Ortsangabe, K.S.] wird sie auch wuppen und gut, sie wird jetzt versuchen, irgendwie diesen Monat zu überstehen, wo jetzt erst mal kein Geld da ist, sie ist Sexarbeiterin, sie ist da auch relativ ziemlich professionell glaube ich drin und wieder eine üble Erfahrung mehr mit einem Mann. Was glaube ich, für sie innerlich ganz schön schlimm ist." (ebd.)

Diese Erzählpassage zeigt auch wie respektvoll der Umgang der Sozialarbeiterin mit Margalit ist. Die Narration hat weder einen neoliberalen Duktus noch einen „fürsorgerischen" Gestus, sondern die Sozialarbeiterin unterstützt ihre Klientin, indem sie diese als handlungsfähiges, verantwortungsvolles Subjekt anspricht.

### 6.4.4 Handlungsfähigkeit von Magdalena

In der Subjektkonstruktion *Widersetzung aus Resignation* beschreibt Magdalena ihren Arbeitsablauf als routiniert. Sie widersetzt sich bewusst der SpGVo, da sie einen festen Standplatz hat. Die unterschiedlichen szenenahen Hilfeprojekte sind für sie eine Unterstützung. Dort hat Magdalena die Möglichkeit, ihre Drogen zu konsumieren, sie muss das nicht öffentlich tun, und sie kann sich auf ihre Arbeit vorbereiten. Magdalena gebraucht Drogen, um die Entfremdung ihre Arbeit auszuhalten. Die Entfremdung ist unter anderem auf das abwertende Verhalten der AnwohnerInnen gegenüber den Sexarbeiterinnen zurückzuführen. Magdalena erfährt eine permanente Entwürdigung ihrer Arbeit und ihrer Person, was in engem Zusammenhang steht und einem klassischen Herrschaftsverhältnis zugrunde liegt. Magdalena reflektiert im Interview die Abwertung, die sie im Stadtteil durch die Mehrheitsgesellschaft erfährt, dort ist es inzwischen eine akzeptierte gesellschaftliche Norm, Sexarbeiterinnen herablassend zu behandeln und zu beschimpfen. Durch den Drogenkonsum versucht sie die Zumutungen zu kompensieren und damit ihre Respektabilität vor sich selbst zu erhalten. Magdalena konstruiert sich als gleichgültig gegenüber den abwertenden Anrufungen, denn sie bleibt im Stadtteil und geht dort ihrer Arbeit nach.

Ihre Substitution hat Magdalena als Unterstützung wahrgenommen, weil sie nicht mehr ihr gesamtes Leben daran orientieren musste, den Entzug zu verhindern. Die Substitution milderte die Folgen der Ausbeutung und der Vulnerabilität, allerdings konnte und kann Magdalena den Aufwand nicht leisten, die Substitutionsregeln einzuhalten. Sie verstößt gegen die Regeln der Substitution, indem sie Drogen konsumiert. Dadurch versucht Magdalena ihre Handlungsfähigkeit in der Sexarbeit zu erweitern, jedoch wird der Verstoß mit der Entlassung aus der Substitution geahndet, was ihre Handlungsfähigkeit wieder eingeschränkt. Magdalena verweigert sich zwar aktiv der Disziplinierung, indem sie „Beikonsum" hat, interpretiert dies aber als eigenes Verschulden. Sie widersetzt sich zwar der Figur des „rationalen angepassten Menschen", der vernünftig ist und abstinent lebt, aber sie hinterfragt diese Konstruktion nicht. Ein klassistisches Herrschaftsverhältnis fordert die Unterwerfung unter die Regeln der Substitution. Magdalena ist in der Situation einer Bittstellerin, die die Hilfemaßnahme der Substitution benötigt, und sie muss die Regeln befolgen. Ein Verstoß hat den Entzug der staatlichen Hilfe zur Folge. Magdalena wird durch den Regelbruch zum *schlechten Subjekt*, da sie der Anrufung, „sei eine gute Substituierte" nicht folgt. Die Biopolitik als gouvernementale Regierungstechnik nimmt ihre soziale Verelendung in Kauf, weil Magdalena die Substitution aus disziplinarischen Gründen verweigert wird, obwohl der Beikonsum geringere negative Auswirkung auf ihr soziales Leben hat als der Mehr-Konsum von illegalisierten Drogen nach der Entlassung aus der Substitution. Im Vordergrund der wohlfahrtsstaatlichen, medizinischen

Intervention der Substitution steht nicht ihr individuelles Wohlbefinden, sondern die Volksgesundheit. Drogenkonsum wird als gesellschaftszersetzend und gefährlich verhandelt, und es wird postuliert, dass der gesellschaftliche Schaden durch legalisierten Drogenkonsum ungleich größer ist als die individuelle Verletzung Magdalenas, sodass diese billigend akzeptiert werden kann. Sie hat aus gesellschaftlicher Sicht zwar jederzeit die Freiheit sich gegen den Konsum zu entscheiden, aber niemals eine Option dafür. Aber auch die Option dagegen existiert real nicht, denn um in ihrem Job handlungsfähig zu bleiben, muss sie Drogen konsumieren. Sie kann also entweder Drogen gebrauchen und wird dadurch ein *schlechtes Subjekt* oder sie kann ihren Lebensunterhalt nicht mehr sichern. Hier wird die Wechselwirkung zwischen Klassismus und Bodyismus deutlich. Wäre Magdalena nicht in der Zwangslage eine wohlfahrtsstaatliche Maßnahme in Anspruch nehmen zu müssen, die vorgibt ihrer Gesundheit zu dienen, aber eigentlich den Schutz der Gesamtbevölkerung im Fokus hat, sondern könnte sie z.B. Heroin kontrolliert konsumieren, käme sie gar nicht in Versuchung Beikonsum haben zu müssen. Aus diesen Gründen ist der Übernahme von Eigenverantwortung im legalen Bereich an dieser Stelle jegliche Grundlage entzogen. Die Entlassung aus der Substitution hat extreme Auswirkungen auf ihre körperliche Verfasstheit. Magdalena analysiert ihre marginale Positionalität und wünscht sich, dass es anders wäre, versucht aber nicht mehr, respektabel zu sein, sondern schützt sich mit Gleichgültigkeit gegen die bodyistischen und klassistischen Herrschaftstatsachen. Sie erträgt die kulturimperialistischen Diskurse, die Andere und die Abgewertete zu sein. Um die ausbeuterischen Strukturen ihrer marginalisierten Positionalität auszuhalten, muss sie gleichgültiger, abgeklärter und nicht so verletzbar sein. Darin unterstützt sie der Drogengebrauch (siehe Subjektkonstruktion *Drogenkonsumierende Anschaffende*). Magdalena erklärt, dass sie ohne Drogenkonsum niemals anschaffen würde. Es kostet sie jedes Mal Überwindung sexuelle Dienstleistungen zu erbringen. Jedoch akzeptiert sie Sexarbeit als Beruf und damit auch Frauen, die diesen ausüben. Magdalena unterstützt einen positiven Diskurs über Sexarbeit, obwohl sie sich selbst davon abgrenzt. Sie fordert Mindeststandards auch für ihre Arbeit, wie zum Beispiel einen Rückzugsort, und verweist dazu auf die frauenspezifische Anlaufstelle. Für Magdalena ist Sexarbeit eine Überwindung, und die Drogen sind ein Hilfsmittel diese abzubauen.

Magdalena beklagt zwar, dass Freundschaften nicht existierten, allerdings grenzt sie sich bewusst von ihren Kolleginnen ab, um ihren Handlungsrahmen strategisch (siehe Anna und Sara) zu erweitern. Sie wehrt sich auch gegen die negativen Stereotype und Bilder von ihr und ihren Kolleginnen. Um respektabel zu sein, konstruiert sie sich als die Andere und grenzt sich von denen ab, die diesen negativen Bildern ihrer Meinung nach entsprechen. Sie sieht sich als Diskursopfer, das einen großen Aufwand leisten muss, um gegen diese Abwertung anzugehen. Sie konstruiert sich als resignierte Person, die aufgegeben hat, und bezeichnet ihr Leben als eine „nicht bewusste Flucht".

Die Subjektkonstruktion *Drogenkonsumierende Anschaffende* illustriert, dass der Konsum eine Selbsttechnik ist, die Anrufung als „Drogenprostituierte" auszuhalten und die damit verknüpfte Vulnerabilität zu begrenzen. Die Drogen helfen ihr arbeitsfähig zu bleiben. Aufgrund der fehlenden Substitution muss sie mehr arbeiten, da sie viel Geld für Drogen benötigt. Ihre hohen Lebenshaltungskosten sind Nebeneffekte der Prohibition und stehen in Wechselwirkung mit den kulturimperialistischen Dispositiven bezüglich der Illegalisierung von Drogen. Das bedeutet, die fehlende Substitution stabilisiert ein bodyistisches Herrschaftsverhältnis, das obendrein durch die seit zwei Jahren zunehmende Repression gestärkt wird. Weil drogengebrauchende Sexarbeiterinnen auf Grundlage des BtMG, der SpGVo sowie der Verfügung zur „Handlungsanweisung zur Bekämpfung öffentlich wahrnehmbarer Drogenkriminalität" für den Stadtteil ständig verfolgt werden, sind sie gezwungen immer mobil zu sein. Der Bodyismus ist verschränkt mit klassistischen Herrschaftszuständen, da nur DrogenkonsumentInnen und Sexarbeiterinnen verfolgt werden, also die „Ärmsten der Armen" im Stadtteil. Angesichts dieser Situation wird nicht nur der Handlungsrahmen von Magdalena eingeschränkt, sondern auch die Struktur des Stadtteils verändert. So ist die Zahl der Kunden rückläufig, der Arbeitsraum verkleinert sich und die Prekaritätskonkurrenz manifestiert sich. Dies hat einen strukturellen Preisverfall und die Stärkung der Herrschaftsposition der Kunden zur Folge, was dadurch ein heteronormatives Herrschaftsverhältnis konsolidiert. Magdalena muss innerhalb dieser ausbeuterischen Strukturen ihren vollständigen Lebensunterhalt verdienen. Diese Verschränkung differenter Ungleichheitskategorien wird unter anderem darin deutlich, dass Magdalena seit der Verschärfung der Repression Szene und Privatleben nicht mehr trennen kann. Sie arbeitet bis zur körperlichen Erschöpfung und lebt trotzdem am Existenzminimum. Allerdings nutzt sie den Szeneaufenthalt auch, um ihre Angst vor dem Alleinsein zu bekämpfen. Sie will eigentlich ihre Handlungsfähigkeit erweitern, die jedoch durch die Disziplinartechniken und Sicherheitsdispositive beschnitten wird. Nach einer Therapie versucht Magdalena erfolglos Arbeit zu finden. Aus Frust darüber und auf Grund der daraus folgenden Isolation und Perspektivlosigkeit kehrt sie auf die Szene zurück. Die strukturelle Benachteiligung auf dem Arbeitsmarkt kann in Bezug auf die Kategorie Gender wie folgt beschrieben werden. Die Wahrscheinlichkeit, dass eine ehemalige „Drogenprostituierte" einen Job als Erzieherin bekommt, ist null, auch und gerade wenn sie in einem Bewerbungsgespräch angibt, erfolgreich eine zwölfmonatige Therapie durchgeführt zu haben. Die gesellschaftlichen Vorbehalte gegen Therapien sind noch immer sehr groß, obwohl zunehmend eingefordert wird, dass jeder und jede sich mit sich selbst beschäftigen und psychotherapeutisch durchdringen sollte. Das ist ambivalent und hat im Falle von Magdalena zur Folge, dass ihre erfolgreiche Therapie immer als Makel und nicht als Erfahrung und Wille zur Veränderung gelesen wird, da exzessiver Drogenkonsum und die Arbeit als Prostituierte den bürgerlichen Wertvorstellungen fundamental widersprechen und die Mehrheitsgesellschaft ihre Kinder natürlich vollständig fern von diesem Milieu betreut wissen will.

In Bezug auf die Kategorie Klasse gilt, dass sie in Wechselwirkung mit Gender noch mal stärker wirkt, weil Sexarbeit nach wie vor als der Job „gefallener Mädchen" gesehen wird und der Job auf der Straße und im Drogenmilieu immer als eine Form der Armutsprostitution und damit als Arbeit der „Deklassierten" konstruiert wird. Die Kategorie Körper enthält den Aufwand, der betrieben werden muss, um die eigene Biografie zu verheimlichen und sich den hegemonialen Forderungen und Anrufungen einer fürsorglichen Erzieherin (Stereotyp von Weiblichkeit) anzupassen. Die Rückkehr auf die Szene nach Frustration und Resignation muss als eigenes Versagen und nicht als Widersetzung gegen bürgerliche Wertvorstellungen wahrgenommen werden. Magdalena handelt im Rahmen ihrer Möglichkeiten, da sie den Frust nicht aushält. Schlussendlich wird ihre Handlungsfähigkeit durch die diskriminierenden gesellschaftlichen Strukturen und Diskurse extrem beschränkt.

In der Subjektkonstruktion *Frau, die mit ihrem Leben nicht so richtig klar kommt,* beschreibt sie das Gejagtwerden, den Stress und die Angst in ihrer Arbeit. Dies verweist auf ihre vulnerable Positionalität, die ein bodyistisches Herrschaftsverhältnis untermauert. Magdalena wohnt seit zwei Jahren bei einem Kunden und ist dort auch gemeldet. Diese Wohnform ist für sie kein Rückzugsort, denn sie muss ihre Miete mit sexuellen Dienstleistungen bezahlen. Das Zusammenleben mit dem Kunden ist ein finanzielles Arrangement zwischen beiden Seiten, er übernimmt ihre Mietkosten und sie bezahlt mit Sex. Inwieweit dies ein gleichberechtigtes Arrangement ist und ob Magdalena selbstermächtigt oder unterworfen ist, kann nicht gesagt werden, da nicht klar wird, ob sie an manchen Tagen die Dienstleistung auch ablehnen und bestimmte sexuelle Praktiken grundsätzlich verweigern könnte. Diese Situation erinnert an *„Sex for Drugs Exchange".* Hier wird für die Arbeit auch nicht bezahlt, sondern sie wird gegen die Befriedigung eines existentiellen Bedürfnisses eingetauscht. Verständlich wird an dieser Stelle, dass Magdalena durch dieses Wohnarrangement die Verschmelzung von Privat- und Szeneleben als deprimierend empfinden muss, da für sie faktisch eine Privatsphäre nicht mehr existiert. Der Ausbeutungskreislauf wird durch die Art des Wohnens ebenfalls nicht durchbrochen, allerdings versucht Magdalena durch die Wohnform ihre marginalisierte Positionalität abzufedern und ihrer Angst vorm Alleinsein entgegenzuwirken. Das Thema fehlender Freundschaften bzw. sozialer Kontakte taucht häufiger auf. Magdalena verortet die Individualisierungstendenzen subjektiv. Durch die Analyse der Wechselwirkungen wird deutlich, dass Freundschaften aufgrund der Disziplinartechniken und Sicherheitsdispositive des gouvernementalen Regierens gar nicht erst zustande kommen können. Der informelle Drogen- und Sexmarkt im Stadtteil soll zerschlagen werden, somit ist es ein notwendiges Dispositiv, Bündnisse unter denen, die vertrieben werden sollen, von vornherein zu verhindern. Diese Technik wird auch in den anderen Interviews deutlich. Magdalena konstruiert sich als Frau, die mit ihrem Leben nicht richtig klar kommt, sie ist gezwungen als Sexarbeiterin zu arbeiten, weil sie damit ihren Lebensunterhalt finanziert. Um das ertragen zu können, konsumiert sie Drogen. Die Wechselwirkung von Klassismus und Bodyismus bedingt Magdalenas Marginalisierung, sie versucht ihren Handlungsrahmen zu erweitern, indem sie Drogen konsumiert, was ihre Respektabilität im Stadtteil verhindert.

Magdalena grenzt sich massiv von den „Normalen" ab. Die Abgrenzung ist ambivalent, da sie sich auch ein „normales" Leben wünscht. Nicht „normal" sein zu wollen, ist eine Widersetzungspraxis, die sie letzten Endes aufgrund fehlender Intelligibilität weiter marginalisiert. Ihre Positionalität als Marginalisierte wird auch in der Tristesse und Perspektivlosigkeit ihrer Alltagsstruktur deutlich. Sie kann mit ihrer Zeit nichts anfangen, das heißt, sie hat keine Utopien, kein Selbstvertrauen, und sie meint keine Fähigkeiten zu haben. Um das aushalten zu können, grenzt sie sich vom „Normalen" ab, um einen Rest an Respektabilität für sich dadurch zu definieren, dass sie wenigstens nicht „normal" ist.

Magdalenas Verweise auf die herrschenden Normen sind rein deskriptiv und unaufgeregt oder resigniert. Sie nimmt die abwertenden Diskurse wahr, aber sie nimmt sie auch so hin. Hingegen beschreibt sie die Einschränkungen seitens der Polizei und staatlicher Regulierungen als emotional stressig und belastend. Sie konstruiert sich als Mitglied einer Gruppe lediglich in Bezug auf die Abwertung durch die AnwohnerInnen, weil sie auch von dieser betroffen ist. Grundsätzlich grenzt sie sich von der Szene eher ab.

*Nachtrag:*
Laut Auskunft ihrer Sozialarbeiterin hat sich Magdalena stabilisiert.

„Sie ist ja auch substituiert stabil inzwischen. Ist hier auch eigentlich auch kaum mehr. Wohnt auch nicht mehr bei ihrem unsäglichen Menschen, Freier, [...] sondern wohnt jetzt in [Ortsangabe, K.S.], hat ein eigenes Zimmer mit Schlüssel, ist auch nicht mehr so gegen sexuelle Dienstleistungen, so das Zimmer aber es ist schon auch ein Opi [? K.S.] aber da, immer wenn ich sie frage, sagt sie nein, ist nix, der belästigt sie so auch nicht, und ich hoffe, dass das auch tatsächlich stimmt und dass dieses Nichts nicht doch ein paar geringfügigere Dinge einschließt. Sie hat sich ähm, inzwischen dann, genau substituiert, trinkt aber unglaublich viel [...]." (Expertinneninterview Sozialarbeiterin 2011)

Magdalena arbeitet noch als Sexarbeiterin, hauptsächlich mit Stammkunden. Außerdem befindet sie sich in Psychosozialer Betreuung (PSB). Sie findet die Kollegin der PSB sehr nett und kompetent, vermeidet aber Gespräche über ihr Trinkverhalten und ihre Bulimie. Die Sozialarbeiterin berichtet, dass sich Magdalena nach wie vor langweile, und denkt, ihr fehle ein Lebenssinn. Dies führt sie auf eine schwerwiegende Gewalterfahrung in Magdalenas Jugend zurück. Über diese hätte sie einmal im Konsumraum gesprochen, frei von jeglichen Gefühlen.

„Also die Vergewaltigung und äh, die Gewaltaktion, die darin war, das war so schwerwiegend für sie, dass sie also, das fand ich auch ganz schön, dass sie das, also ich fand es nicht schön, wie sie es gesagt hat, aber ich fand es schön, wie sie es in Worte fassen konnte, weil ich denke immer, wow, das ist dann erst mal so, aber wenn sie das sagen kann, dann gibt es vielleicht auch irgendwann aus diesem, aus diesem Gesagten trotzdem auch noch mal, es gibt ja, es kann ja auch weitergehen [...] und dann können da auch neue Gefühle vielleicht zu entstehen oder so, dass sie vielleicht mal wirklich, weil sie sagt es auch so, da ist keine Trauer kein gar nichts, da ist noch nicht einmal wirklich Wut mit bei. Also, ja, also ich würde ihr einfach, also ihr würde ich wünschen, dass sie in irgendeiner Form eine gute Therapeutin, Traumatherapeutin, was auch immer, die einen guten Zugang zu ihr findet und einfach ihr mal die Möglichkeit gibt. Vielleicht auch gar nicht drüber sprechen." (ebd.)

Auch hier wird das respektvolle Verhalten der Sozialarbeiterin deutlich. Sie nimmt die Verletzungen Magdalenas durchaus ernst, jedoch akzeptiert sie Magdalenas Haltung, nicht darüber sprechen zu wollen und therapeutische Interventionen abzulehnen.

## 6.4.5 Handlungsfähigkeit von Tracy

Die Subjektkonstruktion *Widersetzung als Sorge um sich* beschreibt unter anderem das klassistische Herrschaftsverhältnis innerhalb der informellen Drogen- und Sexökonomie. Der zunehmende Gebrauch von Crack ist eine Folge der Prohibition und zieht eine verstärkte Prekarisierung nach sich, die sich unmittelbar auf die Handlungsfähigkeit des Subjekts auswirkt. Die Prekarisierung erzeugt simultan einen Bodyismus, der sich unmittelbar auf das Wohlbefinden und die körperliche Verfasstheit auswirkt. Tracy zieht daraus ihre Konsequenzen und nutzt ihr Alter argumentativ für den strategischen Rückzug aus der informellen Drogen- und Sexökonomie. Tracy wendet die Ungleichheitskategorie Alter positiv. Sie setzt sich über normative Vorgaben hinweg und hinterfragt entsprechende bodyistische Altersklassifizierungen. Diese Widersetzung entspricht ihrer Sorge um sich, die auch an normative Grenzen stößt. Die Subjektkonstruktion steht in Wechselwirkung mit den Herrschaftsverhältnissen und mit den Diskursen, z. B. dass Crack die Szene verändert habe und es mit dem Einzug des Crackkonsums kein Zusammenhalt mehr unter den drogengebrauchenden Sexarbeiterinnen gebe. Diese Narration verweist auf einen Mythos, der sich durch alle Interviews zieht. Das wichtigste Ziel der staatlichen Repression ist die Zerschlagung und Zersplitterung der informellen Drogen- und Sexökonomie durch eine strukturell gewollte Entsolidarisierung unter drogengebrauchenden Sexarbeiterinnen. Tracy entscheidet sich für den teilweisen Rückzug, um sich zu schützen, und wird dadurch zu einer Grenzgängerin zwischen der „normalen Hausfrau" und der „aufregenden Szenefrau". Sie will ihre Grenzen ausloten, auch wenn sie dadurch vulnerabler wird. Sie bringt ihre Grenzgänge in den Diskurs ein und wehrt sich so gegen die Marginalisierung solcher Lebensrealitäten. Als Grenzgängerin aus Sorge um sich kann sie ihre Handlungsfähigkeit erweitern, jedoch findet diese Praxis durch ihre subalterne Positionalität keine diskursive Verankerung.

Tracy lehnt, wie Magdalena, die wohlfahrtsstaatliche Regulierung durch die Heroinambulanz ab. Sie praktiziert eine eigene, unkonventionelle Lösung (illegalisierte Drogen kontrolliert zu konsumieren und substituiert zu sein), die aber nicht ungefährlich ist, denn sie konfrontiert sie mit den Restriktionen des BtMG. Die Qualität der Drogen ist durch ihre Illegalisierung nie kalkulierbar. Der Nexus zum Bodyismus wird deutlich. Tracys Drogengebrauch ist unkonventionell und wird aus einer Sorge um sich von ihr selbst reguliert.

Tracys Wohnung ist ihr Rückzugsort, und sie verleiht ihr die lebensnotwendige Sicherheit. Ihre Argumentation über die Wichtigkeit einer Rückzugsmöglichkeit nimmt einen breiten Rahmen ein und verdeutlicht die Erweiterung ihres Handlungsrahmens (siehe auch Gesine/Anna/Margalit/Magdalena/Sara/Doro). Ruhe und Rückzug ist in fast allen Interviews, außer bei Maya, ein wichtiges Thema. Tracy trennt im Gegensatz zu den anderen Interviewten die Privatsphäre konsequent vom Szenealltag und nimmt dafür auch Einsamkeit und Eintönigkeit in Kauf. Obwohl Teile von Tracys Identität eng mit dem Szenealltag verwoben sind, wie die Subjektkonstruktion *Szene ist meine zweite Heimat* zeigt, sieht sie das Leben dort sehr kritisch. Auf Grund schlechter Erfahrungen hält sie Distanz zur Szene und thematisiert die Bedeutung ihres Rückzugsraumes. Mit der klaren Trennung von Szene und Privatleben widerspricht sie einerseits der Vorstellung vom bürgerlichen Leben und andererseits den abwertenden kulturimperialistischen Stereotypen über „Drogenprostituierte", die besagen, dass für diese Frauen eine solche Trennung nicht existiere. Tracy verfolgt mit der Selbsttechnologie die Szene und ihre Privatsphäre zu trennen das Ziel ein gutes Leben zu führen. Die Szene als zweite Heimat funktioniert aber nur in Kombination mit ihrem Rückzugsraum, sie hat gelernt mehr auf sich zu achten. Tracy lässt sich weder von der einen noch von der anderen Welt dominieren, das heißt, sie verstößt gegen die bürgerliche Norm des guten Lebens und kreiert ihren eigenen Weg. Sie wird nur teilweise intelligibel, aber respektabel vor sich selbst. Dadurch erweitert sie ihre Handlungsfähigkeit. Auf Basis ihrer langjährigen Erfahrungen reflektiert sie die klassistischen und bodyistischen Herrschaftsmechanismen innerhalb des informellen Drogen- und Sexmarktes sowie die Vertreibung der „Nichtangepassten" und die gleichzeitige Etablierung konformer bzw. akzeptierter Lebensweisen im Stadtteil. Toleriert werden auch nicht konforme Lebensentwürfe (z.B. Homosexualität), wenn sie mit ökonomischen, kulturellen und sozialen Kapitalien ausgestattet sind. Gleichzeitig geraten auch MuslimInnen unter immer mehr Druck, obwohl sie eine große Community im Stadtteil stellen und seit vielen Jahren dort leben. Die städtebauliche Aufwertung geht einher mit einer Zunahme der Sicherheitsdispositive und Disziplinartechniken, um die Vertreibung durchsetzen zu können. Die frauenspezifische szenenahe Anlaufstelle ist nicht nur ein Schutzraum und eine Überlebenshilfe, sondern bietet den Frauen die Möglichkeit durch unterschiedliche Angebote, Abstand und Ruhe von der Szene zu gewinnen. Das Angebot wird von Tracy sehr geschätzt. Die Wertschätzung zeigt, wie notwendig eine strukturelle geschlechtsspezifische Unterstützung ist, und widerspricht dem Stereotyp, dass „Drogenprostituierte" interessenlose, dahinvegetierende „Junkies" seien. Sie zeigt aber auch, wie wichtig die soziale Gemeinschaft für Tracy ist, denn sie besucht die soziale Einrichtung nicht nur, um deren Angebote nutzen zu können, sondern sie ist für sie auch ein Ort der Akzeptanz und des sozialen Miteinanders.

In der Subjektkonstruktion *Widersetzung als Sorge um sich* wird deutlich, dass Tracy andere Menschen selten abwertet, sondern sich in ihrer Erzählung immer nur auf Situationen bezieht, in der sie sich und ihr eigenes Verhalten reflektiert. Ihr geht es darum, ihr Verhalten und ihren Lebensentwurf vor sich zu rechtfertigen, und sie argumentiert nicht in Abgrenzung von Anderen. Dies zeigt, dass Tracy sich gegen ein *Othering* wehrt. Sie versucht ihrer eigenen Marginalisierung entgegenzutreten, aber auch der von anderen Personen, indem sie diese hinterfragt und versucht ihr auf die Schliche zu kommen. Es geht ihr nicht darum, um jeden Preis intelligibel zu werden, sondern sie versucht, genau hier das Widersetzungspotential auszuloten und Inkohärenzen für sich zu akzeptieren. Tracys Empörung darüber, dass Freier mehr wollen, aber nur wenig geben wollen, illustriert, was Sexarbeiterinnen abverlangt und wie wenig bezahlt wird. Sie wehrt sich gegen die ausbeuterischen Strukturen der informellen Drogen- und Sexökonomie. Sie hat Arbeitsstandards und ringt in ihrer vulnerablen Situation um Respektabilität, indem sie von beiden VertragspartnerInnen (sie als Dienstleisterin auf der einen Seite und der Freier als Konsument auf der anderen) Respekt und Ehrlichkeit einfordert. Beide Forderungen bringt sie als Dienstleisterin ein. Dass sie thematisiert, nicht erniedrigt und geschlagen zu werden, und dies zum Standard erheben muss, legt die extreme Form der Ausbeutung offen. Ausbeutung korreliert mit Misshandlung, Missachtung und Gewalt sowie mit dem Fakt, dass eine Machtasymmetrie zwischen den Kunden und Tracy besteht. Die Herrschaftstatsachen stehen in Wechselwirkung mit den abwertenden Diskursen über „Drogenprostituierte". Sie versucht der strukturellen und repräsentativen Unterdrückung mit Menschlichkeit und einer Ethik des Selbst zu begegnen. Das heißt, sie setzt den hegemonialen Ideologien über Drogenkonsum, KonsumentInnen und Sexarbeiterinnen ihre Lebenserfahrung entgegen und hinterfragt diesen Kulturimperialismus kritisch. Tracy versucht durch Standards im Arbeitshandeln, aber auch durch flexible Preisverhandlungen, ihre Handlungsfähigkeit zu erweitern. Sie verhält sich professionell und wendet sich gegen die verwobenen heteronormativen, bodyistischen und klassistischen Herrschaftszustände. Das ist kein egoistischer Selbsterhaltungstrieb, sondern sie wendet sich grundsätzlich gegen die Unterdrückung von Frauen in ihrem Arbeitsfeld. Tracy fordert von den Freiern einen menschlichen, natürlichen Umgang. Sie greift im Kampf gegen die Kommodifizierung auf die einzigen Ressourcen zurück, die ihr in der Situation der Bedrängnis bleiben, ihre Würde und Ehre. An ihrer Reaktion ist abzulesen, dass die Grenzen ihrer Respektabilität häufig verletzt wurden und dass die Verdrängung der Traumata eine Möglichkeit des Überlebens ist. Abwehr und Verdrängung sind überlebenswichtige Ressourcen für sie, um nicht unterzugehen. Der dazu nötige Aufwand entspricht einem psychischen Kraftakt. Das heteronormative und bodyistische Herrschaftsverhältnis wird deutlich, denn Traumatisierungen, die durch andere erzeugt werden, die über eine Machtposition verfügen, beeinträchtigen immer die körperliche Verfasstheit der Betroffenen.

In Tracys Subjektkonstruktion *Widersetzung als Sorge um sich* ist die Technologie der Selbstsorge augenfällig, jedoch wird auch klar, dass diese Selbsttechnologie nur mit großem Aufwand praktiziert werden kann. Der dabei zu leistende Aufwand wird in der Subjektkonstruktion *Stolze verletzliche Kämpferin* beschrieben. Tracy räumt in einer kurzen Passage ein, dass sie weiß, was es bedeutet, erniedrigt zu werden, es wird spürbar, wie vulnerabel sie trotz aller Selbstreflexion und Professionalität ist. Die erfahrenen Verletzungen gehören nicht zu ihren zentralen Selbstkonstruktionen, sie erscheinen eher am Rand und sind trotzdem sehr wichtig, da sie den Aufwand ihres inneren Kampfes illustrieren. Die Aussage, dass sie froh ist überlebt zu haben, bebildert anschaulich ihren Kampf um Respektabilität. Dass sie die Traumata verarbeiten konnte, rechnet sie unter anderen auch dem Drogenkonsum und nicht nur ihrer persönlichen Stärke zu. Sie ist der Auffassung, jeder müsse für sich allein kämpfen. Tracy versucht ihr hartes Leben auf der Straße intrapersonal in wertvolle Erfahrungen umzudeuten. Sie kämpft gegen ihre Deklassierung und die abwertenden Diskurse über Obdachlose und „Drogenprostituierte". Die gesellschaftliche Abwertung versucht sie durch Würde und Respekt vor sich selbst zu kompensieren. Auch an dieser Stelle ist der Kampf eine Widersetzung gegen ihre Kommodifizierung und Diskriminierung, um vor sich selbst respektabel zu bleiben. Tracy konstruiert sich als ein stolzer Mensch. Sie unterwirft sich meritokratischen Normen, da sie ihr Überleben und ihre Handlungsfähigkeit ihrer Stärke zuschreibt, jedoch schätzt sie auch die Solidarität und die Hilfe anderer Personen. Sie ist sich bewusst, dass ihre Biografie brüchig ist und entwickelt daraus die Strategie, nicht offen damit umzugehen, denn Tracy ist klar, dass sie der abwertenden Diskursmacht über „Drogenprostituierte" immer unterliegen würde. Sie folgt zwar der neoliberalen Anrufung, kämpfen muss man selbst, aber simultan dazu hat sie die Erfahrung gemacht, dass „Viele" sie unterstützt haben. Das zeigt, wie sehr sie bemüht ist, sich gegen eine weitere Marginalisierung zu wehren. Tracy unterwirft sich nicht dem hegemonialen Diskurs „jeder ist seines Glückes Schmied", denn ihre Lebenserfahrung lehrt sie, dass Gewalt ein strukturelles Fakt ist, dem Menschen sehr schnell zum Opfer fallen können. Tracys vulnerable Positionalität wird durch ihre bereits erfahrenen Verletzungen sowie ihre immerwährende Disposition zur Verletzlichkeit sichtbar. Sie versucht, sich durch suggestive positive Subjektkonstruktionen gegen klassistische und bodyistische Zuschreibungen zu schützen, um dadurch überhaupt handlungsfähig zu bleiben. Tracy konnte ihre Traumata nur durch den Drogengebrauch bewältigen, dadurch war und ist sie handlungsfähig. Ihr Handlungsspielraum wird durch das BtMG wiederum eingegrenzt.

Die Subjektkonstruktion *Selbstbewusste Drogenkonsumentin als Grenzgängerin* enthält Tracys Rückzugsstrategien vom informellen Drogen- und Sexmarkt, da sie ethische Probleme mit dem sozialen Umgang innerhalb der Szene hat. Tracy führt das nicht auf die Subjekte zurück, sondern stellt den Zusammenhang zur Armutsdroge Crack her. Ein Ergebnis der Analyse ist, dass der Crackkonsum eine Folge der prohibitiven Repressionen ist und zu einer weiteren Prekarisierung innerhalb der Szene führt. Diese Subjektkonstruktion verweist noch einmal darauf, dass Tracy sich abgrenzen muss, um nicht weiter marginalisiert zu werden. Ihre selbstbewusste Identität als „Junkie" ist ein Teil ihrer Subjektkonstruktion und macht deutlich, dass es ihr um die Respektabilität dieser Identitätsform geht. Für Tracy ist der Heroinkonsum eine bewusstseinserweiternde Praxis. Sie widersetzt sich nicht nur den kulturimperialistisch abwertenden Diskursen über DrogengebraucherInnen sowie der Regulierung der illegalisierten Drogen- und Sexökonomie (Dispositive), sondern kritisiert auch die Marginalisierung anderer, nicht normierter Lebensformen im Stadtteil. Das wird deutlich, wenn sie die Verelendung von KonsumentInnen auf die Verschärfung der staatlichen Kontrollen durch die Polizei (im Vergleich zu früher), die von städtebaulichen Maßnahmen flankiert werden, sowie auf die schlechte Drogenqualität zurückführt. Damit greift sie das kulturimperialistische Dispositiv der Prohibition und die Gentrifizierung sowie die Marginalisierung von DrogengebraucherInnen an. Mit dieser Selbsttechnologie kämpft Tracy gegen die hegemoniale Anrufung zum „rationalen angepassten Menschen" sowie gegen die klassistischen und bodyistischen Vereinnahmungen, indem sie sich der Prohibition widersetzt und das Rauscherlebnis positiv belegt (siehe Sara). Damit widersetzt sie sich auch einer weiblichen Rollenzuschreibungen, denn nur *schlechte Subjekte* und damit schlechte Frauen geben sich dem Rauscherlebnis hin. Tracy erweitert durch das Moment des Rausches ihre Handlungsfähigkeit immens. Das Rauscherleben ist für sie lebensnotwendig. Aufgrund ihres langjährigen Drogengebrauchs ist ein Leben ohne Drogen für Tracy unvorstellbar. Sie geht ihren eigenen unkonventionellen Weg, real existiert für sie eben nicht nur der exzessive Konsum oder die Abstinenz. Selbstbewusst argumentiert sie, dass sie ihre aktuelle stundenweise Erwerbsarbeit nur durch ihre Form der Substitution realisieren kann.

Ihr Plädoyer für den Heroingebrauch und ihre Widersetzung gegen den kulturimperialistischen Duktus der Abstinenz finden sich in der Subjektkonstruktion *Selbstbewusste Drogenkonsumentin als Grenzgängerin* wieder. Tracy findet einen Weg, der zwar gesellschaftlich und juristisch nicht akzeptiert wird, der es ihr aber ermöglicht, kontrolliert zu konsumieren. Somit ist sie auch in diesem Bereich eine Grenzgängerin zwischen den verschiedenen Welten. Das Überschreiten von Grenzen korrespondiert auch mit ihrem Repräsentationsinteresse, das Illegale reizvoll zu finden. Ihr ist bewusst, dass sie dadurch vulnerabel ist. Der kontrollierte Umgang mit Drogen ist Teil ihres Selbstbewusstseins, sie ist stolz auf diese Kompetenz. Sie formuliert im Interview implizit, dass sie sich auch mögen muss, wenn sie leben will, weil außerhalb ihrer Person nichts existiert. Tracy präsentiert sich als hoffnungsvoller Mensch. Sie entspricht nicht dem Stereotyp, dass „Drogenprostituierte" kein Selbstwertgefühl hätten (siehe Subjektkonstruktion *Stolze verletzliche Kämpferin*).

Ein Outing als drogengebrauchende Sexarbeiterin in ihrem Wohnumfeld ist für Tracy gänzlich undenkbar. Sie ist verdächtig, ohne dass sie sich outet, allein weil ihr Verhalten nicht normgerecht ist. Sie will helfen und wird mit den subjektiven Ängsten ihrer Nachbarn konfrontiert. Sofort werden Sicherheitsdispositive zum Einsatz gebracht, da man in ihr eine potentielle Täterin sieht. Sie muss nachweisen, dass sie nichts „Gefährliches" im Sinn hatte. Dass sie nicht offen zu ihrer Biografie stehen kann, liegt an den klassistischen und bodyistischen Herrschaftsverhältnissen, die in Wechselwirkung stehen mit dem wirkmächtigen Diskurs, „Drogenprostituierte" seien gefährliche Individuen. Um respektabel zu sein outet sich Tracy nicht und versucht dadurch ihre Handlungsfähigkeit zu erweitern (siehe auch Subjektkonstruktion *Stolze verletzliche Kämpferin*). Innerhalb des informellen Drogen- und Sexmarktes geht sie strategisch mit den Sicherheitsdispositiven der SpGVo, dem BtMG sowie der Verfügung zur „Handlungsanweisung zur Bekämpfung öffentlich wahrnehmbarer Drogenkriminalität" für den Stadtteil um. Sie ist mobil und achtet auf ihr Äußeres, denn sie ist Betroffene eines *Othering* durch den Diskurs über Risikogruppen und wird immer auch als ein „gefährliches" Subjekt gesehen. Gleichzeitig widersetzt sie sich damit dem Stereotyp, dass „Drogenprostituierte" nicht auf ihr Aussehen achten würden.

Für Tracy sind strategische Mobilität, unauffälliges Verhalten (siehe auch Sara) und gutes Aussehen ein Berufsethos. Tracy hat den Wunsch nicht dauerhaft allein zu leben, sondern einen Lebenspartner zu finden. Zum einen versucht sie mit dieser Vision von Partnerschaft der Angst vor Einsamkeit und Tristesse im Alltag zu entgehen, zum andern unterwirft sie sich einer heterosexuellen Norm, denn ihr Wunsch ist heteronormativ und entspricht der romantischen Vorstellung von Zweisamkeit. Allerdings existiert auch in dieser normativen Vorstellung von einem guten Leben eine Widersetzung, ihr heteronormatives Gegenüber muss ihrer Vorstellung entsprechen, und Tracy hat eben nicht die Hoffnung auf Liebe aufgegeben.

Die Subjektkonstruktion *Erfahrene Anschaffende zwischen Spiel und Geldnot* spiegelt wider, dass Sexarbeit einem bodyistischen Herrschaftsverhältnis unterworfen ist. Tracy versucht sich davon zu befreien, indem sie ihre Arbeit von der eigenen Sexualität trennt. Sie empfindet bei der Arbeit keine Lust und Leidenschaft, es geht immer nur um den Verdienst. Eine eigene Sexualität spricht sie sich aufgrund ihrer psychisch belastenden Erfahrungen als Sexarbeiterin ab. Es wird nicht ganz klar, ob sie Lust auf Sex nur bezüglich ihrer Profession ablehnt, das wäre eine professionelle Haltung, oder ob sie generell meint, lustvolle und leidenschaftliche Sexualität auch in ihrer Privatsphäre nicht mehr erleben zu können. An Sexarbeit reizt Tracy das „Illegale" und nicht der Sex, auch in diesem Segment ist sie Grenzgängerin und widersetzt sich der kulturimperialistischen Erzählung über Sexarbeit. Ihre Affinität zum Risiko und zu Grenzerfahrungen wird in der Subjektkonstruktion *Erfahrene Anschaffende zwischen Spiel und Geldnot* sichtbar. Sie vertritt also nicht den Gegendiskurs, dass viele Frauen den Job gern ausüben, sondern sie reizt allein das „Illegale". Tracy widersetzt sich also bewusst den klassistischen Herrschaftszuständen, der SpGVo. Gegen diese Dispositive und Disziplinierungen handelt sie strategisch, indem sie ihre Mobilität und einen möglichst unauffälligen Habitus professionalisiert. Die Mobilität setzt sie auch bei der Kundenwerbung erfolgreich ein. In der Subjektkonstruktion werden die Ambivalenzen in ihrem professionellen Arbeitshandeln deutlich, denn Tracy kann nur durch die Sexarbeit ihren Drogenkonsum finanzieren und ihre ökonomisch prekäre Situation (Schulden, Hunger, hohe Drogenpreise) kompensieren.

Sie formuliert trotz des Widerspruchs klare Geschäftsbedingungen für beide Seiten. Sie reizt bodyistische Herrschaftsverhältnisse aus, da es ihr immer auch um Grenzerfahrungen geht. Für Tracy ist Sexarbeit auch ein Spiel der Identitäten, nichtsdestotrotz weiß sie um die Gefahren und versucht sich gegen diese zu wappnen.

Tracy weist sich eine analytische Professionalität im Umgang mit Menschen zu. Sie schafft an, um für ihre Lebenshaltungskosten und die Drogen aufkommen zu können. Da die Drogen zu ihrem Leben gehören, arbeitet sie folglich für ihre Existenzsicherung. Sie arbeitet selbstbestimmt und kontrolliert und hat sich selbst im Blick. Damit erweitert sie entgegen dem klassistischen und bodyistischen Nexus ihre Handlungsfähigkeit. Das war nicht immer so, aber sie hat offensichtlich gelernt, mit sich und ihrem Körper achtsamer umzugehen. Allerdings ist Tracy nach wie vor von heteronormativen Herrschaftsverhältnissen betroffen, denn das Sicherheitsdispositiv der Prohibition betrifft sie auch als Sexarbeiterin, da sie mehr anschaffen muss, weil in einem illegalisierten Drogenmarkt die Qualität und damit die Wirksamkeit der Drogen auf niedrigem Niveau extremen Schwankungen unterworfen sind. Wie bereits mehrfach erwähnt, generiert die Prohibition ebenfalls ein klassistisches Herrschaftsverhältnis, da nur DienstleisterInnen in der Armutsprostitution gezwungen sind, schlechte Substanzqualität in Kauf zu nehmen. Mitglieder der besitzenden Klassen können sich bessere Drogen leisten. Auch die Mobilität hat nicht nur positive Auswirkungen auf Tracys Handlungsfähigkeit. Sie bedeutet auf alle Fälle auch mehr Stress, der in Wechselwirkung mit der schlechten Drogenqualität ihre körperliche Verfasstheit negativ beeinflusst und einen bodyistischen Herrschaftszustand manifestiert. Diese vulnerable Positionalität schränkt ihre Handlungsfähigkeit ein. Tracy sieht ihre Arbeit nicht als Job, da sie, wie sie es ausdrückt, nach Lust und Laune arbeitet. Sie widersetzt sich an dieser Stelle einem meritokratischen Prinzip und der Norm des protestantischen Arbeitsethos. Diese Selbstregulierung aus einer Sorge um sich widerspricht dem „rationalen angepassten Menschen", für den es unvernünftig ist, lustbetont zu arbeiten. Weiterhin entsprechen ihre Aussagen zur Arbeit nicht dem Diskurs, dass „Drogenprostituierte" nur für die Finanzierung der Drogen anschaffen. Dieser Selbsttechnologie unterliegt ein erfahrungsbezogener Lernprozess, der ihrem Schutz dient und sie im Gegensatz zu früher handlungsfähiger macht. Tracy ist in ihren Anforderungen an Arbeitsstandards nicht kohärent und bricht mit den eigenen Prinzipien, wenn ihr ein Kunde sympathisch ist oder wenn ihr psychischer Zustand instabil ist. Drogenkonsum macht sie einerseits vulnerabler, aber andererseits fordert sie viel eher Respektabilität von den Kunden ein, wenn sie Drogen konsumiert hat. Durch ihre Arbeitserfahrung ist sie in der Lage, Drogen als ein Arbeitsmittel einzusetzen. In ihrem Arbeitshandeln vertritt sie ethische Aspekte des Dienstleistungsgewerbes, die für sie ein Standard sind. Tracy handelt dem abwertenden Diskurs, dass „Drogenprostituierte" über kein Berufsethos verfügen, zuwider und erweitert dadurch langfristig ihre Handlungsfähigkeit als Sexarbeiterin.

Tracys Spiel mit den Identitäten verwischt klare Normen und Werte. Die Herrschaftsstruktur reflektiert sie sachlich und kritisiert sie insbesondere in Bezug auf die Veränderungen im Stadtteil und auf die Machtasymmetrie zwischen den drogengebrauchenden Sexarbeiterinnen und den Kunden sexueller Dienstleistungen. Tracy ist solidarisch mit der Gruppe der drogengebrauchenden Sexarbeiterinnen, da sie gute Arbeitsbedingungen für alle einfordert.

*Nachtrag:*

Tracy verstarb im Juni 2009 an einer bakteriellen Infektion, die eine direkte Folge des jahrelangen Konsums schlechter Drogen war. Tracy beschreibt das selbst im Interview. Damit untermauert auch Tracys Tod meine Forschungsthese, dass die Freigabe der Drogen das frühe Sterben drogengebrauchender Sexarbeiterinnen verhindern kann. Viele Menschen, die Tracy in ihr Herz geschlossen hatten, trauern um sie. Sie lebte eine Ethik des Selbst, und sie musste deshalb viele Rückschläge und Verletzungen ertragen, an denen sie trotzdem nie verzweifelte. Allerdings hätte ihr Tod vermieden werden können, wenn in Deutschland Menschen wie Tracy ernst genommen und nicht unterdrückt und reglementiert werden würden.

## 6.4.6 Handlungsfähigkeit von Maya

Die Subjektkonstruktion *Widersetzung als Aufpassen auf das Leben* zeigt, dass die informelle Drogen- und Sexökonomie durch ein bodyistisches Herrschaftsverhältnis geprägt ist und Maya darin um Selbstermächtigung ringt. In dieser Ökonomie existiert keine Struktur qualifizierter Sexarbeit, die sie als Dienstleiterinnen schützt, deshalb versucht Maya im Sinne der Übernahme von Eigenverantwortung *safer* zu arbeiten. Diese Selbstregulierung ist eine gouvernementale Selbsttechnologie (siehe Mayas Umgang mit dem Drogenkonsum, Subjektkonstruktion *Eigenverantwortliche Drogenkonsumentin*) und dient dem Schutz ihrer Gesundheit und im weitesten Sinne ihrem Überleben. Maya erweitert dadurch langfristig ihre Handlungsfähigkeit. Sie übernimmt nicht nur Verantwortung für sich, sondern mahnt auch die Verantwortung der Kolleginnen an, *safer* zu arbeiten. Gleichzeitig wird ein heteronormatives Verhältnis sichtbar, denn Maya verortet die Verantwortung allein bei sich und ihren Kolleginnen, während sie die Kunden sexueller Dienstleistungen völlig außen vor lässt. Dieser Heteronormativismus ist nur im Wechselverhältnis mit der Repräsentationsebene zu verstehen, der die mythische Zuschreibung zu Grunde liegt, dass die Übertragung von Geschlechtskrankheiten und anderen Infektionen allein die „Prostituierte" zu verantworten hat und keinesfalls ihre Kunden. Mayas Arbeitshandeln entspricht trotz des unreflektierten Heteronormativismus einer Ethik des Selbst, da sie sich nicht nur um sich, sondern auch um andere sorgt. Widerständig verhält sich Maya auch gegenüber dem klassistischen Herrschaftszustand des strukturellen Preisverfalls innerhalb des informellen Drogen- und Sexmarktes. Auch hier kann sie ihren Handlungsspielraum erweitern und entspricht somit nicht dem abwertenden Diskurs über die billige „Junkiehure". Der Preis für die sexuelle Dienstleistung ist eine der letzten Respektabilitätsgrenzen innerhalb dieses Marktes. Maya versucht diese durch ein festes Preislimit zu erhalten.

Maya ist in der Mehrheitsgesellschaft durch das Stigma als Dealerin marginalisiert. Innerhalb des informellen Drogen- und Sexmarktes ist sie den Restriktionen infolge der SpGVo, des BtMG und der Verfügung zur „Handlungsanweisung zur Bekämpfung öffentlich wahrnehmbarer Drogenkriminalität" für den Stadtteil unterworfen. Diese klassistischen Herrschaftstatsachen beschränken zusammen mit dem Gentrifizierungsprozess ihre Handlungsfähigkeit. Die Sicherheits- und Disziplinardispositive werden durch die Diskurse und Anrufungen unterstützt, dass „Drogenprostituierte" sowie „DealerInnen" gefährliche Subjekte sind und zu einer Risikogruppe gehören. Maya versucht sich mit coolen Sprüchen gegenüber den Polizeibeamten Respektabilität zu verschaffen. Ähnlich negative Zuschreibungen erfährt Maya, als sie eine Arbeit außerhalb des Milieus sucht. Anfänglich setzt sie sich strategisch zur Wehr, indem sie verschweigt, gedealt zu haben, später erzählt sie jedoch die Wahrheit. Der reguläre Arbeitsmarkt ist klassistisch strukturiert und Maya wird auf Grund ihrer Biographie immer benachteiligt sein. Sie durchschaut diese „Wahrheitsspiele" und möchte trotzdem respektiert werden, deshalb fordert sie als geringes Entgegenkommen der Gesellschaft Ehrlichkeit im Umgang mit ihr.

Auch die Strukturkategorie Arbeitsmarkt steht ähnlich wie die informelle Drogen- und Sexökonomie in Wechselwirkung mit den kulturimperialistische Diskursen und Stereotypen über „Drogenprostituierte". Das wirkt sich nachteilig auf Mayas Handlungsfähigkeit aus. Sie versucht sich im Rahmen ihrer Möglichkeiten zur Wehr zu setzen. Da Maya keine legale Arbeit findet und soziale Kontakte vermisst, nutzt sie die frauenspezifische Anlaufstelle auf der Szene. Sie nutzt das Hilfeangebot, um gegen eine weitere Marginalisierung anzukämpfen. Soziale Einrichtungen dienen, wie bereits beschrieben, der Kontrolle und Überwachung bestimmter Risikogruppen (siehe Margalit). Die Dispositive und Disziplinierungen gehen immer mit einem klassistischen Herrschaftszustand einher, denn solche Räume existieren nur für Marginalisierte. Maya sucht in der sozialen Einrichtung Unterstützung in der Selbstführung durch eine Sozialarbeiterin, sie grenzt sich deutlich gegen Fremdbestimmung und Bevormundung ab. Es geht darum, ein intelligibles Subjekt zu werden, aber nicht um jeden Preis, denn Maya geht es in den meisten ihrer Handlungen darum, ein selbstbestimmtes Subjekt zu bleiben. Ähnlich selbstbewusst geht Maya mit ihren Liebesbeziehungen um. Sobald ihr das Selbstbestimmungsrecht abgesprochen wird, wehrt sie sich gegen das heteronormative Verhältnis. Innerhalb der privaten Beziehungen spielt Ehrlichkeit für sie eine große Rolle. Maya vertritt ethische Werte und sorgt sich um sich selbst, um handlungsfähig zu bleiben. Die Anrufung zur Dealerin durch die Polizei nimmt sie nicht an und widersetzt sich.

Allerdings erfährt Maya auch Unterstützung durch die Polizei und sie etikettiert die Exekutive nicht als starren, alles umfassenden Herrschaftsapparat. Ihre Erfahrungen können durch Foucaults Theorie über Machtverhältnisse untermauert werden. Es wird deutlich, dass Maya in dieser Unterstützung einen, wenn auch sehr begrenzten, Handlungsspielraum sieht. Mayas Narrationen zeigen, dass der informelle Markt reguliert wird und dass trotzdem aufgrund persönlicher Beziehungen manchmal Koalitionen zwischen den Herrschenden und den Beherrschten möglich sind. Die Machtasymmetrie dieser Beziehung soll nicht weggeredet werden, jedoch muss dennoch aufgezeigt werden, wenn diese Koalitionen emanzipativen Zwecken Marginalisierter dienen.

Mayas Ethik des Selbst wird insbesondere sichtbar, als sie sich dem strukturellen Rassismus widersetzt. Sie solidarisiert sich mit illegalisierten Menschen und widersetzt sich dem Ausländerrecht, obwohl sie selbst als gefährliches Subjekt markiert ist und sich durch weitere Vergehen strafbar macht. Sie fordert Anerkennung und Akzeptanz nicht nur für sich, sondern auch für andere marginalisierte „Deklassierte". Maya findet in der Subkultur Anerkennung und Respekt, die ihr die Gesellschaft vorenthält. Wichtig ist auch, dass sie dort die Helfende sein kann und eine unterstützende Rolle inne hat. Sie übernimmt Verantwortung und ihre Kompetenz wird anerkannt. Maya praktiziert eine Ethik des Selbst, die sich zu einer rassistischen Gesetzgebung für „Ausländer" abgrenzt. Somit steht ihr Verhalten in Wechselwirkung mit der Strukturebene, da sie sich widersetzt, indem sie solidarisch mit einem „Flüchtling" ist. Das ist eine wichtige Sequenz der Selbstkonstruktion und verweist auf eine mutige politische Aktivität. Sie nimmt trotz ihrer marginalisierten Positionalität als „Drogenprostituierte" einen Menschen in Not auf. Mit dieser Handlung bietet sie rassistischen Vorurteilen gegenüber dem „Fremden" und einem *Othering* die Stirn. Es ist die Tat einer „einfachen" Frau, für die eine solche Hilfeleistung so selbstverständlich ist, dass sie keine große Story daraus macht. Als Subalterne, die obendrein als Täterin markiert ist, verfügt sie nicht über die Position einer Sprecherin und kann deshalb nicht von sich als einer starken Aktivistin erzählen.

Die frauenspezifische Anlaufstelle unterstützt Maya in ihrer Subjektkonstruktion *Widersetzung als Aufpassen auf das Leben*. Maya passt auf ihr Leben auf und fordert das auch von ihren Kolleginnen. Sie setzt sich solidarisch für die Interessen Anderer ein und widersetzt sich den selbstverständlich gewordenen kulturimperialistischen Dispositiven, der Illegalisierung von Menschen durch das Ausländer-„recht". „Aufpassen" heißt Verantwortung für sich und andere zu übernehmen. Damit widersetzt sie sich ihrer eigenen Marginalisierung und der anderer Minorisierter. In diesen Gruppen ist sie respektiert und fordert das auch für die Anderen. Langfristig erweitert Maya dadurch ihre Handlungsfähigkeit. Weiterhin kann sie ihren Handlungsrahmen erweitern, indem sie sich gegen *unsafes* Arbeiten zur Wehr setzt. Ihre Selbstwahrnehmung als professionelle Sexarbeiterin ist in den Subjektkonstruktionen *Anschaffen nie ohne Kondom* und *Widersetzung als Aufpassen auf das Leben* repräsentiert. Sie weiß um die vulnerable Situation von Sexarbeit (Angst vor Krankheiten) und agitiert ihre Kolleginnen *safer* zu arbeiten, respektabel zu sein und sich nicht ausbeuten zu lassen. Gegen die Ausbeutung in ihrem Job wehrt sie sich, indem sie Arbeitsstandards und klare Preisgrenzen fordert. Sie selbst hat für sich die Regel, nie für weniger als 15,- Euro zu arbeiten.

Maya muss anschaffen, um ihren Lebensunterhalt zu verdienen, da es ihr an Beschäftigungsalternativen fehlt. Sie würde gern einer anderen Arbeit nachgehen, z.B. mit Babys arbeiten, aber in ihrer ohnehin marginalisierten Situation wird sie zusätzlich mit der kulturimperialistischen Sichtweise auf Sexarbeit und Drogenkonsum konfrontiert. Maya besitzt keine bürgerliche Bildung, ihr wird „Bildungsferne" zugeschrieben, denn ihr Wissen ist gesellschaftlich nicht verwertbar. Sie wurde aufgrund ihrer Herkunft von Beginn an benachteiligt, und es existiert keine Struktur, die diese Bildungsdiskriminierung ausgleichen könnte. Dieser Bildungsklassismus ist verwoben mit der Repräsentationsebene. Nach bürgerlicher Lesart ist Maya „ungebildet" und als Sexarbeiterin sowie ehemalige Dealerin wird sie wohl niemals Chancen bekommen, die Kinder der bürgerlichen Mitte zu betreuen. Die strukturellen Herrschaftsverhältnisse und die bürgerlichen Werte und Normen schränken ihre Handlungsfähigkeit ein. Die „Bildungsferne" ist verwoben mit der Biografie einer drogengebrauchenden Sexarbeiterin, was wiederum zu einer weiteren Marginalisierung führt. Aufgrund der Wechselwirkungen unterschiedlicher Diskriminierungskategorien hat sie keine Möglichkeit eine Arbeit außerhalb der sexuellen Dienstleistung zu finden. Dass sie diesen Status nicht akzeptiert, illustrieren alle drei zentralen Subjektkonstruktionen Mayas.

In der Subjektkonstruktion *Eigenverantwortliche Drogenkonsumentin* kämpft Maya gegen das kulturimperialistische Dispositiv des BtMG und gegen dessen diskursive Materialisierung, denn sie verbindet Marihuanakonsum mit einem schönen

Leben, die Selbsttechnologie des Rausches ist für sie ein Genuss. Ihr Kampf um Respektabilität findet sich auch in ihrer Art Drogen zu gebrauchen wieder, denn sie konsumiert kaum noch harte Drogen. Dabei geht es ihr darum, einer weiteren Marginalisierung aufgrund von Crackkonsum entgegenzuwirken. Maya muss einen hohen Aufwand an Selbstdisziplinierung für die Abstinenz von Crack und Kokain leisten. Das weist auf ein bodyistisches Herrschaftsverhältnis hin, dem sie sich widersetzt, denn sie betreibt die Selbstregulierung nicht im Rahmen der Gesetzgebung, sondern sie geht einen eigenen Weg. Sie will nicht immer „*stoned*" sein und übernimmt die volle Selbstkontrolle und Verantwortung für ihr Handeln. Maya kämpft um Selbstermächtigung, indem sie sich selbst mit Marihuana substituiert und wird dadurch handlungsfähiger. Im Gegensatz zu einer gouvernementalen Handlungslogik ist das widerständig, denn sie konsumiert nach „Lust", obwohl es vernünftig wäre, nicht zu konsumieren. Das zeigt, dass sie ihre Handlungsmöglichkeiten ausschöpft und gegen staatliche Regulierungen erweitert. Marihuanakonsum ist eine Selbsthilfe und ein Substitut, das unter Strafe steht.

Allerdings unterwirft sich Maya dem Diskurs über starke und schwache Menschen. Sie beschreibt sich als stark, da sie ohne Therapie den Umgang mit Drogen gelernt hat. Dieser meritokratische Diskurs ist auch in der Erwerbsarbeit Normalbeschäftigter zu finden. Maya widersetzt sich aber auch dem Diskurs des „rationalen, angepassten und abstinenten Menschen", denn der „Lust" zu folgen, ist nicht rational. Sie übernimmt Eigenverantwortung nicht im neoliberalen Sinn der Selbstregulierung, sondern als eine Sorge um sich. Mayas Anpassung an den Diskurs, dass nur die Starken allein den Entzug schaffen und die Therapie etwas für die Schwache ist, kann als Beispiel gegen die Diktion, dass DrogenkonsumentInnen schwach und abhängig sind und generell eine Therapie brauchen, angeführt werden. Allerdings liegt die Vermutung nahe, dass die gambische Subkultur sie unterstützte, vom Crackkonsum zum Marihuanakonsum zu „konvertieren".

Entgegen allen Stereotypen über „Drogenprostituierte" bzgl. ihrer Abgestumpftheit und sozialen Verelendung verfügt Maya über einen Traum, der Traum nach Jamaika zu reisen. Dieser rundet die Subjektkonstruktion *Widersetzung als Aufpassen auf das Leben* ab. Mayas Diskriminierungserfahrungen ziehen sich durch ihr gesamtes Leben, jedoch ist sie nicht bereit, sich von diesen dominieren zu lassen, und sie hat eine Vision, irgendwann in Jamaika Reggae hören zu können. Sie ist nicht verzagt, sondern sie kämpft tagtäglich weiter. Der Traum nach Jamaika zu fliegen, verweist darauf, dass sie es nicht akzeptiert, marginalisiert zu sein und nicht respektiert zu werden. Sie sieht sich der Gruppe drogengebrauchender Sexarbeiterinnen zugehörig und fordert in Bezug auf die hegemonialen Diskurse eine individuelle Verhaltensänderung bei ihren Kolleginnen ein. Gleichzeitig fühlt sie sich auch der gambischen Community zugehörig. Herrschaftsstrukturen greift sie mit verschiedenen Mitteln an. Sie verhält sich einerseits strategisch und unterläuft die Herrschaftsstrukturen. Andererseits handelt sie direkt den Herrschaftsstrukturen zuwider.

### Nachtrag:

Im Jahre 2010 arbeitete Maya in einem Secondhandshop als Kinderbetreuerin. Sie verdiente zwar nur 1,- Euro in der Stunde, war aber sehr glücklich über diesen Traumjob. Maya wollte heiraten, obwohl sie nicht wirklich verliebt war, aber sie konnte damit einem Menschen helfen und ihm den Aufenthalt in Deutschland zu ermöglichen. Am 12.02.2011 kam Maya durch einen tragischen Autounfall ums Leben. Ihre Beerdigung war sehr beeindruckend, es waren viele Trauergäste anwesend, wir hörten Reggae und sprachen viel über Maya. Mir ist dort noch einmal klar geworden, dass Maya sehr beliebt war und wir alle diesen faszinierenden Menschen in einer guten Erinnerung behalten werden.

### 6.4.7 Handlungsfähigkeit von Sara

In der Subjektkonstruktion *Widersetzung zwischen Selbstbestimmung und Strategie* wird Saras prekäre Arbeitssituation beschrieben, und sie spiegelt ihre marginalisierte Positionalität als drogengebrauchende Sexarbeiterin wider. Um handlungsfähig zu bleiben, versucht Sara strategisch und nüchtern mit der Machtasymmetrie zwischen ihr und der Polizei umzugehen. Die Restriktionen auf der Basis der SpGVo, des BtMG und der Verfügung zur „Handlungsanweisung zur Bekämpfung öffentlich wahrnehmbarer Drogenkriminalität" für den Stadtteil zementieren ein klassistisches und bodyistisches Herrschaftsverhältnis, dem Sara unterworfen ist. Die ständigen Kontrollen sind mit den Gentrifizierungsprozessen im Stadtteil verwoben, sie üben nicht nur Druck auf Sara, sondern auch auf die Kunden aus, denn diese wollen sich im Klandestinen bewegen. Eine Konsequenz der Repression ist, dass Sara noch mehr Aufwand für die Kundenakquise betreiben muss. Um ihre Handlungsfähigkeit zu erweitern, entwickelt sie Gegenstrategien bezüglich ihrer Mobilität und Unauffälligkeit, indem sie es z.B. vermeidet, mit ihren Kolleginnen (siehe Anna, Magdalena) zu sprechen. Das erzeugt eine Einzelkämpferinnenposition und führt zu einer weiteren Marginalisierung und Manifestation ausbeuterischer Strukturen. Durch sexuelle Arbeit versucht Sara die Ausbeutung zu begrenzen, da sie ihre Dienstleistung professionell „vermarktet".

Sara widersetzt sich der informellen Struktur *Sex for Drugs Exchange*, die als klassistisches und heteronormatives Herrschaftsverhältnis in Wechselwirkung mit dem Diskurs, dass „Drogenprostituierte" für „einen Druck" oder „für einen Kopf" alles machen, steht. Der heteronormativen Herrschaftstatsache, dass Freier über eine stärkere Machtposition als die Frauen verfügen, widersetzt sich Sara, um respektabel in ihrem Arbeitshandeln zu sein. Sie muss eigenverantwortlich handeln, da es keine Struktur gibt, die sie schützt oder unterstützt. Sara beklagt das Verhalten (die Schikane und Willkür) der Exekutive, und sie zeigt die Kontinuitäten der repressiven Handlungen gegen drogengebrauchende Sexarbeiterinnen auf. Das ist ein Gegendiskurs zur einvernehmlichen Hegemonie im Stadtteil, die die Vertreibung und Sanktion rechtfertigt. Sara fordert die Abschaffung der SpGVo und widersetzt sich verbal der strukturellen Regulierung von Sexarbeiterinnen sowie dem Stereotyp der „billigen Junkiehure". Die Restriktionen bedingen eine Entgrenzung der Arbeit auf Strukturebene. Der Gegendiskurs hat jedoch keine strukturellen Effekte und erweitert auch nicht Saras Handlungsfähigkeit, sondern ihr Handlungsspielraum wird aufgrund der Wechselwirkungen der Struktur- und Repräsentationsebene extrem eingeschränkt.

Sara beschreibt die Disziplinierung durch die Heroinambulanz. Diese wurde im Rahmen einer Studie durchgeführt, zu deren potentieller Zielgruppe Sara gehört. Sie lehnte die Teilnahme an der Heroinstudie ab, da sie nicht bereit ist, ihre Zeit von den Zwangsregularien abhängig zu machen. Für sie bedeutet der illegalisierte Markt auch ein Stück Freiheit und Selbstbestimmung. Die Heroinambulanz als wohlfahrtsstaatliche Maßnahme basiert auf einem klassistischen Herrschaftsverhältnis. Von Sara wird verlangt, dass sie sich in einer Form unterwirft und in Abhängigkeit begibt, die für sie inakzeptabel ist, sodass sie die Heroinambulanz erst gar nicht in Anspruch nimmt. Sie kann ihre Handlungsfähigkeit durch diese Entscheidung nicht erweitern, denn sie beschreibt immer wieder, wie stressig sie das Leben auf der Szene findet. Im Gegensatz zu früher haben die Sicherheitsdispositive zugenommen. Dafür stehen die verstärkte Kameraüberwachung, mehr Kontrollen, die Abschaffung öffentlicher Sitzmöglichkeiten und die Zunahme der Disziplinierungen durch höhere Bußgelder für drogengebrauchende Sexarbeiterinnen. Die prohibitiven Maßnahmen bedingen eine weitere Prekarisierung in der informellen Drogen- und Sexökonomie, die wiederum klassistische Herrschaftszustände festschreiben, die sich in Entsolidarisierungen und Bündnissen auf einer rein ökonomischen Basis niederschlagen. Diese Individualisierungs- und Ökonomisierungstendenzen in den Arbeitsverhältnissen sind keine szeneinhärente Erscheinung, sondern ein gesamtgesellschaftliches Phänomen.

Sara fordert eine Pension für Menschen in ihrer Lebenslage und widersetzt sich damit dem gesellschaftlich akzeptierten Leistungsgedanken der Meritokratie. Diese Argumentation widerspricht sämtlichen gesellschaftlichen Auffassungen, denn schließlich werden Menschen wie Sara gesellschaftlich als „Parasiten" und Nutznießer des Sozialstaates verhandelt, die zum Gemeinwohl nichts beisteuerten, aber von der Gemeinschaft profitieren wollen. Allerdings ist Saras schlechte körperliche Verfassung die Folge eines Regierens, das die Marginalisierung nichtintelligibler Individuen und Gruppen bewusst in Kauf nimmt. Saras Vision über die Alterspension für DrogengebraucherInnen bezeugt, wie wichtig es ihr ist, respektabel zu sein. Sie wendet sich gegen die Marginalisierung von „Altjunkies", indem sie ein gutes Leben für diese fordert und das auch begründet.

Sara stellt sich gegen den Diskurs, dass die Exekutive respektlos sei. Das Bild einer respektlosen Polizei ist zwar aus Sicht der Mehrheitsgesellschaft ein Gegendiskurs, innerhalb der Szene ist er jedoch hegemonial. Sara ist es wichtig, als Rechtssubjekt gesehen zu werden: Sie will keinesfalls deklassiert werden, und deshalb rechtfertigt sie punktuell die staatlichen Interventionen, obwohl sie auch unter diesen zu leiden hat. Sara will intelligibel sein und kämpft um Respektabilität und Anerkennung. Durch die Anpassung an Normen (der Polizei respektvoll zu begegnen und freundlich zu sein) versucht sie der offenen Entwertung ihrer Person zu entgehen. Ihre persönliche Strategie ist ein distanzierter und „normaler" Umgang mit der Polizei. Sie übernimmt die volle Eigenverantwortung, das bleibt widersprüchlich, da Sara die Herrschaftsstrukturen nicht nur beschreibt, sondern als solche auch wahrnimmt. Ihre herrschaftskritische Reflexion ist mit einer strategischen Anpassung an die Sicherheitsdispositive (6.2.1/6.2.4) im Stadtteil gekoppelt. Sie ist immer in Bewegung und spricht nicht mit Kolleginnen, um nicht aufzufallen. Außerdem geht sie strategisch mit den Normen um, denn sie ist immer freundlich. In ihrem Kampf um Respektabilität wählt sie diese Form der Anpassung, damit sie ihre Handlungsfähigkeit als drogengebrauchende Sexarbeiterin im Stadtteil erweitern kann. Um Respektabilität geht es auch in Saras Selbstdarstellung als eine Person, die sich auf der Szene negativ verändert hat. Sie konstruiert sich als starke Einzelkämpferin, die sie gezwungenermaßen sein muss, da sie kaum Unterstützung erfährt, und sagt von sich, dass sie immer zuerst an sich denkt, da alle anderen auch nur an sich denken. Sie hat viel Enttäuschung erfahren und distanziert sich deshalb von ihren Kolleginnen. Ihre strategische Entscheidung sich der Szene anzupassen, um in einer Struktur, die von klassistischen Herrschaftstatsachen durchdrungen ist, überleben zu können, verweist auf die Wechselwirkung des klassistischen und bodyistischen Herrschaftsverhältnisses. Die strukturelle Gewalt schreibt sich in den Körper ein und bedingt, dass Sara sich gegen weitere Verletzungen nur schützen kann, indem sie sich von allen und jedem distanziert.

Obwohl sie den repressiven Staatsapparat nicht ernst nimmt, ist ihre Subjektkonstruktion aufgrund der repressiven Maßnahmen und Sanktionen mit Angst und Stress verwoben. Dieser Widerspruch wird in ihrer Selbstdarstellung deutlich, keine entwürdigenden Erfahrungen gemacht zu haben. Diese Narration zeigt, dass sie vor sich selbst respektabel bleiben möchte und die Marginalisierung nicht ertragen kann. Auch hier versucht sie eine Distanz zu präsentieren. Sara versucht auch in der Interviewsituation respektabel zu bleiben und verstrickt sich deshalb in der Erzählung immer wieder in Widersprüchen. So grenzt sie sich von den Crackkonsumentinnen ab, obwohl sie selbst Crack konsumiert.

Die Subjektkonstruktion *Drogenkonsumentin fühlt sich menschlich* bebildert Saras inkohärente Konstituierung zum Drogengebrauch. Ihr ist es wichtig zu betonen, dass sie gegen die Freigabe von Drogen ist. Sie unterwirft sich dem kulturimperialistischen Diskurs über die Prohibition, währenddessen sie sich dem Dispositiv BtMG widersetzt. Die inkohärente Subjektkonstruktion wird in ihrer Identität als Drogenkonsumentin deutlich. Sie konnotiert den Drogenkonsum fast durchgehend positiv, spricht sich aber gegen die Freigabe von Drogen aus. Diese Ambivalenz ist diskursiv verankert. Sara ringt um gesellschaftliche Respektabilität und muss sich zwangsläufig dem hegemonialen Diskurs der Prohibition unterwerfen. Die Umdeutung findet statt, indem sie sich selbst, wie alle DrogenkonsumentInnen, als „undiszipliniert" und „unzuverlässig" konstruiert. Die Konstruktion steht in Wechselwirkung mit der Anrufung des „rational handelnden und angepassten Menschen", der abstinent und vernünftig lebt. Sie misst sich also an einem Spiegelbild, dem großen Anderen. Allerdings folgt sie dieser Anrufung nicht und ist zwangsläufig unvernünftig. Ähnlich wie Magdalena hat Sara Probleme mit der Substitution. Auch Sara wird in die Substitution aufgenommen, obwohl sie Crack konsumiert, und wird dann aufgrund ihres Beikonsums wieder entlassen. Die Armutsdroge wurde aufgrund der massiven Repression im Stadtteil verstärkt konsumiert. Saras Situation resultiert aus der gouvernementalen Regierungstechnik, der Umsetzung des BtMG. Obwohl Crack keine körperliche Abhängigkeit induziert, berichtet Sara von einem hohen Suchtdruck trotz Substitution.

Sie ist der Ungleichheitskategorie Alter unterworfen, die sie auch durch ihre lange Arbeitserfahrung nicht vollends kompensieren kann, das heißt Sara ist gegenüber den jungen Sexarbeiterinnen im Nachteil und einer Prekaritätskonkurrenz unterworfen, die ihren Handlungsspielraum innerhalb ihres Arbeitsfeldes begrenzt.

Sara greift unreflektiert die Zuschreibung des „arabischen Dealers" auf, was vor allem auf den hegemonialen Diskurs des „bösen" Dealers verweist. Dies ist ein *Othering*, das durch die Wechselwirkung zwischen diskursivem und strukturellem Rassismus verfestigt wird, und Sara bezieht sich unbewusst damit auch auf ein Kapitel neuerer Stadtgeschichte, das völlig tabuisiert wird und bisher auch noch nicht aufgearbeitet wurde. Im Jahre 2000/2001 fand eine regelrechte Hetzjagd nach den so genannten „schwarzen Dealern" statt, kurz darauf kamen die Brechmittel zum Einsatz, in dessen Folge ein Mensch verstorben ist. Die „schwarzen Dealer" waren zum großen Teil minderjährige Flüchtlinge, die aus ihren Heimatländern vor Menschenrechtsverletzungen und existentieller wirtschaftlicher Not geflüchtet sind und die in Deutschland ebenfalls ihrer Menschenrechte beraubt wurden. Das *Othering* steht unmittelbar im Zusammenhang mit der Selbstaufwertung, denn Sara ist durch ihre Obdachlosigkeit klassistischen Herrschaftsverhältnissen und abwertenden Diskursen unterworfen, die simultan auf die Kategorie Körper wirken, denn es gibt z.B. keinen Ort der Ruhe für Sara.

Die Subjektkonstruktion *Anschaffen ist das älteste Gewerbe versus Straftat* beschreibt die strukturelle Benachteiligung Saras auf dem Wohnungsmarkt, da sie als drogengebrauchende Sexarbeiterin nicht den Vorstellungen von einer Mieterin entspricht, die ein „normales" Arbeitsverhältnis vorweisen sollte. Durch diese Marginalisierung ist Sara auch bei der Wohnungssuche auf wohlfahrtsstaatliche Leistungen angewiesen. Obdachlosigkeit ist eine klassistische Strukturkategorie, die mit einem bodyistischen Herrschaftszustand verwoben ist und die ihre Handlungsfähigkeit einschränkt, denn die Obdachlosigkeit beeinträchtigt ihre körperliche Verfasstheit extrem. Die Verwobenheit beider Herrschaftszustände wird auch in Saras Arbeitssituation deutlich. Die völlig entgrenzten Arbeitszeiten verweisen auf die überdeterminierte Struktur eines prekarisierten informellen Sexmarktes. Um diese Konstellation auszuhalten, also handlungsfähig zu bleiben, konsumiert Sara Drogen, was aber auf Grund der staatlichen Repressionen weiteren Stress nach sich zieht, der sich negativ auf ihren Körper auswirkt. Ihr Handlungsraum wird dadurch wiederum eingeschränkt. Sara sieht die Sexarbeit als einen Job, für den sie sich nicht schämen muss, und sie greift auf das uralte Stereotyp zurück, dass dies das älteste Gewerbe der Welt sei. Allerdings reflektiert sie auch die Härte der Arbeit, widerspricht dem aber mit der Aussage, dass frau mit Sexarbeit leicht Geld verdienen kann. Obwohl sie selbst die ausbeuterische Struktur des illegalisierten Sex- und Drogenmarktes beschreibt, bezieht sie sich an dieser Stelle auf den alten Mythos. Das wird verständlich, weil der Verdienst die letzte Respektabilitätsgrenze ist, auf die sich Sara berufen kann, denn Sexarbeit wird nach wie vor moralisch abgewertet und dies insbesondere in Kombination mit Drogenkonsum. Sara verlangt für ihre Dienstleistung Geld und weigert sich, eine Bezahlung in Form von Drogen anzunehmen. Damit fordert sie von den Kunden Respekt bezüglich ihrer Professionalität. Gleichzeitig widersetzt sie sich an dieser Stelle dem kulturimperialistischen Vorurteil über drogengebrauchende Sexarbeiterinnen, die für Drogen alles machen. Sara versucht ihre Handlungsfähigkeit auch zu erweitern, indem sie die Abschaffung der SpGVo fordert. Sie weist die Vorbehalte gegenüber der Sexarbeit (z.B. die Begründung mit dem Kinder- und Jugendschutz) zurück und fordert Respekt für diese Arbeit. Da aus ihrer Sicht die schlechten Arbeitsbedingungen mit der SpGVo korrelieren, entwickelt sie eine Selbsttechnik, sich gegen diese strukturelle Form der Ausbeutung zu wehren. Sie reflektiert, dass sie durch die Sanktionen gezwungen ist, mehr zu arbeiten. Ihre Aussagen, die Droge erschwere ihr Leben, die Obdachlosigkeit mache ihr am meisten zu schaffen und am schlimmsten sei der körperliche Verschleiß, illustrieren Saras Marginalisierung und Vulnerabilität. Vulnerabilität ist zwangsläufig eine Folgeerscheinung aufgrund körperlicher Verelendung durch schlechte Drogenqualität, Obdachlosigkeit, die Kommodifizierung ihrer Arbeitskraft – ein bodyistisches Herrschaftsverhältnis wird manifest. Sara versucht handlungsfähig zu bleiben, indem sie weiter Drogen konsumiert.

Die beschriebene Entsolidarisierung bedingt eine zusätzliche Vulnerabilität, und aus ihrer Sicht existieren kaum Möglichkeiten das zu verändern. Den rassistischen hegemonialen Diskurs zu bulgarischen Sexarbeiterinnen nimmt Sara unhinterfragt an und führt staatlichen Razzien auf die Anwesenheit dieser Frauen zurück. Deshalb befürwortet sie auch solche Maßnahmen. Auch hier handelt es sich wieder um ein *Othering*. Es herrscht ein Einvernehmen mit dem repressiven Staatsapparat, wenn er gegen die Anderen vorgeht. Der strukturelle Balkanismus und Antiziganismus als Formen des Rassismus stehen in Wechselwirkung mit dem Diskurs, dass Bulgarinnen und Polinnen stehlen. Diese Zuschreibung vereinnahmt alle Nationalitäten des Balkans und Ostblocks. Frauen aus diesen Regionen werden oft als Romni verhandelt, wobei die uralten Stigmas über Roma durch diese Diskurse wieder zum Leben erweckt werden. Diese rassistische Form des Kulturimperialismus überträgt Sara auch auf „ausländische" Kunden sexueller Dienstleistungen. Ihr geht es auch hier um Respektabilität innerhalb des illegalisierten Drogen- und Sexmarktes. Um intelligibel zu werden, unterwirft sie sich dem *Hate Speech* (siehe 4.3.5) über „die Ausländerinnen" (siehe Anna, Doro). Sie nutzt das widerständige Moment der Reiteration (siehe 4.3.1) nicht, dass ein anderes Sprechen über diese Gruppe in den Diskurs einschreiben könnte. Sara konstruiert sich als Person, die keiner Gruppe angehört und die bis auf einer ökonomisch begründeten Beziehung zu ihrer Zimmernachbarin frei von Bindungen ist.

### *Nachtrag:*

Sara lebte nach unserem Interview noch eine lange Zeit auf der Szene, obwohl sie diese im Herbst nach dem Interview verlassen wollte. Nach Auskunft ihrer Sozialarbeiterin ging es ihr auch schlecht. Sie wurde zwar substituiert, jedoch begann sie viel zu trinken. Wahrscheinlich war sie auch zwischenzeitlich in Haft. Sie hat dann wieder den Kontakt zu ihrer Tochter aufgenommen, und inzwischen ist sie auch Großmutter. Die Tochter begrüßte den Kontakt.

„[...] die Tochter hat ein Kind bekommen und hat Sara auch mit eingeschlossen also und Sara hat es so gut getan, dass sie ein Enkelkindchen hat [...] und dass sie ähm, dass ihre Tochter auch möchte, dass sie die Oma ist und so was und also insgesamt ist Silvia zu ihrer Tochter gezogen und seitdem haben wir nicht mehr viel gehört von ihr." (Expertinneninterview Sozialarbeiterin 2011)

Es ist erstaunlich, dass Sara offensichtlich ohne therapeutische Intervention den Absprung von der Szene geschafft hat, zumal sie sich in dem Interview sehr massiv als „Drogenkonsumentin" konstruierte, was ja in der Subjektkonstruktion *Drogenkonsumentin fühlt sich menschlich* sichtbar wird. Damit zeigt sich, wie instabil die von mir analysierten Subjektkonstruktionen sind. Es handelt sich lediglich um Momentaufnahmen, die an die aktuellen Bedingungen gebunden sind. Ein Leben mit ihrer Tochter und Enkelin und die daraus resultierende Herausforderung eine Großmutter zu sein, ist offensichtlich eine weitaus attraktivere Perspektive, als der weitere Verbleib auf der Szene.

## 6.4.8 Handlungsfähigkeit von Doro

Doro bemüht sich ihren Handlungsrahmen durch direkte und aktive Handlungen zu erweitern, das wird unter anderem in der Subjektkonstruktion *Widersetzung als Handlung* deutlich. Als Marginalisierte ist die frauenspezifische szenenahe Anlaufstelle ein Rückhalt im Kampf um Respektabilität in der informellen Drogen- und Sexökonomie. Insbesondere durch ihre Bezugsperson in der Einrichtung fühlt sie sich unterstützt. Von ihr wird sie ernst und auch in die Verantwortung genommen. Verantwortung an diejenigen zurückzugeben, denen sie eigentlich abgesprochen wird, ist ein wichtiger Schritt emanzipativer und respektvoller Interventionen in der Sozialarbeit, statt paternalistisch über die Köpfe der Betroffenen hinweg zu entscheiden. Jedoch sei darauf hingewiesen, dass es dabei auch die Struktur ermöglichen muss, Verantwortung übernehmen zu können (siehe 6.3.5). Da die Anlaufstelle nicht durchgehend geöffnet hat, vergrößert sich Doros Vulnerabilität während der Schließungszeiten.

Doro hat in verschieden Lebensphasen die Erfahrung gemacht, nicht ernst genommen zu werden, sei es während ihrer Ausbildung oder später als Sexarbeiterin unter einem Zuhälter. Die sexuellen Übergriffe ihres Ausbilders verweisen auf ihre vulnerable Positionalität als Frau und auf eine Machtasymmetrie zwischen dem Ausbilder und ihrer Person. Doro brachte die Übergriffe zur Anklage, aber niemand glaubte ihr. Es wird nicht nur das heteronormative Herrschaftsverhältnis in der Situation deutlich, sondern auch die Wechselwirkung mit dem Stereotyp, dass Frauen selbst schuld seien an sexuellen Übergriffen und Männer provozierten. Auch Doros Vergangenheit als Sexarbeiterin wird hier diskursiv abwertend von ihrer Umwelt verhandelt. Das Stereotyp, Sexarbeiterinnen müssten sexuelle Übergriffe qua ihres Berufes akzeptieren, kommt zum Tragen. Die körperliche Integrität von Sexarbeiterinnen wird selten akzeptiert, und ihre Verletzungen werden gesellschaftlich legitimiert und moralisch begründet. Doro widersetzt sich in beiden Situationen, indem sie sich verweigert und ihr Leben aktiv verändert. Das eine Mal bricht sie die Ausbildung ab, wird rückfällig und kehrt auf die Szene zurück, weil sie weder ihre KlassenkameradInnen noch das Arbeitsamt unterstützt. Die Form der Widersetzung schränkt ihre Handlungsfähigkeit ein. Das andere Mal verlässt sie den Zuhälter, der über sie bestimmen wollte und beginnt auf dem Straßenstrich zu arbeiten. Sie nimmt eine Verschlechterung der Arbeitsbedingungen für mehr persönliche Freiheit in Kauf.

Doro kämpft gegen die ausbeuterischen Strukturen auf dem Straßenstrich an, indem sie ihre Arbeit als hart bezeichnet und hier entgegen dem hegemonialen Diskurs „der billigen Junkiehure" eine ordentliche Bezahlung verlangt. Das klassistische Herrschaftsverhältnis Ausbeutung ist eng verwoben mit dem heteronormativen Herrschaftsverhältnis der Machtasymmetrie zwischen den Kunden und den drogengebrauchenden Sexarbeiterinnen. Doro wird in ihrem Arbeitshandeln immer wieder mit der Forderung von Kunden konfrontiert, sexuelle Dienstleistung gegen Drogen zu erbringen. Unterfüttert wird das Preisdumping der Kunden durch gesellschaftlich abwertende Diskurse sowie wissenschaftliche Episteme, die drogengebrauchende Sexarbeiterinnen als abhängige, fremdbestimmte Subjekte beschreiben, und es scheint am Ende ein ungeschriebenes Gesetz des informellen Drogen- und Sexmarktes zu sein, dass die Frauen weit unter dem Preislimit oder für Drogen arbeiten. Dagegen setzt Doro ihre Würde und ihren Stolz. Das zeigt, dass sie innerhalb dieser ausbeuterischen Struktur um Selbstbestimmung ringt, denn sie verlangt Geld, um damit ihren Lebensunterhalt zu bestreiten. Doro versteht sich als Dienstleisterin und zeigt damit, dass es ihr, entgegen der abwertenden Diskurse, nicht an einem Berufsethos fehlt, sondern dass die strukturellen Bedingungen keine Möglichkeiten bieten, die Grenzen ihrer Integrität zu schützen. Sie kämpft gegen ihre Ausbeutung, Marginalisierung, die machtvolle Position der Kunden und der Polizei sowie für Respektabilität in ihrem Job, in einer Gesellschaft, die sie und ihre Arbeit extrem abwertet.

Dieser Kampf wird sichtbar in der Widersetzung gegen das abwertende Bild, Sexarbeiterinnen würden ihren Körper und damit sich selbst verkaufen. Diesem stellt Doro das Postulat entgegen, dass sie eine Dienstleistung verkauft. Sie wehrt sich gegen die Erpressung durch die Kunden und gegen deren Vertragsbrüche. Für Doro spielt ein gutes Aussehen in ihrem Job eine wichtige Rolle (siehe Tracy). Sie ist einem bodyistischen Herrschaftsverhältnis unterworfen und setzt ihren Körper und damit ihre Attraktivität als Ware ein. Dies ist nach Kuster und Lorenz (2007/2009) als sexuelle Arbeit zu deuten. Entgegen den herrschenden wissenschaftlichen Diskursen handelt sie hier als professionelle Sexarbeiterin.

Doro ist bemüht junge Frauen in der Sexarbeit zu unterstützen und diese an ihren Erfahrungen partizipieren zu lassen. Ihr kommt es auch darauf an, dass drogengebrauchende Sexarbeiterinnen zusammenhalten, da die vollständige Entsolidarisierung ein Einfallstor für weitere Ausbeutung ist. Durch diesen Aufruf zur Solidarität versucht Doro nicht nur die eigene, sondern auch die Handlungsfähigkeiten der gesamtem marginalisierten Gruppe zu erweitern. Trotz solcher gegenhegemonialen Anrufung führt die fortschreitende Individualisierung auf der Szene zu einer vulnerablen Positionalität der Frauen. Doro weiß, dass die Frauen als Risikogruppe gesehen und überwacht werden. Sie nutzt dieses Sicherheitsdispositiv in ihrem Arbeitshandeln strategisch. Wird ein Kunde gefährlich oder will nicht bezahlen, dann droht sie, die Polizei zu rufen. Diese Selbsttechnik der strategischen Widersetzungen erweitert ihre Handlungsfähigkeit in der Sexarbeit.

Nichtsdestotrotz ist Doro immer wieder von struktureller Gewalt betroffen, sie wird grundlos zusammengeschlagen und beschimpft, nur weil sie in einem Hauseingang eingeschlafen ist. Die Müdigkeit ist ihrer Obdachlosigkeit geschuldet (siehe Margalit). Dieses Erlebnis ist verwoben mit dem rechtlosen subalternen Status einer drogengebrauchenden Sexarbeiterin und mit den Diskursen, „Drogenprostituierte sind Abschaum" und sie verschmutzen den Stadtteil. Die abwertenden Diskurse rechtfertigen gewalttätige Übergriffe derer, die über einen intelligiblen Rechtssubjektstatus verfügen.

Die vulnerable Positionalität Doros manifestiert sich im Verworfenen der obdachlosen „Drogenprostituierten". An dieser Stelle hat sie kaum Handlungsspielraum und grenzt sich deshalb gegen AlkoholikerInnen ab. Die Stereotype, die eigentlich ihrer Gruppe zugeschrieben werden, wendet sie auf die AlkoholikerInnen an. Ihre Identität als Drogenkonsumentin verdeutlicht die Subjektkonstruktion *Drogenkonsumentin mit Würde*. Sie grenzt sich im Kampf gegen die Marginalisierung als Drogengebraucherin nach „unten" gegen die AlkoholikerInnen ab. Alkohol zu trinken ist im Gegensatz zum Drogengebrauch legal. Ebenso wie über DrogengebraucherInnen existieren auch abwertende Diskurse über AlkoholikerInnen und an diese lehnt sich Doro an, um selbst respektabel zu sein. Trotzdem stehen „Drogenprostituierte" diskursiv an letzter Stelle der gesellschaftlichen Rangordnung. Gegen diese Abwertung versucht Doro anzukämpfen. Ihre Handlungsfähigkeit kann dadurch jedoch nicht erweitert werden, da Stereotype über Alkoholiker und „Drogenprostituierte" ein klassistisches Herrschaftsverhältnis konstituieren. Exzessiver Konsum von Billigalkohol und Konsum von Crack korrelieren immer mit Armut. Beide KonsumentInnengruppen sind von gesellschaftlicher Diskriminierung betroffen. Bernice Lott nennt das eine Form der kognitiven Distanzierung (Lott 2002, 102). Armen Leuten würden schlechte Charaktereigenschaften unterstellt, sie seien unter anderem faul, kriminell, dumm und schmutzig. Diese Abgrenzungen und Zuschreibungen funktionieren auch interpersonell und innerhalb unterdrückter Gruppen, so Lott. Menschen, die in einer von Unterdrückung geprägte Situation sozialisiert seien, könnten ebenso bereit sein, zu unterdrücken. Dahinter stehen hegemoniale Diskurse der Abwertung der Anderen ebenso wie Strukturen, die die Diskriminierungen stützen. Doro bezieht sich in ihrem Sprechen über AlkoholikerInnen auf genau die negativen Charaktereigenschaften.

Eine extreme Form der Marginalisierung ist zweifellos die Obdachlosigkeit (siehe Margalit/Sara). Der Dauerstress, Geld für ein Hotelzimmer zu verdienen, behindert Doro dabei, eine Wohnung zu suchen, was wiederum ihre Marginalisierung verstetigt und ihre subalterne Position verfestigt. Dieser Umstand stärkt automatisch die Herrschaftsposition der Kunden und macht Doro vulnerabler. Sie versucht der Verwobenheit von Ungleichheitskategorien zu trotzen und respektabel zu bleiben, indem sie nicht unter einem bestimmten Preisniveau arbeitet. Sie wehrt sich aktiv gegen die Folgen der Machtasymmetrie und gegen die Ausbeutung, was sie in Bezug auf ihren Verdienst handlungsfähiger macht.

Ihr rechtloser Subjektstatus wird noch einmal deutlicher, wenn sie ihre Hafterlebnisse beschreibt. Allerdings ringt sie auch in diesem herrschaftsdurchwobenen Raum um Respektabilität, und sie kann punktuell ihre Handlungsfähigkeit erweitern. Während der Haft wird sie von ihrem Hausarzt unterstützt, indem er dafür sorgt, dass sie weiterhin substituiert wird und damit ihre vulnerable Disposition verringert. Außerhalb der Szene unterstützt sie ein früherer Freund. Diese Beziehung erweitert ihre Handlungsfähigkeit, denn dieser Freund entreißt sie für kurze Momente dem Szenealltag und „schimpft mit ihr". Das illustriert, wie wichtig es für Doro ist, dass sich noch jemand um sie sorgt, für den sie intelligibel ist. Dieser Kontakt außerhalb der Szene führt für Doro zu einem Rest an Respektabilität der Mehrheitsgesellschaft. Doro kämpft in kleinen Schritten darum intelligibel zu werden: Sie schreibt trotz ihres stressigen Alltags einen Lebenslauf, der eine wichtige Voraussetzung für den Erhalt eines Therapieplatzes ist. Die Ausführlichkeit mit der Doro diese Tätigkeit beschreibt, verdeutlicht den hohen Aufwand, den sie leisten muss, um in ihrer Lebenssituation die dafür notwendige Ruhe und Konzentration zu finden. Sie kämpft um einen hochschwelligen Therapieplatz, um darüber Respektabilität zu erlangen, auch wenn sie sich der Disziplinartechnik unterwerfen muss.

Doro war auch als Mutter marginalisiert. Gleichzeitig beinhaltet die Narration über ihre Mutterrolle, dass sie versuchte eine „gute Mutter" und damit respektabel und intelligibel zu sein. Allerdings erfuhr sie keinerlei strukturelle Unterstützung, weder durch ihren Partner noch durch das Amt und war darüber „tiefunglücklich". Sie entschied sich wieder Drogen zu gebrauchen und damit auch gegen ein konservatives, abstinentes Mutterbild. Diese Widersetzungsleistung ist allerdings für die Gesellschaft inakzeptabel. Ihr daraus resultierendes schlechtes Gewissen wird durch moralische Diskurse verstärkt, sodass sie ihr Scheitern als Mutter als persönliches Versagen wahrnimmt.

Doro kämpft gegen mediale Diskurse, die drogengebrauchende Sexarbeiterinnen als „Zombies" darstellen, und gegen die Politik der Vertreibung. Sie reflektiert die Repressionen und Übergriffe seitens des Staatsapparates und der AnwohnerInnen (siehe Margalit/Gesine) und fordert mich im Interview explizit auf, mich für die Rechte der Frauen auf der Szene einzusetzen.

Die Subjektkonstruktion *Drogenkonsumentin mit Würde* zeigt, wie die Inhaftierung Doros vulnerable Positionalität verstärkt. Das wird besonders nach ihrer Entlassung deutlich. Sie wird wohnungslos und „rutscht ab", da die ihr zugewiesenen Unterkünfte unzumutbar waren. Haftentlassene sind trotz vorgeblicher Resozialisierungsversuche marginalisiert. Doro ist in dieser Situation von Klassismus betroffen, denn wenn sie weder arm noch als „Drogenprostituierte" stigmatisiert wäre, hätte sie Alternativen. So aber befindet sie sich zum Zeitpunkt des Interviews in einer Situation, die es ihr nicht mehr ermöglicht, auszusteigen und eine Wohnung zu finden. Dieser Zustand manifestiert sich durch ihren subalternen Status, da sie sich als obdachlose „Drogenprostituierte" nicht zum Amt traut. Die abwertenden Anrufungen haben sich in ihren Körper eingeschrieben, das verweist auf die wirkmächtigen kulturimperialistischen Diskurse über Obdachlose und „Drogenprostituierte".

Doros Reflexion über die Ungleichheitskategorie Frau macht die vulnerable Positionalität transparent. Sie ist über die fehlende Respektabilität (siehe Margalit) verärgert und wütend. Die Herrschaftsverhältnisse Klassismus und Heteronormativismus sind strukturell miteinander verwoben und unterdrücken die Frauen auf der Szene. Der Klassismus speist sich vor allem aus den Restriktionen der SpGVo und des BtMG sowie aus der Verfügung „Handlungsanweisung zur Bekämpfung öffentlich wahrnehmbarer Drogenkriminalität" für den Stadtteil sowie aus der Gentrifizierungslogik. Der Heteronormativismus wird durch die abwertenden medialen Diskurse über „Drogenprostituierte" gestützt. Doro muss diese Anrufungen annehmen und wird damit zum *schlechten Subjekt*. Die Wechselwirkung zwischen Struktur und Repräsentation bedingen bei Doro Selbstabwertung. Um handlungsfähig zu bleiben, konsumiert sie Drogen. Da die Drogen schlecht und teuer sind, wirken sie sich negativ auf ihre gesundheitliche Verfasstheit aus. Der Drogenkonsum ist für die Bewältigung des Alltags notwendig, verhindert aber etwas zu verändern und führt somit in einen „Teufelskreis". Doro beschäftigt sich mit der Idee absolut drogenfrei (*clean*) zu leben, jedoch hat sie Angst davor. Es ist die Symbolik der absoluten Abstinenz, die so stark wirkt, dass sie sich zwangsläufig davor fürchten muss. In dieser Symbolik ist keine Grauzone möglich, entweder sie konsumiert weiter Drogen oder sie folgt der Anrufung des „rationalen, angepassten Menschen", der auf jeden Fall abstinent lebt. Die Macht dieses Diskurses schränkt ihre Handlungsfähigkeit ein. Doro benutzt Drogen als Arbeits- und Hilfsmittel im Kampf gegen die Macht und Ausbeutung durch die Kunden und die Polizei, aber auch um ihre subalterne Situation aushalten zu können. Dies verursacht wiederum eine höhere Vulnerabilität gegenüber dem repressiven Staatsapparat. Doro versucht, um nicht mit Entzugserscheinungen arbeiten zu müssen, immer einen gewissen Vorrat an Drogen bei sich zu haben, was ihre Angst vor der Polizei verstärkt. Durch diese Vorsorge, die ein Reproduktionshandeln ist, erweitert Doro zwar ihre Handlungsfähigkeit gegenüber der Machtposition der Freier, die aber durch den Verstoß gegen das BtMG wieder eingeschränkt wird. Doro hegt die Hoffnung, gesellschaftliche Respektabilität zu erlangen, wenn sie ein Zimmer hat und substituiert wird. Deshalb substituiert sie sich selbst und will nur noch Heroin konsumieren. Da aber auch Beikonsum kriminalisiert ist, vergrößert sich parallel ihre Vulnerabilität gegenüber dem repressiven Staatsapparat. Die Hoffnung, sie erlange mehr Handlungsfähigkeit in Bezug auf ihre körperliche Verfasstheit, wenn sie statt Crack Heroin konsumiert, ist trügerisch, da auch der Heroinkonsum unter Strafe steht.

Doro wünscht sich ein ganz normales Leben (siehe Gesine/Magdalena), hat aber auch große Angst vor Veränderungen, was beweist, dass sie ihre Marginalisierung nicht nur reflektiert, sondern durch mehr Respektabilität verändern will. Das versucht sie in erster Linie, indem sie sich immer wieder den negativen Bildern über „Drogenprostituierte" widersetzt. Auch als Drogenkonsumentin besitzt sie Würde und Stolz. Sie bezieht sich auf das Grundgesetz, dass die Würde des Menschen unantastbar ist. Durch den Verweis auf ihre Würde und ihren Stolz versucht Doro nicht nur dem Stigma, „Drogenprostituierte" seien würdelos, gegenüberzutreten, sondern auch den Zumutungen der Kunden und des repressiven Staatsapparates. Sie ist nicht nur wütend und fassungslos über die Diskriminierungen, sondern versucht auch lösungsorientiert über die Situation der DrogengebraucherInnen zu sprechen. Sie spricht den sicherheitpolitischen Gedanken aus, dass durch die Zerschlagung der Szene keine Kontrolle mehr möglich sei. Soziale Arbeit ist eine Form der Disziplinierung, die umso mehr zu kritisieren ist, desto mehr sie zur reinen Elendsverwaltung verkommt. Nur Angebote, die marginalisierte Menschen in ihren emanzipativen Bemühungen unterstützen, handeln verantwortungsvoll in Bezug auf die Gesellschaft und die Menschenrechte.

In der Subjektkonstruktion *Anschaffen ist Arbeit* wird deutlich, wie Doro gegen die Ausbeutung und Marginalisierung und für Respektabilität in ihrem Job kämpft. Sie hat das Selbstverständnis einen harten Job zu erledigen und fordert eine ausreichende Bezahlung. Sie beschreibt einen Arbeitsablauf, der darauf schließen lässt, dass ihr Arbeitsalltag sehr routiniert ist. Sie hat täglich bis zu 15 Kunden zu bedienen und bei den meisten Kontakten muss sie gegen Ausbeutung ankämpfen, da die Kunden generell versuchen, den Preis zu drücken. Aber nicht nur in dieser Situation muss sie um Respektabilität kämpfen, sondern auch im Kontakt mit der Polizei, die sie wie eine Verbrecherin behandeln und damit drohen, sie wegen Verstößen gegen das BtMG, die SpGVo sowie die Handlungsanweisung für den Stadtteil in Gewahrsam zu nehmen. Das heißt aber auch, wird sie in Gewahrsam genommen, wird sie entzügig und damit das Herrschaftsverhältnis Bodyismus zementiert. Bodyismus ist in vielerlei Hinsicht eine strukturgebende Herrschaftstatsache, die Doros Handlungsfähigkeit einschränkt. Doro hat zwar umfangreiche Arbeitserfahrung, die ihre Handlungsfähigkeit zunächst erweitert, jedoch wird diese z.B. durch die Kategorie Alter eingeschränkt. Doros Hafterfahrungen spiegeln klassistische und heteronormative Herrschaftszustände wider. Sie versucht sich in diesem herrschaftsdurchdrungenen Raum zur Wehr zu setzen und respektabel zu bleiben. Zum Teil kann sie durch ihr widerständiges Verhalten ihre Handlungsfähigkeit erweitern, jedoch erzeugt die Haft als Disziplinierung noch mehr Furcht davor, solchen entmündigenden Situationen wieder ausgeliefert zu sein. Deshalb erbringt sie einen erheblichen Aufwand, um weitere Inhaftierungen zu vermeiden. Auch die entgrenzten Arbeitsbedingungen sind durch Bodyismus gekennzeichnet. Zum einen muss sie sich gegen den abwertenden

Diskurs wehren, dass Sexarbeit keine Arbeit sei. Zum anderen muss sie sich mit der Konkurrenz und den Zumutungen der Kunden auseinandersetzen. Doro versucht trotz allem professionell zu arbeiten. Sexarbeit ist aus Doros Sicht eine wichtige Arbeit, da sie die perversen Vorstellungen der Kunden abfängt. Doro ruft hier ein uraltes Stereotyp der Prostitution auf, dass Prostituierte bereits gefallene Mädchen seien, die das brave bürgerliche Weib vor den triebgesteuerten Männern bewahrten.

Doros Werdegang zeigt, wie wichtig Qualifikation in der Sexarbeit ist. Sie musste sich vieles selbst beibringen. Aus dieser Erfahrung praktiziert sie eine solidarische Selbsttechnik gegenüber Anfängerinnen, indem sie diese in die Sexarbeit einführt. Sie widersetzt sich dem heteronormativen Herrschaftsverhältnis und dem Diskurs, dass „Drogenprostituierte" nicht zusammenhalten würden. Allerdings verweist auch Doro auf die Vereinzelung und damit auf die neue Prekarisierung des illegalisierten Sexmarktes. Innerhalb der realistischen Einschätzung ihrer Arbeit fordert sie Zusammenhalt und Solidarität, sie versucht somit der Ausbeutung, Marginalisierung und ungleichen Machtverteilung entgegenzutreten und die Vulnerabilität ihrer jungen Kolleginnen zu verkleinern. Das erweitert ihre Handlungsfähigkeit langfristig.

Doro versucht ihre Handlungsfähigkeit auch durch rassistische Abgrenzungen zu erweitern. Allerdings hat das nur einen kurzfristigen Effekt. Sie grenzt sich als Mitglied der Gruppe drogengebrauchender Sexarbeiterinnen rassistisch von Frauen ab, „die es nicht kapieren" und projiziert das verallgemeinernd auf „die Rumäninnen". An dieser Stelle bedient sie rassistische (Antiziganismus) und nationalistische Stereotype, um intelligibel zu werden und nimmt die wirkmächtige Anrufung seitens des repressiven und ideologischen Staatsapparates an, dass sie als drogengebrauchende Sexarbeiterin im Gegensatz zu den „Ausländerinnen" eine Daseinsberechtigung hat. Sie unterwirft sich dem *Hate Speech* (siehe 4.3.5) über „die Ausländerinnen" (siehe Sara/Anna). Das relegiert auf die Notwendigkeit der Qualifikation in der Sexarbeit, der eine interkulturelle Qualifikation inhärent sein muss. Der Preisverfall ist im Wesentlichen durch heteronormative und klassistische Herrschaftszustände bedingt. Jedoch wird die Schuld daran den Frauen aus Bulgarien und Rumänien zugeschoben, die sich am wenigsten wehren können, da ihnen jederzeit die Abschiebung droht. Doro beruft sich nicht nur auf rassistische Strukturen, sondern auch auf rassistische Diskurse im Stadtteil. Während sie sich in der Subjektkonstruktion *Drogenkonsumentin mit Würde* gegen den abwertenden Diskurs bezüglich Crackkonsumentinnen zur Wehr setzt, folgt sie in der Subjektkonstruktion *Anschaffen ist Arbeit* dem Diskurs, dass Crackkonsumentinnen für einen Kopf[58] alles machen. Sie grenzt sich auch von diesen ab. Doro versucht durch die Abwertung der Anderen intelligibel zu werden, was ihre Handlungsfähigkeit nicht erweitert.

Sie handelt auf der Repräsentationsebene, indem sie Gegendiskurse aufwirft und hegemoniale Diskurse hinterfragt und angreift, aber in Bezug auf rassistische Lesarten und nationalistische Ideologien unterwirft sie sich dem Diskurs. Auf der Strukturebene setzt sie sich aktiv gegen Kunden und Polizei zur Wehr. Sie konstruiert sich klar als Mitglied der Gruppe der drogengebrauchenden Sexarbeiterinnen.

---

58 Ein „Kopf" bedeutet im Szenejargon Crack (Stein) für eine Crackpfeife.

*Nachtrag:*
Nach Aussagen der Sozialarbeiterin hat Doro „ein paar ganz gute Schritte gemacht". Doro wirkte in einem slowenischen Filmprojekt mit, was ihrem Selbstbewusstsein und Selbstwertgefühl sehr zuträglich war. Sie verfügt inzwischen über einige wichtige soziale Netzwerke:

„Also halt sie erst hier und dann hat sie hier noch so ein paar Kontakte und sie hat auf der Reeperbahn, sie besucht auch Stay a life und hat da ihre Bezugsperson und hat da aber auch Kollegen, wo sie immer wieder zwischen ruhen kann, die also, wo glaube ich, tatsächlich keine sexuellen Kontakte laufen, also ich glaube, da ist immer sehr klar, da wo sie wohnt, so da, entweder es muss da über Geld laufen, aber das gibt da nicht so diese Sozial-Freier-Nummer, da hat sie überhaupt keine Lust drauf und ich glaube, das zieht sie auch ziemlich rigoros durch. Sie ist ja dann zeitweise noch mal sehr doll abgestürzt und war dann auch also, hatte ein paar blöde Erlebnisse mit Freiern also manchmal wechsele ich zwischen Kunden und Freiern, das waren glaube ich, wirklich richtig üble Freier, die, wo sie auch so ein paar Gewalt-Erlebnisse hatte und das, da kann Doro auch nicht also sie ist auch eine Frau, die relativ schwer zugeben kann, dass sie Hilfe bedarf und das formulieren und es dann tatsächlich auch noch ein bisschen annehmen. Das ist ein ganz schwieriges Thema für sie." (Expertinneninterview Sozialarbeiterin 2011)

Doro hat dann am Diamorphin-Projekt teilgenommen und es geschafft, mit den Strukturen dort klar zu kommen, denn

„[...] sie kann auch sehr mit Trotz reagieren, wenn sie sich von oben herab behandelt fühlt und das ist da glücklicherweise nicht passiert. Sie hat da auch eine PSB-Frau [psychosoziale Betreuung, K.S.] und das kann sie auch annehmen. Sie hatte in der Zeit trotzdem immer unglaublich hohen Kokain- und Tablettenmissbrauch dann noch und da hatte sie dann im Diamorphin-Projekt eine Überdosis, die wohl auch, na, sie wäre wohl fast gestorben und das hat sie wirklich ziemlich doll schockiert auch." (ebd.)

Danach war Doro für sechs Wochen auf Entgiftung[59] und hat dort angefangen, sich ihr Gebiss sanieren zu lassen. Nachdem alles so gut lief, musste sie die Entzugsklinik relativ schnell verlassen und bekam einen Platz in einer hochschwelligen Frauenwohnunterkunft. Obwohl auch Doro die Drogenszene verlassen will, hat sie dort aber gleich Stress mit den Frauen bekommen. Deshalb versucht sie jetzt eine Unterbringung in einem anderen Projekt zu bekommen und will durch einen neuerlichen Entzug den Beikonsum reduzieren.

„Und dann war sie wohl eine Nacht im Frauenzimmer oder ein paar Stunden, ich glaube, sie war gar keine Nacht, hat dann gleich mit zwei Frauen Stress gekriegt, ich meine Doro ist ja auch einfach total arrogant und sagt ja dann auch irgendwie so, wie ihr der Schnabel gewachsen ist, und meinte dann so, dass gibt, wenn sie dann wieder hingeht eine Schlägerei, hat sich dann bei ihrem Kumpel auf dem Kiez wieder eingemietet und da läuft aber also der verkauft

---

59  Entgiftung ist eine kurzfristige stationäre Aufnahme. Hier findet lediglich ein körperlicher Entzug von den Drogen statt.

auch Drogen und nicht nur, also der konsumiert auch wenig, aber das ist halt trotzdem ein ständiges Kommen und Gehen, sind viele Drogen vorhanden und na ja, jetzt bin ich mal gespannt, ich habe sie die Woche nicht gesehen, letzte Woche hatten wir uns verabredet gehabt und da hatte ich ihr geraten, dass sie mit ihrer PSB-Frau das besprechen soll, dass sie halt nicht bei …[Frauenwohnunterkunft, K.S.] ist und sie hatte für sich aber den Hinterplan also Plan B, C, was weiß ich, dass sie noch mal ins …[Entzugsklinik, K.S.] zur nochmaligen Entgiftung, wenn klar ist, dass sie dann bei dem … [niedrigschwellige Unterkunft für Obdachlose und Haftentlassene, K.S.] aufgenommen wird und die haben sie aber halt auch so ein bisschen im Unklaren gelassen, ob sie jetzt eine Aufnahme bekommen wird oder halt nicht [...] die werden auch nicht wirklich ihre Probleme besprechen. Das muss ja auch gelernt werden. Das selber erkennen und das mal formulieren können. Und die Hilfe suchen und aber auch annehmen können. Na ja, ich bin da mal gespannt, aber ich finde bei Doro trotzdem, das ist echt ein super Weg, den die zurückgelegt hat." (ebd.)

Doro hat auch wieder sehr viel Kontakt zu ihrer Familie und bis Weihnachten möchte sie so stabil sein, dass sie ihren Sohn wiedersehen kann. Die Sozialarbeiterin ist optimistisch und meint, dass Doro sehr viel geschafft hat. Sie hofft, dass Doro über ein Sicherheitsnetz verfügt, das sie auffängt, falls es mal einen Rückschritt gibt, damit sie nicht gleich wieder komplett verzweifeln muss.

### 6.4.9 Zusammenfassung

In diesem Unterkapitel wurden die zentralen Subjektkonstruktionen, die sich an konkreten Aussagen im Material orientieren, abstrahiert und mit den Ergebnissen der Arbeitsschritte verknüpft, in denen Herrschaftsverhältnisse und symbolische Repräsentationen vertiefend herausgearbeitet wurden. Dazu wurde die Handlungsfähigkeit jeder einzelnen Interviewpartnerin beschrieben. Es konnte verdeutlicht werden, dass drogengebrauchende Sexarbeiterinnen keinesfalls willenlose, kranke und ferngesteuerte Subjekte sind, sondern, dass auch sie selbstbestimmt handeln. Wichtig war mir aber die Wirkmächtigkeit der Herrschaftsverhältnisse und symbolischen Repräsentationen aufzuzeigen, die zwar Widersetzung zulassen, sich aber häufig destruktiv und zerstörerisch gegen die Subjekte des Handelns richten. Die Frauen gehen individuell mit dieser Machtasymmetrie um, daran zeigt sich, dass ihnen zwar der Drogengebrauch und die Sexarbeit gemeinsam sind, dass diese aber auch die einzigen Gemeinsamkeiten in diesem Feld sind. Bei aller Singularität ist es trotzdem möglich, sich überschneidende Widersetzungen und Handlungsfähigkeiten herauszuarbeiten. Das ist notwendig, wenn politische Forderungen gestellt werden sollen. Insofern komme ich jetzt zu dem letzten Arbeitsschritt, in dem ich Typen widerständig Handelnder bilde.

## 6.5 DIE TYPEN DER WIDERSTÄNDIG HANDELNDEN

Um die fallspezifischen Subjektkonstruktionen zu generalisieren und eine fallübergreifende Vergleichbarkeit zu gewährleisten, wurde Handlungsfähigkeit als Kategorie entlang der Forschungsfragen gesetzt. Ihre Operationalisierung ist ein notwendiger Schritt, um komplexe und ambivalente Widersetzungspraxen im Forschungsfeld drogengebrauchender Sexarbeiterinnen mit Leben zu füllen. Es geht also darum, die sehr heterogenen Handlungen, die in den Subjektkonstruktionen beschrieben werden, mit dem Ziel zu analysieren, fallübergreifende Ähnlichkeiten, Unterschiede und Zusammenhänge herauszuarbeiten. Das Ziel im letzten Arbeitsschritt ist es, eine Typologie der Subjektkonstruktionen zu entwickeln, die sich an den Gemeinsamkeiten hinsichtlich Widersetzung und Handlungsfähigkeit orientiert. Um eine Grundlage zu schaffen, die es ermöglicht, die unterschiedlichen Subjektkonstruktionen zu vergleichen und zu clustern, entschied ich mich für die Konstruktion empirisch begründeter Typologien nach Udo Kelle und Susanne Kluge. Die Arbeitsanforderung besteht darin, die Typenbildung in die Intersektionale Mehrebenenanalyse zu implementieren. Ziel der Typenbildung ist es, die soziale Realität in ihrer Komplexität besser zu verstehen und erklären zu können. Durch den Fallvergleich und die Kontrastierung bestimmter Merkmale kann ein Überblick über Ähnlichkeiten und Unterschiede im Datenmaterial hergestellt werden (Kluge/Kelle, 1999, 75). Die Typenbildung wird zwar in den Rahmen der Intersektionalen Mehrebenenanalyse eingebettet, jedoch ist sie ein eigenständiger Analyseschritt. Anhand herausgearbeiteter Vergleichsdimensionen werden Ähnlichkeiten und Unterschiede zwischen den Subjektkonstruktionen erfasst und unterscheidbare Typen charakterisiert (Winker/Degele 2009, 90). Für die intersektionale Analyse schlagen Winker und Degele vor, sich an der Bedeutung von Ungleichheitskategorien zu orientieren, d.h. an Merkmalsausprägungen vor dem Hintergrund von Differenzkategorien (Winker/Degele 2009, 91). Typologien verweisen auf inhaltliche Sinnzusammenhänge und sollen sie im soziologischen Sinne erklären. „Dazu gehört, sowohl den subjektiv gemeinten Sinn, wie auch die im Kontext wichtigen gesellschaftlichen Regeln und Strukturen zu erfassen und zueinander in Beziehung zu setzen" (Winker/Degele 2009, 91). Die Autorinnen weisen darauf hin, die Vergleichsdimensionen nicht im Vorfeld festzulegen, sondern aus dem Material zu generieren. In der Umsetzung bedeutet dies, die vielfältigen Identitäts- und die daraus analysierten Subjektkonstruktionen insbesondere in Bezug auf Handlungsfähigkeit ernst zu nehmen und in die Typenbildung einfließen zu lassen.

Die Typenbildung auf der Grundlage der herausgearbeiteten Handlungsfähigkeit ist eine Verdichtung des Datenmaterials bezüglich einer Zuspitzung auf die Forschungsfragen. Ziel der Typenbildung ist es, die Fälle zu vergleichen und ihre Besonderheiten zu verallgemeinern. Es werden Begrifflichkeiten exploriert, mit deren Hilfe Ähnlichkeiten und Unterschiede sowie die übergeordnete (übergreifende) Struktur der unterschiedlichen Subjektkonstruktionen in den Fällen beschrieben werden können.

## 6.5.1 Die Bildung von Typen

Dieser Abschnitt knüpft an die Handlungsfähigkeit der acht Interviewpersonen an, die im Unterkapitel 6.4 herausgearbeitet wurden. Es werden empirischen Regelmäßigkeiten analysiert, um somit die Handlungsfähigkeit zu charakterisieren. Im Folgenden werden die spezifischen sowie die fallübergreifenden Eigenschaftswörter in Bezug auf die Art und Weise des Handelns, die eine Vergleichbarkeit ermöglichen, extrahiert. Bei der Auswahl der Eigenschaftsbezeichnung habe ich die Bedeutung und Wichtigkeit der Eigenschaft in den Subjektkonstruktionen in Bezug auf Handlungsfähigkeit als Kriterium zugrunde gelegt. Ich habe fünfzehn Eigenschaften des Handelns aus den Subjektkonstruktionen der acht Interviewpersonen generiert. Im Folgenden werden diese beschrieben. Die Definitionen ergeben sich aus der Materialanalyse und folgen keiner idealtypischen Vorstellung.

Die Eigenschaftsbezeichnung *selbstkritisch-eigenabwertend handelnd* (Gesine) beschreibt, dass die Interviewte eigenes Denken, eigene Standpunkte und Handlungen kritisch hinterfragt, beurteilt und sich dabei oft auch selbst abwertet. Diese Eigenschaft wird zwar auf der Identitätsebene verhandelt, steht aber in Wechselwirkung mit den kulturimperialistischen abwertenden Diskursen und Dispositiven. Zum Beispiel konstruiert sich Gesine als schuldig an ihrer „Sucht" und an ihrem Leben (siehe Subjektkonstruktion *schuldige Süchtige*), während Tracy zwar ebenfalls viel auf der Identitätsebene verhandelt, dies aber eindeutig nicht im Sinne einer harten selbstkritischen Eigenabwertung ihres Selbst, sondern als Sorge um sich selbst praktiziert. Die Eigenschaftsbezeichnung *selbstkritisch-eigenabwertend handelnd* referiert auf die Struktur- und Repräsentationsebene. Sie umfasst, wie sich hegemoniale Diskurse in den Körper einschreiben und wie Herrschaftsstrukturen eine Anpassung des Individuums erzwingen und dadurch eine identitäre Umdeutung veranlassen. Anzumerken ist, dass die Eigenabwertung als eine Form der Selbstkritik im Gesamtmaterial eine Rolle spielt. *Selbstkritisch-eigenabwertend handelnd* dominiert in den Subjektkonstruktionen von Gesine und beeinflusst ihren Handlungsrahmen, deshalb wurde diese Eigenschaft in das Analyseraster aufgenommen. *Selbstkritisch-eigenabwertend handelnd* beinhaltet ein hohes Maß an Vulnerabilität durch bereits erfahrene Gewalt. Es wird versucht, durch individuelle Verhaltensänderung und Anpassungsleistung Respektabilität zu erlangen. Die Wirkmächtigkeit kulturimperialistischer Diskurse verunmöglicht Respektabilität und führt zu Verunsicherung und Marginalisierung.

Die Eigenschaftsbezeichnung *einsam-allein handelnd* (Gesine/Anna/Margalit/Magdalena) beschreibt das Gefühl der Interviewten, auf der Identitätsebene von anderen Menschen getrennt, abgeschieden und marginalisiert zu sein. In dem Interviewmaterial sprechen die Befragten häufig vom Alleinsein und beschreiben im Grunde ihre Einsamkeit und soziale Isolation, die gekennzeichnet ist durch den Mangel an familiärem Rückhalt und Unterstützung, an Freundschaften, Erwerbsarbeit oder an der Einbindung in eine gesellschaftlich legitimierte Community. *Einsam-allein handelnd* steht in Wechselwirkung mit abwertenden Diskursen und manifestiert ein solches Handeln. Auffallend ist, dass die Eigenschaft hauptsächlich bei den Interviewten auftaucht, die Mütter sind und die ihre Kinder extrem vermissen bzw. die die Fiktion mit dem Kind zusammenzuleben als Trost oder starken Wunsch formulieren. Das deutet darauf hin, wenigstens in diesem Feld intelligibel sein zu wollen. Die Aufnahme von Einsamkeit in die Analyse ist wichtig, um einen Rückschluss auf die Arbeit von sozialen Einrichtungen und therapeutischen Interventionen ziehen zu können. Einsamkeit wird unter anderem als Grund angeführt, den Kontakt zur Szene aufzunehmen und Drogen zu konsumieren. Die Eigenschaftsbezeichnung *einsam-allein handelnd* findet sich zwar auf der Identitätsebene, jedoch verweist sie immer auch auf die Strukturen, zum Beispiel in Bezug auf die Zugangsvoraussetzungen für sozialstaatliche Leistungen, die sie beantragen müssen, und den sozialen Status der Person. Einsam und allein zu handeln bedingt eine vulnerable und zunehmend marginalisierte Positionalität. Die wirkmächtigen Effekte kulturimperialistischer Diskurse verstärken diese Position, in der es unmöglich ist, respektabel zu sein. Gleichzeitig verstärken sie die ungleiche Verteilung von Macht und zementieren Ausbeutungsstrukturen so stark, dass sie oft in gewalttätige Übergriffe münden.

Die Eigenschaftsbezeichnung *kämpferisch-rebellierend handelnd* (Gesine/Anna/Margalit/Doro) ist wichtig für die Analyse, da sie beschreibt, wie sehr die Einzelnen um ihr Überleben ringen, wie sie im Feld der „Beschaffungsprostitution" behindert oder unterstützt werden. Da davon ausgegangen werden kann, dass Frauen in der „Beschaffungsprostitution" fast immer kämpfen müssen, ist diese Eigenschaft von qualitativer Bedeutung. Es ist wichtig herauszuarbeiten, gegen was die Befragten ankämpfen müssen, wie sie sich wehren, ob sie gegenwärtig in Konfliktsituationen handeln und inwieweit diese Handlungen von Erfolg oder Misserfolg geprägt sind. *Kämpferisch-rebellierend handelnd* verdeutlicht die Verwobenheit der drei Ebenen der Intersektionalen Mehrebenenanalyse. Weil die Subjekte heterogen positioniert sind, kämpfen oder rebellieren sie gegen soziale Strukturen und symbolische Repräsentationen mehr oder weniger erfolgreich. Aufschlussreich ist, dass kämpferisch-rebellisches Handeln oft zerstörerisch auf der Identitätsebene wirkt. Es führt selten zu einer verallgemeinerten Handlungsfähigkeit. Die Eigenschaft beschreibt, dass die Interviewten sich aktiv widersetzen gegen Marginalisierung, Ausbeutung und gewalttätige Ein- und Übergriffe, auch wenn sie dafür Verletzungen in Kauf nehmen müssen (Vulnerabilität). Sie wollen als Rechtssubjekte ernst genommen werden (Respektabilität) und stellen sich der Konfrontation mit ihren Widersachern, auch wenn der Konflikt in den meisten Fällen zum Nachteil der Interviewten ausgeht, da ihre Verhandlungsposition zu schwach ist (Machtasymmetrie, Kulturimperialismus).

Die Eigenschaftsbezeichnung *selbstbestimmt handelnd* (Gesine/Anna/Tracy/Maya/Sara/Doro) ist sehr wichtig, da sie der gesellschaftlichen Stereotypisierung widerspricht, dass „Drogenprostituierte" nicht selbstbestimmt leben können, sondern durch ihre Abhängigkeit von der Droge fremdbestimmt sind. Das Datenmaterial liefert keinen Anhaltspunkt, dass dieser hegemoniale Diskurs die Realität widerspiegelt. Selbstbestimmtes Handeln ist, wenn auch in einigen Interviews nur implizit, ein wichtiges Thema und ist im Fall von Gesine sogar der Ausgangspunkt für einen „Rückfall" nach erfolgreichem Entzug. Das verdeutlicht, dass selbstbestimmtes Handeln für drogengebrauchende Sexarbeiterinnen immer eine vulnerable Subjektposition mit sich bringt. Denn sie verfügen eben nicht über den sicheren Status eines Rechtssubjekts, und wenn sie sich gegen die Prohibition oder gegen den fundamentalen Abstinenzanspruch aktiv zur Wehr setzen, bedeutet das ein „Rückfall" im wahrsten Sinne des Wortes. Sie fallen aus der sozialstaatlichen Regulierung zurück in die Illegalisierung. Deshalb ist der Radius ihrer Selbstbestimmung extrem eingeschränkt, da sie nicht punktuell und situationsbezogen Drogen konsumieren können, denn dies wird sofort als „Rückfall" interpretiert, und die gesamte Maschinerie von Überwachung, Sanktion und Repression wird wieder angeworfen, was zu einer weiteren Ausgrenzung führt. Sie stehen in jeder Lebenssituation wesentlich stärker im Fokus der behördlichen Kontrolle als die Mehrheitsangehörigen und haben im Umgang mit der Exekutive auch deutlich weniger Spielraum. Das heißt, die Möglichkeit einen Behördentermin nicht wahrzunehmen, wird ihnen nicht zugestanden. Nichtsdestotrotz verfügen drogengebrauchende Sexarbeiterinnen über Mittel und Wege selbstbestimmt zu handeln. Das Einfordern von selbstbestimmtem Handeln in den Interviews ernst zu nehmen und mit Hilfe der Intersektionalen Mehrebenenanalyse zu untersuchen, bietet die Möglichkeit, die Handlungsfähigkeit der Frauen ganz explizit in den Diskussionen um ihren Status als Rechtssubjekte und Menschenrechte zu erweitern. Selbstbestimmtes Handeln wird oft mit den neoliberalen Ansätzen der Selbstaktivierung oder Eigenverantwortung gleichgesetzt, jedoch ist es genau das Gegenteil von gouvernementalem Handeln und verweigert sich diesen Ansätzen und ist gleichbedeutend mit dem Kampf um Respektabilität. Es sind Akte der Selbstermächtigung, die immer auch eine Gefahr des Scheiterns beinhalten und dann auf Grund der vulnerablen Positionalität zu Gewaltsituationen führen können. Selbstbestimmtes Handeln richtet sich gegen die Unterdrückungskategorien Ausbeutung und Marginalisierung. Es wendet sich gegen die ungleiche Verteilung der Macht und gegen kulturimperialistische Diskurse und Dispositive.

Die Eigenschaft *aktiv handelnd* (Gesine/Anna/Doro/Maya) hat einen kritischen Gestus, jedoch impliziert aktives Handeln, sich aktiv gegen ausbeuterische Strukturen oder vulnerable Positionalitäten zu wehren und auch entsprechend zu arbeiten. Aktiv zu handeln im Rahmen der Möglichkeiten ist manchmal eine strategische Anpassung zum Selbstschutz oder der aktive Kampf gegen die Marginalisierung bzw. gegen wirkmächtige kulturimperialistische Diskurse. Das bedeutet nicht, dass sich aktives Handeln immer gegen Normen, Ideologien also gegen die Repräsentation richtet, sondern es ist vielfältiger und oft auch die direkte Konfrontation mit einem Machtgefälle oder den Dispositiven. Es kann auch ein identitärer Aushandlungsprozess sein, der aber immer ein Gegenüber hat. Im aktiven Handlungsprozess geht es um die Respektabilität der Subjektkonstruktion.

Die Eigenschaft *fordernd handelnd* (Margalit) beschränkt sich auf verbale Forderungen, die keine weitere Aktivität nach sich ziehen. Das fordernde Handeln hat die gleichen Angriffsziele wie *aktiv handelnd*, nur dass es nie aktiv wird und der gesamte Prozess auf der verbalen Ebene verharrt. Die belastenden Situationen werden zwar beklagt, aber diese werden ausgehalten, resp. die Person fühlt sich darin gefangen. Es trat nur in einem Interview auf, jedoch so explizit, dass ich mich entschied es als Eigenschaft aufzunehmen.

Die Eigenschaft *strategisch-abgeklärt handelnd* (Magdalena/Sara) trat in zwei Fällen im Gegensatz zu den anderen Interviews so deutlich hervor, dass es in die Typenbildung einfließen muss. *Strategisch-abgeklärt handeln* beschreibt eine Form der Abgeklärtheit, eine Strategie, um möglichst unbeschadet mit den harten Lebensbedingungen umzugehen. Es ist, um mit Klaus Holzkamp zu sprechen, die restriktive Prägung des Handelns, die aber versucht Vulnerabilität, Gewalt und Ausbeutung abzuwehren. Das heißt, *strategisch-abgeklärt handelnd* ist nicht nur im Sinne einer egoistischen Indifferenz zu lesen, sondern korreliert durchaus auch mit den Eigenschaften wie ausgeglichen, besonnen, gereift, lebenserfahren, nüchtern, ruhig, distanziert und weise. Auch lassen sich durch die intersektionale Beschreibung der Wechselwirkungen innerhalb dieser Handlung Handlungsfähigkeit und Widerstandpotentiale erkennen, vor allem gegen Marginalisierung und für Respektabilität. *Strategischabgeklärtes Handeln* setzt sich weniger mit der Repräsentationsebene auseinander, es findet hier eher eine Anpassungsleistung statt.

Die Eigenschaft *herrschaftskritisch handelnd* ist in allen Interviews zu finden. Sie ist eng mit der Eigenschaft kämpferisch-rebellierend zu handeln verschränkt und reflektiert die Abhängigkeit von der Struktur- und Repräsentationsebene. Es taucht im Gesamtmaterial zwar mit unterschiedlicher Gewichtung auf, aber die Herrschafts-, Macht- und Unterdrückungsverhältnisse werden von allen Befragten reflektiert, was für die Typenbildung erst mal ohne Bedeutung ist, aber in der Bewertung des Gesamtmaterials eine wichtige Rolle spielt. Es muss die Frage gestellt werden, warum Herrschaftskritik in dieser Gruppe so klar formuliert wird und trotzdem keinerlei politische Anbindung findet. Ein Ergebnis dieser Arbeit ist, dass es keine gemeinsame Identität gibt und aufgrund der pejorativen Stigmatisierung der Gruppe der „Beschaffungsprostitution" auch nicht geben kann.

Die Eigenschaftsbezeichnung *resigniert handelnd* (Margalit/Magdalena) enthält eine passive und destruktive Konnotation im Sinne von entmutigt, apathisch und deprimiert, aber nicht widerstandslos. In den Daten taucht es explizit bei Margalit und häufiger bei Magdalena auf und fand so Eingang in die weitere Analyse. *Resigniert handeln* bedeutet nicht widerstandslos zu sein, da Margalit sehr viel Kritik verbal formuliert und Respektabilität einfordert, sich aber nicht aktiv gegen Unterdrückung zur Wehr setzt. *Resigniert handeln* ist, bezogen auf den Arbeitskontext, ein entfremdetes Handeln. Es muss notwendigerweise in die Typenbildung aufgenommen werden, da die Wechselwirkungen der drei Ebenen in diesem Handeln zeigt, inwieweit die Struktur- und die Repräsentationsebene Handlungsfähigkeit einschränken und behindern. Diese Verknotungen sind wichtige Hinweise, um Empowermentansätze herauszuarbeiten zu können.

Die Eigenschaft *stolz handelnd* (Doro/Tracy) ist wichtig, um den Nachweis führen zu können, dass die Befragten entgegen dem wissenschaftlichen und gesellschaftlichen Stereotyp über eine Ethik des Selbst, ein Gefühl der Zufriedenheit und der Achtung ihrer selbst verfügen (Respektabilität). Stolz handeln ist in erster Linie identitär verortet, jedoch kann in der Wechselwirkung zwischen Struktur- und Repräsentationsebene nachgewiesen werden, wie die Interviewten dieses Gefühl des Stolzes verankern, indem sie sich aus Stolz nicht ausbeuten lassen, Machtasymmetrien nicht als gegeben hinnehmen, gewalttätige Übergriffe versuchen abzuwehren und kulturimperialistische Zuschreibungen nicht annehmen. Auch kann durch die Vergleiche mit anderen Fällen analysiert werden, wie oft dieser Stolz verletzt wird und dadurch diese Eigenschaft bei anderen nicht ausgeprägt ist oder gar nicht entstehen kann (Vulnerabilität).

Die Eigenschaft *riskant handelnd* (Tracy) ist induktiv im Datenmaterial vorhanden und wurde deshalb in die Auswertung aufgenommen, da Tracy im Interview mehrfach den Reiz des Illegalen repräsentiert. Aus diesem Reiz resultiert das riskante Handeln. Es spielt im Vergleich zu den anderen Interviews keine Rolle, jedoch ist es für die Feldbeschreibung wichtig, weil Drogengebrauch und Sexarbeit diskursiv und strukturell als Risiko verhandelt werden. Dieser Diskurs ist so wirkmächtig, dass die Subjektwerdung drogengebrauchender Sexarbeiterinnen immer mit Gefahr und Risiko verknüpft ist und sie damit per se in eine Position versetzt, in der sie vulnerabel sind. Mit dem Begriff Risiko werden im Allgemeinen Angst, Gefahr und Wagnis assoziiert (Keller 2004). Risiko wird aber auch verbunden mit Abenteuer, die Lust auf Neues, Grenzüberschreitungen und die Kompetenz mit unklaren Situationen umgehen zu können. Es gibt aber auch die Verhandlung des Risikos, so sind drogengebrauchende Sexarbeiterinnen eine Risikogruppe, die überwacht wird. Das Illegale reizvoll zu finden, wendet die Kategorie der Marginalisierung in das Gegenteil um und belegt diese positiv. Als Einzelaktion hat diese Umkehrung kaum einen politischen Effekt und wird ihn auch nie haben können, da sonst der illegalisierte Status, das Verbotene und Klandestine verloren geht. Drogengebrauchende Sexarbeiterinnen handeln nicht riskant, um gesellschaftliche Respektabilität zu erwerben, sondern um vor sich selbst respektabel zu sein. Gegen Verbote und Normativa zu verstoßen wendet sich strikt gegen kulturimperialistische Diskurse über die Anderen, Verworfenen, Überflüssigen und hinterfragt diese. Illegal zu handeln erzeugt in der informellen Drogen- und Sexökonomie kurzfristig eine Machtposition, die simultan durchkreuzt ist von einem hohen Maß an Vulnerabilität.

Die Eigenschaft *grenzüberschreitend handelnd* (Tracy/Maya) trat in zwei Interviews im Gegensatz zu den anderen Interviews deutlich zutage. Diese Eigenschaft beschreibt die bewusste Entscheidung in zwei unterschiedlichen Welten zu leben und das auch zu repräsentieren. Auf der einen Seite steht in beiden Interviews die informelle Drogen- und Sexökonomie und auf der anderen die sogenannte „normale" Welt, die Wohnung, das zu Hause oder auch eine andere Subkultur bzw. Community. Grenzüberschreitend zu handeln bedeutet die Grenzen des Normalen und Intelligiblen bewusst zu übertreten, sowie die kulturimperialistischer Festschreibungen, was richtig und falsch ist, nicht zu akzeptieren und anzustreben in den verschiedenen „Welten" respektabel zu sein. Ein solches Handeln enthält die Gefahr des Scheiterns und bedingt zwangsläufig eine vulnerable Positionalität. Die grenzüberschreitend Handelnde wendet sich zum einen gegen Marginalisierungsprozesse, entscheidet sich aber auch bewusst für eine marginalisierte Positionalität.

Die Eigenschaft *energisch-stark handelnd* (Tracy/Maya) wird von zwei der Interviewten als Selbstbezeichnung verwendet. Das unterscheidet sie von anderen Interviewten. Für die Typenbildung ist diese Eigenschaft wichtig, da sie Voraussetzungen für Handlungsfähigkeit, Widersetzung und Empowerment sein kann. Energisch-starkes Handeln verweist zwar auf einen Akt der Selbstdisziplinierung, aber nicht im Sinne einer Selbstregulierung. In dieser Handlung wird die Kontrolle und Verantwortung für das eigene Tun übernommen, um sich gegen kulturimperialistische Diskurse von willensschwachen „Abhängigen und Süchtigen" und Dispositiven wie das BtMG zu wehren. Das zeigt, dass Handlungsmöglichkeiten ausgeschöpft und entsprechend der subjektiven Positionalität auch gegen staatliche Regulierungen erweitert werden.

Die Eigenschaft *solidarisch handelnd* (Tracy/Maya/Doro) bezeichnet eine ethische Haltung, die sich verbindend und unterstützend vom Subjekt auf Andere bezieht. Sie kann sich auf Aktivitäten, Ideen und Ziele beschränken, aber auch den Zusammenhalt in einer Gruppe beschreiben. Aus dem Material wurde solidarisches Handeln herausgearbeitet, weil es eine wichtige Rolle in Bezug auf Handlungsfähigkeit und Empowerment einnimmt. Solidarisches Handeln anzuerkennen ist grundlegend, da die Narration im und über das Feld der illegalisierten Drogen- und Sexökonomie immer nur die Vereinzelung der Subjekte beschreibt. Solidarisch zu handeln verschafft subjektive, individuelle Respektabilität, aber auch Respektabilität innerhalb der Gruppe, in welcher solidarisch gehandelt wird. Solidarisches Handeln wendet sich gegen marginalisierte, vulnerable Positionalitäten, Macht- und Ausbeutungsstrukturen sowie gegen Stereotypisierungen.

Die Eigenschaftsbezeichnung *ehrlich handelnd* (Anna/Sara/Tracy/Maya) bedeutet auch aufrichtig, wahrhaftig, offen, geradlinig und fair zu handeln. Ehrlich zu sein oder Ehrlichkeit zu erwarten ist mit dem Subjekt der Ehre verbunden. Ehrlich zu handeln hat unterschiedliche Bedeutungen im Material. Zum einen umschreibt es die Forderung, andere nicht zu hintergehen. Zum anderen bedeutet es, ehrlich zu sich selbst zu sein und die Situation nicht zu beschönigen, was auf die Anrufung „Erkenne Dich selbst" verweist. Die Interviewten beziehen sich entweder auf das Verhalten von Menschen oder auf deren Kommunikation. Die Eigenschaft taucht in vier Interviews auf und wird fast immer in Abgrenzung zu anderen verwendet. Ehrliches Handeln stellt den abwertenden Diskurs über „unehrliche Junkies" in Frage (Kulturimperialismus). Es ist immer auch ein Ringen um Respektabilität. Ehrlich zu handeln kann zu einer vulnerablen Positionalität führen und ist mit der Gefahr des Scheiterns verbunden, dass in Enttäuschung münden kann (siehe Gesine/Sara). Ich habe die Eigenschaftswörter unterschiedlich gewichtet, um zu verdeutlichen, dass zum Beispiel alle Frauen herrschaftskritisch handeln, die Herrschaftskritik als Handlung allerdings eine heterogene Ausprägung hat. Die Heterogenität wird durch folgende Skalierung in Tabelle 8 verdeutlicht:

+++ trifft häufig zu
++ trifft zu
+ trifft weniger zu.

Die Skalierung ist notwendig, um die Überschneidungen und Abgrenzung sowie die Stärke der Eigenschaft dokumentieren zu können. Auf dieser Grundlage konnten die acht Interviewpersonen drei Gruppen zugeordnet werden. Die Tabelle 8 zeigt die unterschiedliche Ausprägung und Gewichtung der herausgearbeiteten Eigenschaften in den einzelnen Subjektkonstruktionen, um darauf aufbauend eine Gruppenzuordnung vornehmen zu können.

*Tabelle 8: Die Gruppenbildung aufgrund fallspezifischer Eigenschaften der Handlungsfähigkeit*

| Charakteristik des Handelns | Gesine | Anna | Mar-galit | Doro | Mag-dalena | Sara | Tracy | Ma-ya |
|---|---|---|---|---|---|---|---|---|
| selbstkritisch, eigenabwertend | +++ | | | | | | | |
| einsam, allein | +++ | +++ | +++ | | +++ | | | |
| kämpferisch, rebellierend | +l+ | +++ | +++ | +++ | | | | |
| selbstbestimmt | ++ | +++ | | + | | + | ++ | ++ |
| wehrt sich aktiv | + | +++ | | +++ | | | | ++ |
| fordernd, wehrt sich nicht aktiv | | | +++ | | | | | |
| strategisch, abgeklärt | | | | | +++ | +++ | | |
| herrschaftskritisch | + | +++ | +++ | +++ | ++ | ++ | + | ++ |
| resigniert | | +++ | | | ++ | | | |
| stolz | | | | +++ | | | ++ | |
| riskant | | | | | | | +++ | |
| grenzüber-schreitend, lebt bewusst in diversen Welten | | | | | | | +++ | ++ |
| energisch, stark | | | | | | | +++ | ++ |
| solidarisch | | | | +++ | | | ++ | +++ |
| ehrlich | | + | | | ++ | | ++ | +++ |

Deutlich wird in der Tabelle die Verteilung bestimmter Eigenschaften in den Fällen, die eine Gruppenbildung erkennen lassen und aus denen ich unterschiedliche Typen ableite. Die Eigenschaften *fordernd/selbstkritisch-eigenabwertend/riskant/stolz/resigniert handelnd* müssen für die Typenbildung vernachlässigt werden, da sie nur ein oder zwei Mal in den acht Fällen analysiert wurden oder zu schwach ausgeprägt sind. Dieses Vorgehen zeigt die problematische Seite einer Typenbildung, die jedoch durch die differenzierte Beschreibung von Handlungsfähigkeit der Einzelperson im Unterkapitel 6.4 aufgebrochen wird.

Die Tabelle 9 fasst in der linken Spalte die Gruppen der Eigenschaftswörter zusammen. Die obere Spalte enthält die herausgearbeiteten Typen. Das Mittelfeld der Tabelle zeigt noch einmal die Personen, aus denen die Gruppe und im Anschluss die Typen erarbeitet wurden.

*Tabelle 9: Typologie entlang der Gruppen*

| Attribute des Handelns | Die KÄMPFENDE | Die DISTAN-ZIERTE | Die SORGENDE (Paraskeue) |
|---|---|---|---|
| kämpfend<br>selbstbestimmt<br>einsam<br>aktiv<br>herrschaftskritisch | Gesine/Anna/ Margalit/Doro | | |
| selbstbestimmt<br>abgeklärt<br>herrschaftskritisch | | Sara/Magdalena | |
| selbstbestimmt<br>grenzüberschreitend<br>energisch/stark<br>solidarisch<br>ehrlich<br>herrschaftskritisch | | | Tracy/Maya |

Die Eigenschaften *selbstbestimmt* und *herrschaftskritisch handelnd* wurden in alle drei Typen aufgenommen, da sie gruppenübergreifend auftreten. Allerdings ist *selbstbestimmt handelnd* nicht so stark wie die Eigenschaft *herrschaftskritisch* und findet sich auch nicht in jedem Interview. Die Typen sind nicht monolithisch, eindeutig und kohärent, sondern ihre Grenzen untereinander sind fließend und durchlässig. Dass drogengebrauchende Sexarbeiterinnen in meinem Sample größtenteils herrschaftskritisch sind und um Selbstbestimmung ringen, ist ein weiteres wichtiges Ergebnis dieser Arbeit. Im Folgenden werden die einzelnen Typen in Bezug auf ihre Widersetzungen und ihre Handlungsfähigkeit beschrieben.

## 6.5.2 Die Charakterisierung empirisch begründeter sich widersetzender Handlungstypen

Der Prozess der Typenbildung endet im Folgenden mit einer umfassenden und möglichst präzisen Charakterisierung anhand der relevanten Vergleichsdimensionen und Merkmalskombinationen sowie der inhaltlichen Sinnzusammenhänge, die rekonstruiert wurden (Kelle/Kluge 1999, 94 f). Die Kurzbezeichnungen der gebildeten Typen sollen den untersuchten komplexen Sachverhalt umschreiben. Das führt zwangsläufig zu einer Reduktion des Merkmalraums, die aber unumgänglich ist, um entlang der Typen entsprechende Handlungsansätze herausarbeiten zu können. Deshalb verfolge ich eine Idealtypenbildung, eine Typenbildung, die sich im Klaren darüber ist, dass die gebildeten Typen keinesfalls kohärent sind. Die in einem Typus zusammengefassten Handlungsfähigkeiten spiegeln vielmehr eine Verallgemeinerung und Reduzierung wieder. Dieser Schritt ist notwendig, um politische Strategien vorschlagen zu können, da eine zu große Ausdifferenzierung kein sinnvolles Ergebnis wäre. Nichtsdestotrotz ist es notwendig, immer wieder auf die Differenzen hinzuweisen, was durch die Akribie der acht Schritte in der Intersektionalen Mehrebenenanalyse gewährleistet ist, und dass die Einzelpersonen mittels der Subjektkonstruktionen sichtbar bleiben. Ich komme nun zu der Beschreibung der Typen.

### Die KÄMPFENDE

Ein generelles Merkmal der KÄMPFENDEN ist ihr furchtloses Handeln in Konflikten und ihre daraus resultierenden kämpferischen Subjektkonstruktionen. Ihre Handlungsfähigkeit zeichnet sich dadurch aus, dass sie versucht, ihren Handlungsrahmen zu erweitern, indem sie gegen soziale Strukturen, Dispositive und hegemoniale Diskurse kämpft. Sie widersetzt sich beständig in aktiver Form. Dies gilt jedoch nicht für Margalit. Ihre Kritik an der Struktur- und der Repräsentationsebene reduziert sich auf verbale Forderungen und Angriffe. Nichtsdestotrotz wurde auch Margalit dem Typ KÄMPFENDE zugeordnet, da auch sie den Widerspruchsgeist inkorporiert hat und die Rechtsverletzungen gegen ihre Person deutlich und häufig thematisiert. Wenn auch die Verweise und Angriffe auf die Struktur- und Repräsentationsebene im Typus der KÄMPFENDEN sehr häufig vorkommen, so verortet Gesine trotzdem sämtliche Konflikte, Widersprüche und Misserfolge bei sich selbst. Hier kann von einem regelrechten „Schuldmanagement" gesprochen werden. Daraus wird die These abgeleitet, dass von der KÄMPFENDEN Verantwortung für sich selbst übernommen wird, was der Anrufung von Eigenverantwortung entspricht und ein „Schuldmanagement" ermöglicht, wenn die KÄMPFENDE in gesellschaftliche Sicherungssysteme eingebunden ist. Wird sie hingegen aus diesen Zusammenhängen ausgeschlossen, wird die Struktur- und die Repräsentationsebene mit großer Heftigkeit angegriffen, was nur für Anna, Doro und Margalit, aber nicht für Gesine zutrifft. Die KÄMPFENDE möchte nicht fremdbestimmt werden. Dies trifft insbesondere auf Gesine, Anna und Doro zu, die selbstbestimmt handeln.

Der KÄMPFENDEN immanent sind ihre emotionale Einsamkeit und ihr häufig ungewolltes Alleinsein. Der Versuch soziale Kontakte auch außerhalb der Szene zu knüpfen (wie z. B. von Gesine) wird häufig aufgrund von Vorurteilen und Stereotypen abgewiesen. Die KÄMPFENDE hat im Fall von Doro explizit einen solidarischen Anspruch an ihre Kolleginnen. Die Lebensrealität drogengebrauchender Sexarbeiterinnen steht im Widerspruch zu dieser solidarischen Anrufung, da sie extrem individualisiert leben und arbeiten (müssen). Diese Individualisierung basiert nicht auf einer autonomen Entscheidung, sondern ist nur in Verschränkung mit der Repräsentations- und Strukturebene zu verstehen. Die KÄMPFENDE wird sowohl als schlechtes Subjekt gesehen als auch einer Gruppe von Frauen zugeordnet, die auf der Szene arbeiten und diskriminiert, benutzt sowie ungerecht behandelt werden. Daraus entsteht aber keine Gruppensolidarität, weil schon allein aufgrund der abwertenden Diskurse über drogengebrauchende Sexarbeiterinnen jeglicher positiver Gruppenbezug fehlt. Des Weiteren verhindern die strukturellen Repressionen und Sanktionen eine solidarische Community. Deutlich wird im Typ der KÄMPFENDEN auch eine Tendenz sich abzugrenzen von den Anderen (siehe Anna 6.4.2 und Doro 6.4.8), diese Abgrenzung erfolgt nach unten und rassistisch, was im Widerspruch zu den Solidaritätsforderungen steht.

Auffällig ist, dass die KÄMPFENDE Mutter ist, das heißt, sie hat mindestens ein Kind zur Welt gebracht. Diese Rolle wird positiv gesehen, obwohl die Kinder nicht bei ihr leben. Dieser Widerspruch löst sich auf, wenn er als visionärer Gedanke bzw. als Erinnerung an ein „normales" Leben gesehen wird. Letzteres wird zwar als einsam, aber doch als geregelt beschrieben. Die KÄMPFENDE wurde in ihrer Rolle als Mutter allein gelassen, sie hatte den Anspruch eine „gute Mutter" zu sein und betrauert ihr Scheitern als Mutter, da ihre Kinder nicht bei ihr leben. Die KÄMPFENDE hat das Ziel, die Kinder wieder bei sich zu haben. Das schmerzhafte Scheitern beim Einnehmen einer kohärenten Positionalität als Mutter ist im Typ der KÄMPFEN-DEN nachvollziehbar. Ebenso stark wie der Wunsch nach Liebe, sozialer Bindung und Geborgenheit ist aber auch die Wirksamkeit des gesellschaftlichen Mutterdiskurses. Die Subjektkonstruktion beim Versuch ein intelligibles Subjekt zu werden kann in der Verschränkung der drei Ebenen verständlich werden. Das Dispositiv des Kindeswohls reguliert, dass sich die Kinder von „Drogenprostituierten" in staatlicher Obhut befinden. Gleichzeitig existiert auf der Repräsentationsebene keine positive Narration über Mütter, die Drogen gebrauchen und Sexarbeiterinnen sind. Es steht lediglich die abwertende Anrufung als „Drogenprostituierte, der die Droge wichtiger ist als ihr eigen Fleisch und Blut", zur Verfügung, was gesellschaftlich inakzeptabel ist. Für Gesine ist die Mutterrolle mit einer Traumatisierung belegt, sie hat ihr Kind nach kurzer Zeit durch den plötzlichen Kindstod verloren und geriet in Verdacht, das Kind ermordet zu haben. Die jungen Frauen waren während ihrer Schwangerschaft und auch nach der Geburt ihrer Kinder clean. Die KÄMPFENDE versucht in dieser Zeit eine „gute Mutter" zu sein und dem gesellschaftlichen Bild der „Normalität" zu entsprechen und kämpft um Intelligibilität. Erst nachdem die Kinder nicht mehr in ihrer Obhut waren, konsumierten die Frauen wieder Drogen. Der Wunsch, die Kinder wieder bei sich zu haben, kann zum einen als Widerstand gegen die Zuschreibung interpretiert werden, dem hegemonialen Diskurs einer guten Mutter nicht entsprochen zu haben, und spiegelt zum anderen die Hoffnung wider, doch noch den Beweis zu erbringen eine solche sein zu können. In der Moderne wird eine Frau, die ihre Kinder nicht selbst erzieht, moralisch abgewertet. So lässt sich auch die moralische Entrüstung von Doro gegenüber Frauen erklären, die ihre Kinder mit auf die Szene bringen. Die Frauen werden immer nur als „süchtige Mütter" gesehen. Dieser Sicht liegt das ideologische Konstrukt zugrunde, wie eine Mutter zu sein hat, nämlich fürsorglich, aufopferungsvoll und rational, keinesfalls jedoch „drogenabhängig" und selbstbezogen. So betrachtet kann die eigene Mutterschaft nur als selbst zu verantwortendes Versagen interpretiert werden. Dieses Scheitern wird entweder, wie im Fall von Margalit, damit begründet, dass auch sie es geschafft hätte, wenn das Jugendamt ihr das Kind nicht weggenommen hätte, oder wie im Fall von Doro, die sich im Gegensatz zu den Anderen als verantwortungsvoll Handelnde konstruiert. Die KÄMPFENDE ist eine verantwortungsvoll handelnde Mutter, da sie den Kontakt zu ihren Kindern erst wieder aufnehmen wird, wenn sie clean und gefestigt ist.

Im Typus der KÄMPFENDEN ist Herrschaftskritik, bis auf Gesine, stark gewichtet. Die Ausnahme von Gesine korreliert mit einer starken Selbstkritik und einem hohen Grad an Selbstmanagement. Die Anrufungen des Selbstmanagements und der Eigenverantwortung werden zwar von der KÄMPFENDEN angenommen, jedoch durchkreuzt die hektische Alltagsstruktur immer wieder die Versuche durch Unterwerfung intelligibel zu werden, sodass die KÄMPFENDE im Althusserschen Sinne ein *schlechtes Subjekt* ist. Die Widersetzung gegen die Anrufung, ein gesellschaftlich normiertes Subjekt zu sein, ist mit großen Verlusten und Verletzungen verbunden, das heißt, die Frauen verlieren nicht nur ihre Intelligibilität, sondern auch ihren Status als Rechtssubjekte. Es verfestigt sich ihr subalterner Status.

Die KÄMPFENDE investiert einen großen Teil ihrer Kraft darin, selbstbestimmt zu leben sowie anerkannt und ernst genommen zu werden. Dazu gehört auch ein rebellisches Verhalten gegenüber staatlicher Kontrolle und Repression. An der Peripherie des Typus der KÄMPFENDEN wird ein Anteil von resignativem Verhalten und Enttäuschung analysiert. Als Erklärung dafür kann der hohe Grad an Verletzungen herangezogen werden (Margalit 6.4.3). Konträr dazu existiert auch ein stolzer, würdevoller und solidarischer Anspruch an sich selbst (Doro 6.4.8).

Der Handlungsrahmen wird von der KÄMPFENDEN durch die Nutzung der frauenspezifischen Anlaufstelle erweitert, da dieser Ort der einzig verbliebene Raum im Stadtteil ist, den sie ohne Hindernisse und Einschränkungen nutzen kann. Die KÄMPFENDE ringt um Handlungsfähigkeit, indem sie aktiv ist und versucht, ihre Ängste und Traumata durch Ablenkung zu verdrängen. Die Möglichkeiten dafür sind jedoch extrem begrenzt und beschränken sich auf Reinigungsarbeiten in der öffentlichen Unterbringung. Diese Verdrängungstechnik hat nichts mit dem Stereotyp einer von Natur aus überspannten Weiblichkeit zu tun, sondern sie ist die einzige Möglichkeit, innerhalb der gesellschaftlichen Zwänge und mit traumatischen Erfahrungen in dieser Situation der Disziplinierung überleben zu können. Tiefer analysiert zeigt sich hier wieder, wie das Leben von Frauen beschränkt, reguliert, gelenkt und verhindert wird (Purtschert 2008, 2). Der eigentliche Skandal besteht also darin, dass diese Vorgaben dem Versprechen der bürgerlichen Gesellschaft gänzlich zuwiderlaufen, ohne dass ihnen zugestanden wird, sich dagegen zu wehren und ihre Teilhabe einzuklagen. In einer Gesellschaft, in der die Selbstverwirklichung als Leitprinzip gilt, ist das ein weiterer Meilenstein der Erniedrigung, der obendrein entsprechend der gouvernementalen Regierungstechnik nicht als Zwang, sondern als „frei gewählt" gelesen wird. Die schweren Traumatisierungen führen bei Gesine und Margalit dazu, den Tod als das Ende des Leidens zu stilisieren und sich als KÄMPFENDE diesem Impuls tagtäglich zu widersetzen. Margalit und Doro sind obdachlos, demzufolge können Reinigungsarbeiten nur Handlungsoptionen für Gesine und Anna sein. Auffallend ist, dass Margalit und Doro sich in einem weitaus schlechteren körperlichen Zustand befinden als die beiden Frauen in der öffentlichen Unterbringung. Das zeigt, dass körperliche Verfasstheit und Obdachlosigkeit in enger Korrelation zueinander stehen. Obdachlosigkeit muss also als eine Struktur erfasst werden, die extreme Verelendung auf der Subjektebene nach sich zieht. Abstrahiert bedeutet das, die Struktur von Obdachlosigkeit verfestigt eine vulnerable Subjektposition im Typ der KÄMP-FENDEN.

Sexarbeit wird von der KÄMPFENDEN deutlich als Arbeit markiert. Sie beschreibt Sexarbeit als harte und wichtige Tätigkeit, die sie aus Mangel an Alternativen zur Existenzsicherung leisten muss, um ihren Lebensunterhalt zu verdienen, zu dem neben den Kosten für Drogen, die Unterkunft und die hohen Bußgelder gehören. Gesine beschreibt ihre Arbeit nur in Bezug auf Drogenkonsum und konnotiert Prostitution ausschließlich kriminell. Für ihre Dienstleistung will die KÄMPFENDE bezahlt werden, und dem *Sex for Drugs Exchange* widersetzt sie sich. Die Arbeitsstandards der KÄMPFENDEN sind *safer* und professionell. Es wird deutlich, dass von der KÄMPFENDEN ein Berufsethos inkorporiert worden ist, das jedoch immer wieder durch die Wechselwirkung mit der Struktur- und Repräsentationsebene angegriffen wird. Beim Herausarbeiten der zentralen Wechselwirkungen aus den unterschiedlichen Subjektkonstruktionen des Einzelfalls, insbesondere in den Fällen Anna, Margalit und Doro, ist sichtbar geworden, dass nicht die Konkurrenz unter den Frauen die Vereinzelung und die schlechten Arbeitsbedingungen bedingt, sondern dass es die staatlichen Repressionen sind.

Des Weiteren wurde herausgearbeitet, dass die strukturellen Bedingungen von der KÄMPFENDEN zwar analysiert und auch beklagt werden, jedoch dass sie als subalterne drogengebrauchende Sexarbeiterinnen kein Gehör finden werden. Konsequenterweise wird die KÄMPFENDE das Berufsethos ständig verteidigen müssen, und es kommt im Fall von Margalit auch dazu, dass sie das Ethos nicht aufrechterhalten kann und sie geschlagen wird. Das ist nicht nur eine schmerzhafte Erfahrung, die auf der Identitätsebene als Selbstabwertung wirkt, sondern auch ein gewalttätiger Übergriff und eine erniedrigende Erfahrung, was ein Gefühl der Ohnmacht auslöst, da ihr bewusst wird, dass sie über keine schützenden Gegenstrategien verfügt. Die Sexarbeit wird von der KÄMPFENDEN als gefährlich eingeschätzt, und sie versucht sich im Rahmen ihrer Möglichkeiten an die gesellschaftlichen Normen anzupassen. Sie versteht die strukturellen Repressionen und die Angriffe der Symbolebene in Form der Abwertung nicht, weil aus ihrer Sicht keine Alternative zu ihrem Leben existieren.

Drogengebrauch wird von der KÄMPFENDEN als eine Schutzmaßnahme eingesetzt, um ihre Lebens- und Arbeitssituation zu erleichtern. Das gilt auch für die Frauen in der Substitution, wobei hier die Wirkung oft durch den Beikonsum von Drogen verstärkt wird. Doro bezieht das Substitut über illegalisierte Vertriebsstrukturen. Der Drogenkonsum wird auch als Suche nach dem Kick und die Drogenszene als Ort der sozialen Kontakte bezeichnet. Der Konsum von Drogen schränkt die Fähigkeit zur Eigenverantwortung und zum Selbstmanagement ein, wodurch der Status als Rechtssubjekt wieder verloren geht, was dann von der KÄMPFENDEN als persönliches Versagen interpretiert wird.

Der Crackkonsum, bezogen auf das „Eigene", aber auch in Abgrenzung vom Anderen, wird von der KÄMPFENDEN negativ markiert. Exzessiver Drogenkonsum geht mit dem Verlust von gesellschaftlicher Akzeptanz einher, deshalb wird von der KÄMPFENDEN versucht, sich an Normen anzupassen und zum Beispiel nicht öffentlich zu konsumieren. Diese Anpassungsleistung ist auch ein Ringen um Respektabilität und in einem Fall wird sich die KÄMPFENDE trotz Drogenkonsum ihre Würde und ihren Stolz nicht nehmen lassen.

### Die DISTANZIERTE

Die DISTANZIERTE versucht ihre Handlungsfähigkeit durch ein distanziertes Verhalten bezüglich ihrer Kolleginnen, der Freier und der AnwohnerInnen strategisch zu erweitern. Die Abstand wahrende Subjektivation der DISTANZIERTEN bezieht sich auch auf die Stadtteilpolitik, speziell auf die Repressionen durch die Polizei im Stadtteil. Das heißt, sie reagiert wenig betroffen auf die massiven Restriktionen im Stadtteil. Auffallend ist die starke Abgrenzung der DISTANZIERTEN gegenüber den anderen drogengebrauchenden Sexarbeiterinnen, denn in die Konflikte auf der Szene ist sie weder real noch emotional involviert. Ihre abgeklärte Haltung zum Szeneleben ermöglicht es ihr, den notwendigen Abstand zur Szene aufrecht zu erhalten. Sie verkörpert eine gewisse Gleichgültigkeit, nicht nur gegenüber ihren Kolleginnen, sondern auch gegenüber den abwertenden Äußerungen und Behandlungen. Die Abwertungen werden zwar registriert und reflektiert, jedoch bezieht die DISTANZIERTEN eine indifferente Haltung zu ihrem Gegenüber und wehrt die Abwertungen dadurch ab. Um einiges angepasster als die KÄMPFENDE erscheint die DISTANZIERTE, jedoch sind diese Anpassung und auch die repräsentierte Gleichgültigkeit Strategien, um auf der Szene zu überleben. Die DISTANZIERTE passt sich zwar strategisch an, jedoch will sie darin auch selbstbestimmt handeln. Sie ringt nicht um Selbstbestimmung, wie die KÄMPFENDE und setzt diese auch nicht so souverän ein wie die SORGENDE. Die DISTANZIERTE erlangt mittels ihrer strategischen Haltung ein gewisses Maß an Selbstbestimmung. Die herrschenden Dispositive der Kontrolle, Überwachung und die Diskurse der Abwertung werden hingenommen, jedoch nicht ernst genommen. Nichtsdestotrotz finden sich auch im Typus der DISTANZIERTEN häufiger herrschaftskritische Verweise, die auch in konkrete Forderungen münden. Die DISTANZIERTE sorgt in erster Linie nur für sich selbst, es sei denn, der Kontakt ist für sie hilfreich, dann lässt sie sich auch auf gemeinsames Handeln ein (Sara). Das ist eine Konsequenz aus den Enttäuschungen, die sie durch Kolleginnen auf der Szene erfahren hat. Gleichzeitig postuliert sie ein idealisiertes, romantisches Bild von Freundschaft, dem der Mythos zu Grunde liegt, dass früher alles viel besser war, besonders auch der Zusammenhalt unter den Frauen. Allerdings ist dieses Konstrukt typenübergreifend und nicht nur ein Merkmal für das Forschungsfeld Drogengebrauch und Sexarbeit, sondern es ist eine gesellschaftlich generative Sichtweise auf Freundschaft. In anderen Ökonomien existieren ähnliche Narrative, wie zum Beispiel die verstärkte Klage über eine Entsolidarisierung und eine Individualisierung. Auch dort führt die zunehmende Individualisierung zur verschärften Prekarisierung der Arbeits- und Lebensverhältnisse, wobei die informelle, illegalisierte Drogen- und Sexökonomie besonders hart davon betroffen ist, da dieser Bereich auf Grund seiner Kriminalisierung schon immer prekär war. Neu ist innerhalb der informellen, illegalisierten Drogen- und Sexökonomie die rassistische Abgrenzung zu Kolleginnen aus Osteuropa, die im Typ der KÄMPFENDEN und DISTANZIERTEN verankert ist. Die Kolleginnen, die in erster Linie aus Bulgarien und Rumänien kommen, werden von der DISTANZIERTEN als Schuldige für die Razzien im Stadtteil konstruiert.

Die DISTANZIERTE ist im Fall Magdalena resigniert und sieht keine Perspektive, sie leidet unter Angst sowie Stress und fühlt sich gehetzt. Gleichzeitig grenzt sie sich aber von den „Normalen" ab. Auffallend ist der Widerspruch, dass sie zwar den Stress beklagt, aber Freizeit für sie Zeit ist, mit der sie nichts anzufangen weiß. Verschleiß und Erschöpfung kennzeichnen die körperliche Verfasstheit der DISTANZIERTEN. Auf der einen Seite wünscht sie sich Ruhe und eine Wohnung (Sara), auf der anderen Seite erträgt sie das Alleinsein nicht. Es ist davon auszugehen, dass die DISTANZIERTE nicht gern allein ist, da Magdalena und Sara eine Wohnform mit jeweils einer anderen Person wählten, der allerdings ökonomische Zwecke oder auch Zwänge zugrunde liegen. Die DISTANZIERTE sieht sich zum Teil auch als Einzelkämpferin, die stark sein muss, weil sie keine Unterstützung hat. In den beiden Interviews differieren die Selbstwahrnehmungen stark. Während sich Magdalena als eine Frau, die mit ihrem Leben nicht klar kommt, präsentiert, verweist Sara auf sich als eine ursprünglich hilfsbereite, aufgeschlossene Person, die auf der Szene viel verlernt hat und enttäuscht wurde. Die DISTANZIERTE misstraut generell anderen Kolleginnen. Sie greift die sozialen Strukturen sachlich und beschreibend an, wobei sich Sara häufiger den hegemonialen Diskursen anpasst. Die Anpassung ist eine strategische Wahl, um intelligibel zu sein. Der Typ der DISTANZIERTEN weist nur wenige

Wir-Konstruktionen auf, das lässt den Schluss zu, dass sie sich einerseits keiner Gruppe zugehörig fühlt und andererseits die Askription und Fremdzuschreibung zur Gruppe der „Drogenprostituierten" nicht annimmt bzw. ablehnt.

Die Sexarbeit ist für die DISTANZIERTE ein harter Job, der an ihre körperlichen Grenzen geht. Deutlich wird hier die Verschränkung von Sexarbeit und Drogengebrauch. So ist Arbeit einerseits immer mit Konsum verbunden, da sie sonst unerträglich wäre. Dass die Arbeit ein Muss (Zwang) ist, korreliert mit dem Typ der KÄMPFENDEN, sie markiert die Arbeit ebenfalls als ein Muss. Die DISTANZIERTE betont, dass Sexarbeit eine Form ist, schnell Geld zu verdienen, dass es aber schwieriger geworden ist und die Arbeitszeiten sich verlängert haben. Als Begründung wird angeführt, dass die Kunden abgenommen haben und daher auch weniger zahlen, aber auch die zunehmenden Repressionen und härteren Sanktionen, die ein Gefühl des Gehetztseins und der Schikane hinterlassen. Hier wird als Ursache die SpGVo angeführt, allerdings weisen die Sanktionen (Platzverweise/Aufenthaltsverbote/Bußgelder) eher auf die Handlungsanweisung auf Basis des BtMG hin. Die DISTANZIERTE fordert in einem Fall die Abschaffung der SpGVo und greift die Struktur des repressiven Staatsapparates an. Für die DISTANZIERTE ist es wichtig, für Geld und nicht für Drogen zu arbeiten. Diese Setzung korreliert mit dem Grundsatz der KÄMPFENDEN, Geld für ihre Dienstleistung zu verlangen. Im Typ der DISTANZIERTEN unterscheiden sich die Narrative über Sexarbeit in Bezug auf das Selbstverständnis von Arbeit. Auf der einen Seite wird die Arbeit mit einer selbstbewussten Haltung geleistet und gegen die abwertenden Vereinnahmungen der Repräsentationsebene sowie gegen die repressive Strukturebene verteidigt. Auf der anderen Seite wird die eigene Arbeitstätigkeit abgewertet. In der Selbstabwertung wird die Materialisierung von Diskursen und Dispositiven in den Subjektkonstruktionen drogengebrauchender Sexarbeiterinnen transparent. Magdalena tauscht sexuelle Dienstleistung gegen Mietzahlungen. Dieses nicht regulierte Tauschgeschäft ist ein weiteres Indiz für einen nicht vorhandenen Arbeitsbegriff und eine darin begründete fehlende Regulierung von Arbeitsverhältnissen. Das Phänomen, Arbeitsleistungen gegen Naturalien oder Tätigkeiten zu tauschen, ist in Kollektiven oder Kommunen oder in deregulierten, informellen Arbeitsmärkten zu finden. Während im ersten Fall versucht wird, die Gewinnmaximierung und die Ausbeutung in der kapitalistische Warenproduktion zu unterlaufen, wird im zweiten Fall die Ausbeutung der Nichtbesitzenden durch das Tauschgeschäft verstärkt.

Drogenkonsum ist für die DISTANZIERTE ebenso wie für die KÄMPFENDE ein Schutz vor den desolaten Lebensumständen und soll ihnen den Alltag erleichtern. Der exzessive Konsum ist einerseits ein Hilfsmittel, um besser arbeiten zu können und gleichgültig zu bleiben, andererseits aber auch ein Lebenselixier, das kontrolliert konsumiert wird. Die DISTANZIERTE setzt auf die Selbstdisziplinierung und wendet sich gegen die Freigabe von Drogen. Der exzessive Konsum wird in Zusammenhang mit der eigenen Arbeitslosigkeit gestellt. Die Intersektion zwischen exzessivem Drogenkonsum, Arbeitslosigkeit und dem Unvermögen mit Freizeit umzugehen, lässt die These zu, dass sie die ersehnte Ruhe nicht aushalten und die ständige Verbalisierung von Ruhe einem Wunschtraum gleichkommt. Das heißt, die DISTANZIERTE wünscht sich nichts sehnlicher als Ruhe, und gleichzeitig versetzt sie dieser Zustand derart in Panik, dass sie immer wieder auf die Szene und in den Drogenkonsum flüchtet. Auch zum Thema Substitution weist die DISTANZIERTE Parallelen zur

KÄMPFENDE auf. Die Substitution wird als Unterstützung angenommen, nur ist der Aufwand zu groß, die strengen Regeln einzuhalten. Nicht substituiert zu sein bedeutet, mehr arbeiten zu müssen, da mehr Geld für die Drogen benötigt wird. Die DISTANZIERTE sieht zwar, wie auch die KÄMPFENDE, den Drogenkonsum als zusätzliche Belastung in ihrem Leben. Sie setzt den Konsum aber nicht in Bezug zu ihrer Eigenverantwortung und sieht sich auch nicht in ihrem Selbstmanagement dadurch behindert, sondern für die DISTANZIERTE steht das Management des stressigen Alltags im Fokus, ein Kreislauf von Beschaffung und Konsum, der nicht zu durchtrennen ist. Um den Kreislauf zu durchbrechen, müsste sie ganz weit weg gehen, allerdings ist davon auszugehen, dass sie es nicht wirklich will, da für sie Drogen ein Lebenselixier sind und sie sich beim Konsum am menschlichsten fühlt.

### Die SORGENDE

Die SORGENDE zeichnet sich durch die Verinnerlichung der Foucaultschen *Paraskeue* aus, der Sorge um Sich und für Andere. Es geht dabei nicht, wie bei der DISTANZIERTEN um eine Sorge nur um sich selbst, die aus Enttäuschung und Misstrauen entstanden ist, sondern um eine Sorge um Sich und Andere, die sich aus einer Stärke des Selbst und der Lebenserfahrung speist. Eine meiner ersten Thesen, bevor ich diese Arbeit zu schreiben begann, war, dass die Lebenskunst im Feld der drogengebrauchenden Sexarbeiterinnen zu finden sei. Mir ist bewusst, dass die beiden Fälle natürlich nicht für das gesamte Feld sprechen können und mir geht keinesfalls darum, die ausbeuterischen, gewalttätigen Verhältnisse durch die Beschreibung von *Paraskeue* schön zu schreiben. Im Gegenteil, es geht mir darum, zu beweisen, dass Menschen, auch wenn ihnen sämtliche gesellschaftliche Teilhabe genommen wird, an einer Ethik des Selbst arbeiten, die auch zum Tragen kommen kann unter schlimmen Bedingungen. Es geht darum anzuerkennen, dass die Ethik des Selbst, die *Paraskeue* auch unter den sogenannten Ausgestoßenen, Exkludierten, Infamen, Gefährlichen, Überflüssigen aufzuspüren und zu stärken ist.

Die SORGENDE erweitertet ihre Handlungsfähigkeit durch ein grenzüberschreitendes Dasein in unterschiedlichen Subkulturen. Sie lebt in einem „normalen" Zuhause außerhalb der Szene und geht einer ganz „normalen" Erwerbsarbeit als Garderobiere (Tracy) oder als Kinderbetreuerin (Maya betreut Kinder in einem Secondhand-Laden) nach. Die SORGENDE beherrscht beide Subjektpositionen, und sie ist sich bewusst, dass sie täglich Grenzen überschreitet. Diese Grenzgänge gehören so selbstverständlich zu ihrer alltäglichen Form das Leben zu bewältigen, dass sie selbst die Grenzen nicht mehr wahrnimmt oder ihnen einen spielerischen Aspekt zuweist. Die SORGENDE sieht sich selbst als energisch und stark. Sie verhält sich solidarisch gegenüber anderen drogengebrauchenden Sexarbeiterinnen, aber auch gegenüber Menschen außerhalb der informellen Drogen- und Sexökonomie. Sie fordert einen ehrlichen Umgang mit sich und anderen Menschen ein. Der grenzüberschreitende Impetus der SORGENDEN ist für Tracy mit einer expliziten Liebe zum Risiko verschränkt, wobei sie die eigenen Grenzen austestet. Es geht ihr dabei explizit nur um ihre eigenen Grenzen und nicht darum, die Grenzen anderer Personen in Frage zu stellen. Die SORGENDE ist ein stolzer und freiheitsliebender Typus und legt großen Wert auf ihre Selbstbestimmung und handelt, indem sie sich aktiv zur Wehr setzt. Das selbstbestimmte Handeln und aktive Eingreifen verweisen auf eine Nähe zur KÄMPFENDEN. Die SORGENDE ist, wie alle Typologien des Samples zwar herr-

schaftskritisch, verweist dabei aber weniger auf die Repräsentations- und Strukturebene. Die SORGENDE wehrt sie sich in Bezug auf den repressiven Staatsapparat
auf der Repräsentationsebene und auf der Strukturebene (Maya). Da die Wir-
Konstruktionen der SORGENDEN selten sind, ist die Zugehörigkeit zu einer homogenen Gruppe für sie nicht so wichtig. Die SORGENDE versucht ihren Handlungsrahmen zu erweitern, indem sie eine gewisse Distanz zum informellen Sex- und Drogenmarkt hält, sie behält sich im Auge und sorgt für sich. Für sie ist die Szene ihr
zweites Zuhause. Sie nutzt die unterstützenden Angebote der frauenspezifischen Anlaufstelle und fordert für sich und andere einen menschlichen Umgang. Sie wehrt
sich einerseits gegen die Ausbeutung und verlangt andererseits die Einhaltung von
Arbeitsstandards auch durch ihre Kolleginnen. Hier passt sie sich den hegemonialen
Repräsentationen an, indem sie sich von den Kolleginnen abgrenzt, die diese Standards unterlaufen.

Sexarbeit versteht die SORGENDE als eine professionelle Arbeit. Sie bezieht
Stellung gegen die weitere Aushöhlung des illegalen, informellen Sex- und Drogenmarktes durch Preisdumping und *unsafes* Arbeiten. Sie fordert vehement die Eigenverantwortung ihrer Kolleginnen ein, reflektiert dabei aber auch die Abhängigkeitsstrukturen, in denen sich die Frauen befinden, und appelliert an deren Selbstsorge.
Trotzdem wird Sexarbeit von ihr als alternativlos gesehen, wenn es darum geht, den
Lebensunterhalt zu sichern. Tracy grenzt die Sexarbeit von ihrem eigentlichen „Job"
ab, da sie diese nach Lust und Laune bzw. ohne starre Prinzipien ausübt. Das ist ein
Freiheitsgewinn, den sie aber erst durch jahrelange Erfahrung umsetzen konnte. Sexarbeit ist für sie ein reizvolles Spiel mit der Identität und macht ihr Freude. Sie benennt aber auch die psychische Belastung als Kehrseite der Sexarbeit. Auffallend ist
bei der SORGENDEN, dass es ihr auch bei der Arbeit sehr stark um die Selbstsorge
geht. Deshalb grenzt sie sich von denen ab, die unter 15,- Euro arbeiten und hat kein
Verständnis für die Kolleginnen, die so billig arbeiten. Die SORGENDE legt großen
Wert auf die Einhaltung des Preisniveaus und lehnt erniedrigende Sexualpraktiken
ab. Sie reflektiert die mit der Subjektebene verwobenen Macht- und Herrschaftsstrukturen, die von ihr auch angegriffen werden. Die SORGENDE betont die Wichtigkeit die Selbstermächtigung im Sinne einer Selbstverantwortung im Setting der
Sexarbeit.

Auch beim Drogenkonsum geht es der SORGENDEN um eine Sorge um sich
und für andere. Die SORGENDE reguliert auf der einen Seite selbstverantwortlich
ihren Drogenkonsum und steigt vom Crack- auf Marihuanakonsum um, weil ihr das
Leben etwas wert ist. Sie will nicht untergehen und verbindet mit dem Konsum ein
schönes Leben. Auf der anderen Seite definiert sie sich als „Junkie" aus Überzeugung, die ihre Grenzen austesten und den Reiz des Illegalen auskosten will. Drogen
sind für sie Überlebenshilfen, die ihr auch kreative Lebensgefühle verschaffen. Die
SORGENDE reflektiert, dass sie zu arm für hochwertigere Substanzen ist, und wendet sich gegen die staatliche Regulierung, indem sie die Legalisierung von Drogen
fordert. Für Maya ist die Substitution mit Beikonsum, wie im Typus der KÄMP-
FENDEN, eine bewusste Selbsttechnik, die es ihr ermöglicht, zu konsumieren und
trotzdem am gesellschaftlichen Leben teilhaben zu können, z.B. durch Erwerbsarbeit.
In diesem Abschnitt wurden die drei Typen die KÄMPFENDE, die DISTANZIERTE
und die SORGENDE charakterisiert. Der Fokus lag auf der Beschreibung von sich
widersetzenden Handlungstypen. Dabei wurde deutlich, dass die Typen weder nach

innen kohärent noch nach außen eindeutig abzugrenzen sind. Auch hier kommt es ähnlich wie bei den Subjektkonstruktionen zu Intersektionen. Im folgenden Abschnitt soll der Zusammenhang von Widersetzung und Handlungsfähigkeit zwischen den drei Typen genauer beleuchtet werden.

### 6.5.3 Der Zusammenhang zwischen Widersetzung und Handlungsfähigkeit in den Typen der KÄMPFENDEN, der DISTANZIERTEN und der SORGENDEN

Die Grafik in Abbildung 10 veranschaulicht, wie die Handlungsfähigkeit und das Widersetzungspotential der KÄMPFENDEN, der DISTANZIERTEN und der SOR-GENDEN im Zusammenhang stehen, sich über- und unterscheiden. Die Grafik ist nur eine Momentaufnahme, die einen Modellcharakter hat und sich jederzeit durch den Einfluss weiterer oder veränderter Bedingungen in den Lebensverhältnissen verschieben kann. In den bisherigen Analyseschritten zeigt sich, dass die KÄMPFENDE zwar über ein hohes Widersetzungspotential verfügt, welches aber nicht zwangsläufig ihre Handlungsfähigkeit erweitert, sondern diese eher einschränkt und behindert. Im Typus der KÄMPFENDEN existiert ein Spannungsbogen, der von der aktiven Gegenwehr gegen die Repräsentations- und Strukturebene bis hin zum aktiven Kampf gegen sich selbst führt. Beiden Enden ist gemeinsam, dass der Kampf geführt wird, um zu überleben und dabei trotzdem vor sich selbst den Respekt nicht zu verlieren und von der Mehrheitsgesellschaft respektiert zu werden. Dieser aufreibende Kampf ist allerdings nur in punkto Überleben erfolgreich, der Status der subalternen drogengebrauchenden Sexarbeiterin bleibt erhalten. Die KÄMPFENDE verliert sich in den niemals endenden Widersetzungen und scheitert immer wieder aufs Neue. Sie trägt extreme Verletzungen in diesem Kampf davon, ohne dass sich ihre Lebensqualität verbessert. Der biologische Tod wird als Erlösung und damit auch als die einzige vorstellbare Veränderung der Unterdrückung gesehen. Tot zu sein bedeutet, nicht mehr kämpfen zu müssen. Der Typ der KÄMPFENDEN präsentiert eine aktive Form der Widersetzung.

Die DISTANZIERTE widersetzt sich eher strategisch, sie passt sich an und ist deshalb gegenüber dem repressiven Staatsapparat kurzfristig handlungsfähiger als die KÄMPFENDE. Die DISTANZIERTE fühlt sich gehetzt und versucht das durch Gleichgültigkeit und strategische Anpassung zu kompensieren. Während die KÄMP-FENDE die Vision hat, mit ihren Kindern zu leben und durch die Mutterrolle respektabel zu werden, und die SORGENDE die Utopie eines guten Lebens hat, erscheint die DISTANZIERTE perspektivlos und resigniert. Es existiert aus ihrer Sicht keine Lösung, um ihre Ängste zu überwinden und den stressbelasteten Alltag zu verändern. Sie präsentiert ihr Leben als eine einzige Tristesse und kann ihre Lebensqualität durch ihre Form der Widersetzung nicht verbessern. Im Vergleich zum Typus der KÄMPFENDEN ist sie nicht so vulnerabel positionalisiert. Die DISTANZIERTE verkörpert eine passive Form der Widersetzung, die ihr jedoch mehr Handlungsmöglichkeiten für die unmittelbare Reaktion auf die repressiven Strukturen zu Verfügung stellt.

Die SORGENDE verfügt im Vergleich zur KÄMPFENDEN über geringeres und im Vergleich zur DISTANZIERTEN über eine größeres Maß an Widersetzungspotential. Sie kann jedoch auf ein weitaus größeres Spektrum an Handlungsfähigkeit zugreifen als die KÄMPFENDE und die DISTANZIERTE. Sie kämpft nicht nur um Respektabilität, sie wird auch respektiert. Aufgrund ihrer traumatischen Erfahrungen versucht sie die Vulnerabilität zu begrenzen und auch die Grenzverletzungen zu kontrollieren. Sie überschreitet sehr bewusst Grenzen von Herrschaftsdispositiven und hegemonialen Diskursen. Dadurch erweitert sie ihren Handlungsrahmen, bezogen auf sich selbst, aber auch auf andere. Die SORGENDE orientiert sich nicht am Wissen, das von der Norm bestimmt wird, sondern das Leben ist für sie ein Experiment. Normen und Strukturen sind für sie nur sinnvoll, wenn sie schützen, und nicht wenn sie ausgrenzen. Die SORGENDE präsentiert eine aktive und eine passive Form der Widersetzung. Abbildung 10 visualisiert die Überschneidungen von Handlungsfähigkeit und Widersetzung zwischen den drei Typen.

Der Begriff der Eigenverantwortung steht im engen Zusammenhang mit der Widersetzung und der daraus folgenden Handlungsfähigkeit. Ein Ergebnis der Analyse ist, dass die Übernahme von Eigenverantwortung durch drogengebrauchende Sexarbeiterinnen nicht als neoliberales Selbstmanagement gelesen werden darf, sondern dass es eine Überlebenstechnik ist, der die Sorge um sich zu Grunde liegt. Hingegen wird durch die gesellschaftliche Anrufung an die drogengebrauchenden Sexarbeiterinnen Eigenverantwortung zu übernehmen, immer nur die gesellschaftliche Mitverantwortung für ihre Lebensumstände negiert und auf eine Folge eigener Versäumnisse reduziert.

*Abbildung 10: Die Korrelation von Handlungsfähigkeit und Widersetzung in drei empirisch begründeten sich widersetzenden Handlungstypen*

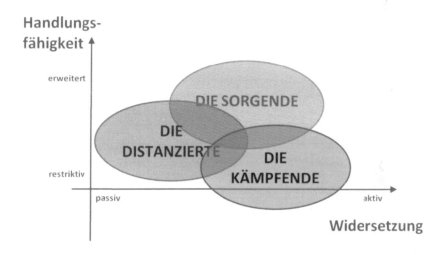

Im Typ die KÄMPFENDE ist die Eigenverantwortung ebenso zu finden, wie die Annahme der Anrufung selbst schuld zu sein. Beide haben sich durch die Prozesse der Subjektwerdung in den Körper eingeschrieben. Durch die Intersektionale Mehrebenenanalyse wird deutlich, dass die Übernahme von Eigenverantwortung nur möglich ist, wenn auch reale Handlungsoptionen existieren. In Foucaults Sinne wäre das die

Freiheit, sich anders entscheiden zu können und sich so nicht regieren zu lassen. Eine „Drogenprostituierte" kann, verglichen mit der Mehrheitsbevölkerung, kaum noch über ihre eigenen Lebensbedingungen verfügen und die Herrschaftszustände nicht beeinflussen. Ihre Handlungsmöglichkeiten sind oft soweit eingeschränkt, dass diese für sie selbst kaum noch erkennbar sind. Da oft keine umsetzbaren Perspektiven oder Alternativen zur informellen Drogen- und Sexökonomie existieren, können drogengebrauchende Sexarbeiterinnen die Situation selten nachhaltig qualitativ verändern. Sie können sich eben keinen anderen Arbeitsplatz schaffen. Vor allem im Typ der KÄMPFENDEN wird die „zynische Variante allgemeiner Denkweisen der Psychologisierung, objektive Beschränkungen in subjektive Beschränktheiten umzudeuten" (Markard 2007, 152) offensichtlich, die am Ende dazu führt, dass sie selber schuld ist. Die Anrufung zur Übernahme von Eigenverantwortung im Feld drogengebrauchender Sexarbeiterinnen ist allerdings nicht nur zynisch, sondern im Typ der SORGENDEN korreliert die Eigenverantwortung mit Solidarität. Daraus lässt sich Markards Argumentation nachvollziehen, dass die Handlungsfähigkeit und die Verfügbarkeit über die eigenen Lebensbedingungen eine wichtige Voraussetzung für die Eigenverantwortung ist, denn die SORGENDE hat in ihrem Leben mehr Handlungsspielräume, als die KÄMPFENDE und die DISTANZIERTE. Es setzt eben ein gewisses Maß an Freiheit voraus, die Forderung nach einem solidarischen Handeln im Sinne von *safer work* und der Aufrechterhaltung eines minimalen Preisniveaus durchsetzen zu können. Es bedarf einer Positionalität der Subjekte, damit die Machtbeziehungen nicht derart aus dem Gleichgewicht geraten, dass sie zu einer Herrschaftstatsache werden. Diese Positionalität trifft nur auf die SORGENDE zu und auch das nur teilweise.

### 6.5.4 Zusammenfassung

Die Typenbildung zeigt, dass drogengebrauchende Sexarbeiterinnen handlungsfähig sind. Ihre Handlungsfähigkeit ist jedoch unterschiedlich ausgeprägt, und es ist notwendig, diese Differenzierung in der Diskussion um Empowerment zu beachten. Deutlich wird in 6.5.2, dass die Typen keine monolithisch nebeneinander stehenden Gebilde sind, sondern dass sie miteinander verwoben sind und keine typinterne Kohärenz existiert. Der Unterabschnitt 6.5.3 untermauert diese Überschneidung bei gleichzeitiger Unterscheidung der Typen in Bezug auf den Zusammenhang von Widersetzung und Handlungsfähigkeit. In diesem Abschnitt wird noch einmal plausibel, dass Widersetzung nicht immer zur Handlungsfähigkeit führt. Durch die Intersektionale Mehrebenenanalyse wird sichtbar, dass drogengebrauchende Sexarbeiterinnen permanent Eigenverantwortung übernehmen (müssen), um zu überleben. Die Möglichkeit wird jedoch stark von der Verfügbarkeit über die eigenen Lebensbedingungen bestimmt und unterscheidet sich damit von Typ zu Typ. Wenn sie jedoch auf Grund gesellschaftlich determinierter Randbedingungen der Anrufung eigenverantwortlich zu handeln nicht nachkommen können, werden sie mit der Zuschreibung selbst schuld zu sein, konfrontiert (siehe die KÄMPFENDE).

Im nächsten Kapitel werden auf Basis dieser Erkenntnisse Visionen für ein Empowerment entwickelt und die notwendigen Voraussetzungen als Forderung an die Politik und die Gesellschaft diskutiert.

# 7 Ergebnisse für Empowerment und politische Handlungsmöglichkeiten

Widersetzungen treten im Forschungsfeld häufig und in vielfältiger Form auf und haben eine erhebliche Auswirkung auf die Handlungsfähigkeit. Deshalb war es notwendig, einen Begriff von Handlungsfähigkeit zu definieren, der die Singularitäten aufnimmt, um Empowermentansätze formulieren zu können. Mein ursprüngliches Forschungsziel Empowerment für die Gruppe der drogengebrauchenden Sexarbeiterinnen zu explorieren, musste ich jedoch korrigieren, da es aufgrund der fehlenden kollektiven Handlungsfähigkeit eigentlich nur möglich ist, Empowerment für jede einzelne Frau zu formulieren. Jedoch ist personales Empowerment unter den gegebenen gesellschaftlichen Anfeindungen visionär, da die Handlungsfähigkeit der einzelnen Subjekte so massiv von Herrschaftsstrukturen und symbolischen Repräsentationen überlagert wird, dass es nahezu unmöglich ist, Einzellösungen zu finden, damit die Frauen individuell empowert werden könnten. So wurde deutlich, dass den im Unterkapitel 3.4 beschriebenen Aussagen von Guggenbühl und Berger dahingehend zuzustimmen ist, dass drogengebrauchende Sexarbeiterinnen über eine eingeschränkte Handlungsautonomie gegenüber den Freiern verfügen und hier eine Machtasymmetrie besteht. Jedoch ist nicht der Drogenkonsum der Grund dafür, sondern es sind die bestehenden Herrschaftsverhältnisse, in Form des BtMG, der SpGVo und der Handlungsanweisungen sowie die abwertenden Diskurse, die dann durch ihre Wechselwirkung die Machtasymmetrie bestärken und manifestieren.

Unter Empowerment verstehe ich Selbstermächtigungsstrategien (siehe Abschnitt 4.1.4), die immer von umfangreichen strukturellen Maßnahmen und Interventionen auf der Repräsentationsebene begleitet werden müssen, um wirksam werden zu können. Werden sie nicht aktiv durch politisches Handeln unterstützt, verkommen sie zu einer Farce. So erscheint zum Beispiel die Idee, Anna und Tracy mittels theaterpädagogischer Interventionen zu empowern, gefährlich naiv bezogen auf ihre gegenwärtigen Lebensrealität, während gleichzeitig die Vorstellung, dass Menschen durch Theaterspielen oder andere künstlerische Aktivitäten ihre Handlungsfähigkeit erweitern können im bürgerlichen Umfeld eine Selbstverständlichkeit ist.

## 7.1 TYPENBEZOGENES EMPOWERMENT

Um trotzdem Empowermentansätze formulieren und Vorschläge für eine Umsetzung machen zu können, diskutiere ich Empowerment immer im Zusammenhang mit den politischen Handlungsmöglichkeiten und lege meine Typenbildung (siehe 6.5) zu Grunde. Politisches Handeln verorte ich in erster Linie institutionell, als eine Aufgabe parteilicher und kritischer Sozialer Arbeit sowie in zweiter Linie bei den politischen AktivistInnen. Die Abbildung 11 verdeutlicht, dass ich die individuellen Empowermentansätze entlang der Typen beschreibe, sie aggregiere und dann auf dieser Basis eine Gesamtaussage für die Gruppe der drogengebrauchenden Sexarbeiterinnen formuliere. Das heißt, ausgehend von den Einzelfällen formuliere ich bezüglich der Typen Ansätze für die Gruppe drogengebrauchender Sexarbeiterinnen.

*Abbildung 11: Empowerment für drogengebrauchende Sexarbeiterinnen.*

## 7.1.1 Empowerment für die KÄMPFENDE

Die KÄMPFENDE verfügt über ein hohes Widersetzungspotential, das ihre Handlungsfähigkeit selten erweitert und häufig einschränkt (siehe Abbildung 10).

So beeinflusst Gesines selbstkritische, sich selbst oft abwertende Haltung extrem ihre Subjektkonstruktionen in Form von Schuldkomplexen, die ihre Handlungsfähigkeit einschränken. Damit verwoben ist ihre gefühlte und reale Einsamkeit und ihr Alleinsein. Sexarbeit ist für Gesine angesichts ihrer vulnerablen Positionalität und ihrer Gewalterfahrungen eine weitere Vergewaltigung und Verletzung ihrer Integrität.

In erster Linie benötigt Gesine verlässliche Unterstützung, um ihre traumatische Vergangenheit zu verarbeiten und soziale Netzwerke aufzubauen, sodass sie es schafft ein Stück unabhängiger von der Szene zu werden. Unbedingt muss Gesine darin unterstützt werden, ihre Rückfälle nicht als Selbstversagen zu interpretieren und die Grauzonen des Drogenkonsums zu akzeptieren, dann würden ihre Rückfälle im Lichte ihrer Vergangenheit nicht derart dramatisch und selbstzerstörerisch verlaufen. Würde Gesines hohes Reflexionsvermögen anders kanalisiert sein, weg von ihren Schuldkomplexen, hin zu einer kritischen Sicht auf die Strukturen und Verhältnisse, könnte sie mehr an Selbstvertrauen gewinnen. Trotz ihres starken Willens wirkt sie erschöpft durch den ständigen Kampf gegen das Vergessen, die Bewältigung der Traumata und um gesellschaftliche Respektabilität. Hier bedarf es einer Struktur, die sie auffängt und stabilisiert. Ein Empowermentansatz für Gesine wäre, wenn sie einen Job als Tierpflegerin finden und vielleicht auch eine Ausbildung machen könnte. Ein erster Schritt könnte ein Praktikum sein. Gesine hat Vertrauen zu ihrer Bezugsperson, daran könnte angeknüpft werden, indem Gesine eine Art Patin zur Seite steht, die mit ihr arbeitet, um ein Umfeld aufzubauen, in dem sie sich sicher fühlen kann. Ein solches Umfeld wäre denkbar in Form einer Wohngemeinschaft oder eines alternativen Wohnprojekts.

Anna sollte sensibel dabei unterstützt werden, Beziehungen aufzubauen. Damit könnte sie ihre Einsamkeit und Langeweile, die sie als belastend empfindet, bekämpfen. Denkbar wäre auch hier die Begleitung durch eine Patin. Ein Deeskalationstraining könnte Anna empowern, da es an Techniken anknüpfen würde, die Anna bereits einsetzt. Eine Ausbildung zur Multiplikatorin für Sexarbeit wäre ebenfalls eine Möglichkeit des Empowerments, das sich anzudenken lohnt und an Annas Kritik an der Entsolidarisierung anschließen könnte. Simultan dazu könnten durch theaterpädagogische Interventionen mit Anna kollektive Handlungsansätze erarbeitet werden, die ihre Handlungsfähigkeit erweitern würden. Darin müsste die rassistische Ablehnung des Anderen bearbeitet werden. Es ginge um die Aufarbeitung des Antagonismus, Solidarität einzufordern und sich entsolidarisierend durch ein rassistisches *Hate Speech* (siehe 4.3.5) zu verhalten. Eine theaterpädagogische Intervention könnte Anna auch schauspielerische Kenntnisse vermitteln und ihr letztendlich helfen ihren aktuellen Job distanzierter auszuführen und den Ekel gegenüber den Freiern, wenn nicht abzubauen, so doch zu professionalisieren. Anna lehnt die Schauspielerei in ihrem Job aus moralischen Gründen ab, aber genau das wäre eine Handlungsmöglichkeit für sie in den momentanen Situationen handlungsfähiger zu werden.

Anna benötigt unterstützende niedrigschwellige Hilfen bei der Bewältigung des Alltags. Wichtig ist, dass die Unterstützungen sie als Mensch und handelndes Subjekt ernst nehmen. Erwerbsarbeit könnte Annas Situation stabilisieren, ihr mehr Selbstvertrauen geben, allerdings müsste herausgefunden werden, in welcher Branche es für sie vorstellbar wäre zu arbeiten. Diese Ansätze könnten auch langfristig ihrer Einsamkeit entgegenwirken. Perspektivisch könnte mit Anna, sofern sie genügend Selbstbewusstsein erlangt hat, der Kontakt zu ihrem Sohn wieder aufgenommen werden. Diese Ansätze sollten durch ein und dieselbe Person begleitet werden, die z.B. die Patin sein könnte.

Margalits Wut gegenüber den Ungerechtigkeiten und ihr Gruppenzugehörigkeitsgefühl sind Anknüpfungspunkte, um sie zu solidarischem Handeln zu motivieren. Ihre Idee für ein Sicherheitsnetz im Arbeitshandeln für drogengebrauchende Sexarbeiterinnen könnte mit einer Betreuerin ausgebaut und installiert werden, sodass sie die Rolle einer Gestalterin übernehmen kann und sich selbst als handlungsmächtig erlebt. Unbedingt muss der Verlust ihrer Tochter bearbeitet werden, denn die jetzige Situation hält sie in einer gewissen Handlungsunfähigkeit. Sie hätte ja gern mit der Tochter zusammengelebt, aber aus ihrer Sicht hat die gewaltige Macht des Staates das verhindert. So baut sie einerseits eine Fiktion auf, wie schön das sein könnte, und andererseits ist sie sehr verletzt. Margalit könnte empowert werden, indem sie in diesem Procedere erfährt, dass sie Verantwortung übernehmen kann und dass sie den Verhältnissen nicht hilflos ausgeliefert ist. Es geht darum, Margalit eine Erfahrung zu vermitteln, nicht per se den strukturellen Bedingungen ausgeliefert zu sein. Fakt ist aber, dass die heteronormativen, körperbezogenen und klassistischen Herrschaftsverhältnisse die Ausbeutung, Gewalt, Vulnerabilität und Marginalisierung von Margalit stützen, dass es aber darum gehen sollte, diese ohnmächtige Positionalität aufzubrechen. Das ist hochproblematisch in einem kapitalistischen System, das auf Unterdrückung und Ausbeutung von Minderheiten basiert und in der Empowerment zum Selbstmanagement verkommt. Jedoch ist es für Margalit nur so möglich, handlungsfähiger und respektabler zu werden.

Doro sollte in erster Linie in ihrem Berufsverständnis unterstützt werden. Obwohl sie sich bereits viel selbst beigebracht hat, könnte eine Qualifizierung durch eine selbstbewusste Sexarbeiterin den emanzipativen Blick auf ihren Job erweitern. Doro könnte dann eine Multiplikatorinnenfunktion auf der Szene übernehmen. Da durch das ProstG Sexarbeit den Status eines anerkannten Berufs hat, müssten solche Qualifizierungslehrgänge von der ARGE bezahlt werden. In diesen Zeiten wäre Doro nicht gezwungen anzuschaffen, da sonst eine solche Maßnahme sinnlos wäre. Diese Qualifikation wäre notwendig, um ihre derzeitige Situation zu stabilisieren, so dass es ihr möglich ist, wieder in den besser bezahlten, sogenannten professionellen Bereich einzusteigen. Nichtsdestotrotz sollte Doro immer die Möglichkeit haben, eine weitere Ausbildung zu absolvieren.

Stabilisiert werden müsste Doro auch in Bezug auf ihren Drogenkonsum. Der Wunsch nur noch Heroin zu konsumieren, lässt die Überlegung zu, dass sie Heroin auf Krankenschein bekäme. Da der Zugang aber sehr hochschwellig ist, kann sie in erster Linie nur über die Substitution stabilisiert werden.

Doros rassistische Abgrenzungen schränken ihre Handlungsfähigkeit immens ein und laufen ihrem eigentlichen Anliegen der Frauensolidarität zuwider. Über antirassistische Trainings könnte Doro empowert werden. Sie ist bereit Verantwortung zu übernehmen und deshalb dürfte es nicht schwierig sein, den eigenen Rassismus aufzuarbeiten und ihr auch anhand der Situation der bulgarischen und rumänischen Frauen zu verdeutlichen, dass ein solidarisches Verhalten gegenüber den Anderen ihre Handlungsfähigkeit langfristig erweitern würde. Dabei müsste transparent gemacht werden, wie die Frauen in ihren ungleichen Lebensbedingungen instrumentalisiert werden, um sie zu entsolidarisieren, Ziel sollte dabei sein, dass sich ihre Wut nicht gegen die anderen Frauen, sondern gegen die Herrschenden richtet.

Verallgemeinernd sollte im Sinne der KÄMPFENDEN überlegt werden, die Einstiegsbarrieren für eine Therapieaufnahme niedriger zu gestalten, damit nicht bereits ein Teil der Frauen ausgegrenzt wird, bevor sie überhaupt diese Form der Unterstützungen annehmen kann. Die Regeln der Substitution müssen so gestaltet werden, dass die Dosierung für Menschen, die aus der Substitution entlassen werden, niemals schlagartig, sondern immer nur sehr langsam verringert wird. Generell sollte von einem Abbruch der Substitution im Sinne einer Sanktion Abstand genommen werden, da es sehr fragwürdig ist, Menschen einem illegalisierten Markt mit einem unkalkulierbaren Qualitäts- und Preisgefüge der Substanzen auszusetzen.

Ein Selbstbehauptungstraining verbunden mit der Aufklärung ihrer Rechte gegenüber der Exekutive, den Ämtern und den Kunden sexueller Dienstleistungen wäre ebenfalls ein Empowermentansatz. Auch hier sollte die KÄMPFENDE Mitgestalterin werden, indem sie als Multiplikatorin wirkt. Eine wichtige Voraussetzung, um die KÄMPFENDE selbst zu ermächtigen, wäre eine Veränderung ihrer Wohnsituation. Da ihr soziale Kontakte wichtig sind, könnte die Bereitstellung alternativer Wohnprojekte ein sinnvoller Ansatz sein. Dort hätte sie die Möglichkeit eigenständig und doch in sozialer Gemeinschaft zu leben.

## 7.1.2 Empowerment für die DISTANZIERTE

Die DISTANZIERTE widersetzt sich fast immer strategisch und kann dadurch ihre Handlungsfähigkeit kurzfristig erweitern (siehe Abbildung 10).

Magdalena benötigt gegenwärtig zur Unterstützung eine Anlaufstelle mit durchgehenden Öffnungszeiten, damit sie professionell arbeiten kann. Aufgrund der noch immer vorherrschenden Abwertung von Sexarbeit ist es wichtig, eine Anlaufstelle für Frauen vorzuhalten. In dem Projekt könnte sie durch kleinere Trainingseinheiten lernen, sich besser von ihrem Job abzugrenzen. Die Anleitung durch eine professionelle Sexarbeiterin wäre sinnvoll.

Auch die Erfahrung von Solidarität in der Sexarbeit im Training könnte das negative Bild über ihre Kolleginnen verändern. Ähnlich wie bei Doro ist für Magdalena Solidarität und das Bilden von Koalitionen, um eine Stärke entwickeln zu können, ein wichtiges Thema. Dafür müssten die strukturellen Bedingungen geschaffen werden, indem z. B. ähnlich einer bezahlten Weiterbildungsmaßnahme ein szenenaher Raum zur Verfügung gestellt werden müsste, in dem Magdalena wieder wahrnehmen kann, dass sie ein handelndes Subjekt ist. Gleichzeitig sollte eine Aufklärung über ihre Rechte stattfinden, um ihr Selbstbewusstsein zu stärken.

Hinsichtlich der Wohnform könnte eine Wohnprojekt oder eine Wohngemeinschaft anvisiert werden, was unter den derzeitigen Bedingungen nur funktionieren könnte, wenn man sie ins Heroinprogramm aufnähme.

Perspektivisch könnte ein Einstieg in Magdalenas alten Beruf angestrebt werden, was aber aufgrund der gesellschaftlichen Vorbehalte sehr schwierig wäre. Drogenprojekte, die bereits mit Kindertagesstätten zusammenarbeiten, könnten dafür eine Basis bieten.

Für Sara ist es sehr wichtig, Ruhe in ihr Leben zu bringen. Eine große Unterstützung für Sara wäre die Vergabe von Heroin auf Krankenschein. Sie gehört genau zu der Zielgruppe der Heroinambulanz, allerdings will sie sich nicht derart „regieren" lassen (siehe 4.1.4/Foucault 1994a, 259). Vielleicht ließe sich Sara motivieren, eine Selbsthilfegruppe zu organisieren, in der unter anderem an der praktischen Umsetzung ihrer Ideen und Wünsche gearbeitet werden könnte.

Da Sara die Szene kennt, könnte ihre Idee von einem Wohnprojekt für „Altjunkies" aufgegriffen werden, wobei sie in die Planung einbezogen werden sollte. In erster Linie ginge es darum, Sara ein „festes Dach über dem Kopf" zu verschaffen, das wäre allerdings keine Maßnahme im Sinne des Empowerment, sondern eine strukturelle Hilfemaßnahme, die aber die Grundlage bildet, um Empowermentansätze überhaupt zu ermöglichen.

Als weiterer wichtiger Punkt sollten das Thema der Entsolidarisierung bearbeitet werden, um Sara und ihren deutschen Kolleginnen zu verdeutlichen, inwieweit sie an den Prozessen der Angrenzung und Diskriminierung gegenüber ihren migrierten Kolleginnen beteiligt sind. Wichtig ist es, mit ihr zu diskutieren, dass sie für eine rassistische Politik instrumentalisiert wird, die ihr nur kurzfristig Handlungsfähigkeit verschafft.

Aufgrund ihrer langjährigen Erfahrungen auf dem Straßenstrich und ihrer Kompetenz, strategisch mit den Repressionen durch die Exekutive umzugehen, könnte Sara im Sinne des Empowerment soziale Trainingskurse für Sexarbeiterinnen auf dem Straßenstrich anbieten.

Für die DISTANZIERTE ist Professionalisierung in der Sexarbeit eine wichtige Strategie des Empowerment. Sinnvoll ist es auch Umstiegsmöglichkeiten mit ihr zu erarbeiten und hier auf ihren Ressourcen aufzubauen. Ein weiteres wichtiges Thema ist, Drogen in einem legalen Umfeld konsumieren zu können und wie auch bei der KÄMPFENDEN den Zugang zur Substitution zu erleichtern. Wohnraum ist auch für die DISTANZIERTE ein wichtiges Thema, das ähnlich wie bei der KÄMPFENDEN einen sozialen Fokus haben sollte.

### 7.1.3 Empowerment für die SORGENDE

Die SORGENDE widersetzt sich, um etwas für sich und andere zu erreichen und erweitert langfristig ihre Handlungsfähigkeit. Sie äußert Wünsche und Utopien (siehe Abbildung 10).

An Tracys Erzählungen wird im Vergleich zu anderen Interviews deutlich, dass es einer Kompetenz oder eines Lernprozesses bedarf, um das Alleinsein in einer Wohnung auszuhalten. Außerdem wird sichtbar, wie wichtig die Privatsphäre ist und dass sie ein unabdingbares Menschenrecht darstellt. Die Vorstellung vom „bürgerlichen Wohnen" müsste im Sinne derer, die nicht „bürgerlich wohnen" wollen oder können, durch Alternativen ergänzt werden.

Tracy könnte empowert werden, wenn sie die Möglichkeiten hätte, künstlerisch zu arbeiten. Kunst ist bekanntlich eine effektive Form der Traumaverarbeitung. Tracy sollte angesichts ihrer Fähigkeiten in einer festen Gruppe von Kunstschaffenden eingebunden werden. In einem weiteren Schritt könnte sie in Zusammenarbeit mit einer Künstlerin oder Sozialarbeiterin mit Zusatzqualifikation kreativ mit anderen drogengebrauchenden Sexarbeiterinnen arbeiten.

Tracy hat eine Expertise im Umgang mit Drogen und Sexarbeit, durch ihre Erfahrungen hat sie Technologien entwickelt, die unkonventionelle Selbstregulierungen sind, die sich gegen ein neoliberales Regieren wenden und einer Sorge um sich entsprechen. Ihr Wissen und ihre Kompetenz könnte sie als Multiplikatorin an andere Frauen weitervermitteln.

Tracys Subjektkonstruktionen zeigen, wie notwendig schauspielerische Qualitäten als Kompetenz in ihrem Arbeitshandeln sind. Diese Kompetenz könnte weiter ausgebaut werden, und auch in Bezug auf diese Fähigkeit könnte Tracy als Multiplikatorin agieren, insbesondere was ihre schauspielerischen Qualitäten im Umgang mit dem repressiven Staatsapparat und ihre Rollendistanz in Bezug auf die Kunden sexueller Dienstleitung betrifft. Heroin auf Krankenschein könnte Tracys Handlungsfähigkeit steigern und ihre Lebensqualität signifikant verbessern.

Maya hat es im weitesten Sinne geschafft, ein Leben zwischen den verschieden Welten und Kulturen zu realisieren und dabei sich und andere Menschen nicht aus dem Blick zu verlieren. Deshalb könnte sie eine Multiplikatorinnenrolle in der Szene übernehmen. Durch ihre ruhige, jedoch bestimmte Art und ihre jahrelangen Erfahrungen hat sie ein *Standing* in der Szene. Mit Unterstützung von Maya könnte versucht werden, eine Qualifizierungsstruktur für drogengebrauchende Sexarbeiterinnen aufzubauen, die auch von Anfängerinnen genutzt werden könnte und die damit auch ein Gemeinschaftsgefühl befördert. Maya ist in beiden Bereichen, dem Drogengebrauch und der Sexarbeit, eine Expertin. Durch ihre Drogenerfahrungen kennt sie sich mit den unterschiedlichen Substanzen aus und könnte den Frauen einen alternativen Umgang mit Marihuana vermitteln. Durch ihre solidarische Haltung kann sie als Multiplikatorin für interkulturelle Themen und Ausgrenzungsprobleme fungieren. Eine Überlegung könnte es auch sein, Maya für die Fortbildung von Kunden sexueller Dienstleistungen zu gewinnen, da sie eine eindeutige Position zum Preisverfall und zu *safer work* hat, aber keinen Ekel oder Hass auf die Freier empfindet. Allerdings müsste ihr für diese Arbeit die Verantwortung der Freier verdeutlicht werden.

Die SORGENDE verfügt bereits über Selbstermächtigungstrategien, an die angeknüpft werden kann. Sie hat einen unkonventionellen und souveränen Umgang mit Drogen, der sie allerdings nach wie vor kriminalisiert. Diese Kompetenz ist anzuerkennen und kann im Sinne der anderen Frauen genutzt werden. Auch in Bezug auf die Sexarbeit handelt die SORGENDE professionell. Sie könnte in beiden Bereichen als Multiplikatorin agieren. Die SORGENDE verfügt über kreatives Potential, dass als Ressource zur Bewältigung des Berufsalltags genutzt werden kann.

Die massive Entsolidarisierung unter den drogengebrauchenden Sexarbeiterinnen verhindert eine kollektive Selbstorganisation der KÄMPFENDEN, der DISTANZIERTEN und der SORGENDEN, die für Empowerment grundlegend ist. Deshalb werde ich im nächsten Abschnitt Vorschläge erarbeiten, die zur Selbstermächtigung führen können. Dabei knüpfe ich zunächst an die aktuelle Situation an.

## 7.2 EMPOWERMENT FÜR DROGENGEBRAUCHENDE SEXARBEITERINNEN

Die KÄMPFENDE, die DISTANZIERTE und die SORGENDE haben zwar ähnliche Erlebnisse hinsichtlich Unterdrückung und Diskriminierung innerhalb der illegalisierten Drogen- und Sexökonomie gemacht, jedoch fehlen ihnen positive kollektive Erfahrungen, für die es sich zu kämpfen lohnt. Ein Beispiel wäre der Versuch ihre angestammten Arbeitsplätze zu erhalten. Durch die zunehmende Gentrifizierung im Stadtteil wird das Arbeitsgebiet für drogengebrauchende Sexarbeiterinnen zunehmend reglementiert und kontrolliert (siehe 6.2.1). Ein Versuch diesen Aufwertungsprozessen des Stadtgebietes auf Kosten seiner ursprünglichen NutzerInnen entgegenzuwirken ist die Skandalisierung und Mobilisierung der AnwohnerInnen durch linke politische Gruppen.[1] Diese Aktionen werden gemeinsam mit den sozialen Einrichtungen vor Ort organisiert. Der Protest wird durch Transgender, Queers, MigrantInnen und DrogengebraucherInnen in der Sexarbeit aber auch durch WirtschafterInnen und gegebenenfalls auch durch Zuhälter unterstützt. Diese partiellen Koalitionen zwischen queeren feministischen AktivistInnen, sozialen Einrichtungen und politisch aktiven AnwohnerInnen ist eine Form des politischen Handelns, in der ich eine grundlegende Voraussetzung sehe, um drogengebrauchende Sexarbeiterinnen empowern zu können. Dieser Zusammenschluss ist nicht identitär, sondern bezieht sich auf Haraways Idee der Affinität (4.3.3).

Da gegenwärtig die Lobby der ImmobilienbesitzerInnen und NutznießerInnen der Gentrifizierung aber noch stärker ist, werden die repressiven Maßnahmen weiterhin

---

1    Siehe dazu: http://rechtaufstrasse.blogsport.de/images/Rechtaufstrae.pdf [2.11.11].

verschärft. Seither finden regelmäßige Protestaktionen der AnwohnerInnen statt, die auch die Gruppe der SexarbeiterInnen und DrogengebraucherInnen miteinbeziehen. Dieses bürgerschaftliche Engagement gegen die Repressionen ist auch eine strukturelle Unterstützung von SexarbeiterInnen und DrogengebraucherInnen im Stadtteil, die nicht essentialistisch ist, jedoch dem gemeinsamen Anliegen entspringt, nicht mehr auf diese Art regiert zu werden (siehe 4.1.6).

Es bedarf immer einer breiten gesellschaftlichen Unterstützung und Mobilisierung, um die Selbstermächtigung Marginalisierter nicht zu einem Zynismus verkommen zu lassen (siehe 4.1.4/6.3.5). Ein Beispiel dafür sind die Widerspruchsverfahren gegen die Bußgeldbescheide. Es werden AnwältInnen benötigt, die diese Verfahren für die Sexarbeiterinnen[2] einleiten und durchsetzen, obwohl die Sexarbeiterinnen nicht über ausreichend finanzielle Mittel verfügen, um sie zu bezahlen. Die AnwältInnen müssten zum Teil ehrenamtlich arbeiten und nur die unbedingt notwendigen Kosten nach der Bundesgebührenordnung für Rechtsanwälte an der Untergrenze in Rechnung stellen, die dann aus Spendengeldern finanziert werden. Diese unsichere Finanzierung lässt viele Widersprüche unbearbeitet, sodass Sexarbeiterinnen, die sich entschieden haben zu klagen, oft enttäuscht werden. Langfristig könnten die KÄMPFENDE, die DISTANZIERTE und die SORGENDE nur ermächtigt (empowert) werden, wenn ein verlässlicher Pool von finanziell abgesicherten AnwältInnen ihre Rechte vertritt. Ein solches Modell läuft in Hamburg zwar gerade an, allerdings ist die Finanzierung noch nicht gesichert. Vorbilder könnten hier die Rote Hilfe[3] sein oder ein Modell aus New York, das von einer rechtsberatenden NGO mit 20 AnwältInnen getragen wird, die strategische Prozessführung betreibt und den *Communities* damit Ressourcen im Bereich Recht zur Verfügung stellt.[4] Das heißt, auch an dieser Stelle wird zuerst eine Struktur geschaffen, die dann Empowerment ermöglicht. Nur auf der Basis von wahrgenommenen politischen Handlungsmöglichkeiten können realistische Empowermentansätze entwickelt werden, die dann auch durch die Frauen umgesetzt werden können.

In den folgenden Abschnitten werde ich auf Grundlage der Typenbildung vier politischen Handlungsoptionen aufzeigen, die jeweils die Voraussetzung bzw. Basis für einen generellen Empowermentansatz bilden. Die Paarungen werden zwar einzeln betrachtet, stehen aber miteinander in Wechselwirkung und können nur in ihrer Gesamtheit zur Selbstermächtigung von drogengebrauchenden Sexarbeiterinnen führen.

### 7.2.1 Anerkennung der Arbeitsleistung durch emanzipative Wahrnehmung der sexuellen Dienstleistung

Die Individualisierung und Entsolidarisierung unter den drogengebrauchenden Sexarbeiterinnen ist eng mit der fehlenden Anerkennung ihrer Dienstleistung als Arbeit verknüpft. Um diesem Problem entgegenzuwirken, muss sowohl in der Gesellschaft als auch bei den Frauen ein Bewusstsein dafür geschaffen werden, dass ihre Tätigkeit

---

2   Von den Bußgeldbescheiden sind insbesondere weibliche Sexarbeiterinnen mit Migrationshintergrund oder Drogengebrauch betroffen.

3   https://systemausfall.org/rhhh/?q=node/6 [6.11.11].

4   http://www.nylpi.org/ [8.11.11].

Arbeit ist. Erst wenn der KÄMPFENDEN, der DISTANZIERTEN und der SOR-
GENDEN eine positiv besetzte Arbeitsdefinition zur Verfügung steht, die sie für sich
auch akzeptiert haben, können neue Wege der Ermächtigung beschritten werden.
Dieses Bewusstsein ist in die alltägliche Beratungsarbeit in den sozialen Projekten zu
integrieren und in die Außendarstellung zu implementieren.

Sexarbeit und nicht Prostitution ist der Begriff, der geeignet ist, die Vielfältigkeit
und Widersprüchlichkeit der Arbeits- und Beschäftigungsverhältnisse sowie der
Herrschafts-, Ausbeutungs- und Gewaltverhältnisse auf dem Gebiet der sexuellen
Dienstleistungen adäquat zum Ausdruck zu bringen. Es ist wichtig, hier von Arbeit
zu sprechen, um zu verdeutlichen, dass die in diesem Bereich Arbeitenden sich nicht
auf Rechte berufen können. Staatliche Sicherungssysteme greifen so gut wie nie (siehe 4.1.5), und insbesondere die KÄMPFENDE und die DISTANZIERTE befinden
sich in Abhängigkeiten, die bei der KÄMPFENDEN oft ein Gewaltverhältnis darstellen. Die Aussagen der KÄMPFENDEN und DISTANZIERTEN belegen, dass Prostitution für die meisten Frauen eine Arbeit ist, die sie nicht freiwillig machen, der
Zwang jedoch nicht von den Zuhältern ausgeht, sondern von ihrer Lebenssituation
bestimmt wird (siehe 3.4.3). Gleichzeitig ist die Prostitution auch Normalität und
wird von der SORGENDEN als ein Spiel mit den Identitäten beschrieben. Die Situation ist in erster Linie einer fehlenden Struktur zur Unterstützung von SexarbeiterInnen sowie ihrer Individualisierung und Entsolidarisierung geschuldet. In zweiter Linie spielen die Anrufungen zur Übernahme von Eigenverantwortung und Selbstregulierung eine große Rolle (siehe 4.1.5/6.3.5). Die Anrufungen stehen wiederum in
Wechselwirkung mit den abwertenden Diskursen über drogengebrauchende Sexarbeiterinnen und werden von der KÄMPFENDEN und der DISTANZIERTEN inkorporiert. Für die drei Typen wird deutlich, dass ein fehlender Arbeitsbegriff im Bereich der Sexarbeit unter anderem dazu beiträgt, dass diese Dienstleistung abgewertet
und deutlich unter Wert nachgefragt wird. Deshalb ist es für eine emanzipative Bewegung notwendig, einen solchen Begriff zu proklamieren. Ich schließe mich hier
Faika Anna El-Nagashi an:

„Sexarbeit ist Arbeit – eine Erwerbsarbeit oder eine Dienstleistung. Wir vom Verein LEFÖ
sprechen von Sexarbeit, um einen akzeptierenden und unterstützenden Zugang gegenüber sexuellen DienstleisterInnen begrifflich zu transportieren. Wir sprechen auch von Sexarbeit, um
den Fokus auf die erbrachte Arbeit und die entsprechenden Forderungen nach umfassenden
Arbeits- und Sozialrechten für SexarbeiterInnen zu richten. Wir sprechen zudem von Sexarbeit,
um die Heterogenität der Arbeitstätten und Arbeitsweisen in der Sexindustrie zu verdeutlichen.
LEFÖ ist konfrontiert mit einem neo-abolitionistischen Zugang, der Frauen in der Prostitution
vor allem als Opfer sieht. Das gilt für Prostitution allgemein, die Situation von Migrantinnen ist
jedoch schwieriger aufgrund der Migrationsgesetzgebung und des strukturellen Rassismus bei
Ämtern und Behörden – und nicht, weil sie per se Opfer sind. MigrantInnen bilden heute die
Mehrheit der SexarbeiterInnen in Europa, an ihnen wird das Thema Prostitution verhandelt.
Die zunehmenden Repressionen gegenüber SexarbeiterInnen (willkürliche Anzeigen, Auswei-
sungen, unverhältnismäßige Pauschalbesteuerungen, Freierbestrafung etc.) verstärken die pre-
kären Arbeits- und Lebensbedingungen von SexarbeiterInnen und verdeutlichen die ständigen
Abwertungen, mit der ihnen in ihrer Arbeit begegnet wird." (El-Nagashi 2010, 17)

El-Nagashi bezieht ihr Statement auf den Gesamtbereich der Sexarbeit, fokussiert sich dann jedoch auf die SexarbeiterInnen mit Migrationshintergrund. Die Parallelen sind hier augenscheinlich, da auch drogengebrauchende Sexarbeiterinnen neben der allgemeinen Rechtlosigkeit und Abwertung, die Prostituierten entgegenschlägt, zusätzlich von Repressionen und Abwertungen auf Grund von Zuschreibungen, hier der Drogenbrauch, betroffen sind (siehe 3.4). Auch sie benötigen zur Kennzeichnung ihre Tätigkeit einen Arbeitsbegriff. Ausgehend von Winkers Entwurf, Arbeit als eine „zweckgebundene und zielgerichtete soziale Praxis des Menschen, die direkt oder indirekt der jeweils eigenen Existenzerhaltung, der Existenzerhaltung anderer Personen sowie folgender Generationen dient" (Winker 2009, internes Arbeitspapier), zu verstehen, schlage ich folgende Begriffsdefinition für die sexuelle Dienstleistung von Drogengebraucherinnen vor:

Sexarbeit ist eine zweckgebundene und zielgerichtete Selbsttechnologie von Menschen, die direkt oder indirekt der jeweils eigenen Existenzerhaltung und der anderer Personen dient. SexarbeiterInnen verfügen in dieser Form von Arbeit über einen Teil der Produktionsmittel, unterliegen aber immer der kapitalistischen Verwertungslogik und damit der Ausbeutung. Die Sexarbeit findet in einem ideologie- und herrschaftsdurchwobenen Raum statt und steht immer in Wechselwirkung mit der Identität, den strukturellen Macht- und Herrschaftsverhältnissen und den symbolischen Repräsentationen unabhängig davon ob sie freiwillig, erzwungen oder als Einsicht in die Notwendigkeit geleistet wird. Der Drogenkonsum innerhalb der Sexarbeit ist nicht nur eine spezielle und kostenintensive Variante des Konsums, wie der Begriff suggeriert, sondern er ist in der besonderen Arbeitssituation mit ihren harten Arbeitsbedingungen ebenso ein wichtiger Teil der Reproduktion von Arbeitskraft.

Die Intersektionale Mehrebenenanalyse ist der Versuch den komplexen heterogenen Kategorien Sexarbeit und Drogengebrauch, auch wenn sie eng verwoben sind, im Allgemeinen und in ihren Besonderheiten, gerecht zu werden.

Auch hinter dieser Definition verbirgt sich eine politische Konstruktion, welche für die Zeit der politischen Kämpfe um die Teilhabe an Rechten und deren Umsetzung ihre Berechtigung hat. Doch sollte dieser Kampf dort nicht stehen bleiben, da das Feld der Sexarbeit viel zu heterogen ist, als dass mit einer Definition die Rechte aller dort Tätigen erfasst und berücksichtigt werden könnten.

Eine emanzipative Bewegung einzelner erfordert den partiellen und situativen Zusammenschluss von unterschiedlichen Statusgruppen, die disparate Ideale und Ziele haben (können).

„Aber es ist äußerst schädlich, dass sie sich auf diverse Geschlechtskategorien verteilt haben: Befreiung der Frau, Befreiung der Homosexuellen, Befreiung der Hausfrauen. Wie könnte man Menschen wirklich befreien, wenn man sie in Gruppenzwänge einbindet, die eine Unterordnung unter bestimmte Ideale und Ziele erfordern? Warum sollen sich an der Bewegung zur Befreiung der Frau nur Frauen beteiligen?" (Foucault 2003e, 848f)

Nachdem ich die sexuelle Dienstleistung von Drogengebraucherinnen im Abschnitt 4.4 mit den drei Konzepten Aufwand, Anrufung und entgrenzte Reproduktionsarbeit verknüpft und eine Definition vorgeschlagen habe, steht mir jetzt auch ein Mittel für die Rede über sexuelle Dienstleistungen von Drogengebraucherinnen zur Verfügung. Ausgehend von dieser Definition kann politisches Handeln, dass zum Beispiel den Aufbau von Qualifizierungsmodulen und ihre zuverlässige Finanzierung zum Gegenstand hat, eine Empowermentstrategie sein. Die Definition ist aber auch ein Analyseraster, um mit dem Intersektionalen Mehrebenenansatzes die Arbeit in ihrer Ambivalenz von Widersetzung und Unterwerfung einordnen zu können. So kann in der Beratung mit der Frau gemeinsam die Arbeitssituation analysiert und Handlungsoptionen herausgearbeitet werden. Abbildung 12 zeigt das Bild einer selbstbewussten Sexarbeiterin, eine Repräsentation, die es anzustreben gilt.

Eine solche Definition darf nicht nur als theoretisches Konstrukt daherkommen, sondern sie muss intersektional auf allen drei Ebenen verankert werden. Eine Implementierung auf der Identitätsebene hieße, die KÄMPFENDE, DISTANZIERTE und SORGENDE zu professionalisieren und als Multiplikatorinnen auszubilden. Auf der Repräsentationsebene könnten Werbekampagnen ein positives Bild von drogengebrauchenden Sexarbeiterinnen vermitteln und die Stereotype umkehren. Es geht auf dieser Ebene um die Etablierung einer Form von Lobbyarbeit, die vor allem die drogengebrauchenden Sexarbeiterinnen zu Wort kommen ließe. Sinnvoll wird ein solches Vorgehen allerdings nur, wenn es auch auf der strukturellen Ebene umgesetzt wird und den Frauen ein gemeinsamer Arbeitsort zur Verfügung gestellt wird, ein Gebäude, in dem sie über Zimmer verfügen und die Form der Dienstleistung sowie die Preise definieren können. Gleichzeitig würde es an diesem Ort möglich sein, qualitativ hochwertige Substanzen zu fairen Preisen konsumieren zu können. Allerdings verlangen die Realität des BtMG, der Sperrgebietsverordnung, der Gefahrengebietsverordnung und des Kontaktanbahnungsverbotes sowie die diskursiven Abwertungen von Drogenkonsum und Sexarbeit nach deutlich pragmatischeren Ansätzen. Die Vision eines solchen Arbeitsortes sollte jedoch erhalten bleiben.

*Abbildung 12: Elfriede Lohse-Wächtler „Lissy", 1931*

### 7.2.2 Weiterentwicklung von Erfahrungen durch Implementierung einer gesellschaftskritischen Handlungsplattform

Um politische Handlungsstrategien, überhaupt umsetzen zu können, bedarf es einer gesellschaftlichen Plattform, auf der die Koalitionen ermöglicht werden. Empowerment kann nur umgesetzt werden, wenn vorab ein Bewusstsein dafür geschaffen wird, dass es sich lohnt, für ein gemeinsames Ziel zu kämpfen. drogengebrauchende Sexarbeiterinnen müssen sich als handlungsmächtig erleben, nur dann kann ihre Subalternität durchbrochen werden. Ihre individuellen Erfahrungen von Unterdrückung und Diskriminierung müssen verallgemeinert werden, um Gemeinsamkeiten erkennen zu können. Es ist ein Erkenntnisprozess in Gang zu setzen, der die Abwertungs- und Ausgrenzungserfahrungen in der Wechselwirkung von Strukturen und Repräsentationen verortet und der die argumentative Tendenz durchbricht, immer auf die individuelle Schuld der Anderen zu verweisen, die noch *schlechtere Subjekte* sind. So kann ein Bewusstseinswandel mit dem Ziel induziert werden, dass die Arbeitsverhältnisse gemeinsam verbessert werden müssen, ohne die Anderen auszugrenzen.

Ein guter Ansatzpunkt ist es, die „Wut" (siehe 4.1.6) die insbesondere der KÄMPFENDEN eigen ist, zu nutzen und bei der DISTANZIERTEN und SORGENDEN zu bestärken. Die Schwierigkeiten bestehen darin, die Wut der KÄMPFENDEN so zu kanalisieren, dass sie sich nicht gegen sich selbst oder die anderen Subalternen richtet. Weiterhin muss die bloße Empörung in Handlungsfähigkeit umgewandelt und die personale Handlungsfähigkeit in eine kollektive Handlungsfähigkeit transformiert werden. Den imaginären Ort für diese Transformation nennt Catharina Schmalstieg eine Handlungsplattform (Schmalstieg 2008,193). Soziale Einrichtungen könnten eine solche Handlungsplattform für subalterne Statusgruppen sein. In der Umsetzung heißt das, die Arbeitsinhalte sozialer Projekte oder Einrichtungen, die im Bereich der Subalternität tätig sind, orientieren sich nicht nur an reinen Versorgungs- und Überlebensangeboten, sondern sie beschreiben entsprechend ihrer Zielgruppe Handlungsangebote, die an den Begründungsmustern für Fatalismus oder Resignation gegenüber den bestehenden Verhältnissen ansetzen, und unterstützen die drogengebrauchenden Sexarbeiterinnen dabei, diese aufzubrechen. Da die DISTANZIERTE diese Sicht besonders verinnerlicht hat, steht sie im Fokus dieser Empowermentaktivität. Ein solcher Ansatz kann nur umgesetzt werden, wenn die Situation der Subalternen in den Kontext gesellschaftlicher Verhältnisse gestellt wird und ein kollektiver Zusammenschluss als eine Perspektive begriffen wird. Dabei muss die Vulnerabilität, die die spezifischen Lebensumstände mit sich bringen, thematisiert werden und Auffangmöglichkeiten innerhalb der sozialen Hilfestruktur eingearbeitet werden.

Diese Überlegungen könnten mit der kreativen Methode des Playback-Theaters, einem Instrument aus der Theaterpädagogik, umgesetzt werden (Kalpaka 2010). Diese Methode kann einerseits gruppenintern angewendet werden, d.h. Diskriminierungserfahrungen können von drogengebrauchenden Sexarbeiterinnen erzählt und gespielt werden. Die professionelle Begleitung einer solchen Intervention ist für die konstruktive Auseinandersetzung mit den negativen Erfahrungen zwingend notwendig. Erkenntnisleitend sollte sein, dass es eine gemeinsame Erfahrung von Diskriminierung gibt, deren Ursachen gesellschaftlich begründet sind und dass die Zuweisung an die Anderen perspektivlos ist und nur den Herrschenden in die Hände spielt (siehe polizeiliche Denunziationsaufforderungen von Migrantinnen an Drogengebraucherinnen 6.2.8). Natürlich kann diese Methode auch andere Themen und AkteurInnen mit einbeziehen. Das Playback-Theater könnte zum Beispiel die Verschränkung von Abwertung und Gentrifizierung aus ganz unterschiedlichen Perspektiven aufnehmen und diskutieren. Es ist eine politische Handlungsmöglichkeit und somit ein Baustein für Empowerment.

Wenn davon ausgegangen wird, dass der Handlungsplattform konzeptionell ein breiter Arbeitsbegriff zugrunde liegt (siehe 7.2.1), geht es vor allem darum, die Erfahrungen und die Ressourcen der drogengebrauchenden Sexarbeiterinnen zu nutzen.

Die SORGENDE verfügt über die Technik der Selbstsorge und die KÄMPFENDE über ein Berufsethos, beides sind Ansatzpunkte, um den Arbeitsbegriff in der Statusgruppe drogengebrauchender Sexarbeiterinnen zu etablieren. Die Selbstsorge und das Berufsethos, liefern eine Basis um Multiplikatorinnen auszubilden, wobei die Ausbildung durch eine Sexarbeiterin erfolgen sollte, die einen emanzipativen Blick auf Sexarbeit hat. Ähnliche Kurse werden bereits durch Stefanie Klee (Klee 2011) angeboten, beziehen sich aber auf den „professionellen" Bereich der Sexarbeit und müssten deshalb mit Unterstützung der SORGENDEN und der KÄMPFENDEN um die Belange von Drogengebraucherinnen erweitert und angepasst werden und gegebenenfalls in der Konzeption eines Handbuches münden. Ein solches Handbuch wäre der Empowermentleitfaden (*guideline*) für drogengebrauchende Sexarbeiterinnen. Die Idee der Multiplikatoren ist nicht neu, denn sie wird seit Jahren EU-weit für Migrantinnen von Tampep[5] umgesetzt (Tampep 2007; dies. 2009).

Die schauspielerischen Kompetenzen, über die die SORGENDE verfügt und die von der DISTANZIERTEN abgelehnt werden, bieten trotz der unterschiedlichen Auffassung die Möglichkeit der Zusammenarbeit. Während die SORGENDE das Schauspiel als berufliche Kompetenz annimmt, verfügt die DISTANZIERTE über die Kompetenz, Distanz zu den Kunden aufzubauen. Beide Aspekte sind in einer Qualifizierung ausbaufähig und beide Typen können voneinander lernen. Das Qualifizierungskonzept und der Leitfaden würden in Koalition mit SexarbeiterInnen und SchauspielerInnen ausgearbeitet werden. Für Hamburg würde sich eine Zusammenarbeit mit dem Schauspielhaus und mit Studierenden der Sozialen Arbeit anbieten. Es geht konkret darum, Frauen die anschaffen (müssen), das Konzept der Abspaltung nahe zu bringen,[6] welches auch von andere DienstleisterInnen oder SchauspielerInnen beherrscht werden muss.

Die schauspielerischen Fähigkeiten sind nicht nur eine gute Grundlage in Bezug auf die Dienstleistung, sondern auch im Umgang mit anderen AkteurInnen, wie den AnwohnerInnen oder den PolizistInnen. Die DISTANZIERTE kann durch ihre strategischen Fähigkeiten gegenüber dem repressiven Staatsapparat insbesondere der KÄMPFENDEN vermitteln, wie sich verletzende Situationen vermeiden lassen. Die SORGENDE legt ihrer Arbeit einen gegenseitigen Respekt zwischen ihr und dem Kunden zugrunde, den die KÄMPFENDE zwar einfordert, der aber trotzdem häufig verletzt wird. Indem sie ihre Erfahrungen austauschen, kann ein weniger verletzender Umgang entwickelt werden. Die Ausbildung schauspielerischer Fähigkeiten dient dem Empowerment drogengebrauchender Sexarbeiterinnen, es ist gleichzeitig eine

---

5 Tampep (International Foundation: European Network for HIV/STI Prevention and Health Promotion among Migrant Sex Workers) ist ein internationales Vernetzungs- und Interventionsprojekt, das in 25 Ländern in Europa vertreten ist, das als Sternwarte in Bezug auf die Dynamik von Migranten Prostitution in Europa handeln soll. Der Fokus liegt auf der Beurteilung von Situation und Bedürfnissen von weiblichen und transgender SexarbeiterInnen aus Mittel-und Osteuropa, Asien, Afrika und Lateinamerika und auf der Entwicklung geeigneter Lösungen. Das Projekt erreicht Personen aus mehr als 80 verschiedenen Nationalitäten.

6 Weiterführend dazu: Hochschild 1990; Haubl/Rastetter 2000; Rastetter 2008; Stanislawski 1986.

politikstrategische Intervention, die von der sozialen Einrichtung im Sinne einer Handlungsplattform ausgehen würde.

Ich nenne es deshalb Handlungsplattform, weil es problematisch ist, dass soziale Einrichtungen, die eigentlich die Selbstbestimmung der Subjekte stärken sollten, selbst derartig in die Verwertungslogik des kapitalistischen Systems verstrickt sind, dass sie diese Aufgabe nur marginal umsetzen können. Umso wichtiger ist die Aufgabe in der Sozialen Arbeit, sich stärker den Lebensbedingungen ihrer Klientinnen anzunähern und sich vom neoliberalen Effizienzdenken und den gouvernementalen Regierungstechniken, die auf Anpassung oder Ausschluss ihrer Klientinnen ausgelegt sind, zu distanzieren.

Manifestierte Subalternität ist nicht ohne weiteres aufzulösen und damit ist es auch sehr schwierig, in diesem Umfeld Empowerment zu realisieren. Um politisch handlungsfähig zu werden, bedarf es der Solidarität und eines kollektiven Zusammenschlusses,[7] nicht nur innerhalb der Gruppe der drogengebrauchenden Sexarbeiterinnen, sondern hier sind auch explizit die Mitglieder der Mehrheitsgesellschaft angesprochen. Haraway nennt dies, „Koalitionen" oder „Affinitäten" herstellen (siehe 4.3.3), und Spivak postuliert, dass das Engagement gegen die Ausbeutung der eigenen *Community* nicht ausreicht, sondern, dass darüber hinaus eine Vision für das Ende jeglicher Ausbeutung zu entwickeln ist (siehe 4.3.2.2).

Im Abschnitt 4.3.5 wurde die *Parrhesia* als die Kunst der riskanten Widerrede bereits eingeführt. *Parrhesia* die wahre Rede stelle die notwendige Seelenausrüstung für die *Paraskeue* dar, „die den Individuen erlaubt, sich allen Widerfahrnissen im Laufe ihres Lebens zu stellen oder bereit zu sein, sich ihnen zu stellen" (Foucault 2004, 505). Castro Varela und Dhawan greifen den Gedanken der *Parrhesia* und seinen engen Zusammenhang mit der *Paraskeue* auf. Es gehe in der griechischen Askese der Ethik des Selbst darum, Herrschaft zu hinterfragen und sich dieser zu widersetzen, nicht nur zum eigenen Wohlergehen, sondern aus Verantwortung für die Welt um uns herum.

„Einen solche Praxis frönt nicht billigen Emanzipations- und Befreiungsstrategien, die immer wieder zu brutalsten Ausschlüssen geführt haben, sondern katapultiert das eigen kritische Selbst ins Zentrum des intellektuellen Interesses und zwar nicht aus Selbstzentriertheit, sondern insbesondere aus positionierter Verantwortung für die Welt um uns herum." (Castro Varela/Dhawan 2003, 287)

Das, was nach Foucault (2004, 211 ff) für die Einzelne als die Sorge um sich oder die Ethik des Selbst beschrieben wird, kann auf das institutionelle Feld der Sozialen Arbeit übertragen werden. Die innere Motivation der Sozialen Arbeit darf dann nicht mehr sein, die Zuschläge für den weiteren Aufbau von immer effizienteren Institutionen für die Gleichschaltung und Disziplinierung von KlientInnen zu bekommen,

---

7    Eine sehr gute Untersuchung über die politische Handlungsfähigkeit unterschiedlicher feministischer Gruppen bietet Melanie Groß in ihrer Dissertation, wo sie aufzeigt, wie es möglich ist, ein „Wir" im Feminismus abzulehnen und gleichzeitig handlungsfähig zu bleiben. Groß (2008a).

sondern die Subalterne mit der Macht auszustatten, für sich selbst sprechen zu können und gehört zu werden.

### 7.2.3 Befähigung zum solidarischen Widerstand gegen Herrschaftsverhältnisse durch reflektierten Antirassismus

Die KÄMPFENDE, die DISTANZIERTE und die SORGENDE sprechen in den Interviews alle Facetten struktureller Unterdrückung an. Ihre kritischen Haltungen und Forderungen sind ein Fundus, der genutzt werden kann, um der Sozialen Arbeit eine gesellschaftskritische Ausrichtung zu geben, die zu einer Ethik des Selbst führt. Drogengebrauchende Sexarbeiterinnen, insbesondere die SORGENDE und die KÄMPFENDE, haben diese Wege vereinzelt eingeschlagen. Sie überschreiten dabei nicht nur die normativen, sondern auch die strukturellen Grenzen. Dieses Potential sollte auch für die Vermittlung einer Ethik des Selbst in Kritik an rassistischem Verhalten genutzt werden. Letzteres stellt ein großes Problem dar, weil immer wieder rassistisch begründete Abgrenzungen vorgenommen werden. Ich habe in 6.3.7 die Wirkmächtigkeit rassistischer Ideologien beschrieben und in 6.2.8 den strukturellen Rassismus und die Entsolidarisierung. In meinem Sample agiert nur die SORGENDE antirassistisch und solidarisch, währenddessen die KÄMPFENDEN und DISTANZIERTEN sich rassistisch abgrenzen.

Ute Osterkamp (1996) hat ihrem Buch zur Rassismusforschung den Titel *Rassismus als Selbstentmächtigung* gegeben, was im Umkehrschluss bedeutet, dass Antirassismus eine Selbstermächtigung für drogengebrauchende Sexarbeiterinnen sein könnte. Das ist aber nicht nur eine Anrufung an drogengebrauchende Sexarbeiterinnen, sondern an alle Frauen, denn solange sich Frauen in gute und schlechte Frauen aufteilen lassen und sich sogar aktiv daran beteiligen, kann nur schwer eine Ermächtigung zum Antirassismus und zur Solidarität unter marginalisierten drogengebrauchenden Sexarbeiterinnen entstehen. In einem Text *Arbeitende Frauen vereinigt Euch!* (Schrader 2010) habe ich mich dem Problem der Solidarität unter Frauen gewidmet. Natürlich hatten vor mir bereits viele andere Frauen diese Idee. Stellvertretend möchte ich auf die wichtige Arbeit von Pieke Biermann verweisen, die bereits im Titel ihres Buches „Wir sind Frauen wie andere auch!" den solidarischen Gedanke formuliert. Das „wir" verstehe ich nicht als den Herrensignifikanten *Frau*, sondern *Frau* als einen offenen Signifikanten, denn Biermann schreibt:

„Wir sind Frauen wie andere auch: so unterschiedlich wie alle Frauen – und so gleich in unserer Situation, an eigenes Geld kommen zu müssen, wenn wir nicht abhängig und 'mittellos' bleiben wollen" (ebd. 21).

Um sich gegen Diskriminierungen zu ermächtigen, ist es nötig, „die gemeinsame Macht und die gemeinsame Ohnmacht zum Angelpunkt der Neugier zu machen" (Biermann 1980, 14). Unter dem offenen Signifikanten *Frau* ist es möglich, ermächtigende Selbsttechniken für drogengebrauchende Sexarbeiterinnen gemeinsam mit anderen politischen Akteurinnen zu denken. Ermächtigung bedeutet, sich nicht nur allein zu widersetzen und zu kämpfen, sondern die Vision eines solidarischen Kampfes gegen Herrschaftsverhältnisse zu entwickeln. Auch diese Erfahrung kann durch die Handlungsplattform vermittelt werden (siehe 7.2.2).

So könnte die SORGENDE Kompetenzen im *Social-Justice*-Training und zum *Re-evaluations-Counseling*-Ansatz (Kemper/Weinbach 2009, 96ff) erlangen und somit die KÄMPFENDEN und DISTANZIERTEN auf diesem Gebiet schulen. Ein solcher Ansatz kann nicht von außen verordnet werden, sondern muss am Lebensalltag der drogengebrauchender Sexarbeiterinnen ansetzen. Deshalb ist es wichtig, dass die Frauen selbst zu Lehrenden werden und die gemeinsamen Erfahrungen von Ungerechtigkeiten sichtbar machen, um eigenes diskriminierendes Handeln zu hinterfragen und Denkprozesse anzustoßen. Rassistische Strukturen können nur glaubwürdig angegriffen werden, wenn dieses Konzept von AkteurInnen vertreten wird, die ihren eigenen Rassismus reflektieren. Es geht allerdings nicht nur darum, sich mit Rassismus auseinanderzusetzen, sondern endlich auch Migrationserfahrung als Kompetenz in der Sozialen Arbeit anzuerkennen. Glaubwürdig ist das allerdings nur, wenn diese Kompetenz auch bei den Sozialarbeitenden zu finden ist. Antirassistische Arbeit und die entsprechenden Trainings sind ein qualifizierendes Modul für das Empowerment drogengebrauchender Sexarbeiterinnen.

### 7.2.4 Nutzung der Drogenkompetenz durch poststrukturalistische Subjektorientierung

Die Ergebnisse dieser Arbeit zeigen, dass insbesondere für die KÄMPFENDE und die DISTANZIERTE die Anschlussmöglichkeiten an das Hilfesystem verbessert werden müssen. Von ihnen werden die hochschwellige Regulierung der Therapieaufnahme, die damit verbundene Bürokratie und die langen Wartezeiten aufgrund fehlender Kapazitäten kritisiert. Die Herrschaftsverhältnisse führen dazu, dass die KÄMPFENDE und die DISTANZIERTE oft nicht über die notwendigen Ressourcen verfügen, um die Zugangsvoraussetzungen zu erfüllen. Sie scheitern zum Beispiel daran, einen Lebenslauf zu schreiben oder die Kostenübernahme für die Therapie zu klären. Ihre körperliche Verfasstheit und die damit verbundene eingeschränkte Leistungsfähigkeit macht es ihnen oft unmöglich, dass sie in „Eigenverantwortung" und durch „Selbstmanagement" die Dispositive erfüllen, die notwendig sind, um gesellschaftlich partizipieren zu können. Typische Beispiele sind die Wohnungssuche oder der regelmäßige Schuldendienst, der durch die ständigen Bußgelder und Vorstrafen aufgelaufen ist.

Die Hilfestruktur sieht zwar den Ansatz der „Hilfe zur Selbsthilfe"[8] vor, jedoch ist es angesichts der marginalisierten Lebenssituation drogengebrauchender Sexarbeiterinnen ein Zynismus von Selbsthilfe zu sprechen. Kappeler schreibt, dass „wir" [er meint damit die MitarbeiterInnen in der Drogenhilfe, K.S.] die fundamentale Voraussetzung für die Selbsthilfe, die Selbstbestimmung, nicht schaffen, weil wir dem Subjekt die Entscheidungen über sein Tun und Lassen nicht zubilligen (Kappeler 1998, 20).

---

8    Dieser Ansatz basiert auf dem Sozialgesetzbuch Erstes Buch (SGB I) – Allgemeiner Teil, §1 Absatz 1.

„Zwischen uns, den Helfern, und den Leuten, die illegale Drogen nehmen, ist eine scharfe Grenze gezogen, eine gesellschaftliche Grenze mit gesetzlichen Absicherungen, die bestimmt, wie die Rollen verteilt sind und wie die Beziehungen auszusehen haben." (ebd.)

Wenn der Ansatz „Hilfe zur Selbsthilfe" ernst gemeint ist, dann sind in Anbetracht der komplexen Verschränkung von Ungleichheitskategorien niedrigschwellige akzeptierende Angebote zwingend nötig. Nur ein akzeptierender Ansatz, der sich auf den Drogengebrauch und die Sexarbeit bezieht, der parteilich, feministisch, antirassistisch konzipiert ist und die Emanzipation aller Frauen zum Ziel hat (siehe 7.2.3), kann zur Umsetzung des Konstrukts „Hilfe zur Selbsthilfe" beitragen. Da das Feld drogengebrauchender Sexarbeiterinnen heterogen ist, muss die Singularität der Frauen Ausgangspunkt jedes sozialarbeiterischen Handelns sein. Das unterschiedliche Widersetzungspotential der drei Typen verdeutlicht, wie Handlungsfähigkeit erweitert, eingeschränkt oder verhindert wird, und sollte deshalb in der Sozialen Arbeit berücksichtigt werden. Das bedeutet im Umkehrschluss auch, dass die AkteurInnen Sozialer Arbeit selbstkritisch gouvernementales Regieren hinterfragen müssen, um eigene Privilegien und Machtpositionen offenzulegen. Es geht nicht darum, die Herrschaftsstrukturen zwischen SozialarbeiterInnen und KlientInnen zu nivellieren, sondern „den entfernten und unmöglichen, jedoch notwendigen Horizont eines Endes aller Ausbeutung im Sinn" zu haben, um „nicht innerhalb von phantasmatischen und entzweienden kulturellen Begrenzungen gefangen" zu bleiben (Spivak 2008, 133). Deshalb müssten soziale Einrichtungen und ihre MitarbeiterInnen permanent die Begriffe von Solidarität und kollektiver Handlungsfähigkeit reflektieren und Ausgrenzung und Diskriminierung bekämpfen. Nur im Zusammenspiel von Niedrigschwelligkeit, Akzeptanz, Subjektorientierung und Parteilichkeit kann der Weg zur Selbstermächtigung erfolgreich beschritten werden. Deshalb muss Soziale Arbeit immer herrschaftskritisch agieren, wenn sie Eigenverantwortung und Selbsthilfe im Sinne ihrer KlientInnen und nicht im Sinne der Mehrheitsgesellschaft umsetzen will.

In den Interviews zeigen die KÄMPFENDE, die DISTANZIERTE und die SORGENDE, wie wichtig ihnen Anerkennung und Respekt für Andere sind. Um diese Fähigkeit zum Ausgangspunkt für Empowerment machen zu können, müssen Kontakt- und Anlaufstellen mit einem poststrukturalistischen Konzept, das für mich feministische, emanzipative und akzeptierende Ansätze beinhaltet, grundsätzlich einen Raum schaffen, an dem drogengebrauchende Sexarbeiterinnen nicht abgewertet und entwürdigt werden. Die Vision besteht nicht darin, sie zu umsorgen und zu disziplinieren, sondern sie als Expertinnen für Drogengebrauch und Sexarbeit ernst zu nehmen. Auch die professionellen Helferinnen sollten die Chance ergreifen, von den drogengebrauchenden Sexarbeiterinnen zu lernen, um deren Wissen konzeptionell integrieren zu können, damit die Expertinnen zu professionellen Helferinnen werden können. Nur so kann Emanzipation auf beiden Seiten gelingen.

Drogengebrauchende Sexarbeiterinnen haben oft schwere Traumatisierungen erfahren, aber nicht alle können oder wollen diese Traumata in einem therapeutischen Umfeld aufarbeiten, wie es die Mehrheitsgesellschaft für sich akzeptabel findet. Sie haben sich für den Drogenkonsum als ihre spezifische Form der Therapie entschieden. Nach traumatischen Erlebnissen werden auch in der Schulmedizin häufig psychoaktive Substanzen eingesetzt, allerdings nur als sedierende Drogen. Die Aussagen der KÄMPFENDEN, der DISTANZIERTEN und der SORGENDEN belegen, dass viele der Frauen den Drogengebrauch als eine Form der Selbstmedikation einsetzen. Dieser Ansatz wird auch in der Traumaforschung verfolgt, um den Organismus vor Reizüberflutung zu schützen (Kosten/Krystal 1988). Es ist daher nur ein kleiner Schritt für die Gesellschaft, die sogenannten Drogen als das zu sehen, was sie wirklich sind, nämlich chemische Substanzen, die von einigen Menschen wie eine Medizin als Überlebenshilfe benötigt werden. Es ist daher die Aufgabe eines poststrukturalistischen Ansatzes, gegen die Strukturen anzukämpfen, die die Selbstbestimmung drogengebrauchender Sexarbeiterinnen einschränken. Die Drogen dienen der KÄMPFENDEN hauptsächlich dazu, den Alltag zu überstehen und der DISTANZIERTEN und SORGENDEN verschaffen sie auch ein gutes Lebensgefühl. Die strukturellen Bedingungen behindern oder ersticken jedoch jegliche Bewegung hin zu emanzipativen Ansätzen im Bereich Drogengebrauch und Sexarbeit. Deshalb ist der politische Kampf für die Legalisierung von Drogen eine Grundvoraussetzung, um in diesem Bereich Empowerment umzusetzen.

Der Drogengebrauch ist für die SORGENDE und zum Teil auch für die DISTANZIERTE eine ermächtigende Selbstregulierung. Sie übernehmen die Kontrolle und die Verantwortung für ihr Tun. Bei allen drei Typen fallen die starke Ablehnung von Fremdbestimmung und Bevormundung bei gleichzeitiger Akzeptanz der Unterstützung in der Selbstführung durch Bezugspersonen in der sozialen Einrichtung auf. Die SORGENDE verfügt über weitreichende Kompetenzen im Drogengebrauch, deshalb ist es sinnvoll ihre Erfahrungen zu nutzen, um die DISTANZIERTE und die KÄMPFENDE zu empowern, um einen weniger exzessiven und zerstörerischen Umgang mit Drogen zu praktizieren. So konsumiert die SORGENDE erfolgreich Marihuana als Alternative zu anderen Substanzen. Das wäre konkretes Empowerment, das aber nur in einer akzeptierenden Struktur umgesetzt werden kann.

Der Begriff Drogengebrauch muss in wertneutraler Form verwendet werden und ähnlich der Arbeitsdefinition intersektional verankert werden. Im Vordergrund steht die Argumentation gegen den „rational angepassten Menschen", der abstinent lebt und den Verzicht zum Maßstab des Handelns macht (siehe 6.2.9/6.3.1). Ausgehend von der Position, dass Verzicht und Abstinenz keine Werte an sich sind, können dann auch kompulsive Rückfälle entdramatisiert, und mit Hilfe der SORGENDEN, die als erfahrene Drogengebraucherin agiert, kann für solche Rückfälle ein Auffangnetz geschaffen werden. Dazu muss die Substitution strukturell verankert und leichter zugänglich sein, da die Substitutionsbehandlung von drogengebrauchenden Sexarbeiterinnen unter den derzeitigen Verhältnissen ein Mittel sein kann, um Handlungsfähigkeit zu erweitern (siehe 6.2.11).

Der Drogengebrauch hat bei der KÄMPFENDEN und DISTANZIERTEN immer die Funktion, Armut und entwürdigende Lebenssituationen zu kompensieren. Meines Erachtens zerbrechen die meisten Frauen jedoch daran, dass Drogengebrauch immer nur in der Dichotomie zwischen Abstinenz und Abhängigkeit sowie selbstverschuldeter Krankheit und selbstverantworteter Gesundheit verhandelt wird. Entscheiden sie sich für das „Leben", müssen sie sich auch für die Abstinenz entscheiden, ansonsten wählen sie den selbstverschuldeten Tod. Es gibt in diesem Diskurs keine Zwischentöne und damit auch keine Spielräume für ein „bisschen Drogenkonsum". In den Aussagen der KÄMPFENDEN zeigen sich diese Extreme im Wunsch unbedingt *clean* zu leben und im Wunsch zu sterben. Es werden auch Abstufungen im Typ der

KÄMPFENDEN und der DISTANZIERTEN sichtbar, wie z.B. die bewusste Entscheidung trotz Substitution Beikonsum zu haben. Die SORGENDE verweigert sich allen therapeutischen Interventionen und entscheidet sich eigenverantwortlich, nicht mehr exzessiv zu konsumieren und sich als Mensch im Blick zu haben. Zur Unterstützung substituiert sie sich mit Marihuana oder Methadon.

Im Abschnitt 3.4.3 zitiere ich Kavemann et al. (2007, 16), sie postuliert, dass Ausstiegshilfen nur an einen festen Entschluss zum „Clean-Werden" anknüpfen können. Dieses Postulat muss dahingehend kritisch hinterfragt werden, in welcher Form sich ein fester Entschluss zum „Clean-Werden" manifestieren muss, um an ihn anknüpfen zu können und, um mit Amendt zu sprechen, wohin denn der Ausstieg erfolgen soll (siehe 6.2.11). Weiterhin bleibt offen, was mit den Frauen passieren soll, die nicht fest entschlossen sind, clean zu werden. Es ist ein Fakt, dass es den meisten drogengebrauchenden Sexarbeiterinnen schlecht geht und dass auch eine akzeptierende Drogenhilfe vielfältige Ansätze für Menschen bereithalten muss, die ohne Drogen leben wollen.

Besonders tragisch ist in diesem Zusammenhang, dass Gesine die KÄMPFENDE (6.1.1/6.4.1), die unbedingt *clean* leben wollte und zum Zeitpunkt des Interviews auch abstinent war, ein Jahr nach unserem Interview an einer Überdosis verstarb. Es gibt keine Indizien dafür, dass sie sich mit einem „goldenen Schuss" bewusst gegen das Leben entschieden hat, sondern es ist viel wahrscheinlicher, dass sie die Qualität der Substanz nicht richtig einschätzen konnte. Der Logik von Egartner und Holzbauer (Egartner/Holzbauer 1994, 218) folgend hätte sie sich jedoch für den Tod entschieden (siehe 3.5.2). Angesicht ihrer Biografie und ihres jahrelangen Kampfes um Respekt und Selbstbestimmung ist das jedoch eine unzulässige und entwürdigende Schlussfolgerung. Der „goldenen Schuss" ist häufig eine ungewollte Überdosis auf Grund der schwankenden Substanzqualität. Aber selbst wenn sich Frauen für den „goldenen Schuss" entschließen, dann bleibt immer die Frage, warum eine prohibitive Gesellschaft die Menschen lieber in Tod treibt, als sie in Würde ein Leben mit der Droge führen zu lassen.

In der Studie von Kavemann et al. (2007) wird zwar ein Abstinenzansatz vertreten, jedoch zeigt die von den Wissenschaftlerinnen zitierte Interviewpassage, dass es statt eines Abstinenzansatzes, der nicht am Subjekt ausgerichtet ist, unkonventionelle Ideen bräuchte, um die Lebensrealität drogengebrauchender Sexarbeiterinnen in der Arbeit zu berücksichtigen. Der Umstieg in einen weniger zerstörerischen Drogengebrauch ist in diesem Postulat nicht denkbar, obwohl eine Interviewpartnerin von Strobl (siehe 3.4.3) zitiert wird, die keine Kraft für den Ausstieg hat, weder in der Vergangenheit, noch gegenwärtig und wahrscheinlich auch nicht in der Zukunft. Da an dieser Stelle die Analyse endet, bleibt offen, ob damit Krankheit oder Tod in Kauf genommen werden muss.

Um diese offene Frage beantworten zu können, ist die *Paraskeue*, die Suche nach der Sorge um sich, ein zentrales Motiv in dieser Arbeit. Die *Paraskeue* ist eng mit der antiken Askese verknüpft, die den Gedanken beinhaltet, sich mit etwas auszustatten, das man nicht besitzt, anstatt auf etwas, das wir sind oder das wir haben, zu verzichten (Foucault 2004, 393).

„Es geht lediglich darum, und nur darum, sich auf etwas vorzubereiten, was uns als Hindernis in den Weg tritt, auf das, was uns begegnen kann, (jedoch) nicht so, daß wir den anderen übertreffen." (ebd. 394)

Bezogen auf den Umgang mit Rückfällen[9] bedeutet *Paraskeue*, sich mit Instrumenten auszustatten, die den Rückfall entdramatisieren und zulassen. Hier kann auf die Erfahrung oder Kompetenz von drogengebrauchenden Sexarbeiterinnen zurückgegriffen werden, die einen Umgang mit dem Drogenkonsum gefunden haben. Es geht darum, die „berechenbaren Erfahrungen" (Vandreier 2010, 214) bewusst in die Sorge um sich einzubauen und zu reflektieren. Damit können individuelle Strategien erarbeitet werden, die dann als destillierte Erfahrung weitergegeben werden können und zu konkreten Empowermentansätzen führen.[10]

Speziell die KÄMPFENDE und die DISTANZIERTE belegen, dass die Angst vor dem Alleinsein sie immer wieder auf die Szene zurückkehren lässt. Für die SORGENDE hingegen ist die Szene eine Form von „Heimat", mit ihr werden neben den schrecklichen auch schöne Erlebnisse verbunden. Da jedoch erstere bei weitem überwiegen, wünscht sie sich eine größere Distanz zum informellen Drogen- und Sexmarkt. Der Wunsch wird jedoch oft durch die Angst vor der Ungewissheit und der Einsamkeit außerhalb der Szene überlagert. Ein wichtiger Ansatz für Empowerment ist daher die Möglichkeit, dass die KÄMPFENDE und die DISTANZIERTE parallel zu ihrem Leben auf der Szene eine Privatsphäre aufbauen und diese auch dauerhaft erhalten können. Deshalb müssen Strukturen etabliert werden, die einen solchen privaten Raum in eine Gemeinschaft einbetten und somit einen ersten Baustein für eine notwendige Selbsttechnologie darstellen, aus der sie ein soziales Netzwerk als eine Strategie des Selbstschutzes aufbauen können. Konkret könnte das eine Wohngemeinschaft für drogengebrauchende Sexarbeiterinnen sein, die ein Unterstützungsangebot durch Sozialarbeitende vorhält und die subjektorientiert arbeitet. In Zusammenarbeit mit einer Kontakt- und Anlaufstelle könnte hier die Ausbildung zur Multiplikatorin für Drogengebrauch und Sexarbeit umgesetzt werden.

Ein poststrukturalistischer, subjektorientierter Arbeitsansatz, der sich auf die Emanzipation der subalternen Gruppe der drogengebrauchenden Sexarbeiterinnen fokussiert, sollte sich an Spivaks These orientieren:

„Ein Lernen zu erlernen, ohne diese verrückte Suche nach schnellen Lösungen, die Gutes bewirken sollen und mit der impliziten Annahme einer sich über ungeprüften Romantisierungen legitimierenden kulturellen Überlegenheit einhergehen: das ist die Schwierigkeit." (Spivak 2008, 129)

Das bedeutet eben auch, die Dichotomien zwischen Abstinenz und Drogengebrauch, Sexarbeit und Ausstieg sowie Emanzipation und Unterdrückung aufzulösen und die Differenzen innerhalb des Signifikanten „Beschaffungsprostituierte" wahrzunehmen,

---

9   Rückfall bedeutet, nach einer Abstinenzphase erneut Drogen zu konsumieren.

10  Interessant dazu ist auch die Zusammenführung der Kritischen Psychologie und einer subjektorientierten Drogenhilfe, siehe Vandreier (2010).

um Herrschaftsverhältnisse angreifen zu können. Ein solcher Ansatz mündet eben nicht darin, dass „Frauen für Frauen" aktiv werden, sondern dass die Essentialismen und Dichotomien zum Geschlecht, zur Herkunft, zum Drogengebrauch und zur Sexarbeit aufgegeben werden. Die Betonung muss dabei immer auf der Dekonstruktion liegen. Eine poststrukturalistische subjektorientierte Arbeit für drogengebrauchende Sexarbeiterinnen denkt die Wechselwirkung von Drogenkonsum und Sexarbeit zusammen. In Bezug auf die beiden Kategorien wird deutlich, wie wichtig es ist, entmächtigende Situationen strukturell abzufedern und selbstermächtigende Handlungen zu stärken, um so die Selbstbestimmung und Handlungsfähigkeit erweitern zu können.

## 7.3 FAZIT

Meine Arbeitsthese ging davon aus, dass die Verweigerung gesellschaftlicher und rechtlicher Normen und die Verstöße gegen sie subversive Akte und Widersetzungen sind, die Handlungsspielräume erweitern, aber eben auch einschränken können (siehe 2). Die These hat sich in den Ergebnissen der Intersektionalen Mehrebenenanalyse bestätigt (siehe 6).

Von meinem ursprünglichen Anliegen durch die Analyse der Widersetzungen Handlungsfähigkeiten zu beschreiben, musste ich Abstand nehmen, da durch die Auswertung der Interviews deutlich wurde, dass Widersetzungen oft destruktiv auf das Subjekt zurückwirken. Somit ist nicht die Widersetzung, sondern die Handlungsfähigkeit relevant für die Empowermentansätze. Auf der Basis eines theoriegeleiteten Begriffes von Handlungsfähigkeit und den empirischen Ergebnissen bin ich in der Lage zu beschreiben, wo und wann Widersetzungen die Handlungsfähigkeit meiner Interviewpartnerinnen erweitern und beschränken (siehe 6.4). Die Ergebnisse habe ich in den Typen der widerständig Handelnden zusammengefasst (siehe 6.5). Aufgrund der massiven Entsolidarisierung im Feld begründete ich personales Empowerment entlang der drei Typen (siehe 7.1). Dieser Arbeitsschritt bildete die Voraussetzung Vorschläge für die Gruppe drogengebrauchender Sexarbeiterinnen zu erarbeiten (siehe 7.2).

Als zusammenfassende Erkenntnis meiner Forschung habe ich vier politische Handlungsmöglichkeiten herausgearbeitet, die aus meiner Sicht je eine Basis für einen tragfähigen Empowermentansatz bilden, die gemeinsam zur Selbstermächtigung von drogengebrauchenden Sexarbeiterinnen führen (siehe Abbildung 13).

*Abbildung 13: Selbstermächtigung von Drogengebrauchenden Sexarbeiterinnen*

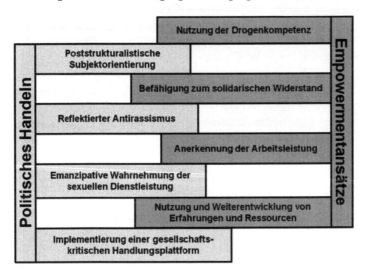

Die emanzipative Wahrnehmung der sexuellen Dienstleistung ist ein Prozess der politischen Willensbildung, die sich in einem Arbeitsbegriff manifestiert. Sie ist die zwingende Voraussetzung für die Anerkennung der geleisteten Arbeit und ein Bezugspunkt, um gemeinsame Forderungen stellen sowie Diskriminierung und Ausbeutung formulieren zu können.

Ein reales Ergebnis politischer Aktivität wäre die Implementierung einer gesellschaftskritischen Handlungsplattform. Diese ist notwendig, um Strategien und Lehrinhalten koordinieren zu können, die auf den Erfahrungen und Ressourcen der Frauen aufbauen, diese einbeziehen und weiterentwickeln. Die Plattform sollte immer parteilich und gesellschaftskritisch agieren.

Reflektierten Antirassismus im Alltag der Sozialen Arbeit zu implementieren, ist unabdingbar, um ihn dann auch überzeugend mit dem Ziel vermitteln zu können, Solidarität und Zusammenhalt zu entwickeln und den solidarischen Widerstand gegen Herrschaftsverhältnisse aufzubauen bzw. zu stärken.

Folgt das politische Handeln dem Ansatz der poststrukturalistischen Subjektorientierung, in dem feministische, akzeptierende und emanzipative Konzepte vereint sind, die sich am Subjekt ausrichten, dann ist die Wahrnehmung und Akzeptanz von Drogenkompetenz ein zwangsläufiger Schritt, in Richtung einer Selbstermächtigung, die diese Kompetenz auch aktiv nutzt.

Eine explizit politisch-emanzipatorische Soziale Arbeit bietet optimale Voraussetzungen, um das Konzept der Selbstermächtigung von drogengebrauchenden Sexarbeiterinnen umzusetzen, da für sie wie auch für alle anderen subalternen Statusgruppen gilt, dass Empowerment nur innerhalb von flexiblen Strukturen und eingebettet in unterstützende Diskurse erfolgreich praktiziert werden kann.

„Damit Empowerment Emanzipation sein kann, müssen den Menschen, unabhängig davon, ob es Frauen oder Männer mit oder ohne sogenannten Migrationshintergrund sind, die Strukturen geboten werden, damit sie entdecken können, was ihre Wünsche und Bedürfnisse sind. Es müssen Räume geschaffen werden, in denen sie diese artikulieren können, und es müssen Möglichkeiten geschaffen werden, diese Wünsche und Bedürfnisse umzusetzen." (Aumair 2012)

Nur wenn die Wechselwirkungen zwischen der Identitäts-, Repräsentations- und der Strukturebene in die Analyse von Handlungsfähigkeiten einbezogen werden, zeigt sich deutlich, dass Empowerment immer eine organisatorische Rahmung sowie Rückhalt in der Gesellschaft benötigt. Erst dann kann die Handlungsfähigkeit langfristig erweitert und das Subjekt ermächtigt werden.

# 8 Eine Vision statt eines Ausblicks

Die vier Säulen des Empowerment haben angesichts der momentanen politischen und gesellschaftlichen Bedingungen einen visionären Charakter und lassen sich nur schwer realisieren. Zum Glück gibt es jedoch Handlungsoptionen, da noch immer abendländisch kulturelle Implikationen aus der religiösen Armenfürsorge und ein in Resten existierendes humanistisches Menschenbild die Gesellschaft dazu zwingen, den Überflüssigen wenigstens das biologische Überleben zu ermöglichen, da ein öffentlicher Tod der Nichtverwertbaren (siehe 4.1.5) durch Verhungern oder Erfrieren noch nicht akzeptiert wird. Der soziale Tod hingegen wird nicht nur billigend in Kauf genommen, sondern auch als Mittel der Sanktion eingesetzt. Drogengebrauchende Sexarbeiterinnen sind mit dieser Sanktion jedoch nicht mehr zu erreichen, da sie bereits „sozial tot" sind. Deshalb steht hinter den vermeintlichen Hilfeangeboten immer der Anspruch, sie sozial soweit wiederzubeleben, dass sie wieder effektiv sanktioniert werden können und ihnen in der Verwertungskette einen Platz zugewiesen werden kann, auf dem sie zumindest als Drohpotential für die postindustrielle Reservearmee der prekären DienstleisterInnen fungieren könnten. Es wäre für mich und andere AkteurInnen in der Forschung ein bequemer Weg, es mit einem Verweis auf die Meinung der Mehrheitsgesellschaft und ihrer politischen und administrativen VertreterInnen bewenden zu lassen und sich anderen Forschungsthemen zu widmen. Wo allerdings müsste man die Verantwortung und das Mobilisierungspotential für den erfolgreichen Kampf um das gesellschaftliche Wohl verorten, wenn nicht auch bei uns, den WissenschaftlerInnen, den SozialpädagogInnen, den linken Intellektuellen und anderen kritischen Privilegierten. Ich schließe mich hier explizit Spivak (4.3.2) an, die schreibt, dass es notwendig ist, das „eigene Hinterteil in Bewegung zu setzen" (Spivak, 2008, 134). Sie lässt keinen Zweifel daran, dass wir lernen (siehe auch 4.1.6) und überlegen müssen, wie die Diskurse, die am erfolgreichsten mobilisieren, zum Wohle der gesamten Welt eingesetzt werden können und sich nicht in einen moralistischen Kampf gegen Windmühlen verschleißen. Spivak plädiert für einen kollektiven Lernprozess, dessen Bemühungen durch Liebe ergänzt werden müssen. In diesem Kontext versteht Spivak unter Liebe eine Zuwendung, über die es keine Kontrolle gibt und die ohne Zwang geleistet wird. Sie ist in beide Richtungen aufmerksam und bewirkt auf beiden Seiten eine Bewusstseinsänderung, da sie die Aufmerksamkeit ganz ohne Krise oder andere Notwendigkeiten auf die Subalternen lenkt. Es ist ein Bemühen, dem die Möglichkeit einer unerreichbaren ethischen Singularität innewohnt, die niemals von Dauer sein kann.

„Die kollektiven Bemühungen bestehen darin, Gesetze, Produktionsverhältnisse, Bildungssysteme und das Gesundheitswesen zu verändern. Doch ohne jenen verantwortlichen Kontakt, den ich Liebe nenne, bei dem sich Einzelne gleichberechtigt gegenüberstehen und der das Bewusstsein wirklich verändert, wird nichts davon hängen bleiben." (Spivak 2010, 65)

Der Ansatz Spivaks ähnelt dem von Haraway zur Bildung solidarischer Koalitionen (siehe 4.3.3). Wie Haraway gehe ich davon aus, dass die Standpunkte der Unterworfenen keine 'unschuldigen' Positionen sind, und argumentiere deshalb für eine Vielfalt von partialem, lokalisierbarem und kritischem Wissen, welches die Möglichkeit zur Vernetzung enthält, die als Solidarität bezeichnet werden kann (siehe 4.3.3.2). Das setzt voraus, die Inkohärenzen und Antagonismen des Selbst anzuerkennen, um das Andere akzeptieren zu können. Haraways Metapher von der Cyborg vereint die Hybridität des Körpers und die politische Handlungsfähigkeit. Die Cyborg dekonstruiert die herrschaftserhaltenden Grenzen der Binarität von Täterin und Opfer, Süchtiger und Abstinenter sowie von Kranker und Gesunder. Es geht mir nicht darum, in eine grenzenlose Differenz abzugleiten und damit partielle und wirkliche Verbindungen unmöglich zu machen, sondern darum Positionen zu beziehen, um handlungsfähig zu bleiben. In der Bewertung der Ergebnisse ist es immer wieder notwendig, sich zu vergegenwärtigen, wie wichtig es ist, der Versuchung zu widerstehen, sich zum Fürsprecher der Subalternen zu erheben.

Hier möchte ich mit dem Autor und Regisseur Renè Pollesch sprechen, der in einem Interview (Pollesch 2010) zu seinem Theaterstück, „Mädchen in Uniform – Selbstverwirklichung als Gleichschritt" es als entsolidarisierend bezeichnet, für die Subalterne zu sprechen. Er bezieht sich auf Haraway und beschreibt in verständlichen Bildern aus seinem Metier ihre These, dass die Geschichten, die wir teilen sollen und die unser aller Geschichten sind, immer aus der Perspektive des weißen, männlichen Heterosexuellen erzählt werden. Pollesch versucht gemeinsam mit dem Publikum eine Sensibilität dafür zu schaffen, was es bedeutet, sich eine Gemeinschaft zu erarbeiten und sich gleichzeitig als anders bzw. unterschiedlich zu empfinden, damit Haraways Ort der Gemeinschaft nicht zu einer Bühne wird, auf der alle Solisten sind. Pollesch führt das Beispiel eines Künstlers an, der seine prekäre Lebenssituation als armer Boheme mit dem Leben einer Näherin in Indien vergleicht und anfängt zu denken, da er ebenfalls arm ist und ein Stück über die Frau schreibt, könne er auch für sie sprechen. Hier werden Parallelen zu Positionen sichtbar, die auch in der Sozialen Arbeit und der linken kritischen Wissenschaft mehrheitsfähig sind. Deshalb will ich Polleschs eingängige Metaphern weiter benutzen, um zu zeigen in welche Richtung ich meine Vision treiben möchte.

Pollesch bringt die These von Haraway auf den Punkt, indem er Gemeinschaft als ein gemeinsam zu bewohnendes Haus der Differenzen beschreibt (ebd.). Ich möchte dieses Bild noch um Spivak erweitern und in dieser Hausgemeinschaft die Liebe und das kollektive Bemühen ansiedeln, die zu einer Bewusstseinsänderung führen. Nimmt der Künstler hingegen nur die Position des Fürsprechers ein, entsteht der Effekt der Entsolidarisierung, obwohl die Näherin und der Boheme eigentlich viel miteinander zu tun haben. „Wir müssen uns unsere Gemeinsamkeiten erarbeiten und nicht immer sagen, wir sind automatisch Menschen" (Pollesch 2010).

Ich sehe die Versuchung, als FürsprecherIn zu agieren als reale Gefahr auch für die WissenschaftlerInnen. Dies ist eine Haltung, die besonders in den Geistes- und

Sozialwissenschaften anzutreffen ist, in denen die Aushöhlung oder Entgrenzung der Arbeitsverhältnisse des Mittelbaus besonders weit vorangeschritten ist, und in Selbstbezeichnungen, wie *precarious knowlegde worker* ihren Niederschlag findet.

Die Ansätze von Haraway und Spivak bedeuten nicht nur kritische Forschung zu betreiben und diese in entsprechenden Texten innerhalb der eigenen *Community* zu Verfügung zu stellen, sondern sich mit den so genannten „Beforschten" zu solidarisieren und im Sinne der Gemeinschaft die Ressourcen zu teilen, die einem zur Verfügung stehen, im Falle der WissenschaftlerInnen das Wissen, den Diskurszugang und die Bildung. Das verlangt von den AkteurInnen, das Forschungsfeld nicht nur für die eigene Arbeit zu nutzen, sondern die Forschung als Teil eines gemeinsamen Projekts zu begreifen und als eine Form von Widerstand gegen eine auf Ausgrenzung basierende Gesellschaft zu etablieren. WissenschaftlerInnen dürfen bei der Umsetzung der Theorie in die Praxis nicht als DienerInnen eines auf Effizienz und Disziplinierung getrimmten neoliberalen Regimes agieren. Sie müssen die kritischen Theorien nicht für, sondern zusammen mit den subalternen Statusgruppen in die Praxis überführen und dadurch die gesellschaftlichen Verhältnisse verändern.

Ein Beispiel dafür ist der Diskurs um die Selbstverwirklichung. Diese wird schon seit geraumer Zeit nicht mehr als Möglichkeit sich weiterzuentwickeln verstanden und ist somit auch kein Angebot mehr, dass man ablehnen kann, sondern sie ist eine Disziplinierung und ein Imperativ, demzufolge jeder sich in diesem Sinne selbst verwirklichen muss. Pollesch kritisiert in dem oben genannten Stück die dargebotene gesellschaftliche Perspektive auf die Selbstverwirklichung als gesellschaftlichen Gleichschritt unter dem Motto „Sei wie die anderen". Die von ihm verwendete Metapher des Gleichschrittes oder der Uniform verdeutlicht die Absurdität einer gesellschaftlich verordneten Selbstverwirklichung. Es geht nicht um die Anerkennung von Andersheit oder Diversität, sondern im Gegenteil, um die Unterwerfung unter das absolute Normsubjekt. Inzwischen wird jedoch der Stab nicht nur über denen gebrochen, die diese Anrufung ablehnen, sondern auch über denen, die sich nicht selbst verwirklichen können, weil ihnen die Ressourcen fehlen. Auch sie sind selber an ihrem Schicksal schuld (siehe 6.3.5). Bezogen auf die Forschungsfragen, die meiner Dissertation zu Grunde liegen, lässt sich der Bogen weiter spannen zu denen, die auf Grund vielschichtiger Gründe nie sie selbst sein können und für die der Aufruf zur Selbstverwirklichung nicht nur eine Überforderung darstellt, sondern bereits die Grenze zur Verhöhnung überschritten hat.

Ich sehe in Foucaults Ethik des Selbst eine Möglichkeit der neoliberal geprägten Anrufung der Selbstverwirklichung zu entkommen, wenn wir mit Hilfe seiner Theorien das Wissen als Wahrheitsproduktion kritisch hinterfragen. „Was in Frage steht, ist die Weise, in der Wissen zirkuliert und in seiner Beziehung zur Macht wirksam wird. Kurz das *Régime des Wissens*" (Foucault 1994a, 246). Foucault entwickelt eine Vision, wenn er postuliert, dass wir uns das, was wir sein können, ausdenken und ausbauen müssten, um diese Art von politischer Doppelbotschaft oder Dilemma[1] abzuschütteln, das in der gleichzeitigen Individualisierung und Totalisierung durch modernen Machtstrukturen besteht (ebd. 250).

---

1    Foucault schreibt *double-bind.*

„Abschließend könnte man sagen, dass das politische, ethische, soziale und philosophische Problem, das sich uns heute stellt, nicht daran liegt, das Individuum vom Staat und dessen Institutionen zu befreien, sondern uns sowohl vom Staat als auch vom Typ der Individualisierung, der mit ihm verbunden ist zu befreien. Wir müssen neue Formen der Subjektivität zustandebringen, indem wir die Art von Individualität, die man uns jahrhundertelang auferlegt hat, zurückweisen." (ebd. 250)

In diesem Sinne fordert Foucault die Emanzipation der unterdrückten Subjektivität der Individuen. Dies ist für mich, um mit Baratta (siehe 6.3.3) zu sprechen, ein Bestandteil des Kampfes für die Menschenrechte. Die Forderung nach einer antiprohibitionistischen Politik ist ein Teil dieser permanenten Auseinandersetzung (Baratta 1995, 65). Wenn man diesen Gedanken auf den Kampf überträgt, den die drogengebrauchenden Sexarbeiterinnen führen müssen, um von der Mehrheitsgesellschaft und ihren Institutionen als autonome und verantwortliche Individuen anerkannt zu werden, wird er zu einem Plädoyer für eine Sozialpolitik, die auch die differenzierten Forderungen der drogengebrauchenden Sexarbeiterinnen nach Akzeptanz und Legalisierung nicht nur unterstützt, sondern auch umsetzt. Eine solche Sozialpolitik würde nicht nur „medizinische" und „sozialhygienische" Probleme lösen, sondern wäre auch den Menschenrechten verpflichtet.

Meine Arbeit zeigt, dass die Differenzen und die Verletzlichkeit von drogengebrauchenden Sexarbeiterinnen nicht nur als Risiko, sondern auch als Chance gesehen werden können. Das bedeutet, je weniger der Staat und die Gesellschaft mit Hilfe juristischer und sozialpolitischer Reglementierungen und Normativen die Situationen der Frauen verschärft und dann das Ergebnis der Intervention durch die Brille der Moral betrachtet, umso klarer können die individuellen Gründe dafür hervortreten, warum sie Drogen konsumieren und in der Sexarbeit tätig sind. Im Extrem trifft man dann auf Akteurinnen die sich bewusst für diesen „Beruf" entschieden haben und deren Wahl zu akzeptieren ist oder aber auf Opfer krimineller Aktivitäten oder sexueller Gewalt und auf vielfältige Abstufungen dazwischen. Den Kriminalitätsopfern könnte geholfen werden, ohne die selbstbewusste Entscheidung der Sexarbeiterinnen deklassieren zu müssen. Wenn das unvorstellbar Andere – Drogengebrauch und Sexarbeit – so lange wie möglich zugelassen wird, statt es so früh wie möglich zu bekämpfen, können destruktive Nebeneffekte (Kollateralschäden) wie die psychische und physische Verelendung der Frauen, die erst durch den Ausschluss aus der Gesellschaft entstehen, verhindert werden.

Würde sich die politische Position bezüglich der Legalisierung von Drogen ändern und zu einer staatlich kontrollierten Abgabe und Preisgestaltung führen, könnte der Kauf von Drogen über andere Wege finanziert werden, da die immensen Profitspannen des illegalen Drogenhandels nicht mehr durch die EndverbraucherInnen verdient werden müssten. DrogenkonsumentInnen bräuchten sich dann nicht mehr aus einer wirtschaftlichen Notlage heraus auch noch zu den schlechtesten Bedingungen prostituieren.

Die Ergebnisse meiner Untersuchungen in der relativ kleinen Gruppe von Frauen zeigen auch, dass Drogengebrauch und Sexarbeit viele Facetten hat. Drogengebrauch ist eine bewusste Form des Reproduktionshandelns und Sexarbeit ein harter Job. Sowohl Sexarbeit als auch Drogengebrauch werden von der Gesellschaft so massiv abgewertet, dass drogengebrauchende Sexarbeiterinnen nur als gefährliche Subjekte

wahrgenommen werden. Mit der Arbeit kann ich zeigen, dass die Zielgruppe der stereotypen Abwertungen eben nicht wahlweise aus Kriminellen oder armen Opfern besteht, sondern aus starken Frauen, die tagtäglich um ihr Überleben kämpfen. Unabhängig von ihrer oft betrauernswerten Lebensgeschichte sind sie, um mit Butler (siehe Kapitel 1 und Abschnitt 4.3.5) zu sprechen, als Individuen liebenswert, herrschaftskritisch, stolz und würdevoll. Diese Eigenschaften werden ihnen als Gruppe
von den meisten Menschen in diesem Land per se abgesprochen. Trotz aller Abwertung und Repression haben sich viele drogengebrauchende Sexarbeiterinnen eine
Ethik des Selbst erarbeitet und erhalten.

Drogengebrauchende Sexarbeiterinnen träumen, wie die meisten Menschen, von
Menschlichkeit und einem anderen besseren Leben. Sollte diese Gemeinsamkeit
nicht der Ansatzpunkt zur kollektiven Handlungsfähigkeit sein? Die Antwort wäre
die Selbsttechnik einer Sorge um sich als eine Ethik des Lebens. Diese Selbsttechnik
will nicht nur die eigene Handlungsfähigkeit und Verfügung über die eigenen Lebensbedingungen erweitern, sondern es geht darum, Verantwortung für eine Gemeinschaft zu übernehmen, die das Andere zulässt und nicht ausgrenzt.

Wenn die Vision eines guten Lebens aller Menschen Realität werden soll, bedeutet das eben auch auf Privilegien zu verzichten und Zumutungen in Kauf zu nehmen.
Ohne Solidarität der Mehrheit werden drogengebrauchende Sexarbeiterinnen nicht
mehr lange überleben, denn in der aktuellen gesellschaftlichen Situation sind sie in
akuter Gefahr von Polleschs Uniformierten im Gleichschritt überrannt zu werden.

In diesem Sinne habe ich die Vision, dass bis zum Jahr 2030 ein Hurenhaus im
Herzen der Stadt seine Pforten geöffnet hat, das vom *Hetären Collegium e.V.* betrieben wird. Es wird eine würdige Alternative zu den bislang entwürdigenden Wohn-
und Arbeitsstätten für SexarbeiterInnen und DrogengebraucherInnen sein und finanziert sich aus den Einnahmen der Frauen.

Im Erdgeschoss hat die *Akademie für Sexarbeit* ihre Seminar- und Beratungsräu-
me und es existiert eine KundenInnenlobby mit Café und Bar. Die Arbeitsräume befinden sich in der ersten Etage. In der zweiten Etage sind Büroarbeitsplätze, Verwaltung und ein Therapie- und Wellnessbereich untergebracht. Die nächsten Etagen bieten Platz für unterschiedliche Formen des Wohnens, seien es kleine Einheiten für individuelles Wohnen, große Einheiten für Wohngemeinschaften, aber auch möblierte
Apartments für temporäre Aufenthalte. Im Penthouse sind Konsumräume eingerichtet, in denen Wasser, Säfte, Zigaretten, Bier, Drinks, Marihuana zum Verkauf angeboten werden. Kontrolliert werden auch andere Drogen verkauft, wie z.B. Opiate und
Kokain. Das Penthouse verfügt über einen Zugang zum Dachgarten.

Da an dieser Stelle unweigerlich der Einwurf zu erwarten ist, dass dies doch alles
sehr realitätsfern klingt und somit ins Reich der Utopie und nicht an das Ende einer
wissenschaftlichen Arbeit gehört, möchte ich diesem mit Foucault begegnen. Gegenwärtig ist die Anerkennung der Arbeitsleistung von drogengebrauchenden Sexarbeiterinnen durch die Gesellschaft, die dann auch Orte für praktizierte Selbstermächtigung zulässt, noch eine Utopie[2] im Foucaultschen Sinne. Eine Utopie kann aber

---

2  Utopien sind Platzierungen ohne Ort, unwirkliche Räume. Sie sind entweder Gegenentwür-
   fe oder Perfektionierungen der realen gesellschaftlichen Verhältnisse (Foucault 1992b, 39).

immer als eine Heterotopie[3] realisiert werden, wenn die Gesellschaft bereit ist, einem solchen Gegenentwurf eine sinnstiftende Funktion in ihrem favorisierten Konzept des gesellschaftlichen Zusammenlebens zuzubilligen.

---

3  *Heterotopien* sind wirkliche Orte, wirksame Orte, die in die Einrichtung der Gesellschaft hineingezeichnet sind, sozusagen Gegenplazierungen oder Widerlager, tatsächlich realisierte Utopien, in denen die wirklichen Plätze innerhalb der Kultur gleichzeitig repräsentiert, bestritten und gewendet sind, gewissermaßen Orte außerhalb aller Orte, wiewohl sie tatsächlich geortet werden können (ebd.).

# Literaturverzeichnis

Acker, Joan (2006): „Inequality Regimes. Gender, Class and Race in Organizations. In: Gender & Society 20, 441-464.

Adorno, Theodor. W. (1955): Zum Verhältnis von Soziologie und Psychologie. In: Ders.: Gesammelte Schriften, Bd. 8, 42-85.

Adorno, Theodor. W. (1988): Erziehung nach Auschwitz. In: Ders.: kritische Modelle 2 Frankfurt am Main, 85-101.

Ahlemeyer, Heinrich W. (1996): Prostitutive Intimkommunikation. Zur Mikrosoziologie heterosexueller Prostitution. Stuttgart.

Althusser, Louis (1968): Widerspruch und Überdetermination. In: Für Marx. Frankfurt am Main.

Althusser, Louis (1977): Ideologie und ideologische Staatsapparate. Aufsätze zur marxistischen Theorie. Hamburg und Westberlin.

Amendt, Günter (1990): Sucht Profit Sucht. Reinbek.

Amendt, Günter (2003): No Drugs – No Future. Drogen im Zeitalter der Globalisierung. Hamburg.

Amendt, Gerhardt (2009): Warum das Frauenhaus abgeschafft werden muss. Welt Online. 16.06.2009.

Anderson, Elijah (1990): Streetwise: Race, Class and Change in Urban Community. Chicago.

Anthias, Floya (2001): The Material and the Symbolic in Theorizing Social Stratification: Issues of Gender, Ethnicity and Class. In: British Journal of Sociology 52, 367-390.

Appel, Christa (1992): Einmal süchtig, immer süchtig, alle(s)?! In: Frankfurter Frauenschule/SFBF e.V. (Hg.): Der feministische Blick auf die Sucht. Drogenkonsum und Kontrolle. Frankfurt am Main.

Aktaş, Gülşen (1993): Türkische Frauen sind wie Schatten – Leben und Arbeiten im Frauenhaus. In: Hügel, Ika/Lange, Chris/Ayim, May/Bubeck, Ilona/Aktas, Gülsen/Schultz, Dagmar (Hg.): Entfernte Verbindungen. Berlin, 49-60.

Atzert, Thomas/Karakayali, Serhat/Pieper, Marianne/Tsianos, Vassilis (Hg.) (2007): Empire und die biopolitische Wende. Die internationale Diskussion im Anschluss an Hardt und Negri. Frankfurt am Main/New York.

Agustín Laura M. (1988): sex at margins. New York.

Aumair, Betina (2012): Empowerment-Rhetorik und Paternalismus. In: maiz – Autonomes Zentrum von und für Migrantinnen (Hg.): www.migrazine.at, online magzin von migrantinnen für alle. 12/1.

Bauman, Zygmunt (2000): Verworfenes Leben. Hamburg.

Baratta, Alessandro (1995): Panoptische Subjektivierung. In: Tüte Sonderheft: Wissen und Macht. Die Krise des Regierens. Tübingen, 60-65.

Becker, Howard Saul (1981): Außenseiter. Zur Soziologie abweichenden Verhaltens. Frankfurt am Main.

Benhabib, Seyla (2008): Die Rechte der Anderen, Frankfurt am Main.

Bernard, Christiane/Langer Antje (2008): Zug um Zug: Drogenhandel und Prostitution als Finanzierungspraktiken von Crackkonsumentinnen. In: Werse, Bernd (Hg.): Drogenmärkte. Frankfurt/New York, 299-329.

Biermann, Pieke (1980): Wir sind Frauen wie andere auch! Hamburg.

Boidi, Maria Cristina (2008): Podiumsdiskussion LEFÖ. Wien.

Bornemann, Reinhard/Poelke, Thomas (1994): Mit Methadon-Racemat Anpassung an den internationalen Standard. In: Deutsches Ärzteblatt 91 (47).

Bossong, Horst/Stöver, Heino (Hg.) (1992): Methadonbehandlung. Ein Leitfaden. Frankfurt am Main/New York.

Bossong, Horst (1998): Substitutionsbehandlung in Europa: Was können wir aus der Europäisierung der Drogenpolitik lernen? In: Wiener Zeitschrift für Suchtforschung 21 (2/3), 53-58.

Boudry, Pauline/Kuster, Brigitta/Lorenz, Renate (Hg.) (1999): I cook for sex. In: Reproduktionskonten fälschen. Heterosexualität, Arbeit, Zuhause. Berlin.

Bourdieu, Pierre (1999): Die feinen Unterschiede. Frankfurt am Main.

Bowald, Béatrice (2010): Prostitution: Überlegungen aus ethischer Perspektive zu Praxis, Wertung und Politik. Luzern.

Böllinger, Lorenz/Stöver, Heino/Fietzek, Lothar (1995): Drogenpraxis, Drogenrecht, Drogenpolitik. Ein Leitfaden für Drogenbenutzer, Eltern, Drogenberater, Ärzte und Juristen. Fachhochschulverlag. Band 12. Frankfurt am Main.

Böllinger, Lorenz (1999): Betäubungsmittelstrafrecht, Drogenpolitik und Verfassung. Vortrag Universität Gießen. http://www.bisdro.uni-bremen.de/boellinger/Btmg straf. htm [20.02.2012].

Brakhoff, Jutta (Hg.) (1989): Sucht und Prostitution. Freiburg.

Bröckling, Ulrich (2007): Das unternehmerische Selbst. Soziologie einer Subjektivierungsform. Frankfurt am Main.

Bröckling, Ulrich/Krasmann, Susanne/Lemke, Thomas (Hg.) (2000): Gouvernementalität der Gegenwart. Studien zur Ökonomisierung des Sozialen. Frankfurt am Main.

Bröckling, Ulrich/Krasmann, Susanne/Lemke, Ulrich (2000): Gouvernementalität. Neoliberalismus und Selbsttechnologien. In: Dies. (Hg.): Gouvernementalität der Gegenwart. Studien zur Ökonomisierung des Sozialen. Frankfurt am Main.

Brückner, Margit/Oppenheimer, Christa (2006): Lebenssituation Prostitution. Ulrike Helmer Verlag, Königstein/Taunus.

Brüker, Daniela (2010): Das „älteste" Gewerbe der Welt : Eine Untersuchung über die Lebenslage älterer Prostituierter. Berlin.

Bude, Heinz (2009): Die Klasse der Überflüssigen. In: Transit: Europäische Revue. Frankfurt am Main, 87-94.

Bude, Heinz (1998): Die Überflüssigen als transversale Kategorie. In: Berger, Peter A. /Vester, Michael (Hg.): Alte Ungleichheiten – Neue Spaltungen. Opladen, 363-383.

Bundesministerium für Bildung und Forschung (Hg.) (2005): Zielgruppen- und Be-darfsforschung für eine integrative Wohnungs- und Sozialpolitik, Forschungsbe-richt. Frankfurt am Main.

Burchell, Graham/Gordon, Colin/Miller, Peter (Hg.) (1991): The Foucault Effect: Studies in Governmentality. Chicago.

Butler, Judith (1991): Das Unbehagen der Geschlechter. Frankfurt am Main.

Butler, Judith (1993a): Kontingente Grundlagen: Der Feminismus und die Frage der Postmoderne. In: Benhabib, Seyla/Butler, Judith/Cornell, Drucilla/Nancy Fraser u.a.: Der Streit um Differenz. Frankfurt am Main, 31-58.

Butler, Judith (1993b): Für ein sorgfältiges Lesen. In: Benhabib, Seyla et al.: Der Streit um Differenz. Frankfurt am Main. 122-133.

Butler, Judith (1997): Körper von Gewicht. Frankfurt am Main.

Butler, Judith (2001): Psyche der Macht. Das Subjekt der Unterwerfung. Frankfurt am Main.

Butler, Judith (2005): Gefährdetes Leben. Politisches Essay. Frankfurt am Main.

Butler, Judith (2006): Hass spricht. Zur Politik des Performativen. Berlin.

Butler, Judith (2009): Die Macht der Geschlechternormen. Frankfurt am Main.

Caixeta, Luzenir (2010): Prekarisierung von Sexarbeit. In: an.schläge, das feministi-sche Monatsmagazin, Juni.

Carby, Hazel (1982): White Woman Listen! Black Feminism and the Boundaries of Sisterhood. In: Center for Contemporary Culture Studies (Hg.): The Empire Strikes Back: Race and Racism in 70s Britain. London, 212-235.

Carp, Stefanie (2006): Das Überflüssige. In: Volksbühne am Rosa Luxemburg Platz Berlin: Die Überflüssigen.

Carstensen, Tanja/Nielbock, Sonja (2008): Was kommt nach den „Vätermonaten"? Von kleinen Erfolgen durch das neue Elterngeld und vielen offenen Fragen da-nach. http://www.feministisches-institut.de/vaetermonate/ [03.11.2011]

Castro Varela, Maria do Mar/Hamzhei, Modjgan (1996): Raus aus der Opferrolle. Ein Bildungsansatz zur Überwindung von verinnerlichtem Rassismus. Köln.

Castro Varela, María do Mar/Dhawan, Nikita (2003): Postkolonialer Feminismus und die Kunst der Selbstkritik. In: Steyerl, Hito/Rodríguez, Encarnación Gutiérrez (Hg.): Spricht die Subalterne deutsch? Migration und postkoloniale Kritik. Müns-ter, 270-290.

Castro Varela, María do Mar/Nikita Dhawan (2004): Horizonte der Repräsentations-politik – Taktiken der Intervention. In: Bettina Ross (Hg.): Migration, Geschlecht und Staatsbürgerschaft. Weiterdenken für antirassistische, feministische Politik/-wissenschaft. Opladen, 203-225.

Castro Varela, Maria do Mar (2006): Postkoloniale feministische Theorie und soziale Gerechtigkeit. In: Degener, Ursula/Rosenzweig, Beate: Die Neuverteilung sozia-ler Gerechtigkeit. Feministische Analysen und Perspektiven. Wiesbaden, 97-114.

Charim, Isolde (2002): Der Althusser-Effekt, Wien.

Choluj, Bożena/Gerhard, Ute/Schulte, Regina (Hg.) (2010): Prostitution. L'Homme, Zeitschrift für Feministische Geschichtswissenschaft 21 (1).

Cornell, Drucilla (1993): Gender, Geschlecht und gleichwertige Rechte. In: Benha-bib, Seyla et al.: Der Streit um Differenz. Frankfurt am Main, 80-104.

Crenshaw, Kimberle (1989): Demarginalizing the Intersection of Race and Sex: A Black Feminist Critique of Antidiscrimination Doctrine, Feminist Theory and Antiracist Politics. University of Chicago Legal Forum, 139-167.

Crenshaw, Kimberle (2004): Intersectionality: The double bind of race and gender. http://www.americanbar.org/content/dam/aba/publishing/perspectives_magazine/women_perspectives_Spring2004CrenshawPSP.authcheckdam.pdf [14.01.2011].

Davis, Angela (1982): Rassismus und Sexismus. Schwarze Frauen und Klassenkampf in den USA. Berlin.

Davis, Angela Y. (2006/1998): Reflections on Race, Class, and Gender. In: The Angela Davis Y. Reader. Blackwell Publishing.

Degele, Nina/Winker, Gabriele (2007): Intersektionalität als Mehrebenenanalyse. Unveröffentlichter Aufsatz. http://www.tu-harburg.de/agentec/winker/pdf/Intersektionalitaet_Mehrebenen.pdf [16.05.2011].

Demmer, Ulrike (2010): Szenen einer Gesellschaft. Aggressivität im Alltag. In: Heitmeyer, Wilhelm (Hg.): Deutsche Zustände Folge 8, Frankfurt am Main.

Demirović, Alex (2008): Liberale Freiheit und das Sicherheitsdispositiv. In: Purtschert, Patricia/Meyer, Katrin/Winter, Yves (Hg.): Gouvernementalität und Sicherheit. Bielefeld.

Derrida, Jacques (1997): Die Differánce. In: Engelmann, Peter (Hg.): Postmoderne und Dekonstruktion, Stuttgart, 76-114.

Dittmann, Olaf: Das Schmuddelviertel ändert sein Gesicht. Welt-Online, 12.07.2009.

Domentat, Tamara (2003): Lass Dich verwöhnen. Prostitution in Deutschland. Berlin.

Duden, Barbara (1993): Die Frau ohne Unterleib. Zu Judith Butlers Entkörperung. In : Feministische Studien, 11.2, 24-33.

Duden, Barbara (1997): In Tuchfühlung bleiben – die Soziologin und das Tätigkeitswort. Hannover.

Duscha, Tippawan /Howe, Christiane /Joo-Schauen, Jae-Soon (2005): agisra - Neue Wege für Migrantinnen. Eine etwas andere Erzählung - Genesis und Auseinandersetzung über Rassismus und Frauenhandel in einem feministischen Frauenprojekt. In: Beiträge zur femi-nistischen Theorie und Praxis. Wer schreibt, der bleibt. Die Neue Frauenbewegung. 28. Jahrgang. Heft 66/67. Köln, 169-189.

Dutton, Mary Ann (1996): Battered Women's Strategic Response to Violence. The Role of Context. In: Edleson, Jeffrey L./Eisikovits, Zvi C. (Hg.): Future Interventions with Battered Women and their Families. Thousand Oaks, London, Dew Delhi, 105-123.

Egartner, Eva/Holzbauer, Susanne (1994): Ich hab's nur noch mit Gift geschafft. Pfaffenweiler.

Ehrenberg, Alain (2008): Das erschöpfte Selbst. Frankfurt am Main.

Eick, Volker (2006): Urbane Hygiene und sauberer Profit. Zur Exklusivität des privaten Sicherheitsgewerbes. In: Bude, Heinz; Willisch, Andreas (Hg.): Das Problem der Exklusion. Hamburg.

El-Nagashi, Faika Anna (2007): Interview für die Zeitschrift „malmoe".

El-Nagashi, Faika Anna (2010): Sexarbeit und Migration. In: an.schläge, das feministische Monatsmagazin, Juni.

El Tayeb, Fatima (2003): Begrenzte Horizonte. Queer Identity in der Festung Europa. In: Steyerl, Hito; Rodríguez, Encarnación Gutiérrez (Hg.): Spricht die Subalterne deutsch? Migration und postkoloniale Kritik. Münster.

Engel, Antke/Schulz, Nina/Wedel, Juliette (2005): Kreuzweise queer: Eine Einleitung. In: femina politica – Zeitschrift für feministische Politik – Wissenschaft. Leverkusen. 14. Jg. Heft 1/2005, 9-23.

Engels, Friedrich/Marx, Karl (1890/1975): Das Kommunistische Manifest. MEW 4, Berlin.

Erickson, Patricia G./Butters, Jennifer/McGillicuddy, Patty/Hallgren, Ase (2000): Crack and Prostitution: Gender, Myths and Experiences. In: Journal of Drug Issues 30 (4), 767-788.

Fach, Wolfgang (2004): Selbstverantwortung. In: Bröckling, Ulrich/Krasmann, Susanne/Lemke, Thomas (Hg.): Glossar der Gegenwart. Frankfurt am Main, 228-236.

Falck, Uta (2005): Weibliche Sexarbeit im 21. Jahrhundert. In: Wright, Michael T. (Hg.): Prostitution, Prävention, und Gesundheitsförderung. Teil 2: Frauen. Deutsche AIDS-Hilfe e.V. Berlin, 19-32.

Faldbakken, Matias (2006): Rebell geht zum Picknick. In: Volksbühne am Rosa Luxemburg Platz Berlin: Die Überflüssigen, 138-147.

FeMigra (1994): Wir Seiltänzerinnen. In: Eichhorn, Cornelia/Grimm, Sabine: GenderKiller. Berlin, 49-63.

Fink-Eitel, Hinrich (1997): Michel Foucault zur Einführung. Hamburg.

Flick, Uwe (2006): Qualitative Sozialforschung. Eine Einführung. Reinbek bei Hamburg.

Foucault, Michel (1978): Wahrheit und Macht. Interview mit A. Fontana und P. Pasquino. In: Ders.: Dispositive der Macht. Über Sexualität, Wissen und Wahrheit. Berlin, 21-54.

Foucault, Michel (1981): Archäologie des Wissens. Frankfurt am Main.

Foucault, Michel (1984): Von der Freundschaft als Lebensweise. Berlin.

Foucault, Michel (1989): Gebrauch der Lüste. Sexualität und Wahrheit 2, Frankfurt am Main.

Foucault, Michel (1992a): Was ist Kritik? Berlin.

Foucault, Michel (1992b): Andere Räume. In: Barck, Karlheinz u.a. (Hg.): Aisthesis. Wahrnehmung heute oder Perspektiven einer anderen Ästhetik, Leipzig, 34 – 46.

Foucault, Michel (1993a): About the beginning of the Hermeneutics of the Self. In: Political Theory 21 (2). Beverly Hills, 198-227.

Foucault, Michel (1993b): Technologien des Selbst. In: Guttman, Huck/Hutton, Patrick H./Martin, Luther H. (Hg.): Technologien des Selbst. Frankfurt am Main, 24-62.

Foucault, Michel (1994a): Das Subjekt und die Macht. In: Dreyfus, Hubert L./Rabinow, Paul: Michel Foucault. Jenseits von Strukturalismus und Hermeneutik. Weinheim, 243-261.

Foucault, Michel (1994b): Vom klassischen Selbst zum modernen Subjekt. In: Dreyfus, Hubert L./Rabinow, Paul: Michel Foucault. Jenseits von Strukturalismus und Hermeneutik. Weinheim, 281-292.

Foucault, Michel (1994c): Überwachen und Strafen. Die Geburt des Gefängnisses, Frankfurt am Main.

Foucault, Michel (1995): Der Wille zum Wissen. Sexualität und Wahrheit I. Frankfurt am Main.

Foucault (1996): Der Mensch ist ein Erfahrungstier. Frankfurt am Main.

Foucault, Michel (1999): In Verteidigung der Gesellschaft. Frankfurt am Main.

Foucault (2000): Die Gouvernementalität. In: Bröckling, Ulrich/Krasmann, Susanne/Lemke, Thomas (Hg.): Gouvernementalität der Gegenwart. Studien zur Ökonomisierung des Sozialen. Frankfurt am Main, 41-67.

Foucault, Michel (2002): Jenseits von Gut und Böse. Ein Gespräch mit Gymnasiasten, 1971. In: Defert, Daniel/François Ewald (Hg.): Schriften. Dits et Ecrits. Zweiter Band, Frankfurt am Main, 273-288.

Foucault, Michel (2003a): Gespräch über die Macht. In: Defert, Daniel/François Ewald (Hg.): Schriften. Dits et écrits. Dritter Band. Frankfurt am Main, 594-608.

Foucault, Michel (2003b): Nein zum König Sex. In: Defert, Daniel/François Ewald (Hg.): Schriften. Dits et écrits. Dritter Band. Frankfurt am Main, 336-353.

Foucault, Michel (2003c): Das Spiel des Michel Foucault. In: Defert, Daniel/François Ewald (Hg.): Schriften. Dits et écrits. Dritter Band. Frankfurt am Main, 391-430.

Foucault, Michel (2003d): Erläuterungen zur Macht. Antwort auf einige Kritiker. In: Defert, Daniel/François Ewald (Hg.): Dits et écrits. Schriften. Dritter Band. Frankfurt am Main, 784-796.

Foucault, Michel (2003e): Ein ohne Komplexe geführtes Gespräch mit dem Philosophen, der die Machtstrukturen untersucht. In: Defert, Daniel/François Ewald (Hg.): Dits et écrits. Schriften. Dritter Band. Frankfurt am Main, 838-850.

Foucault, Michel (2004): Hermeneutik des Subjekts, Vorlesungen an College de France 1981/82. Frankfurt am Main.

Foucault, Michel (2005a): Strukturalismus und Poststrukturalismus. In: Defert, Daniel/François Ewald (Hg.): Dits et écrits Schriften. Vierter Band. Frankfurt am Main, 521-556.

Foucault, Michel (2005b): Gespräch mit Ducio Trombadori. In: Defert, Daniel/François Ewald (Hg.): Dits et écrits. Schriften. Vierter Band. Frankfurt am Main, 51-119.

Foucault, Michel (2005c): Die Ethik der Sorge um sich als Praxis der Freiheit. In: Defert, Daniel/François Ewald (Hg.): Dits et écrits. Schriften. Vierter Band. Frankfurt am Main, 875-902.

Foucault, Michel (2005d): Technologien des Selbst. In: Defert, Daniel/François Ewald (Hg.): Dits et écrits. Schriften. Vierter Band. Frankfurt am Main, 966-999.

Foucault, Michel (2005e): Sie sind Gefährlich. In: Defert, Daniel/François Ewald (Hg.): Dits et écrits. Schriften. Vierter Band. Frankfurt am Main, 638-641.

Foucault, Michel (2005f): Den Regierungen gegenüber: die Rechte des Menschen (Wortmeldung). In: Defert, Daniel/François Ewald (Hg.): Dits et écrits. Schriften. Vierter Band. Frankfurt am Main, 875-876.

Foucault, Michel (2006a): Sicherheit, Territorium, Bevölkerung. Geschichte der Gouvernementalität I. Frankfurt am Main.

Foucault, Michel (2006b): Die Geburt der Biopolitik. Geschichte der Gouvernementalität II. Frankfurt am Main.

Franzkowiak, Peter (1987): Kleine Freuden, kleine Fluchten. Alltägliches Risikoverhalten und medizinische Gefährdungsideologie. In: Wenzel, Eberhard: Ökologie des Körpers, Frankfurt am Main, 121-174.

Freire, Paolo (1983): Erziehung als Praxis der Freiheit. Beispiele zur Pädagogik der Unterdrückten. Reinbek.

Ganz, Kathrin (2009): Gibt es eine queere Ökonomiekritik? In: [sic!] Forum für feministische Gangarten Nr. 64, 32-33.

Ganz, Kathrin; Gerbig, Do (2010): Diverser leben, arbeiten und Widerstand leisten. Queerende Perspektiven auf ökonomische Praxen der Transformation. In: Arranca! Nr. 41, Winter 09/10, S. 18-21. Berlin.

Gerlach, Ralf (1998): Gibt es „schwerstabhängige" Methadonpatienten oder werden sie „gemacht"? Vortrag zur A.I.D.-Tagung „Mehr als abhängig? Versuche mit Methadon und Heroin" 15./16.05. Berlin.

Gerlach, Ralf (2004): Methadon im Geschichtlichen Kontext. Von der Entdeckung der Substanz zur Erhaltungsbehandlung. http://www.indro-online.de/methageschichte.pdf [21.07.2011].

Gerheim, Udo (2012): Die Produktion des Freiers. Macht im Feld der Prostitution. Eine soziologische Studie. Bielefeld.

Gerstendörfer, Monika (2007): Der verlorene Kampf um die Wörter. Opferfeindliche Sprache bei sexueller Gewalt. Paderborn.

Gerull, Susanne (2004): Vom Umgang mit Armut. Verschläft die Sozialdemokratie die Erkenntnisse der neueren Armutsforschung? In: Sozial Extra, Nr. 7/8, 38-41.

Gerull, Susanne (2009): Armut und soziale Ausgrenzung wohnungsloser Menschen. In: Sozial Extra, Nr. 5/6, 38-41.

Gesellschaft für sozialwissenschaftliche Frauenforschung (Hg.) (2005): Zielgruppen- und Bedarfsforschung für eine integrative Wohnungs- und Sozialpolitik, Forschungsbericht, Frauen in dunklen Zeiten. Frankfurt am Main.

Gildemeister, Regine/Wetterer, Angelika (1992): Wie Geschlechter gemacht werden. In: Knapp, Gudrun Axeli/Wetterer; Angelika (Hg.): TraditionBrüche. Freiburg.

Girtler, Roland (1990) : Der Strich. Sexualität als Geschäft. München.

Girtler, Roland (1991): Forschung in Subkulturen. In: Flick, Uwe/v. Kardorff, Ernst/Keupp, Heiner/v. Rosenstiel, Lutz/Wolff, Stephan (Hg.): Handbuch qualitative Sozialforschung, München, 385-388.

Grenz, Sabine (2005): (Un)heimliche Lust. Über den Konsum sexueller Dienstleistungen. Wiesbaden.

Gros, Frédéric (2004): Situierung der Vorlesung. In: Foucault, Michel: Hermeneutik des Subjekts, Vorlesungen an College de France 1981/82. Frankfurt am Main.

Groß, Melanie (2008a): Geschlecht und Widerstand. Königstein/Taunus.

Groß, Melanie (2008b): Jugend als Problem? http://www.feministisches-institut.de/jugend/ [04.12.2011].

Groß, Melanie (2011): Unterhaltsrecht, Bildungsgutscheine und soziale Ungleichheit – Eine Polemik auf eine sozialpolitische Posse. http://www.feministisches-institut.de/soziale_ungleichheiten/ [04.12.2011].

Guattari, Felix/Deleuze, Gilles (1977): Der Anti-Ödipus, Kapitalismus und Schizophrenie. Frankfurt am Main.

Guggenbühl, Lisa/Berger, Christa (2001): Subjektive Risikowahrnehmung und Schutzstrategien sich prostituierender Drogenkonsumentinnen. Eine Studie im Rahmen des Nationalen Aids - Forschungsprogrammes des Schweizerischen Nationalfonds. Forschungsbericht aus dem Institut für Suchtforschung. Nr.134.

Habermann, Friederike (2009): Halbinseln gegen den Strom. Anders leben und wirtschaften im Alltag. Sulzbach-Taunus.

Hagemann-White, Carol (1988): Wir werden nicht zweigeschlechtlich geboren. In: Hagemann-White, Carol/Rerrisch, Maria S. (Hg.): FrauenMännerBilder. Männer und Männlichkeit in der feministischen Diskussion. Bielefeld.

Haller, Lisa Yashodhara/Nowak, Jörg (2010): Die Erosion des männlichen Familienernährermodells. http://www.feministisches-institut.de/ernaehrermodells/ [11.12. 2011].

Haller, Dieter (2001): Die Entdeckung des Selbstverständlichen: Heteronormativität im Blick. In: kea (Hg.): Zeitschrift für Kulturwissenschaften, Ausgabe 14/2001: Heteronormativität: 1-28.

Haraway, Donna (1988): Situated Knowledges: The Science Question in Feminism and the Privilege of Partial Perspective. In: Feminist Studies, 14 (3). University of Maryland, 575-599.

Haraway, Donna (1995): Die Neuerfindung der Natur. Frankfurt/New York.

Haraway, Donna (1995a): Die Biopolitik postmoderner Körper. Konstitutionen des Selbst im Diskurs des Immunsystems. In: Dies.: Die Neuerfindung der Natur. Frankfurt/New York.160-199.

Haraway, Donna (1995b): Ein Manifest für Cyborgs. In: Dies.: Die Neuerfindung der Natur. Frankfurt/New York, 33-72.

Hartwig, Luise (1990): Sexuelle Gewalterfahrung von Mädchen – Konfliktlagen und Konzepte mädchenorientierter Heimerziehung. Weinheim.

Haug, Frigga (2007): Rosa Luxemburg und die Kunst der Politik. Hamburg.

Hedrich, Dagmar (1989): Drogenabhängigkeit und Prostitution. In: Brakhoff, Jutta (Hg.): Sucht und Prostitution. Freiburg, 85-104.

Heitmeyer, Wilhelm (2008a): Vorwort. In: Deutsche Zustände. Folge 6. Frankfurt am Main.

Heitmeyer, Wilhelm (2008b): Die Ideologie der Ungleichheit. In: Deutsche Zustände. Folge 6. Frankfurt am Main.

Heitmeyer, Wilhelm/Endrikat, Kirsten (2008): Die Ökonomisierung des Sozialen. Folgen für „Überflüssige" und „Nutzlose". In: Deutsche Zustände Folge 6. Frankfurt am Main.

Heitmeyer, Wilhelm /Mansel, Jürgen (2008): Gesellschaftliche Entwicklung und Gruppenbezogene Menschenfeindlichkeit: Unübersichtliche Perspektiven. In: Deutsche Zustände Folge 6. Frankfurt am Main.

Heitmeyer, Wilhelm (Hg.) (2010): Deutsche Zustände Folge 8. Frankfurt am Main.

Helfferich, Cornelia/Leopold, Beate/Kavemann, Barbara/Rabe, Heike (2007): Untersuchungen zu den Auswirkungen des Prostitutionsgesetzes. http://www.auswirkungen-prostitutionsgesetz.de/ [21.12.2010]

Herriger, Norbert (2002): Empowerment in der sozialen Arbeit. Eine Einführung. Stuttgart/Berlin/Köln.

Hermanns, Harry (1991): Narratives Interview. In: Flick, Uwe/v. Kardorff, Ernst/Keupp, Heiner/v. Rosenstiel, Lutz/Wolff, Stephan (Hg.): Handbuch qualitative Sozialforschung. München.

Hill Collins, Patricia (1998): It`s all in the familiy. Intersections of gender, race, and nation. In: Hypatia 13 (3). Hoboken New Jersey, 62-82.

Hill Collins, Patricia (1990): Black Feminist Thought in the Matrix of Domination In: Dies. (1990): Black Feminist Thought: Knowledge, Consciousness, and the Politics of Empower Empowerment. Boston: Unwin Hyman. 221-238. http://www.hartford-hwp.com/archives/45a/252.html [12.04.2010].

Hitzler, Ronald/Honer, Anne (1991): Qualitative Verfahren zur Lebensweltanalyse. In: Flick, Uwe/von Kardorff, Ernst/Keupp, Heiner/v. Rosenstiel, Lutz/Wolff, Stephan (Hg.): Handbuch qualitative Sozialforschung. München.

Hochschild, Arlie Russell (1990): Das gekaufte Herz. Frankfurt am Main.

Holzkamp, Klaus (1984a): Die Menschen sitzen nicht im Kapitalismus wie in einem Käfig. In: Psychologie heute. Weinheim, November, 29-37.

Holzkamp, Klaus (1984b): Zum Verhältnis zwischen gesamtgesellschaftlichem Prozeß und individuellem Lebensprozeß. In: Konsequent, Diskussions-Sonderband 6, Streitbarer Materialismus. Berlin, 29-40.

Holzkamp, Klaus (1990): Worauf bezieht sich das Begriffspaar „restriktive/verallgemeinerte Handlungsfähigkeit? In: Forum kritische Psychologie. Berlin, 35-45.

Hopf, Christel (1991): Qualitative Interviews in der Sozialforschung. In: Flick, Uwe/v. Kardorff, Ernst/Keupp, Heiner/v. Rosenstiel, Lutz/Wolff, Stephan (Hg.): Handbuch qualitative Sozialforschung. München.

Howe, Christiane (2004): Milliardengeschäft illegale Prostitution In: Bundeszentrale für politische Bildung (Hg.): Aus Politik und Zeitgeschichte. Beilage zur Wochenzeitung Das Parlament. Berlin, B 52-53.

Howe, Christiane (2007): Männer(bilder) im Rahmen von Prostitution – die Konstruktion des Freiers. In: Luedtke, Jens/Baur, Nina (Hg.): Was macht den Mann zum Mann. Beiträge zur Konstruktion von Männlichkeiten in Deutschland. Leverkusen Opladen, 239-263.

Howe, Christiane (2010): Innen(an)sichten im Rotlichtmilieu - Eine ethnographische Annäherung an Bordellbetriebe im Frankfurter Bahnhofsviertel. In: Benkel, Thorsten (Hg.): Das Frankfurter Bahnhofsviertel - Devianz im öffentlichen Raum. Wiesbaden, 253-276.

Hufton, Olwen (1998): Frauenleben. Eine europäische Geschichte 1500-1800. Frankfurt a.M.

Inciardi, James A./Lockwood, Dorothy/Pottieger, Anne E. (1993): Women and Crack Cocaine. New York.

Jagose, Annemarie (2001): Queer Theory. Berlin.

Jakobsen, Janet R. (1998): Queer is? Queer does? Normativity and the Problem of Resistance. In: GLQ. A Journal of Lesbian and Gay Studies 4 (4). Durham North Carolina, 511-536.

Jäger, Siegfried (1994): Text- und Diskursanalyse. DISS Duisburg.

Josephson, Jyl (2005): The Intersectionality of Domestic Violence and Welfare in the Lives of Poor Women. In: Sokoloff, Natalie J./Pratt, Christina (Hg.): Domestic Violence at the Margins. Readings on Race, Class, Gender and Culture. New Brunswick/New Jersey/London, 83-101.

Kalpaka, Annita (1985): Paternalismus in der Frauenbewegung. In: Informationsdienst zur Ausländerarbeit. Frankfurt am Main, 21-27.

Kalpaka, Annita/Räthzel, Nora (Hg.) (1990): Die Schwierigkeit nicht rassistisch zu sein. Köln.

Kalpaka, Annita (2010): Tatort Gemeinwesen – (Forschungs-) methodische Zugänge zur GWA. _http://www.hs-rm.de/index.php?eID=tx_nawsecuredl&u=0&file= uploads/media/Projektankuendigung-GWA.pdf&t=1333283555&hash=29b502b72 00e84d2469c95c6ac6ebde9_[3.3.2012].

Kampagne Lohn für Hausarbeit (1999): Die politische Perspektive der Forderung nach Lohn für Hausarbeit 1973. In: Boudry/Kuster/Lorenz (Hg.): Reproduktionskonten fälschen. Heterosexualität, Arbeit, Zuhause. Berlin, 108-136.

Kappeler, Manfred (1998): Drogen und Kolonialismus. Zur Ideologiegeschichte des Drogenkonsums. Verlag für Interkulturelle Kommunikation. Frankfurt am Main.

Kappeler, Manfred (1993): Die Würde des Menschen ist unantastbar! Aber wer sich berauscht... In: AKZEPT e.V. (Hg.): Menschenwürde in der Drogenpolitik. Ohne Legalisierung geht es nicht. Hamburg.

Kavemann, Barbara/Rabe, Heike/Fischer, Claudia (2007): Vertiefung spezifischer Fragestellungen zu den Auswirkungen des Prostitutionsgesetzes: Ausstieg aus der Prostitution. Kriminalitätsbekämpfung und Prostitutionsgesetz. Sozialwissenschaftliches FrauenForschungsInstitut Berlin. http://www.bmfsfj.de/Redaktion BMFSFJ/Abteilung4/Pdf-Anlagen/prostitutionsgesetz-gutachten-2,property=pdf, bereich=,sprache=de,rwb=true.pdf [02.01.2009].

Kavemann, Barbara (2010): Die praktischen Auswirkungen des deutschen Prostitutionsgesetzes. In: Benkel, Thorsten (Hg.): Das Frankfurter Bahnhofsviertel. Wiesbaden, 211-227.

Kaye, Mike (2003): The migration-trafficking nexus – combating trafficking through the protection of migrants human rights. London.

Kelle, Udo/Kluge, Susanne (1999): Vom Einzelfall zum Typus. Opladen.

Keller, Hildegard E. (2004). „Auf sein Auventura und Risigo handeln". Zur Sprach- und Kulturgeschichte des Risikobegriffs. In Risknews. Das Fachmagazin für Risikomanagement 01/04 S. 61-65.

Kemper, Andreas/Weinbach, Heike (2009): Klassismus. Münster.

Kerschl, Andrea Viktoria (2005): Beschaffungsprostitution und ihre Risiken. In: Wright, Michael T. (Hg.): Prostitution, Prävention, und Gesundheitsförderung. Teil 2: Frauen. Deutsche AIDS-Hilfe e.V. Berlin, 113-122.

Keupp, Heiner (2000): Eigensinn und Selbstsorge: Subjektsein in der Zivilgesellschaft. Vortrag. Berlin.

Kleiber, Dieter (2000): HIV/AIDS und Prostitution. In: Magazin AIDS Infothek 12 (6). Schweiz, 4-10.

Klinger, Cornelia (2003): Ungleichheit in den Verhältnissen von Klasse, Rasse und Geschlecht. In: Knapp, Gudrun, Axeli/Wetterer, Angelika (Hg.): Achsen der Differenz. Gesellschaftstheorie und feministische Kritik II. Münster, 14-48.

Klinger, Cornelia/Knapp, Gudrun-Axeli/Sauer, Birgit (Hg.) (2007): Achsen der Ungleichheit. Zum Verhältnis von Klasse, Geschlecht und Ethnizität. Frankfurt.

Klinger, Cornelia/Knapp, Gudrun-Axeli (Hg.) (2008): ÜberKreuzungen. Fremdheit, Ungleichheit, Differenz. Münster.

Kluge, Alexander (2000): Das Hörspiel „Der lange Marsch des Urvertrauens" ist Bestandteil der insgesamt 12-stündigen Produktion „Chronik der Gefühle".

Knapp, Gudrun-Axeli (2005): Intersectionality- ein neues Paradigma feministischer Theorie? Zur transatlantischen Reise von „Race, Class, Gender". In: Feministische Studien, Jg. 23, Heft 1.

Kontos, Silvia (2009): Öffnung der Sperrbezirke : Zum Wandel von Theorien und Politik der Prostitution. Königstein/Taunus.

Korte, Svenja (2007): Rauschkonstruktionen. Eine qualitative Interviewstudie zur Konstruktion von Drogenrauschwirklichkeit. Wiesbaden.

Kosten, Thomas R./Krystal, John (1988). Biological mechanisms in posttraumatic stress disorder: Relevance for substance abuse. In: Galanter, Marc (ed.): Recent developments in alcoholism. New York: Plenum Press, 6, 49-68.

Körner, Harald Hans (2007): Betäubungsmittelgesetz Arzneimittelgesetz, 6. Auflage. München.

Krasmann, Susanne (2000): Gouvernementalität der Oberfläche. In: Bröckling, Ulrich/Krasmann, Susanne/Lemke, Thomas (Hg.): Gouvernementalität der Gegenwart. Studien zur Ökonomisierung des Sozialen. Frankfurt am Main, 194-226.

Krasmann, Susanne (2003): Die Kriminalität der Gesellschaft : Zur Gouvernementalität der Gegenwart. Konstanz.

Krasmann, Susanne (2011): Der Präventionsstaat im Einvernehmen. Wie Sichtbarkeitsregime stillschweigend Akzeptanz produzieren. In: Leviathan: Sichtbarkeitsregime: Überwachung, Sicherheit und Privatheit im 21. Jahrhundert. Sonderheft, 25, Wiesbaden.

Langer, Antje (2003): Klandestine Welten. Mit Goffman auf dem Drogenstrich. Königstein/Taunus.

Lamnek, Siegfried (1989): Qualitative Sozialforschung, Band 2. Methoden und Techniken, München.

Laqueur, Thomas (1992): Auf den Leib geschrieben. Die Inszenierung der Geschlechter von der Antike bis Freud. Frankfurt/New York.

Laskowski, Silke Ruth (1997): Die Ausübung der Prostitution. Ein verfassungsrechtlicher geschützter Beruf im Sinne des Art. 12 Abs. 1 GG. Frankfurt am Main/Berlin/Bern/New York/Paris/Wien

Lehmann; Nadja (2008): Migrantinnen im Frauenhaus. Opladen.

Lemke, Thomas (2003) : Eine Kritik der politischen Vernunft – Foucaults Analyse der modernen Gouvernementalität. Hamburg/Berlin.

Leopold, Beate/Steffan, Elfriede/Paul, Nikola (1997): Dokumentation zur rechtlichen und sozialen Situation von Prostituierten in der BRD. Schriftenreihe des Bundesministeriums für Familie, Senioren, Frauen und Jugend. Band 143, Stuttgart.

Leopold, Beate/Helfferich, Cornelia (2001): Frauen, die illegale Drogen konsumieren. Bericht zur gesundheitlichen Situation von Frauen in Deutschland. Bundesministerium für Familie, Senioren, Frauen und Jugend. Stuttgart. 547-561.

Leopold, Beate/Grieger, Katja (2004): Gewaltprävention durch Arbeit mit Minde jährigen in der Prostitution. APuZ, B 52-53, 19-26.

Leopold, Beate (2005): Minderjährige in der Prostitution. In: Wright, Michael T. (Hg.): Prostitution, Prävention, und Gesundheitsförderung. Teil 2: Frauen. Deutsche AIDS-Hilfe e.V. Berlin, 97-112.

Link, Jürgen (1983): Was ist und was bringt Diskurstaktik. In: KultuRRevolution 2, 60-66.

Link, Jürgen (1986): Noch einmal: Diskurs. Interdiskurs. Macht. In: KultuRRevolution 11, 4-7.

Link, Jürgen (2009): Versuch über den Normalismus. Wie Normalität produziert wird. Göttingen.

Littig, Beate (2002): Interviews mir Experten und Expertinnen. In: Bogner, Alexander/Littig Beate/Menz, Wolfgang: Das Experteninterview. Opladen.

Lorenz, Renate/Kuster, Brigitta (2007): sexuell arbeiten eine queere Perspektive auf Arbeit und prekäres Leben. Berlin.

Lorenz, Renate (2009). Aufwendige Durchquerungen. Bielefeld.

Lorey, Isabell (2007): Als das Leben in die Politik eintrat. In: Atzert, Thomas/Karakayali, Serhat/Pieper, Marianne/Tsianos, Vassilis (Hg.): Empire und biopolitische Wende. Frankfurt am Main, 269-291.

Lott, Bernice (2002): Cognitive and behavioral distancing from poor. In: American Psychologist. Journal of the American Psychological Association. Washington, DC, 100-110.

Löw, Martina/Ruhne Renate (2011): Prostitution: Herstellungsweisen einer anderen Welt. Berlin.

Lutz, Helma (2001): Differenz als Rechenaufgabe: über die Relevanz der Kategorien Race, Class, Gender. In: Lutz, Helma/Wenning, Norbert: Unterschiedlich verschieden. Differenz in der Erziehungswissenschaft. Opladen, 215-230.

Lutz, Helma/Davis, Kathy (2005): Geschlechterforschung und Biographieforschung: Intersektionalität als biographische Ressource am Beispiel einer außergewöhnlichen Frau. In: Völter, B./Dausien, B./Lutz, H./Rosenthal, G. (Hg.): Biographieforschung im Diskurs. Wiesbaden, 228-247.

Lutz, Helma /Leiprecht, Rudolf (2005): Intersektionalität im Klassenzimmer. Ethnizität, Klasse, Geschlecht. In: Leiprecht, Rudolf/Kerber, Anne (Hg.): Schule in der Einwanderungsgesellschaft. Schwalbach/Taunus, 218-234.

Lutz, Helma (2007): Vom Weltmarkt in den Privathaushalt. Die neuen Dienstmädchen im Zeitalter der Globalisierung. Opladen.

Luxemburg, Rosa (1912): Die Gleichheit, 22. Jg. Nr. 8, Stuttgart, 113-115. In: Schütrumpf, Jörn (Hg.), (2006): Rosa Luxemburg oder: Der Preis der Freiheit, Berlin.

Luxemburg, Rosa (1913): Die weltpolitische Lage. Rede am 27. Mai 1913 in Leipzig-Plagwitz, Leipziger Volkszeitung, Nr. 121 vom 29. Mai 1913. In: Dies.: Gesammelte Werke, Band 3, 212-219.

Luxemburg, Rosa (1918): Zur russischen Revolution IV. In: Schütrumpf, Jörn (Hg.), (2006): Rosa Luxemburg oder: Der Preis der Freiheit, Berlin.

Maher, Lisa (1997): Sexed Work, Gender, Race, and Resistance in Brooklyn Drug Market, Oxford.

MacDonald, Robert/Marsh, Jane (2002): Crossing the Rubicon: youth transition, poverty, drugs and social exclusion. In: International Journal of Drug Policy 13.

Markard, Morus (2007): Eigenverantwortung und Privatisierung. Forum kritische Psychologie. Hamburg, 148-157.

McAlpine, Mhairi (2006): Prostitution: an expression of patriarchal oppression. In: Scottish Socialist Party Women's Network: Prostitution: a contribution to the debate.

Meritt, Laura (2005): Prostitution und Gesellschaft im Wandel. Sag mir, wer die Huren sind. In: Wright, Michael T. (Hg.): Prostitution, Prävention, und Gesundheitsförderung. Teil 2: Frauen. Deutsche AIDS-Hilfe e.V. Berlin, 11-18.

Meulenbelt, Anja (1988): Scheidelinien. Über Sexismus, Rassismus und Klassismus. Reinbek.

McCall, Leslie (2005): The Complexity of Intersectionality. In: Signs. Journal of Women in Culture and Society 30 (3), 1771-1800.

McDowell, Linda (1999): Die Darstellung von Geschlecht und Heterosexualität am Arbeitsplatz. In: Boudry, Pauline/Kuster, Brigitta/Lorenz, Renate (Hg.): Reproduktionskonten fälschen. Heterosexualität, Arbeit, Zuhause. Berlin, 178-207.

Mebes, Marion (1989): Sexueller Mißbrauch und Sucht. In: Brakhoff, Jutta (Hg.): Sucht und Prostitution. Freiburg, 47-62.

Merfert-Diete, Christa (1993): Besonderheiten der Drogenabhängigkeit von Frauen. In: Niedersächsisches Frauenministerium (Hg.): Drogenabhängige Frauen: Welche Hilfe brauchen sie innerhalb und außerhalb des Strafvollzugs? Dokumentation einer Fachtagung. Hannover.

Meuser, Michael/Nagel, Ulrike (2002): ExpertInneninterviews – vielfach erprobt, wenig bedacht. In: Bogner, Alexander/Littig Beate/Menz, Wolfgang: Das Experteninterview. Opladen.

Mitrovic, Emilija (2004): Der gesellschaftliche Umgang mit Prostitution in Deutschland. In: Die Wüste lebt. Regenbogen. HWP 14. Februar.

Mohanty, Chandra Talpade (1988): Aus westlicher Sicht: feministische Theorie und koloniale Diskurse. In: beiträge zur feministischen theorie und praxis: Modernisierung der Ungleichheit – weltweit, Heft 23, 149-162.

Mohanty, Chandra Talpade (2002): „Under Western Eyes" Revisited: Feminist Solidarity through Anticapitalist Struggles. In: Signs. Journal of Women in Culture and Society 28 (2), 499-535.

Munk, Veronika (2005): Migration und Sexarbeit. In: Wright, Michael T. (Hg.): Prostitution, Prävention, und Gesundheitsförderung. Teil 2: Frauen. Deutsche AIDS-Hilfe e.V. Berlin, 77-86.

Müller, Siegfried (Hg.) (1986): Verstehen oder kolonialisieren? : Grundprobleme sozialpädagogischen Handelns und Forschens. Bielefeld.

Nitschke-Özbay, Heidrun (2005): Grundsätze für erfolgreiche gesundheitsfördernde Arbeit in Prostitutionsszenen. In: Wright, Michael T. (Hg.): Prostitution, Prävention, und Gesundheitsförderung. Teil 2: Frauen. Deutsche AIDS-Hilfe e.V. Berlin, 123-141.

O'Connell Davidson, Julia (2006): Männer, Mittler, Migranten. In: Sapper, Manfred/Weichsel, Volker/Huterer, Andrea (Hg.): Mythos Europa, Berlin.

Pates, Rebecca/Schmidt, Daniel (Hg.) (2009): Die Verwaltung der Prostitution : Eine vergleichende Studie am Beispiel deutscher, polnischer und tschechischer Kommunen. Bielefeld.

Paulus, Stefan (2008): Work-Life-Balance als Antwort auf die schöne neue Welt? http://www.feministisches-institut.de/work-life-balance2/ [14.03.2011].

Pfadenhauer, Michaela (2002): Auf gleicher Augenhöhe. In: Bogner, Alexander/Littig Beate/Menz, Wolfgang: Das Experteninterview. Opladen.

Pfeiffer, Christian (2004): Die Dämonisierung des Bösen. Kriminologisches Forschungsinstitut Niedersachsen e.V. Hannover. Oktober.

Pfingsten, Kathrin (1997): Frauen zwischen Autonomie und Abhängigkeit. Zum Verhältnis feministischer und akzeptanzorientierter Konzepte in der Drogenhilfe. VWB. Berlin.

Pheterson, Gail (1990): Huren-Stigma. Hamburg.

Pieper, Marianne/Gutiérrez Rodriguez, Encarnación (Hg.) (2003): Gouvernementalität. Ein sozialwissenschaftliches Konzept in Anschluss an Foucault. Frankfurt am Main/New York.

Pieper, Marianne (2007a): Biopolitik – Die Umwendung eines Machtparadigmas. In: Atzert, Thomas/Karakayali, Serhat/Pieper, Marianne/Tsianos, Vassilis (Hg.): Empire und die biopolitische Wende. Die internationale Diskussion im Anschluss an Hardt und Negri. Frankfurt am Main/New York.

Pieper Marianne (2007b): Armutsbekämpfung als Selbsttechnologie. In: Bettinger, Frank/Stehr, Johannes/Anhorn, Roland (Hg.): Foucaults Machtanalytik und Soziale Arbeit. Eine kritische Einführung und Bestandsaufnahme. Wiesbaden, 93-109.

Pollesch, Renè (2010): Selbstverwirklichung als Gleichschritt. Ursula Keller im Gespräch mit Renè Pollesch. In: Deutsches Schauspielhaus in Hamburg (Hg.): Das Schauspielhaus, Zeitung des Deutschen Schauspielhauses, Heft 5, März.

Preciado, Beatriz (2003): Kontrasexuelles Manifest. Berlin.

Preisendörfer, Bruno (2011): Beulen am Ich. LE MONDE diplomatique, Januar 2012.

Purtschert, Patricia (2008): Nicht so regiert werden wollen: Zum Verhältnis von Wut und Kritik. http://eipcp.net/transversal/0808/purtschert/de/print [12.12.2010].

Purtschert, Patricia/Meyer, Katrin/Winter, Yves (Hg.) (2008): Gouvernementalität und Sicherheit. Bielefeld.

Haubl, Rolf/Rastetter, Daniela (2000): Zeigen ohne Lust. Über Emotionsarbeit. In: psychosozial, 23.Jg. Nr.82 Heft 4, 21-39.

Rastetter, Daniela (2008): Zum Lächeln verpflichtet. Emotionsarbeit im Dienstleistungsbereich, Frankfurt/New York, 2008.

Rahmeier, Jutta (1993): Welche Relevanz hat die Legalisierungsdebatte für Frauen? In: AKZEPT e. V. (Hg.) Menschen würde in der Drogenpolitik. Ohne Legalisierung geht es nicht. Hamburg.

Reinarman, Craig (2007): Die soziale Konstruktion von Drogenpaniken. In: Dollinger, Bernd/Schmidt-Semisch, Henning (Hg.): Sozialwissenschaftliche Suchtforschung. Wiesbaden, 97-111.

Renzikowski, Joachim (2007): Reglementierung von Prostitution: Ziele und Probleme – eine kritische Betrachtung. Gutachten im Auftrag des Bundesministeriums für Familie, Senioren, Frauen und Jugend. Berlin

Rinas, Anja/Kuhlmann, Ellen (2003): Respektlose Quergänge – Potenziale der Thesen Donna Haraways für frauenzentrierte Ansätze in der HIV/AIDS Prävention. In: Zeitschrift für Frauenforschung und Geschlechterstudien, 21 (1), 61-75.

Ritter, Sabine (2005): Weibliche Devianz im Fin de Siècle: Lombrosos und Ferreros Konstruktion der 'donna delinquente'. Hamburg.

Rodríguez, Encarnación Gutiérrez (2001): Auf der Suche nach dem Identischen in einer „hybriden Welt" – Über Subjektivität, postkoloniale Kritik, Grenzregime und Metaphern des Seins. In: Hess, Sabine/Lenz, Ramona (Hg.): Geschlecht und Globalisierung. Ein kulturwissenschaftlicher Streifzug durch transnationale Räume. Königstein/Taunus.

Rommelspacher, Birgit (1995): Dominanzkultur. Texte zu Fremdheit und Macht. Berlin.

Rommelspacher, Birgit (2002): Anerkennung und Ausgrenzung. Deutschland als multikulturelle Gesellschaft. Frankfurt am Main/New York.

Rommelspacher, Birgit (2009): Intersektionalität, http://www.birgit-rommelspacher .de/pdfs/Intersektionalit__t.pdf [02.02.2011].

Rose, Nikolas (2000): Tod des Sozialen? In: Bröckling, Ulrich/Krasmann, Susanne/Lemke, Thomas (Hg.): Gouvernementalität der Gegenwart. Studien zur Ökonomisierung des Sozialen. Frankfurt am Main.

Said, Edward W. (2009): Orientalismus. Frankfurt am Main.

Sanders, Teela/O'Neill, Maggie/Pitcher, Jane (2009): Prostitution: sex work, policy and politics. London.

Sarasin, Philipp (2008): Wie weiter mit Michel Foucault? Hamburg.

Sarrazin, Thilo (2009): Thilo Sarrazin im Gespräch Klasse statt Masse. Von der Hauptstadt der Transferleistungen zur Metropole der Eliten. Magazin „Lettre International" Nr. 86 vom 01.10.2009, 197-201.

Ders. (2010): Deutschland schafft sich ab. München.

Sargent, Margaret (1992): Women, Drugs and Policy in Sydney, London and Amsterdam. A feminist interpretation. Avebury. Aldershot, Brookfield USA, Hong Kong, Singapore.

Sartre, Jean-Paul (1981): Vorwort. In: Fanon, Frantz : Die Verdammten dieser Erde. Frankfurt am Main.

Scharfenberger, Yvonne (2008): Kinderarmut in Deutschland – ein gesellschaftlicher Skandal. http://www.feministisches-institut.de/kinderarmut/ [16.04.2010].

Schäfer, Dirk/Stöver, Heino (Hg.) (2011): Drogen, HIV/AIDS, Hepatitis. Ein Handbuch. Berlin.

Schmalstieg, Catharina (2008): Intervention als emanzipatorische Praxis – Erfahrung von Subalternität und kollektiven Handeln. In: Dege, Martin/Grallert, Till/Dege, Carmen/Chimirri, Niklas/Andrews, Molly (Hg.): Können Marginalsierte (wieder)sprechen? Gießen. 173-201.

Schmerl, Christiane (1984): Drogenabhängigkeit. Kritische Analyse psychologischer und soziologischer Erklärungsansätze. Opladen.

Schmidt, Josef (1995): Expertenbefragung und Informationsgespräch in der Parteienforschung. In: Aleman, Ulrich von (Hg.): Politikwissenschaftliche Methoden. Grundriß für Studium und Forschung. Opladen. 293-326.

Schmidt-Semisch, Henning (2000): Selber schuld. In: Bröckling, Ulrich/Krasmann, Susanne/Lemke, Thomas (Hg.): Gouvernementalität der Gegenwart.

Schmidt-Semisch, Henning (2004): Risiko. In: Bröckling, Ulrich/Krasmann, Susanne/Lemke, Thomas (Hg.): Glossar der Gegenwart. Frankfurt am Main, 222-228.

Schneider, Inge (1989): HYDRA: Ein Prostituierten-Selbsthilfeprojekt. In: Brakhoff, Jutta (Hg.): Sucht und Prostitution. Freiburg, 105-113.

Schrader, Kathrin (2006): Die dreifach 'Anderen' – Betrachtungen zur Wahrnehmung von Beschaffungsprostitution im Kontext ethnischer Konstruktionen. In: Grenz, Sabine/Lücke, Martin: Verhandlungen im Zwielicht. Bielefeld.

Schrader, Kathrin (2007): Ein Plädoyer für die Achtung von Alterität und Destigmatisierung in der Sexarbeit. Feministisches Institut Hamburg.

Schrader (2010): Arbeitende Frauen vereinigt Euch! http://www.feministisches-institut.de/solidaritaet/ [16.07.2011].

Schrader, Kathrin (2011): Biopolitischer Rassismus der bürgerlichen Mitte im Hamburger Stadtteil St. Georg. http://www.feministisches-institut.de/biopolitischer-rassismus-der-buergerlichen-mitte-im-hamburger-stadtteil-st-georg-2/ [09.08.2011].

Schröttle, Monika/Müller, Ursula (2004): Lebenssituation, Sicherheit und Gesundheit im Leben von Frauen in Deutschland, BMFSFJ (Hg.) www.wibig.uni-osnabrueck.de [30.11.2010].

Sennelart, Michel (2006): Struktur und Thema der Vorlesungsreihe. In: Foucault 2006a.

Sgier, Irena (1994): Aus eins mach zehn und zwei laß gehen: Zweigeschlechtlichkeit als kulturelle Konstruktion. Bern.

Sidanius, Jim/Pratto, Felicia (1999): Social Dominance an Intergroup Theory of Social Hierarchy and Oppression. Cambridge.

Sokoloff, Natalie J./Dupont, Ida (2005): Domestic Violence, Examining the Intersections of Race, Class an Gender – An Introduction. In: Sokoloff, Natalie J./Pratt, Christina (Hg.): Domestic Violence at the Margins. Readings on Race, Class, Gender and Culture. New Brunswick/New Jersey/London.

Sontag, Susan (2003): Krankheit als Metapher. München/Wien.

Spivak, Gayatri Chakravorty (1985): The Rani of Sirmur. An Essay in Reading the Archivs. In: History and Theory (24) 3. Wesleyan University, 247-272.

Spivak, Gayatri Chakravorty (1988): Can the Subaltern speak? In: Nelson, Cary/Grossberg, Lawrence (Hg.): Marxism and the Interpretation of Culture. Urbana: University of Illinois, 271-316.

Spivak, Gayatri Chakravorty (1990): The Post-Colonial Critic. Interviews, Strategies, Dialogues. New York/London.

Spivak, Gayatri Chakravorty (1993): Outside in the Teaching Machine. London/New York.

Spivak, Gayatri Chakravorty (2005): Feminismus und Dekonstruktion, noch einmal. In: Harders, Cilja/Kahlert, Heike/Schindler, Delia: Forschungsfeld Politik. Berlin, 239-251.

Spivak, Gayatri Chakravorty (2008): Can the Subaltern Speak? Postkolonialität und subalterne Artikulation. Wien.

Spivak, Gayatri Chakravorty (2010): Kultur. In: Reuter, Julia, Villa, Paula-Irene: Postkoloniale Soziologie. Empirische Befunde, theoretische Anschlüsse, politische Interventionen, Bielefeld, 47-69.

Spreyermann, Christine (1990): Man könnte meinen, wir säßen alle im gleichen Boot. Lebensalltag und Alltagsbewältigung von Drogenkonsumentinnen. Institut universitaire de mèdicine sociale et prèventive. Lausanne.

Spreyermann, Christine (1992): Abhängen – loslassen – suchen – verweigern. Frauenspezifische Ursachen von Sucht und Drogenkonsum. In: Bendel, Christine (Hg.): Frauen sichten Süchte. Lausanne, 23-43.

Stallberg, Friedrich W. (1999): Prostitution. In: Albrecht, Günther/Groenemeyer, Axel/Stallberg, Friedrich W. (Hg.): Handbuch soziale Probleme. Opladen. 590-608.

Stanislawski; Konstantin S. (1986): Die Arbeit des Schauspielers an sich selbst.

Staub-Bernasconi, Silvia (2007): Soziale Arbeit als Handlungswissenschaft. Bern/Stuttgart/Wien.

Steffan, Elfriede (2005): Der Freier, das unbekannte Wesen. In: Wright, Michael T. (Hg.): Prostitution, Prävention, und Gesundheitsförderung. Teil 2: Frauen. Deutsche AIDS-Hilfe e.V. Berlin, 33-39.

Stöver Heino (2010): Was wissen wir über die Substitutionsbehandlung in Haft, wie machen es andere? In: akzept e.V. (Hg.): Weiterentwicklung der Substitutionsbehandlung in Haft - Praxis, Probleme und Perspektiven. Dokumentation der akzept-Fachtagung am 20.04.2010 in Berlin.

Stöver Heino (2001): Bestandsaufnahme „Crack-Konsum" in Deutschland: Verbreitung, Konsummuster, Risiken und Hilfeangebote. Endbericht, Bremen, Universität Bremen, Bremer Institut für Drogenforschung (BISDRO).

Straube, Gregor (2004): Handlungsfähigkeit, Materialität und Politik: Die politischen Theorien von Judith Butler und Donna Haraway. In: Frey Steffen, Therese (Hg.): Gender Studies, Wissenschaftstheorien und Gesellschaftskritik. Würzburg, 123-138

Strobl, Ingrid (2006): „Es macht die Seele kaputt" Junkiefrauen auf dem Strich. Berlin.

Tanner, Jakob (1996): Sucht und Drogen aus historischer Sicht. In: Bulletin für die Eltern 18/2. Sucht – Einsichten und Konsequenzen. Bündner Kantonschule und Suchtpräventionsstelle Graubünden. Chur.

Teubner, Ulrike (1985): Über die langen Folgen der Vergewaltigung und die systematische Verkennung von Gewalt gegen Frauen. In: Komitee für Grundrechte und Demokratie Arbeitskreis Sexuelle Gewalt (Hg.): Sexuelle Gewalt: Erfahrungen – Analysen – Forderungen. Sensbachtal.

The Combahee River Collective (1982): A Black Feminist Statement. In: All the Women Are White, All the Blacks Are Men, But Some of Us Are Brave. Black Women's Studies. Hull, Gloria T./Scott, Patricia Bell/Smith, Barbara (Hg.), New York, 13.

Ullmann, Rainer (1999): Todesfälle bei Drogenabhängigen. In: 'Sub-letter' 5/99, http://www.humanistische-aktion.de/methadon.htm. [23.08.2011].

Ullrich, Jenny (2010): Es geht aufwärts?! Das Elterngeld für Erwerbslose wird gestrichen. http://www.feministisches-institut.de/elterngeld-fuer-erwerbslose/ [15.03.2012].

Vandreier Christoph (2010): Was kann subjektorientierte Drogenhilfe leisten? In: Dege Martin/Grallert, Till/Dege, Carmen/Chimirri, Niklas (Hg.): Können Marginalisierte (wieder)sprechen? Gießen, 201-217.

Villa, Paula-Irene (2003): Judith Butler. Frankfurt am Main.

Villa, Paula-Irene (2010): Verkörperung ist immer mehr. In: Lutz, Helma/Herrera Vivar, Maria Teresa/Supik, Linda (Hg.): Fokus Intersektionalität: Bewegungen und Verortungen eines vielschichtigen Konzeptes. Wiesbaden, 203-221.

Veyne, Paul (2009): Foucault. Der Philosoph als Samurai. Stuttgart.

Vogt, Irmgard (1997): „Bella Donna". Die Frauendrogenberatungsstelle im Ruhrgebiet. Ergebnisse der wissenschaftlichen Begleitforschung. Berlin.

Ward, Helen (2007): Marxismus versus Moralismus. Trend 7-8/07 onlinezeitung. http://www.trend.infopartisan.net/trd7807/t407807.html [21.09.2010].

Walgenbach, Katharina (2005): Die weiße Frau als Trägerin deutscher Kultur. Koloniale Diskurse über Geschlecht, „Rasse" und Klasse im Kaiserreich. Frankfurt am Main/New York.

Walgenbach, Katharina (2007): Gender als interdependente Kategorie. In: Walgenbach, Katharina/Dietze, Gabriele/Hornscheidt, Antje/Palm, Kerstin: Gender als interdependente Kategorie. Neue Perspektiven auf Intersektionalität, Diversität und Heterogenität. Opladen, 23-65.

Wallraf, Günter (2010): Die Abschaffung der Würde. In: Heitmeyer, Wilhelm (Hg): Deutsche Zustände Folge 8. Frankfurt am Main, 223-233.

Wartenpfuhl, Birgit (1996) : Destruktion – Konstruktion – Dekonstruktion. Perspektiven für die feministische Theorieentwicklung. In: Fischer, Ute Luise/Kampshoff, Marita/Keil Susanne/Schmitt, Mathilde (Hg.): Kategorie Geschlecht? Opladen, 191-210.

Weber, Georg/Schneider, Wolfgang (1992): Fixerinnen – Aspekte ihrer Lebenswelt. In: Dies: Herauswachsen aus der Sucht illegaler Drogen. Münster, 479-550.

Weedon, Chris (1991): Wissen und Erfahrung. Feministische Praxis und poststrukturalistische Theorie. Zürich/Dortmund.

Winker, Gabriele (2009): Handlungsfähigkeit in der Kritischen Psychologie. Vortrag 15.01. Hamburg.

Winker, Gabriele/Degele, Nina (2009): Intersektionalität. Zur Analyse sozialer Ungleichheiten. Bielefeld.

Winker, Gabriele (2010): Prekarisierung und Geschlecht. Eine intersektionale Analyse aus Reproduktionsperspektive. In: Manske, Alexandra/Pühl, Katharina (Hg.): Prekarisierung zwischen Anomie und Normalisierung. Forum Frauen- und Geschlechterforschung Band 28. Münster, 165-183.

Winker, Gabriele (2011) : Soziale Reproduktion in der Krise – Care Revolution als Perspektive. In : Das Argument 292. 53 (3). Karlsruhe, 333-344.

Winker, Gabriele/Degele, Nina (2011): Intersectionality as multilevel analysis: Dealing with social inequality. In: European Journal of Women's Studies, 18(1), 51–66.

Witzel, Andreas (2000): Das problemzentrierte Interview [25 Absätze]. Forum Qualitative Sozialforschung/Forum: Qualitative Social Research, 1(1), Art. 22, http://nbn-resolving.de/urn:nbn:de:0114-fqs0001228.

Wolf, Michael (2006): Hartz IV: ausgrenzende Aktivierung oder Lehrstück über die Antastbarkeit der Würde des Menschen. http://www.linksnet.de/de/artikel/20254 [21.05.2010].

Wright, Michael T. (Hg.) (2005): Prostitution, Prävention, und Gesundheitsförderung. Teil 2: Frauen. Deutsche AIDS-Hilfe e.V. Berlin.

Young, Iris Marion (1996): Fünf Formen der Unterdrückung. In: Nagl-Docekal, Herta/Pauer-Studer, Herlinde: Differenz und Lebensqualität. Frankfurt am Main, 99-139.

Yuval-Davis, Nira (2009): Intersektionalität und feministische Politik. In: feministische studien, Heft 1, Stuttgart.

Zimmermann, Udo (2002): Die öffentlich rechtliche Behandlung der Prostitution. Inaugural-Dissertation. Tübingen

Zumbeck, Sybille (2001): Die Prävalenz traumatischer Erfahrungen. Posttraumatischer Belastungsstörung und Dissoziation bei Prostituierten. Eine explorative Studie. Hamburg.

Zurhold, Heike (1993): Drogenkarrieren von Frauen im Spiegel ihrer Lebensgeschichten. Berlin.

Zurhold Heike (1995): Beschaffungsprostituierte als Objekt der Begierde. In: akzept e.V. (Hg.): Drogen ohne Grenzen. Berlin, 71-84.

Zurhold, Heike/Schneider, Wolfgang (1997): Expertise: Zur Situation inhaftierter Frauen – Wege zur sozialen Reintegration. Unveröffentl. Manuskript.

Zurhold, Heike (1997): Frauen-Standpunkte: Alte drogentheoretische Mythen in den neuen drogenpolitischen Diskursen? In: Schneider, Wolfgang (Hg.): Brennpunkte akzeptanzorientierter Drogenarbeit. Berlin, 15-68.

Zurhold, Heike (1998): Kriminalität und Kriminalisierung drogengebrauchender Frauen. Berlin.

Zurhold, Heike (2002): Interaktionen in der Sexarbeit – Gesundheitsförderung und Empowerment für Beschaffungsprostituierte. In: Böllinger, Lorenz/Stöver, Heino (Hg.): Risiko mindern beim Drogengebrauch. Frankfurt am Main. 104-119.

Zurhold, Heike (2003): Problemlagen und Hilfebedarfe von jungen Frauen in der Drogenprostitution. In: Zurhold, Heike/Kuhn, Silke (Hg.): Girls on the road. Berichtsband zur Fachtagung des ISD in Kooperation mit dem Diakonischen Werk Hamburg vom 24.10.2003. ISD Hamburg, 5-16.

Zurhold, Heike/Kuhn Silke (2004): „Ich komme an keinem Stein mehr vorbei" – Crackkonsum von jungen Frauen in der Hamburger Drogenprostitutionsszene. In: Schneider, Wolfgang/Gerlach, Ralf (Hg.): Schriftenreihe: Studien zur qualitativen Drogenforschung. Berlin, 231-254.

Zurhold, Heike (2005): Entwicklungsverläufe von Mädchen und jungen Frauen in der Drogenprostitution. Eine explorative Studie. VWB. Berlin.

Žižek, Slavoj (2009): Auf verlorenem Posten. Frankfurt am Main.

## VERZEICHNIS DER QUELLEN FÜR DIE INTERSEKTIONALE MEHREBENENANALYSE

### Zeitungen und Zeitschriften:

Bild (15.02.2011): Wer eine Hure anspricht, soll Bußgeld zahlen. http://www.bild.de/regional/hamburg/prostituierte/wer-eine-hure-anspricht-soll-zahlen-15979774.bild.html [12.07.2011].

Der Spiegel (16.07.2001): Buse, Uwe/Ulrich, Andreas: Das Geisterhaus. http://www.spiegel.de/spiegel/print/d-19645709.html [05.10.2011].

Die Tageszeitung (26.10.2002): Roger Kusch. http://www.taz.de/1/archiv/archiv/?dig=2002/10/26/a0345 [30.07.2011].

Doña Carmen e.V. (2009): Pressemitteilung. www.donacarmen.de [15.12.2009].

Einwohnerverein St. Georg (2008): Der lachende Drache. Der Hansaplatz – ein krimineller Abgrund. 22 Jg./219 http://www.einwohnerverein-stgeorg.de/Drachen_files/Januar_2008.pdf [02.07.2011].

Hamburger Abendblatt (15.03.2004): St. Georg: Pfosten gegen Freierkreisel. http://www.abendblatt.de/hamburg/article241276/St-Georg-Pfosten-gegen-Freierkreisel.html [05.07.2011].

Hamburger Abendblatt (23.08.2006): 900 000 Euro für St. Georg. http://www.abendblatt.de/hamburg/article414842/900-000-Euro-fuer-St-Georg.html [05.07.2011].

Hamburger Abendblatt (06.10.2006): St. Georg hat jetzt eine eigene Stadtteil-Stiftung http://www.abendblatt.de/hamburg/article423178/St-Georg-hat-jetzt-eine-eigene-Stadtteil-Stiftung.html [13.07.2011].

Hamburger Abendblatt (09.10.2006): St. Georg: Bezirk sperrt „Freierkreisel". http://www.abendblatt.de/hamburg/article822206/St-Georg-Bezirk-sperrt-Freierkreisel.html [05.07.2011].

Hamburger Abendblatt (27.11.2007): 'Zurückeroberung' des Hansaplatzes. http://www.abendblatt.de/hamburg/article891033/Zurueckeroberung-des-Hansaplatzes.html [23.11.2011].

Hamburger Abendblatt (29.03.2011): Schmuddelimage adé: Vier Zonen auf dem Hansaplatz. http://www.abendblatt.de/hamburg/kommunales/article1835501/Schmuddelimage-ade-Vier-Zonen-auf-dem-Hansaplatz.html [30.11.2011].

Weltonline (13.08.1999): Teufelsdroge Crack - Die Welle hat Hamburg erfasst. http://www.welt.de/print-welt/article580381/Teufelsdroge_Crack_Die_Welle_hat_Hamburg_erfasst.html [23.04.2011].

**Internetquellen:**

akzept e.V. (2007a): Hamburg schafft Brechmittel-Zwang ab. http://www.akzept.org/pdf/presse_pdf/nr18/hh_presse_brechmitteleins.pdf [30.07.2011].

akzept e.V. (2007b): Deutschland wegen Brechmitteleinsatzes verurteilt. http://www.tagesschau.de/ausland/meldung108702.html [30.07.2011].

akzept e.V.(2011): Kontrollierte Diamorphinabgabe legalisiert. http://www.akzept.org/aktuelles.html [23.07.2011].

Artus, Kersten (2011): Drucksache 20/696. http://kerstenartus.de/PDFs20/ska-prostitution2-antwort.pdf [12.07.2011].

Bezirksamt Hamburg Mitte Dezernat für Wirtschaft, Bauen und Umwelt (2009): Ausschreibung von Quartiersentwicklerleistungen im Rahmen des Hamburgischen Stadtteilentwicklungsprogramm 13.05.2009. http://epub.sub.uni-hamburg.de/epub/volltexte/2009/3813/pdf/projekt_stgeorgmitte_ausschreibung.pdf [05.07.2011].

Bundesarbeitsgemeinschaft Wohnungslosenhilfe e.V. (2011): Fakten. http://www.bagw.de/index2.html [ 01.05.2011].

Bundesministerium der Justiz (2001): http://www.gesetze-im-internet.de/ifsg/__19.html [27.10.2011].

Bundesministerium für Familie, Frauen, Senioren und Jugend (2007a): http://www.auswirkungen-prostitutionsgesetz.de/Bericht_Auswirkungen_ProstG_Jan07.pdf [12.06.2011].

Bundesministerium für Familie, Frauen, Senioren und Jugend (2007b): http://www.bmfsfj.de/doku/prostitutionsgesetz/ [12.06.2011].

Bundesministerium für Familie, Frauen, Senioren und Jugend (2007c): http://www.auswirkungen-prostitutionsgesetz.de/Fragestellungen_Auswirkungen_ProstG_Jan07.pdf [12.06.2011].

Bundesministerium für Gesundheit (2011): Heroinstudie.de. Chronologie. http://www.heroinstudie.de/chrono.html [24.07.2011].

Bundesministerium des Inneren (Hg.) (2010): Polizeiliche Kriminalstatistik. http://www.bmi.bund.de/SharedDocs/Downloads/DE/Broschueren/2011/ PKS200.pdf?__blob=publicationFile [10.07.2011].

Deutsche Bahn AG (2011): Sicherheit im Hamburger Hauptbahnhof. http://www.bahnhof.de/site/bahnhoefe/de/nord/hamburg__hbf/service/sicherheit/ sicherheit.html [01.07.2011].

Deutscher Bundestag (2001): Drucksache 14/5958. Entwurf eines Gesetzes zur Verbesserung der rechtlichen und sozialen Situation der Prostituierten (08.05.2001). http://dip.bundestag.de/btd/14/059/1405958.pdf [ 03.05.2011].

Fraktion DIE LINKE in der Hamburgischen Bürgerschaft (2011): Kampagne für die Grundrechte. St. Georg. http://www.grundrechte-kampagne.de/content/st-georg [11.07.2011].

Freie und Hansestadt Hamburg Behörde für Gesundheit und Verbraucherschutz (2011): Runder Tisch Sexuelle Dienstleistungen. Bericht über Arbeit und Ergebnisse. http://www.hamburg.de/gesundheitsfoerderung/2410848/runder-tisch- pros titution html [12.07.2011], http://www.hamburg.de/contentblob/2410912/data /ergebnisbericht.pdf [12.07.2011].

Freie und Hansestadt Hamburg Behörde für Inneres und Sport (2007): Waffenfrei auf die Reeperbahn und den Hansaplatz. http://www.hamburg.de/waffenver botsgebiet-np/ [04.07.2011].

Freie und Hansestadt Hamburg Behörde für Inneres und Sport (2012): Senat erlässt Kontaktverbotsverordnung für St. Georg. http://www.hamburg.de/pressearchiv-fhh/3245392/2012-01-24-bis-pm-kontaktverbot-sankt-georg.html [26.02.2012].

Freie und Hansestadt Hamburg Behörde für Justiz und Gleichstellung (2011): Verordnung über das Verbot der Prostitution, 21. Oktober 1980, HmbGVBl. 1980, 289. http://www.hamburg.de/contentblob/1087590/data/verbotsverordung- prostit ution.pdf [11.07.2011], http://landesrecht.hamburg.de/jportal/portal/page/bshap rod.psml?doc.id=jlr-ProstVerbVHArahmen&st=lr&showdoccase=1& paramfrom HL=true#focuspoint [11.07.2011].

Gesetzestexte online: http://www.gesetze.2me.net/btmg/btmg0030.htm [18.07.2011].

Geschichtswerkstatt St. Georg e.V.: http://www.gw-stgeorg.de/ueberuns/index.html [19.10.2011]

Hamburger Hochbahn AG (2011): Sicher unterwegs. Das Sicherheitskonzept der Hamburger Hochbahn AG. http://www.hochbahn.de/wps/wcm/connect/ 0fdb1f004d558622932ad308872be9fe/Sicherheitskonzept_der_HOCHBAHN.pdf ?MOD=AJPERES&CACHEID=0fdb1f004d558622932ad308872be9fe [01.07.2011].

Hunke, Jürgen (Hg.) (2009): Überlebenskampf am Hansaplatz: Die Todesdroge Crack hat St. Georg nach wie vor im Griff. http://www.gutenmorgenhamburg.de/ 39+M5cc69909add.html?&tx_ttnews%5Bswords%5D%20=gesellschaft [04.08.2011].

Hydra Treffpunkt und Beratung für Prostituierte (2011): http://www.hydra-ev.org/master/start.html [10.10.11].

I.G.T. Informationsgesellschaft Technik mbH (2011): DB Sicherheit GmbH Regionalbereich Nord - Bremen/Hamburg/Niedersachsen/Schleswig-Holstein. http: //www.sicherheit.info/SI/cms.nsf/si.svo.lookupByID/210909?Open [01.07.2011].

INDRO e.V. (2011): Index Methadon- Substitutionsbehandlung. http://www.indro-online.de/indexmethadon.htm [21.07.2011].

Initiative Hansaplatz (2011a): http://initiative-hansaplatz.de/Anliegen.html [01.07.2011].

Initiative Hansaplatz (2011b): http://initiative-hansaplatz.de/Mitmachen.html [12.07.2011].

Juristischer Informationsdienst (2011): http://dejure.org/ [12.07.2011].

Juristischer Informationsdienst (2011a): http://dejure.org/gesetze/OWiG/120.html [12.07.2011].

Juristischer Informationsdienst (2011b): http://dejure.org/gesetze/StGB/184e.html [12.07.2011].

Klee, Stefanie (2011): http://www.highlights-berlin.de/portrait.htm [10.11.2011].

Kultur statt Kameras Anwohner und Freunde des Hansaplatzes (2011). http://www.hansaplatz.de/ [26.08.2011].

New York Lawyers for die Public Interest (2011): http://www.nylpi.org/ [08.11.2011].

Östergren, Petra (2001): Sexworkers Critique of Swedish Prostitution Policy: http://www.petraostergren.com/pages.aspx?r_id=40716 [01.09.2011].

Plenert, Maximilian (2011): Menschenrechte von inhaftierten Drogengebrauchern achten – Gesundheit und Leben schützen! http://www.alternative-drogenpolitik.de/2011/07/21/menschenrechte-von-inhaftierten-drogengebraucher n-achten-gesundheit-und-leben-schutzen/ [23.07.2011].

Ministry of Justice and the Police (2004): Purchasing Sexual Services in Sweden and the Netherlands, Oktober 2004. http://www.regjeringen.no/upload/kilde/ jd/rap/2004/0034/ddd/pdfv/232216-purchasing_sexual_services_in_sweden_and_ the_nederlands.pdf [01.09.2011].

Ragazza e.V. Hilfen für drogenabhängige sich prostituierende Frauen (2011): http://www.ragazza-hamburg.de/ [31.11.2011].

Republikanischer Anwältinnen- und Anwälteverein e.V. (2011): Generalverdacht im Gefahrengebiet. http://www.rav.de/publikationen/mitteilungen/mitteilung/general verdacht-im-gefahrengebiet-193/ [04.07.2011].

Rechtsanwälte Breidenbach & Popovic (2011a): Straftaten nach dem Betäubungsmit-telgesetz (BtmG). http://www.kanzlei-breidenbach.de/glossar/betaeubungsmittel-straftaten/ [30.06.2011].

Rechtsanwälte Breidenbach & Popovic (2011b): § 35 BtmG – Therapie statt Strafe. http://www.kanzlei-breidenbach.de/glossar/therapie-statt-strafe/ [24.07.2011].

Regierungspräsidien in Baden-Württemberg (2011): Die EU-Erweiterung und die Personenfreizügigkeit. http://www.rp.baden-wuerttemberg.de/servlet/PB/show/110 8214/rpf-ref17-eu-osterweiterung.pdf [30.10.2011].

Rock Links (2011): Brechmitteleinsätze in Hamburg http://www.brechmitteleinsatz. de/infos/chrono.html [18.07.2011].

Rote Hilfe e. V. (2011): https://systemausfall.org/rhhh/?q=node/6 [06.11.2011].

Scheerer, Sebastian (2009): Sebastian Scheerer über die Verfassungswidrigkeit des Cannabisverbotes. http://www.youtube.com/watch?v=vcJSWlrXbIc&NR=1 [26.07.2011].

Schüler, Wolfgang (IG Steindamm e.V.) (2011): Wer eine Hure anspricht, soll Buß-geld zahlen. http://www.ig-steindamm.de/archives/182 [12.07.2011].

Tampep Final Report (2007): http://tampep.eu/documents/report_tampep_7.pdf [03.03.2011]

Tampep International Foundation (2009): http://tampep.eu/documents/TAMPEP% 202009%20European%20Mapping%20Report.pdf [21.12.2011]

Ullmann, Rainer (2010): Dr. Rainer Ullmann: Warum das Drogenverbot ungesund ist! http://www.youtube.com/watch?v=3TVdTlj1lQw [26.07.2011].

Wikipedia (2011): Seite „Horrorhaus (Hamburg)". In: Wikipedia, Die freie Enzyklopädie. Bearbeitungsstand: 23. August 2011 http://de.wikipedia.org/wiki/ Horrorhaus_(Hamburg)#T.C3.B6tungsdelikt [05.10.2011].

## Drucksachen:

BGV Endbericht (2011): AIDS|STD Präventionsmaßnahmen für migrierte Sexarbeiterinnen in der Hamburger Apartmentszene.

Polizeikommissariat 11 (2004): Verfügung zur „Handlungsanweisung zur Bekämpfung öffentlich wahrnehmbarer Drogenkriminalität".

Polizei Hamburg/Polizeikommissariat/Leiter des Stabes (2011): Auskunftsersuchen nach dem Hamburgischen Informationsfreiheitsgesetz (HmbIFG) zu polizeilichen Dienstanweisungen/Handlungsanweisungen im Zusammenhang mit der Sperrgebietsverordnung und deren Durchsetzung, 19.05.2011.

## ABBILDUNGSVERZEICHNIS

# TABELLENVERZEICHNIS

# Transkriptionsregeln

Die Transkriptionen wurden mit den üblichen Satzzeichen (Satzendungspunkt, Komma, Ausrufezeichen, Fragezeichen) verfasst.

Die Pausen, Betonungen und Kontextinformationen wurden wie folgt gekennzeichnet:

| (.) | kurzes Absetzen, kurze Pause |
|---|---|
| (3) | Pause in Sekunden |
| immer | betont, Betonung |
| heu- | Wortabbruch |
| … | Auslaufen der Rede |
| @immer wieder@ | lachend gesprochen |
| @.@ | kurzes Auflachen |
| @(4)@ | 4 Sekunden Lachen |
| (morgen) | schwer verständlich; vermutete Äußerung |
| (?) | Unverständliches Wort |
| (??) | Mehrere unverständliche Worte |
| nein | laut(er) |
| °nein° | leise(r) |
| (längere unverständliche Passage, 20) | unverständliche Äußerung über mehr als einige Worte, Länge in Sekunden |
| [räuspern] [Tür geht auf] | Kommentar jeglicher Art der transkribierenden Person, z.B. über die Art des Sprechens, über die Atmosphäre, Hintergrundgeräusche, Gestik (falls Y diese vermerkt hat) usw. |
| ja-ja | schneller Anschluss, Zusammenziehung, zusammen sprechen mehrerer Wörter |
| so .. habe .. ich | langsames Sprechen mit deutlicher Aussprache der Wörter und kleinen Pausen dazwischen |
| jjjjjaaaaa | gedehnt, auseinander gezogen |

# Gesellschaft der Unterschiede

Kay Biesel, Reinhart Wolff
**Aus Kinderschutzfehlern lernen**
Eine dialogisch-systemische Rekonstruktion
des Falles Lea-Sophie

November 2013, ca. 250 Seiten, kart., ca. 24,80 €,
ISBN 978-3-8376-2386-4

Tina Denninger, Silke van Dyk,
Stephan Lessenich, Anna Richter
**Leben im Ruhestand**
Zur Neuverhandlung des Alters
in der Aktivgesellschaft

Oktober 2013, ca. 300 Seiten, kart., 29,80 €,
ISBN 978-3-8376-2277-5

Adrian Itschert
**Jenseits des Leistungsprinzips**
Soziale Ungleichheit in der funktional
differenzierten Gesellschaft

Juli 2013, ca. 350 Seiten, kart., ca. 32,80 €,
ISBN 978-3-8376-2233-1

Leseproben, weitere Informationen und Bestellmöglichkeiten
finden Sie unter www.transcript-verlag.de

# Gesellschaft der Unterschiede

JOHANNA KLATT, FRANZ WALTER
**Entbehrliche der Bürgergesellschaft?**
Sozial Benachteiligte und Engagement
(unter Mitarbeit von David Bebnowski,
Oliver D'Antonio, Ivonne Kroll,
Michael Lühmann, Felix M. Steiner
und Christian Woltering)

2011, 254 Seiten, kart., 19,80 €,
ISBN 978-3-8376-1789-4

OLIVER MARCHART
**Die Prekarisierungsgesellschaft**
Prekäre Proteste. Politik und Ökonomie
im Zeichen der Prekarisierung

Juli 2013, ca. 290 Seiten, kart., ca. 24,80 €,
ISBN 978-3-8376-2192-1

OLIVER MARCHART (HG.)
**Facetten der Prekarisierungsgesellschaft**
Prekäre Verhältnisse.
Sozialwissenschaftliche Perspektiven
auf die Prekarisierung von Arbeit
und Leben

Juli 2013, ca. 260 Seiten, kart., ca. 24,80 €,
ISBN 978-3-8376-2193-8

**Leseproben, weitere Informationen und Bestellmöglichkeiten
finden Sie unter www.transcript-verlag.de**